Der Göttervogel Garuda

DER GÖTTERVOGEL GARUDA

TEISHŌ ZU DEN
100 KŌAN DES

SHŌYŌROKU

(«NIEDERSCHRIFT AUS DER KLAUSE DES GLEICHMUTS»)

VON SABINE HÜBNER

WERNER KRISTKEITZ VERLAG

Ich widme dieses Buch in Dankbarkeit und Freude
allen Wesen, die mir jemals Lehrer waren.

S. H.

Umschlaggestaltung unter Verwendung einer Zeichnung von Karsten Reckziegel, Vorra bei Hersbruck.

ISBN 978-3-932337-70-3

www.kristkeitz.de

Inhalt

Vorwort

Es gibt nichts, was nicht die WIRKLICHKEIT ist. Die WIRKLICHKEIT ist immer da. Dies zu erfahren, ist der Grund, weshalb sich Menschen auf den WEG machen. Es ist wahrlich eine Lebensaufgabe, da die WIRKLICHKEIT immer noch durchdringender und in immer neuen Lebenssituationen erfahren werden kann. Das Bemühen, die letztendliche WIRKLICHKEIT zu erfassen, kann sogar über die aktuelle Lebensspanne hinausreichen, und möglicherweise hat ein Wesen bereits vor dieser aktuellen Manifestation sich darum bemüht. Ist ein intuitives Verständnis bereits vorhanden, geht es hier um ein Wiedererkennen von WIRKLICHKEIT. Bemühen in diesem Sinn ist aber kein aktiver Prozess, vielmehr geht es um die Ausrichtung auf die wahre Natur des SEINS.

Die WIRKLICHKEIT steht für sich selbst. Die WIRKLICHKEIT ist die WIRKLICHKEIT. Die WIRKLICHKEIT bleibt die WIRKLICHKEIT – auch für ein Wesen, das sie noch nicht aus eigener Erfahrung kennt. Die WIRKLICHKEIT bleibt die WIRKLICHKEIT aber auch für ein Wesen, das sie erfährt. Die WIRKLICHKEIT zeigt sich immerzu.

Es kann sich nun für jemanden die Frage stellen, weshalb dafür eine kommentierte Kōan-Sammlung erforderlich ist. Die meisten Menschen wurden durch die Erziehung der Eltern, durch Schule, durch eine universitäre Ausbildung und durch sonstige Bildungs- und Erziehungseinrichtungen konditioniert. Ihnen wurde eingetrichtert, was Wirklichkeit sei und was Wirklichkeit nicht sein könne. Dazu muss erst einmal darauf hingewiesen werden, dass Erziehung, Bildung und Ausbildung erforderlich sind, um aktiv und kompetent am gesellschaftlichen Leben teilzunehmen. Es ist wichtig, in den konkreten und sich ständig wechselnden Lebenssituationen durchzublicken und sich auszukennen. Das konkrete Lernen sollte nie beendet werden, da sich ständig alle Lebensbereiche verändern. Wir vermeiden dadurch eine naive Herangehensweise an das Leben. Eine umfassende Kenntnis von den Dingen und Situationen der Welt ist die Voraussetzung dafür, um sich auf anbahnende Entwicklungen vorzubereiten. Möglicherweise haben wir uns aber sogar selbst konditioniert. Damit meine ich, dass wir das, was uns von Lehrern und Ausbildern als Wissen vermittelt wurde, für die Wirklichkeit gehalten haben. Wir sind damit einer Verwechslung aufgesessen.

Es kann sich nun die Frage anschließen, was denn Wirklichkeit überhaupt ist. Die WIRKLICHKEIT beruht ausschließlich auf Erfahrung. Es ist die Erfahrung des SEINS an sich. Die WIRKLICHKEIT ist die WIRKLICHKEIT. Diese Tatsache zutiefst zu erkennen, ist quasi der Endpunkt an Erfahrung. Jemand, der die WIRKLICHKEIT als Erfahrungsqualität kennt, hat zutiefst zu sich selbst gefunden. Er ist zu dem geworden, was er erfahren hat. Er ist WIRKLICHKEIT.

Manche Menschen haben seit ihrer Kindheit eine intuitive Ahnung davon. Auch wenn sie sich im Lauf des Erwachsenwerdens und des Lebens scheinbar davon entfernen, verbleibt tief in ihrem Innern ein intuitives Wissen davon. Letztendlich geht es darum, dieses intuitive Wissen, das in ihnen scheinbar verborgen ist, wiederzuentdecken. Es geht aber nicht nur um die Wiederentdeckung. Es geht auch darum, die WIRKLICHKEIT in den Situationen des Lebens zu erfassen. Die Lebenssituationen, ob sie nun als leicht oder schwer empfunden werden, sind nicht getrennt von der WIRKLICHKEIT. Die Lebenssituationen sind die WIRKLICHKEIT.

Ein guter Zen-Meister hat eine profunde Kenntnis der menschlichen Psyche und der geistigen Fähigkeiten. Er sieht, wenn ein Wesen offen ist für die WIRKLICHKEIT, er erkennt aber auch ein Wesen, das sich verschließt und sich weigert, zur WIRKLICHKEIT vorzudringen. Die WIRKLICHKEIT kümmert das nicht. Jedoch wird ein Mensch, dem diese Erfahrungsqualität zu Eigen ist, ruhig, und er hat die Gewissheit, Lebensziel und Lebensbestimmung erreicht zu haben.

Wozu nun ist dazu eine Kōan-Sammlung dienlich? Zum einen haben wir exemplarische Beispiele dafür, wie tief erleuchtete Zen-Meister auf die WIRKLICHKEIT hinweisen. Ihr Anschauungsbeispiel eines nicht-konditionierten Handelns kann einen Domino-Effekt auf Menschen und andere Wesen ausüben, die dafür offen sind. Ihr von einengenden Konditionierungen bereinigter, klarer Geist kann durch die Jahrhunderte wirken. Da es auf der absoluten Ebene keine Zeit gibt, ist ihr Wirken stets präsent. Zum anderen kann es eine Freude sein, von Lebensgeschichten und Lebenssituationen zu erfahren, die nicht von einengenden Moralvorstellungen und störenden Konditionierungen geprägt sind.

Viele Menschen bringen zwar grundsätzlich die Bereitschaft mit, sich der WIRKLICHKEIT zu öffnen, beziehungsweise sie kennen sie bereits aus eigener Erfahrung, jedoch sind sie in diversen Situationen dieser letzten WIRKLICHKEIT gegenüber verschlossen. Die Ursache hierfür können seelische Verletzungen, andere Traumata oder einfach Unkenntnis und mangelnde Einsicht sein. Unter der Anleitung und Führung eines zur Empathie fähigen Menschen können Verletzungen heilen, und die Einsichtsfähigkeit eines Menschen kann befreit werden.

Vor allem die Auslegungen und Kommentare eines zeitgenössischen Zen-Meisters wie im vorliegenden Buch zeigen die vielfältigen störenden Einstellungen und diejenigen Handlungsweisen auf, die eben einer tiefen spirituellen Erfahrung im Weg stehen. Sie zeigen auf, wie Menschen sich selbst einem nicht-bedingten Glück versperren.

Die gegebenen Teishōs zeigen aber auch auf, dass eine heilsame, positive Veränderung und eine neue Ausrichtung auf ein glücklicheres und freieres Dasein möglich sein kann. Einer zunehmenden Entwicklung zu einem positiven und heilsamen Leben, das von Mitempfinden zu den fühlenden Wesen gekennzeichnet ist, sind prinzipiell keine Grenzen gesetzt.

Mit dem vorliegenden Werk von Teishō-Kommentaren zur klassischen Kōan-Sammlung *Shōyōroku* liegt uns nun die dritte von der Zen-Meisterin Sabine Hübner kommentierte Kōan-Sammlung vor. Sie entstand aus der Arbeit mit ihren Schülern. Alle Kōan wurden im Rahmen von Teishōs den Schülern und Zen-Übenden dargelegt.

Es ist das Bemühen der Zen-Meisterin Sabine Hübner, möglichst nahe an die Urfassung einer Kōan-Begebenheit heranzukommen. Dazu hat sie sich an den chinesischen Texten orientiert. In den Fällen, in denen dies nicht zum vollständigen Verständnis der Kōan-Geschichte genügte, wurde von ihr aufgrund eigener Erfahrung in den Kommentaren das jeweilige Kōan detailliert erläutert. In ihren Darlegungen geht es ihr aber auch darum, den Kern der Begebenheit zwischen Meistern und Schülern herauszuarbeiten. Sie beschreibt den geistig-seelischen Zustand eines Schülers, der für ihn existenziell wichtige Fragen an einen Meister stellt. Sie beleuchtet das Verhalten des noch nicht zur Erleuchtung Gekommenen, meistens eines Mönches. Weiterhin erfahren wir etwas über die Hintergründe und die Umstände, unter denen die Kōan-Begebenheit stattfand. Ihre Erläuterungen der Reaktionen und Antworten der Meister bringen uns deren geistige Größe, Klarheit und Brillanz nahe. Es wird klar, dass der erst durch die Interaktion erzeugte Spannungszustand zwischen Meister und Schüler zu einer höheren Bewusstseinsstufe des Schülers führen kann. Dies wird jedoch erst dann verständlich, wenn eine Kōan-Begebenheit in ihrer ganzen Komplexität dargestellt ist.

Man kann sich vielleicht fragen, wozu ein weiteres Kōan-Buch nötig sein soll, heißt es doch, dass, wenn ein Kōan durchdrungen, verstanden, quasi gelöst ist, damit alle Kōan durchdrungen seien. Im Prinzip ist das dann richtig, wenn einem Übenden auf dem WEG permanent beide Ebenen – die Ebene der Form und diejenige der Leerheit – gegenwärtig sind.

Die Aktivität unserer Sinne und die Erfordernisse des Alltags können jedoch dazu führen, dass der Mensch den Schwerpunkt seiner Aufmerksamkeit nach außen verlagert. Die Arbeit mit einem Kōan führt einen Menschen wieder zum Wesentlichen – zu seinem SELBST. Er erkennt, dass es seine eigene, manchmal unbewusste, Entscheidung ist, sich von sich selbst wegzuführen. Aufmerksamkeit und Energie sind untrennbar miteinander verbunden. Dabei baut stete Aufmerksamkeit vermehrte Energie auf. Ist ein Mensch in sich gesammelt, kann er sich in einen Samādhi-Zustand hineinentwickeln. Das heißt, er erfährt sich nun wirklich eins mit dem, was gerade ist.

Aus diesem EINSSEIN heraus kann dann eine Sinneserfahrung zu einem Tor zur spirituellen Erfahrung werden. Jede Berührung, jeder Anblick, jeder Ton, aber auch jedes Geschmackserlebnis kann sich nun bis hin zum allertiefsten SEIN ausweiten. Gemäß buddhistischer Auffassung wird auch das Denken als Sinnesqualität angesehen. Ein Mensch, der sich nicht mehr mit den Inhalten seiner Gedanken und Gedankenmuster identifiziert, wird auch das Denken als das erkennen, was es zutiefst ist – eine Manifestation des unaussprechlichen SEINS. Es geht nämlich nicht – wie fälschlicherweise manchmal angenommen – um eine Abwesenheit von Gedanken, sondern vielmehr darum, deren wahre Natur zu erkennen. Spirituelle Erfahrung ist jedoch nicht unbedingt an eine Sinnesqualität gebunden. Sie ist frei von allem und kann von jedem Übenden in jedem Augenblick erfahren werden.

Ein fortgeschrittener Schüler des WEGES, also jemand mit bereits gemachter und von einem dafür autorisierten Lehrer bestätigten Satori-Erfahrung, kann noch eine Neigung haben, den Schwerpunkt seiner Aufmerksamkeit entweder auf das Formhafte oder auf die Leerheit zu legen. Er ist somit noch nicht ganz in seiner Mitte. Je mehr Kōan jedoch bearbeitet und vollständig durchdrungen wurden, desto größer ist die Wahrscheinlichkeit, dass sein Bewusstsein sich immer häufiger genau auf der Grenze, also am Schnittpunkt Form-Leerheit befindet. Dieser hat nun kaum mehr die Tendenz zu kippen.

Eine besondere Herausforderung liegt zudem in der Veränderung. Lebenssituationen ändern sich, der Mensch unterliegt einer stetigen Veränderung hinsichtlich seiner körperlichen, seelischen und geistigen Qualitäten. Ja sogar das Veränderte selbst ändert sich. Nichts bleibt gleich. Die Erfahrung, konkret die spirituelle Erfahrung, ist als Erfahrungsqualität stets die gleiche. In der Veränderung die Ausrichtung auf das Heilsame, das Starke, das Kraftvolle beizubehalten, ist eine Sache der Entscheidung, die es einem Wesen auch in schweren und schwierigen Lebenssituationen ermöglicht, seine Ur-Natur zu erkennen.
Verfügt ein Mensch bereits über eine tiefe Einsicht in das Wesen der Welt, kann er sich glücklich schätzen. Er hat einen Schatz tief in seinem Inneren. Dies ist für ihn Motivation und Antrieb. Jede Lebenssituation kann nun zu einem Ansporn werden, seine spirituelle Einsicht weiter zu vertiefen und auszubauen. Es gibt hier keinen Endpunkt, an dem alles erreicht wäre.
Es ist das Bemühen und die Absicht der Zen-Meister, Menschen in die spirituelle Erfahrung zu führen. Möge diese von Sabine Hübner kommentierte vorliegende Kōan-Sammlung des *Shōyōroku* den Lesern Freude, Inspiration und geistige Nahrung sein.

Mögen alle Wesen glücklich sein!

OM AHUM!

Norbert Emmendörfer

Hinführung zum Text

Der Name dieses Buches, «Der Göttervogel Garuda», ist einem der Kōan-Geschichten entnommen, die in diesem Buch behandelt werden. Der Garuda ist ein mythologisches Wesen, halb Mensch, halb Vogel, in der hinduistisch-buddhistischen Welt und in deren Sagen, Legenden und Traditionen.[1] In seiner körperlichen Erscheinung finden die Menschen sich in ihm wieder, als König und Gott der Vögel jedoch ist er das überragende und ewige Ur-Wesen des Weltalls und wird auch als Buddha verehrt. In der Vogel-Erscheinung mit den gewaltigen Flügeln steht der Garuda sinnbildlich für das Absolute, das allem Dasein zugrunde liegt, es trägt und in allen Bereichen der Welt zugleich zu Hause ist – im Himmel, auf der Erde und in der Tiefe des Meeres, wo der Göttervogel die Schlangen als Ausdruck des Bösen verschlingt. Er steht sinnbildlich für den ewigen Urgrund aller Dinge und Wesen des gesamten Universums. Hierbei geht es also um unser aller SEIN. Die mythologische Gestalt des Garuda wird nicht durchgehend in diesem Buch behandelt, wohl aber das, wofür er im spirituellen Sinn steht.[2]

Die Kōan-Sammlung *Shōyōroku*[3], «Niederschrift aus der Klause des Gleichmuts», was sich auf den Namen der Einsiedelei – «Klause des Gleichmuts» – bezieht, in welcher der chinesische Zen-Meister Hongzhi Zhengjue[4] die hundert Kōan zusammengestellt hat. Hongzhi war ein Sōtō-Meister, der sich übrigens in freundschaftlichem und positivem Stil mit der Rinzai-Schule auseinandergesetzt hat. Gerade aus dem *Shōyōroku* des Hongzhi Zhengjue geht deutlich hervor, worauf auch Sōtō-Meister großen Wert gelegt haben, nämlich mithilfe der Kōan die Zen-Schüler zur Erleuchtung zu führen. Die Kōan-Sammlung *Shōyōroku* ist wie auch die anderen Kōan-Sammlungen der Sōtō-Schule einer der Beweise hierfür. Mit dieser Tatsache werden alle Streitereien darüber, welche Zen-Schule «besser» sei, Sōtō oder Rinzai, sinnlos. Beide Schulen haben wundervolle Übungen und Techniken, welche die Zen-Praxis der Schüler erleichtert und wirkungsvoller macht. Das Ziel ist im-

1 In der Präambel der indischen Bundes-Verfassung ist niedergelegt, dass es keinen juristisch fassbaren Unterschied zwischen Buddhismus, Hinduismus in seinen vielen Formen und Schulungswegen, Jainismus, Sikhismus, Farsi und nach wie vor existierenden natürlichen Stammesreligionen und sonstigen Religionen in Indien, die friedensförderlich sind und dem Erhalt des Friedens dienen, gibt. Alle diese religiösen sowie philosophischen Richtungen sind damit juristisch gleichgestellt.

2 Die Abbildung des Garuda ist in mehreren buddhistischen und sogar in einigen islamischen Staaten das Staatssiegel, woraus hervorgeht, dass die Menschen in Asien sich im Grunde verstehen und offenkundig friedfertig zusammenleben und auch miteinander Handel treiben, solange der Westen dieses gute und friedenschaffende Einvernehmen nicht zu stören versucht.

3 jap. *Shōyōroku*, chin. *Congrong lu*. «*Shōyōroku*» ist eine Kurzform des eigentlichen Titels, «*Shōyō-an-roku*», chin. «*Congrong an lu*». «*An*» bezeichnet allgemein eine Klause oder Einsiedelei; ihr Name war in diesem Fall (chin.) «*Congrong*», (jap.) «*Shōyō*», «Gleichmut».

4 jap. Wanshi Shōgaku (1091–1157). Weitere Schriften dieses Meisters sind erschienen in dem Band *Das Kultivieren des Leeren Feldes. Praxisanleitungen zur Schweigenden Erleuchtung*, im gleichen Verlag.

mer, dass die Menschen auf ihrem WEG zur Erfahrung ihrer eigenen Wesensnatur, nämlich der Buddha-Natur, die auch das Wesen der Welt ist, geführt werden.

Schließlich gibt es immer wieder in jeder Schule fähige Meister und fähige Schüler. Auch in unserer «Zen-Schule des Westlichen Himmels» wird mit Kōan gearbeitet. Die Kommentare zu den Kōan in diesem Buch wurden den Schülern als Teishō vorgetragen. Sie sind also direkt ein Gruß an die Welt von dem Zendō, aus dem sie stammen.
Einige der Teishō wurden überwiegend für anwesende Zen-Lehrer gegeben, denn auch sie, ebenso wie alle Zen-Meister, sind weiterhin und über ihr irdisches Leben hinaus auf dem WEG des immer tieferen Erwachens.

Die Zusammenstellung des *Shōyōroku* beinhaltet in ihrem chinesischen Original außer den eigentlichen Kōan zu jeder dieser Begebenheiten auch einen kurzen Kommentar und ein Gedicht. Es werden in der hier vorliegenden Arbeit aber nur die eigentlichen Kōan des *Shōyōroku* selbst behandelt, weil weitere ausführliche Kommentare den Rahmen der hundert Kōan-Auslegungen sprengen würden.

Mögen die Dharma-Darlegungen allen Menschen, die diese Arbeit in den Händen halten, Beistand und Hilfe für ihr Leben, aber auch Rückenstärkung für Zen-Schüler auf dem Kōan-Schulungsweg sein!

Sabine Hübner

I • Der Buddha besteigt das Podium

Eines Tages bestieg der Welt-Erhabene das Podium. Mañjuśrī schlug mit dem Hammer auf den Holzklotz und sagte: «Seht klar den Dharma des Dharma-Königs! Der Dharma des Dharma-Königs ist genau dies!»
Daraufhin stieg der Welt-Erhabene wieder vom Podium herab.

In alter Zeit stieg ein Meister auf das Podium, eine hölzerne Erhöhung im Vortragssaal, um vor der Schülerversammlung eine Dharma-Unterweisung, also ein Teishō, zu geben.

Yamada-Rōshi, Willigis Jäger-Rōshis ausbildender Zen-Meister, berichtet in seinem *Hekiganroku* folgende Gepflogenheit früherer Jahrhunderte und Jahrtausende: Zur Zeit des Śākyamuni Buddha und auch später noch war es üblich, dass ein auf dem Erleuchtungsweg weit entwickelter Schüler oder Assistent, auf jeden Fall ein erleuchteter Mönch, das Teishō ankündigte, indem er drei Mal auf einen Holzklotz schlug und rief: «Ehrwürdige Mönche, die ihr hier versammelt seid, achtet jetzt gut auf das Erste Prinzip!»

Ein solcher Holzklotz begegnet uns immer wieder in vielen alten Zen-Geschichten und Kōan-Texten. Er ist ähnlich dem Schlagbrett in unserem Zendō, dem *Han*, und hat auch eine ähnliche Funktion. Er hämmert den Schülern ein, aufzupassen, dass ihnen nicht dieser jetzige kostbare Augenblick entgeht.

Die Worte, die den ehrwürdigen Mönchen eingehämmert wurden, sind von gleicher Bedeutung wie die des Mañjuśrī in unserem Kōan. Genau dies hier, genau dies jetzt! Hier ist das Erste Prinzip erfahrbar, hier der Dharma-König! Jeder Augenblick gibt dem Menschen, wo und in welcher Situation auch immer er sich gerade befindet, die Chance dazu. Die Worte des Mañjuśrī, die unser Kōan uns mitteilt, wurden aber üblicherweise erst nach Beendigung des Teishō gesagt und nicht am Anfang! Gab es also bei Buddhas Dharma-Unterweisung nur das Schlusswort, und das, ehe er überhaupt ein Wort gesagt hatte? Wir kommen noch darauf zurück, was es mit dieser Begebenheit auf sich hatte.

Liebe Schüler, was ist das Erste Prinzip? Es ist die Basis, es ist der Urgrund für alles Entstehende und für den immer wieder stattfindenden Vorgang des Entstehens im Universum. Das Erste Prinzip ist aber auch der Urgrund für den ständig stattfindenden Vorgang des Vergehens aller Dinge im Universum.

Das Erste Prinzip ist also die Basis, ist der grundlose Urgrund für alles, was geschieht. Dieser Urgrund benötigt keine weitere Bedingung, keinen Grund. Darum ist das Erste Prinzip der grundlose Urgrund. Das Erste Prinzip ist auch der Urgrund dessen, dass wir hier sitzen und lauschen.

Unser Text, den wir vor jedem Teishō rezitieren, weist uns ebenfalls genau hierauf hin: Jetzt können wir den Dharma erfahren und nicht erst in hunderttausend Jahren.[5]

Wenn dann der erleuchtete Mönch, in unserer Kōan-Geschichte Mañjuśrī, die Unterweisung des Meisters mit seinen oben zitierten Worten angekündigt hatte, folgte nun die Dharma-Lehre.
Nach Beendigung des Teishō wiederholte sich das Zeremoniell mit dem Hammerschlag, und der ehrwürdige Mönch rief seinen Dharma-Brüdern zu: «Seht klar den Dharma des Dharma-Königs! Der Dharma des Dharma-Königs ist genau dies!»

Nun verstehen wir die Geschichte etwas klarer: Śākyamunis Dharma-Unterweisung wurde üblicherweise vorweg mit einer Ermahnung an die Mönche angekündigt und am Schluss mit einer entsprechenden Ermahnung bestätigt, mit etwa der Bedeutung: «Ehrwürdige Schüler, passt auf, passt auf, passt auf, dass ihr es mitbekommt!»

Der Bodhisattva Mañjuśrī steht für Erleuchtung und Gelehrsamkeit. Ein erleuchteter Gelehrter lebt nicht mit Texten, Worten und Buchstaben im Kopf, sondern hat auf seinem Weg des Erwachens eben genau das Erwachen in die Wirklichkeit der Welt erfahren, das, worüber Worte nur zu sprechen versuchen, es aber nicht können.

So lebt in jedem Menschen, der diesen Stand erreicht hat, der Bodhisattva Mañjuśrī. Wir können also sagen, dass als der Buddha auf das Podium gestiegen war und dort saß, *immer* Mañjuśrī den Mönchen die Worte zurief: «Seht klar den Dharma des Dharma-Königs! Der Dharma des Dharma-Königs ist genau dies!»
Wer ist der Dharma-König? In der Kōan-Geschichte ist der Dharma-König Śākyamuni Buddha, der schweigend auf seinem Platz sitzt. Mañjuśrī weist die Versammlung der Schüler darauf hin: «Seht! Seht!»

Der Dharma-König ist aber auch und vor allem das uns Menschen immanent befindliche Buddha-Wesen, eben unsere Basis, unser eigener Urgrund, der wir sind. So weist Mañjuśrī die Mönche auch auf sich selber, nämlich sie selber, nämlich den eigenen Urgrund der Mönche, hin.

Als der Bodhisattva sein Wort gesprochen hat, steigt der Welt-Erhabene vom Podium herab. Das Teishō ist beendet.
Was bedeutet das? Hatte der Buddha nichts gesagt? Worin bestand dann sein Lehrvortrag? Was trug er vor? Warum rief der Bodhisattva den Zuhörern das Schlusswort und nicht das Anfangswort zu? Hat Mañjuśrī sich nur vertan? Hat er die Texte verwechselt?
Nein, und das ist ganz überdeutlich! Die Sache findet ganz einfach nur so statt: Der Welt-Erhabene betritt das Podium und setzt sich auf seinen Platz, um Teishō zu geben. So sitzt er still – und schweigt. Er sagt nichts.

5 Dieser Text *Kai kyō ge* (Eingangs-Verse) lautet: «Dem Dharma, geheimnisvoll und unvergleichlich tief, ist selbst in hunderttausend Weltaltern nur schwerlich zu begegnen. Jetzt können wir ihn sehen, hören und annehmen. Mögen wir die wahre Bedeutung der Lehre des Tathāgata erkennen!»

Dies ist seine Dharma-Unterweisung.
Das wortlose Wort der Ewigkeit lässt sich sehen.
Dies ist das Erste Prinzip.
Dieser Augenblick ist vollkommen. Ihm fehlt nichts.
Ihm muss nichts hinzugefügt werden.
Dieser Augenblick ist das absolute SEIN.
Der Anblick des Meisters ist der Anblick der WESENSNATUR.
Der Anblick selbst ist die WESENSNATUR. Alles Weitere wäre zu viel.

Die Mönche schauen auf den Buddha, ihren Meister. Sie sind in seinen Anblick versunken.

Dieses wunderbare Erlebnis bietet sich uns allen unser ganzes Leben lang ohne Unterbrechung dar. Wir alle bestehen selbst aus unserer WESENSNATUR, aus dem SEIN. Unser SEIN ist vollkommene Wahrnehmung. Wir bestehen also aus der vollkommenen Wahrnehmung. Sie ist unser WESEN. Wozu sollten wir immer wieder auf mehr warten? Warum auf etwas anderes warten, auf etwas anderes schielen, etwas anderes wollen, als auf das zu achten, was jetzt gerade ist? Warum uns ungeduldig auf etwas anderes versteifen, das doch schnell kommen soll? Warum nicht einfach immer wieder nur still wahrnehmen? Wahr-nehmen? Dasjenige wahrnehmen, was jetzt eben gerade in dieser aktuellen Sekunde kommt? Mit dem Greifen in unseren inneren Speicher, wo das alte, schimmelnde Zeug aus längst vergangenen Jahren vor sich hin stinkt, nehmen wir ja doch nur un-wahr und nicht wahr. Also versinken wir stattdessen doch lieber immer wieder still in diesen jetzigen Augenblick und nehmen wahr! Überlassen wir uns doch ruhig diesem aktuellen Jetzt!

Überlassen wir uns der Wahr-Nehmung einer ziehenden Wolke! Überlassen wir uns der Wahr-Nehmung des Rauschens eines Heizkörpers! Nehmen wir still den Anblick eines kleinen Kindes wahr! Nehmen wir in tiefer Stille den eigenen Atem wahr! Überlassen wir uns dem eigenen Herzschlag!
Nehmen wir aber auch den Hammerschlag zutiefst wahr! Jetzt und peng! Der Hammerschlag ist ein prachtvolles Dharma-Tor!

Es liegt an uns selbst, ob wir unserem inneren WESEN, das vollkommene Wahrnehmung ist, eine Chance bieten, oder ob wir diese reine Wahrnehmung fast totschlagen mit Unsinn aller Art, nur um ja nicht unserer Wahren Natur begegnen zu müssen.

Nicht das Wesen der Welt enthält uns etwas vor, nicht Gott enthält sich uns vor, und nicht der Welt-Erhabene hat vielleicht geflunkert mit seiner Dharma-Lehre. Es liegt an uns selbst: Was ist unsere Priorität? Eine kleine Gier auf etwas Nettes zu naschen? Eine größere Gier auf ein neues Auto, ein besseres als das des Nachbarn? Eine schwelende Wut auf einen gehässigen Mitmenschen, die uns immer wieder den Seelenfrieden raubt? Eine Eifersucht, ein Neid, weil uns scheinbar etwas weggenommen und jemand anders gegeben wurde? Eine dumme und täuschende Idee, an der wir uns festgebissen hatten, die nun all unser Handeln bestimmt, obwohl uns dies gar nicht glücklich macht?

Oder ist unsere Priorität einfach nur der jetzige Augenblick, wie er sich uns eben darbietet, und mehr nicht?
In diesem Augenblick liegt doch der ganze Himmel, die Seligkeit, das Sein. Wir können jeden Tag immer wieder neu dieses wundervolle Jetzt erfahren, das uns direkt den Himmel auf Erden zeigt.

Als der Bodhisattva Mañjuśrī den Welt-Erhabenen auf dem Podium sitzen sieht, schlägt er mit dem Hammer auf den Holzklotz und sagt zu der Versammlung der Mönche: «Seht klar den Dharma des Dharma-Königs! Der Dharma des Dharma-Königs ist genau dies!»

Ja, kann man denn auch den Hammerschlag sehen? Auf jeden Fall sieht das Dharma-Auge den Hammerschlag! Ist der Hammerschlag der Dharma-König? Selbstverständlich ist er das! Oder ist Śākyamuni der Hammerschlag? Selbstverständlich! Ist die tiefe Stille des Welt-Erhabenen ein Hammerschlag? Unbedingt! Das Dharma-Ohr sieht immer und ewig und ohne Unterbrechung die tiefe Stille des Hammerschlags!

Mañjuśrī hat den richtigen Augenblick erkannt! Der richtige Augenblick ist genau dieser. In diesem Augenblick schlägt er mit dem Hammer und sagt: «Der Dharma des Dharma-Königs ist genau dies!»

Mit dem Dharma-Auge hören alle Mönche, und mit dem Dharma-Ohr sehen sie den Dharma des Dharma-Königs! Dies ist die vollkommene Wahrnehmung, die nicht einmal physische Augen und Ohren benötigt.
Die Augen und die Ohren unseres Körpers sind nur der Weg, der Einstieg zur vollkommenen Wahrnehmung.

Die Unterweisung ist gegeben, und der Welt-Erhabene tritt vom Podium ab.

Was ist aber mit uns? Bestehen auch wir aus vollkommener Wahrnehmung? Selbstverständlich bestehen auch wir aus dieser vollkommenen Wahrnehmung! Sie ist unsere Identität!

Nur – merken sollten wir es noch.
Dorthin aber führt wiederum unsere ständige Übung in den jetzigen Augenblick. Mit jedem Augenblick der Übung kommen wir dem Erwachen zu uns selbst ein Stück näher.

Das aber ist nicht «näher woandershin», sondern «näher hierher».
Nur hier bei uns selbst können wir den ersehnten Schatz heben und nirgendwo anders.

2 • Bodhidharmas «Vollkommen leer»

Kaiser Wudi aus der Liang-Dynastie fragte den Großmeister Bodhidharma: «Was ist der höchste Sinn der Heiligen Wahrheit?»
Bodhidharma sagte: «Weit und leer, keine Heiligkeit.»
Der Kaiser sagte: «Wer bist du der da Uns gegenüber?»
Bodhidharma sagte: «Ich weiß es nicht.»
Der Kaiser war ihm nicht gewachsen.
Schließlich überquerte Bodhidharma den Yangtse und kam in das Königreich We.
Später fragte der Kaiser den Edlen Baoji nach seiner Meinung. Baoji sagte: «Weiß Eure Majestät nicht, wer dieser Mann ist?»
Der Kaiser sagte: «Ich weiß es nicht.»
Baoji sagte: «Er ist der Mahāsattva Avalokiteśvara, der das Siegel des Buddha-Geistes übermittelt.»
Da reute es den Kaiser, und er wollte Bodhidharma durch einen Boten zurückholen.
Baoji sagte: «Es hat keinen Sinn, dass Eure Majestät ihn durch einen Boten zurückzuholen versucht. Selbst wenn alle Leute im Land ihm nachliefen, würde er nicht umkehren.»

Bodhidharma war der achtundzwanzigste und letzte indische Zen-Meister in der Dharma-Linie des Śākyamuni Buddha, auf die sich auch alle Zen-Linien gründen. Sein Meister, der Ehrwürdige Prajñādhara, bei dem Bodhidharma noch lange blieb, nachdem er bereits durch Prajñādhara bestätigt worden war, sandte seinen hervorragenden Schüler und Dharma-Nachfolger, Bodhidharma, nach China, um dort den Buddha-Dharma zu lehren.

So fuhr Bodhidharma eines Tages in einem kleinen Schiffchen über das Meer von Indien nach China und wurde dort der neunundzwanzigste Patriarch in der Linie von Śākyamuni und Mahākāśyapa, und er wurde der erste Zen-Patriarch in China.
Als Erstes machte er dem Kaiser Wudi, der in Nanking residierte, seinen Höflichkeitsbesuch. Es heißt sogar, der Kaiser habe diesen heiligen und erleuchteten Mönch aus Indien zu sich eingeladen, ohne allerdings dessen wahre Geistesgröße zu kennen. Er war sehr neugierig auf diesen Mann, von dessen Existenz er durch Hörensagen wusste. Von der Begebenheit um das Treffen zwischen den beiden Männern handelt unsere Kōan-Geschichte.

Bodhidharma kniet oder steht dem Kaiser gegenüber, der ihn fragt: «Was ist der Sinn der Heiligen Wahrheit?»
Bodhidharma antwortet: «Weit und leer, keine Heiligkeit.»
Der Kaiser versteht es nicht. Es heißt, der Kaiser ist ihm nicht gewachsen.
In einer anderen Übersetzung heißt es: «Der Kaiser konnte sich nicht in ihn finden.»

In dem gleichen Gespräch spielt sich sogar noch mehr ab. Der Kaiser hatte schon vor Bodhidharmas Erscheinen in China den Buddhismus in seinem Reich verbreitet. Er hatte Klöster und Tempel gebaut und in diesem Zusammenhang viele gute Werke getan. Er war ein guter Herrscher.
Der Kaiser fragte seinen Gast, den Bodhidharma: «Welche Verdienste habe ich mit meinen edlen Taten erworben?»
Bodhidharma antwortete: «Keine Verdienste.»
Nun, das war für den Kaiser einfach zu viel. Er fühlte sich brüskiert und fragte grimmig: «Wer ist das da Uns gegenüber?»
Bodhidharma sagte schlicht: «Ich weiß es nicht.»

Damit zeigte Bodhidharma dem Kaiser die vollständige Lehre, den vollständigen Dharma des Buddha. Der Kaiser begriff jedoch nichts. Da selbst die tiefgründigsten und wahrsten Worte nicht die grundlegende Wirklichkeit zeigen oder sagen können, begriff er nichts, denn er hing noch an Worten fest. Obwohl er ein braver Buddhist war, der Klöster gebaut und gefördert hatte, war er spirituell nicht entwickelt. Seine Religiosität beschränkte sich auf äußere Taten.
Einem Menschen, der für die Erfahrung reif gewesen wäre, hätte Bodhidharma auch sagen können: «Was gibt es heute Mittag zu essen?» oder: «O, ist das eine Hitze heute Mittag!» Jedes Wort wäre recht gewesen. Oder es hätte auch überhaupt keine Worte gebraucht, um diesen Menschen zu erleuchten.

Beim Kaiser Wudi war aber jedes noch so wahre Wort nutzlos.

So geht es den meisten Menschen, die auf zwei Beinen auf diesem schönen Planeten herumlaufen. Sie kriegen nichts mit, ob sie nun Bettler oder Kaiser sind. Einige Bettler sind allerdings leicht im Vorteil.

Liebe Leute, wenn ich jemanden von euch frage: «Wer bist du?», was könnte derjenige antworten?
«Ich bin Stefan»? Das genügt nicht, das ist ja nur der Name, nicht die Identität!
«Ich bin ein Elektrotechniker»? Das ist nur der Beruf, aber nicht die wahre Identität!
«Ich bin ein Ehemann»? Das ist nur der Familienstand, aber nicht das Wahre Wesen.
«Ich bin Ehefrau»? Das ist ebenfalls ein Familienstand und nicht die unveränderliche Wirklichkeit.

Ja, was dann?
«Ich bin Deutscher»? Nein, das ist nur die Nationalität. Die ist austauschbar.
«Ich bin Bürger»? – «Ich bin Nachbar»? – «Ich bin ein Helfer, ein Retter»? – «... ein Dharma-Lehrer»? – «ein Godō»? Nein, alles das sind nur Rollen, die wir spielen, mit denen wir uns umkleiden.
Aber – was sind wir nun wirklich? Buddhas? Engel? Heilige? Biester? Quäler? Nein, nein! Das sind Rollen, das sind Masken. Rollen und Masken sind austauschbar und können darum nicht unsere wahre Identität sein. Aber was dann? Was oder wer sind wir?

Was sind wir, wenn wir eine Amnesie erleiden? Wir wachen morgens auf und wissen nicht mehr, wer und wo wir sind! Was ist dann? Wo ist dann unsere Identität geblieben? Solche Erlebnisse gibt es öfter. Manche solcher Menschen geraten dann in Verzweiflung, weil sie glauben, sie hätten keine Identität mehr. Einige von ihnen glauben zu wissen, wer sie sind, weil es in ihrem Pass steht. Na, was für ein Unsinn das ist! Wenn sie einen neuen Pass bekommen, wer sind sie dann? Welche Identität ist dann ihre eigene? Ich würde sagen, diese Fakten sind doch austauschbar! Während Schauspieler sich in ihre Rolle vertiefen, glauben sie, was sie darstellen. Sie spielen vorübergehend, sie wären jemand anders.

In Wirklichkeit sind wir also nicht die Rollen, die wir spielen. Wir sind auch nicht die Masken, die wir der Welt von uns zeigen. Bodhidharma wusste, dass seine wahre Identität nichts ist, was einem rationalen oder einem auswendig gelernten Wissen unterliegen kann – und auch keiner Rolle und keiner Maske. Und so sagte er auf die Frage des Kaisers schlicht: «Ich weiß es nicht.»

Der Kaiser seinerseits glaubte ja von sich selbst, er sei Kaiser. Und so hatte er erwartet, dass Bodhidharma sagen würde, er sei ein Untertan, ein Besucher, ein Reisender, ein Gelehrter, ein Brahmane, ein Prinz, was wirklich sein Stand gewesen sein soll, ein Hindu, ein Buddhist – oder sonst etwas, was der Kaiser in seinem Gehirn erwartet oder vermutet haben mochte. Vielleicht glaubte er auch, sein Gegenüber mit den wilden roten Haaren und dem dicken roten Bart, den großen, runden Augen sei ein Verrückter. Wer weiß!

Bodhidharma wusste es jedenfalls nicht. Was wusste er? Nun, eben nichts, aber – er kannte sich! Er kannte sein Wahres Wesen! Er war sich selbst urvertraut. Und damit kannte er die Welt. Diese Erfahrung ist ein Zustand und keine Annahme, aber dieser Zustand ist nicht beschreiblich oder auch nur aussprechbar. Es ist ein Seinszustand. Es ist Welt-Sein.

Nicht der Erkennende, nicht der Erfahrende kannte oder erfuhr etwas, sondern – niemand war da, der etwas kannte oder erfuhr. Es gab nur das Kennen, es gab nur das Erfahren. Keine Person war da, keine Rolle, keine Maske. Wie hätte Bodhidharma diese Tatsache, die ja nicht einmal mit einer Handlung oder einer Sache zu tun hat, dem Kaiser gegenüber mit menschlichen Worten ausdrücken können?

Bodhidharma bemerkte, dass der Kaiser, wie es heißt, ungehalten war und «sich nicht in ihn finden» konnte. So ging Bodhidharma einfach fort und kehrte nie mehr zu dem Kaiser Wudi aus der Liang-Dynastie zurück.

Er überquerte den Yangtse, reiste in den Norden Chinas und ließ sich im Shaolin-Kloster nieder.

Der Kaiser blieb verwirrt und verärgert zurück. Er bekam die Sache nicht klar: Was für ein Mann im Mönchsgewand hatte ihn da aufgesucht?

Nach einiger Zeit fragte der Kaiser den Edlen Baoji am Hof nach seiner Meinung über diesen merkwürdigen Mönch namens Bodhidharma. Baoji antwortete: «Weiß Eure Majestät denn nicht, wer dieser Mann ist?»

Der Kaiser sagte: «Ich weiß es nicht.»
Baoji sagte: «Er ist der Mahāsattva Avalokiteśvara, der das Siegel des Buddha-Geistes übermittelt.»
Da bereute der Kaiser bitter, dass er den großen Weisen aus Indien so kalt und unhöflich hatte abfahren lassen, und er wollte Bodhidharma sofort durch einen Boten zu sich zurückrufen.
Baoji sagte ihm jedoch: «Es hat keinen Sinn, dass Eure Majestät ihn durch einen Boten zurückzuholen versucht. Selbst wenn alle Leute im Land ihm nachliefen, er würde nie wieder umkehren.»
Der Kaiser blieb in Traurigkeit zurück.

Ja, so manches Fehlverhalten wird ein Leben lang bereut.

Seit dem ersten Nachfolger des Buddha, dem Ehrwürdigen Mahākāśyapa, wurde jeder weitere Nachfolger in dieser Linie durch seinen Meister ausgebildet und als Linienführer eingesetzt. Es ist also sehr wichtig, dass jeder Meister in einer solchen Linie spirituell tief erfahren sein muss, um auch einen erleuchteten Nachfolger heranziehen zu können, um diesem, wie es heißt, eines Tages den Dharma auf die Schultern zu legen.

Als Bodhidharma nach China kam, war er der Linienführer nach seinem eigenen indischen Meister, Prajñādhara, dem 27. Patriarchen in der Linie des Śākyamuni Buddha. So antwortete der gebildete Edle Baoji dem Kaiser auf dessen Frage nach Bodhidharmas Identität: «Dieser Mann trägt den Buddha-Geist in der Dharma-Linie des Welterhabenen weiter.» Wörtlich soll er gesagt haben: «Er ist der Mahāsattva Avalokiteśvara, der das Siegel des Buddha-Geistes übermittelt.»

Das Siegel in diesem Zusammenhang ist wie ein Stempel im Geist eines solchen Menschen. Gemeint ist damit, seine Erleuchtung ist unwiderruflich und unabänderlich sicher, stabil und nie wieder aufzuheben. Er ist nicht mehr den Bedingtheiten unterworfen. Er ist und ist und ist. Sein spiritueller Zustand ist so in ihn hineingeprägt wie eine Tätowierung in die Haut, nur dass eine Tätowierung eben von außen gegeben wird, die Erkenntnis des eigenen Wesens und des Wesens der Welt aber nur von innen kommen kann. Niemand kann einem solchermaßen beschaffenen Menschen seinen Zustand wieder wegnehmen.
Nur die Bestätigung eines Schülers durch seinen Meister kommt – wenn auch nur scheinbar – von außen.

Hierzu herrscht – vor allem in den westlichen Ländern – ein ungeheuer großer Irrtum: Hier glauben die Zen-Leute, ein einmal erfahrenes kleines Satori sei bereits die große Erleuchtung. Ich würde sagen, dies ist eine kleine, oft winzige, vielleicht ja trotzdem auch echte Erleuchtungserfahrung. Sie ist nicht sehr erheblich. Wenn eine Zen-Schülerin sagt, sie hätte zum ersten Mal in ihrem Leben einen Butterkeks gegessen, kann ein Zen-Meister diese Erfahrung ja möglicherweise als echt erkennen und anerkennen. Es ist aber wahrscheinlich kein überzeugendes Satori. Nach einer einmaligen und kleinen Erleuchtungserfahrung ist auf jeden Fall der Mensch noch nicht tief greifend gewandelt, hat noch nicht sein mano viññāṇa dhātu[6], seinen inneren irdischen Bewusstseinsspeicher, aufgeräumt, vor allem, wenn nicht eine gründliche Psychotherapie dem Zen-Weg voran ging. Oft ist ja eine kleine Erleuchtungserfahrung vorhanden, aber lediglich mit ihr allein werden meistens die alten psychischen Probleme nur immer weiter vor sich her geschoben. Es ist selbst bei einigen Zen-Meistern ein Missverständnis, dass auch mit einem kleinwinzigen Satori alle psychischen Schwierigkeiten auf immer aufgehoben seien, der Mensch glückselig und nun ein Erleuchteter sei. Alle Neurosen seien auf immer verschwunden, und nie wieder würden den Armen Traurigkeiten oder gar Depressionen plagen. Ja, man glaubt hier im Westen sogar, dass Psychosen mit einem kleinen Satori restlos verschwinden. Vor allem hätte der solcherart «erleuchtete» Mensch ab jetzt einen guten Charakter. Dazu muss ich sagen, dass stattdessen vorhandene Psychosen und ähnlich schwere Störungen zugleich mit einem Satori, vor allem einem gewaltsam forcierten Satori, in ungeheure Größen anwachsen oder auch zum ersten Mal ausbrechen können. Ebenso empfindet derjenige sich selbst, nämlich sein Ich, ebenso überwältigend groß wie seine geistigen Störungen. Er meint, alle anderen Menschen zu überragen. Einige solcher Personen glauben, ein Buddha oder ein Christuswesen geworden zu sein. Das nennt man dann eine Ich-Inflation.

Besser und viel sicherer ist es auf jeden Fall, was auch der Buddha dringend empfohlen hatte, nämlich rechtzeitig seine «alten psychischen Sachen» erfolgreich aufzuarbeiten und erst dann mit spirituellen Übungen zu beginnen.

Wenn ein weitgehend psychisch und geistig Gesunder eine überzeugende Erleuchtungserfahrung macht, wird das ein wundervoller Schritt auf seinem Weg und in Richtung des genannten Siegels sein. Diese Erfahrung braucht wie jede echte Erleuchtungserfahrung Jahre der Ausreifung, damit die Früchte der Erfahrung reifen können. Ohne das wäre alles andere für die Katz.

Ein in Wahrheit tief erleuchteter Mensch sagt in aller Demut auf die Frage, wer er ist: «Ich weiß es nicht.»
Manchmal sagt er auch, was in seinem Pass steht, oder er nennt seinen Namen – aber solches sagt er nur in dem Wissen, dass er nicht weiß, wer er ist, dass er nur durch Erfahrung kennt, wer oder was er ist. Er weiß, dass er nicht jemand Bestimmtes und auch nicht jemand Unbestimmtes ist. Er weiß, dass er *nur* ist. Nur das Sein, das er ist, bleibt übrig. Und das ist nicht *etwas*, und das ist nicht *jemand*.

In welchem glückseligen Zustand befindet sich dieser Mensch! In welcher Freude spielt er seine Rollen in der Erfahrung dessen, dass er nicht weiß, wer er ist, auch wenn er sich genau kennt!

6 Sanskrit: Geistbewusstseinselement, psychischer Speicher, der jedes Geschehnis aus dem Leben des Menschen abspeichert, wobei oft fehlerhafte Verknüpfungen stattfinden und psychische Störungen verursachen. Diesen Speicher halten viele Menschen irrtümlich für ihre «Persönlichkeit» oder sogar ihre «unsterbliche Seele». Im Text gelegentlich mit MVD abgekürzt.

3 • Ein indischer König lädt den Patriarchen ein

Ein König im Osten Indiens lud den 27. Patriarchen, Prajñādhara, zu einem buddhistischen Festessen ein. Da fragte ihn der König: «Warum rezitierst du keine Sūtras?» «Mein Einatem verweilt weder in der Welt der Subjekte noch in der Welt des Bewusstseins. Mein Ausatem verirrt sich nicht in der Welt der Objekte. Trotzdem rezitiere ich unentwegt Millionen und Abermillionen Schriftrollen von Sūtras», antwortete Prajñādhara.

Prajñādhara (sanskr.; jap. Hannyatara) war der 27. Patriarch in der indischen Linie der Meister nach Śākyamuni Buddha. Insgesamt gab es 28 Patriarchen in Indien. Der 28. Patriarch, Bodhidharma, war zugleich der 1. Zen-Patriarch in China. Bodhidharma war der Schüler und Nachfolger des 27. indischen Patriarchen Prajñādhara, von dem die Begebenheit in unserem heutigen Kōan handelt. Nachdem Bodhidharma ein Mann mit sehr tiefer Einsicht in das WESEN DER WELT war – alle seine Handlungsweisen und alle seine Worte, die wir kennen, zeugen davon –, können wir davon ausgehen, dass auch sein Lehrer, Prajñādhara, von starkem Geist war. Lehrer und Schüler waren einander ebenbürtig. Diese Geschichte, die wir hier haben, zeugt von der Kraft des Prajñādhara.

Ein König im Osten Indiens, heißt es hier, also ein Mahārāja, lud den Patriarchen Prajñādhara zu einem buddhistischen Festessen ein. Um welches Fest es sich handelt, wird nicht berichtet. Während des Festessens fragte der Mahārāja den Patriarchen: «Warum rezitierst du keine Sūtras?»

Sūtras sind die Lehrreden des Buddha, die immer wieder und wieder wörtlich auswendig rezitiert wurden und so nicht in Vergessenheit gerieten, ehe sie später, als der Buddha schon hinübergegangen war, durch Ānanda aufgeschrieben wurden. Ānanda hatte ein hervorragendes, wie man das heutzutage nennt, fotografisches Gedächtnis. Alle Mönchsgenerationen seit Śākyamuni Buddha rezitierten und rezitieren die Sūtras. In den verschiedenen buddhistischen Schulen werden teilweise unterschiedliche Sūtras bevorzugt und rezitiert, entsprechend dem, welche der Sūtras dem Verständnis und Selbstverständnis der jeweiligen Schule entspricht.

Auch wir rezitieren Sūtras, wie es im Zen üblich ist. Neben den im Zen traditionellerweise üblichen Sūtras rezitieren wir in unserem Zendō auch noch einige Texte aus dem Theravāda und dem Tibetischen Buddhismus. Ich habe auch nichts dagegen, hin und wieder Texte aus weiteren spirituellen Richtungen zu rezitieren, wenn sie die Zen-Übung und die Einsicht der Übenden vertiefen.

Es ist also auf der ganzen Welt in den Zendōs üblich, Sūtras zu rezitieren.
Anscheinend tut dies der 27. Patriarch, Prajñādhara, nicht. Der König fragt ihn: «Warum rezitierst du denn keine Sūtras?» Er wundert sich.

Zwar ist ein Sūtra nicht unbedingt immer intellektuell zu verstehen, aber umso eher kann es ungeprüft und ungefiltert durch die Glaubenssätze, die uns in unserer Kindheit durch die Erziehung unserer Autoritäten mitgegeben wurden, und ungestört durch die womöglich verbogene Ratio in die Tiefe unseres Wesens dringen.

Immer wieder und wieder sagen wir zum Beispiel im Herz-Sūtra: «Form ist Leere – Leere ist Form.»
Die Ratio kann uns das nicht erklären. Wie könnte eine Form, ein kompaktes Ding, das vielleicht noch vollgestopft mit anderen Dingen ist, leer sein? Denn die menschliche Ratio ist nicht der reine GEIST.

Da fragt sich die doch oft so unwissende Ratio: Wie könnte *Etwas* – *Nichts* sein?
Wie kann Etwas zugleich Nichts sein?
Wir verstehen es nicht. Wie kann ein Ding *kein* Ding sein?
Und doch ist es so.
Sūtra-Texte solcher Art – und das sind fast alle, die wir rezitieren – sind mit dem Verstand nicht auszuloten. Es ist unmöglich.
Und doch – in unserer Tiefe wohnt der innere Meister, die WESENSNATUR.
Unsere WAHRE NATUR, ebendieser innere Meister, erkennt sich selbst in den Worten der Sūtras wieder. Dieses eigene innere WESEN erkennt: «Sie sprechen von mir» – und: «Sie sprechen die Wahrheit.» Das ist dasselbe.

Viele Zen-Schüler haben zu mir schon etwa so gesagt: «Ich *weiß*, dass es so ist, dass alle Dinge leer sind, dass alle Dinge EINS sind – und ungetrennt von mir selber. Ich verstehe es bloß nicht. Dass es aber doch so ist, das ist mir trotzdem klar.»
Das sagen auch Menschen, die noch gar kein bewusstes Satori erfahren haben! Sie wissen es trotzdem, so wie das ganze Universum Bescheid weiß! Welches Selbstvertrauen wir deswegen haben könnten – und welch staunende Liebe zu unseren Mitwesen!

Ja, das innere WESEN weiß Bescheid. Es zweifelt nicht. Nur der menschliche Intellekt, der sich für so herrlich hält, wenn er mit dem Ego verklebt ist, zweifelt ohne Ende an der WAHRHEIT, die doch ganz schlicht und einfach zu sehen ist. Wenn daher ein Sūtra bei der Rezitation für den menschlichen Verstand unverständlich bleibt, der WESENSNATUR aber völlig klar ist, kommt es direkt und auf geradem Wege in das innere WESEN und wirkt dort langsam und sicher. Es ist darum auch gar nicht notwendig, über die gesprochenen Worte und Sätze nachzudenken, sondern sie einfach nur zu sprechen, so wie wir auch atmen oder wie wir das «Mu» strömen lassen, nämlich unter Ausschluss der Ratio, die immer alles verstehen will, aber nicht kann. Weil sie nicht verstehen kann, bastelt sie sich Unsinn aller Art zurecht und hält diesen Unsinn für Weisheit. Es ist bedenklich.

Die beste spirituelle Übung ist daher die nichtgegenständliche, also das Zazen, weil wir hierbei eben nicht über ein Objekt nachdenken können und somit auch nicht auf der dualistischen Ebene hängen bleiben müssen. Würden wir das trotzdem versuchen, wäre es kein

Zazen. So soll auch die verbal ausgesprochene Wahrheit der Sūtras nicht intellektuell und philosophisch durchgekaut, sondern vor allen Dingen erfahren werden!
Die Hinführung dafür ist eben die Sūtra-Rezitation.
Wurde schließlich vom Schüler authentisch erfahren: «Form ist Leere – Leere ist Form», so mag er meinetwegen dieses Wort nachträglich auch intellektuell behandeln, ohne Schaden zu erleiden.

Ich habe von einem Zen-Meister gehört, der zusammen mit seiner Schülergruppe Zen-Texte und Kōan intellektuell, nämlich in Gespräch und Diskussion, behandelt, *nachdem* er ihnen vorher die Lösung gesagt hat! Das ist sehr tollkühn von ihm, denn so ist nicht unbedingt die Gewähr gegeben, dass die Schüler Selbstwesensschau von allein erreichen. Die Erleuchtung wird in den Sand gesetzt, allermindestens aber erheblich erschwert.

Während meiner eigenen Kōan-Arbeit wollte ich im Dokusan gern immer wieder einmal auch selber ein Kōan erklären, nachdem ich meinem Meister die gewünschte Antwort gegeben hatte. Er sagte dazu: «Mich interessiert nicht, ob du es erklären kannst oder nicht. Ich rede, und du hörst mir nur zu!», und gab mir die Belehrungen seinerseits. Ich sollte nur zuhören. Natürlich war das keine Nahrung für den Intellekt. Nichts, worüber sich raffiniert und gerissen diskutieren ließe.

Möglicherweise war die Sache in dem Kloster des 27. Patriarchen auf ähnliche Weise wie eben geschildert eingerissen und entgleist. So könnte es gewesen sein: Die Mönche behandelten die alten buddhistischen Texte, die Lehrreden des Buddha, intellektuell und diskutierten miteinander darüber. Vielleicht stritten sie sogar, und es gab Kämpfchen und Kriegchen. Es gibt in einer buddhistischen Richtung im Studium sogar Noten für das «Disputieren». Ob dieses aber wohl zur Selbstwesensschau führt? Führt es zu einem spirituellen Leben? Oder führt es möglicherweise eher zur Aufgeregtheit des Geistes und gar zu Rechthaberei und Rivalität? Es sollte mich freuen, wenn dem nicht so wäre, ich bin aber etwas misstrauisch gegenüber dem intellektuellen Kämpfen um geistige Dinge.

Aus einem solchen Anlass hat Prajñādhara vielleicht die Sūtra-Rezitationen – unter Umständen auch nur für eine Weile – eingestellt. Es gibt noch einige Meister, die – aus ähnlichen Gründen wie den eben genannten – nicht rezitieren lassen. In Japan soll es einen alten Zen-Meister geben, bei dem nur gesessen und niemals gesprochen wird.

Es gilt, meine ich, einen förderlichen Mittelweg zu finden und nicht ein Extrem zu praktizieren.

Was meinen aber nun der königliche Gastgeber des Prajñādhara und der Meister selbst? Rezitiert Prajñādhara wirklich keine Sūtras mit seinen Mönchen?

Liebe Schüler, die ganze Sache verhält sich vollkommen anders, als sie scheint: Alle Dinge sind leer, und die Lebewesen sind leer! Der König und der Meister – auch sie sind leer! Und sie wissen es! Gibt es nun keine Sūtra-Rezitation beim ehrwürdigen Prajñādhara? O doch, es gibt Sūtra-Rezitation!

Aber es ist niemand da, der rezitiert. Nirgendwo ist eine Person, die etwas tut.
Nirgendwo ist ein handelndes Ich.
Es ist niemand da, der rezitiert.
Einfach keiner da.

Wenn in Prajñādharas Zendō rezitiert wird, ist da niemand, der rezitiert, sondern nur Rezitieren findet statt!

Eine prachtvolle Rezitation füllt die Halle.
Eine vollkommen leere Rezitation füllt die leere Halle, die doch immer nur leer bleibt.

Nur Sūtra-Rezitation findet statt, absolut leere Rezitation.

Wenn ihr auf der Straße in tiefer Versunkenheit geht, geht in Wirklichkeit nicht ihr! Es ist ja niemand da, der geht! Nein, da alle Wesen und auch ihr völlig leer seid, gibt es da nur Gehen, aber niemanden, der geht.
Wir alle sind aus NICHTS gebildet.
Wir alle bestehen aus NICHTS.

Wenn wir reden, ja scheinbar reden, ist in Wirklichkeit niemand da, der redet, nur Reden findet statt.
Es gibt also auch niemanden, der schläft, nur Schlafen gibt es.
Niemand ist da, der in einem Buch liest, nur Lesen ist da.
Ist auch kein Buch da? Ja, ja, ein Buch ist da, aber es besteht ebenfalls aus NICHTS. Das Buch ist ein Nicht-Buch, ein Kein-Buch. Nur in diesem Sinn ist es ein Buch.
Hier spricht niemand, nur Sprechen findet statt. Viele Schüler machen die erstaunliche Erfahrung, dass sie mitten in ihrem Sprechen entdecken, dass da überhaupt kein Ich mehr ist, das spricht, und doch hören sie das Sprechen, das aus ihrem Mund kommt; und sie fragen verblüfft: «Wer spricht da? Wer spricht da?»
Niemand da, nur Sprechen. Sprechen spricht.

Alle Dinge sind leer, sogar Rezitation ist leer, der Meister ist leer, die Mönche sind leer, die Sūtras sind leer.
Die Straße ist leer, niemand geht dort, aber Gehen findet statt – und das Gehen ist vollständig leer. Kennt ihr die Erfahrung?
Und wiederum – das Reden ist leer, niemand da, der redet, nur das vollkommen leere Reden findet statt. Kennt ihr die Erfahrung?
Schlafen ist auch leer, es ist niemand da, der schläft, aber Schlaf findet statt, ganz und gar leerer Schlaf.

Prajñādharas Meditationshalle ist leer, die Sūtras sind leer, die Mönche sind leer, und Prajñādhara ist leer. Niemand ist da, und doch findet Rezitation statt!

Ja, wenn alles leer ist, gibt es dann die Wesen und Dinge nicht?
Ich sage es mal so: Ja, es gibt sie, aber sie bestehen aus vollkommenem Nichts.

Zu leugnen, dass es die Welt gäbe, ist nicht die ganze Wirklichkeit. Ja, es gibt sie, und manchmal stoßen wir uns den Kopf an den scharfen Ecken und Kanten der Welt. Und doch ist die Welt aus NICHTS gebildet. Sie ist eine Nicht-Welt, und diese Nicht-Welt ist ganz real, nämlich wirklich. Schein ist nur, die Welt irrtümlich für eine Welt vieler voneinander unabhängig existierender kompakter Dinge und Lebewesen zu halten. Diese eingebildete Welt, die wir, die Menschheit, kollektiv für die reale Welt halten, gibt es so nicht.

Kürzlich habe ich den Titel eines Buches von Hans-Peter Dürr gelesen, der lautet: «Es gibt keine Materie.» Das ist absolut stimmig! Es lässt sich inzwischen sogar naturwissenschaftlich nachweisen. Trotzdem ist der Buchtitel allein eine noch unvollständige Aussage, aber das weiß der Autor auch: Alle Dinge, die da sind, sind aus Nichts, aus dem göttlichen NICHTS, gebildet, sind aus dem unausgeformten Bewusstsein gebildet, sind aus GEIST gebildet. Und so gibt es sie und gibt es sie nicht. Beides stimmt, nur eines von beidem allein wäre die unvollständige Sicht und die unvollständige darüber gemachte Aussage.

Wie es sich aber auch mit Prajñādhara verhält – gesprochen hat er, wie wir gleich sehen können, ja doch. Was hat er getan? Er hat gelebt. Er hat gegessen, getrunken und geschlafen. Er ist spazieren gegangen. Er hat seine Schüler unterwiesen. Er hat seinen Gästen liebenswürdig Tee angeboten. Er hat seine Blumen gegossen. Er hat bei allem, was gerade stattfand, ruhig und tief geatmet. So hat er die BUDDHA-NATUR ausgedrückt. Das war seine Sprache! Das war seine Rezitation.
Er sagt auf die Frage, warum er denn keine Sūtras rezitiere: «Mein Einatem verweilt weder in der Welt der Subjekte noch in der Welt des denkenden Bewusstseins. Mein Ausatem verirrt sich nicht in die Welt der Objekte. Trotzdem rezitiere ich unentwegt Millionen und Abermillionen Schriftrollen von Sūtras.»
Einatem und Ausatem – ohne sie ist keine Rezitation.
Ein- und Ausatem rezitieren die Sūtras!
Er hat sich dabei nicht festgehängt. Und die Sūtras sind geströmt.

Der Atem ist das Leben. Das Leben rezitiert!
Jedes Einatmen ist Rezitation, jedes Ausatmen ist Rezitation.
Dies sind die Abermillionen Sūtra-Rollen der Welt.
Prajñādhara ist nicht Jemand, und so ist niemand da, der Sūtras rezitiert.

Ein starker, ruhiger Atem – welch eine prachtvolle Sūtra-Rezitation, ohne sich entweder in die Form noch in die Leerheit zu verirren!
Prajñādhara erklärt, dass sein Atem sich eben gerade *nicht* an nur einer unvollständigen Sicht der Welt verliert. Er sagt damit: «Ich lebe zugleich in beiden Welten, der Welt der Form und der WESENSWELT der LEERHEIT, und ich hänge nicht an einer der beiden Erfahrens-Ebenen der Welt fest. Ich hänge nicht am Bedingten, und ich hänge nicht am Unbedingten. Ich hänge nicht am Sein, und ich hänge nicht am Nicht-Sein. Ich hänge nicht am reinen BEWUSSTSEIN und nicht an den Objekten. So hänge ich auch nicht an den Sūtras. Und *doch – und gerade deshalb* – rezitiere ich unentwegt Millionen und Abermillionen Schriftrollen von Sūtras.»

Ja, dies geschieht, ohne dass ein Ich in Erscheinung tritt. Bekommt ihr es mit? Kein Ich! Der Patriarch rezitiert Abermillionen Schriftrollen von Sūtras! Wie macht er das? *So* macht er das! Ob der König das wohl verstanden hat? Der Patriarch verirrt sich nicht in der Sūtra-Rezitation, o nein, er steckt nicht fest in der Erscheinungsform der Dinge, da er die LEERHEIT der WESENSNATUR in allen Dingen erfährt. Die WESENSNATUR wiederum spielt Rezitation in Millionen und Abermillionen Worten, Lauten und Klängen.
Ihr kennt das Wort aus dem *Lied auf Zazen*:

Als Form, die Nicht-Form ist, sind wir nie irgendwo anders,
ob wir kommen oder gehen.
Als Gedanke, der Nicht-Gedanke ist,
sind selbst Gesang und Tanz die Stimme des Dharma.

Jedes Wort, jedes Lied, jeder Gedanke, jeder Tanz – sind die Stimme des Dharma, sind Gottes Wort.
Und da die WAHRE NATUR im ganzen Universum absolut und nirgendwo nicht absolut ist, singt und tanzt jedes Wort, jedes Lied, jeder Gedanke und jeder Laut immer nur die Sūtras.

Noch einmal: Was sind Sūtras?
Sūtras sind Buddhas Lehren, sind die Lehren der BUDDHA-NATUR, sind die kosmischen Lehren des Universums, das unverrückbare Naturgesetz der Wahren Natur des Weltalls. Sūtras in diesem hohen Sinn sind Vogelgesang, das Brausen eines Orkans, das Gelächter der Kinder drüben im Hof, das Quietschen der Tür und der Bretter und das Meeresrauschen.

Ob wir es wollen oder nicht – in jedem Augenblick rezitieren wir zehntausend Sūtras.
Ob du es willst oder nicht, in jedem Augenblick schwimmst du im Weltmeer des GEISTES wie der Fisch im Wasser.

In jedem Augenblick rezitierst du die Sūtras der Welt. Von keinem einzigen der Abermillionen Sūtras bist du getrennt, denn du und die Welt sind EIN EINZIGES SEIN.
Alle Schmerzen der Welt sind deine Schmerzen.
Alle Freuden sind deine Freuden.
Alle Taten der Welt sind deine Taten, alle Lieder deine Lieder, und so sind auch alle Sūtras deine Sūtras.

O, nicht nur die Sūtras des Śākyamuni Buddha sind deine Sūtras, die deinem WAHREN WESEN, deiner WAHREN NATUR entspringen – sondern jeder Ton, jeder Klang und jede Melodie, jedes Rauschen, Klopfen und Donnern, jede Bewegung der Welt, ja, des ganzen Universums aus allen Zeiten *sind deine Sūtras.*

Der 27. Patriarch muss nicht extra sein Sūtra-Heft aufschlagen, um zu rezitieren. Warum so kompliziert? Er lacht und spricht, er geht und arbeitet, isst und tanzt, schläft und badet und unterhält sich mit seinen Mitmenschen. In jeder seiner Handlungen öffnet sich sogleich ein Dharma-Tor, rezitiert der Dharma sich selbst. Ganz ohne Festhängen, ganz ohne

Anhaften, in völliger Leichtigkeit und Freiheit, so rezitieren sich die Sūtras des Lebens selbst vom JETZT zum JETZT.

Und so kann der Patriarch Prajñādhara zum König sagen: «Mein Ein- und mein Ausatem verirren sich nicht in der Erscheinungswelt der Dinge, und sie verweilen auch nicht im NICHTS – trotzdem rezitiere ich unentwegt Millionen und Abermillionen Schriftrollen von Sūtras.»
Eigentlich müsste Prajñādhara nicht sagen «trotzdem», sondern «eben darum»! Er müsste sagen: «Mein Ein- und mein Ausatem verirren sich nicht in der Erscheinungswelt der Dinge, und sie verweilen auch nicht im NICHTS – und *eben darum* rezitiere ich unentwegt Millionen und Abermillionen Schriftrollen von Sūtras.»

Denn gerade weil er nicht auf der Spitze einer Nadel steckt und weil er sich nicht auf nur einer der beiden Erfahrensebenen des Seins verstrickt hat, ist er frei in allen Welten, zu kommen und zu gehen, wie und wo es ihm beliebt, und nur so, nur so, kann er unentwegt, von ewigem NU zu ewigem NU, die Sūtra-Rollen der Welt rezitieren.

Und all das geschieht ich-los?
Ja, all das geschieht in geheimnisvoller und tiefer Ich-losigkeit.
Niemand da.

Wie könnt nun *ihr* die kosmischen Sūtra-Rollen rezitieren? Bitte, schaut in die Rollen des 27. Patriarchen – und rezitiert! So rezitiert der 27. Patriarch ich-los aus eurem Mund die Sūtras der Welt.

4 • Der Buddha weist zum Boden

Als der Buddha mit seinen Schülern spazieren ging, wies er mit der Hand zum Boden und sagte: «Es wäre gut, hier einen Tempel zu errichten.»
Darauf nahm Taishakuten[7] *einen Grashalm, steckte ihn in den Boden und sagte: «Der Tempel ist errichtet.»*
Der Buddha lächelte.

Möglicherweise hat der Buddha mit dem, was hier «Tempel» genannt wird, einen Stūpa gemeint. Ein Stūpa oder eine Pagode wurde und wird immer noch einem großen Menschen, einem Heiligen, einem Bodhisattva oder Buddha gewidmet. Der Stūpa wurde manchmal auch als Grabmal über die sterblichen Überreste gesetzt. Vielleicht aber hat der Buddha auch einen großen Tempel gemeint, in den Menschen hineingehen und Andachten verrichten können.
Wie die Sache sich auch immer verhielt, Śākyamuni war in dieser Geschichte mit seinen Schülern und weiteren Anhängern, einschließlich des altvedischen Gottes Indra, auf einer Wanderung, die ihm ausnehmend gut gefiel. Der Buddha schien aufgeräumt zu sein. An einer bestimmten Stelle wies er mit der Hand zum Boden und sagte:

«Es wäre gut, hier einen Tempel zu errichten.»

Das ist ein großartiger Satz. Er macht aufmerksam: «Passt auf! Seid an gerade dieser Stelle wachsam! In diesem Augenblick und an diesem Ort kann die Erleuchtung euch überfallen wie der plötzliche Tod.»
Im Kōan Nr. 85 in diesem Buch, «Der Lehrer der Nation und die fugenlose Pagode», fordert der Lehrer der Nation den Kaiser auf: «Bau mir eine fugenlose Pagode!» Der Kaiser versteht fälschlicherweise darunter ein Gebäude aus Stein. Aber was, fragt er, hat «fugenlos» zu bedeuten? Diese Geschichte erinnert an das Wort des Buddha, der sagt: «Es wäre gut, hier einen Tempel zu errichten.»

Es geht nicht um einen Tempel oder eine Pagode oder einen Stūpa aus Stein und Gold, sondern es geht um die LETZTE WIRKLICHKEIT. Sicherlich – die LETZTE WIRKLICHKEIT zeigt sich so oder so oder so. Sie zeigt sich auch in Stein und Gold.
Die LETZTE WIRKLICHKEIT, nämlich GEIST an sich, zeigt sich taghell und unmissverständlich in den Dingen, die uns ständig begegnen, und in den Dingen, die wir also erfahren und die wir selber tun. Wir erfahren den GEIST, der die UNENDLICHKEIT ist, auch in den Dingen, die wir fühlen, träumen und sinnlich wahrnehmen. Selbst in den Gedanken begegnet uns diese einzige wahre WIRKLICHKEIT ganz ebenso wie in allem anderen. In den veränderlichen Dingen wie Teller und Tasse und Stuhl erfahren wir das Unveränderliche, das Ver-

7 Śākhādevendra-Indra, der Herrscher der Götter.

änderung erst ermöglicht, ohne etwas zu tun oder sich selbst zu verändern. So bleibt alles in der Tiefe ewig und still.

Bei den Gedanken ist für viele Menschen nur die Gefahr gegeben, dass sie den Denkvorgang, also das Denken an sich, mit den Gedankeninhalten verwechseln – und diese mit der Realität, wofür Denken und Worte nur stehen. Während der Beschäftigung mit den Gedankeninhalten können wir aber Satori nicht so leicht erfahren, vor allem, wenn wir dann auch noch emotional darauf einsteigen und uns an den eigenen Gedankeninhalten aufreiben. Das Denken an sich wäre eigentlich gar kein Hindernis für Erleuchtung. Das wird es erst, wenn wir uns damit identifizieren.

Wenn wir ein Ding auf unserem Weg zutiefst annehmen, mit ihm EINS werden – dies ist nämlich keine Identifizierung im vorigen Sinn – und wenn wir es so durchdringen, dass wir anhand eines solchen Erlebnisses unser Selbstwesen schauen, errichten wir an genau dieser Stelle einen Tempel.
Das geschieht am sichersten, wenn wir die Erfahrung des Einsseins nicht gedanklich, gar rational, wieder auflösen.

Śākyamuni Buddha ist mit seinen Schülern und weiteren Anhängern auf Wanderschaft. Auch der Götterkönig Indra begleitet ihn in dieser Geschichte. An einer bestimmten Stelle auf ihrem Weg deutet der Buddha auf den Boden und sagt:

«Es wäre gut, hier einen Tempel zu errichten.»

Wie machst du das? Tu, was du sowieso tust, nur: *Tu es* ! Mit dem, was du tust, baust du einen Tempel! In der Bibel steht, unser Körper sei ein Tempel des Heiligen Geistes. Damit ist nicht ein frommes Getue gemeint, das wir zu vollziehen hätten, sondern eine Handlung aus einem fugenlosen Guss!

Nimm sorgsam und gesammelt die Teetasse in beide Hände – und trink! So baust du an genau dem Ort einen Tempel.
Geh aufmerksam und freundlich mit dir selbst Schritt für Schritt Kinhin: Jeder Schritt errichtet einen Tempel. Aus deinen Füßen entspringen Tempel über Tempel!
Es heißt, Gott Śiva tanzt, und jedem seiner Schritte entspringen Welten. Das ist dasselbe.
Decke liebevoll und achtsam den Frühstückstisch, Handgriff für Handgriff – der Frühstückstisch wird zu einem Tempel.
In dem Tempel vollziehst du das heilige Opfer, das du selber bist. Da ist dann kein Unterschied mehr zwischen dir, dem Priester, zwischen dir, dem Opfer, und zwischen dir, dem Tempel selbst.
Du bist der Urheber für all deine Handlungen. Sei ein fugenloser, rein im Licht des Erkennens leuchtender Tempel.

Als der Buddha sagt: «Es wäre gut, hier einen Tempel zu errichten», nimmt Taishakuten, der Herrscher der Götter, einen Grashalm, steckt ihn in den Boden und sagt: «Der Tempel ist errichtet.»

Der Buddha lächelt. Das ist die Bestätigung.
Taishakuten ist der «Herrscher der Götter». Im alten Indien der Veden ist er der höchste Gott unter allen Göttern. Sein Sanskrit-Name lautet «Śākhādevendra-Indra». Hauptsächlich ist er als «Indra» bekannt. Indra antwortet dem Buddha sofort und ohne zu zögern, als dieser sagt: «Es wäre gut, hier einen Tempel zu errichten.» Wir können daran sehen, dass zwischen Gott, einem Himmelswesen und uns kein prinzipieller Unterschied besteht. Wir alle können Tempel errichten, wo immer wir wollen.

Wie hat Taishakuten den Tempel errichtet? Er pflanzte einen Grashalm in den Boden. Er vollzog hiermit eine fugenlose Tat, eine Tat aus einem Guss, in welcher sich DIE WESENSNATUR manifestierte. Der Tempel stand. Der Buddha lächelte.

Im Judentum heißt es, mit einer vollständigen Tat schafft der Mensch einen Engel. Beendet aber der Mensch seine Tat nicht, sondern bricht seine Handlung zu früh ab, wird auch der Engel nicht vollständig. Er behält eine unvollständige Gestalt: Vielleicht fehlt ihm ein Arm oder ein Flügel. Vielleicht hat er kein Gesicht oder bleibt gar nur halb. So tritt die unvollständige Engelgestalt immer wieder vor ihren Menschen hin und sagt: «Vollende mich, sonst finde ich keine Ruhe!» Unsere Taten sollten abgerundet, vollständig und aus einem Guss sein. Wir sollten vollständige Engel schaffen – oder auch fugenlose Tempel. Unsere Taten sollten kein Stückwerk bleiben. Schaffen wir keine unglücklichen Engelgestalten und keine unfertigen Tempel! Dies würde uns selbst sehr unglücklich machen.
Errichten wir mit großer Achtsamkeit vollständige Tempel – immer wieder nur jetzt sofort *hier an diesem Ort*!

Sag dir ab und zu selber: «Es ist gut, hier einen Tempel zu errichten!», und dann sammle all deine Aufmerksamkeit in EINS und tu die vollständige Tat! Auf diese Art wirst du nie mehr das Opfer anderer oder der «Umstände» sein, sondern der Urheber deines Lebens und der Verantwortliche für alles, was dir geschieht. Du bist dann ein wahrer Schüler des Buddha und ein Bodhisattva. Wo auch immer du auftauchst, stehen die Tempel deiner Handlungen aus einem Guss, in denen sich die UNENDLICHKEIT rein und kristallklar leuchtend offenbart.

5 • Seigens «Reispreis»

Ein Mönch fragte Seigen[8]*: «Was ist das Wesen des Buddhismus?»*
Seigen antwortete: «Was kostet der Reis in Roryo[9]*?»*

Da kommt so ein Zen-Schüler zu seinem Meister und fragt ihn sehnsüchtig nach seinem eigenen tiefsten WESEN, das ihm selbst noch so unbekannt ist. Er sehnt sich nach der Erkenntnis seiner eigenen Tiefe, nach Erkenntnis dessen, was die Welt zusammenhält, nach Erkenntnis des Urgrundes aller Gründe. Er sehnt sich nach seinem ewigen Zuhause. Schließlich hat er sich der Schulung durch seinen Meister überlassen, weil er die Erleuchtung erreichen will. Er will in allererster Linie *sich selbst* finden. Vielleicht kann der Meister ihm ja auf die Sprünge helfen. Vielleicht kann der Meister ihm das Geheimnis sagen, ihm einen Tipp geben, ihm eine Ekstase machen, ihm eine wirkungsvolle Übung geben oder ihm ganz einfach nur erzählen, was das Wesen der Welt ist, das BUDDHA-WESEN, die WESENSNATUR. Vielleicht kann sein Meister ja etwas für ihn *tun*, um Gottes Willen! Viele Menschen auf der Erde setzen für dieses Ziel, das SELBSTWESEN zu erfahren, viele Jahre ihres Lebens oder sogar ihr ganzes Leben ein, so vielleicht auch dieser Mönch. Es ist ihm auch fast zu wünschen.

Der Mönch meint vielleicht, das Wesen des Buddhismus sei außerweltlich oder überweltlich, metaphysisch, transzendent und herausgehoben aus allem Profanen. Ganz sicher, so meint er wohl, habe das Wesen des Buddhismus nichts mit den alltäglichen Angelegenheiten zu tun. Das Wesen des Buddhismus ist schließlich das Heiligste des Heiligen. Es ist hocherhaben und sehr zu verehren. Es ist das WESEN, das die Welt durchdringt, trägt und erhält, und dementsprechend wird vielleicht auch die Antwort von Meister Seigen ausfallen. So meint der Mönch wahrscheinlich. Er hat schließlich schon viel darüber gehört und gelesen, nur erfahren hat er es noch nicht.

Immer wieder wird im Zen darauf hingewiesen, dass das Allerheiligste sich auch in den allerprofansten Dingen zeigt. Welcher Trost das ist! Das Heiligste der Welt ist zugleich ihr ganz alltägliches Wesen. «Der alltägliche Geist ist der WEG», heißt es im *Mumonkan*, Fall 19. Und so antwortet Meister Seigen dem nach dem Wesen des Buddhismus fragenden Mönch: «Was kostet der Reis in Roryo?» Das Wesen des Buddhismus ist ja zugleich auch das Wesen all des alltäglich Profanen im Leben.
Seigen weist den Mönch liebreich auf das Allernächste des Alltäglichen hin: «Was kostet der Reis in Roryo?» Was kostet die tägliche Nahrung des Menschen, die tägliche Nahrung auch dieses Mönches? Der ursprüngliche Geist ist uns nämlich ganz, ganz nah, ja näher als

8 Seigen Gyōshi, chin. Qingyuan Xingsi (660–740).

9 chin. Luling.

nur ganz, ganz nah. Alle Menschen und auch unser Mönch, der sich nach Erleuchtung sehnt, sind daraus gebildet.
Ob der Mönch versteht? «Was kostet der Reis bei euch zu Hause?» Oder ob er sich vor den Kopf geschlagen fühlt? Und doch hat der Meister in seiner großen Güte die einzig treffende Antwort gegeben: Er weist unmittelbar auf das gerade existierende alltägliche Faktum hin! In ebendiesem Faktum zeigt sich hell und klar das Wesen der Welt, das Wesen des Buddhismus!

Vor längerer Zeit hatten wir in unserem HAN einmal eine Liste mit alltäglichen Fakten, mit ganz profanen Erscheinungen des Lebens. Diese Liste möchte ich euch jetzt noch einmal vorlesen. Die Überschrift heißt: «Die Welt der Form».

Moleküle
Infrarot-Strahlung
Migräne
Sandkasten
Lichtquanten
Eifersucht
Morphogenetische Felder
Elektrizität
Erbmasse
Geschwindigkeit
Magersucht
Kernphysik
Wutanfall
Katzenohr
Gammastrahl
Gedanken
Pflastersteine
Bedürfnisse
Leben
Euro
Schöpfung
Geburt
Sephirothbaum
Flugzeugträger
Tiere
Häuser
Außerkörperliche Experimente
Türme
Wasser
Sterbeerfahrung

Lederhosen
Ufologie
Melodramatik
Winter
Wärme
Kino
Pathologie
Temperatur
Galaxien
Kaminkehrer
Exorzismus
Mülleimer
Psychodrama
Thora
Schwingung
Versmaß
Anziehungskraft
Heiligenschein
Holzklötzchen
Halluzination
Galaxie
Sehnsucht
Amida
Schwarzes Loch
Heilen
Quarks
Historie
Tiefschlaf
Gier, Zorn und Verblendung
Neurolinguistisches Programmieren
Reparaturset
Teleportation
Regen
Rituale
Außersinnliche Wahrnehmung
Traum
Politik
Rummelplatz
Wahnvorstellungen
Sockenstopfgarn
Wünsche

Staatskriminalität
Seifenblasen
Berufsausübung
Musik
Siebenter Himmel
Vergnügungssucht
Ehrgeiz
Bargeldloser Zahlungsverkehr
Sinnliche Wahrnehmung
Theater
Humanismus
Schlamassel
Sparstrumpf
Bilokation
Weltuntergang
...
und so weiter und so weiter.

Die Dinge der Welt der Form hören niemals auf. Ihre Ketten von Ursache und Wirkung sind grenzenlos. Und doch wird jedes einzelne Ding, das entstanden ist, wieder untergehen. Gott sei Dank! Welche Beruhigung und welcher Frieden, welch tiefe Entspannung liegen in dieser Tatsache!
Nur zur Erinnerung: Diese Tatsache bedeutet nicht «Tod». Tod gibt es nicht.

Die Dinge der Welt sind also hinfällig, auch wenn immer wieder neue auftauchen. Sie sind wie Träume und Schäume, wie Schall und Rauch. Sie sind platt, oberflächlich und profan. Wenn wir Menschen einige der profanen Dinge für «sakral» erklären und sagen: «Diese Dinge sind heilig», *erklären* wir sie nur irrtümlich für heilig und herausgehoben aus allem anderen. Wir geben dann diesen Dingen künstlich die Bedeutung von «heilig». Die Welt kümmert sich jedoch nicht darum. Gott kümmert sich auch nicht darum. Unsere Erklärungen der Welt sind unerheblich und interessieren die Wirklichkeit nicht. Tatsächlich und in der Unendlichkeit ist kein Ding heiliger als ein anderes, aber es ist auch keines unheiliger als ein anderes. So sind alle Dinge gleichermaßen heilig und unheilig. Sie *sind* nur. Das ist alles. Das ist ihre natürliche Vollkommenheit.
In den zarten und wunderschönen, aber auch vordergründig hässlichen Dingen der Welt zeigt sich ihr WESEN.
In jedem Ding zeigt sich sein BUDDHA-WESEN. In der ganzen Welt der Dinge zeigt sich die WESENSWELT.
Das ist das Gleiche.

Da sich in der Welt der Erscheinungen das BUDDHA-WESEN zeigt, gebührt den zauberhaften Dingen und Wesen unserer Welt und unseres irdischen Lebens unsere Liebe und unsere Achtung. Wir verneigen uns vor den Dingen, dem Raum, dem Weihrauch, vor unserem

Platz und voreinander. In Wahrheit verneigen wir uns damit vor dem WESEN all dieser Dinge. Es ist unser eigenes und unser aller WESEN.
In den Dingen und Tatsachen der Welt offenbart sich uns das Wunderbare.
In jedem Ding auf unserer Liste erscheint uns aus seiner Tiefe heraus das EINE und EINZIGE WESEN.
Inmitten des Weltgetümmels zeigt sich uns der tiefe und glückselige Frieden.
Aus jedem Geräusch, jeder Autohupe, jeder Elektrosäge, jedem zarten Glockenklang singt die BUDDHA-NATUR ihr Lied.
Ganz plötzlich kann ein Mensch mithilfe eines Anblicks, eines Lautes in die Ewigkeit des WESENS DER WELT, des WESENS DES BUDDHISMUS fallen.
Kopfüber, kopfunter und ohne jemals anzukommen fließt der glückselige Frieden in einem unendlichen Strom des SEINS – und ist voll grenzenloser Freude doch immer schon da und angekommen.

Meister Seigen bietet diese wunderbare Erfahrung seinem die Wahrheit suchenden Schüler an, indem er ihn fragt: «Was kostet der Reis in Roryo?»

Das ist, als würde ich euch fragen: «Wie hoch sind inzwischen die Mieten in Niedersachsen?» oder: «Wie steht der Euro zur Zeit?» oder: «Was unternehmen wir am Wochenende?»

Das betrifft auch praktische Überlegungen:
Was ist denn jetzt gerade? Wer räumt den Schnee weg? Muss noch etwas eingekauft werden? Ich freue mich auf das Mittagessen. Was gibt es denn heute?

All diese kleinen Dinge offenbaren das WESEN des Buddhismus. Selbstverständlich ist hiermit keine gesprochene, gelesene oder gehörte Lehre gemeint, die «Buddhismus» hieße. Gemeint ist das WESEN von allem, also auch vom Buddhismus. Und dieses WESEN leuchtet als die Wahre Lehre, die sich ständig selber lehrt, von Augenblick zu Augenblick, von Jetzt zu Jetzt. Dieses ist es übrigens, warum Śākyamuni sein Rad der Lehre anwarf.

Um genau zu sein, lief dieses Rad auch vorher schon, aber der Buddha wies unmissverständlich darauf hin! Er zeigte es! Er bewies es, und er lehrte es – auch für die Unverständigsten. Er schubste das Rad noch ein bisschen stärker an. Und er führte seine Schüler und später durch sie viele Generationen von Schülern in die praktische Erfahrung des WESENS des Buddhismus, des WESENS der Welt!

So wurde auch der Mönch in unserem Kōan unmissverständlich durch seinen Meister Seigen in die Wirklichkeit geführt. Ob der Mönch dieses große Geschenk erfassen konnte? Nehmen wir das an, dass er es allerspätestens und zumindest jetzt erfasst!
Hier zu dieser Stunde und in diesem Raum!

Denn hier und immer nur hier und in diesem gesegneten Augenblick leuchtet das WESEN, und zwar das WAHRE WESEN des Buddhismus rein und klar, und wir alle baden in ihm.

6 • Basos «Schwarz und Weiss»

Ein Mönch fragte Großmeister Ba: «Weg von den Vier Grundsätzen, jenseits der Hundert Verneinungen[10]*, zeigt mir, Meister, bitte unmittelbar den Sinn von Bodhidharmas Kommen aus dem Westen!»*
Meister Ba sagte: «Heute bin ich müde. Ich kann es dir nicht erklären. Geh und frage Chizō!»
Der Mönch fragte Chizō. Chizō sagte: «Warum fragst du nicht unseren Meister?»
Der Mönch sagte: «Er sagte, ich solle dich fragen.»
Chizō sagte: «Heute habe ich Kopfschmerzen; ich kann es dir nicht erklären. Geh und frage Bruder Kai!»
Der Mönch fragte Bruder Kai. Kai sagte: «Was das angeht – davon habe ich keine Ahnung.»
Der Mönch erzählte Großmeister Ba davon. Meister Ba sagte: «Hast du auch bemerkt: Chizōs Kopf ist weiß, Kais Kopf ist schwarz»?

Dieses Kōan entspricht auch dem Fall Nr. 73 im *Hekiganroku*, und zwar unter dem Namen «Meister Ba und die ‹Hundert Verneinungen›».

Großmeister Ba beziehungsweise Baso Dōitsu ist der große und berühmte chinesische Rinzai-Meister Mazu Daoyi. Heute möchte ich diesen Meister gern bei seinem echten Namen Mazu nennen.
Meister Mazu (er lebte von 709 bis 788) bildete eine Reihe von großen Zen-Meistern aus, unter anderen Baizhang und Nanquan, die in Europa unter ihren japanischen Namen Hyakujō und Nansen bekannter sind.
Mazu würde ich den Prototyp eines wilden, großen und starken chinesischen Zen-Meisters nennen. Er war ein Geistesriese und großer Psychologe, der seine Schüler – durch Schreie, Schläge und andere markante Maßnahmen wie die Nase des Schülers herumzudrehen – im genau richtigen Augenblick ins Satori stoßen konnte. Wenn ich euch derart für ein Satori maltraitieren würde, käme die Polizei und würde mir Handschellen anlegen. In einem asiatischen Zendō aber gelten auch heute immer noch andere Regeln als sonst überall im dortigen Staat, und niemand von staatlicher Seite dort tut einem Zen-Meister etwas an, wenn er seine Mönche und Schüler grob anfasst. Satori steht eben an oberster Stelle, viel höher als zum Beispiel eine berufliche Karriere jeglicher Art, ja, manchmal selbst höher als das Leben.

Nun zu unserer Geschichte:
Es kam ein Mönch zu Großmeister Mazu und stellte ihm eine wichtige Frage, nämlich eine

10 Das heißt, frei von allen philosophischen Theorien und Konzepten.

klassische und typische Frage, mit der – nur scheinbar – nach dem ersten chinesischen Zen-Meister in China, Bodhidharma, gefragt wurde, obwohl damit in Wirklichkeit immer die WESENSNATUR und deren Schau gemeint war, also die Erleuchtungserfahrung – und nicht Bodhidharma. Dieser Mönch war besonders schlau, und er erweiterte die Frage ein wenig. Er wollte, dass Mazu sich eben noch etwas mehr Mühe also sonst geben sollte. Der Mönch wollte von vornherein landläufige und rationale Antworten – oder die er dafür hielt – ausschließen.
Und so fragte der Mönch den großen und berühmten Meister Mazu: «Weg von den ‹Vier Grundsätzen› und jenseits der ‹Hundert Verneinungen› – zeigt mir bitte unmittelbar, Meister, den Sinn von Bodhidharmas Kommen aus dem Westen!»

Ein buddhistischer Gelehrter hat mir mitgeteilt, dass der Begriff «die Vier Grundsätze» sicher auf falscher oder wenigstens ungeschickter Übersetzung beruht. Denn es gibt zwar die «Vier Weisheiten», die in die fünfte münden, und die «Vier edlen Wahrheiten». Vielleicht ist mit der Übersetzung «Vier Grundsätze» eines davon gemeint. Wir vertiefen uns jetzt aber nicht in Weisheiten, Wahrheiten oder Grundsätze, nachdem weder der fragende Mönch noch der gefragte Meister etwas damit anfangen wollten. Begriffe sind eben nicht die Wirklichkeit, sondern kommen nur aus dem begrifflichen Denken. Gerade davon möchte aber der Mönch klugerweise nichts hören.

Ebenso verhält es sich mit den «Hundert Verneinungen», die einfach alles verneinen, was man sprachlich und philosophisch überhaupt nur verneinen kann, also auch die Verneinung und die Verneinung der Verneinung. Auch das führen wir jetzt nicht aus. Hättet ihr etwas davon? Nein. Und dies war auch dem Mönch klar, der sich sehnte, die Wirklichkeit ganz ohne Zuhilfenahme von Theorien und Konzepten zu erfahren.
Er wollte die reine Wirklichkeit erfahren, nicht mehr und nicht weniger. Darum fragte er so raffiniert. Selbst Mazu sollte keine Möglichkeit mehr haben, auszuweichen vom Wesentlichen.

Nun würde der Meister nicht mehr ausweichen können, hofft der Mönch! Er würde ihm nichts über Bodhidharma erzählen, nichts über Bodhidharmas Aussagen, nichts über buddhistisch-philosophische Aussagen über die ‹Vier Grundsätze› und nichts über ‹Verneinungen›. Vielleicht hatte der Mönch ja allerhand Buddhistisches studiert und gelernt. Und er hatte die Nase voll. Er hatte die Wirklichkeit selbst eben noch nicht erfahren und lehnte darum alle Theorien und Worte *über* die Wirklichkeit, über die einzige und Letzte Wirklichkeit, ab.

Mazu war voll großer Güte, und so gab er ihm die gewünschte Antwort, indem er ihm die Wirklichkeit ohne Erklärungen, ohne Philosophie und traditionelle Schriftinhalte selber zeigte! Mazu antwortete: «Heute bin ich müde; ich kann es dir nicht erklären. Geh und frage Chizō!»

Nun, der Mönch ist enttäuscht, schade, aber er hat nichts gemerkt. Er hat die treffende Antwort von Mazu nicht verstanden. Er hat nicht bemerkt, dass er die von ihm selbst gewünschte Antwort erhalten hat. Aber er geht doch hoffnungsvoll zu Chizō, einem anderen Mönch und stellt ihm die Frage.

Chizō riecht Lunte und fragt misstrauisch: «Warum fragst du nicht unseren Meister?»
Der Mönch sagt: «Er hat mich zu dir geschickt, weil er heute selbst zu müde ist, mir die Antwort zu geben.»
Na, da weiß Chizō Bescheid, und er macht des Meisters Belehrung nicht hinfällig, indem er seinerseits jetzt etwa mit Erklärungen beginnen würde. Nein, er bläst in Mazus Horn und antwortet dem fragenden Mönch: «Heute habe ich Kopfschmerzen, ich kann es dir nicht erklären. Geh und frage Bruder Kai!»
Begreift der Mönch nun endlich? Aber nein, er sieht nicht die reine Wirklichkeit! Er könnte sich die Haare raufen. Er erfasst nicht, was es ist. Er erfasst nicht dies: Müdesein ist es! Kopfschmerz ist es! Um die Menschen auf das jeweils jetzt aktuelle Faktum hinzuweisen, das immer nur das reine Dharma-Tor ist, haben Meister bis heute sich aufgemacht, ihren Finger auf das jetzt aktuelle Faktum zu legen. Die Menschen aber glauben: «Dieser Meister spinnt! Was für sinnloses Zeug redet er da? Was für Quatsch macht er da? Warum beantwortet er meine Frage nicht?»
Sie sehen nicht, dass ihnen nur gezeigt wird, was gerade ist – und dass dieses Jetzige die einzige göttliche Wirklichkeit ist, die existiert!

Denn die göttliche Wirklichkeit findet nur jetzt statt. Vorher und nachher kann sie nicht stattfinden.

Wenn es eine göttliche Wirklichkeit gibt, die gerade jetzt stattfindet, was ist dann eine nichtgöttliche Wirklichkeit? O, die gibt es nicht. Zwar gibt es menschlichen Missbrauch von göttlichen Kräften, aber was immer geschieht, was in diesem einzigen und ewigen Jetzt geschieht, ist göttliche Wirklichkeit.

Der Mönch stöhnt innerlich, und er findet, niemand hilft ihm weiter. Er möchte endlich seine Antwort bekommen. Dass sie ihm längst mehrmals gegeben wurde, ist ihm entgangen.
Soll er aufgeben? Aber ehe er resigniert, geht er wirklich zu Bruder Kai, einem Mitmönch, und stellt ihm seine immer gleiche Frage.
Auch Kai wirkt mit an der Rettung seines Kameraden. Er hat schon etwas flüstern hören. Er blickt schon durch und weicht durch keinerlei Gerede die wunderbaren Unterweisungen Meister Mazus und Bruder Chizōs auf.
Kai sagt: «Was das angeht – davon habe ich keine Ahnung.»

Nun ja, dem Mönch wurde alles weggenommen, woran er sich bis dahin vielleicht noch festgebissen hatte. Sein Kopf war leer. Er wusste keine Lösung mehr für sein Anliegen. Die hundert Verneinungen und alle Verneinungen der Welt und der Menschheit waren ihm ganz, ganz weit entschwunden. Sie interessierten ihn nicht mehr. Und die vier Weisheiten oder welche sonstigen vier Gehirninhalte hingen ihm, wie schon gesagt, sowieso längst zum

Hals und zu den Ohren heraus, und das Interesse an ihnen war weit, weit weg. Auch schlaue Sätze, um Meister hereinzulegen, kriegte er nicht mehr zusammen.
So kehrte er bald wieder zu Meister Mazu zurück und berichtete ihm von seinen vermeintlichen Missgeschicken.
Mazu freute sich: Seine Mönche hatten gute Arbeit gemacht! Mazu rieb sich heimlich die Hände. Und dann sagte er langsam und sanft: «Hast du auch bemerkt, dass Chizōs Kopf weiß ist, Kais Kopf aber schwarz?»

Wumm – da muss der Mönch einfach knallhart gemerkt haben, was Sache ist! Nämlich dies ist weiß, das ist schwarz, dies ist hart, das ist weich, dies ist so und jenes so. Aber vor allem: Hier, hier und immer nur hier ist die eine und einzige Wirklichkeit!

Wer das erfasst, erkennt sich selbst, erkennt die Welt und erkennt Gott – und immer ist es Gott, und immer ist es er selbst, und niemals ist es etwas anderes ...

Wer hatte nun Recht? Mazu oder Chizō oder Kai oder der suchende, fragende Mönch? Nun, zuerst hat der Mönch Recht: Seine wunderliche Frage ist Ausdruck seiner WESENSNATUR, und einer nach dem anderen setzt etwas oben drauf, was aber ebenfalls immer nur Ausdruck der einzigen und einen WESENSNATUR ist – und nie etwas anderes.

So ist es. Alle haben es ihm beantwortet, gezeigt, bewiesen.
Hat er es denn schließlich bemerkt?
Das aber ist letztlich nicht die Frage. Was ist denn dann die Frage? Die Frage ist: Habt *ihr* es begriffen? Habt *ihr* es erfasst?

Jeder Augenblick, wie auch immer er sich euch zeigt, ist ein Dharma-Tor, das euch hindurchführt in das WESEN DER WELT. Wenn ihr nur richtig erlebt, was ihr erlebt, und tut, was ihr tut – nämlich dies überhaupt merkt, dass ihr es tut!

7 • Yakusan steigt auf das Podium

Yakusan war schon lange nicht mehr auf das Podium gestiegen. Da sagte der oberste Mönch: «Die Mönche warten schon lange begierig auf Unterweisung. Daher möchte ich Euer Ehrwürden fragen, ob Ihr nicht eine Dharma-Unterweisung geben wollt.»
Darauf ließ Yakusan die Glocke läuten und die Trommel schlagen.
Die Mönche versammelten sich. Yakusan betrat das Podium, und nachdem er eine Weile dort gesessen hatte, stieg er wieder herab und kehrte in sein Gemach zurück.
Der oberste Mönch folgte ihm und fragte: «Ihr wolltet doch eine Dharma-Unterweisung geben, wieso habt Ihr kein Wort gesagt?»
«Für Sūtras gibt es Sūtra-Fachleute. Für Vorlesungen gibt es Lehrer, die Vorlesungen halten. Was fällt dir ein, diesen alten Mönch infrage zu stellen?», antwortete Yakusan.

Meister Yakusan[11] pflegte im Gegensatz zu anderen Zen-Meistern dem Buddha und den Mönchen nicht gern Dharma-Unterweisungen im traditionellen Sinn anzubieten. Das heißt, er gab nicht Teishō. Wenigstens hatte er dieses schon lange nicht mehr getan. Es heißt, er sei schon lange nicht mehr «auf das Podium gestiegen». Vielleicht sagt ihr auch eines Tages: «Die Sabine hat sich schon seit Jahren nicht mehr hinter ihr schwarzes Pult gesetzt und uns Teishō gegeben.»
Ich werde es mir überlegen.

Übrigens gibt es dazu auch keine Pflicht. Es gibt Zen-Lehrer, die das äußerst selten oder überhaupt nie tun. In Japan soll ein alter Meister sein, der seine Schüler nicht durch Worte unterweist und der auch nicht rezitieren lässt. Die Schüler sitzen nur. Alles Übrige erspart er ihnen und sich. Auf die Art lehrt er natürlich den reinen und unverfälschten Dharma und er stört die Übermittlung des Dharma nicht durch dumme Worte. Alle Worte sind dumm. Vielleicht ist dieses eine gescheite Bemerkung, aber alle gescheiten Bemerkungen sind ebenfalls dumm. Würde der alte Meister reden, würde er zwar nicht wirklich den Dharma selber verfälschen, aber das Verständnis der Schüler für den Dharma wäre etwas behindert.
Leider wäre das Verständnis des Dharma bei den Schülern noch viel mehr behindert, wenn niemals etwas dazu gesagt wird. So kommt man als Lehrer auf dem Weg um das Reden kaum herum.

Ich habe schon öfter von meiner Freundin in einer anderen Stadt in einem anderen Land erzählt. Ich habe ihr versprochen, niemals in der Öffentlichkeit ihren Namen im Zusammenhang damit, welches ihr Status und ihr Rang ist, zu nennen und sie auch niemals in

11 Yakusan Igen, chin. Yaoshan Weiyan (745–828).

diesem gleichen Zusammenhang unter Nennung ihres Namens zu loben. Darum sage ich nicht, wie meine Freundin heißt und wer sie ist.
Sie ist meine beste Freundin. Wir sehen uns niemals, und doch ist sie meinem Herzen nah, und wir sind nie getrennt.
Meine Freundin war in meinen Augen von Anfang an die hervorragendste und fähigste spirituelle Schülerin in unserem Sangha bei unserem Lehrer, und sie ist seit jeher der am weitesten entfaltete und am tiefsten erleuchtete Mensch unter allen Zen-Menschen, die ich kenne. Sie hat nicht nur den vollen Durchblick, sondern sie lebt diesen Durchblick. Sie steht mit den Füßen auf dem Boden im Gegensatz zu so manchen anderen spirituellen Leuten, von denen einige zum Schweben neigen. Sie ist ein herrliches Beispiel für eine voll integrierte Persönlichkeit, die mitten im Leben steht und die Menschen durchschaut. Meine Freundin ist, wie erwähnt, ausgebildet und besitzt die volle spirituelle Lehrerlaubnis. Sie wollte diese Beauftragung zuerst nicht annehmen, tat das dann nach gutem Zureden eines Freundes aber doch.
Diese Freundin sagte zu mir: «Ich werde nicht Teishō geben. Ich werde nur unter den Brücken sitzen und die Leute anschauen.» Ein andermal sagte sie: «Falls ich doch einmal in die furchtbare Lage kommen sollte, Teishō zu geben, werde ich ins Zendō gehen und eine Kerze anzünden. Danach werde ich die Kerze wieder auspusten und das Zendō verlassen.» Nun, dieses wäre eine wunderbare Dharma-Unterweisung.

Falls meine Freundin jemals zu uns kommt, werde ich sie um ein Teishō bitten.
Ich vermute aber eher, dass sie uns nicht mit ihrem Besuch beehren wird, auch wenn unsere tiefe Freundschaft unauflöslich bleibt.

Als diese hervorragende Zen-Schülerin ihre Lehrer-Ernennung erhielt, war ich dabei. Die Zeremonie war morgens um sieben Uhr. Hans Neundorfer und ich fuhren in aller Herrgottsfrühe mit dem Zug nach Würzburg. Als die Zeremonie vorüber war und wir alle beim Frühstück saßen, sagte meine Freundin: «Ich mache es wie Jōshū. Ehe er zu lehren begann, wartete er dreißig Jahre. So lange warte ich auch.» Alle paar Tage und Wochen teilte sie mir mit: «Jetzt sind es schon dreißig Jahre weniger fünf Tage – weniger drei Wochen – weniger fünf Monate» und so weiter. Inzwischen hat sie das Rechnen aufgegeben. Das ist gut, denn sonst käme sie in eine überflüssige Bredouille. Sie war von der Idee, Teishō zu geben und zu reden, nicht erbaut. Nur im Geheimen führt sie diesen oder jenen Menschen, der sich um Hilfe an sie wendet, auf seinen richtigen Weg. Sie ist wirklich ein Geheimtipp. Niemand darf sie verraten. Sie nimmt keine Schüler an. Wie man es anfangen muss, sie zu erreichen, ist ein Rätsel. Sie sagt immer Nein. Diese Lehrerin will partout nicht Belehrungen geben.

Meine Freundin hat mir einmal in einem Telefongespräch Folgendes erzählt: «Ich wollte neulich alle meine Kōan-Bücher und alle Notizen über die Kommentare und Bemerkungen einiger Meister, die ich mir zu den Kōan angefertigt hatte, verbrennen. Ich war schon fast dabei, da dachte ich: ‹Ich will doch nicht so voreilig sein, sondern zwei Wochen warten. Wenn ich diese gesamten Kōan-Unterlagen dann immer noch verbrennen will, dann verbrenne ich sie.› Als die zwei Wochen herum waren, wollte ich die Sachen immer noch verbrennen. Da habe ich sie alle verbrannt.»

Eine Weile später teilte sie mir mit, sie habe auch ihr Kyōsaku und die Schlaghölzer im Freien verbrannt. Tja, das war's dann. So hat meine Freundin auf ihre Weise der WESENSNATUR die LEERHEIT demonstriert.
So hat sie dem DHARMA gedient und der WESENSNATUR Ehre erwiesen.
Ob die WESENSNATUR das wohl brauchte?
Ob meine Freundin das wohl brauchte?
Nein, niemand brauchte etwas.
Da wir aber auf der Erde in einer Form leben und uns in der Form ausdrücken, müssen wir von morgens bis abends *irgendetwas* tun, ob wir nun unsere Kōan-Bücher verbrennen oder mit ihrer Hilfe üben oder ob wir etwas anderes damit unternehmen oder es auch bleiben lassen, ob wir Kaffee trinken, einen Krimi lesen, einkaufen gehen, telefonieren oder sonst etwas tun. Immer drücken wir das Wesen aus, und wenn wir nichts tun, drücken wir auch darin unser Wesen aus.

Wer weiß, vielleicht verbrenne ich alle meine und eure Kōan-Bücher auch einmal. Da ich aber niemanden imitiere, werde ich die Bücher vielleicht beerdigen. Oder ich werde so weitermachen wie bisher, in der Hoffnung, dass ihr mitbekommt, dass alle Kōan-Aufgaben, Kōan-Lösungen, Kōan-Auslegungen und auch die Bücher leer sind. Und auch das Lesepult kommt nicht davon: Es ist ebenfalls leer.

Die LEERHEIT aber drückt sich in den großen und kleinen Dingen aus und bleibt doch immer leer. Alle Dinge sind aus Leerheit gebildet. LEERHEIT ist ihr immaterielles «Material», aus dem sie gebaut sind.

Wenn ein Lehrer nun kein Wort spricht, begreifen dann die Schüler schneller, was Sache ist? Ich fürchte, in dem Fall begreifen sie gar nichts! Es benötigt einen durchblickenden Schüler, um das Schweigen eines Lehrers zu begreifen. Und das kommt selten vor. Darum reden spirituelle Lehrer notgedrungen ja doch.

In der Geschichte des «Nicht-Buddhisten», es heißt, eines Brahmanen, der nicht Buddhas Schüler war, schwieg der Buddha lange Zeit still, und der sogenannte «Nicht-Buddhist» erwachte zur Wahrheit. Der konnte begreifen.

Es gab viele solche Begebenheiten, in denen ein Meister schweigend lehrte. Erleuchtet wurden aber nicht alle «Zuhörer» dadurch. Darum wird, wie gesagt, meistens ja doch geredet. Das Reden aber ist nur dann im heilsamen Sinn wirkungsvoll, wenn die Rede den Zuhörern alle täuschenden Ideen und Konzepte aus dem Gehirn zieht – und die Zuhörer sich nicht dagegen sträuben.

Nun wieder zurück zu unserer Geschichte mit Meister Yakusan: Yakusan lebte wahrscheinlich von 745 bis 823. Er war der 36. Zen-Patriarch. Mit seinem chinesischen Namen hieß er, wie wir wissen, «Yaoshan Weiyan». Mit 17 Jahren wurde er Mönch.

Meister Yakusan wurde ein alter Mann. Er wollte, wie schon berichtet, nicht viel reden, um seine Schüler zu schulen. Der Dharma lehrt sich selbst. Er spricht bereits für sich selbst. Wozu noch Worte machen, um ihn zu verdeutlichen? Worte verundeutlichen den Dharma für diejenigen Schüler, die versuchen, die Wortinhalte rational zu verstehen. Das ist die große Gefahr. Diese Gefahr treibt auch in der christlichen Theologie fleißig Blüten. Wenn ihr euch den Worten aber aussetzt wie die Kinder, die noch keinen großen Intellekt entwickelt haben können, dann kriegt ihr ES mit.
Nicht die Worte an sich sind schlecht, sondern was die Zuhörer daraus machen, kann schaden. Dann wurde etwas anderes abgeschickt, als was ankommt. Je nach den in jungen Jahren erhaltenen Konditionierungen der Zuhörer kommt etwas Unterschiedliches bei diesen an. Es muss aber dasselbe wie das Abgesandte ankommen. Selbstverständlich trifft dies nur zu, wenn der Lehrer die reine, kristallklare und unverfälschte Lehre den Schülern anbietet und die Schüler diese Unterweisung unverfälscht aufnehmen.

So muss es sein beim Lehren und beim Lernen: Die Wirklichkeit wird abgesandt, und die Wirklichkeit kommt an.

Die Verantwortung dafür liegt beim Absenden auf der Seite des Absenders und beim Empfangen auf der Seite des Empfängers. Ja, die Schüler müssen unbedingt für sich, für ihre treue Übung und spirituelle Entwicklung die Verantwortung übernehmen. Und doch kommen so viele Meister in die Lage, den Schülern deren eigene Einsicht erst vorzukauen.

Nun wieder zu der Begebenheit unseres Kōan: Eines Tages kam der oberste Mönch des Klosters, in dem Yakusan der Meister war, zu diesem und bat ihn: «Die Mönche warten schon lange begierig auf Unterweisung. Daher möchte ich Euer Ehrwürden fragen, ob Ihr nicht eine Dharma-Unterweisung geben wollt.»

Als Yakusan so inständig gebeten wurde, eine Dharma-Unterweisung zu geben, überkam ihn das Mitleid. Er ließ die Glocke läuten und die Trommel schlagen.

Vielleicht könnt ihr auch mal vor dem Teishō außer dem Gong noch die Trommel schlagen, denn allein der Trommelklang ist schon ein Teishō. Der Glocken- oder Gongklang ist ein Teishō. Die Trommel legt den Dharma dar. Die Glocke legt den Dharma dar. Der Gong legt den Dharma dar. Dem Dharma könnt ihr in EINEM AUGENBLICK begegnen. Immer ist es das EINE JETZT. Wozu Worte machen?

Die Mönche versammelten sich glücklich. Yakusan betrat das Podium, und nachdem er eine Weile dort vor den erwartungsvollen Blicken der Schüler gesessen hatte, stieg er wieder herab und kehrte in sein Zimmer zurück.
So übergroß wurde sein Mitgefühl, dass er es nicht übers Herz brachte, ein Wort zu reden. Er verdarb sein wunderbares Teishō nicht. Er schwieg.

Ob wohl alle das Teishō verstanden hatten? Ob alle daraufhin ihr GEISTAUGE geöffnet hatten?
Als Yakusan wieder in sein Zimmer ging, folgte der Erste Mönch ihm und fragte vorwurfs-

voll: «Ihr wolltet doch eine Dharma-Unterweisung geben, wieso habt Ihr denn kein einziges Wort gesagt?»
Yakusan antwortete: «Für Sūtras gibt es Sūtra-Fachleute. Für Vorlesungen gibt es Professoren, die Vorlesungen halten. Was fällt dir ein, diesen alten Mönch infrage zu stellen?»

Ja, so ist es. Der Erste Mönch war begriffsstutzig und konnte das beste Teishō aller Teishōs nicht würdigen. Was hatte er denn erwartet? Er hatte erwartet, dass Yakusan ihm eine Theorie unterbreiten würde, ein «Dies-ist-das-und-das-ist-Dies», ein «Was-wäre-Wenn» und «Stellt-euch-mal-Vor» und «Es-war-einmal-und-es-wird-einmal-Sein». Stattdessen zeigte und bewies der Meister seinen Mönchen die LETZTE WIRKLICHKEIT! Er stürzte sie in das SEIN!
Der Oberste Mönch aber wünschte etwas Minderwertigeres. Er verlangte etwas zu hören, was seinem psychischen Raster, seinen religiösen Vorstellungen, der seiner Konditionierung entsprechend getönten Brille entsprach. Er wollte etwas sehen und hören, was ihn in seinen Seelenkümmernissen vielleicht getröstet, jedoch seinen unerleuchteten Stand zementiert hätte.

Yakusan sagt zu ihm: «Wenn du das wünschst, geh woandershin! Dann bist du hier fehl am Platz! Hier gilt es nur zu SEIN! Was fällt dir ein, mich infrage zu stellen?»
Nur wer weniger durchblickt, stellt für gewöhnlich den infrage, der mehr durchblickt. So läuft es immer wieder. Wie verdächtig und wie peinlich!

Ob der Oberste Mönch auf die letzte Antwort von Meister Yakusan wohl doch noch durchgeblickt hat?

Das ist die Geschichte. Die wunderbare Dharma-Darlegung von Meister Yakusan kann euch selbst hier vollkommen präsent werden, wenn ihr schweigend und hellwach auf eurem Kissen sitzt. Ihr könnt sein Teishō *hören*! Ihr könnt sein Teishō selber sein.

Versucht nicht, irgendwelche geistigen Reichtümer anzusammeln, sondern überlasst euch nur dem SEIN, und das ist *euer* SEIN.
Alles fallen lassen und immer nur SEIN!
Ob Reden oder Schweigen – immer nur SEIN.
Das SEIN lehrt sich selbst in eurem eigenen WESEN ständig und von Ewigkeit zu Ewigkeit, und das heißt JETZT.

Was auch immer gerade ist – und was auch immer gerade nicht ist –, es ist das Sein.

Ende.

8 • Hyakujos «Fuchs»

Wann immer Meister Hyakujō den Dharma lehrte, erschien ein alter Mann bei den Mönchen und hörte mit ihnen zu. Wenn die Mönche die Halle verließen, ging auch er. Eines Tages jedoch blieb er allein zurück. Da fragte ihn der Meister: «Was für ein Mensch bist du, der hier vor mir steht?»
Der alte Mann entgegnete: «Ich bin fürwahr kein Mensch. In ferner Vergangenheit, zur Zeit des Kāśyapa Buddha[12]*, war ich ein Hauptmönch und lebte auf diesem Berg. Einmal fragte mich ein Schüler: ‹Bleibt ein vollkommen Erleuchteter an das Gesetz von Ursache und Wirkung gebunden oder nicht?›*
Ich antwortete: ‹Nein, er fällt nicht unter das Gesetz.›
Wegen dieser Antwort fiel ich für fünfhundert Leben zurück in den Zustand eines Fuchses. Ich bitte Euch, Meister, sagt ein Umkehrwort[13] *für mich und erlöst mich vom Leben eines Fuchses!»*
Dann wiederholte er die große Frage: «Bleibt ein vollkommen Erleuchteter an das Gesetz von Ursache und Wirkung gebunden oder nicht?»
Hyakujō antwortete: «Er leugnet das Gesetz nicht!»
Unmittelbar beim Hören dieser Worte wurde der Greis tief erleuchtet. Er verbeugte sich und sagte: «Jetzt bin ich vom Körper des Fuchses befreit und werde hinter dem Berg wohnen. Nur um eines bitte ich noch den Meister: Vollzieht meine Bestattung nach dem Ritus für einen dahingeschiedenen Mönch!»
Der Meister befahl dem Inō[14]*, der für Ordnungen und Regeln in einem Kloster zuständig ist, mit dem Hammer den hölzernen Amboss*[15] *zu schlagen und den Mönchen zu verkünden, dass nach dem Mittagessen eine Bestattung für einen verstorbenen Mönch stattfinden sollte.*
Verwundert fragten die Mönche: «Sind denn nicht alle gesund? Niemand liegt im Krankenzimmer. Was soll das alles?»

12 Kāśyapa Buddha ist der sechste von den sieben – in Wahrheit mythologischen – Buddhas der alten Zeit. Śākyamuni ist der siebente. Nur er war historisch. Hier soll uns klar werden, dass «zur Zeit von Kāśyapa Buddha» so viel heißt wie «vor langer, langer Zeit».

13 Ein Umkehrwort oder Verwandlungswort – *tengo* – ist ein Wort oder ein Satz mit der Kraft, Illusionen in Erleuchtung zu verwandeln.

14 In einem Zen-Kloster bezeichnet «Inō» (chin. *weina*, sanskr. karmandana) Amt und Titel jenes Mönches, der für die Regeln, Anordnungen und die Registratur der Mönche verantwortlich ist.

15 Zur Ankündigung von Mitteilungen wurde eine Art hölzerner Amboss (jap. *byakutsui*) benutzt. Der Holzklotz war etwa 120 cm hoch, achteckig zugeschnitten und verjüngte sich nach oben. Der ebenfalls achteckig bearbeitete Hammer wurde erst einige Male spiralförmig im Kreis bewegt und dann fest auf den Mittelpunkt des Klotzes geschlagen.

Nach der Mahlzeit führte der Meister die Mönche hinter den Berg zum Fuß eines Felsens und stocherte mit seinem Stock den toten Körper eines Fuchses hervor.
Daraufhin vollzog er die Zeremonie der Feuerbestattung.
Am Abend bestieg der Meister den erhobenen Sitz in der Halle und erzählte den Mönchen die ganze Geschichte.
Sogleich fragte Ōbaku: «Der Greis erhielt wegen einer falschen Antwort die Strafe, fünfhundert Mal in einem Fuchsleib wiedergeboren zu werden. Angenommen, er hätte mit seiner Antwort keinen Fehler begangen, was wäre dann geschehen?»
Der Meister sagte: «Komm nur näher heran zu mir, und ich will es dir sagen!»
Ōbaku näherte sich dem Meister und schlug ihm ins Gesicht.
Der Meister klatschte in die Hände und sagte mit lautem Lachen: «Ich meinte, der Barbar[16] *habe einen roten Bart gehabt, aber nun sehe ich hier vor mir den rotbärtigen Barbaren höchstselbst!»*

Heute nehmen wir uns wieder einmal nach langer Zeit die überaus beliebte Geschichte von Hyakujō[17] und dem Fuchs vor.
Dieses Kōan finden wir auch im *Mumonkan* als Fall 2. Unsere heutige Übersetzung im *Shōyōroku* ist an einigen Stellen sogar noch etwas deutlicher als im *Mumonkan.*
Und nun die Begebenheit: Meister Hyakujō war ein großer, bis heute berühmter Zen-Meister, ein unmittelbarer Nachfolger des Rinzai-Meisters Mazu (jap. Baso). Hyakujō steht also in einer starken Linie von fähigen chinesischen Zen-Meistern.
Hyakujō war außerdem mit sich selber schonungslos ehrlich, und so konnte er eigene noch vorhandene Irrtümer angemessen korrigieren. Er hielt sich nicht etwa mit Selbstvorwürfen auf, was ihn überflüssigerweise nur Energie gekostet hätte, sondern machte immer bei allem, was er tat, Nägel mit Köpfen. Das sehen wir in diesem Kōan.

Hyakujō machte auch Nägel mit Köpfen, wenn es um seine Mönche und Schüler ging. Er war ein wahrer Retter aller Lebewesen, indem er tat, was nötig und jeweils gerade an der Reihe war. Dies tat er vollständig und aus einem Guss.

Als im Lauf der Zeit viele herumreisende Mönche auch Hyakujōs Kloster aufsuchten – das Wandertum der Mönche war nämlich zu dieser Zeit ganz üblich, weil sie von Meister zu Meister zogen, um diesem jeweiligen Meister auf den Zahn zu fühlen und dabei zu lernen und ihre Einsicht zu vertiefen –, da fragte der Meister diese Mönche aus nach ihren Erfahrungen in anderen Klöstern. Wie leben dort die Mönche? Üben sie den Dharma ein, nicht nur theoretisch, sondern in der alltäglichen Umsetzung? Üben sie anständig Zazen? Welche Klosterregeln haben sie da und dort? Wovon leben sie? Nun, und so erfuhr Hyakujō, dass Mönche zwar auf Bettelgang gingen, dass sie aber auch in verschiedenen Zen-Klöstern zur

16 Bodhidharma.

17 Hyakujō Ekai, chin. Baizhang Huaihai (720–814).

Arbeit angehalten wurden, um hierdurch ihren Lebensunterhalt zu verdienen und das Kloster ordentlich zu erhalten. Als Hyakujō erkannte, dass die Arbeit neben dem Zazen auf dem Kissen eine hervorragende Zen-Übung im täglichen Leben sein würde, nämlich Übung der Aufmerksamkeit auch in der Bewegung, in der Tätigkeit, führte er die Arbeit in seinem Kloster ein. Er prägte den Ausspruch: «Ein Leben ohne Arbeit ist ein Leben ohne Essen.» Dies gilt bis heute im Zen.

Hyakujō führte auch eine Reihe von sinnvollen Regeln für das Zusammenleben der Mönche in seinem Kloster ein. Diese Regeln galten bald und gelten bis heute in allen Zen-Klöstern als verbindlich.

Hyakujō selbst arbeitete fleißig und gab den Mönchen ein gutes Beispiel für die schweigende Zen-Übung in der Arbeit. Selbst als er ein alter Mann geworden war, arbeitete er unermüdlich weiter. Seine Mönche bekamen Mitleid mit ihm, weil er wegen seines hohen Alters nicht mehr der Stärkste war, und nahmen ihm die Arbeitsgeräte weg. Daraufhin stellte Hyakujō das Essen ein – gemäß der Regel «Ein Leben ohne Arbeit ist ein Leben ohne Essen». Als er immer schwächer wurde, sagten die Mönche zu ihm: «Meister, wenn Ihr nicht esst, werdet Ihr bald sterben!» Hyakujō hatte nichts dagegen, aber die Mönche protestierten: «Wenn Ihr sterbt, werden wir jetzt im Winter Mühe haben, den hart gefrorenen Boden mit der Hacke aufzuschlagen, um Euch zu bestatten. Bitte, esst doch wieder!» Diese Aussage der Schüler ist etwas merkwürdig, weil ehrenhafte Mönche ja nicht begraben wurden und werden, sondern feuerbestattet. Aber so berichtete unser Lehrer uns die Begebenheit, und er erfuhr sie von Yamada-Rōshi. Immerhin nahm Hyakujō das Ansinnen der Mönche an, und er war einverstanden zu essen, verlangte aber sein Werkzeug zurück. Als der Frühling kam und es wärmer wurde, legte Hyakujō seine Arbeitsgeräte zur Seite, stellte das Essen endgültig ein und starb.
Hyakujō war sehr konsequent im Denken und Handeln.

Diese Konsequenz zeigt sich auch deutlich in unserer Kōan-Geschichte. Als Meister Hyakujō eines Tages erkannte, dass seiner Erleuchtung noch ein kleiner Irrtum, eine kleine Schwäche, anhaftete, handelte er konsequent, um seine eigene Geisteshaltung geradezurücken. Die Überlieferung sagt nämlich, Hyakujō selbst sei der alte Mann gewesen, der ihm bei der Unterweisung der Mönche zuhörte. Ja, Hyakujō hatte zwar eine zuverlässige Erleuchtung erreicht; auch wusste er sicher, dass ein voll Erleuchteter zwar kein neues unheilsames abhängiges Entstehen mehr in die Welt setzen musste, dass es für einen Erleuchteten aber doch galt, aufzupassen, aufzupassen, aufzupassen, dass er nicht verträumt, leichtsinnig, nachlässig oder gar schusslig wurde und sich auf seinen Lorbeeren ausruhte. In dem Augenblick, in dem ein Erleuchteter davon ausgeht, dass er nun automatisch keine Fehler mehr machen könne, macht er Fehler über Fehler, von seiner Arroganz gar nicht zu reden. Vielleicht sagt er sogar: «Alles ist ja Ausdrucksform der WESENSNATUR, und ich habe das erfahren und weiß es also, und so kann mir nichts mehr passieren.» Und in der aus diesem Trugschluss entstehenden Unaufmerksamkeit und sträflicher Unachtsamkeit schafft er unheilsame Folgen von vermeintlich nur harmlosen Ursachen.

Nein, so harmlos ist das nicht! Auch die Wirkung dessen ist nicht harmlos!

Wenn ein Mensch, dem Erleuchtung bescheinigt wurde, immer noch dazu neigt, in die Leerheit zu versinken, und sagt: «Die Außenwelt ist mir egal, sie interessiert mich nicht, denn alle Dinge sind leer, und ich bin durch alles hindurch», so kann dieser Mensch sich ganz leicht den Kopf blutig stoßen oder sich das Bein brechen. Er kann vergessen, seine Rechnungen zu bezahlen, und seine Mitmenschen interessieren ihn auch nicht mehr. Er kann sogar herzlos und gefühllos werden.
Ich habe Beispiele dafür gesehen.

Meister Hyakujō überprüfte sich selbst, fand noch eine kleine Gefahr bei sich – und begegnete sich selbst in Gestalt eines alten Mannes.
So entstand unser Kōan.
Meister Hyakujō warnte sich selbst davor, in der Leerheit zu hängen, vergesslich zu werden – vielleicht war ihm das ja auch schon einmal mit ungünstigen Folgen passiert –, und so behandelte er sich ernsthaft selbst! Er sprach das Zauberwort: «Auch ein vollkommen Erleuchteter darf das karmische Gesetz, das Gesetz von Ursache und Wirkung, nicht leugnen.»

Auch ein Erleuchteter darf und kann das karmische Gesetz nicht leugnen, denn es ist auf der ganzen Welt von morgens bis abends frei sichtbar und erfahrbar. Niemand kann es leugnen. Es ist nicht möglich. Das karmische Gesetz leugnen zu wollen, ist dumm: Ununterbrochen ist es zu beobachten, dass jeder Tat und jeder Unterlassung, die ebenfalls eine Tat ist, deren Wirkung folgt. Jede Handlung ist eine neue ursächliche Tat.
Allerdings ignorieren sehr, sehr viele Menschen die Tatsache von Karma und Karma vipāka, nämlich die Folgen einer ursächlichen, also karmischen Handlung, denn dies ist die Wirkung einer Ursache. Alles, was wir tun und alles, was geschieht, hat mit Ursache und Wirkung zu tun. Wer könnte das leugnen? Jeder Zen-Meister und jeder Kōan-Schüler befasst sich mit diesem Kōan und durchdringt es zutiefst spätestens im Dokusan-Raum. Jedenfalls sollte man davon ausgehen können.

Ja, und doch können sich auch Zen-Meister irren. Mir ist Folgendes zu diesem Thema zu Ohren gekommen: Eines Tages rief mich ein mir fremder älterer Mann an und berichtete mir, er habe in einem meiner Bücher über Karma gelesen. Daraufhin habe er einen Zen-Meister, einen europäischen Zen-Meister, angerufen und ihn gefragt, was er zu dem Thema «Karma» meine. Der Zen-Meister habe ihm wörtlich geantwortet: «Karma? Daran glaube ich nicht. So etwas gibt es nicht!»

Ich nehme an, dass dieser Zen-Meister der Auffassung war, dass er selbst keine karmischen Folgen mehr in die Welt setzen würde, ja, dass er wohl weit darüber hinaus sei. Nun, wie dem auch sei – Meister Hyakujō meinte anscheinend dieses zuerst auch, belehrte sich eines Tages selbst aber eines Besseren und befreite sich vom Dasein eines Fuchses, indem er das Umkehrwort sprach: «Der Erleuchtete leugnet nicht das Gesetz von Ursache und Wirkung» – oder auch: «Der Erleuchtete leugnet nicht das karmische Gesetz», was dasselbe ist, denn «Karma und Karma vipāka» sind «Ursache und Wirkung». Die Wirkung in diesem Zusammenhang wird auch «Abhängiges Entstehen» genannt. «Karma vipāka» ist also «Abhängiges Entstehen», und das ist die Wirkung aus all unserem Tun. Dies ist ein unerbittliches Naturgesetz. Wir sollten dringend darauf achten, dass wir keine üblen karmischen Ketten in Gang setzen, denn jede Wirkung einer ursächlichen Tat wird zu einer neuen ursächlichen Tat, die eine weitere Wirkung zeigt, die zugleich damit wiederum eine neue Ursache ist! Wir würden Ketten von Leiden in Gang setzen, eigene und fremde.

Ja, auch wir und nicht nur die Zen-Meister sollten das beherzigen. Wir sollten nie sagen: «So was gibt's nicht!»

Wenn wir von Augenblick zu Augenblick achtsam und sorgfältig mit uns selbst, miteinander und mit den Dingen unseres Alltags umgehen, machen wir Nägel mit Köpfen, sind nicht hilflos und scheinbar abhängig, sondern weitgehend unabhängig. Geistig sind wir es so auf jeden Fall. Dann sind wir unabhängig im Handeln und können auch dazu stehen.

Meister Hyakujō vollzog ein abschließendes Ritual für sich, auch wenn seine Mönche sich wunderten; und am Abend erzählte er der ganzen Mönchs-Gemeinschaft die Sache mit dem alten Mann und dem Fuchs. Er erzählte ihnen von der Fuchs-Erleuchtung und auf welche Weise er sich von der Fuchs-Erleuchtung befreit hatte. Vor allem aber machte er ihnen die große Gefahr deutlich, die einem Erleuchteten droht, wenn er aus einer Einbildung heraus, er sei nun wirklich auf immer vollkommen, die Wachsamkeit aufgibt und in der Folge nicht mehr im Auge behält, welche Richtung das abhängige Entstehen unerbittlich auch für ihn nimmt.
Ja, der universelle Dharma lässt sich nicht betrügen.

Viele, viele Zen-Schüler auf der Erde arbeiten mit diesem Kōan, aber ich habe den Eindruck gewonnen, dass die Zen-Welt das Umkehrwort von Meister Hyakujō kaum zur Kenntnis nimmt. Sie – nämlich die heutige Zen-Welt – wirkt auf mich, als betrachten ihre Mitglieder die Geschichte von Hyakujō und dem Fuchs nur als eine witzige alte chinesische Gespenstergeschichte, mit der die Zen-Meister ihren Schülern etwas Ablenkung vom anstrengenden Zazen verschaffen wollen, damit ihnen die Schüler nicht weglaufen. So ungefähr verhalten sich jedenfalls viele Zen-Schüler und -Meister dazu, denn auch Meister können lau werden, und einige werden es. Eine solche Rückwärts-Entwicklung abzuwenden und stattdessen einen heilsamen Weg zu gehen, das liegt allein in unserer Hand.

Dem großen Meister Hyakujō war dessen großer Schüler Ōbaku[18] ebenbürtig. Ōbaku versuchte seinen Meister hereinzulegen, um zu prüfen, ob Hyakujō nicht nur fromme Reden ohne einen anständigen Hintergrund von sich gab. Konnte er seinen Meister vielleicht noch in den Sumpf ziehen, vor dem Hyakujō ja warnte?

Also fing Ōbaku mit einer Fiktion an, die ein Hirngespinst war, denn jede Fiktion ist ein Hirngespinst: «Angenommen ...» und «was wäre, wenn ...» und «hätte ...». Er lauerte,

18 Ōbaku Kiun, chin. Huangbo Xiyun (?–850).

ob Meister Hyakujō es überhaupt merken würde, dass er gleich hereingelegt werden sollte. So fragte Ōbaku den Hyakujō hinterlistig: «Was wäre geschehen, wenn der alte Mann mit seiner Antwort niemals einen Fehler gemacht hätte?» Aber Meister Hyakujō war hellwach und von kristallklarem Geist. Er lachte und sagte: «Komm nur näher zu mir heran, und ich will es dir sagen!» Na, was wollte er wohl «sagen»? Er wollte dem Ōbaku einen Schlag auf die Backe geben – oder irgendetwas in der Art, um ihn aus «angenommen», «wäre», «wenn», «dann» und sonstigen Fiktionen herauszuholen.
Dabei wusste er ja genau von der Geistesklarheit seines großen Schülers und dessen Streich. Beide hatten Spaß an der Sache, und so spielten sie. Ōbaku sprang auf seinen Meister zu und gab ihm seinerseits einen Backs[19] – patsch –, ehe Hyakujō überhaupt zum Zuge kam. Ōbaku war schneller.
Hyakujō lachte fröhlich und sagte: «So, bisher meinte ich, dass Bodhidharma, der alte Barbar mit dem roten Bart, der Größte mit dem vollen Durchblick gewesen sei; aber nun sehe ich hier und jetzt vor mir den rotbärtigen Barbaren höchstselbst!»

Mit diesem Wort stellt der Meister seinen Schüler auf die gleiche Stufe wie Bodhidharma, dessen roter Bart jahrhundertelang sinnbildlich für die volle Erleuchtung stand.
Ja, immer ist nur jetzt, zu keinem Zeitpunkt ist nicht jetzt, und jetzt passen wir auf, sind präsent, wach und ganz da, ganz da!

Dann ist Bodhidharma hier, ist Hyakujō hier und Ōbaku.

19 eine Backpfeife.

9 • Nansen tötet die Katze

Als einst die Mönche der Osthalle des Klosters mit denen der Westhalle um eine Katze stritten, hielt Meister Nansen die Katze hoch und sprach: «Ihr Versammelten alle, wenn einer das passende Zen-Wort sagen kann, werde ich sie retten; wenn keiner es sagen kann, werde ich sie töten.»
Keiner der Versammelten vermochte zu antworten.
So tötete Nansen die Katze.
Am Abend kam Jōshū von draußen heim. Nansen erzählte ihm das Vorkommnis. Da zog Jōshū seine Strohsandalen aus, legte sie auf seinen Kopf und ging hinaus. Nansen sprach: «Wenn du da gewesen wärest, hätte ich die Katze retten können.»

Liebe Schüler, viele von euch, die ihr mit diesem Kōan arbeitet, werden ganz traurig, dass Nansen die Katze tötet. Wenn doch alle Wesen gerettet werden sollen, muss denn Nansen dann unbedingt ein so unschuldiges und liebes Tier wie eine Katze töten? Muss er all die Mönche, die ihre Klosterkatze lieben, schockieren und die Katze erschlagen?
Ob aber überhaupt und warum oder wozu die Katze durch einen Zen-Meister getötet wurde, ist hier nicht das Thema, sondern wir vertiefen uns in diese Sache und prüfen die Mönche, den Meister, die Katze, den Jōshū – und uns.

Der chinesische Meister Nansen[20] lebte von 748 bis 835. Er war ein Schüler von Baso[21]. Beide waren jeder für sich eine Größe und einander ebenbürtig.
In diesem Kōan zeigt sich die ungeheure geistige und psychische Kraft des – nennen wir ihn mit seinem japanischen Namen – Nansen. Wir sehen das gleich.

Nansen unterweist seine Mönche. Er leitet sein Kloster. Alle Mönche sind seine Schüler. Das heißt, in China wurden die Mönche zur Erleuchtung geführt. Meister Nansen war ein ganz schön rauer Bursche in der Methode, wie er mit seinen Schülern umging. Er wollte, dass sie die Wirklichkeit erkennen, so wie sie ist. Er wünschte sich für sie, dass sie keinen Täuschungen und Illusionen mehr unterworfen wären. So stürzte er sie hier und da in psychische Extremsituationen, um ihnen eine innere Erfahrung auszulösen, statt sie mit Samthandschühchen anzufassen und in eine klösterliche Sonntagnachmittags-Gemütlichkeit einzulullen.

Meister Nansen wusste, dass ungewöhnliche Extremsituationen intensive spirituelle Erfahrungen hervorrufen können. So riss er die Mönche immer wieder einmal aus ihrem gemütlichen und beschaulichen Leben heraus.
Eines Tages stritten die Mönche der Osthalle mit denen der Westhalle um eine junge Katze,

20 Nansen Fugan, chin. Nanquan Puyuan.

21 Baso Dōitsu, chin. Mazu Daoyi (709–788).

die neuerdings im Kloster lebte. Alle Mönche liebten die Katze und hätten sie gern in ihrem eigenen Klosterbereich gehabt. Aber wie das so ist – Katzen gehorchen nicht. Sie gehen hin, wo auch immer es ihnen gefällt, mal hier, mal da. Sie genießen sogar leckere Bestechungsversuche, ohne die Erwartungen der Korrumpierer überhaupt zur Kenntnis zu nehmen, geschweige denn zu erfüllen. Katzen bestimmen selbst über sich. Dieses Katzenverhalten in Meister Nansens Kloster löste bei den Mönchen der beiden Klosterabteilungen Ost und West Eifersüchteleien und schließlich Streitereien aus. Ihr neuer Lebensinhalt hieß nun: «Der Kampf um die Katze». Dieser Kampf brauchte viel Energie, denn Eifersucht, Krieg und Streit fressen eine Menge Energie. Diese für den Kampf um die Katze verschleuderte Energie – denn Katzen gehen ja doch, wohin sie wollen – würde von den Mönchen eigentlich dringend für die spirituelle Übung benötigt. Hochkonzentriertes Zazen erfordert eine starke gesammelte Energie. Die Mönche hatten sich aber eine neue Lieblingsbeschäftigung ausgesucht, was der Meister auf die Schnelle zu unterbinden suchte.

Als Nansen Teishō gab, schlich die Katze gerade in der Nähe herum, und der Meister griff sich die Katze, hob sie mit einer Hand gut sichtbar für alle Mönche in die Höhe, während er in der anderen Hand ein Schwert hielt. Der ehrwürdige Meister rief laut: «Ihr Versammelten alle! Hört her! Wenn auch nur ein einziger von euch das passende Zen-Wort sagen kann, werde ich die Katze retten! Wenn keiner es sagen kann, werde ich sie durchschneiden.»

Die Mönche waren erstarrt vor Schreck. Der Atem blieb ihnen im Hals stecken. Keiner von ihnen konnte auch nur ein einziges Wort sagen!
So tötete Nansen die Katze.

Wie schon gesagt, behandeln wir nicht das Thema, wie ein weit entwickelter Zen-Meister ein solches Verbrechen begehen konnte, eine kleine Katze zu töten.

Nansens allerhöchste Priorität in diesem Augenblick war die Rettung der Mönche. Er sammelte seine psychischen, geistigen, spirituellen Kräfte in diesen einen Augenblick, in dem er die Katze erschlug.
Da lagen nun zwei Katzenhälften auf dem Fußboden des Tempels. Die Katze war geopfert. Das Blut tropfte vom Schwert.

Ob nun die Mönche in diesem teuren, kostbaren Augenblick ebenfalls gerettet waren, ja, dies wurde nicht erzählt. Ob sie aber vielleicht etwas ernsthafter bei ihrer inneren Übung wurden, ist ja die eigentliche Frage. Sie hatten immerhin eine welteinstürzende Demonstration der Buddha-Natur erlebt, und kein Mensch kann bei einem solchen Erlebnis ein trockener Stockfisch bleiben! So wurden die Seelen der Mönche in diesem Augenblick um- und umgewühlt.
Die Mönche blieben von diesem Erlebnis an nicht mehr die gleichen, die sie vorher gewesen waren.

Nansens Herz blutete, denn er hatte so sehr gewünscht, dass er um diesen Tötungsakt herumkommen könne. Er verbarg, dass sein Herz weinte, denn jetzt ging es um seine Mönche.

Seine Liebe umfasste die Mönche, die Katze, die Welt ... Bereute er seine Handlung? O, nein! Nansen war ein Mensch von hoher Ethik. Dafür war er weit und breit von den Menschen anerkannt und geachtet. Wie hätte er nicht zu seiner Tat stehen können?
Er verließ die Halle, um allein zu sein.

Am Abend kam Jōshū[22], Nansens hervorragendster Schüler, fröhlich von draußen herein, und Meister Nansen berichtete ihm, was vorgefallen war. Jōshū nahm sofort einen Strohschuh auf und hielt ihn sich vor die Augen. Er sagte kein Wort. Sodann drehte er sich um, legte die Sandale ganz auf seinen Kopf und ging hinaus. Nansen rief ihm hinterher: «Wenn du heute hier gewesen wärst, hätte ich die Katze retten können!»

Ja, aber da es kein «wenn» und kein «wäre» und kein «hätte» in dieser Welt gibt, so gibt es nur und ausschließlich die nackte Wirklichkeit. Alles andere wäre Fiktion. So rief der große Meister Nansen dem Jōshū eine Fiktion hinterher, als dieser den Raum verließ.
Ich nehme an, Nansen wollte den Jōshū und sich selbst mit dieser Fiktion trösten. Ist das eines großen Meisters würdig? Nun ja, ich muss ja nicht so herzlos fragen, während Nansen sein Herz zeigte.

Und die Mönche? Sie waren so sehr geöffnet, dass es ihnen in der Seele wehtat, und so spürten sie, was auch ihr Meister fühlte, was Jōshū fühlte und wie es der kleinen Katze ergangen war. Sie wurden still und demütig, und sie übten ernsthaft Zazen. Dies war nun ihr Wichtigstes geworden, ihr Lebensinhalt.

Und Jōshū? O, Jōshū ging still seines Weges – wie zuvor und wie sein Leben lang. Aber die Kraft, die Kraft, die er hatte, setzte sich für viele Jahrzehnte seines Lebens fort und nahm zu und zu und immer mehr zu. Er sprach leise und niemals laut und polternd mit den Menschen, aber seine leise gesprochenen Worte waren jedes Mal durchschlagend. Sie waren so durchschlagend, als würde die Erde in zwei Teile gespalten.

Und die Satoris bei seinen Schülern sprangen sprudelnd nur so hervor.

22 Jōshū Jūshin, chin. Zhaozhou Congshen (778–897).

10 • Der Berg Taizan und die alte Frau

Einst fragte ein Mönch eine alte Frau: «Welcher Weg führt zum Berg Taizan?»
Die alte Frau sagte: «Geradeaus weiter!»
Als der Mönch ein paar Schritte weitergegangen war, sagte sie: «Auch dieser gute, ehrenhafte Mönch trottet einfach so weiter.»
Später erzählte der Mönch diesen Vorfall dem Jōshū, und Jōshū sagte: «Wartet nur, ich werde hingehen und die alte Frau für euch durchschauen.»
Am nächsten Tag machte er sich auf den Weg und stellte die gleiche Frage.
Die alte Frau gab die gleiche Antwort.
Jōshū ging heim und sagte zu seinen Schülern: «Ich habe die alte Frau für euch durchschaut.»

Der Berg Taizan ist ein Berg in China, der sinnbildlich für die menschliche spirituelle Entwicklung steht – und schließlich für Erleuchtung. In der Mythologie der Chinesen wird erzählt, dass der Taizan Wohnort des Bodhisattva Mañjuśrī sei. Der Name Mañjuśrī heißt «Der edel und sanft ist». Der Bodhisattva steht für die Weisheit, die das Dunkel von Unwissenheit, Täuschung und Wahn vernichtet. Diese Weisheit des Mañjuśrī bezieht sich sowohl auf die Erleuchtung als auch die Gelehrsamkeit in Hinsicht auf den Buddha-Dharma. Die Menschen machten sich auf eine Pilgerwanderung hinauf zum Berg Taizan, dem mythologischen Berg der Erleuchtung, ebendiesem Taizan, auf dem der Bodhisattva Mañjuśrī wohnte. Dieser würde ihnen ganz sicherlich seinen Segen für das große Vorhaben geben, seine Tugenden, vor allem Weisheit und Erleuchtung, ebenfalls zu erreichen, wenn sie Mañjuśrīs Berg erstiegen. Die Menschen wünschten sich, dem Weg des Dharma zu folgen und auf diesem Weg die Vollkommenheit zu erreichen.

Zu ihrer eigenen Motivation und um sich Mut zu dem großen Abenteuer des Erwachens zur Wahrheit zu machen, folgten sie nicht nur dem inneren spirituellen Weg, sondern wanderten auch andächtig auf dem äußeren Pilgerweg den Berg hinauf.
Hierzu hatte sich auch der Mönch, von dem zuerst die Rede ist, aufgemacht. Er vertraute der schönen Sitte der Pilgerfahrt und deren guter Wirkung.

Unterwegs begegnete er dieser alten Frau, welche die frommen Pilger auf dem Weg zum Berg, die in ihrer kleinen Gaststube einkehrten, immer bewirtete. Die alte Frau kannte sich aus. Sie schaute ihre Gäste und auch die Vorbeiwandernden genau an. Dann wusste sie Bescheid.

Ein Weg zum Erwachen der Wahrheit kann es auch sein, von morgens bis abends liebevoll und achtsam eine Küche zu besorgen, das Gemüseschneiden, das Kochen, das Töpfe-Spülen. Wenn dazu noch das Kräutersammeln in der Natur und ein kleines Gemüsefeld kommt, das bearbeitet werden muss, wird alles dieses zur spirituellen Übung, ja, zum Weg in immer tiefere Bewusstheit. Diese Übung überträgt sich dann nach und nach auf das gesamte Leben mitsamt allen Tätigkeiten, die tagsüber anfallen. So wird ein kleines Hüttchen mit einer Küche wirksam wie ein Zendō und das Kochen zur Geistesdisziplin außerhalb aller überflüssigen und dummen Gedanken. Da gibt es von früh bis spät immer nur Dies, immer nur Dies.

Eine alte Frau, die so lebt, hat es im Lauf ihrer vielen Lebensjahre weit gebracht. Aus ihren Augen leuchtet das Licht, sie ist hellwach, ihr Geist ist klar, und ihr Herz ist voller Freude. Wenn sie eines Tages geht und man sie «drüben» fragt: «Was hast du auf Erden getan?», wird sie nicht sagen: «Ich habe ein Feinkostrestaurant aufgebaut und viel Geld verdient. Ich war eine erfolgreiche Geschäftsfrau.» Natürlich ist dagegen nichts einzuwenden, aber nur dafür allein auf die Welt gekommen zu sein, ist doch etwas mager. So wird die alte Frau, von der wir hier reden, sagen können: «Ich habe gelernt, die Dinge, die ich getan habe, *wirklich* zu tun; und ich habe gelernt, die Menschen, die ich angeschaut habe, *wirklich* zu sehen.» Ja, da werden die Engel und Devāḥ jubeln!

Nun wieder zurück zu unserem Mönch. Er trifft also auch auf diese geheimnisvolle alte Frau, bei der er ein kleines bisschen rastet. Er fragt sie bei der Gelegenheit: «Welches ist von hier aus der richtige Weg zum Berg Taizan?»
Die alte Frau antwortet mit einer Armbewegung nur: «Geradeaus weiter!»

Der Mönch wandert also geradeaus auf dem Weg weiter. Als er ein paar Schritte gegangen ist, hört er die alte Frau hinter sich hermaulen: «Auch dieser gute, ehrenhafte Mönch trottet einfach so weiter.»

Der Mönch wundert sich, geht aber weiter. Er fragt sich, was diese Bemerkung zu bedeuten hatte. Sie nannte ihn zwar «gut» und «ehrenhaft», aber es hörte sich an, als sei sie nicht ganz einverstanden mit ihm und als hätten möglicherweise ja auch schon vor ihm andere Mönche den Hinweis der alten Frau, zum Berg der Erleuchtung ginge es geradeaus weiter, irgendwie missverstanden.

Ja, tatsächlich hatte der Mönch die Bemerkung der alten Frau missverstanden, es ginge um diesen Weg in diese Richtung auf den Berg – und das räumlich, örtlich immer geradeaus, ohne nach rechts oder links abzubiegen. Einen Augenblick zögerte er innerlich und fragte sich, ob er denn statt «geradeaus» die falsche Richtung genommen habe. Aber diese Möglichkeit verwarf er und ging weiter.
Kam er auf dem Berg an? Nun ja, er ging soundso viele Kilometer weiter bis zum Berg und soundso viele Kilometer auf den Berg hinauf.

Was meinte denn die alte Frau nun wirklich? Räumlich und zeitlich waren «geradeaus» schon korrekt. Aber war nur dies das Gemeinte?

O, was der Frau aus den Augen schaute, war ein langes, langes Leben eines immer geradlinig und geradeaus gegangenen Weges, von dem sie niemals in eine unheilsame Richtung hinunterpurzelte. Seit jeher war ihr Rückgrat stark gewesen. Genau diesen Zustand wünschte sie auch den treuen, braven Mönchen, die an ihrer Hütte vorbeikamen, um den Berg zu besteigen. Ein bisschen frech, aber auch sehr freundlich und gütig, gab sie ihnen zum Abschied noch ein bisschen Medizin mit, einen kleinen Hinweis mit der inneren Bedeutung: «Liebe und brave Mönchlein, passt auf, dass ihr nicht so unbewusst und verträumt dahintrottet! Tut hellwach jeden Schritt und verliert euch nicht stattdessen in inneren Fantasien und Luftschlössern! Bleibt in kristallklarer Wachheit und geht geradeaus – und zwar immer nur diesen jetzigen Schritt – in die Wirklichkeit!»

Nun kommt der zweite Teil. Als dieser Mönch seinen Pilgerausflug auf den Berg gemacht hatte, kehrte er wieder um, kam heim zu Meister Jōshū und berichtete ihm und den anderen Mönchen von dieser merkwürdigen Begebenheit bei der alten Frau.
Meister Jōshūs Augen funkelten, und er freute sich sehr über diese Geschichte. Er sagte zu seinen Mönchen: «Wartet nur, ich werde hingehen und die alte Frau für euch durchschauen!» Diese Ankündigung ist derart spannend, dass ich mich wundere, dass nicht eine ganze Reihe der Mönche gefragt haben, ob sie denn nicht mit dem Meister mitkommen dürften! Ich glaube, stattdessen staunten die Mönche nur über diese geheimnisumwitterte Angelegenheit.

Am nächsten Tag machte sich also der ehrwürdige und große Meister Jōshū fröhlich auf seine Fußwanderung in Richtung des Berges Taizan.
Auch Jōshū begegnete der alten Frau. Er sah ihr in die Augen und erkannte sofort ihr Wesen. Er wusste Bescheid! Aus ihr heraus schaute leuchtend die Buddha-Natur, die das Wesen der Welt ist. Ich nehme an, Jōshū erkannte seinesgleichen in der alten Frau. Er freute sich, und dann stellte er ihr hinterlistig die gleiche Frage wie der Mönch am Tag zuvor nach dem Weg zum Berg Taizan.
Auch die alte Frau lachte. Auch sie durchschaute ihr Gegenüber. Sie sah Jōshū und wusste sofort Bescheid. Auf seine Frage antwortete sie sehr vergnügt: «Geh geradeaus weiter!»
Wer weiß, ob die beiden nicht noch etwas gesprochen haben, was Jōshū später für sich behielt! Wer weiß auch, ob die beiden einander nicht längst kannten! Jōshū verriet nichts dergleichen. In dem Fall geht es uns auch nichts an.

Aber was sich auch immer an Austausch zwischen den beiden abgespielt haben mag – eigentlich war kein weiteres Wort mehr nötig. Es war alles gesagt, und so ging Meister Jōshū weiter in Richtung Berg.
Aber was geschah Wunderliches? Als Jōshū einige Schritte gegangen war, schmähte die alte Frau hinter ihm ebenfalls her: «Auch dieser alte brave und ehrwürdige Mönch trottet nur so dahin!»

Jōshū amüsierte sich köstlich, denn er hörte, was die alte Frau ihm tatsächlich übermittelte! Ich übersetze das einmal:
«He, du alter Mann, glaubst du, ich habe nicht gemerkt, dass du nur hierher zu mir gekommen bist, um mir auf den Zahn zu fühlen? Auf dem Berg bist du ja schon seit Langem angekommen! Was trottest du denn da weiter? Ich habe dich längst durchschaut!»

Was hat sie denn gesehen? Nun, auch aus Jōshūs Augen leuchtete das Licht des Erkennens, und in diesem Licht erkennt Wesen das Wesen.
Als Meister Jōshū am Abend von seinem vergnüglichen Ausflug wieder zurück nach Hause gekommen ist, sagt er nichts zu seinen Schülern als: «Ich habe die alte Frau für euch durchschaut.»

Das war alles. Er hat sie durchschaut. Punkt und basta! Was sollte er noch mehr sagen? Keiner der Mönche hat gefragt: «Ja, und? Was hast du da gesehen? Was ist mit ihr? Warum redet sie so? Ist sie vielleicht weise? Vielleicht erleuchtet? Was ist das Ergebnis deiner Reise zu der alten Frau?» Aber niemand fragt etwas, und so sagt auch Meister Jōshū nichts, außer eben dass er für seine Mönche die alte Frau durchschaut hat. Etwas anderes hatte er seinen Mönchen zuvor ja auch nicht versprochen.

Können wir hier in diesem Zendō vielleicht auch die alte Frau durchschauen? Könnt ihr das vielleicht über Raum und Zeit hinweg …? Oder könnt ihr unter Aufhebung von Raum und Zeit die alte Frau durchschauen?

Ich kann euch nur sagen: Nicht vom Weg abweichen, sondern immer geradeaus weitergehen, aber nicht müde und matt vom Weg abkommen und dann – latsch, latsch, latsch – irgendwohin in die Verlorenheit schlappen!

11 • Unmons «Zwei mal zwei Krankheiten»

Unmon-Daishi[23] *sagte: «Es gibt zwei Krankheiten, die das Licht verdunkeln: Die eine zeigt sich, indem alles unklar ist und etwas vor dir zu hängen scheint, sodass das Licht nicht durchdringt. Die andere Krankheit zeigt sich, wenn du erkannt hast, dass alles leer ist, dich aber wie von Nebel umgeben fühlst, sodass das Licht nicht vollständig hindurchdringt.*
Und was den Dharmakāya anbelangt, so gibt es auch da zwei Krankheiten: Wenn du den Dharma erreichst, aber fällst und dort verharrst, ohne deine eigene Meinung darüber auszulöschen, ist das die eine Krankheit. Wenn du glaubst, nach der Erleuchtung in deinen Bemühungen nachlassen zu dürfen und dein eigenes Bewusstsein genau prüfst und meinst, da gäbe es keinen Makel, ist das die zweite Krankheit.»

Meister Unmon war ein großer chinesischer Zen-Meister, ja, der größte spirituelle Lehrer der Tang-Zeit in China. Auf ihn ging die Unmon-Schule zurück. Diese Schule erlosch im 12. Jahrhundert.

Im Lauf der Zeit gab es noch einige weitere Zen-Schulen, die eines Tages erloschen, weil ihre Hauptlinien irgendwann keinen Nachfolger mehr hervorbrachten. Dieses allein sagt noch nichts über den Wert der Zen-Meister dieser Schulen aus, denn wenn unter der Schülerschaft niemand Geeignetes vorhanden ist, um die Nachfolge eines Meisters anzutreten, gibt es eben keinen Nachfolger, und die Linie erlischt. Das ist bedeutend besser für künftige Zen-Schüler, als wenn ein Meister aus Verlegenheit und nur, um einen oder mehrere Nachfolger zu haben, hierfür ungeeignete Schüler ernennt. Selbst wenn Zen-Menschen eine Erleuchtung erfahren haben, ist dies noch lange keine Gewähr dafür, dass auch alle von ihnen Meister sind oder sein können.
Was die Ōbaku-Schule betrifft, so ging diese eines Tages in die Rinzai-Schule über, deren eine Linie sie heute noch bildet.

Nebenbei sei bei dieser Gelegenheit erwähnt, dass immer wieder fälschlicherweise gesagt wird, es gebe heutzutage nur noch zwei Zen-Schulen, Rinzai und Sōtō, auf der Welt. Dabei wird mindestens die Sanbō-Kyōdan-Schule vergessen, die aus der Rinzai- und Sōtō-Schule hervorging und im Lauf vieler Jahrzehnte auf eine große Mitgliederanzahl angewachsen ist. Die Sanbō-Kyōdan-Schule ist als einzige Zen-Schule in Japan eine Körperschaft des öffentlichen Rechts und hat sich inzwischen weltweit ausgebreitet. Es existieren bereits mehrere Linien von Meistern und Lehrern dieser Schule in Asien und im Westen unserer Welt. Einige wenige davon haben sich von ihrer japanischen Herkunftsschule gelöst und unabhängige Sangha gegründet, wie zum Beispiel auch Willigis Jäger.

23 Unmon Bun'en, chin. Yunmen Wenyan (864–949). «Daishi» heißt «Großer Meister»; siehe auch Anm. 25.

Von der Zen-Schule des Westlichen Himmels brauchen wir heute gar nichts zu sagen. Diese erste rein europäische Zen-Schule ist hinreichend bekannt.
Falls inzwischen nicht noch mehr seriöse Zen-Schulen entstanden sein sollten, was mir aber unbekannt ist, existieren auf jeden Fall heutzutage vier anerkannte Zen-Schulen.

Und nun wieder zurück zu Meister Unmon und seiner Aussage über die Zen-Krankheiten: Tatsächlich leiden viele Zen-Schüler an diesen Zen-Krankheiten. Diese Krankheiten kommen nicht durch spirituelle Erfahrungen von außen in den Menschen hinein, sondern sie entstehen innen. Dieser Vorgang hat mit der psychischen und charakterlichen Beschaffenheit des jeweiligen Schülers zu tun.
Ein ausgereifter Zen-Mensch mit gut integrierter Persönlichkeit und charakterlicher Stabilität ist kaum der Versuchung durch diese «Krankheiten» ausgesetzt, da deren Symptome ihn nicht reizen. Sie sind eher Energiefresser.
Gehen wir die im Kōan aufgeführten Krankheiten der Reihe nach an.
Unmon-Daishi sagt: «Es gibt zwei Krankheiten, die das Licht verdunkeln.» Hier meint er zuerst die beiden Krankheiten, die auftreten können, ehe der Schüler die vollkommene Erleuchtungserfahrung erreicht hat. Da geht es um die Fixierung auf entweder die Welt der Form allein oder die Welt der Leerheit allein.

An der ersten dieser beiden Krankheiten, dem Festhängen am Materiellen, leidet fast die ganze Menschheit. Sie ist also keine ausgesprochene Zen-Krankheit, außer man würde den überwiegenden Anteil der Menschheit als krank bezeichnen. Dieser Krankheit wird der Zen-Schüler sich höchstens gegen Beginn seines Weges bewusst. Er leidet unter einer vermeintlichen Trennung von seinem Urgrund, und die Sehnsucht nach Einswerdung hat ihn gepackt. Unmon beschreibt diese Krankheit so:

«Diese Krankheit zeigt sich, indem alles unklar ist und etwas vor dir zu hängen scheint, sodass kein Licht durchdringen kann.»

Solange wir nicht entdeckt haben, dass alles leer und weit ist und überhaupt nichts vor unseren Augen hängt, scheint uns die Welt wie aus einer Summe von Einzelteilen zu bestehen. Diese Teile, man nennt sie im Zen «die zehntausend Dinge», erscheinen voneinander abgegrenzt, jedes für sich, und so auch jeder Mensch für sich und abgegrenzt. Dies ist, wie gesagt, jedoch nur Schein. Darum redet man auch von der «Welt des Scheins» oder der «Welt der Erscheinungen». Ein Mensch auf diesem Stand erkennt nicht sein eigenes WAHRES WESEN, das zugleich das WAHRE WESEN der Welt ist. Sonst wüsste er aus eigener Erfahrung, dass er grenzenlos und frei ist, von gar nichts getrennt, sondern geborgen. Sein Leiden hätte ein Ende gefunden. So aber leidet er unter vermeintlicher Feindseligkeit einer vermeintlichen Außenwelt unter vermeintlicher Trennung und vermeintlicher, weil eingebildeter Einsamkeit. Er leidet wie in einem Albtraum wahnhaft unter einer Irrealität, als wäre sie wahr, die jedoch real nicht existiert. Hieraus entstehen Ängste, Aggressionen, Gier und innere Verwirrung. Er sucht Gründe dafür und bastelt sich eine innere wahnhafte Welt, die ihn jedoch immer unglücklicher macht.

Manche Menschen beschreiben auch, sie hätten eine Art Nebel oder Schleier vor den Augen, sodass sie die Wirklichkeit nicht richtig erkennen könnten. Sie wüssten nicht einmal, ob es sie wirklich gibt oder ob sie das nur träumen. Es ist für sie tatsächlich so, dass «das Licht nicht durchdringt». Wie in einem selbst gemachten Gefängnis leiden sie – jeder auf seine Weise – vor sich hin.

Ist der Mensch gezwungen, in diesem Zustand zu stecken wie in einer Zwangsjacke?
Nein, durchaus nicht. Es ist unsere frühkindliche Konditionierung und die liebe, alte Gewohnheit, die uns unser quälendes Welt- und Menschenbild aufrechterhält. Wir nennen das die Skandha-Aktivitäten, vor allem diejenigen mit den fehlerhaften Verknüpfungen, die wir hegen und pflegen, hätscheln und tätscheln. Da fast jedes Exemplar der ganzen Menschheit sich für so gesund und großartig hält und den Schaden nur jeweils außerhalb seiner selbst bei den Mitmenschen sieht und ihn dort bekämpft, haben wir auf der Erde Krieg, Feindschaft, Intrigen, Ausbeuterei, Mord und Totschlag.

Was ist da zu tun? Etwas Wunderbares ist da zu tun: Wir gehen unseren WEG.
Was in keiner Zeitung steht und nicht in das Bewusstsein der Öffentlichkeit dringt, ist, dass viele, viele Menschen den WEG gehen. Sie machen keine Reklame dafür. Sie gehen mit ihrer eigenen Herrlichkeit nicht hausieren. Sie hängen es nicht an die große Glocke. Sie wandeln sich selbst zu immer größerer Bewusstheit und tieferem Durchschauen der Welt und ihrer Zusammenhänge. Sie sehen, was ist. Ach, hätte die Welt doch solche Führer! Leider spült es aber die anderen immer wieder nach oben.

Die andere Krankheit, sagt Unmon-Daishi, «zeigt sich, wenn du zwar erkannt hast, dass alles leer ist, du dich aber wie von Nebel umgeben fühlst, sodass das Licht nicht vollständig hindurchdringt.»

Was meint er damit? Der Zen-Schüler erfährt oft zuerst die Leerheit. Er vertieft im Zazen eines Tages sein Bewusstsein so sehr, dass er sich selbst, sein WAHRES WESEN und das WAHRE WESEN aller Dinge erfährt. Da entdeckt er staunend, dass alle diese Dinge und er selbst aus Nichts bestehen. Dies ist für einen gesunden, stabilen Menschen ein wunderbarer Zustand, wenn auch noch nicht unbedingt der tiefste Zustand, noch nicht die reinste und vollkommenste Sicht der Wirklichkeit. Das ist so, wenn der Schüler meint, es gäbe nicht die sogenannte materielle Außenwelt, sondern nur deren WESENSNATUR. Trotzdem ist auch diese Erfahrung sehr wichtig und notwendig, wenn auch noch nicht vollständig. Nennen wir einmal verlegenheitshalber diesen Zustand eine «Teil-Erleuchtung».

Ein Zen-Schüler gleitet allerdings leichter in die vollständige Schau der Welt hinein, wenn er zuvor einmal die Leerheit erfahren hat.
Manchmal aber weigert sich der die Leerheit Erfahrende, auch die alltägliche Welt der Dinge überhaupt nur zur Kenntnis zu nehmen. Es gibt nämlich Menschen mit einer starken Neigung, nur noch die Leerheit und deren Formlosigkeit zu suchen und sich darin zu verlieren. Solch einen inneren Sog zum Versinken im Nichts halte ich für eine Sache der psychischen Beschaffenheit eines Menschen. Es existiert die Auffassung, dieses sei eine Sehn-

sucht zurück in den Mutterleib und die Verantwortung für sich selbst, die einer solchen Person auf quälende Weise zu schwer ist, unbewusst der Mutter, dem Leben, der Welt, dem Himmel oder Gott zurückzugeben.

Ich kannte einen Mann, der nach und nach aufhörte, die Umrisse der Formen der alltäglichen Gegenstände wahrzunehmen. Ihm löste sich alles in Leerheit auf. Für ihn gab es nur noch das Nichts. Dieses hielt er für den höchstmöglichen und göttlichen Zustand. Er war aber sehr im Irrtum. Da er die Angelegenheiten des Lebens nicht mehr interessant fand, keine Lust mehr hatte zu arbeiten und seine Familie zu versorgen, ja, sogar unfähig geworden war, sich selbst zu versorgen, zu waschen, zu essen, sich die Zähne zu putzen, und da er stattdessen immer wieder nur in die Leerheit versank und so aus der Welt flüchtete, wurde er von seinem Arzt als arbeitsunfähig krankgeschrieben. Der Mann war nicht lebensfähig. Er war ein Pflegefall geworden. Immer, wenn seine Familie oder sein Chef mit einer Anforderung an ihn herantraten, fiel er schnell in die Leerheit und nahm dann nichts mehr wahr. Seinen Zustand hielt er für Erleuchtung. Laut Meister Unmon war dieser Mann krank, laut den heutigen Gesundheitsbehörden ebenfalls. Er war nicht mehr arbeitsfähig.

Ich kann euch versichern, dass ein Mensch, der daran gewöhnt ist, Verantwortung zu tragen, und der dieses mit Freude tut, gar nicht erst in einen solch menschenunwürdigen Zustand hineingerät. Nicht die spirituelle Erfahrung hat ihn auf diese wirklich schiefe Bahn gebracht, sondern seine menschliche Unreife. Nur einem nicht erwachsen gewordenen Mann kann diese «Zen-Krankheit» unterlaufen.
Mein Meister kommentierte das ebenfalls so: «Solche Menschen sehnen sich nach dem Mutterleib zurück. Sie stehen noch nicht richtig im Leben, und das ist eine Art Flucht vor der Realität. Besser wäre es, solche Menschen würden kein Satori erfahren.»

Ich persönlich möchte diese Krankheit nicht gern «Zen-Krankheit» nennen, wie das oft geschieht, denn dieser Mensch hat von Zen nichts begriffen. Sein Zustand ist kein Zen. Man könnte die Krankheit also eher eine «Nicht-Zen-Krankheit» nennen.
Ich würde sagen, auf diese Weise in der Leerheit zu sitzen oder, wie es auch heißt, auf der Spitze einer Fahnenstange oder einer Nadelspitze zu sitzen, ist einfach nur idiotisch, ja, sogar vollidiotisch. Durch seinen Wahn – er wähnt sich erleuchtet – dringt das wahre Licht des Erkennens nicht mehr hindurch. Wie in einem Nebel ist er gefangen.

Diese ersten beiden Krankheiten können auftreten, solange der Mensch noch nicht die vollständige Erleuchtungserfahrung gemacht hat. Wie man sagt, ist er noch nicht «durch». Er ist sozusagen entweder erst am Anfang des Weges, oder er ist sogar stecken geblieben und konnte das Dharma-Tor nicht vollständig durchschreiten. Er klebt an der Wand.
Wie bedauerlich!

Übrigens gibt es eine sehr fragwürdige Meditationsmethode, die schon große Mode gemacht hat, deren Anhänger durch ihre Technik, deren Wirkung ihnen eine Zeit lang durchaus wohltut, eine gewisse Tiefe der Versenkung erreichen. Dann aber geraten sie meistens auf eine Nebenschiene nicht mehr gesunder Entwicklung, und dort können sie zwar bis zu

einem bestimmten Stand kommen, dann fallen sie jedoch unglücklicherweise in eine Art Stille, Betäubung oder Schlaf und stagnieren von da an. Sie kommen weder vor noch zurück, und mit weiterem Voranschreiten auf einem echten WEG ist es Essig.
Es gibt Fälle, in denen betroffene Menschen ihren Zustand wieder rückgängig machen möchten, dieses aber nicht mehr können. Solche Leute sitzen wahrhaftig reihenweise auf den Fahnenstangen und müssen dort bleiben.

Auch in einigen yogischen Meditationsmethoden werden Schüler auf die Fahnenstangen gesetzt. Sie bleiben dort in der Leerheit und finden das wunderbar. Oder sie finden es nicht einmal mehr irgendwie. Nur ihre Bewunderer kommen angepilgert, um diese «Heiligen» zu verehren, die seit ihrer vermeintlichen Erleuchtung nicht selbstständig essen und trinken können, sondern eine Schnabeltasse brauchen, ja, und Pampers. Jemand meinte: «Vielleicht können Prügel sie da herausholen.»

Unmon-Daishi waren solche abschreckenden Fälle auch bekannt, und so warnt er hier also seine Schüler eindringlich. Meister Unmon passt auf.

Nun geht die Sache weiter: Sind denn Menschen, die wirklich mit Kraft das MU gelöst und das Dharma-Tor durchschritten haben, gegen alle Krankheiten gefeit? Sind sie ein für alle Mal gerettet? Dazu müssen sie allerdings unbedingt mit der gleichen Kraft und Wachsamkeit weiterhin voranschreiten, und dann werden sie nicht in einer bleibenden Leerheit versinken.

Jedoch – der Gefahren sind noch mehr. Es heißt ja auch im Zen, dass der WEG erst wirklich mit erfahrener Erleuchtung beginnt und nicht etwa beendet ist!

Nach einmalig erfahrenem Satori ist noch nicht von einem Erleuchteten zu sprechen. Hier ist das jahrelange Ausreifen der Erfahrung unerlässlich! Es heißt, diese Ausreifung benötigt mindestens sieben Jahre. Aber wie selten gibt es eine wirklich ausgereifte Erleuchtung! Die meisten vermeintlich Erleuchteten bilden sich nach dem ersten und oft einzigen kleinen Satori ein, sie seien nun «Erleuchtete», und sie brauchten nichts mehr für ihre so notwendige Weiterentwicklung zu tun. Sehr oft werden solche Menschen einfach nur platt und lasch. Ihre Charaktere entwickeln sich sehr wohl, aber in die gegengesetzte Richtung.

Nun wieder zu Meister Unmon!
Meister Unmon sagt: «Was den Dharmakāya anbelangt, so gibt es auch da zwei Krankheiten.»

Wir sehen also, dass es sehr, sehr wichtig ist, sich nicht auf seinen angeblich erleuchtenden Lorbeeren auszuruhen, sondern gerade jetzt nach dem Satori tüchtig weiterzuarbeiten, damit die Erfahrung Früchte tragen kann. Jeder Zen-Mensch trägt diese Verantwortung für sich selbst. Er kann sie nicht auf jemanden anders schieben.

Der Dharmakāya ist der Zustand der durchschlagenden spirituellen Entwicklung. Der Zen-Schüler ist, wie wir am Schluss des Herz-Sūtra rezitieren, *rüber, rüber, rüber ans andere Ufer* gekommen. Er ist hindurch durch den Fluss, durch das Tor, durch das vergitterte Kel-

lerfenster des *Mumonkan*! Er hat die Wirklichkeit geschaut, Form und Leerheit als EIN SEIN. Er ist selig. Vielleicht schwebt er engelgleich lächelnd herum. Und nun kommt die Gefahr! Er glaubt womöglich, nun hätte er's! Nun wüsste er Bescheid! Jetzt wäre er so eine Art Messias geworden. Er könne die Menschen retten, jedem, der es hören oder nicht hören wolle, Teishō geben, Dokusan geben! Und vor allem – immerzu erleuchtete Reden führen. O, schließlich weiß er alles – glaubt er! Und ehe er sich's versieht, steckt er wieder im Kopf, steckt er vor allem in seinem inneren psychischen Speicher, dem Mano viññāṇa dhātu. Und das Schlimmste ist: Er glaubt, Recht zu haben. Dies geschieht vor allem dann, wenn sein Meister ihm leichtsinnigerweise zu früh eine Bestätigung gegeben hat.
Hiervor warnt Unmon eindringlich: «Wenn du den Dharma erreichst, aber fällst und dort verharrst, ohne deine eigene Meinung darüber auszulöschen, ist das eine Krankheit.»

Ja, so ist das, wenn die Bescheidenheit der Erleuchteten flöten geht. In manchen Zentren versuchen die Erleuchteten, sich gegenseitig zu übertreffen.
Am besten, da flüchtet man weit!
Der Meister warnt seine Mönche vor Weiterem: «Wenn du glaubst, nach der Erleuchtung in deinen Bemühungen nachlassen zu dürfen, und wenn du dein eigenes Bewusstsein genau prüfst und dann meinst, es gäbe keinen Makel, ist das die zweite Krankheit.»

Na, da hat der Pseudo-Erleuchtete sein eigenes Bewusstsein eben doch nicht so genau geprüft. Den Makel hat er nämlich übersehen. Diese Krankheit ist allerdings schrecklich und weit verbreitet. Diese Krankheit läuft mit hocherhobener Nase herum. Sie glaubt, sie gehöre nun in die «Meisterklasse» und sei etwas Besseres, etwas zur Elite der Menschheit Gehöriges, zum Beispiel die «Führungskräfte im Zen». Kranke mit heiligem Salbengesicht geben sich auffällig, sprechen salbadrig und huldvoll, aber auf ihrem Weg hart arbeiten und sich weiter schulen – nein, das haben sie abgelegt in der Meinung, sie stünden nun über allem, sie hätten keine weitere Entwicklung mehr nötig. Sie erkennen an sich selbst keinen Makel mehr, sie halten sich für voll nirvāṇisiert und erwarten Respekt, wenn nicht sogar Ehrfurcht von ihren Mitmenschen. Überall treten sie als wichtige Persönlichkeiten auf, gehen wichtig herum und sprechen wichtig. Einige von ihnen wirken ausgesprochen arrogant.

Liebe Schüler, ich habe den Extremfall geschildert, den es leider nicht so selten gibt. Sprechen wir aber hier einmal nicht vom Extrem, sondern davon, dass ja eine spirituelle Entwicklung harmonisch abläuft. Wenn ich Zen-Schüler einige Jahre nach Beginn ihres Weges betrachte, ist da oft Wunderbares zu sehen, eine weite Entfaltung in tiefe Bereiche des Seins hinein und eine große Stabilität im alltäglichen Leben! Da sehe ich echte Bodhisattvas, die sich auch weiterhin mit großem Gewinn für sich selbst und ihre Mitmenschen in ernsthafter Heiterkeit üben und die in immer größere Freude und Kraft hineinwachsen.

Wie aber schon manchmal gesagt, möchte ich euch und auch mich eindringlich daran erinnern: Auch Bodhisattvas sind auf dem WEG, und auch sie ruhen sich nicht auf ihren Lorbeeren aus. Also, weiter, weiter, weiter!

Und so werden auch wir – genauso wie die Bodhisattvas – niemals einen Fixpunkt erreichen, an dem wir uns einbilden, jetzt «in die Meisterklasse» zu gehören und es uns leisten zu können, zur Salzsäule zu erstarren wie Lots Frau, die auf ihrem Weg stehen blieb und sich sogar zurückwandte statt vorwärtszugehen. Wer auf dem Zen-Weg erstarrt, geht nicht mehr auf dem Weg. Er rutscht zurück, und zwar in höllische Bereiche. Erstarren ist Hölle. Erstarren ist Illusion, und Illusion ist Hölle.

Nein, das ist kein Zen, denn die Entwicklung soll niemals aufhören, weder in diesem Leben noch in einem anderen Daseinsbereich.
Dass aber die Entwicklung niemals aufhört – welche Freude das ist! Sie ist ein Seins-Zustand. Diese Freude geht nicht verloren, solange wir weitergehen.

12 • Jizō bestellt das Reisfeld

Jizō fragte Shūzan Shū: «Wo kommst du her?»
Shū antwortete: «Aus dem Süden.»
Jizō fragte weiter: «Wie steht es heutzutage um den Buddhismus im Süden?»
«Er wird ausführlich diskutiert», antwortete Shū.
«Mein Reisfeld zu bestellen und Reis zu ziehen ist der bessere Teil», sagte Jizō.
Shū fragte: «Wie kannst du auf diese Weise die Wesen der Drei Welten retten?»
«Was nennst du die Drei Welten?», entgegnete ihm Jizō.

«Jizō» ist der japanische Name für den chinesischen Zen-Meister Dizang[24]. Ihm wurde der Titel «Lohan» verliehen. Mit der chinesischen Bezeichnung Lohan[25] wurde und wird ein spirituelles Genie benannt und diese Bezeichnung dessen Namen beigegeben, wenn derjenige die höchste Erleuchtungsstufe, die eines Arahat, erreicht und diese Stufe auch vollständig ausgereift hatte. Die Ausreifung ist überaus wichtig und notwendig, und dies auch in der Beurteilung eines Menschen, ob derjenige nun schon ein Erleuchteter ist oder nicht.

Die Vollkommenheit dieser höchstmöglichen Stufe, die ein Mensch auf Erden erreichen kann, ist also ein Seinszustand und hat nichts mit Gelehrsamkeit zu tun. Dieser spirituelle Stand eines solchen Heiligen wird aus seiner Erfahrung und seinem Leben im «Dynamischen Nirvāṇa», nämlich mitten in aller Bewegung der Welt, erreicht.
Dieser Mensch reift somit im normalen alltäglichen Leben, ob in Arbeit oder Freizeit, die Frucht seiner bereits erfahrenen Erleuchtung aus.

Um als «Lohan» bezeichnet zu werden, muss Meister Jizō schon sehr überzeugend gewesen sein.

Eine nur erreichte Erleuchtungserfahrung macht noch keinen Erleuchteten aus. Noch einmal: Erleuchtung erweist sich im Alltag. Das betrifft auch einen Arahat. Erst die Ausreifung der Früchte einer Erleuchtungserfahrung auf ihrer jeweiligen Ebene wird als Erleuchtung bezeichnet. Sonst bleibt die Erfahrung nur eine Art Blitzlicht im Geist, das schnell wieder vergeht.

Zum Begriff «Dynamisches Nirvāṇa»: Nur ein Dynamisches Nirvāṇa ist also ein taugliches Nirvāṇa auf Erden. Die Zen-Geschichte ist voll von berühmten Meistern, vor allem

24 Jizō Keijin, chin. Dizang Guichen (867–928).

25 In Japan entspricht der Titel «Daishi» dem chinesischen «Lohan», während «Daishi» allerdings ein durch den japanischen Kaiser nach einem großen Prozedere posthum verliehener Titel ist, womit alle japanischen Zen-Schulen einverstanden sein müssen, «Lohan» aber ist ein Zustand und weniger ein Titel. Beides beschreibt einen großen Meister auf dem gleichen Stand.

aus der Zeit des klassischen chinesischen Zen, die diesen Stand des Arahat erreicht hatten und fröhlich aus ihm heraus ein alltägliches Leben führten, nämlich im Dynamischen Nirvāṇa.

Kann ein im Nirvāṇa lebender Mensch Sport treiben? Kann er mit Genuss an einem festlichen Mahl teilnehmen? Kann er heiraten und eine glückliche Ehe führen? Kann er Kinder in die Welt setzen? Kann er mit seiner Frau tanzen gehen? Kann er Mitglied in einem Fußballverein werden? Ja, ja, selbstverständlich, alles das kann er tun! Und all diese Tätigkeiten, achtsam ausgeführt, helfen ihm zur weiteren Ausreifung seines großen Satori.

Bei dieser Gelegenheit sei darauf hingewiesen, dass der Begriff «Dynamisches Nirvāṇa» ja gerade auf Bewegung, Veränderung, Handeln hindeutet und nicht auf ein «Verlöschen» des menschlichen Bewusstseins, was man aber als Bedeutung des Wortes Nirvāṇa in der westlichen Welt gern polemisch unterstellt, weil das Wort «Nirvāṇa» übersetzt «Verlöschen» heißt. Auch dieser grobe Irrtum wie alle Irrtümer sollte schnellstens verlöschen! So haben einige Leute in Europa auch die Vorstellung, ein Arahat sei eine Art Zombie, weil doch sein Bewusstsein ausgelöscht sei! Und – meinen diese Leute weiter – würden Asiaten dieses Verlöschen auch noch für erstrebenswert halten. Welcher Unsinn das ist! Es soll auf dem WEG des Erwachens nicht das menschliche Bewusstsein ausgelöscht werden, sondern es sollen alle Täuschungen, Illusionen und wahnhaften Ideen «verlöschen». Würde das Bewusstsein des Menschen ausgelöscht, wäre damit gleich das ganze Wesen ausgelöscht. Bewusstsein an sich ist aber nicht auslöschbar.
Nochmals: Die Dummheit gehässiger Untersteller sollte allerdings ausgelöscht werden!
Mein Meister sagte: «Der Erleuchtete ist aktiv! Er reagiert auf die Dinge.»

Im Gegensatz zum «Dynamischen Nirvāṇa» gibt es den Begriff «Statisches Nirvāṇa». Hiermit ist gemeint, dass ein erleuchtetes Wesen keinerlei Bewegung und Veränderung mehr unterworfen ist. Es ruht nur noch im Sein. Möglicherweise entspricht das der Vorstellung von einer «ewigen Seligkeit», in der ein verstorbenes Wesen unverändert verharre, nachdem es «in Gott aufgegangen» sei. Ich halte das Verharren in einem statischen Nirvāṇa für einen auf Erden lebenden Menschen für nicht möglich, außer dies fände in einem schweren Krankheitszustand statt, möglicherweise einem Koma.

Lediglich in einem tiefen Shikantaza mag der Übende für ein Weilchen im Statischen Nirvāṇa verharren. Ein zu lange anhaltender Zustand des Statischen Nirvāṇa würde jedoch bedeuten, dass der Kreislauf seines irdischen Körpers zusammenzubrechen droht. Um selbst die Anfänge einer solchen Gefahr zu unterbinden, gehört ja auch das regelmäßige Kinhin, das meditative Gehen im Zen, zur Übung. Für die Pausen werden auch Übungen in Karate, Taiji oder Yoga empfohlen.

Aber nun wieder zu unseren beiden Zen-Meistern! «Shūzan»[26] ist der japanische Name für den chinesischen Meister Xiushan Zhu.

26 Xiushan Zhu alias Longji Shaoxiu, jap. Shūzan Shū alias Ryūsai Shōshū (gest. ca. 954).

Nehmen wir uns Stück für Stück diese Geschichte vor, wobei wir hier bei den japanischen Namen bleiben.

Shūzan Shū war ein ungewöhnlich fähiger Zen-Meister, welcher der Rinzai-Linie und -Schule einen starken Aufschwung verschaffte. Auch Meister Shūzan Shū wurde wie der sechste Patriarch, Huineng, vor ihm und andere Zen-Meister jahrelang durch Widersacher verfolgt und durfte sich nicht zu erkennen geben.

Jizō Keijin war ein großer und berühmter Zen-Meister, der von etwa 867 bis 928 lebte.

Von diesen beiden berühmten Geistesriesen also handelt unser Kōan. Hier begegnen sie sich nun. Jizō fragt den Meister Shūzan Shū: «Wo kommst du her?»

Das ist die immer wiederkehrende Frage eines Zen-Meisters an einen wandernden Mönch, der in das Kloster kommt. Es ist die Frage, um damit einen Menschen auf seinen geistigen Reifezustand zu prüfen. Wie wird der Mönch die Frage auffassen? Wie wird er antworten? Wird er zögern? Wird er metaphysisch antworten? Philosophisch? Oder einfach nur platt, achtlos und rein äußerlich? Wird er unsicher sein und schüchtern? Fast ist es egal, wie die Antwort verbalisiert wird, denn der Meister kann an der Art und Weise des Antwortens erkennen, wonach er *eigentlich* fragt.

Shū sagt: «Aus dem Süden.» Sagt er damit: «Aus der schönsten Gegend Chinas, die in jeder Hinsicht über alle anderen Gegenden erhaben ist»? Oder sagt er: «Aus der Gegend der Südlichen Schule des sechsten Patriarchen, Huineng, in der auf unorthodoxe Weise der Dharma direkt unter Ausschluss der Schriftzeichen weitergegeben wird»? Oder sagt er: «Ich komme aus einem Südlichen Devāḥ-Himmel»?

Jizō prüft weiter. Er fragt: «Wie steht es heutzutage um den Buddhismus im Süden?» Im Süden – da wurde doch ein starkes Zen gelehrt und praktiziert, das schnell und gründlich zum Kenshō führte und nicht ein Gehirn-Zen, das vielleicht irgendwann einmal nach langem buddhistischem Studium in die Erkenntnis der Wahrheit münden sollte. So interessierte sich Jizō: Wie steht es heutzutage um den Buddhismus in diesem berühmten Süden des berühmten sechsten und letzten Patriarchen? Sind die Zen-Meister dort noch so groß?

Es gibt zu dieser Zeit noch nicht unsere modernen Medien, kein Radio, kein Fernsehen, kein Telefon, keinen Funk, keine Tageszeitung, kein Internet. Wie schön es dann ist, wenn im großen, alten China nach langer Zeit einmal ein Reisender aus dem zauberhaften Süden kommt und Nachrichten mitbringt!

Auf die Frage nach dem Buddhismus im Süden antwortet Shū: «Er wird ausführlich diskutiert.» Vielleicht seufzt Shū, während er das sagt, vielleicht findet er das intelligente Diskutieren aber auch hilfreich und bewunderungswürdig. Shū ist ja noch jung.
Auch das noch! Sandkastenspiele! Der Buddhismus wird diskutiert! Der herrliche Süden steigt ab! Jizō hält nichts davon. Er äußert klar und ganz richtig: «Mein Reisfeld zu bestellen und Reis zu ziehen, ist der bessere Teil.»

Natürlich und wie wunderbar! Die Wirklichkeit ist immer der bessere Teil. Die Wirklichkeit ist nämlich die Wirklichkeit und nicht nur eine Diskussion oder gar eine *ausführliche* Diskussion über die Wirklichkeit.

Wozu sich den menschlichen Kleingeist vollstopfen mit hoher Philosophie, mit Diskussionen über Zen und Buddhismus, anstatt einfach nur die Wirklichkeit zu erfahren und zu leben? Warum nicht einfach nur den Dharma praktizieren?!

Wie praktiziert man den Dharma?
«Mein Reisfeld zu bestellen und Reis zu ziehen, ist der bessere Teil», sagt Jizō. So praktiziert er den Dharma.

Auch der spirituell lebende Mensch – und gerade er – sollte immer das Nächstliegende tun, das was gerade an der Reihe ist, und sei es noch so irdisch und profan!

Genau so und nicht anders hält es Meister Jizō! Der Norden und der Süden haben wohl ihre Rollen getauscht, denn seit Huineng, der aus dem Süden kam und nach seiner Ernennung durch den fünften Patriarchen wieder in den Süden ging, war Chinas Süden getränkt von Erleuchtung! Ja, der Süden – das war Erleuchtung! Jetzt aber diskutiert man dort wohl nur noch über den Dharma, wie peinlich!

Meister Jizō bestellt sein Reisfeld: Er demonstriert seinen Dharma. Er offenbart das SEIN. Jizō philosophiert nicht *über* den Dharma und *über* das SEIN. Jizō – das SEIN. Das SEIN selber. So macht er das! Er bestellt sein Feld. Er macht Feldarbeit.

Da fällt mir übrigens ein, dass die Begriffe «Arbeiter des Weinbergs» und «Schnitter des Feldes», die Jesus gebraucht hat, in der uralten Kabbala etwa bedeuten: Mystiker, Eingeweihte, Magier, Menschen auf dem WEG. Das ist der Fall, auch wenn wir als Christen dieses normalerweise nicht wissen, noch nie davon gehört haben, womöglich auch empört ablehnen würden. Jesus hat doch nichts mit Magie zu tun! Ach doch, Jesus war anderer Meinung, sonst hätte er nicht so gesprochen. Auch unter den Juden wissen es nur wenige, aber in alter Zeit war das bekannt. Die Menschen verstanden diese Sprache. Heutzutage wissen es nur noch ganz wenige Meister der Kabbala, die im Verborgenen arbeiten. Der WEG zur Erkenntnis des GÖTTLICHEN WESENS ist heutzutage vielerorts unmodern geworden und wird nur «Spinnern» zugestanden. Jesus aber ist in Europa gesellschaftsfähig geworden und durfte einfach kein «Eingeweihter», kein «Magier» sein.

Meister Jizō geht ganz praktisch den WEG, indem er auf dem Feld arbeitet. Er, der Große, der Lohan, beackert den Boden. Wozu Umwege machen? Wozu erst schwere Steine schleppen und auf den Weg legen, um sie wie die sieben Schwaben danach mühsam wegräumen zu können?

Meister Jizō findet es besser, Reis zu ziehen, statt den Buddhismus zu diskutieren. Das ist Zen, reines und unverdorbenes Zen. Aus ihm heraus steigt ein glückliches und liebevolles, ein soziales und kein korruptes Leben. Da ist man nicht welt-abgehoben und fern der menschlichen Belange. Ein Bodhisattva diskutiert nicht den Buddhismus, sondern er prak-

tiziert ihn, er bestellt sein Feld, er beackert den Boden. Er geht seinen WEG faktisch und ganz konkret. Nur so kann er hilfreich für alle Lebewesen sein.
Shūzan Shū, der zu dem Zeitpunkt seines Besuches bei Jizō noch jung ist, fragt verblüfft: «Was!? Nur den Reis hochziehen? Wie kannst du auf diese Weise die Wesen der Drei Welten retten, entsprechend dem Bodhisattva-Gelübde?»
Tatsächlich hat er gefragt: «Wie kannst du die Wesen von Tiloka retten?» Nämlich: «Wie kannst du die Wesen der Drei-Welt retten?»

«Die Drei Welten» sind nicht Vergangenheit, Gegenwart und Zukunft, wie ich auch schon gehört habe, sondern sie sind «Tiloka» – korrekt übersetzt mit dem Singular – die «Drei-Welt», und zwar sind damit alle Bereiche des Universums gemeint, die Form, Struktur und Konzepte haben, also «kāma-loka», «rūpa-loka» und «arūpa-loka».
Das Wort «loka» heißt nicht nur «Welt», sondern auch «Ort» oder «räumlicher Bereich». So beinhaltet Tiloka, nämlich die Drei-Welt, verschiedene Bereiche, in denen viele Wesen leben.

Kāma-loka ist der sinnliche Bereich, der viele Unterbereiche umschließt, deren Lebewesen sinnlich wahrnehmen, selbst wahrnehmbar sind und auch den Bereich Kāma-loka wahrnehmen können. Dazu gehören zum Beispiel Höllenbereiche, niedere Devāḥ-Bereiche und unsere Menschenwelt, die hier also nicht sehr hoch angesiedelt ist.

Rūpa-loka ist der feinmaterielle beziehungsweise feinstoffliche Ort beziehungsweise Bereich, dem ebenfalls viele weitere innere Bereiche zuzuordnen sind.

Arūpa-loka schließlich ist der immaterielle Ort, deren Wesen zwar auch wahrnehmen, aber keine Körper bilden. Sie «bestehen» aus «Konzept», aus «Idee», wie wir vielleicht sagen könnten. Noch klarer gesagt, bestehen sie aus Wahrnehmung. Obwohl diese Wesen also auch auf hoher Wahrnehmungsebene existieren, leben sie wie alle anderen in Saṃsāra, dem Kreislauf von Werden und Vergehen. Ihr Zustand ist derart erhebend, dass sie womöglich darin hängen bleiben. Sie sind im «Himmel der Seligen», und oft sehen sie keine Notwendigkeit, sich weiterentwickeln zu müssen. Der höchste Stand der Erkenntnis geht ihnen noch ab.

Um ganz genau zu sein, müssen wir feststellen, dass die Drei-Welt in Wirklichkeit keine Orte oder räumlichen Bereiche nach unserem Verständnis sind, sondern Daseins-Zustände. Landläufig werden sie aber trotzdem oft als «Himmel» oder «Höllen» oder einfach «Orte» bezeichnet.

Die Drei-Welt also beinhaltet diese drei beschriebenen Daseinsbereiche, nämlich Kāma-loka, Rūpa-loka und Arūpa-loka.

Die Drei-Welt ist voll der erlösungsbedürftigen Wesen – oder besser ausgedrückt – der zahllosen Lebewesen, die *erkennen* müssen, dass sie zwar in ihrem Urgrund längst erlöst, nämlich von Grund auf Buddhas sind, dies aber noch nicht vollständig verwirklicht haben, weil

ihr Geist immer noch Irrtümer und selbstgemachte Vorstellungen hat, die nicht der Wirklichkeit entsprechen, sondern ihnen Lieblingswahnbilder vorgaukeln.
Der Bodhisattva arbeitet, geleitet von seinem tiefen Mitempfinden allen Lebewesen gegenüber, an deren Rettung.
Shūzan Shū fragt also, sicherlich voll Mitgefühl: «Wie willst du mit Feldarbeit die Wesen der Drei-Welt retten?»
Und nun kommt die Zen-Frage des Zen-Meisters: «Was nennst du die Drei-Welt?»

Wird nun Shūzan Shū eine religionsphilosophische Erklärung abgeben? Wird er jetzt ein klassisches buddhistisches System darbieten? Immerhin war er im Vergleich zu Jizō noch ein junger Mann, der noch nicht viele Jahre menschlicher und spiritueller Entwicklung zur Verfügung gehabt hatte. Vielleicht war er stolz auf seinen hellen Verstand. Oder wird Shū trotzdem sogleich erfassen, was Jizō mit seiner Frage sagen will?

Jizō meint: «Hier an diesem Ort und in diesem Augenblick sind nicht nur die Menschheit, sondern alle Daseinsbereiche samt allen Wesen versammelt. Hier ist Tiloka. Hier ist die Drei-Welt. Wenn du alle Wesen erlösen willst, lass an deinem Ort den Dharma aufleuchten!»
Ja, so ist es. Das gilt für Jizō, für Shū und für uns.
Jeder, der das Bodhisattva-Gelübde spricht:

Die Lebewesen sind zahllos,
ich gelobe sie alle zu retten,

und der dieses Gelübde ernst meint, dessen innere Haltung diesen Worten entspricht, weiß, wie er die Wesen der Drei-Welt rettet. Er manifestiert durch alle seine Handlungen auf wunderbare Weise die WAHRE NATUR, den rettenden Dharma.

Dieses ist die Medizin für die Welt. Sie wird am Ort des Zen-Schülers in die Welt geworfen, und sie zieht ihre Kreise. Jedem Kreis folgt ein weiterer – bis zum Ende des Universums. Da das Universum aber doch kein Ende hat, kommt ausgesandter Segen, kommt die Medizin, die der Bodhisattva verabreicht, zu diesem zurück. Wir und die Welt sind EIN EINZIGES.

Es ist wohl entscheidend und wesentlich, wie wir auf der Welt da sind, entweder verbiestert und aggressiv oder langmütig, heiter und liebevoll. Wenn wir gütig sind, umhüllt Güte die Welt. Wenn wir bösartig und toxisch sind, mürrisch und nachtragend, tun wir unseren Mitwesen in der Drei-Welt nichts Heilsames an und schädigen letztlich uns selber am meisten. Also entscheiden wir uns doch lieber dafür, an unserem Ort unser Reisfeld zu bestellen und auf nährende und gütige Weise hier bei uns da zu sein und Segen über alle Lebewesen auszubreiten.

13 • Rinzais «blinder Esel»

Als Rinzai im Sterben lag, betraute er Sanshō mit seiner Dharma-Linie, indem er sagte: «Zerstöre nach meinem Tod nicht mein Auge und meinen Schatz des Wahren Dharma!»
«Wer würde es wagen, Augen und Schatz des Wahren Dharma von Euer Ehrwürden zu zerstören?», erwiderte Sanshō.
«Wie wirst du antworten, wenn dich jemand danach fragt?», wollte Rinzai wissen.
«Katsu!», schrie Sanshō sofort.
«Keiner weiß, dass mein Auge und Schatz des Wahren Dharma von diesem blinden Esel zerstört wurden», sagte da Rinzai.

Diese Sache ist ganz leicht zu erfassen. Nur der Intellekt tut sich da schwer. Ich hatte eine Freundin, die sehr stolz auf ihren hervorragenden Intellekt war. Sie sagte: «Ihr da im Zen löscht ja euren Intellekt aus. Ich will meinen lieber gebrauchen. Ich bin stolz auf ihn. Er arbeitet sehr gut, und ich habe Freude daran!» Der exquisite Verstand dieser Frau schuf ihr mit großer Raffinesse, großer Intelligenz, ein Welt- und Menschenbild, das völlig irreal war. Sie fühlte sich durch ihre Mitmenschen, vor allem vermeintliche Autoritäten derart dominiert, dass sie bis in ältere Lebensjahre die chronische Rebellin blieb, die gegen alles, was auch immer ihr begegnete, kontra ging. Das Wesentliche ging ihr aber leider dabei verloren. Ihr Intellekt half ihr nur, ihr verschrobenes Wahngebilde, das sie für Realität hielt, immer mehr auszubauen und fest in sich zu zementieren.

Eine gute Intelligenz ist etwas sehr Schönes. Sie sollte nicht ausgelöscht werden. Das bedeutet aber nicht, dass der menschliche Verstand ein Satori herstellen kann. Das Gegenteil ist der Fall. Ständige rationale Kontrolle auf dem spirituellen Weg ist ein Hindernis zu tiefen Erfahrungen. So sollte der Intellekt auf dem Weg immer wieder ruhen und in den Hintergrund treten.

Wer seinen Geist rein und frei macht und dessen existenzielle Leerheit durchschaut, der hat keine Probleme mehr mit Täuschungen, Illusionen und Wahnvorstellungen aller Art. Übrigens wird dadurch der Intellekt nicht ausgelöscht, und die Fähigkeit, intelligent zu denken und zu handeln, nimmt viel mehr zu. Der Verstand funktioniert gut. Diese Tatsache wurde übrigens naturwissenschaftlich bestätigt. Ich habe dieselbe Beobachtung gemacht.

Ein erleuchteter Geist durchschaut die Dinge. Meister Rinzai[27] und Meister Sanshō[28] hatten viel Spaß mit ihrem Wort- und Satzspiel um das Zerstören und Nicht-Zerstören von

27 Rinzai Gigen, chin. Linji Yixuan (gest. 866).

28 Sanshō Enen, chin. Sansheng Huiran (9. Jh., genaue Daten unbekannt).

Meister Rinzais Wahrem Dharma. Was ist in diesem Zusammenhang Zerstören, und was ist in diesem Zusammenhang Nicht-Zerstören? Darum geht es in diesem Spiel kurz vor dem Hinübergang des großen Meisters Rinzai.

Rinzai Gigen war der Schüler von Ōbaku Kiun[29], dieser der Schüler von Nansen Fugan[30], der die Katze tötete. Er steht also in einer großen Linie.
Als Meister Rinzai im Jahr 866 im Sterben lag, übergab er seinem Schüler Sanshō diese seine große Dharma-Linie.

Was bedeutet das? Seit Śākyamuni Buddha übergibt ein Zen-Meister seinem dafür vorgesehenen Schüler seine Dharma-Linie. Er beauftragt ihn, seinen Dharma zu lehren, seinerseits Schüler auszubilden, sie zu beauftragen, ihrerseits Schüler anzunehmen, und immer wird einer der Schüler die Dharma-Linie fortsetzen. Das ist ähnlich, als ob ein Monarch mehrere Kinder hat, aber nur einer von ihnen wird der unmittelbare Nachfolger des Monarchen, also der nachfolgende Monarch. Alle Kinder jedoch sind Prinzen und Prinzessinnen und erfahren die gleiche gute Erziehung, entwickeln vielleicht die gleichen Fähigkeiten, die gleiche Bildung und die gleiche Art von Menschlichkeit, wenn auch je nach persönlichem Temperament. So wird ein Zen-Meister möglicherweise unter seinen Schülern mehrere Zen-Lehrer ausbilden und ernennen, darunter vielleicht auch Zen-Meister. Alle werden, wenn ihr Meister sein Salz wert ist, hervorragende Lehrer sein, aber einer von ihnen wird eines Tages die Dharma-Linie des Meisters nach dessen Fortgang in die geistige Welt weiterführen. Alle Zen-Lehrer, welche dieser Dharma-Linie zugehörig, aber keine Linienführer sind, haben wahrscheinlich die gleiche Befähigung, den Dharma weiterzugeben wie der Linienführer. Der Linienführer ist zugleich der Leiter der betreffenden Zen-Schule. So können mehrere Schüler eines Zen-Meisters ausgezeichnete Menschenführer von gleicher Qualität sein, aber nur einer von ihnen leitet eines Tages die ganze Schule.

In der Geschichte des Zen gab es eine Reihe von großartigen Zen-Meistern, die nicht Linienführer ihrer Schule waren, aber ganz sicher die Bodhisattvas mitten in der Welt. Von den Bezeichnungen «Linienführer», «Patriarch» oder «Präsident» hängt also nicht unbedingt die höchste Qualität eines Zen-Meisters ab. Er muss allerdings eine gewisse Härte und Führungsqualitäten, gepaart mit Güte, aufweisen. Er ist deswegen aber nicht heiliger als seine Dharma-Brüder und auch nicht deshalb, weil er der Linienführer ist, am tiefsten von allen erleuchtet. Vielleicht ja, vielleicht nein. Um hierüber künftig keine Irrtümer mehr aufkommen zu lassen, schaffte der 6. Patriarch, Huineng, auf Anordnung des 5. Patriarchen den Titel «Patriarch» ab, und das Patriarchentum erlosch.

Nicht jeder Zen-Schüler wird auch ein Zen-Lehrer oder gar -Meister. Nicht jeder, der den Kōan-Weg durchlaufen hat, macht eine Art Zen-Karriere. Die Schulung wird immer und auf jeden Fall eine wunderbare Wirkung zeigen. Es ist nicht notwendig, dass es an jeder Straßenecke einen Zen-Lehrer gibt. Allerdings gibt es im Verborgenen auf der Erde viele

29 chin. Huangbo Xiyun (gest. 850).

30 chin. Nanquan Puyuan (748–835).

unerkannte Buddhas. Einige von ihnen kennen nicht einmal das Wort «Buddha». Der Dharma wird auf tausendfache Art gelebt und gezeigt.

Was bedeutet es nun, dass Meister Rinzai von «seinem» Dharma spricht? Ich sage auch manchmal «mein Dharma». Was meine ich damit? Selbstverständlich ist «mein» Dharma nicht «mein» Dharma. Der Dharma ist nicht mein Privatbesitz. Trotzdem hat die Aussage: «Lehre meinen Dharma!» ihre Berechtigung.
Der Dharma des Rinzai war eine starke, reine Lehre, in der er seine Mönche schulte, und die vor allem praktisch umgesetzt wurde und so in eine tiefe Erfahrung der Wirklichkeit führte. Um diese Lehre geht es.
Es gab und gibt aber auch ein angebliches Zen, das nichts mit Zen zu tun hatte. Dies ist auch kein echter Dharma.

Hier kommen einige Beispiele dafür: Ein Zen-Lehrer praktiziert die Zen-Übung kombiniert mit Schamanismus, wobei er verschiedene und einander störende Energien beim Schüler zugleich oder in schneller Folge weckt, ohne dass ihm dies anscheinend – trotz entsprechender dringlicher Hinweise – bewusst wird. Beide Wege wirken energetisch gegensätzlich. Sie sind nicht miteinander kompatibel, und dies ist kein Zen. Diese verfälschte Methode war nicht «mein Dharma».

Ein weiteres Beispiel: Ich kannte eine Zen-Frau, die ihre spirituelle Übung mit Reinkarnationstherapie verband und dies an andere Menschen weitergab. Es handelte sich dabei weder um eine fundierte Psychotherapie noch um reines Zen. Was diese Frau in Kursen lehrte, nannte sie auf ihren Flyern die «Weiterentwicklung von Zen». Was sie weitergab, war nicht der Dharma ihres Meisters.
Ein europäischer Zen-Meister lehrte ausschließlich die äußere Form der japanischen Kultur und nannte dies tatsächlich Zen. Dass er den reinen Dharma eines Meisters weitergab, bezweifle ich.

Es gibt so viele Wege und auch Vermischungen und Verfälschungen reiner spiritueller Wege, sodass dort eine klare, reine Weitergabe einer klaren, reinen Lehre nicht mehr gewährleistet sein kann. Ein Zen, das durch einen ordentlichen Lehrer sorgfältig an Schüler übermittelt wird, richtet keinen Schaden an, sondern hilft den Suchenden zu ihrer spirituellen, menschlichen und sozialen Entwicklung – und damit logischerweise auch der menschlichen Gemeinschaft.
Das Gleiche betrifft unter anderen seriösen Schulungswegen natürlich auch einen reinen Theravāda-Weg.

So werde ich meinen Schülern, die Zen-Lehrer sind oder es werden, sagen: «Zerstöre nicht meinen Dharma und verfälsche ihn nicht!»

Der große Meister Rinzai betraute, wie es im Kōan heißt, kurz vor seinem Tod den Sanshō mit seiner Dharma-Linie und sagte ihm dazu: «Zerstöre nach meinem Tod nicht mein ‹Auge und meinen Schatz des Wahren Dharma›[31]!»

31 jap. «*Shōbōgenzō*».

Auch Rinzai wünscht, dass seine Lehre rein und unverfälscht an künftige Generationen weitergegeben werden soll. Was ist der Kern davon? Nur Menschen mit geprüfter und bestätigter allertiefster Erfahrung des Daigo Tettei durch Meister mit ebenfalls geprüfter und bestätigter eben solch durchschlagender Erfahrung können zu Zen-Meistern durch diese ihre Meister ernannt werden. Diese Bestätigung heißt «Inka Shōmei». So bleibt die Linie erleuchteter Meister seit Śākyamuni bis heute erhalten.

Zwar gibt es auch in der Geschichte des Zen ein Kaufen und Verkaufen von «Inka Shōmei», denn oft war der verkaufende Zen-Meister bitterarm und hatte vielleicht eine große Familie mit mehreren Kindern. Es gab auch Zen-Meister, die ganz allein ihr Kloster in materieller Hinsicht durchbringen mussten. So konnten sie manchmal der Versuchung eines reichen Käufers von «Inka Shōmei» nicht widerstehen und ließen sich korrumpieren. In einem solchen Fall spricht man im japanischen Zen von einem «erbärmlichen Stempel eines erbärmlichen Stempels». Der «Stempel» hier ist das «Siegel der Bestätigung», das in einem solchen Fall erbärmlich ist. Da wird nur die Erbärmlichkeit bestätigt.

So ist es verständlich, dass Meister Rinzai seinem Schüler und Nachfolger im Dharma eindringlich sagt, er solle nicht seinen reinen Dharma zerstören. Ganz sicher zweifelt Rinzai nicht an seines Schülers Ehrenhaftigkeit und Treue.
Sanshō erwidert dem Meister: «Wer würde es wagen, Auge und Schatz des Wahren Dharma von Euer Ehrwürden zu zerstören?» Auch er ist seiner Sache sicher.
Wahrscheinlich ist der große Meister Rinzai sehr zufrieden damit. Da Zen-Meister es aber nicht lassen können, ihre Schüler immer wieder zu prüfen, selbst noch kurz vor dem letzten Atemzug, fragt er den Sanshō hinterlistig: «Wenn dich nun jemand nach meinem Auge und Schatz des Wahren Dharma fragt – wie wirst du ihm dann antworten?»
Sanshō gibt keine Erklärung. Er sagt nicht, was er sagen wird. Er legt nicht die Lehre des Meisters dar. Er unterbreitet nicht des großen Meisters Rinzai Prinzipien des Zen. Er zerschmettert in einem Augenblick alles über Dharma, Nachfolge, Treue, Loyalität, Stempel, Daigo Tettei, Leere und Form, den großen Meister selbst!
In diesem einen Augenblick zerstört er die Welt mit dem Schrei: «Katsu!».

Katsu – das ist der Schrei des tötenden Schwertes, aus dem das Leben entspringt. Es ist der Schrei, der blitzartig alle wahnhaften Konzepte und diskursiven Gedanken durchschneidet – und so erst Leben spendet!
All den Unsinn, den so viele Menschen in ihren Köpfen dauernd mit sich herumtragen, halten sie für die Welt. Der Schrei «Katsu» zerstört diese unwirkliche Welt.

O, dieses glückselig zerstörende Schwert des Katsu ist erst die wahre Auferstehung! Und diese urewige Wahrheit, die dann noch übrig bleibt, entspricht dem Auge und Schatz des Wahren Dharma von Meister Rinzai.

Rinzai hört diesen Schrei. Dieser Schrei beweist unwiderlegbar und unschlagbar seinen unübertroffenen Dharma! Und als Ausdruck allerhöchster Freude und Anerkennung ruft

er: «Keiner weiß, dass mein Auge und Schatz des Wahren Dharma von diesem blinden Esel zerstört wurden.»
Mit dieser starken Bemerkung zollt Meister Rinzai seinem Nachfolger die allerhöchste Anerkennung. Sanshō missversteht den Ausruf seines Meisters nicht! Er lacht glücklich.

Ja, alle gesprochenen, geschriebenen Lehren und vor allem der Begriff «Auge und Schatz des Wahren Dharma» sind absolut leer und ohne Bedeutung. Sie sind nichts anderes als der URGRUND des Nicht-Seins, aus dem heraus erst Leben entstehen kann. Aus dem Nichts entspringt das Sein, aus dem Katsu «Auge und Schatz» von Rinzais Dharma. Der «blinde Esel» ist hier bei Rinzai einer, der nicht etwas sieht, wo gar nichts ist. So ist das ja doch ein sehender und kein blinder Esel, einer, der die Welt sieht, wie sie ist und nicht, wie sie nicht ist.

Und was entnehmen wir daraus? Was zeigt euch das? Hängt euch niemals an Glaubenssätzen fest, auch nicht an vermeintlichen Glaubens- oder Lehrsätzen des Zen. Bleibt lebendig und im Fluss! Ihr müsst niemals etwas, was andere euch sagen, für bare Münze nehmen, aber seid offen für die Erfahrung! Möchten wir alle doch in diesem wahrhaftigen Sinn blinde Esel sein wie Meister Sanshō!

In der Zerstörung durch das Schwert der Weisheit zeigt sich das REINE SEIN, das URSPRÜNGLICHE GESICHT, das immer schon da war und das die UNSTERBLICHKEIT ist.

So konnte der große Rinzai voller Freude und in Frieden gehen.

14 • Kaku bietet Tee an

Der Diener Kaku fragte Tokusan: «Wo sind all die Buddhas und Patriarchen der Vergangenheit hingegangen?»
«Was hast du gesagt?», fragte Tokusan zurück.
Darauf Kaku: «Ich befahl einem vorzüglichen Pferd, hervorzuspringen, aber es trat nur eine lahme Schildkröte heraus.»
Tokusan ging gelassen und schweigend davon.
Als Tokusan am nächsten Tag vom Bad kam, servierte Kaku ihm den Tee. Tokusan klopfte ihm freundlich auf die Schulter.
«Der alte Herr hat es zum ersten Mal bemerkt», sagte Kaku.
Wieder schwieg Tokusan.

Das ist der wunderbare, edle Meister Tokusan[32], dessen authentische Erleuchtung in allen Jahren seines Lebens niemals wieder verloren ging, der Inbegriff von Stolz und Demut, in dem sich ebendiese Erfahrung zeigte. Er hat Loblieder verdient, dieser vornehme Meister Tokusan. Aber wer hat ihn zu würdigen gewusst?

Tokusan war der Meister, der als junger und hochgelehrter Mann das Zen bekämpfte, das ja von Herz zu Herz übertragen und nicht durch Gelehrsamkeit über Buchstaben und Schriften verbreitet wurde. Er glaubte, den Buddhismus nur durch seinen hochgelehrten Intellekt verstehen zu können.
Eine alte Frau bewies ihm, dass er nichts durchschaute, und führte ihn so einem Zen-Meister zu, dem Meister Ryūtan[33], der Tokusan in der ersten Nacht der Begegnung und eines langen Gespräches erleuchtete, indem er die gerade frisch entzündete Lampe ausblies, als Tokusan nach ihr greifen wollte. Am nächsten Morgen verbrannte Tokusan alle seine klugen philosophischen Kommentare mit einer Fackel in der Hand und sagte: «Auch wenn wir schwer verständliche Lehren bis zur Neige ausgeschöpft haben, gleicht das nur einem Härchen im unermesslichen Weltraum. Selbst wenn wir die Kernpunkte aller Wahrheiten in der Welt verstanden hätten, wäre es wie ein Wassertröpfchen, das in eine große Schlucht fällt.» Dabei sehe ich immer den Grand Canyon vor mir, in den das Wassertröpfchen fällt.

Tokusan war auch der kühne junge Mensch, der bei einem Besuch in einem Zendō, während er sich umsah, «Nichts! Nichts!» sagte und mit wehenden Ärmeln den Ort verließ.

Als er alt geworden war und im Kreis seiner Mönche lebte, waren Gantō und Seppō, von denen ebenfalls viele Geschichten erzählt werden, auch im Zusammenhang mit Tokusan,

32 Tokusan Senkan, chin. Deshan Xuanjian (780–865 oder 782–867).

33 Ryūtan Sōshin, chin. Longtan Chongxin (8./9. Jh.).

zwei seiner Schüler. Zum Beispiel handelt das Kōan «Tokusan trägt seine Essschalen» von allen dreien.

Ehe Tokusan seine Tätigkeit als Zen-Meister auf Drängen eines Gouverneurs aufnahm, lebte er dreißig Jahre in einer Einsiedelei und entwickelte sich in dieser Zeit zu einem Geistesriesen, der jedoch niemals auf einen Sockel stieg, um seine spirituelle Brillanz zur Schau zu stellen.

So konnte niemand, der nicht selbst ein erleuchtetes Wesen war, diesen Meister als ein ebenfalls erleuchtetes Wesen erkennen.

Aber so läuft es ja immer. Wer sich schillernd als Erleuchteten für die Schafsköpfe der Welt, die dem Schillern nachlaufen, darstellt, dem strömen eben die Schafsköpfe in Massen zu, schwärmen ihn an und sind ihm hörig. Darum heißt es ja auch: Jeder Meister bekommt die Schüler, die er verdient.

Auch in unserem heutigen Kōan ist Meister Tokusan ein alter, sehr weiser Mann.
Der Diener Kaku[34] jedoch ist weniger weise. Ich würde sagen, seine Weisheit ist von so niedrigem Stand, dass sie direkt auf seinen Strohsandalen liegt wie der Staub auf der Straße. Er kann nicht erkennen, wessen Schüler und Diener er ist. Vielleicht ist er nicht *der* persönliche Diener für Meister Tokusan, im Sinn eines weit entwickelten Schülers, sondern einer der weiteren Diener des Klosters. Er wird auch «Aufwärter» genannt. Dieser Diener war keiner der Nachfolger des großen Meisters Tokusan.

Eines Tages fragt dieser Diener, Kaku, den alten, ehrwürdigen Meister Tokusan: «Wo sind all die Buddhas und Patriarchen der Vergangenheit hingegangen?»

Meister Tokusan geht nicht einmal auf diese Frage ein. Der Mönch wünscht anscheinend eine philosophische Antwort aus den zen-philosophischen Texten oder den buddhistisch-philosophischen Schriften zu hören, vielleicht wünscht er eine raffinierte Antwort zu erhalten über die Devāḥ-Bereiche, in denen die Buddhas und Patriarchen sich befänden. Möglicherweise glaubt er selber, etwas darüber zu wissen, und möchte nun prüfen, ob der alte Meister mit ihm mithalten kann. Meister Tokusan ahnt Unerfreuliches, würde er auf diese Frage hereinfallen und antworten. Der Schüler möchte ihn wohl in metaphysische, tiefgründige Verwirrungen verstricken.

Tokusan antwortet: «Was?! Was redest du da?»

Was antwortet ihr, wenn jemand euch fragt: «Wo sind eigentlich all die Buddhas und Patriarchen der Vergangenheit hingegangen?» Würdet ihr von den sieben Himmeln anfangen? Ich glaube nicht.
Meister Tokusan jedenfalls wehrt ab: «Was redest du da?»
Daraufhin plustert sich der unhöfliche Diener Kaku mächtig auf und tönt: «Ich befahl

34 chin. Kuo.

einem vorzüglichen Pferd hervorzuspringen, aber es trat nur eine lahme Schildkröte heraus.»
Damit will er verächtlich sagen: «Meister, du hast ja keine Ahnung!»

Das ist nun der Gipfel an Unverschämtheit. Ein – vor allem asiatischer – Zen-Schüler wird sich normalerweise niemals eine Taktlosigkeit dieser Art einem Meister gegenüber erlauben. Nun, in diesem Fall ist das Unglaubliche aber doch passiert.
Die Taktlosigkeit berührt jedoch den edlen Meister Tokusan nicht. Er geht wortlos und gelassen davon.

Mitsamt seiner niedrigen auf den Füßen liegenden unreifen und vermeintlichen Weisheit geifert ein junger Diener gegen den altehrwürdigen Lehrer. Der Geifer des Jungen kommt jedoch bei dem würdigen alten Mann nicht an. Der unhöfliche junge Mönch springt zwanzig Zentimeter hoch wie ein kleiner Kläffer – und plumpst zurück.
Kakus Frechheit erreicht den Meister nicht. Sie berührt ihn nicht.
Tokusan schweigt.

Am nächsten Tag, als der Meister vom Bad kommt, serviert der Diener Kaku ihm den Tee. Meister Tokusan klopft ihm schmunzelnd und freundschaftlich auf die Schulter, ohne ein Wort zu sprechen.
Der Wadenbeißer Kaku nimmt diese überaus freundlich-nachsichtige Geste des alten Mannes für das Eingeständnis eines Fehlers und kann sich einer weiteren Plumpheit nicht enthalten. Er triumphiert erneut: «Der alte Herr hat es zum ersten Mal bemerkt.»

O ja, der ehrwürdige Meister Tokusan hat sehr wohl bemerkt, wen er da vor sich hat!
Ich frage mich, ob der Diener später in seinem weiteren Leben jemals irgendetwas bemerkt hat!

Sein Meister gab ihm jedenfalls eine wunderbare Lehre. Er offenbarte den Dharma. Er zeigte direkt und unmissverständlich die WESENSNATUR.
Auf diese Weise manifestierte Meister Tokusan das BUDDHA-WESEN: Er schwieg.

Ja, so ist es, liebe Freunde. Wenn ein Mensch sich nicht größer und nicht kleiner macht, als er ist, so ist er bescheiden zu nennen, stolz und demütig zugleich. Er hat es nicht nötig, anders sein zu wollen, als er ist. Er hat keine Lust, sich irgendwie zu zeigen, um zu wirken. Nein, sondern er ist einfach und klar. Er *ist* nur.

Wenn ein Mensch etwas aus sich macht, was er nicht ist, aber sein will, spricht er sich vielleicht damit selbst sein Urteil. Ein solches Urteil wird aber innen gesprochen, und niemand anders merkt es.
Was dem Diener Kaku hier unterlaufen ist – und das war schließlich keine Kleinigkeit –, wird schreckliche Folgen für ihn haben. Er wird lange brauchen, um eine höhere Stufe der Entwicklung zu erreichen.

Das Schweigen aber – das glückselige Schweigen des Tokusan – trägt hinauf über alle Himmel hinweg bis ins Nirvāṇa.

15 • Kyōzan stösst seine Hacke in den Boden

Isan fragte Kyōzan: «Wo kommst du her?»
«Von der Mitte des Reisfeldes», antwortete Kyōzan.
«Wie viele Leute arbeiten in der Mitte des Feldes?», fragte ihn Isan.
Kyōzan stieß seine Hacke in den Boden und stand da, die Hände vor der Brust gekreuzt.
«Heute schneiden viele Leute Schilf auf dem südlichen Berg», sagte Isan.
Kyōzan schulterte augenblicklich seine Hacke und ging davon.

Isan[35], der frühere Tenzo[36] im Kloster seines Meisters Hyakujō, der ohne zu zögern Hyakujōs Wasserkrug mit dem Fuß umstieß und daraufhin Meister im neuen Zen-Kloster auf dem Berg wurde, war ein ganz Großer im chinesischen Zen. Er schulte viele Mönche und machte auch sie zu äußerst fähigen Meistern. Der Fähigste und Begabteste unter ihnen allen aber war Kyōzan[37].

Isan und Kyōzan standen einander so nah, dass sie niemals viel miteinander reden mussten, denn ihre Verständigung fand auch ohne große Worte statt. Man sagte, die beiden seien wie Vater und Sohn.

In unserer Geschichte findet einerseits ein Dharma-Gefecht, aber zugleich damit auch eine Unterweisung des stolzen und doch demütigen Schülers statt.

Kyōzan kommt mit der geschulterten Hacke von der Feldarbeit. Er begegnet noch im Freien seinem Meister Isan, der ihn hinterlistig fragt: «Woher kommst du?» Eigentlich ist es gar nicht hinterlistig, denn Kyōzan weiß ganz genau, was sein Lehrer wissen will. Er lacht. Isan sieht ja an der Hacke, dass Kyōzan von der Feldarbeit zurückkommt.
Auf diese Frage, woher er komme, antwortet Kyōzan also: «Von der Mitte des Reisfeldes.»

Von der Mitte? Wie kann einer, der mit seiner Hacke in der Mitte des Feldes steht, das ganze Feld bearbeiten?
Nun, ihr wisst ja, dass an jedem Quadratmeter, ja, an jedem Quadratzentimeter die Mitte des Ganzen ist! Ja, sogar jeder Punkt ist die Mitte der Welt! Wo auch immer wir stehen, da ist die Mitte der Welt, die Mitte des Universums. Und somit, liebe Leute, sind wir überall, wo auch immer wir uns befinden, zu Hause. Nur eines ist wichtig: Wir müssen es mitkriegen! Nicht im Kopf, nicht in der Ratio, müssen wir es mitkriegen, sondern in unserer tiefs-

35 Isan Reiyū, chin. Guishan (Weishan) Lingyou (771–853).

36 Tenzo – der Koch in einem Zen-Kloster, der meistens ein Zen-Schüler von hoher spiritueller Fähigkeit ist. Seine Zen-Übung ist die Arbeit in der Küche.

37 Kyōzan Ejaku, chin. Yangshan Huiji (807–883).

ten urgründigsten Tiefe, nämlich in unserer Mitte.
Stand nun Kyōzan nur in der Mitte des Feldes? Wir haben doch festgestellt: Überall ist die Mitte! Also ist auch am linken Rand die Mitte, am rechten Rand die Mitte, am oberen Rand die Mitte, am unteren Rand die Mitte – und an jedem Fleckchen des Feldes dazwischen.
Ja, Kyōzan befand sich sogar, wo auch immer er auf dem Feld gearbeitet hatte, in der Mitte der Welt und in der Mitte seiner selbst, worin kein Unterschied liegt.
Aber auch außerhalb des Feldes, wo immer Kyōzan geht und steht, da ist die Mitte, nämlich seine Mitte und die Mitte wovon auch immer.
Diese Tatsache kann uns in einer herrlichen Erfahrung plötzlich aufgehen. Für Kyōzan war diese Erfahrung tief vertraut und ganz alltäglich geworden. Da für ihn überall die Mitte und das Einzige und Eine war, war er selbst die Mitte und das Einzige und Eine.

Dies ist Isan klar. Er ist zufrieden mit seinem Lieblingsschüler. Aber er schult ihn weiter und versucht, es ihm ein bisschen schwer zu machen. So fragt Isan ihn: «Wie viele Leute arbeiten in der Mitte des Feldes?»
O, soll Kyōzan nun sein tief vertrautes Ein-Einziges-Sein in viele Leute zerfasern, zerreißen, teilen? Er ist doch selbst alles geworden, und er lebt in dieser Schau seiner selbst und der Welt, die er vollständig selber ist. In seiner Wesensnatur gibt es nur die Wesenswelt, die wahre Natur der Welt. Die vielen, die arbeiten oder sonst etwas tun, das ist doch er selber, er selber und immer in seiner ewigen Mitte!

So stößt Kyōzan seine Hacke in den Boden, verschränkt die Arme und bleibt ohne ein Wort zu sagen still stehen.

Isan könnte seinen Schüler nun loben, denn er sieht, dass Kyōzan als das Eine im Einen lebt. Nun bietet uns die Wirklichkeit aber zwei Ansichten, nämlich nicht nur die des Einen, sondern auch die des Vielen! Es ist gut und wichtig, auch der Ebene der vielen Dinge und Lebewesen gerecht zu werden, sie zu achten, mit ihr heilsam umzugehen, sie wirklich wahrzunehmen, sie nicht auszupressen, sondern zu pflegen und zu hegen und zu schützen. So lobt Meister Isan den Kyōzan noch nicht, noch nicht. Auch kritisiert er nicht, dafür gibt es ebenfalls keinen Grund, sondern er sagt zu Kyōzan, ihm einen Fingerzeig gebend:

«Heute schneiden viele Leute Schilf auf dem südlichen Berg.»

Der «südliche Berg» ist immer wieder der Berg der Spiritualität, der Erleuchtung. Auf ihn hinaufzusteigen heißt, Erleuchtung zu erfahren. Wahre Erleuchtung jedoch ist nicht nur die Erfahrung, das Alles und das Nichts zu sein, sondern in den vielen Dingen und sich selbst das Alles und das Nichts – was dasselbe ist – zu entdecken.

So sagt der gütige Meister Isan: «Ja, selbst auf dem südlichen Berg, dem Berg der Erleuchtung, wo alles eins ist, schneiden doch heute, nämlich gerade jetzt, viele Leute Schilf!»

Ja, da sind «Viele» und da ist «Eins» ganz genau dasselbe. Da ist nicht entweder – oder. Entweder – oder, nein! In der tiefsten Wirklichkeit existiert kein entweder – oder.

Als Reaktion auf Meister Isans Fingerzeig nimmt Kyōzan ohne zu zögern oder zu widersprechen seine Hacke wieder auf und geht davon – dorthin, wo die «vielen Leute» sind und dieses oder jenes tun. Vielleicht geht er zum Aufräumen des Gerätes, vielleicht geht er zum Essen, vielleicht geht er zum «südlichen Berg», wo andere Mönche noch arbeiten. Das ist nicht wichtig. Wichtig ist, er geht seinen Weg inmitten der Welt, inmitten der Menschen.
Nun kann Isan ihn loben. Sein Schüler erfährt die Welt vollständig und nicht nur halb.

Liebe Freunde, scheut nicht die Welt der Menschen, die Welt der Vielheit, sondern geht mit den Lebewesen und den Dingen liebevoll, sorgfältig und achtsam um, denn in jedem von ihnen zeigt sich das einzige unendliche Bewusstsein, das mit sich EINS ist und das nirgendwo nicht ist!

16 • Magu schwenkt seinen Glockenstab[38]

Magu besuchte mit seinem Glockenstab in der Hand Zhangjing. Er ging drei Mal um dessen Zen-Sitz herum, stieß seinen Stab fest auf den Boden, dass die Glocken klingelten, und blieb stramm stehen.
Zhangjing sagte: «Recht so! Recht so!»
Dann besuchte Magu den Nanquan. Er ging drei Mal auch um dessen Sitz herum, ließ die Glocken klingeln, stampfte mit seinem Stab kräftig auf den Boden und stand dann aufrecht vor ihm da.
Nanquan sagte: «Falsch! Ganz falsch!»
Magu sagte: «Meister Zhangjing sagte: ‹Recht so!› Warum sagen dann Ehrwürden: ‹Ganz falsch!›?»
Nanquan sagte: «Bei Zhangjing ist es richtig, bei dir ist es nicht richtig. Was du tust, ist bloß das Wirbeln eines Windes. Schließlich wird es vergehen.»

Ein «Klingelstab» wurde von Mönchen nicht nur als Wanderstab getragen. Oben an dem Stab hingen metallene Ringe, deren Klingeln beim Schlagen des Stabes auf den Boden oder beim Schütteln desselben die wilden Tiere, vor allem giftige Schlangen, vom Weg verscheuchten. Mönche auf dem Bettelgang meldeten sich bei den Bewohnern der Häuser auch durch das Klingeln frühzeitig an, sodass diese gleich wussten, dass Mönche sich näherten, damit man ihnen Reis und andere Nahrungsmittel in ihre Schale geben konnte. Hierfür dankten die Mönche den Spendern durch Rezitationen von Segenssprüchen. Ebenso beliebt wie der Reis bei den Mönchen war und ist immer noch der Segen der Mönche bei den Spendern der Gaben.

Der nicht mehr junge Magu[39] verwendete seinen Stab auch zum Beeindrucken und Aufschneiden. Unser Kōan ist ein Beispiel dafür, der Geschichte nach wenigstens einmal. Das schadet auch nichts, denn man kann ruhig auch einmal spaßeshalber Theater spielen und sich dabei – vielleicht sogar in zärtlicher Selbstironie – amüsieren. Ist das dann aber auch ein Zeichen für tiefe spirituelle Einsicht? Das sehen wir gleich.

Die drei Meister, Magu, Zhangjing[40] und Nanquan[41], die hier das spirituelle Theater spielen, sind alle drei Schüler des großen Rinzai-Meisters Mazu[42]. Unsere Geschichte findet wahrscheinlich statt, nachdem Meister Mazu schon gestorben war.

38 Entspricht *Hekiganroku* 31.

39 Magu Baozhe, jap. Mayoku Hōtetsu (8./9. Jh., genaue Daten unbekannt).

40 Zhangjing Huaihui, jap. Shōkyō Eki (756–815 bzw. 759–818).

41 Nanquan Puyuan, jap. Nansen Fugan (748–835).

42 Mazu Daoyi, jap. Baso Dōitsu (709–788).

Eines Tages machte sich Magu auf den Weg zu einem Besuch bei seinem Dharma-Bruder Zhangjing, der längst Meister war, um diesem zu demonstrieren, wie erleuchtet er selbst, Magu, schon war. Ja, er wollte eine Schau abziehen, und genau so tat er es dann auch. Übrigens sind sehr viele Zen-Leute äußerst beeindruckt von einer solchen Demonstration. Magu kam also sehr stolz zum Meister Zhangjing, schritt drei Mal erhobenen Hauptes um dessen Sitz herum, blieb dann – immer noch hocherhobenen Hauptes – vor Zhangjing stehen, stieß seinen Glockenstab donnernd auf den Bretterfußboden und stand dann eindrucksvoll und in stolzem Gehabe stramm, ohne sich zu verneigen.

Wenn ein Mensch eine durchschlagende Erfahrung macht, wird er dann stolz? Ich hatte früher einmal ein Gespräch über dieses Thema mit meinem Meister. Ich sagte: «Komisch, auf dem Weg werden die anderen Schüler demütig. Ich werde stolz.» Mein Meister sagte: «Das ist kein Stolz, sondern es ist die Wesensnatur selbst. Sie kriecht nicht, und sie duckt sich nicht. Dieser Stolz ist zugleich die Demut, die nicht kriecht und sich nicht duckt, sondern so nimmt, wie sie ist.»

Genauso könnte es auch Magu gegangen sein. Vielleicht war sein Gehabe kein Gehabe, sondern echter, authentischer Ausdruck der Wesensnatur, die nicht kriecht und sich nicht duckt, sondern aufrecht und eben ganz ohne eine Rolle zu spielen, einfach nur ihr Sosein ausdrückt. Magu geht, wie es üblich und höflich ist, drei Mal um den Sitzplatz des Meisters herum, stößt seinen Klingstock kräftig auf den Boden und bleibt dann still vor Zhangjing stehen. Er verneigt sich nicht, wie es allerdings auch und unbedingt höflich gewesen wäre.

Der Meister fragt nicht nach Höflichkeit und Unhöflichkeit, sondern er sieht die Kraft seines Gegenübers, die gemessenen Schritte, die große Sicherheit des Magu in jeder Bewegung und Geste. Er ist zufrieden. Und er sagt zu ihm: «Recht so, recht so!»

Ja, und nun geschieht etwas ganz, ganz anderes. Nach dieser Demonstration von Einssein und Einsicht in spiritueller Erfahrung möchte Magu die schöne Szene wiederholen. Er nimmt an, dass er ganz sicher noch einmal dieses «Recht so, recht so!» zu hören bekommen wird. Er wird noch einmal bewundert, gelobt und bestätigt werden. So glaubt er. Er baut sich ein Luftschloss, eine Fiktion in einer von ihm vermuteten Zukunft. Magu unterläuft ein furchtbarer Fehler. Die erste Strophe war klar, sauber und rein. Die zweite Strophe ist nichts als eine Posse.

So kann es geschehen, dass eine schöne Erleuchtungserfahrung, die festgehalten werden soll, einfach nur tot ist und nichts als eine künstlich hergestellte Kopie von etwas Vergangenem zurücklässt. Diese allerdings ist nicht sehr überzeugend. Sie ist eine peinliche Farce.

Magu geht zu Nanquan. Er fühlt sich ganz sicher, hat ihn doch Meister Zhangjing bestätigt! Nichts kann ihn umwerfen! Ja, er ist sogar ein Stück gewachsen! Er will in seiner neuen Würde eines Erleuchteten glänzen und den Ehrwürdigen Nanquan in Erstaunen versetzen. Magu schreitet drei Mal um den Sitz des Nanquan herum, stößt dann seinen Stab laut glockenklingelnd auf den Boden, verneigt sich nicht, i bewahre, sondern steht stolz und mit erhobenem Kinn vor dem Meister.

Nanquan schüttelt sachte den Kopf über diese Darstellung und sagt: «Falsch! Ganz falsch!»

Magu fällt in ein Loch! Was war los? Hatte zuvor Meister Zhangjing gelogen? Lügt vielleicht jetzt Meister Nanquan? Hat einer von beiden sich getäuscht? Oder war seine eigene bisherige Zen-Erfahrung etwa gar nichts wert gewesen, und er selbst ist nur ein Betrüger? Wer hat sich nun geirrt?
Magu sagt zum Meister: «Zhangjing hat gesagt: ‹Recht so!›, warum sagen dann Ehrwürden ‹Ganz falsch!›?»

Der große Meister Nanquan antwortet ihm: «Zhangjing hatte Recht, aber obwohl er im Recht ist, trifft es dennoch zu, dass du im Unrecht bist. Was du mir hier demonstriert hast, ist nichts als das Wirbeln eines Windes. Wenn seine Kraft ausgelaufen ist, wird es schließlich zunichte.»

Das erste Mal war es authentisch und wahrhaftig, das zweite Mal war es nur eine Albernheit. Da wollte er wirken und beeindrucken mit seiner angeblich immer frischen Satori-Erfahrung.

Es war, als wolle jemand eine Sache immer und immer wiederholen, wenn nur die Gelegenheit dazu besteht. Einmal war es frisch und neu wie am Morgen der Schöpfung, aber mit jedem weiteren Mal wird es fad, faul und schimmlig, und niemand mehr wird ihn dafür bewundern oder gar loben. Je öfter er mit der Sache hausieren geht, desto wertloser wird sie.

Und doch – im ewigen Augenblick gibt es keinen noch so kleinen Unterschied zwischen dem göttlichen unendlichen Sein und dem Verschimmelten. Da ist kein Unterschied zwischen der Erleuchtung und der Farce. Aus beiden leuchtet gleichermaßen die Reinheit der Wesensnatur.
Die Wesensnatur nämlich wird niemals, niemals schimmlig.

Und so ist Magu gerechtfertigt, und beide Meister sagen die Wahrheit.
Im Jetzt zeigt sich dieses alltägliche Wunder. Im Jetzt ist es zu erfahren. Nur im Jetzt.
Augenblick für Augenblick ist die Welt neu und war zuvor noch nie da gewesen, aber jetzt, aber jetzt – ist Jetzt.

Das Jetzt ist immer neu. Darum ist jedes Jetzt so kostbar und noch nie da gewesen. Es ist nicht alt, verwest und schimmlig. Es duftet wie eine frisch aufgeblühte Blume in diesem Moment, zeitlos, ewig.

Jedes Jetzt taucht auf aus dem unendlichen Sein, leuchtet nur kurz auf und ist darum grenzenlos kostbar.

Ich schenke euch ein Gedicht hierzu:

Nur jetzt ist Frühling
Sie tragen Hochzeitskleider –
die Blütenbäume.

17 • Hōgens «kleinstes bisschen»

Hōgen fragte Shūzan Shū: « ‹Wenn es das kleinste bisschen Unterscheidung gibt, dann ist das die weiteste Entfernung zwischen Himmel und Erde.› Wie verstehst du das?»
Shū antwortete: «Wenn es das kleinste bisschen Unterscheidung gibt, dann ist das die weiteste Entfernung zwischen Himmel und Erde.»
«Wenn du das so verstehst, dann hast du es noch nicht erfahren», entgegnete ihm Hōgen.
«So sehe ich es eben. Und Ihr, Ehrwürden?», fragte Shū.
«Wenn es das kleinste bisschen Unterscheidung gibt, dann ist das die weiteste Entfernung zwischen Himmel und Erde», antwortete Hōgen.

Liebe Zen-Schüler, welches ist die absolut korrekte Antwort auf eine Frage?
Das ist die Frage selbst!
In der tiefsten Wirklichkeit ist jede Frage sich selbst die Antwort. Es ist nicht nötig, noch etwas oben draufzusetzten.
Wer dieses erfasst hat, kann jedes Kōan lösen.
Ich wundere mich immer, dass hier nicht jeder jedes Kōan sofort löst, denn das Geheimnis habe ich euch schon oft gesagt! Aber das Sagen bringt nichts. Selbst erfahren muss man es. Dann kann man sagen, was man will.

Aber ohne Erfahrung – was nützt das Sagen! Bis jetzt hat es daraufhin noch niemand mitbekommen.

Also: Alle Dinge, Worte, Bewegungen, Lebewesen, Gefühle, Gedanken – *sind* ES! Alles Suchen, Sehnen und Fragen – *ist* ES! Alles ist ES bereits! Warum, frage ich euch, seid ihr dann immer noch so verrückt darauf, etwas zu bekommen, was nicht jetzt schon hier ist? Was nicht längst in euren Händen liegt? Etwas überaus Ersehntes, was angeblich woanders oder in der Zukunft ist? Etwas «anderes»? Warum sehnt ihr euch nach etwas, wonach ihr immer schon gesucht hattet, was es jedoch überhaupt nicht gibt? So eine Verrücktheit! Die Vorstellung, es gäbe etwas Wunderbares an einem anderen Ort, zu einer anderen Zeit, ist eine Wahnvorstellung. Merkwürdigerweise leiden auch Psychiater und Psychotherapeuten an dieser Wahnvorstellung. Sie suchen woanders und sehnen sich nach etwas Zukünftigem. Die Zukunft bleibt aber immer nur die Zukunft und bleibt damit irreal. Die Zukunft ist niemals jetzt. Selbst wenn jemand meint, die Zukunft käme, ist sie doch niemals da. Immer bleibt sie eine Fiktion.

Logischerweise ist die Wirklichkeit jetzt, und die Wirklichkeit ist das, was jetzt gerade ist, und zwar hier an diesem Fleck. Nur jetzt kann sich etwas zeigen, niemals vorher und niemals hinterher.

Wenn jemand eine Frage stellt, ist die Antwort also schon gegeben. Wozu noch warten?

Die jüdischen Mystiker kennen zwei Gottesnamen: Der eine heißt «mi» und der andere «ma». Das sind die Fragewörter «wer» und «was». Denn bereits im Fragen liegt die wunderbare Antwort. Bereits in der Frage offenbart sich Gott.
Interessehalber hierzu eine Anmerkung: Der hebräische Name «Michael», nämlich gesprochen Mi-cha-el (das ch rau und kehlig gesprochen und das el wie äl), bedeutet «Wer (ist) wie Gott?» Da aber das hebräische «wer», nämlich «mi», ein geheimer Gottesname ist, liegt die Antwort auf diese Frage bereits in der Frage. Was das für ein Name ist! Es ist auch der Name eines Erzengels.
Manchmal empfehle ich, sich zu fragen: «Wer bin ich?» oder: «Wer stellt diese Frage?» oder: «Wer sucht?», und ich rate dazu, nicht auf diese Fragen zu antworten, sondern *nur* zu fragen, denn so kann dem Fragenden die Antwort mitten in der Frage aufgehen.

Nun wieder zurück zu unserer Geschichte: Meister Hōgen Bun'eki, chin. Fayen Wenyi, lebte von 885 bis 958. Er war ein großer chinesischer Zen-Meister, dessen Linie nach ihm Fayen-Schule genannt wurde. Fayen ernannte insgesamt 63 Dharma-Nachfolger, die das Zen in China zur Blüte brachten. Trotzdem starb die Schule zwei Generationen später aus. Sie hatte eben ihren Zweck erfüllt. Wer weiß, wie die Geschichte des Zen sich ohne Meister Hōgen entwickelt hätte – und ob überhaupt!

Auch Shūzan Shū[43] war ein großer Meister. Er stand in der Linie von Meister Rinzai und verhinderte, dass dessen Zen-Schule unterging, als die Gefahr dazu bestand.

Die beiden großen Männer begegneten einander also und ließen sich auf ein kleines Dharma-Gefecht ein.
Hōgen sagte zu Shūzan Shū: «Wenn es das kleinste bisschen Unterscheidung gibt, dann ist das die weiteste Entfernung zwischen Himmel und Erde.» Dann fragte er Shū: «Wie verstehst du das?»

Diese Aussage «Wenn es das kleinste bisschen Unterscheidung gibt, dann ist das die weiteste Entfernung zwischen Himmel und Erde» erinnert verdächtig an den Vers im *Shinjinmei*:

> *«Doch die kleinste Unterscheidung trennt Himmel und Erde in zwei.»*

Ich bin sicher, dass die beiden Meister sich genau auf diesen Vers des *Shinjinmei* beziehen. Himmel und Erde sind in Wahrheit nie getrennt, nicht einmal ein ganz kleines bisschen. Sie waren noch niemals getrennt und werden auch niemals getrennt sein. Himmel und Erde sind ein Einziges. Der leere Himmel zeigt sich auf der Erde, und aus dem irdischen Leben heraus leuchtet der Himmel. Alle Dinge haben göttliches Leben. Alle Dinge *sind* göttliches Leben. Gott spielt, er wäre wir, und so lebt er unser Leben als seines, und wir leben sein Leben als unseres. Die Ewigkeit wird Zeit, und die Zeit wird Ewigkeit. So sind beide ein einziges Sein.

43 Xiushan Zhu alias Longji Shaoxiu, jap. Shūzan Shū alias Ryūsai Shōshū (gest. ca. 954).

Wenn wir jedoch künstlich in unseren Köpfen zwischen dem, was eins und gleich ist, prinzipielle Unterschiede machen, so trennen wir in unserer Anschauung Himmel und Erde in zwei. Wir entfernen – wenn auch nur scheinbar und in unserem verwirrten Geist – Himmel und Erde, das untrennbare Eine, voneinander.

In unserer Geschichte heißt es sogar, ein winziges bisschen Unterscheidung bedeutet gleich die weiteste Entfernung zwischen Himmel und Erde. Dies betrifft unsere mangelhafte Erkenntnis, aber nicht die Letzte Wirklichkeit. Durch rationales und unzutreffendes Eingreifen ist dann auch unsere Wahrnehmung gestört. Sie ist nicht mehr rein und klar.
So machen wir uns zwischen beidem – wenn auch nur scheinbar – eine ungeheure Entfernung, nämlich die in unseren Köpfen und unserer unmaßgeblichen Meinung nach weitestmögliche Entfernung. Das ist eine Endlosigkeit und Unmöglichkeit an Entfernung, denn, wie gesagt, sind Himmel und Erde nicht entfernt voneinander, und da gibt es keine Zweiheit. Das war noch nie anders.

Wer Himmel und Erde voneinander entfernt, jedenfalls in seinem Kopf, leidet unter Wahnvorstellungen. Das gibt es nicht selten.

Mit anderen Worten gesagt, existiert für die meisten Menschen auf der Erde Gott in unerreichbarer Ferne. Wir Armen, Kleinen sind einsam und verlassen hier unten und können Gott nicht erreichen. Sogar ein an sich sehr gütiger und sehr kluger Mönch hat einmal zu mir gesagt: «Zu irdischen Lebzeiten kannst du Gott nicht erfahren. Das kannst du erst nach deinem Tod.»
Der kluge Mönch hatte sich selbst ein Hindernis eingebaut.

Wie es sich aber in der Realität damit verhält, ist den beiden großen Meistern, die sich hier begegnen, völlig klar. Sie haben kein Problem. Sie sehnen sich nicht, sie quälen sich nicht. Sie genießen ihr Dharma-Gefecht.

Wenn ihr an diesem Dharma-Gefecht beteiligt wäret, was würdet ihr zu dieser Sache sagen: «Wenn es das kleinste bisschen Unterscheidung gibt, dann ist das die weiteste Entfernung zwischen Himmel und Erde»?
Wie würdet ihr das erklären?
Hier versucht der eine Meister den anderen hereinzulegen. Vielleicht waren Mönche und Zen-Schüler zugegen, haben zugehört und sich amüsiert. Und eines Tages haben sie diese Geschichte weitererzählt, aufgeschrieben und die Begebenheit als Kōan verwendet. Darum haben wir es jetzt hier.

Meister Shūzan Shū bekommt also die Frage hingeworfen. Er antwortet ohne zu zögern: «Wenn es das kleinste bisschen Unterscheidung gibt, dann ist das die weiteste Entfernung zwischen Himmel und Erde.»
Peng! Kein Zweifel, keine Unsicherheit, kein Zögern.
Meister Hōgen aber gibt zurück: «Wenn du das so verstehst, dann hast du es noch nicht

erfahren. Du redest den Vers nur nach!» Sicher ist das eine Unterstellung! Er sticht den anderen an.
Shū sagt darauf: «So *sehe* ich es eben!»
Er *sieht* es! Und er fügt hinzu: «Und wie steht es mit dir, Ehrwürden?»
Und nun beweist Meister Hōgen, dass er es ebenfalls sieht und wie er es sieht, und warum und wieso und woher er es sieht, auch wenn er nichts auf wie und warum und wieso und woher gibt! Meister Hōgen rettet den Himmel und die Erde, das Einssein und den nichtexistenten Unterschied, und er rettet Meister Shūzan Shūs Ehre, indem er sagt: «Wenn es das kleinste bisschen Unterscheidung gibt, dann ist das die weiteste Entfernung zwischen Himmel und Erde.»

Keiner der beiden Großen hat etwas nachgeredet. Jeder hat es selbst aus eigener Einsicht heraus gesagt, was er gesagt hat.

Mehr gibt es nicht zu sagen. Es ist alles dargelegt. Niemand kann mehr etwas hinzufügen. Niemals kann irgendjemand der Wirklichkeit etwas hinzufügen oder etwas wegnehmen. Niemand kann die Wirklichkeit verändern. Was auch immer jemand ihr scheinbar gibt oder scheinbar nimmt, die Wirklichkeit bleibt doch immer nur die unveränderliche Wirklichkeit. Niemand kann sie von sich selbst trennen oder eine Grenze mitten zwischen sie hindurchziehen. Sie ist immer so, wie sie ist. Ob morgen oder ob heute – immer ist nur JETZT. Wo könnte der Unterschied sein?
In der tiefsten Wirklichkeit gibt es keine Grenzen.
Die Welt ist eine grenzenlose Welt.
Wir selbst sind grenzenlos.

Und so frage ich euch, liebe Zen-Schüler, was ist der Unterschied zwischen dem Satz: «Wenn es das kleinste bisschen Unterscheidung gibt, dann ist das die weiteste Entfernung zwischen Himmel und Erde» und dem Satz: «Wenn es das kleinste bisschen Unterscheidung gibt, dann ist das die weiteste Entfernung zwischen Himmel und Erde»? Was ist der Unterschied? Warum sagt der eine Meister so – und der andere sagt so? Sagen sie etwas Unterschiedliches oder sagen sie genau das Gleiche? Sagen sie es nacheinander – oder zugleich?

Was ist, wenn sie ihren Satz rückwärts statt vorwärts sagen? Stimmt er dann immer noch, dieser Satz, oder stimmt er erst dann? Wenn sie sagen: «Erde und Himmel zwischen Entfernung weiteste die das ist dann gibt Unterscheidung bisschen kleinste das es wenn», ist es dann wahr und stimmig? Oder stimmt es immer, wenn nur einer der beiden es sagt? Was ist, wenn ein Einfaltspinsel so etwas sagt? Was ist, wenn ein Weiser diesen Satz so sagt? Oder ist es ganz, ganz anders, wenn niemand überhaupt etwas sagt?

Schaut nicht in eure brillante Ratio! Benutzt nicht euren geschliffenen Verstand! Er ist voller Täuschungen, denn auch größter Blödsinn sagt die Wirklichkeit!
Lasst euch also nicht verwirren und verwirrt euch nicht selbst!

Liebe Schüler, nehmt einfach diesen Satz so hin! Denn nichts hat eine Bedeutung! Alles ist nur, was es ist. Nichts bedeutet etwas. Es ist es bereits selbst! Wozu noch eine Bedeutung oben draufsetzen? Zwar kann jemand das tun, aber wozu?

Auch für ein Wesen, das keine irdisch-menschliche Sprache spricht, ist dieser Satz schon immer nur, was er ist – *und niemals das, was er bedeuten soll.*

Wenn es das kleinste bisschen Unterscheidung gibt, dann ist das die weiteste Entfernung zwischen Himmel und Erde.

Dazu kann ich nur sagen: Amen, amen!

18 • Jōshūs «Hund»

Ein Mönch fragte Jōshū: «Hat der Hund Buddha-Natur oder nicht?»
Jōshū antwortete: «U!»[44]
Der Mönch fragte weiter: «Wieso steckt er dann in diesem haarigen Sack?»
Jōshū antwortete: «Er weiß es zwar, hat sich aber absichtlich hineinbegeben.»
Ein andermal fragte ein Mönch den Jōshū: «Hat der Hund Buddha-Natur oder nicht?»
Jōshū antwortete: «Mu!»[45]
«Alle Wesen haben die Buddha-Natur. Wieso hat der Hund dann keine?», erwiderte der Mönch.
«Wegen seines Karma», sagte Jōshū.

Vorweg: Alle organischen Lebewesen, nämlich Menschen, Tiere, Pflanzen, sowie auch anorganische Wesen, nämlich Wesen ohne physische Körper, außerdem alle Dinge wie Steine, Metalle und anderen Stoffe, Energien, Licht, kleinste Elementarteilchen, eben alles, alles, was im Universum lebt und webt, ob nun organisch oder anorganisch, hat Buddha-Natur. Das ist die Grundlage aller Existenz von Dingen und Wesen im Universum. Es ist die Grundlage für das Weltall, das ohne Buddha-Natur – wir können auch sagen, ohne die Basis des reinen, göttlichen Nichts – gar nicht erst entstanden wäre. Nur aus diesem *Nichts* kann *Etwas* entstehen.
Ohne die Buddha-Natur, also die Wesensnatur, gäbe es keinen Urknall und keine Entstehung und Entwicklung des Weltalls. Es gäbe nichts, also auch uns nicht.

Aber jetzt fangt nicht an, nihilistisch zu denken! Das göttliche Nichts ist die Potenz für die Entstehung von Welten. Ohne das Nichts besteht keine Möglichkeit für Werden, Evolution, Entwicklung, also Veränderung, Vergehen und Neubeginn. Dieses Nichts ist die Buddha-Natur.

Ein Hündchen, das keine Buddha-Natur hat, existiert nicht. Dieses Hündchen gäbe es nicht.
Ja, sogar: Gäbe es das Hündchen ohne Buddha-Natur nicht, gäbe es wegen dieses nichtexistenten Hündchens auch das ganze Universum nicht. Dies aber ist Fiktion, denn schaut euch um: Die Welt ist da! Das ist der Beweis. Er führt den Nihilismus ad absurdum.

Diese Tatsache hat nichts mit Glauben zu tun. Es ist der Buddha-Natur ganz gleich, ob ihr es glaubt oder nicht. Sie wird dadurch nicht verändert.

44 Das heißt, im Gegensatz zu «Mu»: «Ja, er hat.»

45 «Nein, er hat nicht.»

Die Buddha-Natur muss auch nicht gelobt werden. Vielleicht braucht ihr ja, dass ihr die Buddha-Natur lobt, wer weiß! Aber das ist ein anderes Thema, vielleicht ein psychologisches. Die Buddha-Natur schert sich jedenfalls nicht darum, ob sie gelobt wird oder nicht. Obwohl also die Buddha-Natur für alles die Basis und Voraussetzung ist, für das Hündchen, für den Regenwurm, für das Nashorn, für den Bundeskanzler und den Bazillus, fragt dieser Mönch den großen Meister Jōshū[46], der als buddhistischer Meister keinerlei Problem haben dürfte, über die Frage, ob ein Hund Buddha-Natur hat oder nicht, in Zweifel zu geraten. Jeder Buddhist auf der Welt weiß, dass der Hund nicht nur Buddha-Natur hat, sondern in der Essenz seines Wesens *ist.* Die Buddha-Natur ist seine Essenzielle Natur, seine Wesensnatur. Ob es einer glaubt oder nicht – dies ist ein unumstößliches Faktum. Bei der Buddha-Natur gibt es keine Ausnahme: Auch die ureigene Wahre Natur der ungeliebtesten und verabscheutesten Kreatur ist die Buddha-Natur.

Möglicherweise befand sich gerade, als dieser Mönch seinem großen Meister Jōshū die berühmte Frage stellte, ein solches Hündchen – nein, nein, nicht ein von Frauchen schön gepflegtes Hündchen mit seidigem Fell, sondern ein räudiges, übel riechendes, verlaustes, ausgehungertes und an Durchfall leidendes Straßenviech – in der Nähe. In Fernost werden Hunde normalerweise nicht zu beinah menschlichen Familienmitgliedern. Barmherzige Seelen werfen ihnen manchmal etwas zum Fressen hin. Für gewöhnlich werden solche fast immer wild lebenden und auf sich selbst gestellten Streuner aber verjagt. Man will ihre Flöhe nicht haben.

Nehmen wir an, der Mönch zeigte auf ein solch armseliges Tier und stellte dem Meister die Frage, ob auch dieser Hund die Buddha-Natur habe. Der Meister und der Mönch kennen beide die Antwort, und trotzdem fragt der Mönch den Meister danach.
Also zweifelt er doch! Aha!

Es ist anzunehmen, dass Jōshūs Mönche bereits vorher ihrem Meister genau diese Frage gestellt hatten, weil das Thema für sie brennend war. Es war entweder ihre Frage nach dem Karma oder nach dem Unterschied zwischen Mensch und Tier oder nach dem Unterschied zwischen gut und böse, letzten Endes aber die Frage nach sich selbst. Sie fragten nach sich, zeigten aber auf den Hund. Der sollte dafür herhalten. Der Hund hat sie letzten Endes gar nicht interessiert. Sie meinten sich selbst.

Wie auch immer, Jōshū antwortete: «Ja, er hat die Buddha-Natur.»

So ist es, auch ein verwahrlostes Hundewesen, um das niemand sich kümmert, hat die Buddha-Natur. Hiermit meinen wir natürlich immer, seine Identität *ist* die Buddha-Natur.

Der Mönch wundert sich. Obwohl er in seinem Kopf gut gelernt hat, dass alle Wesen Buddha-Natur haben, wundert er sich. Der Hund ist gar so räudig! Kann es denn sein ... denn die Buddha-Natur ist doch erhaben, ist heilig, ist das Wesen der Welt, ist die göttliche Natur, der Urgrund allen Seins, der Urgrund von allem, was jemals entsteht und vergeht ...

46 Jōshū Jūshin, chin. Zhaozhou Congshen (778–897).

Betrifft das auch ein solch kümmerliches zerrupftes und verachtungswürdiges Geschöpf wie diesen Hund?
Ich habe den Mönch im Verdacht, sich Sorgen um sich selbst zu machen. Er fühlt sich – zumindest seelisch – ebenso zerrauft, wie der Hund aussieht. Der Mönch kriegt Angst um sich, und so fragt er: «Wieso steckt er dann in diesem haarigen Sack?» Er fragt: «Muss das sein?», und ist fast empört.

Meister Jōshū sagt: «Der Hund blickt durch, und er hat sich absichtlich in diesen haarigen Sack hineinbegeben.»

Tja, wenn der Hund eine höhere Wahrnehmungsebene erreicht hatte, konnte er sehr wohl entscheiden, wie und wo er sich inkarnieren wollte, etwa um noch diese und jene Erfahrungen zu machen. Das jedenfalls hielt Jōshū dem Hund zugute.

Eine Weile später kam wiederum ein Mönch zu Jōshū und stellte ihm die beliebte Frage: «Hat der Hund Buddha-Natur oder nicht?»
Jōshū antwortete auf diese schon weltberühmte Frage mit seiner weltberühmten Antwort: «Mu!».

Bis dahin wundert sich niemand. Das kennen wir alle ja durch die Jahrhunderte hindurch schon seit Jōshūs Zeiten.

Das kleine Wörtchen «Mu», auf Chinesisch «Wu» – Jōshū war Chinese und hieß eigentlich Zhaozhou – also «Mu» heißt wörtlich: «hat nicht», «ist nicht», «gibt nicht». Mumon antwortet genau übersetzt also: «Nein, das hat er nicht.»

Wir sollten dieses Mu bekannterweise jedoch nicht als «nein» deuten und verstehen. Der Mönch tut dies dennoch und fragt: «Alle Wesen haben die Buddha-Natur. Wieso hat der Hund dann keine?»
Der große weise und weltberühmte Meister Jōshū antwortet: «Wegen seines Karma.»

Wenn jemand hier diese gleichen Aussagen wie Jōshū machen wollte, würde ich sagen, derjenige hat die Wesensnatur nicht erfahren. Ich würde sagen, er denkt dualistisch von der Buddha-Natur. Ich würde sagen, nach dessen Meinung ist also das Absolute hier und da ein bisschen un-absolut. Ich würde sagen, der versteht nichts vom Wesen der Welt.

Ich glaube nicht, dass Jōshū der Auffassung gewesen sein könnte, der Hund habe für sich ein mieses Karma geschaffen und «besäße» als Folge davon keine Buddha-Natur. Dies aber sollte der große Jōshū laut dieser Kōan-Begebenheit dennoch geäußert haben. Niemand von euch könnte aber einer solchen Idee aufsitzen. Dies wäre nicht einmal ein überhaupt nur möglicher Fauxpas für einen Anfänger auf dem Weg. Umso weniger kann Jōshū einen solchen Unsinn geredet haben. Das ewige raum-zeitlose Wesen kann sich nicht einmal einem Schwerverbrecher entziehen und auch keiner Filzlaus.

Selbst ein wie auch immer geartetes Karma mitsamt all seinen Ketten von Folgen hat nur deshalb einen vorübergehenden Bestand, weil die Buddha-Natur, die «Nicht-Natur», die

«Mu-Natur», die niemals entstanden ist und niemals zu Ende geht, existiert. Sie selbst ist die Unsterblichkeit.

Die Frage kommt auf, ob Jōshū wirklich diesen Irrtum in die Welt gesetzt haben kann. Ich glaube es eher nicht. Viele Zen-Leute gehen jedoch davon aus. Es gibt aber auch die Auffassung, Jōshū habe eigentlich gemeint: «O Mönch, hänge dich weder am ‹Mu› noch am ‹U› noch am Karma noch am ‹karma vipāka›, den Wirkungen von ursächlichen Taten, noch an einer wie auch immer gearteten Philosophie fest, denn damit bastelst du dir nur Fiktionen. Darum muss ich dir alles, was du bisher gelernt und gelesen hast, vollkommen zerschmettern. Ich kenne dich gut, und darum muss ich dir antworten: ‹Nein! Nichts!› Zwischen ‹ja› und ‹nein› ist sowieso kein Unterschied! Also vergiss deine Fragen, setz dich auf deinen Hosenboden und schau nicht auf den Hund, sondern in dich selbst hinein, auf den Grund aller Gedanken und Gefühle – und dann wirst du es selber erfahren und brauchst nicht mehr woanders Anleihen zu machen und auch nicht mehr zu fragen.»

Nun noch einmal zu der Sache mit dem armen Hündchen, das keine Buddha-Natur haben soll, wie der fragende Mönch glaubte, als Meister Jōshū antwortete: «Mu!».
Da hat er den Mönch aber ganz schön hereingelegt, der Jōshū!

Jōshū war ein sehr humorvoller Mensch, wie aus anderen Zen-Geschichten mit ihm hervorgeht. Der Mönch hatte also gefragt, ob der Hund die Buddha-Natur habe oder nicht. Jōshū hatte darauf geantwortet: «Mu!».
Dadurch verstand der Mönch: Nein, der Hund habe keine Buddha-Natur, und er fragte den Meister: «Ja, aber warum denn nicht? Was ist denn mit dem Hund passiert?» Meister Jōshū verschluckte sich fast über die verschreckte Reaktion des Mönches. Am liebsten hätte er laut gelacht, denn genau so war er! Er konnte kaum glauben, was der Mönch da fragte, nämlich warum der Hund keine Buddha-Natur habe, und so konnte er einfach nicht ernsthaft auf die Frage des Mönches antworten.

Jeder Mönch weiß, dass jedes noch so scheinbar überflüssige kleine Lebewesen nur durch seine Buddha-Natur existiert, dieser Mönch aber wusste es anscheinend nicht! Und so antwortet Meister Jōshū amüsiert: «Na, wegen seines Karma hat er natürlich keine Buddha-Natur!»

Das war ein absoluter Witz, nämlich ein Ding der Unmöglichkeit. Mein Meister hat auch ab und zu einen solchen Witz der Unmöglichkeit gemacht.[47]
Ein Witzbold unter den anwesenden Mönchen, der die Szene mitbekam, schrieb die Begebenheit auf, und nun haben wir diese Sache heutzutage und auch hier bei uns als Kōan, und einige der heutigen Zen-Schüler rätseln sogar über dieses Phänomen, dass der edle und

47 Beispiel für einen Witz der Unmöglichkeit: Willigis Jäger-Rōshi gab in einem Sesshin-Schlussgespräch hilfreiche Hinweise, wie eine aufsteigende Wut beim Zazen wieder zum Verschwinden zu bringen sei. Ein junger Schüler fragte ernsthaft: «Wo ist denn dann die Wut hingegangen?» Willigis Jäger stutzte einen Moment ob der urkomischen Frage und sagte dann: «Na, zum Nachbarn!» Ihr Zen-Nachkommen alle, wehe, ihr macht daraus ein Kōan!

weise Meister Jōshū dem Hund die Buddha-Natur abgesprochen habe – wegen dessen Karma! Das sind gleich zwei Witze auf einen Schlag, eigentlich drei! Den dritten Witz machen viele heutige Zen-Schüler und deren Meister miteinander, denn viele buddhistische Schüler haben sich daraus ein Dogma gemacht und damit all ihr Wissen und ihre halbwegs vernünftigen Kenntnisse in den Mülleimer geworfen und in ihrem MVD[48] fehlerhafte Verknüpfungen hergestellt.

Liebe Freunde, nein, diesen Unfug hat Jōshū nicht getan! Nein, auf keinen Fall! Die Welt kann sich also wieder beruhigen.

Ja, wenn nun einer von euch hier fragt: «Aber warum sagte Jōshū so etwas?», könnte ich inzwischen ebenfalls das Lachen kriegen und mir die Haare raufen. Was soll man darauf denn antworten? Dem ehrwürdigen Meister Jōshū war eben gerade mal so, wie er geantwortet hatte! Man darf nur nicht immer wieder aus Pietät aus den witzigen Aussprüchen der Meister, die nicht gerade für die Öffentlichkeit bestimmt sind, Dogmen machen!

Und doch gibt es in den Kōan-Texten eine ganz hübsche Anzahl solcher Entgleisungen, an die Zen-Schüler glauben und mit denen sie fleißig üben.

Zu der Geschichte mit «Mu» und mit «U» fällt mir eine Sache von früher ein, als ich 18 Jahre alt war. Da erschien es mir so, als sei zwischen «ja» und «nein» kein Unterschied mehr. Ich wunderte mich sehr, und zugleich damit kam es mir völlig natürlich vor, dass «ja» und «nein» das Gleiche seien. Ich fragte meine Lehrerin, was der Unterschied zwischen «ja» und «nein» sei. Sie gab mir darauf keine Antwort und erklärte das auch nicht. Später fragte ich einen Mönch, einen Freund meiner Familie, namens Hubert. Ich fragte ihn nach dem Unterschied zwischen «ja» und «nein». Selbstverständlich war ich gut geübt im Gebrauch der beiden Wörter. Auf einer vertieften Ebene der Wahrnehmung verlor sich jedoch die Bedeutung der beiden Begriffe. Hubert sagte: «Ja und nein haben jeweils immer nur Bedeutung in Bezug auf eine bestimmte Sache.» Ah! So ist es! Ich sagte: «In Hinsicht auf das Absolute verliert sich also die Bedeutung von Gegensätzen und Unterschieden, denn das Absolute ist keine Sache.» Er bestätigte das. Merkt ihr? Das Absolute heißt auch Buddha-Natur, und dort gibt es keinen Unterschied zwischen «ja» und «nein». «Hat» und «hat nicht» existieren nicht in der Raum- und Zeitlosigkeit.

So ist es für uns gut, uns immer darüber klar zu sein, auf welcher Ebene wir sprechen, der absoluten oder der relativen. Die höchste Erfahrung für uns selbst jedoch ist das Leben auf beiden Ebenen – Form und Leere – zugleich. Dies ist ein Sein, ein einziger Himmel auf Erden, ob wir nun Hund sind oder Mensch.

Falls irgendjemand nun meint, all dies sei Theorie, dem muss ich bescheinigen: Er hat noch niemals in seinem ganzen Leben wirklich hingeschaut! Und das ist eine Sache von kristallklarer Praxis! Nur sehen, was ist! Das ist angesagt.

48 Siehe oben, Nr. 2, Anm. 6 auf Seite 23.

19 • Yunmen Wenyans «Berg Sumeru»

Ein Mönch fragte Yunmen: «Wenn kein Gedanke sich erhebt, ist das richtig oder falsch?»
Yunmen sagte: «Berg Sumeru.»

Der Berg Sumeru ist ein mythologischer Berg des alten Indien. Er ist der «Weltenberg», der in der Mitte des Universums steht und auf dem die Götter wohnen. Der eine oder andere reale geografische Berg steht für den Berg Sumeru. Von den Japanern zu späteren Zeiten oft abgekürzt in «Berg Meru», steht der Berg Sumeru für Erleuchtung. Der Berg Meru oder Sumeru erscheint immer wieder in unseren Kōan- und anderen Zen-Texten.
Der Berg ist auch eine Metapher für das schweigende Sitzen auf dem Berg der Erleuchtung, womit der Zustand der tiefen und gedankenfreien Versenkung gemeint ist.

Meister Yunmen Wenyan ist uns bekannter unter seinem japanischen Namen Unmon[49] Bun'en. Er war einer der Dharma-Nachkommen des großen Meisters Deshan Xuanjian[50], der alle seine Kommentare zum Diamant-Sūtra verbrannte, nachdem er in der Nacht zuvor tiefe Erleuchtung erfahren hatte. Yunmens Zen-Meister war Xuefeng[51], der unmittelbare Dharma-Nachfolger des Deshan. Hier haben wir in einer Linie «Dharma-Großvater» Deshan, «Dharma-Vater» Xuefeng und «Dharma-Enkel» Yunmen. Sie waren drei spirituelle Genies des chinesischen Zen.

Heute geht es um Meister Yunmen, den wir hier mit seinem eigenen chinesischen Namen nennen. Yunmen lebte von 864 bis 949. Er war ein Schüler von Meister Xuefeng Yicun, den wir unter dem Namen «Seppō Gison» kennen, den die Japaner ihm gegeben haben. Yunmen war eine Geistesgröße von starker spiritueller Kraft. Über ihn gibt es viele Zen-Geschichten und Kōan. Zwar verbot Yunmen seinen Schülern, seine gesprochenen Worte aufzuschreiben, ein ungehorsamer Mönch schrieb sie jedoch heimlich auf, und so hat die Welt einen großen Schatz an Kostbarkeiten von Meister Yunmen erhalten. Immer und immer wieder begegnet uns Yunmen, wir können ihn fast trinken.

Nun zu unserer Geschichte: Ein Mönch fragte den großen und ehrwürdigen Meister Yunmen: «Wenn kein Gedanke sich erhebt, ist das richtig oder falsch?»
Yunmen sagte: «Berg Sumeru.»

Warum sagte Yunmen denn nicht, das sei richtig oder das sei falsch? Nun, wenn kein Gedanke sich erhebt, ist da kein Dualismus mehr, keine Gegensätzlichkeit mehr. Da gibt es

49 gesprochen: «Ummon».

50 jap. Tokusan Senkan, (780–865 oder 782–867).

51 Seppō Gison, chin. Xuefeng Yicun (822–908).

kein «richtig» und kein «falsch». Da ist nur noch der Berg Sumeru, der keine Zweiheit und keine Vielheit kennt. Da ist nur SEIN.

Das war's. Der Mönch hatte möglicherweise festgestellt, dass mithilfe langer Meditationen sein wildes Denken sich beruhigte, langsamer wurde, weniger aufdringlich, längere Pausen einlegte, nicht mehr interessant oder gar aufregend war, ja, er seine Gedanken kaum mehr wahrnahm. Immer, wenn einmal ein Gedanke auftauchte und er ihn anschaute, verschwand er wieder rückwärts und war nicht mehr zu sehen. Stille stellte sich ein. Schließlich *war* er nur noch, und irgendwann war nicht *er* nur noch, sondern es war nur noch Sein. Habt ihr schon einmal bei euch selber festgestellt, dass die Gedanken zur Ruhe gekommen waren? Weiter nichts da? Das ist nichts Spektakuläres, denn vielen stillen Menschen geht es immer wieder einmal so, dass sie einfach nur zufrieden da sind – und weiter nichts. Menschen, die sehr hektisch sind, immerzu etwas wollen oder etwas nicht wollen, leiden auch mal darunter, dass sie innerlich niemals zur Ruhe kommen, sondern sich getrieben fühlen, denn nie ist wirklich genau das vorhanden und da, was sie gerade wollen. Und so wird ihr Wollen zu einer endlosen Qual. Wenn dann auch noch Kummer und Sorgen dazu kommen, sind solche Menschen wirklich geplagt und gefoltert. Diesen Zustand bereiten sie sich selbst, auch wenn sie glauben, nicht anders zu können.

Wer sehr viele alte unverarbeitete Dinge mit sich herumschleppt, dessen Weg ist schwer. Er sollte sich schnell um eine gute Therapie bemühen, um diese Steine aus seinem Weg zu räumen. Danach wird der Weg viel leichter und erfreulicher für ihn.

Gehen wir wieder zurück zu dem Mönch, der Meister Yunmen fragt, ob es etwa falsch sei, wenn gar keine Gedanken mehr auftauchen.

Die gleiche Frage hat mir auch schon einmal ein Schüler gestellt. Er hatte, ohne es vorherzusehen, erreicht, dass sein Geist ganz leer und frei wurde und kein Gedanke sich mehr einstellte. Trotzdem verhielt er sich völlig angemessen, ruhig und klar. Er wusste über alles Notwendige Bescheid und hatte kein Problem. Er hatte nur nicht damit gerechnet, dass er sich absolut richtig, um das Wort endlich einmal zu gebrauchen, benahm und dabei auch unauffällig war. Er war nur sehr verblüfft, dass er auch ohne zu denken in jeder Hinsicht einwandfrei «funktionierte». Er fragte, ob das normal sei. Ja, liebe Leute, das ist normal. In unserer unruhigen Welt entspricht diese wunderbare Stille zwar nicht der bürgerlichen Norm, aber schließlich ist unser Verstand ja auch nicht dafür da, ständig nur auf Hochtouren zu laufen! Im Gegenteil, wenn wir innerlich still werden, ist Frieden eingekehrt, und unsere tägliche Arbeit läuft sehr angenehm und harmonisch ab – und dieser Zen-Schüler handelte völlig angemessen und entsprechend dem, was gerade zu tun war. Der Mann hatte einen verantwortungsvollen Beruf. Er war ein Lehrer und Ausbilder.

Wie verhält sich nun Meister Yunmen auf die Frage des Mönches, ob die Gedankenstille richtig oder falsch sei? Der Meister vermeidet es, sich in die Begriffe und Wortinhalte von «richtig» und «falsch» zu verstricken. Vor allen Dingen möchte er seinen Schüler nicht in

geistige Inhalte, welcher Art auch immer, verstricken! Der Schüler soll nicht innere Bewertungen anstellen, er soll sich nicht in Gegensätzen oder gar Extremen verlieren. Er soll einfach nur wahrnehmen und annehmen, was ist. Er soll einfach nur die Tatsachen sehen. Es erheben sich keine Gedanken. Das ist. Stille ist.
Ich habe von meinem Meister einen Satz als Erbe erhalten. Er lautet: «Es ist immer nur das aktuelle Faktum.»
So sagt Yunmen zu dem Mönch nur: «Berg Sumeru.»

In dem wunderbaren Zustand des «Sumeru» ist alles klar und rein, durchsichtig wie Kristall und ganz einfach, ganz einfach nur so. Und das ist die jetzige Tatsache.
Der Mönch kann sehr zufrieden sein. Er hat diesen göttlichen Zustand des Berges Sumeru erreicht. Sein Meister hat es ihm bestätigt.

Wenn wir auf dem Kissen sitzen und unseren Gedanken nicht nur freien Lauf lassen, sondern auch noch darauf einsteigen und mitmachen, beginnt innen ein großes Getobe, das niemals zu einem guten Ergebnis kommen kann. Wie ist das möglich?
Der Mensch denkt immer, immer in der Vergangenheit, die einfach nicht mehr vorhanden ist, die es also faktisch gar nicht gibt! Denn wäre sie da, wo ist sie dann jetzt? Niemand kann sie finden außer in Erinnerungen an etwas, was längst vorbei ist und keine Realität mehr hat. Hierbei erinnert sich jeder Mensch einer Personengruppe an etwas vollkommen anderes, selbst wenn sie das gleiche Geschehnis miteinander erlebt hatten. Er, nämlich der Mensch, hat das Geschehnis abgespeichert. Er hat es aber nur entsprechend seiner eigenen inneren Beschaffenheit abgespeichert. So denkt er an Vergangenes, das nicht existiert und nie existiert hat. Dieses Vergangene, das der Mensch für die Realität hält, projiziert er mit Angst, Hoffnung, Wünschen in eine fiktive Zukunft, die es auch nicht gibt, die auf diese fantasierte Weise ganz sicher nie kommt, die noch ungewisser und verschleierter ist als die verschleierte Vergangenheit. Was dieser Mensch aber niemals oder fast niemals tut, ist, in diesem jetzigen wahren und reinen Augenblick da zu sein, zu sehen, was ist, was jetzt gerade das aktuelle Faktum ist!

Nur in diesem Jetzt leben wir! Das Sein ist das Jetzt. Nur in diesem Jetzt sehen wir die Wirklichkeit! Wie schade wäre es, sie zu verfälschen, sie zu verschleudern!
Wenn wir alle unsere Gedanken immer wieder einmal zur Ruhe bringen, indem wir JETZT aufmerksam sind, werden sie still.

Atemzug für Atemzug – nur jetzt sein – das ist der Berg Sumeru. Das ist der Himmel in diesem unserem Leben. Dann finden wir unser eigenes Wesen, unser eigenes Sein. Dann sind wir im Frieden.

Der Philosoph, der sagte: «Ich denke, also bin ich», hatte mit seiner Aussage wohl nicht Recht, wenn er gemeint haben sollte, das Denken sei ein Kriterium für seine grundlegende geistig-spirituelle Identität. Vielleicht hatte er nie bemerkt, dass Gedanken ausschließlich dualistisch funktionieren, die tiefste und wahre Identität des Menschen aber eben nicht

dualistisch zu behandeln und zu begreifen ist. Die nur dualistisch arbeitende Ratio erfasst das unergründliche und unbeschreibliche Sein des Menschen eben nicht.
Ebenso wie das Denken erfasst auch die Sprache das unendliche Sein des Menschen nicht.
Falls dieser ehrenhafte, übrigens sehr mutige und tapfere Philosoph aber mit seiner Aussage nicht seine WESENSNATUR gemeint hatte, sondern: «Ich denke – und darin zeigt sich meine individuelle Person, die Einzigartigkeit und Einmaligkeit meines Menschseins, die eben nicht nachredet, was andere reden, und sich nicht durch Obrigkeiten vorkauen lässt, was sie zu denken hat, sondern selbstständig und selbstverantwortlich denkt», ja, dann hatte er allerdings Recht. Wenn er also mit seiner Aussage meint: «Ich denke *selbst*, und dementsprechend bin *ich nur ich, dieser individuelle Mensch*, und nicht jemand anders. Also denke ich selbst und verbiege mir nicht mein Rückgrat, indem ich woanders für mich denken ließe!», würde ich ihm voller Hochachtung unbedingt zustimmen.

Ja, liebe Freunde, taugen denn Gedanken nichts? O doch, sie sind nützlich bei Bedarf und wohin sie gehören. Aber – lasst sie still werden. Dann sind sie klar, leer, rein und durchscheinend wie Kristall.

Ein japanischer Zen-Meister, der in Ditfurth im Altmühltal ein Sesshin hielt, sagte den Teilnehmern:

«Wenn der Atem still,
dann der Geist still.
Wenn der Geist still –
dann Weltfrieden.»

20 • Jizō sagt: «Am nächsten»

Jizō fragte Hōgen: «Wohin gehst du?»
«Ich streife ziellos umher», antwortete Hōgen.
Jizō fragte: «Was hältst du vom Umherstreifen?»
«Ich weiß nicht», antwortete Hōgen.
Jizō sagte: «Nichtwissen ist am nächsten.»
Hōgen wurde plötzlich erleuchtet.

Hōgen[52] war Schüler von Meister Jizō[53]. Beide sind uns schon öfter begegnet. In dieser Geschichte prüft der Meister den Schüler. Er prüft ihn mit einer ganz harmlosen Frage. Eine typische und harmlos klingende Frage eines Zen-Meisters lautet: «Woher kommst du?» Hier fragt Jizō den Hōgen: «Wohin gehst du?» Das ist dasselbe. Woher? Wohin? «Der Weg auf und der Weg ab ist ein und derselbe», sagt Heraklit.

Ob der Meister nun wissen will, woher der Schüler kommt? Ach was, er will bloß sehen, wie der Schüler reagiert. Solche Fragen sind besonders hilfreich, wenn der Schüler ganz kurz vor dem großen Durchbruch steht. Eigentlich könnte so ein Zen-Meister dann auch fragen: «Was ist sieben mal neun?» oder: «Was tust du, wenn du am Morgen zur Arbeit willst und ausgerechnet deinen linken Schuh nicht finden kannst und dein Bus fährt gleich weg?» oder: «Warum kam Bodhidharma aus dem Westen statt aus dem Osten?» oder anderen Unsinn.

Ihr müsst aber nicht gleich denken, dass jeder Unsinn Unsinn ist! O nein, ein Unsinn kann so tiefgründig sein, so wahr, so hehr! Jedenfalls glauben das so manche Schüler, damit ist der Unsinn überflüssiger Quatsch – und doch hat manchmal auch ein überflüssiger Quatsch eine welteinstürzende Wirkung! Das ist das Hehre daran. Lest nur einmal bei Castaneda das Kapitel über die «kontrollierte Torheit»! Die kontrollierte Torheit wird zur Entwicklung der schamanischen Schüler eingesetzt. Dafür wird höchste Wachsamkeit benötigt.

Jizō fragt also eines Tages Hōgen, als er ihn beim Spazierengehen trifft, hinterlistig: «Wohin gehst du?»
Hōgen antwortet dem Meister: «Ich streife so ziellos umher!»
«Aha!», sagt Meister Jizō und lässt nicht locker: «Und was hältst du vom Umherstreifen?»

Soll Hōgen nun sagen: «O, eine ganze Menge!», oder soll er sagen: «Gar nichts, gar nichts!»? Es stimmt ja beides nicht! Hōgen ist ganz dicht vor der Erfahrung! Sie sitzt ihm

52 Hōgen Bun'eki, chin. Fayan Wenyi (885–958).

53 Jizō Keijin, chin. Dizang Guichen (867–928).

unter der Haut – oder besser: Sie sitzt ihm schon in der Haut oder direkt vor den Augen. Er ist in einem Zustand der tiefen Versunkenheit. Etwas vom Umherstreifen halten oder nicht halten oder davon etwas Gutes halten – das interessiert ihn überhaupt nicht. Es ist ihm so gleichgültig.

Worauf kommt es denn an? Nur auf das jetzt gerade Augenblickliche! Und genau genommen ist dieses Jetzige nicht einmal wichtig für irgendetwas anderes! Aber beachtet will es doch werden, das, was gerade ist, und sei es in dieser Sekunde das Niesen einer Katze, denn nur in diesem Augenblick zeigt sich das Wesentliche, zeigt sich das Göttliche als Niesen der Katze! Im jeweilig aktuellen, nämlich jetzigen Faktum, ja *als* dieses Faktum, zeigt sich die Letzte Wirklichkeit. Da zeigt sich die Vollkommenheit.

Hōgen streift ziellos umher. Also Umherstreifen! Mehr nicht.
Noch mehr gibt es nicht. Vor dem Umherstreifen ist nichts, und danach ist auch nichts.
Der Meister ist lästig. Er sticht den Schüler an: «Was hältst du vom Umherstreifen?»
Hōgen sagt: «Ich weiß nicht.»

Dieses «Ich weiß nicht» ist nicht etwa eine Unsicherheit, eine Schüchternheit oder eine Verwirrung. O nein, es ist eine ganz klare Aussage. Er weiß nicht! Und basta!
Hōgen ist verschmolzen mit Nicht-Wissen. Noch besser: Er selbst *ist* Nicht-Wissen.
Auch Bodhidharma «wusste nicht», als der Kaiser ihn fragte: «Wer bist du, mir da gegenüber?»
Und wenn ich einen Menschen, der in die Ewigkeit versunken ist, frage: «Wie geht es dir?», sagt er: «Ich weiß nicht.»

Na, wie soll man denn überhaupt irgendetwas wissen? Bitte, prüft es nach! Prüft nach, ob es etwas gibt, was ihr wisst! Wer glaubt hier, etwas zu wissen? Wer von euch kann überhaupt definieren, was ‹wissen› bedeutet? Was ist das?
Du darfst dabei nicht auf die Vergangenheit zurückgreifen, und du darfst nicht auf die Zukunft vorgreifen. Vergangenheit und Zukunft existieren nicht jetzt!

Wenn mir jemand erklärt, er wüsste, dass die Sonne scheint oder dass sie nicht scheint, dann ist der auf dem Holzweg. Das interessiert nicht, ob er etwas weiß, und wenn er noch so klug wäre. Im besten Fall kann er etwas vermuten, aber mehr nicht.

Wenn du glaubst, etwas Bestimmtes zu wissen, ist das schon zweierlei: Du, das wäre Nummer eins, und etwas Bestimmtes, das wäre Nummer zwei. Und schon ist es nicht mehr das Wahre Wissen.

Aber wenn hier jemand eine echte Erleuchtungserfahrung macht – ja dann! Dann ist er nämlich das, was er erfährt. Das ist dann überzeugend, durchschlagend, wunderbar! Vielleicht erfährt jemand den Sonnenschein, oder er erfährt den sanften, weichen Regen, er erfährt ein Lächeln oder einen Schmerz. Und er ist eins damit, in alle Ewigkeit eins. Das absolute Jetzt ist die Ewigkeit.

Das Wahre Wissen des Menschen ist das Sein dessen, was dieser Mensch weiß. Er ist es selbst. Nur dieses Wissen ist wirklich Wissen. Alles andere ist nur gehört, gelesen, auswendig gelernt, vielleicht auch annähernd erfahren, aber fehlerhaft beurteilt, weil beur-teilt.

In der echten Erfahrung ist der Erfahrende das, was er erfährt.
Das übersteigt jedes dualistische Wissen. Das ist ein Seins-Zustand. Es ist das absolute Wissen, falls man schon das Wort «Wissen» bemühen möchte. Aber da es kein Subjekt mehr gibt, das etwas wüsste, und kein Objekt, das gewusst wäre, gibt, müssen wir letztlich feststellen, dass niemand etwas wissen kann.

Lieber Mensch, du weißt nichts.

Högen erfährt sein Umherstreifen. Er ist mittendrin. Er *weiß* es nicht. Er erfährt es nur. Er ist es selbst. Er ist ganz Umherstreifen geworden. Er ist, wie er sagt, «zielloses» Umherstreifen geworden. Das heißt, er ist absichtsloses Umherstreifen geworden. Er will nichts. Solange man etwas will, kann man damit nicht eins werden, geschweige denn eins sein. Auch Eins-sein-Wollen bringt nichts. Aber Nicht-Wollen ist Nicht-Wissen, ist Einssein. Es ist dem Högen nur noch nicht ganz und gar klar. Seine Erfahrung ist noch ein kleines bisschen verschleiert. Ein hauchdünner Vorhang hängt ihm vor den Augen. Meister Jizō hilft ihm auf die Sprünge. Er fragt ihn: «Was hältst du vom Umherstreifen?», und Högen «weiß nicht».

Da kommt der Schlag des Meisters: «Nicht-Wissen ist am nächsten!»
Wumm! Und Högen erfährt die Erleuchtung!

Ja, wenn wir sind, was wir erfahren, ist es wirkliche Erfahrung! Das ist ganz nah, ja näher als nah. Es ist Erfahrung-Sein. Das ist Eins-Sein. Es ist Das-Faktum-Sein.
Dann werden der Erfahrende, das zu erfahrende Faktum und die Erfahrung eins. Dann ist da kein «Ich» mehr, das etwas erfährt, und nichts mehr, was erfahren wird. In diesem Zustand sind alle Skandha-Aktivitäten aufgehoben, da ist kein Griff mehr in den inneren Speicher, da sind überhaupt keine Aktivitäten mehr, und übrig bleibt das reine anfangslose und endlose Sein, das keine Abläufe und Dimensionen kennt und das kein Vorher und kein Nachher mehr kennt.

Menschen mit dieser Erfahrung wandeln sich grundlegend von innen her. Sie schämen sich nicht mehr, denn es ist niemand da, der sich noch schämen könnte.
Sie sind nicht mehr eifersüchtig, denn es ist niemand da, auf den sie eifersüchtig sein könnten: Alles sind sie – ichlos – selber geworden.

Ungeduldig sind sie auch nicht mehr, denn es gibt nichts zu erreichen – ES ist schon da. Von Ewigkeit zu Ewigkeit offenbart ES sich und steht diesen erleuchteten Bodhisattvas vor Augen. ES liegt vor ihren Füßen. Sie sind ES selber geworden, was sie in Wirklichkeit seit jeher schon waren und nicht erst werden mussten.

Mit Wissen oder Nicht-Wissen hat dies nichts zu tun.
Mit einer Meinung hat diese tiefe Erkenntnis auch nichts zu tun.

Die Erfahrung übersteigt alles Denken, Planen, Urteilen, Meinung haben, Halten von ... Diese wunderbare Weise des Nicht-Wissens, des Nicht-Haltens wovon auch immer, ist dem Erfahren ganz, ganz nah. O, ES ist absolut nah! ES ist dem Menschen näher, als er selber sich ist. ES ist ihm näher als sein eigenes Ich.
ES ist ihm näher als sein Knochenmark.
Wie könnte er darüber irgendetwas wissen? Das Nicht-Wissen ist das Naheste. Das ist Nicht-Irgendetwas und Nicht-Irgendjemand, und das ist die wahre Identität des Menschen.
Im seligen Nicht-Wissen versinkt Hōgen im Sein und Nur-noch-Sein.

Nun frage ich euch, liebe Leute, was ist ES *nicht?*
Existiert denn irgendetwas, was ES *nicht* ist?
Herumwandern ist ES, Fragen ist ES, auch Antworten ist ES, Nicht-Wissen ist ES, ist ES vielleicht auch Wissen? ES ist auch Wissen.

Absichtslosigkeit ist ES, aber auch Absicht. Nur ist ES schwerer zu entdecken, wenn man voller eigener Absichten steckt.
Auch Wissen ist ES oder was man dafür hält. Das zu erkennen ist nur schwerer.
Jedoch: Erkennen und Nicht-Erkennen sind ES beide.
Einssein ist ES. Sein ist ES.

ES ist einfach nur.

Hier ist ein Gedicht einer Zen-Schülerin, einer Dharma-Schwester von euch. Ich hatte sie gefragt, wofür sie auf Erden lebt, was der Sinn ihres Lebens sei. Dies war ihre Antwort:

«Du fragst mich,
was der Sinn sei
meines Lebens.

Wie soll ich Dir
das Unsagbare sagen?

Es ist das Sein
um des Seins Willen.
Das Sehen, Schmecken, Riechen, Fühlen
um seiner selbst willen,
klar und wahr und ohne jeden Zweifel.

Es ist ein Spiegel zu sein,
klar und rein,
um all das Unaussprechliche, das Undenkbare, das Unfassbare
zu spiegeln
in seiner ganzen Wahrheit und Herrlichkeit.

Wie soll ich Dir das sagen?»

Für den Fall, dass der Bewusstseinsstand, aus dem diese Worte einmal stiegen, in die Gesamtpersönlichkeit, in den Charakter und das ganze Wesen des Menschen integriert wurde, für den Fall, dass dieser Zustand also nicht nur ein einmaliges Blitzlicht war, ist dieses eines Tages der alltägliche Normalzustand eines Erleuchteten.

Um den Normalzustand eines wahrhaft Erleuchteten zu erreichen, ist es notwendig, weiterhin treu und sorgfältig den Weg zu gehen, um die bleibenden Früchte der Erleuchtungserfahrungen ausreifen zu lassen. Im anderen Fall werden – wie leider so oft – die erfahrenen und durchaus echten Satoris sowie vor allem deren Wirkungen im alltäglichen Leben wieder und auf immer ausgelöscht.

Ohne eine lange menschliche und spirituelle Entwicklung ist ein einmaliges – kleines oder großes – Satori noch keine Erleuchtung. Mit zunehmender Entwicklung aus der Erfahrung heraus wird das Leben jedoch so leicht.

Lasst uns immer wieder einfach nur so herumstreifen – absichtslos und nicht-wissend.

21 • Un'gan kehrt den Boden

Als Un'gan den Boden kehrte, sagte Dōgo: «Du arbeitest hart, nicht wahr?»
«Du solltest wissen, dass da einer ist, der nicht hart arbeitet», antwortete ihm Un'gan.
«Tatsächlich? Du meinst also, es gibt einen zweiten Mond?», fragte ihn Dōgo.
Un'gan schwang seinen Bambusbesen und fragte zurück: «Der wievielte Mond ist dieses?»
Dōgo schwieg.

«Das ist genau der zweite Mond», sagte Gensha[54] später.
Und noch später sagte Unmon: «Der Knecht grüßt höflich die Magd.»

Dōgo[55] ist der Schüler von Yakusan Igen und dessen späterer Dharma-Nachfolger. Noch später wurde Sekisō[56] Dōgos Schüler.
Hier hat Dōgo ein Gespräch mit einem anderen Zen-Meister als Meister Yakusan Igen, nämlich mit Meister Un'gan[57].
Dōgo kommt gerade dazu, als Un'gan den Boden kehrt. Vielleicht kehrt er die Wege des großen Gartens, oder er kehrt das ganze Haus durch. Dōgo hat jedenfalls den Eindruck, dass der Meister mit einer schweren Arbeit beschäftigt ist. Vielleicht ist er schon seit Stunden dabei.
So sagt Dōgo – ein bisschen mitfühlend – zum Meister: «Du arbeitest hart, nicht wahr?» Der Meister benutzt die Situation sofort, um den Schüler zu unterweisen. Er antwortet: «Du musst wissen, dass es da einen gibt, der überhaupt nicht hart arbeitet!»

Dōgo ist bereits ein Stück weit entwickelt, und so ahnt er, dass des Meisters Bemerkung mit Form und Leerheit zu tun hat. In ein und demselben Menschen arbeitet also einer hart, der andere aber arbeitet überhaupt nicht! Das können wohl nur die beiden Ebenen menschlicher Erfahrung der Wirklichkeit sein! Diese beiden Ebenen als die eine und einzige zu erfahren, ist der Mond der Erleuchtung.

Und so fragt Dōgo etwas verunsichert: «Tatsächlich? Du sagst, da ist einer, der nicht hart arbeitet? Meinst du denn also damit, dass es einen zweiten Mond gibt?» Damit meint er in etwa: «Wenn du doch hier offensichtlich hart arbeitest, mir aber sagst, da gäbe es einen, der überhaupt nicht hart arbeitet – ist das dann nicht der zweite Mond? Du, Meister, der Mond der Monde! Aber der, welcher nicht hart arbeitet, ein zweiter Mond?»
O, dieser Tropf!

54 Gensha (Gensa) Shibi, chin. Xuansha Shibei (835–908).

55 Dōgo Enchi, chin. Daowu Yuanzhi (769–835).

56 Sekisō Keisho, chin. Shishuang Qingzhu (807–888).

57 Un'gan Donjō, chin. Yunyan Tansheng (780–841).

Nein, liebe Schüler, es gibt keinen zweiten Mond in dem hier gemeinten Sinn! Es sind auch nicht zwei Wesen in einem Menschen, obwohl dieses eine Wesen sich einmal als abgegrenztes dreidimensionales Lebewesen erfahren kann, ein andermal aber, nämlich im Zustand der Erleuchtung, als grenzenlos und weit. Das grenzenlos weite Wesen arbeitet niemals, so vermutet Dōgo ahnungsweise. Es ist passiv und lässt fließen, was fließt. Ohne das weite, freie Wesen kann aber das kleine Menschlein nicht einmal einen Besen schwingen. Da der Mensch auf beiden Ebenen doch nur Ein Einziges ist, sollte man nicht sagen, da gäbe es «zwei Monde».

Einige Menschen auf dem spirituellen Weg erfahren Satori, und in der Erfahrung ist alles in Ordnung und wunderbar. Alle quälenden Irrtümer sind aufgehoben. Die unerfreulichen Begleiterscheinungen und Eigenschaften des Ego sind weg. Dann meint ein solcher Mensch womöglich, nun habe er alle Probleme des Lebens überwunden. Manch einer in dieser Lage wird stolz und arrogant, und er merkt überhaupt nicht, wenn er inzwischen aus dem Zustand des Satori längst wieder herausgefallen ist. Alles ist beim Alten. Seine Mitmenschen bemerken das meistens schneller als er selbst. Er demonstriert also wieder sein Ego, hält sich aber wunderlicherweise dennoch für erleuchtet. Er sagt womöglich wie eine Frau, die ich kannte und der es so erging: «Ich werde euch alle von euren Egos erlösen!» Sie machte auf Messias. Und so etwas ist schrecklich für die Umwelt, vor allem aber für den betreffenden Menschen selber. Er hat einen Riegel vor seine Weiterentwicklung geschoben. Sein Weg ist eine Sackgasse geworden.

Wenn jemand eine echte Erfahrung gemacht hatte, die ihm vielleicht durch den Lehrer auch als echt bestätigt worden war, wähnt er nun vielleicht, er sei bereits durch und durch erleuchtet! Diese eben erwähnte Frau lief lange Zeit als «Erleuchtete» herum. Sie erklärte, der Meister habe sie als «die Vollendete» bezeichnet. Als der Meister davon hörte, lachte er schallend, ohne etwas zu sagen.

Ihr Egolein blieb schließlich kein nettes, freundliches Egolein mehr, sondern wuchs sich aus zu einem aufgeblähten und gigantischen Super-Ego. Dieses kleine und in der Realität gar nicht als eigenständiges Wesen existierende «Ich» wurde ein ungeheurer Ballon ohne irgendeinen Wert. Ganz klein im Innern dieser Frau lebte ein zerschlagenes, verängstigtes Kind, das sich hinter dem Mega-Ego versteckte. Diese – wie man das nennt – Ich-Inflation hielt die Frau für Erleuchtung und sich selbst für einen Messias. Das war ein schwerwiegendes Missverständnis.

Zum Glück läuft es nicht immer so dramatisch ab wie bei dieser Frau. Quälend kann eine solche Phase auf dem Weg trotzdem werden. Wenn der Schüler, ganz gleich, ob Mann oder Frau, nach gemachter Satori-Erfahrung selbst feststellt, dass es mit seinem Erleuchtetsein nicht weit her ist, kann es geschehen, dass er in Verzweiflung fällt und vielleicht in eine tiefe Depression. Er beginnt, an seiner wunderbaren Erfahrung zu zweifeln. Er meint, er habe sich wohl geirrt, und die Erfahrung war nur ein Traum oder eine Einbildung gewesen.

Dazu muss Folgendes gesagt werden: Die Erfahrung mag wohl echt gewesen sein, aber der Zustand auch inmitten der allerwahrsten Satori-Erfahrung wird sich wieder auflösen. Das ist normal, und das ist wichtig. Der Schüler auf dem Weg kommt in seinen vorigen alltäglichen Zustand zurück. Fast, nicht ganz, ein Unterschied ist doch da, denn seine Erfahrung hinterlässt in der Tiefe des Wesens ja Spuren. Die Türen zu seiner Wahren Natur haben sich geöffnet. Der Schüler entdeckt allerdings, dass sein Ego mit all seinen bisherigen Verhaltensweisen trotz der gemachten Satori-Erfahrung noch da ist beziehungsweise dass es wieder aus seiner vorübergehenden Versenkung aufgetaucht ist. Eine einzige spirituelle Erfahrung genügt also noch nicht, um den Menschen zu vervollkommnen und ihn gar als «Erleuchteten» zu bezeichnen.

Im Zen heißt es: Der Weg fängt mit der ersten Erleuchtungserfahrung an.
Deren Ausreifung kann viele Jahre dauern.

Ehrgeiz, um die Sache zu beschleunigen, hilft da nicht weiter, sondern große Einfachheit, Treue zum Weg und immer mehr zunehmende Gelassenheit sind die angemessene Geisteshaltung hierfür. Mehr und mehr haben zu wollen, hilft nicht weiter, sondern ist ein Klotz vor den Füßen.
Ein Zen-Schüler fragte den Meister: «Was ist der WEG?» Der Meister antwortete: «Alltäglicher Geist ist der WEG.»

Eines Tages wird der treue und sorgfältig übende Schüler dann ein erleuchteter Bodhisattva sein.

Nun wieder zurück zu unserer Geschichte! Da fragt Dōgo, ob es wohl zwei Monde gäbe, sozusagen den erleuchteten und den unerleuchteten, oder auch den der Form und den der Leerheit. Hat doch Meister Un'gan gesagt, da sei einer, der nicht arbeitet – und das inmitten einer offensichtlich schweren Arbeit! Also ein Arbeitender und ein Nichtarbeitender in einem Menschen! Sind das etwa nicht zwei Monde? Dōgo ist sich nicht sicher.

Wie gesagt, ein Tropf.

Nun wieder zum noch nicht sehr erfahrenen Zen-Schüler: So einer schwankt manchmal zwischen dem Zustand der Erleuchtung und dem Zustand des Ego hin und her. Er ist mal Alltagsmensch und mal Erleuchtungswesen, ein Bodhisattva. Das kommt vor! Ich kannte einen Mann, der hin- und hergerissen war zwischen seinen beiden Ebenen, die er einfach nicht harmonisch in Übereinstimmung zu bringen imstande war. Das ständige Hin- und Herfallen von einer Ebene in die andere erschöpfte und schwächte ihn sehr. Da der Mann sich durch seine Erfahrung sehr erleuchtet gab, erschien er dann auch arrogant, ließ sich nicht helfen, ließ sich nichts sagen, erklärte, keinen Lehrer zu brauchen, auch kein Schüler mehr zu sein – und so nahm die Verwirrung ihren Lauf. Eines Tages blieb er einfach weg.

Ach, dass immer wieder einmal jemand, der sich für «erleuchtet» hält, alles besser zu wissen vorgibt und dann von seinem Lehrer wegrennt, den er sogar womöglich für ziemlich unerleuchtet hält, weil dieser vom Zustand des Schülers nicht gerade begeistert ist.

Wenn es einem Zen-Schüler wie diesem Mann geht, der sich als zwei voneinander getrennte Wesen erfährt, hat er seine Erleuchtungserfahrung noch nicht integriert. Er ist noch nicht richtig angekommen. Sein Satori ist unvollkommen. Er hat noch nicht erfahren, dass es nur *einen* leuchtenden Mond gibt, der zugleich leer und ausgeformt ist, zugleich heilig und profan, zugleich begrenzt und grenzenlos, dieses aber nicht abwechselnd, sondern zugleich. Und *hierin – nämlich dies ganz deutlich und klar zu erkennen – liegt erst die authentische Schau der Wirklichkeit.*

Eines Tages nach langer Zeit der Ausreifung ist die hier beschriebene Schau der Wirklichkeit zum stabilen Dauerzustand geworden. Der Mensch ist gewandelt, und sein Bewusstseinsstand ist sicher und fest.
Als Dōgo erstaunt fragt: «Nanu, dann gibt es also außer dem Mond noch einen zweiten Mond?», sitzt er dem Missverständnis auf, es gebe in jedem Menschen zwei «Bewusstseine», zwei Wesen.
So ein armer Tropf!

Er meint, wie wir festgestellt haben, mit dem «zweiten Mond» den zweiten Aspekt der Wirklichkeit, die Leerheit, die niemals aktiv ist, niemals etwas will, niemals arbeitet.

Jedoch beide Aspekte als eins zu erfahren, was sie ja doch sind, ist also erst die wahre Schau der Wirklichkeit, ist erst der volle, runde Mond, der EINE Mond, wenn wir schon beim Sinnbild «Mond» bleiben wollen.

Meister Un'gan sagt ihm nicht etwa «jawohl» oder «nein» dazu! Er will kein weiteres Missverständnis im Schüler erwecken. Er gibt keine philosophische Lehre. Er gibt keine Glaubenssätze und er erklärt nicht. Er will dem Schüler auf die Sprünge helfen, sich die Frage selber zu beantworten!
Meister Un'gan schwingt seinen Bambusbesen hoch in die Luft und fragt fröhlich zurück: «Der wievielte Mond ist dieses?»

Wird Dōgo in diesem Augenblick, in dem der Besen durch die Luft fliegt, sofort *erkennen*, was ist? Wird er klar durchschauen, dass der Besen, er selbst und das Schauen in eins zusammenfallen? Wird er jetzt sofort erkennen, dass alle drei nicht drei, sondern EIN EINZIGES sind? Wird er sehen, dass er selbst in diesem Vorgang des Erkennens mit dem Besen eins ist? Kein Dōgo mehr?

Aber Dōgo schweigt. Dōgo merkt nichts.
Wie traurig!

Nun, zum Trost wissen wir ja, dass später auch Dōgo ein großer Zen-Meister wurde. Da ist er also doch noch dahintergekommen, wie es mit dem EINEN Mond ist.

Viel später machten zwei weitere Zen-Meister zu dieser Geschichte ihre qualifizierten Bemerkungen.
Meister Gensha äußerte zu dem durch die Luft fliegenden Besen und Un'gans Frage «Der wievielte Mond ist dieses?»: «Das ist genau der zweite Mond.» Nun, Meister Genshas Bemerkung ist doch nicht so qualifiziert. Nehmen wir zu seinen Gunsten an, dass er mit dem Begriff «zweiter Mond» sagen wollte: «Es ist völlig gleichgültig, ob wir den Mond den ers-

ten, zweiten oder fünften oder den siebentausendfünfhundertachtundzwanzigsten Mond nennen, denn immer ist er nur der eine und einzige.» In dem Fall wäre seine Bemerkung doch wieder qualifiziert und obendrein eine lustige Blödelei, anhand derer ihr alle zum vollkommenen Durchblick erwachen solltet.

Und noch jemand äußerte etwas zu dieser Sache. Meister Unmons qualifizierte Bemerkung lautete: «Der Knecht grüßt höflich die Magd.»
Das ist schön! Das erinnert an den Brunnen, der einen Esel anschaut. Es erinnert auch an den Prinzen, der die Stufenleiter hinabsteigt und ein einfacher Mann wird. Was heißt das? Die WESENSNATUR grüßt ihre eigene Ausformung. Gott grüßt sein Geschöpf. Das REINE SEIN neigt sich zum Besen, zum Fegen, zur Arbeit – und bleibt doch immer still und unbewegt.

Das REINE SEIN ist der Eine, der niemals arbeitet. Dieser Eine nimmt Gestalt an und grüßt seine Schöpfung «höflich», wie es heißt.

Warum steht nun der Knecht für die WESENSNATUR und die Magd für die Form? Möglicherweise steht bei Meister Unmon der Mann, nämlich der Knecht, dem Himmel näher als die Frau, nämlich die Magd. Und so verteilt Unmon die Rollen an das kosmische Wesen und dessen Gestalt: In der chinesischen Alchimie und im Daoismus steht der Mann für den Himmel und die Frau für die Erde. Dass der Knecht die Magd höflich grüßt, deutet an, dass der Himmel sich vor der Erde verneigt. Der Himmel ist nicht oben und nicht woanders. Der Himmel reicht bis in die tiefsten Tiefen der Erde hinein, denn beide sind immer nur EINS, und nirgendwo ist der Himmel nicht.

So, liebe Freunde, wie ist es nun mit euch? Wie viele Monde gibt es?
Wenn ihr mir diese Frage beantworten möchtet, bleibt eng an der Geschichte, denn sie bietet euch bereits die Lösung dar! Sie ist ganz einfach, ganz einfach!
Wer nicht kompliziert ist, kann jedes Kōan mühelos lösen, denn die Wirklichkeit ist ein Kinderspiel. Nehmt sie doch einfach so, wie sie ist!

Allerdings hilft es ja oft doch nicht, dass ich euch hier und da einen Hinweis gebe, sondern ihr müsst euch selbst ernsthaft bemühen um das, was alle Worte übersteigt.

22 • Gantōs «Katsu und Verneigung»

Gantō kam zu Tokusan. Als er am Tor über die Schwelle trat, fragte er: «Ist dies gewöhnlich, ist dies heilig?»
«Katsu!», rief Tokusan.
Gantō verneigte sich.

«Wäre es nicht Gantō gewesen, wäre es nicht so geschehen», sagte Tōzan, als er davon hörte.
Darauf Gantō: «Der alte Herr Tōzan kann nicht zwischen gut und böse unterscheiden. Damals erhöhte ich mit der einen Hand und unterdrückte mit der anderen.»

Gantō[58] war einer der beiden besonderen Schüler von Meister Tokusan[59].
Ihr erinnert euch vielleicht an Tokusan den Kühnen, den Helden, den Gelehrten, der alles auf eine Karte setzte, der leidenschaftlich dem SEIN nachjagte und dabei vielen Irrtümern unterworfen war. Er kämpfte zuerst äußerlich und mit seinem Intellekt. Er wollte das Zen bekämpfen, das die WEISHEIT des Dharma von Herz zu Herz übermittelte und nicht durch Buchstaben und Schriftzeichen und rationale Gelehrsamkeit. Aber eine alte Frau brachte mit einer einzigen Frage Tokusans Hochmut zu Fall.

Tokusan suchte kurz darauf Meister Ryūtan[60] auf, der ihn nach einer halben Nacht tiefen Gespräches in einem Augenblick blitzartig erleuchtete.

Tokusan wurde Ryūtans Dharma-Nachfolger.
Gantō und Seppō wurden Tokusans Dharma-Nachfolger. Als Tokusan starb, war Gantō erst fünfunddreißig Jahre alt, und doch war er seinem Dharma-Bruder Seppō[61], der älter war als er, lange Zeit in der Erfahrung des Wesens der Welt immer wieder ein Stück voraus.

Später, als Meister Gantō als Abt ein großes Kloster leitete, überfielen plündernde Horden, deren Unwesen das Ende der Tang-Zeit in China begleitete, das Kloster. Die Mönche, die vorher gewarnt worden waren, konnten rechtzeitig flüchten und sich in Sicherheit bringen. Meister Gantō blieb jedoch im Kloster zurück. Als die wüsten Plünderer das Kloster stürmten, fanden sie nur den Zen-Meister allein und in tiefer Versunkenheit sitzend vor. Aus lauter Wut, im Kloster keine besondere Beute machen und auch keine unbewaffneten Mönche malträtieren zu können, ermordeten die Kerle den Meister, indem sie ihn erstachen. Es

58 Gantō Zenkatsu, chin. Yantou Quanhuo (828–887).

59 Tokusan Senkan, chin. Deshan Xuanjian (780–865 oder 782–867).

60 Ryūtan Sōshin, chin. Longtan Chongxin (8./9. Jh.).

61 Seppō Gison, chin. Xuefeng Yicun (822–908).

wird erzählt, Meister Gantō habe so laut geschrien, dass sein Schrei über zehn chinesische Meilen weit hallte.

Hierbei erinnere ich mich daran, dass ich als damals junge, noch unverständige und – finde ich heute – etwas herzlose Zen-Schülerin, bei der Arbeit mit dieser Geschichte zu meinem Meister sagte: «Wenn Gantō doch so erleuchtet ist – warum schreit er?»
Mein Meister sagte voll tiefer Zuneigung zu Gantō: «Aber der Schrei war ES doch!»
Da verstand ich sofort und war still.
Der große Meister Gantō hatte sich mit diesem Schrei von der Welt verabschiedet.
Als Meister Hakuin sich als Zen-Schüler mit dieser Sache beschäftigte, zweifelte er ebenfalls an Meister Gantō und konnte nicht verstehen, warum dessen Sterben nicht so «würdevoll» vonstattenging, wie man es landläufig von großen und erleuchteten Meistern zu erwarten pflegt.
Nachdem Hakuin aber Erleuchtung erfahren hatte, verstand er, und er rief temperamentvoll aus: «Fürwahr, Gantō lebt, stark und gesund!»

Wahrscheinlich war Gantō, als unsere Geschichte stattfand, trotz seiner jungen Jahre bereits ein erfahrener Zen-Mensch. Sein Handeln in dem kleinen Dharma-Gefecht mit Meister Tokusan wirkt ausgereift.

Gantō kam also in das Kloster zu Tokusan, um diesen zu treffen. Als er am Tor über die Schwelle trat, fragte er den Meister: «Ist dies gewöhnlich, ist dies heilig?»

Er will ganz zweifellos den Meister ein bisschen prüfen. Ist er noch der Alte, ist er noch der Geistesriese, der er seit jeher war? Darum war er zu Tokusan gekommen. Was wird der Meister sagen oder tun? Wird er reden? Wird er vielleicht sagen: «Im WESEN gibt es zwischen ‹gewöhnlich› und ‹heilig› keinen Unterschied, denn alle Dinge sind ohnehin leer»? Eigentlich ist Gantō seines Meisters sicher, er hat aber Spaß an dem Spiel.

Meister Tokusan, der das welteinstürzende GÖTTLICHE NICHTS erfahren hatte, dachte nicht im Traum an eine solche Erklärung, sondern rief sofort: «Katsu!».
Dieser japanische Ausruf «Katsu!» ist das Schwert, das alle menschlich-rationalen Denkkonzepte tötet und so Leben schenken kann. Erst wer dieses Schwert passiert hat, ist dem Tod entronnen.

Das japanische «Katsu!» ist das chinesische «Ho!» mit eben der gleichen Bedeutung. Da Meister Tokusan und Meister Gantō Chinesen waren, rief Tokusan selbstverständlich: «Ho!».

Ho! Peng! Schwertschlag! Die totale Vernichtung all dessen, was nicht wesentlich ist!
Kein Fragen und kein Erklären!
Kein Gegensatz von heilig und profan, von Reden und Schweigen!
Nichts! Nichts!
Wieder einmal zerschmettert Meister Tokusan den Nonsens der menschlichen Ideen mit dem Schlag des «Ho!».

Gantō ist sehr glücklich darüber, sehr zufrieden, sehr überzeugt. Gantō verneigt sich froh.

Ja, so kann es gehen. Ein Schüler prüft den Meister, indem er ihm eine Verwirrfrage stellt. Der Meister zerschmettert die Frage. Er hat sich nicht hereinlegen lassen. Der Schüler verneigt sich glücklich. Fertig.
Der kosmische Dharma spielt Frage und Antwort, Hin und Her, spielt Ping und Pong. Die BUDDHA-NATUR offenbart sich im Heiligen, im Profanen und auf der Schwelle am Tor.

Manche meinen, Meister Tokusan hätte in der Leerheit festgesteckt, und zwar nicht nur in diesem Dialog, sondern überhaupt und wahrscheinlich sein Leben lang. Dagegen spricht, dass Tokusan, obwohl er die GÖTTLICHE LEERHEIT zutiefst erfahren hat und anscheinend immer wieder erfahren hat, er doch stark und kühn und mit festen Beinen auf dem Erdboden stand. Tokusan war Realist, auch wenn einige Zen-Leute, die ihm nicht einmal das Wasser reichen könnten, an ihm herummäkeln: «Tokusan hat in der Leere gesteckt» oder gar: «Tokusan kam aus der Fuchs-Erleuchtung nicht heraus!» Solcher unmaßgeblicher Unterstellungen sollte man sich besser enthalten, ehe man nicht mindestens den hohen Stand Meister Tokusans selbst erreicht hat.

Viel später hört Tōzan[62] von dieser Geschichte, und er macht seine Bemerkung dazu: «Wäre es nicht Gantō gewesen, wäre es nicht so geschehen.»
Ja, so ist es nun mal. Wäre es anders gewesen, so wäre es anders gewesen.
Ich kenne eine Lehrmeinung zu diesem Satz des Tōzan, der besagt, dass der alte Meister Tokusan in der Leerheit gehangen, Gantō ihn aber durch die Handlung seiner Verneigung gerettet habe.
Na, na! Dem kann ich nicht beipflichten. Die Sache ist eindeutig: Gantō verneigt sich, sehr erfreut über die Antwort des Meisters.
Was meint Tōzan also mit seiner Bemerkung: «Wäre es nicht Gantō gewesen, wäre es nicht so geschehen»?

Nun, Tōzan ist sehr glücklich, von dieser Begebenheit zwischen den beiden Meistern am Klostertor zu hören, und sinngemäß äußert er dazu: «Es ist kein Wunder! Nur Tokusan und Gantō konnten eine solch herrliche Inszenierung miteinander aufführen, indem sie den Kern der Lehre und ihren Durchblick bewiesen! Wie wunderbar die Frage Gantōs ist: ‹Ist dies gewöhnlich, ist dies heilig?›! Gantō ist ein großer Zauberer, der die Welt rettet, als sein Fuß durch das Tor tritt!»

Gantō selbst meint auf die Anerkennung Tōzans: «Der alte Herr Tōzan kann nicht zwischen gut und böse unterscheiden. Damals erhöhte ich mit der einen Hand und unterdrückte mit der anderen.»
Ja, mit dem ersten Satz bestätigt er Tōzan, mit dem zweiten belegt er dies:
Denn der alte Herr Tōzan sieht in der Tiefe von gut und böse keinen Unterschied, sondern immer nur die reine WESENSNATUR. Was hier im ersten Augenblick wie Kritik klingt, ist ein Ausdruck von Hochachtung.

62 Tōzan Ryōkai, chin. Dongshan Liangjie (807–869).

Was meint er damit, dass er mit einer Hand erhöht und mit der anderen unterdrückt? Wiederum sagt er damit nur, dass alle Zwiespalte aufgehoben sind: Kein «gut», kein «böse», kein «profan», kein «heilig», kein Lehrer, kein Lernender, kein Erhöhen, kein Unterdrücken – sondern die Extreme lösen sich auf, wenn Sonne und Mond einander begegnen, und Tag und Nacht sich als EINS zeigen.

Und so, liebe Freunde, übersteigt jetzt sofort alle Gegensätze, die bisher gequält hatten!
Kein Hin-und-Her mehr, liebe Freunde, kein Zögern, kein Suchen und Fragen! ES ist schon längst da, hier in diesem einzigen Augenblick, der nur existiert.
Keine Erklärung mehr! Jetzt zeigt ES sich! Hier!
«Ho!» Darin zeigt ES sich.
Sprechen! Darin zeigt ES sich.
Lauschen! Darin zeigt ES sich.
Sitzen! Darin zeigt ES sich.
Schweigen! Darin zeigt ES sich.

Das zeigt uns klar, dass wir niemals erst einen Schritt zu tun brauchen, um zu Hause anzukommen!
Wir sind immer schon da.

23 • Luzu schaut die Wand an

Immer, wenn ein Mönch sich Luzu näherte, drehte dieser sich um und saß mit dem Gesicht zur Wand. Als Nanquan davon hörte, sagte er: «Gewöhnlich unterweise ich die Leute, indem ich sie auffordere: ‹Erkennt, was war, bevor das Universum sich entfaltete, als der Buddha noch nicht in der Welt erschienen war!› Dennoch kann ich niemanden zur Erleuchtung führen, nicht einmal zur halben Erleuchtung. Wenn Luzu auf diese Weise lehrt, wird er bis zum Jahr des Esels keinen zur Erleuchtung führen.»

Luzu Baoyun[63] war ein Schüler des großen Meisters Mazu und auch einer seiner Nachfolger. Nanquan war einer von Luzus Dharma-Brüdern. Die beiden hatten es gut, einen derart großen und fähigen Meister gefunden zu haben wie Mazu und von diesem erfolgreich ausgebildet zu werden.

Übrigens begegnen uns in den Kōan-Geschichten immer wieder auch Mönche, die sich nicht besonders in der Schulung ihrer Meister entwickeln konnten. Das lag daran, dass sie nicht das gleiche Interesse an der Zen-Schulung hatten und die auch nicht die einer intensiven Schulung entsprechende Geisteshaltung aufwiesen, wie zum Beispiel Luzu und Nanquan es konnten. Viele Mönche versuchten, es sich im Tempel oder Kloster bequem zu machen und ein gemütliches Leben zu führen, wobei der Zen-Meister oder auch der Erste Mönch die Verantwortung für sie tragen sollte. Sie waren wohl ordentlich in der Mönchsgemeinschaft und hielten sich an die Regeln, aber plätscherten an der Oberfläche des Geistes dahin und kamen nie in die eigene Tiefe, weil hierfür ihre Geistesdisziplin nicht ausreichte. Auf diese Weise wird sehr viel Energie verschleudert, was den Menschen auch noch schwächt. Da kann man als Lehrer nichts machen.
Wie kann das passieren?
Das kann geschehen, wenn ein spiritueller Schüler oder gar ein Mönch in seinem Leben die falschen Prioritäten setzt, die ihm dann viel Energie rauben, die doch für seine Geistesdisziplin benötigt wird.

Ich wusste früher einmal zum Beispiel von einem Familienvater, der auch ein Zen-Mann war, der jedoch trotzdem regelmäßig in ein Bordell ging. Dies raubte ihm eine Unmenge an Energie, die weder für seine berufliche Arbeit noch für die Familie noch für seinen WEG, der einen ganzen Menschen erfordert, zur Verfügung stand. Der Mann verschleuderte seine Kräfte und wurde chronisch deprimiert und antriebslos. Sein Weg war kein Weg mehr.

Ein Zen-Meister hatte die Fähigkeit, Zazen zu üben, verloren, weil er in späteren Lebensjahren mehr dem Alkoholkonsum zusprach als seiner spirituellen Übung. Beides ist aber nicht

63 jap. Roso Hōun (Lebensdaten unbekannt).

in Übereinstimmung zu bringen. Dieser Meister wurde schwach, chronisch benebelt, und er verlor sich selbst. Niemand braucht zu rätseln, wer dieser Zen-Meister wohl war, denn tatsächlich soll es mehrere dieser Art gegeben haben. Am besten, man guckt auf sich selbst. Darum geht es hier.
Fast genauso tödlich für den Geist ist eine immerwährende Schlamperei und Bequemlichkeit in der Verrichtung der täglichen Angelegenheiten. Die disziplinierte Geisteshaltung dem Zazen gegenüber führt ja auch zur Klarheit und Ordnung im gesamten Alltagsleben. Hellwaches Zazen auf dem Kissen und präsente Zen-Übung bei den alltäglichen Verrichtungen sind das Gleiche und gelingen beide ausgezeichnet, wenn der Mensch achtsam lebt und handelt und nicht von früh bis spät halbbewusst herumschlampert.

Besonders am Anfang des Weges ist sorgfältig geübte Disziplin notwendig. Später ist dem Übenden die Disziplin in Fleisch und Blut übergegangen, und alles, was er tut, tut er ohne Ausnahme achtsam. Er muss sich nicht mehr dauernd an «Ordnung» und «Disziplin» erinnern. Er lebt selbst in tiefer Stille und Gelassenheit eine permanente Wachsamkeit.

Übrigens haben wir in diesem Zendō einen Meister an Achtsamkeit und hoher Disziplin, der diese Tugenden mit einem inneren Lächeln praktiziert und niemals etwas vergisst oder übersieht. Wer unter den Schülern bemerkt dieses wohl? Diesen stillen und bescheidenen Mann zu beobachten, wäre an sich schon eine hervorragende Zen-Schulung.

Luzu war eines Tages in eine Einsiedelei gezogen und übte sich weiterhin im Zazen und in seinen kleinen alltäglichen Tätigkeiten.

In jedem Handgriff eines jeden Menschen zeigt sich die Wesensnatur. In jedem Atemzug offenbart sie sich. In jeder Wahrnehmung drückt sie sich aus.
Natürlich drückt die Wesensnatur sich auch in allerhand Unsinn aus. Wenn der Zen-Mensch sich allerdings dem Unsinn überlässt, bemerkt er nicht das Wesen der Welt, ohne welches nicht einmal ein Unsinn möglich wäre, dann bemerkt er nicht sein eigenes Wesen. Unsinn lenkt den Menschen meistens von der Achtsamkeit ab. Dann wird er fahrig und schusslig, und seine Energie geht ihm verloren.

Luzu, ein Schüler und Nachfolger des großen Meisters Mazu, hatte alles umgesetzt, was sein Meister ihm an Übung und Unterweisung angeboten hatte. Er hatte jedes Wort des Meisters getrunken, aber auch jede Bewegung und jede Handlung. Er war selbst zum Zazen geworden. Und dieses zeigte er seinen Mönchen.

Nicht die Worte drückte er ihnen in die Köpfe hinein, sondern er zeigte ihnen, worauf es ankam. Wie tat er das? Immer, wenn ein Mönch zu Luzu kam, drehte dieser sich zur Wand um und blieb so mit dem Gesicht zur Wand sitzen.
Vielleicht waren die Mönche, die das sahen, manchmal verdutzt. Lehnte der ehrwürdige Einsiedler sie denn ab? Wollte er sie nicht sehen? Ein weiser Mönch aber blieb stehen und schaute und schaute nur auf Luzu – und war vollkommen andächtig und zufrieden. Welche Lehre hätte denn treffender und fehlerfreier sein können als diese?

Viele Zen-Schüler kennen den seligen Zustand, dass auch mitten im Alltag der Atem selbsttätig, indem er die Führung übernimmt, ruhig und tief strömt, die innere Entspannung und Gelassenheit immer mehr zunehmen und die Zen-Schüler nur noch in tiefer Stille da sind. Kein weiterer Wunsch taucht auf, kein Bedürfnis, kein noch so kleines Verlangen, wonach auch immer. Nur noch tiefe Versunkenheit bleibt übrig.
Genau dies zeigt Luzu seinen Besuchern. Wozu also Worte machen? Wozu irgendetwas erklären? Es ist alles schon vollkommen, so wie es ist.
Jedes «noch mehr» würde stören.

Die Mönche gingen also heim in ihr Kloster und berichteten Nanquan von dem für sie ungewöhnlichen Verhalten des Luzu. Nanquan war das, was Luzu demonstrierte, ebenfalls vertraut. Er bezweifelte nur die Wirksamkeit dieser Demonstration auf die Mönche.

Nanquan sagte: «Für gewöhnlich unterweise ich die Leute, indem ich sie auffordere: ‹Erkennt, was war, bevor das Universum sich entfaltete – und lange bevor der Buddha in der Welt erschienen war!› Aber trotz dieser vollkommen klaren Anweisung kann ich niemanden zur Erleuchtung führen, ja, nicht einmal zu einer halben Erleuchtung. Wenn diese meine eindeutige, unmissverständliche Beschreibung der Übung den Zen-Leuten nichts nützt, wie will denn dann Luzu mit seiner Methode, überhaupt kein Wort zu sagen, sondern sich bloß zur Wand zu drehen, auch nur einen einzigen Menschen zur Erleuchtung führen? Das wird ihm bis zum Jahr des Esels nicht gelingen!»

Wisst ihr, was Nanquan damit sagt? Es gibt im chinesischen Kalender gar kein Jahr des Esels. Mit diesem Ausdruck sagt Nanquan also, dass Luzu niemals jemanden mit seiner Methode zur Erleuchtung führen wird. Also, wenn es Nanquan nicht gelingt, dann gelingt es Luzu erst recht nicht.

Aus dieser Geschichte geht hervor, dass die beiden Erleuchteten niemanden zur Erleuchtung führen können, ob sie nun eine gute oder eine weniger gute Methode der Unterweisung anwenden.

Was machen *wir* nun? Wie sollen wir und die Lehrer unserer Schule denn die Menschen unterweisen?

Als ich eine frischgebackene Zen-Lehrerin war, hatte ich keine Ahnung, wie man Lehrer ist. Ich hatte praktisch nichts gelernt. Mir fiel auf jeden Fall nichts ein. Ich wusste nicht einmal, wie man das Kyōsaku handhabt. Diesen Stock zu handhaben, war über meine gesamte Schülerschaft hinweg niemals meine Aufgabe gewesen.
Später haben Freunde es mir in Würzburg beigebracht.

Im Auftrag meines Meisters sollte ich meine kleine Zen-Gruppe in Nürnberg führen. Außer dass wir in ausgezeichneter Haltung saßen und fachgerecht übten, taten wir nichts. Ich hätte nicht gewusst, wie ich die Leute anders hätte führen sollen. Ich hegte und pflegte sie wie die Blumen in meinem Garten, und meine vier Katzen kamen und bepfoteten uns, um zu testen, ob wir noch am Leben waren. Niemand rührte sich, und wir übten einfach weiter, als wäre nichts. Als die Katzen bemerkten, dass wir noch lebten, gingen sie zufrieden wieder weg.

Obwohl ich also Zen-Lehrerin geworden war, wusste ich nicht, wie ich meine Leute erleuchten sollte. Ich fragte mich: «Ja, was mache ich denn, um sie zu erleuchten?» Ich hatte keine Ahnung. So tat ich nichts, als ihnen die Hindernisse vor den Füßen wegzuräumen. Sie übten sorgfältig mit dem Atem, sie baten einer nach dem anderen um Schülerschaft, dann übten sie mit dem Kōan MU, einige mit Erfahrungen auch schon mit einem anderen Kōan. Und sie kamen langsam, langsam in die Tiefe ihres Wesens. Dies war ihr Weg, und ich war ihre Hüterin. Das war meine Aufgabe. Ich schaute sorgfältig darauf, dass sie nicht nach rechts oder links abstürzten. Ich behütete ihren Weg und ihre Schritte auf dem Weg. Nach und nach stellten sie ihr Leben um. Unmerklich geschah das. Sie achteten darauf, keine Ameisen auf dem Weg mehr totzutreten, keine Spinnen totzuschlagen, weniger Fleisch zu essen, schließlich vielleicht auch gar keins mehr, sie wurden ruhiger, stabiler, humorvoller, glücklicher. All dieses bewirkten sie selbst, nicht ich, denn ich beschützte nur ihre Übung.

Und was geschah schließlich? Kleine und schließlich große Satoris purzelten unverhofft ganz von allein, und diese Erfahrungen purzelten nicht, weil ich die Schüler zur Erleuchtung geführt hätte, indem ich dieses oder jenes getan oder gesagt oder ihnen erzaubert hätte. Nein, diese Erfahrungen stiegen aus der Tiefe der Zen-Schüler selber auf. Es waren ihre ureigenen Erfahrungen.

Nein, nein, Erleuchtungen kann man nicht einem anderen «machen» oder «provozieren», sondern wenn alle Hindernisse aus dem Weg geräumt sind, wird das Wesen entspannt, ruhig und still, und dann zeigt sich das Wunderbare, das immer schon in der Tiefe ruht! Im richtigen und gesunden Augenblick zeigt sich das Selbstwesen.

Übrigens, die Erleuchtungen, die einige Gurus hier im Westen den Leuten bescheren, taugen nichts! Das sind keine Erleuchtungen. Auch Ekstasen und Lichterscheinungen sind keine Erleuchtungen. Ich habe einige Opfer solcher Erleuchtungen in meiner Praxis erlebt. Sie tun mir heute noch leid. Und ihre Gurus sind über alle Berge verschwunden. Wenn jemand zu euch sagt: «Ich erleuchte dich!», dann lauft so schnell weg, wie ihr könnt! Herbeimanipulierte Erleuchtungen sind nichts Echtes, nichts Eigenes, nichts Zuverlässiges.

Ich nehme an, dass auch spirituelle Riesen wie Luzu und Nanquan selbst gemerkt und wahrgenommen haben, dass kein Meister den Schülern eine Erleuchtung machen muss oder auch nur kann. Sie haben eben ein bisschen mit sich selbst, mit ihrer Methode und mit ihren Schülern gespielt. Nanquan sprach es sogar aus, indem er sagte: «Niemand von uns ist fähig, den Menschen Erleuchtungen zu machen, nicht einmal halbe Erleuchtungen!» Recht hat er! Seine Meisterschaft zeigt sich darin, dass er den Schülern deren Weg ebnet, indem er immer wieder seinen Finger auf die charakterlichen und seelischen Störungen des jeweiligen Schülers legt und ihm auch hilft, seine Irrtümer auszuräumen.

Es sollte auch nicht einmal ein Lehrer oder Meister jemals vergessen, dass auch er selbst keinen Fixpunkt an menschlicher und spiritueller Entwicklung erreichen wird, an dem er sagen kann, nun hätte er alles erreicht, was ein Mensch auf Erden erreichen kann. Nein, so läuft das nicht. Wenn ein Meister aufhört, sich zu entwickeln, macht er Rückschritte – und ist kein Meister mehr. Eine solche Katastrophe aber ist grausig für seine Schüler.

Also gehen wir weiter und weiter und weiter in die Tiefen der Unendlichkeit.

24 • Seppōs «giftige Schlange»

Seppō[64] unterwies die Mönchs-Versammlung und sagte: «Am Südberg gibt es eine giftige Schlange. Ihr alle solltet sie euch ganz genau anschauen!»
Chōkei[65] sagte: «In der Zen-Halle ist heute ein bedeutender Mann, der Leib und Leben verloren hat.»

Ein Mönch erzählte später Gensha davon.
Gensha sagte: «So etwas kann nur Bruder Ryō sagen. Jedoch würde ich selbst nicht so reden.»
Der Mönch sagte: «Wie würdet Ihr es denn sagen?»
Gensha sagte: «Wozu bemüht er[66] ausgerechnet den ‹Südberg›?»

Unmon[67] warf seinen Stab vor Seppō hin und machte eine erschrockene Gebärde.

Der berühmte Meister Seppō war ein Dharma-Bruder des ebenso berühmten Meister Gantō. Die beiden Freunde waren Schüler des großen Meister Tokusan, der, wie ihr wisst, als junger Mann auf äußerst dramatische Weise seine Kommentare zum Diamant-Sūtra verbrannte, nachdem er sein welteinstürzendes Satori erfahren hatte. Noch während der Lebzeiten dieses seines Meisters konnte Seppō nur ein kleines und nicht sehr erhebliches, wenn auch trotzdem echtes Satori erfahren. Er blieb selbst für lange Jahre im Zweifel darüber. Später aber wurde ihm eine große und durchschlagende Erleuchtungserfahrung zuteil, und er wurde ein äußerst fähiger Meister, der in seinem riesigen Zen-Kloster eintausendfünfhundert Mönche geschult haben soll.

In dieser heutigen Geschichte unterweist Seppō seine Mönchs-Versammlung, indem er sagt: «Am Südberg gibt es eine giftige Schlange. Ihr alle solltet sie euch ganz genau anschauen!»

Was ist nun der Südberg, an dessen Fuß nach einer anderen Übersetzung eine Schlange wohnt?
Auf der Welt, vor allem in China und Korea, gibt es eine ganze Reihe von Bergen, die «Südberg» heißen. Große und auch schneebedeckte Berge stehen symbolisch für die Erfahrung der Wesensnatur. Südberge mögen ebenfalls diese Bedeutung haben. Da die Erde rund ist und nicht einfach wie ein Teller an einem Rand aufhört, stehen die Südberge ja auch immer, immer im Süden eines sich nördlich von ihnen befindenden Gebietes.

64 Seppō Gison, chin. Xuefeng Yicun (822–908).

65 Chōkei Eryō, chin. Changqing Huileng (854–932), hier auch «Bruder Ryō» genannt.

66 Seppō.

67 chin. Yun-men (der hinterher Bezug auf diese Sache nahm).

Nebenbei: Im Gegensatz zu den Südbergen scheint es keine oder kaum Nordberge auf der Erde zu geben. Es leben allerdings viele Menschen mit dem Namen «Nordberg», deren Vorfahren möglicherweise an einem Nordberg wohnten, ob dieser nun so hieß oder nicht. Gefunden habe ich einen solchen Nordberg allerdings nicht.

Wie dem aber auch sei, in unserer Geschichte spielt ein Südberg eine Rolle. Schon der Name «Südberg» übt eine anzaubernde und sehr berührende Wirkung auf die menschliche Psyche aus. Wer den Namen hört, dem könnten sich vor Ehrfurcht die Haare senkrecht aufstellen. Warum? Der Berg ist ein archetypisches Bild für den Weg zur Erleuchtung. Der Süden steht in China für Fülle des Lebens, Feuer, Freude, Willensstärke, Aktivität, Anerkennung, vor allem Selbstvertrauen, wachen Verstand und – ja – Erleuchtung!
So steht sowohl der Berg als auch der Süden für die spirituelle Entwicklung bis zu einem hohen Grad der Erleuchtung.
Das Wort «Südberg» ist also eine geheime Formel für das vollkommen erreichte geistig-spirituelle Erwachen.
Beinah sagt dieser Name aus: «Erleuchtung-Erleuchtung».

Meister Seppō hat also nicht aus Verlegenheit oder weil ihm nichts Besseres eingefallen wäre, die lebensgefährliche Schlange an den Südberg gelegt! Er wusste, was er tat, als er seinen Mönchen empfahl, zum «Südberg» zu gehen und sich diese Schlange – hautnah und Auge in Auge – anzuschauen!

Die Schlange – wer ist sie oder was ist sie? Wir wissen, dass die Kundalini-Energie, auch die Schlangen-Energie genannt, in unserem menschlichen Körper in der Steißgegend, also am unteren Ende der Wirbelsäule, wie eine schlafend zusammengerollte Schlange ruht, bis sie erwacht und durch den mittleren Energiekanal in der Wirbelsäule aufwärts steigt. Im Zen tut sie dies normalerweise beinah unbemerkt, sanft, weil unsere Art der spirituellen Übung nicht gewaltsam, sondern gefahrlos vonstattengeht. In einigen Kulturen wird dieses Wecken der Energie vehement provoziert und nicht von jedem Menschen vertragen. Einige Kursteilnehmer bei asiatischen Lehrern, denen ein brutaler Ausbruch der Kundalini von dem jeweiligen Kursleiter zugemutet wird, können davon sogar verrückt werden, wenn zugleich damit auch der komplette Inhalt des psychischen Speichers (MVD[68]) herausbricht und das gesamte Bewusstsein überschwemmt. Ich habe in meiner psychotherapeutischen Arbeit Patienten gesehen, denen genau solches widerfahren war.

Dies passiert, wenn die betreffende Person ihre alten Sachen, die bis dahin im Unbewussten gespeichert waren, noch nicht aufgearbeitet, sondern nur verdrängt hatte, die also – auf Deutsch – keine Therapie gemacht hatte, ehe sie sich auf einen spirituellen Weg begeben hat.
Die sogenannte Schlangen-Kraft ist nämlich sehr, sehr stark, und sie kann unter den beschriebenen Umständen gefährlich werden. Man darf keinen Unfug mit ihr machen, was trotzdem leider öfter vorkommt. Dies geschieht immer wieder, wenn asiatische angebliche

68 mano viññāṇa dhātu.

Gurus in Europa bei gutgläubigen Kursteilnehmern Kundalini-Ausbrüche provozieren, obwohl diese «Gurus» die Leute, denen sie solches antun, gar nicht persönlich kennen und von deren psychischer Beschaffenheit nichts wissen.

Die Kundalini-Energie bewirkt für gewöhnlich, dass, solange wir physisch auf Erden leben, wir uns entwickeln und unser Bewusstsein entfalten können. Sie gibt auch in ihrem ruhenden Zustand so viel kosmische Energie an uns ab, wie wir dafür benötigen. Wenn aber die Kundalini auf heilsame Weise aktiv wird, ob bemerkt oder unbemerkt, können unsere Fähigkeiten wohldosiert weiter und weiter wachsen – bis in die Grenzenlosigkeit.

Nun, dieses wünschte Meister Seppō für seine Mönche.
Warum aber nennt Seppō die Schlange «giftig»? Nun, wenn passiert, was eben beschrieben wurde, kann das als giftig bezeichnet werden. Die Schlange kann sogar – wie auch die Schlangen-Energie, die Kundalini – tödlich sein.

Meister Seppō meinte mit der Gefährlichkeit der Schlange aber auch noch etwas anderes: Tödlich kann die Kundalini-Schlange für alles Überflüssige sein, was uns und unserer Umgebung nicht zur menschlichen und spirituellen Entwicklung dient, sondern zum Rückschritt in den Sumpf. Das aber muss sterben.

Dementsprechend meint Seppō Folgendes: Sterben soll nicht der Mensch körperlich auf seinem spirituellen Weg, sondern sterben sollen die Irrtümer, Missverständnisse, die Täuschungen, die inneren falschen, nämlich neurotischen, Verknüpfungen, die fehlerhaften Schlussfolgerungen, die Wahnvorstellungen, all diese Überflüssigkeiten, die früher mit dem altmodischen Wort «Verblendung» umschrieben wurden und die immer böse Folgen haben – auf eigene Kosten und Kosten der Umwelt. Das heißt, dieser Mensch kann die Realität nicht mehr sehen. Dieser Zustand muss gewandelt werden in klare Einsicht, klare Erkenntnis. Auf dem Zen-Weg geschieht dies mithilfe der Übung auf dem Kissen. Da wird der Mensch geschliffen wie ein Diamant, der am Ende dieses Prozesses – rein und klar leuchtend – übrig bleibt. Dieser Prozess der inneren Reinigung wird «das Sterben auf dem Kissen» genannt. Dazu sagt ein Zen-Spruch: «Stirb und sei ganz tot! Dann tu, was du willst, alles ist gut!»

Ja, die Schlange am Südberg soll zubeißen und mit ihrem Gift die Täuschungen des Menschen vernichten, denn erst so wird sein Leben rein und klar wie der Diamant, wertvoll und glücklich. Des spirituellen Schülers Energie ist dann nicht mehr gebunden durch all den alten Summs in den Tiefen seiner Psyche, sondern die gesamte Kraft ist dann endlich frei zur Verfügung für sein Leben und seine stetige Weiterentwicklung.

Wer kann diesen heilsamen Prozess von sich selbst behaupten?

Nun gut, Meister Seppō kannte seine Pappenheimer! Und mit seiner Anspielung auf die Schlange am Südberg spielte er auf die menschlich-spirituellen Unzulänglichkeiten der Schüler an. Er riet ihnen:

«Geht zum Südberg und schaut der Schlange ins Auge!»

Damit sagte er: «Geht den Weg des Erwachens und schaut mit Eurem Geistauge die Wirklichkeit!»
Oder anders ausgedrückt: «Geht auf den Berg der Erleuchtung und schaut mit Eurem erleuchteten Auge die Wirklichkeit!»
Frei nach Meister Eckehart könnte man sagen: Das Auge, mit dem ein Schüler auf dem Weg die Schlange anschaut, ist das Auge, mit der die Schlange den Schüler anschaut. Da ist nur das eine Geistauge. Ja, der Schüler ist es selbst.
Seppō sagt: «Südberg – Schlange – Auge.» Ob die Mönche das so verstanden hätten? Wer weiß!
Noch kürzer müsste es eigentlich heißen: «Erleuchtung – Erleuchtung – Erleuchtung»! Da der Mensch aber in seinem sich mühselig quälenden und so oft verwirrten Verstand immer nur kompliziert und schwierig denkt, macht der gütige Seppō aus seiner dringenden Aufforderung an seine Mönche beinah ein asiatisches Märchen. Kinder und Erwachsene springen auf Märchen an. Er sagt: «Am Südberg gibt es eine giftige Schlange. Ihr alle solltet sie euch ganz genau anschauen!»

Und nun geht es weiter:
In der gleichen Zen-Halle, in der sich dieses abspielt, ist auch Chōkei anwesend, und er sagt bewundernd zu der übrigen Versammlung: «In der Zen-Halle ist heute ein bedeutender Mann, der Leib und Leben verloren hat.»

Damit drückt Chōkei aus, dass Seppō sich weder durch den physischen Leib noch durch seine Handlungen noch durch seine Gedanken noch durch seine Gefühle definiert, da er sich an all dem nicht mehr festklammert oder es gar für sein Wahres Wesen hält. Seppō identifiziert sich nicht mit seiner Rolle als Zen-Meister und Abt eines großen Klosters, nicht mit seiner Nationalität, seinem Familienstand oder seinem Stand als Mönch, nicht mit seinem Namen, nicht mit Krankheit oder Gesundheit, nicht mit Rollen, die er im Leben spielt. Seppō hält vor allem aber weder Leib noch Leben für seine unsterbliche Seele. Er ist völlig frei.

Und doch ist da in dem Zendō, wie Chōkei sagt, «ein bedeutender Mann». Nicht Seppō hält sich selbst für bedeutend, aber doch ist er ein Fels in der Brandung der Leben seiner Mönche. Er war, wie bekannt ist, ein hervorragender Zen-Meister für sie. Chōkei sieht diese Tatsache ganz klar!

Einige Zeit danach besuchte ein Mönch aus dem Zendō von Meister Seppō den Meister Gensha[69] und erzählte diesem die Begebenheit, einschließlich der anerkennenden Bemerkung des Chōkei: «In der Zen-Halle ist heute ein bedeutender Mann, der Leib und Leben verloren hat.»

Zu diesem Bericht des Mönches meint Gensha: «Eine Anerkennung auf solche Weise von sich zu geben, bringt doch nur Bruder Ryō (Chōkei) fertig.» Dann fügt er hinzu: «Aller-

69 Gensha (Gensa) Shibi, chin. Xuansha Shibei (835–908).

dings würde ich selbst über diese Sache mit der Schlange nicht so reden wie Seppō.»

Der Mönch fragte: «Was würdet Ihr denn sagen?»
Gensha sagte: «Wozu bemüht er ausgerechnet den ‹Südberg›?»

Ja, was hat Meister Gensha nun gegen den Südberg? Natürlich gar nichts, aber vielleicht wurde in Zen-Kreisen oder auch in daoistischen Kreisen immer wieder der Südberg herangezogen, ob man sich nun auf den geografischen Südberg in der Nachbarschaft oder den mythologischen Südberg oder einfach den Südberg als Metapher für den Aufstieg zur Erleuchtung bezog. Er hatte Recht, oder er hatte nicht Recht. Das kann man sehen, wie man will. Aber wie hätte Gensha es denn nun wirklich gesagt? Hätte er sich auf den Oberschenkel geschlagen? Aber auch diese Geste ist vollkommen verbraucht und zur Verlegenheitsdemonstration verkommen. Ich habe sie hundertmal gesehen, immer dann, wenn jemand nicht weiterwusste. Damals allerdings, als Gensha jung und feurig war, wirkte ein solcher Schlag ja vielleicht noch neu und frisch wie aus dem Bad gehoben!

Aber wie auch immer, Meister Gensha hat uns vorenthalten, wie er selber die Sache mit der Schlange gebracht hätte. Nur eine verschwommene und halbdunkle Andeutung hat er gemacht.
Wozu aber sich daran stören? Gensha ist schon längst gestorben, aber ihr sitzt hier jung und frisch, gesund und stark! Sagt einmal: Wie würdet ihr denn diese Sache mit der geheimnisvollen Giftschlange am Südberg offenbaren? Schließlich steht der Südberg in jedem von euch, und am Fuß des Berges schlummert die Schlange, das Wesen der Erleuchtung. Jeder ist der Berg selbst! Jeder ist die Schlange selbst. Schläft sie, oder ist sie wach?

Nun kommt ganz zum Schluss noch der große, große Meister Unmon auf die Bühne. Auch er befasst sich mit der Schlange am Südberg und spielt einen eigenen und herrlichen Akt! Er spielt tatsächlich für Meister Seppō einen wortlosen Akt, ein Teishō der Spitzenklasse:
Er nimmt seinen Wanderstab, wirft ihn Seppō vor die Füße, springt in Sicherheit vor dieser Schlange und lässt sie lebendig werden!

Die Welt stürzte ein, wenn Unmon eine Unterweisung solcher Art gab! Dafür war er berühmt. Er wünschte nicht, dass man seine Worte und Handlungen aufschreiben und weitergeben sollte, denn Worte reden ja immer nur *über* die Wirklichkeit, und Taten vergehen, auch wenn es in Hinsicht auf die Worte Ausnahmen geben mag.

Vom Heiligen Johannes vom Kreuz und von der Heiligen Theresa von Avila sagt man: «Sie redeten Gott.» Ähnliches war sicher auch bei Meister Unmon wahrzunehmen, denn einer seiner Schüler sammelte heimlich Unmons Aussprüche und rettete sie für die Welt.

So werden Meister Unmons Worte immer wieder neu und aktuell, tauchen aus dem Nichts auf, denn in jedem Augenblick findet die Welt-Schöpfung statt.

25 • Enkan und das Rhinozeros

Eines Tages rief Enkan seinem Diener zu: «Bring mir den Rhinozeros-Fächer!»
Der Diener sagte: «Der Fächer ist zerbrochen.»
Enkan sagte: «Wenn der Fächer schon zerbrochen ist, dann bring mir das Rhinozeros zurück!»
Der Diener fand keine Antwort.

Anstelle des Dieners geben mehrere der großen Zen-Persönlichkeiten zu dieser Sache mit dem Rhinozeros-Fächer spontan eigene Antworten.
Hiervon möchte ich zwei als besonders erwähnenswert anfügen.

Tōsu sagte: «Ich würde das Rhinozeros schon bringen, aber das Horn am Kopf ist doch zerbrochen!»
Dazu antwortet Setchō: «Ich brauche aber gerade dieses zerbrochene Horn am Kopf!»

Shifuku zeichnete einen Kreis und schrieb das Zeichen für Stier hinein.
Setchō sagte dazu: «Warum bist du damit nicht schon früher herausgerückt?»

Enkan[70] war ein Schüler und Dharma-Nachfolger des großen chinesischen Meisters Baso[71], eines Geistesriesen des chinesischen Zen. Wenn ein großer Meister einem Schüler Lehrbeauftragung gibt, vererbt er ihm auf wundersame Weise seine überragenden Fähigkeiten als Zen-Meister. Heutzutage würde ich sagen, der Meister und seine Schüler, die jahrelang miteinander den Weg gehen, bilden ein morphogenetisches Feld. Früher habe ich gesagt, dieses ist eine Gemeinschafts-Seele. Im Buddhismus und Hinduismus nennt man eine solche Gruppe einen Sangha. Aus einem guten Sangha wachsen gute Lehrer heraus. Dieses betrifft auch Enkan.

Und nun zum Fächer. Auch ein chinesischer Fächer soll ein Lehrstückchen bieten können. Wenn man einen Fächer ganz auseinanderfaltet, ist zu sehen, dass auf diese ursprünglich leere Fläche ein wunderschönes, edles Bild gemalt worden ist. Auf kostbare Fächer wurde und wird durch einen Künstler ein kostbares Bild gemalt. Wenn der Fächer dann wieder eingefaltet wird, verschwindet das Bild. Der Fächer ist weg, die Farben, die Striche, das Kunstwerk – alles ist weg. Wenn eine solche Landschaft eingefaltet wurde, ist die Landschaft, die vorher wunderbar schön ausgebreitet vor den Augen lag, nicht mehr zu sehen. Sie ist weg. Das ist das Lehrstückchen.

Form und Leere wechseln bei dem chinesischen Fächer ab, mal ist das eine von beidem zu sehen und dann wieder das andere. Und doch ist der Fächer immer nur der eine Fächer. Er ist ein wundervolles Sinnbild für die Welt.

70 Enkan Seian (Saian), chin. Yanguan Qian (750–842).

71 Baso Dōitsu, chin. Mazu Daoyi (709–788).

Die Welt bietet uns den Anblick von hunderttausend Dingen. Wir schauen mit leuchtenden Augen auf eine herrliche Landschaft. Wenn die Welt der vielen Dinge «eingefaltet» wird, ist plötzlich alles leer. Vor allem kann es Zen-Schülern so gehen. Eine Zeit lang auf dem Weg kann immer wieder plötzlich alles weg sein. Dann ist nur noch die große Leere übrig. Keine Landschaft mehr, kein Baum, kein Strauch, keine Wolke, keine Form. Und dann – meistens kurz darauf – ist alles wieder da.

Für manche Schüler bleibt es für eine ganze Weile so, dass sie abwechselnd entweder nur die Leerheit oder aber die Welt der Erscheinungen sehen, nicht aber beides in einer Zugleichheit als Eines. Sie nehmen mal so und mal so wahr. Beides ist wahr, aber jeweils nur unvollständig, nur halb. Die Entwicklung auf dem Weg geht jedoch dorthin, wo schließlich bei allem, was der Schüler wahrnimmt, beide Erfahrensebenen zusammenfallen und er Form und Leerheit als immer nur Eines erfährt. Jede Form ist leer und immer nur leer, und doch ist sie da, die Form. Und dies ist die wahre Schau.

Der Schüler entdeckt, dass er selbst und alle Dinge die gemeinsame Wurzel haben, nämlich die Wesensnatur, dass also sein eigenes Wesen und das Wesen des Universums nur immer ein und dasselbe Wesen ist. Er erfährt, dass er von nichts, aber auch gar nichts getrennt ist. Ja, er ist die Welt, er ist Gott, er ist das Sein. Dieser Mensch ist selbst das EINSSEIN.

Der Fächer der Welt wird ausgebreitet und zeigt sich in aller Pracht. Ein wundervolles Rhinozeros auf einem Fächer zeigt die wilde Kraft und Schönheit des Lebens. Wenn dann dieser gehörnte Rhinozeros-Stier hinaufschaut zum Mond, hat auch der Stier die Schau der tiefsten Wirklichkeit – wenn auch hier nur auf dem Bild. Denn der Mond steht immer für die Wesensnatur und auch für die Erfahrung der Wesensnatur.

Aber auch Bilder können einen Hinweis geben, eine Erinnerung: «Mensch, schau die Wirklichkeit, so wie sie ist, und bilde dir nichts ein!»

Ein Fächer hat auch eine ganz praktische und profane Wirkungsweise: Wenn er sanft hin- und hergeschwungen wird, kühlt und erfrischt er Mensch und Tier in der Sommerhitze, und er vertreibt die Fliegen. Danach ist vielleicht auch dem Meister Enkan zumute. Er ruft seinen Diener und sagt: «Reich mir doch mal meinen Rhinozeros-Fächer herüber!»

Der Diener ist erschrocken, denn der Fächer des Meisters ist kaputtgegangen. So sagt der Diener: «Der Fächer ist zerbrochen!»

Meister Enkan wusste vielleicht schon von der Sache, aber wir haben ja auch schon festgestellt, dass ein chinesischer Fächer nicht nur Gebrauchsgegenstand, sondern immer auch ein Lehrstückchen ist. Und – wer weiß – Enkan hat vielleicht etwas vor.

Der Fächer ist also zerbrochen.

Enkan sagt zum Diener: «Wenn der Fächer schon zerbrochen ist, bring mir doch das Rhinozeros zurück!» Daraufhin weiß der Diener nichts mehr zu sagen.
Wenn jemand glaubt, Form und Leerheit sind verschwunden und nichts mehr ist wahrnehmbar, dann weiß er nicht, wie er sich selbst noch helfen kann. Der Übende glaubt, er

kommt keinen Schritt mehr weiter, ja, was ist dann zu tun? In dieser Lage fühlt sich der Diener.

Ihr Lieben, wenn es euch einmal so geht, dann tut einfach das Nächstliegende! Ihr fallt ja nicht gleich in eine bewegungslose Starre! Ihr hört morgens immer noch den Wecker klingeln, und bestimmt steht ihr dann auf. Wenn ihr aber das Spiel «Es geht nichts mehr!» spielt und beschlossen habt, verzweifelt zu sein und deshalb im Bett zu bleiben, bemerkt ihr vielleicht, dass immer noch das Bett da ist. Ihr kriecht unter die Decke und zieht sie euch weit über die Ohren. Die Decke ist da, die Ohren sind da. Na, da klingelt der Wecker schon wieder, denn ihr habt vergessen, ihn auszuschalten. Jetzt ist es schwierig, die Existenz der Welt zu leugnen, den eigenen Ärger, das Missvergnügen am Aufstehen-Müssen. Na, und dann steht ihr auf und putzt euch die Zähne. Oha, es gibt ja auch noch die Zähne! Also ist doch noch etwas da! Und wenn ihr das bemerkt, könnt ihr ja vielleicht auch herzlich über euch selber lachen! Tja, nichts ist perfekt, Dinge missglücken, es gibt Scherben, es gibt Tränen – und der Mensch hat nur noch zu einem Lust, nämlich die Welt zu leugnen. Weg mit der schnöden Welt! Wenn er diese Ego-Sache durchschaut, kann er über sich lachen.

Vielleicht ist dieser Diener von Meister Enkan in ähnlicher Stimmung! Aber der Meister lässt ihn nicht in Ruhe. «Bring mir das Rhinozeros!», sagt er.
Der Schüler versteht nichts. Er fragt sich, was der Meister denn wohl mit dem zerbrochenen Rhinozeros will! Warum soll er ihm das bringen?

Ja, zur Welt der Form gehört nicht nur die uns genehme schöne Landschaft, die Schöpfung, die wir fromm anschauen dürfen, sondern es gibt Überschwemmungen, Bäume werden im Sturm ausgerissen, es gibt Prügeleien, Verleumdungen, Tierquälerei, Kindesmissbrauch, Regenwaldzerstörung, aber auch Kleinigkeiten, dass eine kostbare Tasse in Sterben springt, eine Uhr nicht mehr läuft, ein Nachbar sich plötzlich feindselig verhält, das Kind sich weigert, in die Schule zu gehen und so weiter und so weiter. Natürlich gibt es auch wundervolle Wochenenden, schöne Filme, fröhliche Familientreffen, liebevolle Hilfsbereitschaft, zauberhafte Herbstwanderungen und Freude darüber, dass Dinge wunschgemäß gelingen. Aber – die angenehmen Dinge bringen uns ja auch meistens nicht zum Zweifeln! Da werden wir leichter fromm und dankbar.

Unser Wohlbefinden fällt und steigt mit dem jeweiligen Zustand der Umwelt. Nein, liebe Leute, so geht das nicht! Die Welt ist nun mal so oder so oder so, mal angenehm, mal nicht angenehm. Aber alles, alles ist nun einmal der Ausdruck des Geistes, der Wesensnatur! Die Welt ist Ausdruck unseres Selbst. Wir können uns nicht von ihr distanzieren. Lasst euch nicht beirren und geht euren Weg weiter! Die große Gelassenheit entwickelt sich langsam und unbeirrt weiter.

Ich nehme an, dass der Mönch, der so erschrocken und betreten darüber ist, dass der kostbare Fächer mitsamt dem Rhinozeros zerbrochen ist, schließlich seinem Meister ebendiesen Fächer mit dem zerbrochenen Rhinozeros bringt.
Vielleicht hat Enkan dann ja zu ihm gesagt: «Schau, auch dieses ist die Welt! Wer will

bestimmen, wie sie zu sein hat?»
Vielleicht hat er die Sache auch noch ein bisschen ausgeführt:
«Ein zerbrochener Fächer ist ein *vollkommener* zerbrochener Fächer.
Eine zerschlagene Tasse – das sind lauter *vollkommene* Scherben.
Ein Kummer wegen eines Verlustes ist ein *vollkommener* Kummer.
Das zerbrochene Rhinozeros ist ein zerbrochenes Rhinozeros – und nur das.
Alle Dinge sind so, wie sie sind, und nicht anders. Alles ist nur *so* und immer nur *so.*
Das ist das Sosein, und in diesem So-und-nicht-anders-Sein liegt die Vollkommenheit der Welt. Denn wäre sie nicht so, sondern anders, wäre sie ja anders. Sie ist aber so und eben nicht anders. Darum nimm den Fächer so, wie er ist. Nimm das Rhinozeros, so wie es ist!»

Und dann war der Mönch vielleicht getröstet und hat auch etwas von der Welt verstanden – und von sich selbst. Denn auch er ist so, wie er ist, und nicht anders. Und darin liegt seine Vollkommenheit.

Und nun zu Tōsu, der die Angelegenheit später kommentiert! Er sagt: «Ich würde das Rhinozeros schon bringen, aber das Horn am Kopf ist doch zerbrochen!»
Dazu antwortet Setchō: «Ich brauche aber gerade dieses zerbrochene Horn am Kopf!»
Dieses kleine Gespräch brauchen wir nicht auch noch zu kommentieren. Es ist ganz klar.

Und zum Abschluss noch die Reaktion des Shifuku: Er zeichnet einen leeren Kreis, ihr wisst schon, diesen Zen-Kreis, bei dem der Pinsel nicht abgesetzt werden darf, bis ein fehlerfreier Kreis da ist. Das ist die große Weite, die göttliche Leerheit. In diesen Kreis schreibt Shifuku das Bildzeichen für «Stier». Damit ist das Rhinozeros gemeint.

Form und Leerheit in EINS, als EINS, eben immer nur EINS. Ob dies nun aussieht wie ein schönes, starkes Rhinozeros oder ob es ein zerbrochenes Rhinozeros ist, beides ist nicht zweierlei, sondern ein Einziges. Mit seinem Bild zeigt Shifuku, wenn natürlich auch symbolisch, seine klare Schau von «Form ist Leere – Leere ist Form». Eben das zeigt auch der Fächer, ganz gleichgültig, ob er nun zerbrochen ist oder nicht.

Setchō ist über Shifukus Zeichnung entzückt und ruft aus: «Warum bist du damit nicht schon früher herausgerückt?»
Ja, da hatte Shifuku mit seinem Geheimnis wohl noch ein Weilchen hinter dem Berg gehalten.

Wie leben wir nun die Schau der Wesensnatur? Wir tun immer gerade das, was aktuell, nämlich gerade jetzt, dran ist, und handeln diesem Faktum angemessen. Immer nur jetzt und immer jetzt.

Liebe Freunde, ich habe eine Frage an euch: Was ist das Allerwichtigste auf Erden? Nun, dieser Augenblick natürlich und nichts als nur dieser Augenblick! Denn nur dieser Augenblick existiert.

Jede alltägliche Kleinigkeit, die uns in diesem Augenblick begegnet, ob mit Freud oder Leid verbunden, ist ein Dharma-Tor, und so lehrt uns unser Leben von Tag zu Tag, von Stunde zu Stunde und von Augenblick zu Augenblick den Dharma.

26 • Kyōzan deutet auf den Schneelöwen

Kyōzan deutete auf einen Schneelöwen und sagte: «Gibt es noch irgendetwas, was über diese Farbe hinausgehen kann?»

«Wenn ich damals auch dort gewesen wäre, hätte ich ihn auf der Stelle umgestoßen», sagte Unmon später.

Noch später meinte Setchō[72] *dazu: «Er weiß zwar, wie man ihn umstößt, aber er weiß nicht, wie man ihn aufrichtet.»*

Der Schnee steht seit jeher in Asien symbolisch für die Wesensnatur. Der Löwe hat Form und Gestalt. Dieser Löwe im Kōan ist aus Schnee geformt, damit ist angedeutet, dass der Löwe aus Leerheit gebildet wurde. Ja, alle Dinge sind aus Leerheit gebildet, und dies betrifft darum nicht nur den Schneelöwen allein.

Dieser Schneelöwe ist also ein wundervolles Sinnbild für die Wirklichkeit! Die Wirklichkeit ist Form und Leerheit als ein und dasselbe. Ob wir etwas als leer oder als ausgeformt wahrnehmen, hängt von der Qualität unserer Wahrnehmung ab.
In der Letzten und einzigen Wirklichkeit sind jedoch alle Dinge leer *und* ausgeformt. Diese Tatsache ist unabhängig von der Qualität unserer Wahrnehmung. Alle Formen sind nun einmal aus Leerheit gebildet. Das können wir nicht ändern.

Man kann auch sagen, alle Formen sind aus GEIST gebildet, denn GEIST ist leer.
Man kann auch sagen, alle Dinge sind aus göttlicher Liebe gebildet, denn Liebe ist leer. Wenn Liebe in diesem spirituellen Sinn als leer erkannt wird, ist sie rein und zuverlässig.

So, und nun kommt in dieses Allernormalste die Dramatik des Menschen! Der Mensch will immerzu die Wirklichkeit verändern, verbessern, missdeuten – oder auch negieren.

Meister Kyōzan[73] geht mit einigen Begleitern bei Winterwetter spazieren. Die Welt ist weiß vor Massen von Schnee und Eis. Die Farbe «weiß» symbolisiert die Reinheit, den klaren GEIST, die Einfachheit, ja, das Einssein des Menschen mit sich selbst und mit dem Universum, auch diese Erkenntnis, also die Erleuchtung, und dieses Weiß deutet auch auf die Leerheit aller Dinge hin.

Die Mönche kommen an einem Schneelöwen vorbei, einem aus Schnee geformten Löwen. Kyōzan bleibt stehen, deutet auf den Schneelöwen und fragt: «Gibt es noch irgendetwas, was über diese Farbe hinausgehen kann?»

72 Setchō Jūken, chin. Xuedou Chongxian (980–1052).

73 Kyōzan Ejaku, chin. Yangshan Huiji (807–883).

Damit fragt er: «Sagt, gibt es noch irgendetwas, was die göttliche Leerheit übersteigen kann?»
Ich verrate euch: Dies ist eine Fangfrage! Werden die Mönche jetzt zustimmen und ehrfürchtig den Löwen anschauen? Werden sie in ihrer Vorstellung vielleicht den kosmischen Buddha sehen und verehren? Werden sie versuchen, schnell ein Satori zu machen – oder sich dies einreden oder so tun, als ob?
Vielleicht nicken sie alle und verneigen sich auch noch ehrfürchtig vor der weißen Farbe, um die es doch hier anscheinend geht.

Ja, liebe Leute, ohne die Leerheit geht es aber tatsächlich nicht. Ihre Erfahrung allein genügt allerdings nicht, o nein! Wer nur in einer eigenen Leerheit verharrt, als gäbe es die Welt nicht, ist ein Nihilist. Wenn die Welt *nur und ausschließlich* leer wäre, dann gäbe es sie nämlich nicht. Aber zum Glück ist sie leer *und* ausgeformt! Auch der Schnee ist ausgeformt, in diesem Fall zu einem Löwen. Der Schnee kann Formen annehmen von Eiszapfen, Eisblumen, Schneelaternen, Schneemännern, Lawinen, Iglus, Schneebällen und allem, was sich aus Schnee formen lässt oder was die Natur selbst daraus formt, ja, was sich aus Leerheit formen lässt, für die in dieser Geschichte der weiße Schnee ja nur sinnbildlich steht. Also ist auch der Schneelöwe eine Ausformung des Reinen Seins.

Wie haben nun wohl die Begleiter von Meister Kyōzan auf dessen Frage reagiert? Wie würdet ihr auf seine Frage antworten, wenn ihr dem Schneelöwen gegenüberstündet?
Könnt ihr die weiße Farbe übersteigen, über sie hinauskommen? Gibt es etwas noch Höheres als die weiße Farbe, etwas Höheres als die Leerheit?

Ihr müsst euch nicht an der weißen Farbe festhängen, denn sie hat hier nur eine symbolische Bedeutung. Die eigentliche Frage heißt: «Könnt ihr die Leerheit übersteigen? Ist etwas noch höher als sie?» Steht irgendetwas höher als der absolute Urgrund?

O ja, o ja! Aber was ist das?
Ihr wisst es genau! Ihr wisst es in diesem Augenblick! Da erübrigt sich jede weitere Frage und jede Antwort.
Ihr zeigt und beweist es an diesem Ort und in diesem Nu, ob ihr es selber bemerkt oder nicht. Ich kenne euch!

Auch der große Meister Unmon hat eine Antwort gegeben – Jahre später, als er von der Sache erfuhr. Ihm war danach. Er sagte: «Wenn ich damals dabei gewesen wäre, hätte ich den Schneelöwen umgestoßen!» Nach einer anderen Übersetzung sagte er: «Ich hätte ihn damals auch mit umgestoßen!» Daraus ist zu entnehmen, dass er Kyōzan mitsamt dem Löwen umgestoßen hätte, nämlich den Löwen aus der Farbe der Leere heraus und Meister Kyōzan mitsamt seiner überflüssigen Frage. Das ist lustig, und das ist stark!
Ja, das hätte er getan! Sofort wäre Schluss gewesen mit der ewigen Stille, dem totalen Nichts, und die reine, weiße Leerheit wäre unter einem herrlichen Stiefeltritt in alle Richtungen geflogen! Die Zen-Schüler und der fragende Meister hätten eine prachtvolle Unterweisung der Tatsache von Form-und-Leerheit erhalten! Vielleicht wäre die Angelegenheit

in eine glückliche Schneeballschlacht ausgeartet! Und die Weltschöpfung hätte weiterhin ihren Lauf genommen!
Denn Stillstand gibt es nicht!

Wieder viele Jahre später gab auch noch Setchō seinen Kommentar zu Unmons Antwort auf die Frage zur weißen Farbe des Schneelöwen zum Besten. Er beanstandete, wenn auch nur scheinbar kritisierend: «Ja, umstoßen kann er zwar, aber aufzurichten versteht er nicht!»
Das ist eindeutig spöttisch gesagt, aber er zieht auch den von ihm bewunderten ehrwürdigen Unmon dabei höchst vergnüglich durch den Kakao. Dabei ist gerade Setchō sehr klar, dass Unmon durch einen herrlichen Schubs, Tritt und Schlag auf den Schneelöwen die Form der Welt und damit die Schöpfung in einem Augenblick vollendet hätte.

Ja, hat er es denn nicht trotzdem vollbracht, obwohl es gar nicht zur Zerstörung des Löwen kommen konnte, jedenfalls nicht durch Unmon?
O, dafür musste Unmon keinen Schneelöwen zerstören! Denn ganz ebenso, wie ihr im Dokusan-Raum immer wieder die Welt aufrichtet und niederreißt, niederreißt und aufrichtet – ganz ebenso richtete Meister Unmon unter Aufhebung von Raum und Zeit mit seinem Niederreißen des Löwen, das er so überzeugend darstellte, die Welt auf – und sie war vollendet.

27 • Hōgen zeigt auf die Bambusvorhänge

Hōgen deutete mit seiner Hand auf die Bambusvorhänge. Da erhoben sich zwei Mönche und rollten die Vorhänge hoch. Gen sagte: «Der eine hat es, der andere hat es nicht.»

Was meinte Hōgen[74]? Es gibt viele Möglichkeiten, was einer hat und was ein anderer nicht hat.

Wenn ein Zen-Meister so etwas äußert, geht man ja seit Jahrhunderten davon aus, dass er nur die Erleuchtung meinen kann. Was sollte ein Zen-Meister sonst noch im Kopf haben? Schüler haben ja vieles von dem, was sie aus dem Mund ihres Meisters aufgeschnappt haben, aufgeschrieben und von Generation zu Generation weitergereicht.

Zum Beispiel könnte ein solches Kōan auf folgende Weise entstanden sein: Ein Zen-Meister fragt im Geheimen und unter vier Augen seinen Assistenten leise: «Kannst du mir vielleicht ein paar Socken besorgen? In meinem Sockenfach sind keine Socken mehr. Wir müssen vor den anderen aber keine Geschichte daraus machen.» «O», sagt der Schüler, «ich schaue mal, dass ich ordentliche Socken für Euch finde.» Es ist nämlich üblich, dem Meister immer anständige und saubere Socken für das Zendō in dessen Fach zu legen. Nun geht der Assistent in den Wäsche- und Kleiderraum und sucht nach passenden Socken für den Meister. Nach einem Weilchen begegnen die beiden sich wieder auf dem Gang, und der Meister fragt: «Hast du mir das Gewisse mitgebracht?» Der Assistent sagt: «Nein, ich habe es noch nicht gefunden.» Der Meister reagiert etwas entnervt, denn es ist Winter, er hat sich erkältet, und ohne Socken friert er wie ein Schneider. Er stöhnt: «O, nein! Er hat es immer noch nicht!»

Es geht aber der Mann, der die Büroarbeit erledigt, gerade vorbei. Er pflegt heimlich alle Worte des Meisters aufzuschreiben, und so schreibt er Folgendes:

«Der Meister begegnet seinem Assistenten auf dem Gang und stellt ihm die Frage aller Meister: ‹Hast du mir das Gewisse mitgebracht?›
Der Assistent antwortet: ‹Nein, ich habe es noch nicht gefunden!›
Der Meister stöhnt: ‹O, nein, er hat es immer noch nicht!›»

Und von da an müssen alle Generationen von Zen-Schülern auf der ganzen Welt diese Begebenheit als Kōan bearbeiten. Das kriegen die auch erstklassig hin, wobei es ihnen natürlich ganz egal ist, was der Assistent gefunden oder nicht gefunden hat.

Nehmen wir an – und dies ist durchaus realistisch –, dass auf ähnliche Weise eine ganze

74 Hōgen Bun'eki (hier auch Gen genannt), chin. Fayan Wenyi (885–958).

Reihe von Kōan und auch dieses unser heutiges Kōan «Hōgen zeigt auf die Bambusvorhänge» entstanden sein könnte.

Uns sind von der Geschichte gewisse Details gar nicht überliefert, nämlich: Woher weiß man die ganze Sache? Wer sind die beiden Mönche, die gerade dort sind? Wie ist deren jeweilige Vorgeschichte? Kennt der Meister sie bereits gut? Sind sie seine Schüler? Sind sie schon ordentlich ausgebildet? Vielleicht ist das ja in diesem Zusammenhang nicht wichtig, nicht erheblich, und der Meister kann tief in ihre Augen oder ihre Seele schauen, ohne sonst etwas von ihnen zu wissen, während sie nur vorbeigehen. Vielleicht erkennt er, dass einer von ihnen sich ziemlich unsicher fühlt. Er hat die Schultern hochgezogen und seinen Kopf dazwischen versteckt. Er bewegt sich mit steifen Beinen und rund gebogenem Rücken. Er schaut zu Boden. Er will nie einen Fehler machen, weil er mit chronisch schlechtem Gewissen herumläuft, und dies seit frühester Kindheit. Solche Dinge sind sichtbar. Und gerade darum rollt er sehr ordentlich und fehlerfrei einen der Bambusvorhänge hoch. Ihn hat jedenfalls die spirituelle Übung – vielleicht die jahrelange oder auch erst tagelange Zazen-Übung – noch nicht befreit. Es wirkt ja das Zazen auch nicht auf jeden automatisch therapeutisch. Und gerade Menschen mit wenig Selbstvertrauen erlauben sich keinen Fehler. Manche von ihnen, die sogar Angsthasen sind, werden sogar zu Helden! Denn Angsthasen brauchen sehr viel Mut, und ob ihr es glaubt oder nicht: Gerade Angsthasen haben Heldenmut!

Nun zum zweiten Mönch: Der ist nicht ängstlich. Er bewegt sich entspannt, geschmeidig und harmonisch. Er bewegt sich wie ein Tiger. Er geht wie im Tanz. Dieses wird von Erleuchteten erzählt: Ihr Gehen wird zum Tanz. Er wird schon ein gut entwickelter Meditator geworden sein.

Ja, und so stehen die beiden nun vor den Bambusvorhängen und rollen sie auf. Beide rollen sie auf die gleiche Weise und sehr ordentlich und sorgfältig auf.

Meister Hōgen lacht. Er durchschaut die beiden total und sagt, ohne einen der Mönche zu verraten: «Der eine hat es, der andere hat es nicht.»

Dies ist womöglich grausam, nicht wahr? Besonders, wenn einer der beiden wirklich nicht gut beieinander ist! Wird der damit denn jetzt beleidigt? Nun kann man fragen: *Was* hat er – der eine oder der andere? Der eine hat ein schweres Leben, durch das er sich voller Tapferkeit hindurchkämpft, das Leben des anderen ist mühelos und leicht. Aber auch das weiß man nicht. Vielleicht sind sie zwei Brüder, und nur einer von beiden hat eine Erbschaft gemacht, der andere aber nicht. Man weiß gar nichts! Wer ist also höher zu bewerten? Und – ist überhaupt einer zu bewerten?

Nein! Schluss damit! Alles, was wir uns darüber ausdenken, ist eine Fiktion! Fiktionen sind nicht die Wirklichkeit.

Es heißt, dass die beiden Mönche miteinander zu den Bambusvorhängen gingen und sie aufrollten. Auf dieses Faktum kommt es an.

Wo ist nun der Unterschied zwischen den beiden?

Meister Hōgen weiß ganz sicher, dass im kosmischen Buddha-Wesen auch nicht für einen einzigen Millimeter Unterschied zwischen den beiden Mönchen besteht! Ob nämlich der eine der beiden Mönche etwas hat oder nicht hat, oder ob der andere der beiden etwas hat oder nicht hat, oder ob alle beide es haben oder nicht haben – all dies ist vollkommen unerheblich!
Und Meister Hōgen ist sich über diese Tatsache im Klaren! Über diese Tatsache weiß er mehr als genau Bescheid! Das ist, wovon wir auf jeden Fall ausgehen können, auch wenn alles andere auf Mutmaßungen beruht.

Es gibt so eine Gepflogenheit unter Zen-Leuten, auf die in Zen-Kreisen immer wieder zugegriffen wird: Wenn man eine Kōan- oder sonstige Zen-Geschichte nicht durchschaut, gibt man ihr immer wieder die Bedeutung von Form und Leerheit, die dann aber jedes Mal angeblich der Mönch im Kōan nicht durchschaut. Dem schiebt man die Sache zu, und dann sagt man zum Beispiel im Zen über diese Hauptperson, um die es im Kōan geht: «Er hängt in der Leerheit. Er ist noch nicht durch.» Manchmal ist das ja auch so, aber oft ist diese Erklärung auf peinliche Weise an den Haaren herbeigezogen, und oft ist das Gegenteil sofort durchschaubar und belegbar. Im Fall der beiden Mönche und des Aufrollens der Vorhänge würde bei dieser eben beschriebenen unzutreffenden Erklärung der eine Mönch in der Leerheit hängen, der andere aber schon «durch» sein. Und tatsächlich habe ich das auch schon gelesen!

Nein, so etwas glaube ich aber nicht. Das sind Verlegenheitserklärungen. Immer, wenn Zen-Leute nicht weiterwissen, müssen Leerheit und Form herhalten.
Das ist oft nicht der Kern der Sache.

Es ist also ganz und gar unerheblich, wie die beiden Mönche beieinander sind und ob ein Meister das erkennt oder nicht, sogar ob ein Meister seine Erkenntnis öffentlich breittreten würde! Nein, ein seriöser Zen-Meister würde eben dieses nicht tun! Es ist strikt gegen die buddhistischen Lebensregeln, die jeder buddhistische Mönch ja einzuhalten hat und einhält! Niemand verrät einen Dharma-Bruder, niemand spricht abwertend über ein Sangha-Mitglied. Wer diese Regel bricht, ist kein Mönch und wird vielleicht aus dem Kloster entfernt.

Es ist aber die Möglichkeit sehr vergnüglich, dass Hōgen die beiden Mönche einfach ein bisschen hätte anstacheln wollen. Er könnte maliziös aus den Augen geblitzt und sich gefragt haben: «Na, was machen sie nun? Glauben sie mir den Unsinn? Hält sich jetzt einer für unerleuchtet, oder halten sich gar beide dafür? Oder misstraut einer von ihnen sich selbst – oder dem anderen? Oder sind sie sich beide ihrer Erfahrung ganz sicher? Lassen sie sich auch nicht verwirren?»
Ja, das würde ihn sehr freuen!

Ob es eine Reaktion auf Meister Hōgens Bemerkung gab «Der eine hat es, der andere hat es nicht», ist uns nicht bekannt.
Nehmen wir an, dass die beiden Mönche einander sehr gut kannten, einer über den ande-

ren genau Bescheid wusste, dass sie sich vertrauten und die Absicht des Meisters durchschauten. Schließlich kannten sie ihn! Beide waren fröhlich und mit sich und der Welt zufrieden.
Und was taten sie nun bei dem Streich ihres Meisters?

Sie lachten beide im Chor laut schallend los und amüsierten sich göttlich!
Ich hoffe, ihr Lieben, dass auch ihr in einem solch guten Zustand seid! Achtet auch darauf, dass die Schmiere im Getriebe eurer zwischenmenschlichen Beziehungen immer wieder ein guter Humor ist!

Eine letzte Frage zur Klärung der mysteriösen Geschichte: Wer hat diese Begebenheit denn eigentlich mitbekommen, aufgeschrieben und diese Anekdote zu einem Kōan werden lassen? Nun, da waren ja höchstwahrscheinlich genug Mönche anwesend, die ebenso wie Meister Hōgen um diese Tageszeit auf das Mittagessen warteten, wie es aus einer anderen Übersetzung des Kōan-Textes hervorgeht. Einer von ihnen, möglicherweise sogar einer der beiden Vorhangaufroller selbst, hat die Begebenheit unter die Leute gebracht, ohne das Geheimnis, wer nun «hat» und wer «nicht hat», zu verraten.

Ist damit die ganze Sache nun erledigt? O, nein, noch nicht ganz!
Die Lösung von diesem Kōan habt ihr nämlich noch nicht! Also haltet euch ran! Träumt nicht! Die Lösung springt ja ins Auge.

Und nun hat niemand mehr einen Irrtum, ganz gleich, ob er etwas «hat» oder ob er etwas «nicht hat».

28 • Gokokus «drei Mal Schande»

Ein Mönch fragte Gokoku: «Was ist, wenn sich ein Kranich auf einem verdorrten Pinienbaum niederlässt?»
«Von unten betrachtet, ist es eine Schande!», antwortete Gokoku.

Der Mönch fragte: «Was bedeutet es, wenn ein Wassertropfen zu Eis gefroren ist?»
«Nach dem Sonnenaufgang ist es eine Schande!», sagte Gokoku.

Der Mönch fragte: «Damals bei der großen Buddhistenverfolgung[75] – wohin haben sich da die gütigen Gottheiten, die den Dharma beschützen[76], zurückgezogen?»
«Sie sollen sich schämen auf beiden Seiten des Haupttores», sagte Gokoku.

Der Mönch, der hier drei Fragen an Gokoku[77] stellt und auch drei Antworten auf sie erhält, spricht zweierlei Themen an. Vielleicht sind das die Themen, die ihn brennen. Sie haben aber nicht unmittelbar miteinander zu tun.
Beginnen wir mit der ersten Frage:
Der Mönch fragt den Meister: «Was ist, wenn sich ein Kranich auf einem verdorrten Pinienbaum niederlässt?»
Der Meister antwortet: «Von unten betrachtet, ist es eine Schande!»

Aus der Frage geht bereits hervor, dass der Mönch ganz genau durchschaut, was er von der Sache zu halten hat. Im anderen Fall hätte er das Problem nicht so symbolisch und doch ganz klar formulieren können. Sein Meister weiß sofort, worum es ihm geht, und auch, dass der Mönch die Antwort auf seine Fragen selber kennt und dass ihm nur nach der Zustimmung des Meisters in der Sache zumute ist.

Die Pinie ist ein kraftvoller, starker, hoher Baum mit dunkelgrünen Nadeln. Er steht sinnbildlich für die Unsterblichkeit, also das volle Leben an sich. Wenn nun dieser herrliche Baum verdorrt, ist es aus mit dem vollen Leben, und von der Unsterblichkeit ist hier anscheinend auch keine Spur mehr. Wie furchtbar!

Nun der Kranich: Er ist der Glücksvogel in Japan und China. Schon seine Bilder und deren Betrachtung bringen Glück, und tausendfach wurde schon der Kranich von Künstlern gemalt.
Dieses herrliche Tier, das sich doch hoch in die Lüfte schwingen und die Welt aus umfassenderer Sicht wahrnehmen kann, und das frei ist, ganz anders als ein Huhn, das nicht flie-

75 Um das Jahr 840 wurde der Buddhismus auf Anordnung des Kaisers verfolgt.

76 Die gütigen Gottheiten, die den Dharma bewachen, sind die zwei Devāḥ-Könige, die auf beiden Seiten des Haupttores eines jeden buddhistischen Tempels Wache stehen.

77 Gokoku Keigen, chin. Huguo Jingyuan (1094–1146).

gen kann, das Fliegen niemals schaffen wird – dieses königliche Wesen namens Kranich tut nun etwas sehr Wunderliches: Der Kranich lässt sich nieder auf dem verdorrten Pinienbaum – und bleibt dort sitzen.

Was heißt das? Der Mensch ist der Kranich, nämlich eigentlich und in seiner Wahren Natur ein freies und von allem Unglück losgelöstes Wesen. Einige Menschen jedoch, die dieses erfahren haben, wollen mit der Welt nichts mehr zu tun haben. Sie wollen, nachdem sie eine echte Erleuchtungserfahrung gemacht hatten, sich nur noch in eine nicht mehr aufzuhörende – wohlgemerkt tote – Stille vertiefen und auch nicht mehr daraus hervorkommen. Sie interessieren sich nicht mehr für die alltäglichen Dinge. Am liebsten würden sie wohl auf dem Friedhof zwischen den Grabsteinen sitzen – oder auch in einer Höhle in den Bergen – und dort bleiben. Ja, sie verdorren wie der Pinien-Baum, der auch verdorrt ist. Sie möchten nichts mehr von dem hören, was die Menschen bewegt. Sie interessieren sich nicht mehr dafür. Wenn der Zustand nicht nur anhält, sondern mehr und mehr zunimmt, wollen sie auch nicht mehr hören, was jemand redet, sie wollen nicht essen und nicht trinken, und sie wollen auch nicht mehr zur Arbeit gehen. Wenn jemand sie anspricht, wenden sie schnell ihre Aufmerksamkeit von außen nach innen ins Nichts und sind selbst nicht mehr ansprechbar. Man kann sagen, sie sind krank. Sie halten den Zustand übrigens für heilig und für erleuchtet. Das zeigt, dass sie sogar ganz und gar krank sind!
Ich kannte einmal einen solchen Menschen. Ich kannte aber auch einige Personen, die geübt hatten, sich so zu geben.

Verglichen mit dem Kranich auf dem verdorrten und abgestorbenen Baum kann man sagen, ein solcher Mensch vergisst, dass es eine ausgeformte Welt gibt, eine Erde, die voller Schönheit ist, mit Menschen, die doch fühlende Wesen sind, die lieben können und es auch brauchen, beachtet und geliebt zu werden, mit Kindern, die glücklich sein wollen und können, wenn man ihnen dieses zugesteht und sie dabei unterstützt.
Der solcherart – kann man sagen – egoistische und angeblich Erleuchtete ist nicht an Lieben, Unterstützen und Schönheit des Lebens interessiert, denn er hat alles vergessen. Jedenfalls tut er so. Dennoch – wenn ihm etwas wehtut, schreit er trotzdem, beanstandet aber, wenn ein anderer vor Schmerz schreit. Und er wähnt sich «oben» auf dem Baum der Unsterblichkeit.

«Ja», sagt Meister Gokoku, «wenn man diese Vorführung so von unten betrachtet, ist es eine Schande!»
Tatsächlich, er hat Recht, es ist peinlich, peinlich, peinlich! Derart abscheuliche Rückwärtsentwicklung eines Menschen, der sich für «spirituell» hält, ist in der Tat abstoßend und sehr beschämend.

Der Mönch nickt zustimmend und stellt seine nächste Frage: «Was bedeutet es, wenn ein Wassertropfen zu Eis gefroren ist?»
Der Meister sieht ja schon an der Frage, dass dieser Schüler durchblickt, und er bestätigt ihm: «Nach dem Sonnenaufgang ist es eine Schande!»

Der Wassertropfen ist der Zen-Schüler in diesem abschreckenden Beispiel, den die Sonne zuerst warm-, weich- und lebendiggeküsst hat. Er aber zieht es vor, kalt und starr zu werden und wiederum einzufrieren, obwohl doch die Sonne längst aufgegangen war, um ihn zu wärmen, ihm Licht zu spenden, ihn wirklich lebendig und glücklich zu machen und zu erhalten!
Tatsächlich laufen solche falschen Erleuchteten herum! Sie halten sich für Buddhas, für Meister, für Lehrer und Seelenführer. Sie wollen geachtet, bewundert, geehrt, respektiert, gehegt, gepflegt bis gar angebetet werden. Diese Richtung einzuschlagen, ist nicht nur unter Zen-Leuten weit verbreitet, sondern auch unter Politikern, Ärzten, Professoren und vielen Personen, die von Berufs wegen eigentlich zum Heil der Menschen arbeiten sollten, statt sie zu quälen und sich selbst arrogant für etwas Besseres als die anderen zu halten. Aber bleiben wir mal bei den angeblich Erleuchteten: Sie sind kalt wie Fisch und hart wie Stein. Um es noch deutlicher zu sagen, ihre Herzen mitsamt allen menschlichen und menschenfreundlichen Gefühlen und entsprechendem Handeln sind eingefroren und zu Eis geworden.
Ja, und dies geschah, obwohl ihnen doch einmal die Sonne der Erleuchtung geschienen hatte!
Wahrscheinlich war die Erleuchtungserfahrung nicht erheblich gewesen.

Hierzu muss ich sagen, dass bei Menschen mit einem starken Ego manchmal die Gefahr besteht, dass eben durch ein Satori dieses Ego sich bis ins Unermessliche aufbläst, wertlos wird und eben hierdurch eine sogenannte Ich-Inflation entwickelt. Ein solches Wesen denkt und sagt: «Ich, der Erleuchtete! Ich! Ich!» Dabei ist er hart wie Eis. Ihn interessiert nichts mehr von dem, was die Menschenwelt betrifft, außer es könnte ihm selbst einen Vorteil bringen und seine grausige Rolle noch verstärken.

Meister Gokoku antwortet dem Mönch zu diesem Problem: «Nach dem Sonnenaufgang ist es eine Schande!»
Ja, denn die Sonne lässt kein Wasser gefrieren, verschließt keine Herzen, sondern taut Gefrorenes auf. Der gefrorene Tropfen – gemeint ist der Mensch mit einer verunglückten Erleuchtungserfahrung – spielt ein albernes und unglaubhaftes Spiel. Er ist nicht lebendig, sondern erstarrt. Seine drei Kommunikations-Chakren[78] sind verschlossen. Er ist ein Zombie geworden, der ein Salbengesicht zur Schau trägt! Welche Schande!

Gokoku und sein Schüler sind sich einig.

Nun stellt der Mönch eine dritte Frage zu einem sehr schweren Thema. Ein ähnliches Thema beschäftigt auch Christen. Ich habe oft die Frage gehört: «Warum lässt Gott so viel Elend auf Erden zu?» Natürlich lässt Gott nicht lauter Elend zu, sondern Gott – oder die

78 Die drei Kommunikations-Chakren: Das Herz-, Hals- und Stirnchakra, die dem Menschen ermöglichen, ein fühlendes und mitempfindendes, soziales und damit gesundes Wesen zu sein. Diese Chakren müssen sich immer wieder öffnen und dürfen nicht verschlossen bleiben.

Wesensnatur, das Buddha-Wesen – lebt ja unser Leben als seines. Sein Leben ist unser Leben. Ich will das jetzt nicht weiter ausführen, weil ich das schon oft getan habe, sondern jetzt nur darauf hinweisen, dass auch diesen Mönch ein Problem ähnlicher Art beschäftigt.

So fragt er: «Damals bei der großen Buddhistenverfolgung im Jahr 840 hätten doch die gütigen Gottheiten, die den Dharma beschützen sollen, dies tun müssen! Sie haben den Dharma aber nicht beschützt, und sie haben auch uns Mönche nicht beschützt, sodass viele von uns ermordet wurden! Wohin haben sie sich zurückgezogen – und damit uns im Stich gelassen?»

Es war und ist so üblich, dass rechts und links neben dem Haupttor eines jeden buddhistischen Tempels je einer der in Stein gemeißelten «Dharmabeschützenden Götter» steht, um den Tempel zu bewachen, damit dort auch weiterhin der Buddha-Dharma gelehrt werden kann. Solche Schutzgötter sind nicht Götter in dem Sinn, wie im Westen dieser Begriff aufgefasst wird, sondern starke Schutzgeister, auch Devāḥ-Könige genannt. In Europa würde man sagen, Engel. Diese in Stein gehauenen Devāḥ-Könige sehen neben dem Tor als prachtvolle Gestalten stark und unbezwingbar aus. Der Anblick hat wahrscheinlich viele Mönche, aber auch Besucher, getröstet und beruhigt, vor allem zu Zeiten der Verfolgung. Umso enttäuschter waren sie, wenn diese «gütigen Gottheiten» nur zugeschaut und offensichtlich zugelassen haben, dass viele der Ihren durch die kaiserlichen Verfolger abgeschlachtet wurden.

Auf die schwere und vielleicht quälende Frage, wo denn die schützenden Götter während der Verfolgungen geblieben seien, steigt der Meister gar nicht tief und ausführlich ein, sondern er antwortet dem Mönch: «Schämen sollen sie sich auf beiden Seiten des großen Tores!»
Das ist ein starkes und erfrischendes Männerwort.

Wie gut, dass Meister Gokoku keine lange philosophische oder psychologische Abhandlung gebracht hat, etwa nach dem Motto, dass man doch alles geduldig annehmen und tragen müsse, was die Götter uns zumuten und so weiter und so weiter ... Eine solche Rede ist manchmal einfach nur grausam und ein Verlegenheitsgeschwätz, das keinerlei Trost gewährt.

Aus dem Wort, das er für den Mönch spricht, klingt so viel Verständnis und liebevolle Zuneigung: «Schämen sollen sie sich, diese unzuverlässigen Götterburschen! Sie verdienen nicht ihre Ehrentitel ‹Bewacher des Dharma› und ‹Beschützende Devāḥ-Könige›!»

Möglicherweise hat er auch noch hinzugesetzt: «Der Dharma geht niemals unter, und er scheint durch alles, was wir erleben, sogar durch Verfolgung und Tod, durch Werden und Vergehen, hindurch. Er benötigt keinen Schutz! Und letzten Endes gibt es keinen Tod.»

Vielleicht ist der Mönch fröhlich wieder davongegangen. Denn dass diese Götter auf beiden Seiten des Tores sich schämen sollen, war doch aus der Seele des Mönches gesprochen.

29 • Fuketsus «Eiserner Stier»

Als Fuketsu sich im Amtsgebäude der Provinz Ei aufhielt, begab er sich in die Halle[79] und sagte: «Das Siegel des Herzens Buddhas ähnelt der Wirkkraft des Eisernen Stiers.[80] Wird nun dieses Siegel entfernt, erscheint der Siegelabdruck. Wenn das Siegel aufgedrückt bleibt, so erscheint auch kein Siegelabdruck.[81] Aber wenn es weder entfernt wird noch aufgedrückt bleibt, ist es dann richtig, das Siegel der Bestätigung zu erteilen, oder ist es richtig, es dann nicht zu erteilen?»
Da trat der Mönchsälteste Rohi vor und sagte: «Ich habe die Wirkkraft des Eisernen Stiers. Jedoch bitte ich Euch, Meister, dass ihr mir das Siegel nicht erteilt.»
Fuketsu sagte: «Ich bin es gewohnt, durch Walfischfang das große Meer zu stillen. Aber, o weh, nun finde ich einen Frosch, der sich im Schlamm wälzt.»
Rohi stand sinnend da.
Fuketsu schrie: «Katsu!», und fragte dann: «Warum sagst du nichts weiter, Ältester?»
Rohi war verwirrt.
Fuketsu schlug ihn mit dem Yakschweif und sagte: «Wenn du noch weißt, worum es geht, dann sag doch etwas! Ich werde es prüfen!»
Rohi versuchte etwas zu sagen. Fuketsu schlug ihn nochmals mit dem Yakschweif.
Der Magistrat sagte: «Das Buddha-Gesetz und das Königsgesetz sind von gleicher Art.»
Fuketsu sagte: «Was für ein Prinzip seht ihr darin?»
Der Magistrat sagte: «Wenn man nicht entscheidet, wo es zu entscheiden gilt, bringt man die Sache in Verwirrung.»
Fuketsu stieg von seinem Podest herunter.

Auch diese Begebenheit fand im alten China statt, zur Zeit der Hochblüte des Zen. Meister Enshō Fuketsu[82] war einer der größten Zen-Meister in der Nachfolge des Rinzai. Er war

79 um Dharma-Unterweisung zu geben.

80 Der Eiserne Stier war ein massiver Felsrücken im Gelben Fluss. Er hielt den wuchtigen Wasserströmungen stand, die sonst über das Ufer getreten wären und das Land am Südufer total überschwemmt hätten.

81 Ein Siegelabdruck durch den Eisernen Stier steht hier symbolisch für die Bestätigung der Erleuchtung eines Zen-Schülers durch den Meister, das so genannte «Inka», das Siegel der Bestätigung. Auch der Eiserne Stier selbst schützt im übertragenen Sinn den Menschen vor der Überschwemmung seines Bewusstseins durch die Inhalte des psychischen Speichers, der jeden Augenblick des Lebens eines Menschen abspeichert.

82 chin. Fengxue Yanzhao (896–973).

sehr gelehrt in der Mahāyāna-Richtung, äußerst intelligent, sprachlich geschliffen, in jeder Diskussion unschlagbar und von großem Selbstvertrauen. Deshalb hielt er sich irrtümlich anfangs für erleuchtet, merkte aber selber bald, dass er mit philosophischen Spekulationen nicht weiterkam, und machte sich auf den praktischen Übungsweg bei einem sehr fähigen Zen-Meister, und zwar bei Nanyuan Huiyong[83], bei dem er schließlich tiefe Erleuchtung erfuhr.

Aus unserer heutigen Kōan-Geschichte ersehen wir, dass sich im alten China auch in den Amtsgebäuden Meditationshallen oder Hallen, die eben auch zu Meditationszwecken und für Vorträge verwendet wurden, befanden.
Eine solche Halle betrat Meister Fuketsu, als er im Amtsgebäude, ich würde sagen, dem Regierungssitz der Provinz Ei, vorsprach. Es war ja auch der Magistrat der Regierung in der Halle anwesend, als Fuketsu mit seiner Dharma-Darlegung begann.

Der Meister sagte: «Das Siegel des Herzens Buddhas ähnelt der Wirkkraft des Eisernen Stiers.»

Das «Siegel des Herzens Buddhas» ist das uralte Hakenkreuz aus vorvedischer Zeit (das selbstverständlich nichts zu tun hat mit dem verfälschten Hakenkreuz aus dem Dritten Reich). Es ist nachweislich 35.000 Jahre alt. Dieses Glück verheißende Zeichen befindet sich auf chinesischen Buddha-Darstellungen auf dem Herzen des Buddha. Es wird auch «Das Siegel des Herzens Buddhas» genannt.

In diesem Zusammenhang steht das eben beschriebene «Herz-Siegel» für die sichere und feste Erleuchtung. Es steht auch dafür, dass die Erleuchtung eines spirituellen Schülers geprüft und bestätigt wurde, also als authentisch, unzerstörbar und unanzweifelbar durch einen Meister «gesiegelt» wurde.

So, und nun der Eiserne Stier: Der Eiserne Stier bestand nicht aus Eisen, sondern er war ein natürliches Gebilde, ein massiver Felsrücken im Gelben Fluss, der den gewaltigen Wasserströmungen standhielt, die sonst über das Ufer getreten wären und das ganze Land am Südufer weit überschwemmt hätten. Der Eiserne Stier zeigte somit den wilden Wasserfluten den ihnen angemessenen Weg. Er bestätigte ihnen somit die Richtung. Wie jeder Vergleich hinkt auch dieser ein bisschen, soll aber doch etwas verdeutlichen, nämlich: «Das Siegel des Herzens Buddhas ähnelt der Wirkkraft des Eisernen Stiers.» Ja, der Eiserne Stier beschützt den Menschen auf dem Weg, indem er ihn vor der Überschwemmung des Bewusstseins durch die Fluten der Inhalte des inneren Speicherbewusstseins der Psyche bewahrt, die wohl bei einem gewalttätigen Zazen ausbrechen können wie die Wasserfluten bei einer Überschwemmung. Das Herzens-Siegel oder auch Geist-Siegel, das durch einen erleuchteten Meister gegeben wurde, bewahrt davor wie im übertragenen Sinn der Eiserne Stier, der die Fluten beruhigt und in die notwendige Richtung lenkt. Welcher Zen-Schüler dieses Siegel erhalten hat, ist von stabiler geistig-psychischer Gesundheit und in sein gesamtes Leben

83 jap. Nan-in Egyō (gest. 930).

hinein wohl integrierter Erleuchtungserfahrung. Wäre es nicht so, hätte er kein Siegel erhalten. So soll es jedenfalls sein.

Nun, ein Meister sollte den richtigen Zeitpunkt erkennen, um einen fortgeschrittenen Schüler zu «siegeln». Es besteht nämlich auch die Gefahr, einen Schüler, nur weil er sich durch die Kōan hindurchgekämpft hat, zu frühzeitig zu siegeln.

Sehen wir, was Meister Fuketsu weiter zu sagen hat! Er setzt also seine Rede fort: «Wird nun dieses Siegel entfernt, erscheint der Siegelabdruck. Wenn das Siegel aufgedrückt bleibt, so erscheint auch kein Siegelabdruck.»
Genau. Das ist wie bei einem Stempel. Liegt der Stempel auf der zu stempelnden Unterlage, ist natürlich keine Siegelung durch diesen Stempel darunter zu erkennen. Wird aber der Stempel entfernt, erstrahlt das fertige Siegel prachtvoll auf dem Papier.
Das griechische Wort «Charakter» bedeutet übrigens «Stempel» oder «Siegel».
Unsere Eltern haben uns nach ihrem persönlichen Wohlgefallen einen Charakter aufgestempelt, und mit diesem Siegel oder Stempel laufen wir ein Leben lang herum, falls wir uns nicht im Lauf der Jahre selber eine eigene und wohl integrierte Persönlichkeit aufgebaut haben und uns nicht nur auf einen Stempel, den andere uns gegeben haben, verlassen müssen.

Ein anständiger Zen-Meister dagegen stempelt einen Schüler erst dann, wenn dieser in eigener Mühe und Arbeit in jahrelangem und unbeirrtem Zazen den reinen, klaren Edelstein seiner Wesensnatur von allen neurotischen Störungen befreit hat, wenn dieser Schüler unzweifelhaft erleuchtet und auch fähig ist, andere Menschen auf dem spirituellen Weg zu führen. Der Schüler hat den Stand erreicht, an dem er für sich selbst keinen Stempel mehr benötigt. Trotzdem lässt jeder spirituelle Schüler sich auf seinen geistig-spirituellen Zustand vom Zen-Meister prüfen und bei vollkommener Eignung auch bestätigen.

Diese Bestätigung wird, wie schon gesagt, «Inka» genannt. Der Zen-Meister bestätigt dem Schüler, dass er den vollen Durchblick in seine eigene Wahre Natur und in das Wesen der Welt erreicht hat, dass er die Welt als leer *und* ausgeformt sieht und dass er das absolute Einssein erfahren hat und aus dieser Erfahrung heraus sein tägliches Leben führt.

Interessehalber füge ich hier an: In der japanischen Sanbō-Kyōdan-Schule wird ein Inka nur gegeben, wenn der betreffende Schüler auch die Nachfolge des Präsidenten der Schule als nächster Präsident übernehmen soll oder wenigstens bei Bedarf können sollte. Ein von der Führungslinie dieser Schule unabhängiges Inka gibt es nicht. Alle Ernennungen von Zen-Meistern mit Inka innerhalb der Sanbō-Kyōdan-Schule nimmt nur und ausschließlich der Präsident vor, selbst wenn diese zu ernennenden Zen-Schüler von ganz anderen Meistern ausgebildet worden waren.
Unabhängig davon bestätigen Meister der Sanbō-Kyōdan-Schule ihren Schülern selbstverständlich auch deren vorhandene Erleuchtungserfahrungen und deren klare Einsicht in das Wesen der Welt, ob diese Schüler nun später auch noch zusätzlich die Form des «Inka» der Sanbō-Kyōdan-Schule durch deren Präsidenten erhalten werden oder nicht. Es wird auch

gesagt: Nur durch den Präsidenten mit «Inka» Gesiegelte gehören in die Linie der Sanbō-Kyōdan-Schule oder können später in diese Linie aufgenommen werden.
Wie gesagt, können andere Zen-Meister dieser Schule kein Inka erteilen. Aber diese Praxis ist eine Sonderform von Ernennung im Zen.

Die Rinzai-Schule praktiziert seit jeher andere Regeln, so wie unsere eigene Zen-Schule auch laut ihrer Statuten. Hier erhält ein ausgebildeter Zen-Schüler das Inka Shōmei von seinem eigenen und ihn ausbildenden Zen-Meister, wenn dieser Schüler dafür die volle Eignung erreicht hat, und jeder autorisierte Zen-Meister kann seine eigenen Schüler zum richtigen Zeitpunkt zu Lehrern oder Meistern ernennen.
So weit dieser kleine Exkurs über die Handhabung der Stempelung eines Schülers durch einen Meister.

Nun wieder zurück zu Meister Fuketsu! Er setzt seine Rede mit den Worten fort: «... Aber wenn es (das Siegel des Herzens) weder entfernt wird noch aufgedrückt bleibt, ist es dann richtig, das Siegel der Bestätigung zu erteilen, oder ist es richtig, es dann nicht zu erteilen?»

Da haben wir's wieder! Auch Fuketsu ist so ein Meister, der seine Schüler total zu verwirren sucht! Er bringt sie durcheinander, quirlt ihren Verstand mit sinnlosen Fragen – und wünscht sich und dem Schüler doch nichts dringlicher, als dass der Schüler klar und rein von Geist wie ein geschliffener Diamant sein soll! Je verrücktere Sachen der Meister sagt, desto größer ist die Chance des Schülers, seine Geistesklarheit und -kraft zu beweisen! Denn – in der Letzten Wirklichkeit gibt es keine rationale Vernünftelei, durch die allerhöchste Weisheit dargelegt werden könnte. Da ist bereits alles sonnenklar, und Irrtümer haben keine Chance.
So ist hier kein Meister, der etwas klären könnte, und kein Schüler, dem etwas geklärt werden müsste. Alles ist schon so, wie es ist, und muss es nicht erst werden.

Hier kommt noch einmal die gesamte Rede Meister Fuketsus:

«Das Siegel des Herzens Buddhas ähnelt der Wirkkraft des Eisernen Stiers. Wird nun dieses Siegel entfernt, erscheint der Siegelabdruck. Wenn das Siegel aufgedrückt bleibt, so erscheint auch kein sichtbarer Siegelabdruck. Aber wenn das Siegel weder entfernt wird noch aufgedrückt bleibt, ist es dann richtig, das Siegel der Bestätigung zu erteilen, oder ist es richtig, es dann nicht zu erteilen?»

Brave Zen-Schüler strengen jetzt natürlich ihren Grips an, um erst einmal sich selbst einen rational vernünftigen Sinn in dieser Rede zu basteln und dann eine ebenso vernünftige Antwort zu geben! Ja, das ist eine schwere Arbeit, eine unmögliche Arbeit! Diese ganze Sache kann nichts bringen! Lasst es bleiben!

Einen solchen Anspruch, nämlich etwas Kluges daherzubringen, hatte aber der Mönchsälteste Rohi[84], der hier anwesend war. Er trat vor und sagte: «Ich habe die Wirkkraft des

84 chin. Lubo.

Eisernen Stiers! Jedoch bitte ich Euch, Meister, dass Ihr mir das Siegel nicht erteilt!»
Ach du lieber Himmel, ist er bescheiden! Er ist erleuchtet, möchte es aber nicht bestätigt bekommen! Entweder er ist nicht erleuchtet, dann verzichtet er mal lieber vorweg auf das Siegel des Herzens durch den Meister. Oder er ist erleuchtet, ist sich aber doch noch nicht ganz sicher. Er möchte nur ein bisschen angeben, erleuchtet wirken, bescheiden wirken, einfach wirken! Die ganze Sache ist nicht eindeutig, nicht klar. Was will der Älteste wirklich? Nur wirken? Sich wichtig tun? In der Tat bestätigt ein Meister die Erleuchtung, nicht der Schüler selbst. Er braucht die Siegelung durch den Meister. Der teilt dem Schüler mit, dass er dessen spirituellen Stand erkennt und bestätigt – falls dies der Fall ist. Kein Mensch sollte sich selber bestätigen. Er soll sich selber entwickeln, seine Erfahrungen machen, verstehen, weiterhin dem Dharma folgen, aber sich vom Meister prüfen lassen und dann von ihm die Bestätigung erhalten – oder eben auch nicht.

In diesem Fall macht es der Mönchsälteste umgekehrt: Er teilt seinem Meister mit, dass er erleuchtet sei, aber keine Bestätigung von ihm dafür nötig hätte.
Nein, so läuft es nicht!

Meister Fuketsu sagt: «Ich bin es gewohnt, durch Walfischfang das große Meer zu stillen. Aber, o weh, nun finde ich hier einen Frosch, der sich im Schlamm wälzt.»
Damit sagt er: «Üblicherweise fange ich die Riesen im Meer des Geistes! Nun wälzt sich hier ein kleiner Frosch vor mir im Schlamm!»

Rohi weiß nicht, was er darauf sagen soll. So steht er da und denkt nach. Was kann er sagen? Der Meister nennt ihn «Frosch». Der Meister hat wohl nicht begriffen, dass er, Rohi, doch erleuchtet ist!
Fuketsu stellt fest, dass der Mönchsälteste überhaupt kein Wort zu sagen weiß, und brüllt: «Katsu!» Er will ihn herausschütteln, aufwecken, provozieren, selbst etwas zu äußern!
Aber Rohi ist noch verwirrter als vorher.
Der gütige Meister bemüht sich sehr um Rohi: Er schlägt ihn mit einem Yakschweif und fordert ihn auf: «Wenn du noch weißt, worum es überhaupt geht, sage doch etwas! Rede! Ich werde es prüfen!»
Rohi versucht, etwas zu sagen. Als er seinen Mund öffnet, schlägt Fuketsu ihn noch einmal mit dem Yakschweif. Daraus ergibt sich aber auch nichts mehr.

Nun mischt sich der Magistrat ein. Ihr wisst ja, wir sind in einem behördlichen Gebäude! Der Magistrat hat die ganze Sache sorgfältig beobachtet. Er stellt fest: «Das Buddha-Gesetz und das Königsgesetz sind von gleicher Art.»
Meister Fuketsu fragt ihn: «Was für ein Prinzip seht ihr darin?»
Der Magistrat sagt: «Wenn man nicht entscheidet, wo es zu entscheiden gilt, bringt man die Sache in Verwirrung.»

Ja, das betrifft den Dharma, nämlich die buddhistische Psychologie, und das Staatsbürgergesetz. Wir müssen immer wieder Entscheidungen treffen und sollten dabei nicht endlos zögern, sondern klar entscheiden – und handeln! Dagegen nicht zu entscheiden und nicht

handeln zu können, führt den Unschlüssigen in heillose Verwirrung. Der Magistrat hat richtig beobachtet, was geschieht, wenn man sich weigert, die Entscheidung zu treffen.
So ist es in der Tat. Man verwirrt sich selbst. Keine Entscheidung zu treffen, wo entschieden werden muss, nicht zu handeln, wo gehandelt werden muss, nicht zu sprechen, wo etwas gesagt werden muss, keine Flagge zu zeigen, wo Zivilcourage angebracht ist – dies macht den Menschen selbst unschlüssig, unsicher, bringt ihn in Verwirrung, frisst seine Energie.
So wurde der Mönch unsicher. Er verlor die Wirkkraft des Eisernen Stiers, falls er sie je gehabt hatte. Ja, er wälzte sich im Schlamm und kam nicht mehr hoch. Er konnte nicht klar und eindeutig erkennen, wer er war. Da war leider nichts mehr zu machen.

Meister Fuketsu verlor das Interesse an der Sache. Er stieg vom Podest herunter und ging fort.

Zum Schluss: Was bedeutet die Aussage des Magistrats «Das Buddha-Gesetz und das Königsgesetz sind von gleicher Art»? Es heißt, wer seine Buddha-Natur als die eigene wahre Identität durch und durch bis in tiefste Tiefen kennt, benötigt für diese seine eigene Erkenntnis keinen Stempel der Bestätigung.

Das Gleiche betrifft den König: Wenn er weiß, dass er selbst König ist, wenn er sein ureigenes Königtum bis in alle Tiefen kennt, braucht er dafür keine weitere Bestätigung durch irgendeinen Stempel.

Er selbst – ob Buddha oder ob König – ist, wer und was er ist!

Dieses betrifft auch den Schüler auf dem WEG, der sein Wahres Wesen erkannt hat.

30 • Daizuis «Kalpa-Feuer»

Ein Mönch fragte Daizui[85]: «Wenn das große Universum im Kalpa-Feuer zerstört wird, vergeht ES *dann oder nicht?»*
*«*ES *vergeht», antwortete Daizui.*
Der Mönch fragte weiter: «Wird ES *zusammen damit vergehen?»*
«Es folgt dem Rest und vergeht», antwortete Daizui.

Ein Mönch fragte Ryūsai[86]: «Wenn das große Universum im Kalpa-Feuer zerstört wird, vergeht ES *dann oder nicht?»*
*«*ES *vergeht nicht», antwortete Ryūsai.*
Der Mönch fragte weiter: «Warum vergeht ES *nicht?»*
Ryūsai antwortete: «Weil ES *dasselbe ist wie das Universum.»*

Liebe Kōan-Schüler, haben die beiden berühmten Zen-Meister ihre Mönche nicht heillos durch den Kakao gezogen?
Wie es sich damit aber auch verhält, euch ist ja ganz klar, was in diesen beiden Begebenheiten der Kern ist, die Hauptsache, das Faktum! Darüber verlieren wir aber jetzt kein Wort, denn diese Sache bringt ihr ins Dokusan.
Heute befassen wir uns nur mit diesen beiden Geschehnissen. Bei beiden werden ganz ähnliche bis gleiche Worte und gleiche Sätze verwendet, und daraus entnehmen wir, dass sie zusammengehören. Am Ende der Reden der beiden Meister heben diese ihre anfänglichen Aussagen wieder auf, und der jeweilige Mönch steht wieder da wie der Ochs vorm Scheunentor.

Da haben sich einige Mönche verabredet, ihren Meistern auf den Zahn zu fühlen. Aber auch die beiden Meister haben sich anscheinend heimlich verabredet, ihren Mönchen keine vorgekaute Antwort zu geben und eine logische schon überhaupt nicht.

Es geht um Form und Leerheit. In der Letzten Wirklichkeit ist nichts nur Leerheit und nichts nur Form. Was ist aber, wenn die Welt untergegangen ist? Ja, liebe Zen-Schüler und liebe Zen-Lehrer, das macht keinen Unterschied, denn ob ganze Welt-Auf- und -Untergänge stattfinden – immer ist nur JETZT, und immer ist nur Gegenwart, denn es gibt keine Zeit. Die Letzte Wirklichkeit geschieht unter Aufhebung von Raum und Zeit, die sowieso nicht bestehen und nicht extra «aufgehoben» zu werden brauchen.

Diese Aussage beruht auf Erfahrung und nicht auf Philosophie.

Es gibt zwar unterschiedliche kosmologische Auffassungen, unterschiedliche Lehren vom

85 Daizui Hōshin, chin.Dasui Fazhen (878–963).

86 Ryūsai Shōshū alias Shūzan Shū, chin. Longji Shaoxiu alias Xiushan Zhu (gest. ca. 954).

Universum, aber diese beruhen meistens nicht auf eigener Erfahrung derer, die diese Lehren weitergeben an Schüler und Studenten, sondern diese Auffassungen werden auch aus hinduistischen oder buddhistischen Büchern gewonnen. Entsprechend der Qualität dieser Bücher sind ihre Inhalte entweder seriös und wahrhaftig – oder man muss feststellen: Schade um die Bäume fürs Papier.
Auf vorgegebene Philosophie und entsprechende Bücher können wir also nicht bauen, auch nicht darauf, etwas zu «glauben».

Und so fangen wir noch einmal von vorn an:

Alle Dinge sind leer. Sie sind aus NICHTS gebildet. Also bestehen sie aus NICHTS. Denn im Anfang – und der ist JETZT – ist ja NICHTS und immer nur NICHTS.

Dieses NICHTS ist nicht irgendetwas, was wir kennen oder nicht kennen, wie wir Dinge der Welt kennen oder auch nicht kennen, aber darüber reden.
Das NICHTS ist anders.
Es ist der reine und unausgeformte GEIST.
Dieses NICHTS ist die Formlosigkeit selbst.
Das NICHTS ist auch nichts Totes und nichts Nihilistisches. Es ist kein SEIN, aber auch kein NICHTSEIN. Also ist es auch NICHTSEIN, und es ist SEIN.
Niemand kann sagen, was es ist. Nur kennen kann man es. ES – und darin leben.

Die Hindus nennen es das BRAHMAN. Ihm entspricht das eigene menschliche Ur-Wesen, der ĀTMAN.
Wir können es aber auch ruhig weiterhin das NICHTS nennen – oder ES.
Wir können es auch die LEERHEIT nennen; aber das Wörtchen NICHTS gefällt mir noch besser. Es ist freier und leichter und produziert nicht so viele Assoziationen.

Ja, und dieses NICHTS ist jeder von uns.
Das zu erfassen, bringt übrigens eine unglaublich herrliche Freiheit.

Unser Wahres Wesen ist das göttliche NICHTS.
Die Hindus nennen, wie gesagt, unser Wahres Wesen den ĀTMAN. Das universelle und absolute Wesen nennen sie den PURUŚA. Beides aber ist dasselbe und miteinander identisch.
Ja, da ist kein Unterschied. Das Wesen der Welt ist auch unser menschliches Wesen.
Darum heißt es auch: «ĀTMAN ist BRAHMAN.»

Was ist denn daran göttlich, wenn wir sagen, «das göttliche NICHTS»?
Göttlich ist die Basis, der grundlose Urgrund, das SEIN selbst.
Dieser Urgrund ist der Grund aller Gründe. Er ist der Schöpfer. Der große jüdische Religionsphilosoph Martin Buber sagt: «Gott schafft sich zur Welt ein.» Ja, Gott ist das Sein, das Welt wird – und doch immer und ewig vollständig leer und absolut bleibt.
Das SEIN ist BEWUSSTSEIN, und das BEWUSSTSEIN ist vollständig leer.
Es ist die LEERHEIT selbst.
Es ist das NICHTS, das göttliche NICHTS.

Aus ihm heraus, nämlich aus dem Nichts heraus, entwickelt sich eine Art Bewegung, eine Art Schwingung, eine Art Zusammenballung von Energie.
Indem etwas sich ausformt, entsteht Raum.
Schon indem irgendetwas geschieht, entsteht Raum.
Raum ist in diesem Sinn zugleich Zeit.
Trotzdem gibt es an sich keine Zeit, und Einstein hat gesagt: «Zeit ist das, was die Uhrzeiger zeigen.»

Da es ohne Welt auch keine Uhrzeiger gibt, gibt es keine Uhren, und es gibt keine Zeit.
Aber – es gibt Bewegungsabläufe, Entwicklungsabläufe, Prozesse.
Manche Prozesse dauern länger und manche weniger lang.
Dies gibt uns Menschen die Illusion von Zeit.
In der Letzten Wirklichkeit jedoch gibt es nur die absolute Präsenz des SEINS.
Das SEIN ist selbst PRÄSENZ, es ist die totale Gegenwärtigkeit, es ist das reine JETZT.

Wir bestehen aus JETZT.
JETZT ist NICHTS.
So bestehen wir aus NICHTS.
Und immer ist es dasselbe und das gleiche SEIN.
Nur die Begriffe sind unterschiedlich.
Die Begriffe sind aber nicht relevant für die Wirklichkeit selber. Nun die Frage: Wenn die Welt untergeht – und das müsste ja JETZT sein – und da sie in keiner Sekunde gleich wie davor ist, geht sie permanent unter.
Die unendlichen Kalpa sind nur dieser eine einzige und jetzige Nu.

Ihr wisst ja, der «Nu» ist ein uraltes deutsches Wort, das wie kein anderes Wort den jetzigen und absoluten Augenblick bezeichnet, der keinerlei Zeitablauf kennt. Er heißt «der Nu», und daraus kommt unser Wort «nun», das aber nicht annähernd das gleiche aussagt wie der Nu.

Noch einmal: Wenn also die Welt untergeht, was bleibt dann?
Es bleibt das, was gerade noch war *und nicht aufhört*: das REINE NICHTS.
Wo ist dann der Unterschied?
Was bleibt, wenn das NICHTS mitsamt all seinen Formen untergegangen ist?
Das NICHTS bleibt. Es ist das Einzige, was immer bleibt.
Selbst wenn das NICHTS sich ausgeformt hat und viele wundersame Dinge wie Bäume, Steine und Wolken in sich hineingebildet hat, bleibt es immer noch, was es war!
Aber Vorsicht, durch solche Aussagen können Vorstellungen entstehen, und die sind immer täuschend und nicht real. Sie haben dann nur die Realität von täuschenden Vorstellungen.

Da das NICHTS reines ungeformtes und eigenschaftsloses Bewusstsein ist – und Bewusstsein reines NICHTS ist – und da dieses NICHTS niemals untergehen kann, auch nicht in einem gewaltigen Kalpa-Feuer, kann, wie der Mönch es nennt, ES nicht vergehen.

ES wird durch nichts, aber auch gar nichts berührt.
Das ist eine Unfähigkeit des ES, dass eben ES nicht vergehen kann.
Warum nicht? Es hat niemals angefangen.
Es ist bereits das NICHTS. Es ist das SEIN und das NICHT-SEIN. Und dies ist dasselbe. Ja, zwischen SEIN und NICHT-SEIN ist kein Unterschied, denn auch jedes SEIN ist aus NICHT-SEIN gebildet.
Was sollte da untergehen können?

Nichts, was irgendwie und irgendwann angefangen hat zu sein, ist unsterblich.
So ist jede Form, sind selbst Träume, Gedanken, Wünsche, Pläne dem Untergang geweiht.
Aber unser eigenes unausgeformtes reines SEIN ist ewig und unsterblich in einem göttlichen und ständig präsenten JETZT.
Wenn man es wünscht, kann man auch sagen, nun gut, alles geht unter, und auch das Egolein geht unter.

Was aber selbst dann bleibt, wenn alles andere untergegangen ist, ist immer nur der GEIST, ist immer nur das JETZT, ist immer nur das SEIN, ist immer nur ES, ist das göttliche NICHTS.

Geht die Welt nun unter, oder geht sie nicht unter?

Ihr merkt, dass diese Frage nicht zu beantworten ist.
Ja, die Formen gehen unter und bilden sofort wieder neue Formen.
Das Leben findet ständig neue Formen, Farben und Bewegungen, und so findet es sich auch ständig wieder in einem neuen Dasein.
Das Formlose formt sich aus. Es nimmt Form und Gestalt an.
Das ewige NICHTS bildet sich ständig selbst in immer wieder neue Möglichkeiten hinein, und so ist ein Nur-und-allein-NICHTS gar nicht möglich.
Mitten in einem Urknall formt das eigenschaftslose Sein sich schon aus und bleibt zugleich damit doch unausgeformt.
Immer, wenn etwas geschieht, was es auch sein mag, formt das eigenschaftslose NICHTS sich aus.

Was geschieht also mitten im Weltuntergang?
Untergehen geschieht. Das ist in diesem Geschehen die Form des NICHTS.
Geschieht auch Neuentstehen?
Ja, indem etwas untergeht, bildet sich bereits Neues.
Weltuntergang gebiert Schöpfung – im gleichen Nu. Dies geschieht im Großen und im Kleinen.

Was tut ihr eigentlich, wenn ihr Kōan-Probleme löst?
Na, ihr werdet eins mit dem, was ihr mit eurem Geistauge anschaut, so wie ihr eins mit dem werdet, was ihr im täglichen Leben anschaut.
Ihr wisst doch: Der Betrachter, der Vorgang des Betrachtens und das zu betrachtende Objekt fallen zusammen in EINS – und sind und waren immer nur EINS, denn «immer», das ist das jetzige JETZT.

Ja, und damit findet ihr eure wahre Identität.

Macht es so auch mit dem Untergehen ..., und ihr werdet feststellen, dass ihr unsterblich seid – und immer nur JETZT.

Ihr werdet irgendwann auch feststellen, dass ihr ganz und gar aus NICHTS besteht – und gerade darum unsterblich seid.

Ja, was ist dann, wenn nichts mehr von allem übrig bleibt?
Nun, das NICHTS bleibt eben übrig.
Wenn alles untergeht, besteht das NICHTS aus Untergehen. Das ist seine Form.
Euch ist auch klar, dass nichts vergehen kann, was auch niemals angefangen hat, also auch nicht das NICHTS.
Ist das ein Widerspruch? Nein, mitnichten!

Wenn Welten aufgehen, besteht dieses Aufgehen ebenfalls aus NICHTS.
Alle Ausformungen, die beginnen, bestehen aus NICHTS.

Zum Schluss für euch ein Satz zur Erinnerung: Alle Dinge sind leer, und die LEERHEIT ist leer.

Auch wenn ihr Weltuntergang und Weltschöpfung spielt, habt ihr niemals angefangen – und werdet niemals aufhören – zu sein.
Ihr seid die Unsterblichkeit, und einen Tod gibt es nicht.

Und so haben Daizui und Ryūsai beide Recht. Zwischen ja und nein ist kein Unterschied. Prüft es nach mit der höheren Logik des GEISTES, die durch keine Ratio erreicht werden kann!

31 • Unmons «Pfeiler»

Unmon unterwies die Mönchsgemeinde, indem er sagte: «Der alte Buddha hat sich mit einer Säule eingelassen.[87] *Die wievielte Aktivität ist das?*[88]*»*
Die Mönchsgemeinde war sprachlos.
Unmon antwortete an ihrer Stelle selbst: «Am Südberg steigen Wolken auf, am Nordberg fällt Regen hernieder.»

In diesem Kōan findet eine Ausdrucksweise statt, die wir, ohne genau hinzuschauen, gar nicht vermuten würden. Sehen wir uns einmal an, was der große Meister Unmon[89] da sagt:
Er spricht vom «alten Buddha», der sich mit einer Säule, die hier für die Welt der Form steht, «eingelassen» hätte oder sich gar – nach einer anderen Übersetzung – mit ihr «gekreuzt» hätte. Zwar heißt es in der Übersetzung in den Kōan der Sanbō-Kyōdan-Schule aus dem Japanischen ins Deutsche meistens nicht «gekreuzt», sondern «überkreuzt», also Buddha und eine Säule hätten sich «überkreuzt», und das ist so, damit die deutschen Zen-Schüler den erotischen Aspekt der Geschichte nicht bemerken sollen.

Allerdings ergäbe dieses «Überkreuzen» ebenfalls den gleichen Sinn wie kreuzen, nämlich eins werden der beiden Aspekte der Wirklichkeit, denn was ist die Bedeutung eines Kreuzes? Das Kreuz mit zwei gleich langen Balken ist schließlich ein uraltes Symbol der Menschheit. Der horizontale Balken eines Kreuzes mit zwei gleich langen Balken deutet seit Tausenden von Jahren die Ebene der ausgeformten Welt an, der vertikale Balken die Ebene der spirituellen Leerheit, Śūnyatva. Beide aber ergeben in ihrem Schnittpunkt erst das Ganze und Vollständige der Wirklichkeit.
Diese uralte Bedeutung ist auch in unserem Kōan gemeint.

Der «alte Buddha» ist in diesem Zusammenhang nicht der historische Buddha Śākyamuni – dieser kreuzt sich ganz sicherlich nicht mit einer Säule –, sondern das kosmische Buddha-Wesen, das – poetisch gesprochen – herabsteigt, Form annimmt und Welt wird, nämlich mit der Form eins wird, also auch mit dieser Säule, weil mit allen Dingen ohne Ausnahme.

Das Ur-Wesen kreuzt sich mit der Welt der Erscheinungen. Jedes Ding in der Welt der Erscheinungen ist zugleich eine scheinbar abgegrenzte und begrenzte Form, wie es in seinem unberührbaren Urgrund auch das formlose und grenzenlose Sein ist.
Alle Ausformung und die Formlosigkeit sind immer nur ein Einziges.

Die grenzenlose Nicht-Form hat Form und Gestalt angenommen.

87 In einer anderen Übersetzung: mit einer Säule gekreuzt.

88 In einer anderen Übersetzung: Die wievielte spirituelle Kraft ist das?

89 Unmon Bun'en, chin. Yunmen Wenyan (864–949).

Das Formlose wird ein Ding von Form, wird ein Mensch, wird ein Baum, wird ein Hund, wird eine Blume, ein Stück Eisenerz, ein Mond in diesem Sonnensystem, ein Fliegenhäufchen, ein Sack Zement, eine Zahnplombe, ein neugeborenes Schweinchen und eine Säule. Obwohl es für die Menschen meistens kaum noch als göttlich zu erkennen ist, sollten sie sich nicht täuschen lassen: Es ist göttlich und kommt aus dem ewigen SEIN.

Das göttliche und absolute Wesen tritt aus seinem Absolut-Sein heraus und nimmt eine spezifische Form an oder auch eine ganz unspezifische Form – und bleibt doch immer Gott. Ein indischer Theologe, den ich früher kannte, schrieb eine Doktorarbeit unter dem Titel: «Gott wird». Er meinte genau dies!
Dieser Mann begrüßte mich mit: «Aham Brahmasmi.» Das heißt: «Ich bin das Brahman.» Er sagte damit: «Ich, dieser Mensch, bin doch, obwohl unzulänglich und gerade so, wie ich als dieser Mensch bin, das EWIGE WESEN, Gott selbst, der sich in mir ausdrückt und mein Leben als seines lebt.» Ja, «Aham Brahmasmi» ist ein uralter, aus dem Upaniṣad stammender Ausspruch, den ein Weiser sagt, den aber sogar jedes lebende und fühlende Wesen sagen könnte, wenn dieses der Schau seines Selbstwesens entspräche. Selbst eine Katze könnte diese Aussage mit Berechtigung tun, aber es ist unwahrscheinlich, dass der Katze etwas daran läge, sich als das Brahman zu «outen».

In jeder Erscheinung zeigt sich das Unsichtbare, das Göttliche – und wird in seiner Ausformung sichtbar.
Ebenso wurde Jesus, der doch Gott war, Mensch. Die beiden Aspekte Form und göttliche Leerheit fielen in ihm zusammen und wurden eins. Um ganz genau zu sein – sie waren bereits bei seiner Geburt, nein, vor seiner Geburt EINS, nämlich wahrer Gott und wahrer Mensch.

Genau das Gleiche wird in aller Welt von großen und heiligen Menschen seit Urzeiten erzählt: Ein Gott wird eins mit einer Jungfrau – oder auch einer jungen Frau –, und dabei entsteht ein heiliges Kind. Dabei bleibt natürlich immer auch der biologische Vater der biologische Vater. Aber nicht nur heilige Menschen sind göttlich und menschlich, sind Leerheit und Form, sondern der ganze Vorgang der Menschwerdung, der Weltwerdung, der Naturwerdung, geschieht immer nur, weil das Buddha-Wesen Form und Gestalt annimmt. Und so ist alles, was auch immer ist, ausgeformt und leer zugleich, leer und ausgeformt zugleich.

Dieses ist keine nette Idee und auch keine Philosophie, keine Medizin und keine Psychologie, auch keine Theologie. Es ist schlicht experimentelle Erfahrung von vielen Tausenden und noch viel mehr Menschen auf der Erde – aus allen Völkern und allen Zeitaltern der Menschheit.

Viele Muslime beten: «Es gibt keinen Gott – es gibt *nur* Gott.» Das spricht für sich selbst.

Nur – wie wir versuchen, diese Tatsache in Worten auszudrücken, mag auf vielerlei Weise unterschiedlich sein. Und immer, wenn dies gesagt wird, kann man dem sehr leicht widersprechen. Warum? Nun, rationales Denken und menschliche Sprache können nur auf dualistische Weise arbeiten, und damit steckt der Fehler bereits drinnen, wenn es darum geht, die grundlegende Wirklichkeit zu sagen, denn die grundlegende Wirklichkeit ist nicht dualistisch.

Wie könnte für eine menschliche Ratio die Aussage des großen Nāgārjuna in seinem Vierkantknoten verständlich sein? Wer es, nämlich ES, aber kennt, sagt: «Ja, natürlich, so ist es! Nāgārjuna sagt es wirklich treffend!»
Und auch wir hier haben es all die Jahre, die das Zendō besteht, wieder und wieder gesagt, *ohne es tatsächlich verbal ausdrücken zu können.*

So drückt Nāgārjuna diese tiefste Wirklichkeit in seinem berühmten Vierkantknoten aus:

Etwas ist (so)
Etwas ist nicht (so)
Etwas ist sowohl (so) als auch nicht (so)
Etwas ist weder (so) noch nicht (so)

Keiner dieser vier Aussprüche ist allein für sich richtig. Aber so unlogisch, wie es für den menschlichen Geist, der nur in Gegensätzen denken kann, wirkt, kommen wir auf diese Weise der Sache doch etwas näher. Kommt es euch aus vielen Jahren der Zen-Schülerschaft denn nicht sehr bekannt vor? Mit etwas anderen Worten haben wir uns seit vielen Jahren eben dieser Tatsache angenähert.

Ohne es also erklären zu können, da nur die Erfahrung es sehen kann, machen wir nun einfach weiter:
Auch Dinge wie Stein, Eisen, Holz und Erde leben und sind aus GEIST gebildet. Darum haben wir Grund, alles, was uns begegnet, zu achten, zu respektieren und angemessen, nämlich achtsam, mit ihm umzugehen.
Aus etwas anderem als GEIST können die Erscheinungen der Welt nicht gebildet sein, denn es existiert nichts, auch kein Material irgendwelcher Art, das nicht aus GEIST gebildet ist. Wie kommt das? Das kommt daher, dass es nichts, nichts, nichts als GEIST selber gibt. Nur GEIST existiert, wie auch immer wir diesen Großen Geist nennen mögen.

Indem nun «der alte Buddha», nämlich der universelle und absolute Geist, mit einem steinernen Gebilde wie dieser Säule eins wird, gilt für diese Tatsache ebenfalls «Form ist Leerheit – Leerheit ist Form», wie Nāgārjuna im Herz-Sūtra sagt, wie wir es rezitieren – und wie es milliardenfach die Menschen auf der Erde und ganz sicherlich viele Lebewesen im Weltall in vielerlei Weise erfahren.

In China gibt es eine Menge Säulen, und auch in anderen Ländern gibt es Säulen. Das sind gemauerte oder aus Stein und Fels geschlagene schlanke, hohe Gebilde, die oft zu religiösen, militärischen oder politischen Zwecken geschaffen wurden und allein dastehen. Unmon weiß wie jeder andere authentische spirituelle Meister auch, dass nicht nur Jesus und

Krishna, Śākyamuni, Ramakrishna und viele andere göttliche Inkarnationen, die zum großen Teil von den Menschen unerkannt herumlaufen, sondern dass das göttliche Wesen sich auch in einer Säule, einem Stein, einem Stück Eisen, einer Nähmaschine, einer Schneeflocke, einem Blumentopf, einer Wolke und einem Tsunami manifestiert. Ja, das Ewige und Reine Sein nimmt Gestalt an. Es wird Welt.

Nur weil es das göttliche NICHTS gibt, kann es etwas geben, kann etwas, sogar all das Profane, entstehen und für eine Weile Dasein haben.
Ohne dieses NICHTS gäbe es nicht nur nichts, sondern auch das GÖTTLICHE LEBEN wäre nicht vorhanden, denn es hat doch das Bestreben, sich in der Welt der Form, der Welt der Erscheinungen der Dinge, zu manifestieren, ja, sich zu zeigen!
Es ist, als ob das Wesen der Welt permanent sagt: «Mich gibt's, mich gibt's! Schaut mich doch an! Schaut mich doch an!»

Ja, wenn die Menschen doch dieses Wesen, nämlich *ihr* eigenes Wesen, erkennen könnten! Seine – nämlich des einzigen universellen Wesens – eigene unendliche Natur bleibt zugleich, wie sie sich ausformt, dennoch «einsam und still», wie es in einem Gedicht des *Denkōroku* heißt. Dieses Wort «einsam» muss man mit einem Bindestrich schreiben: Ein-sam, nämlich Eins.
Eins – leer – und still.

Nun wieder zu Meister Unmon zurück! Er sagt: «Der alte Buddha lässt sich mit einer Säule ein.» Die Mönche sind schockiert. Dabei wissen sie ganz genau, dass jedes Wesen und jedes Ding nur Bestand hat, weil sich das Buddha-Wesen auf die Form-Werdung eingelassen hat.
Nun, vielleicht beruhigen sich die Mönche ja wieder, indem sie ziemlich schnell erfassen, was Unmon mit seinen Worten meint: Die Buddha-Natur formt sich aus als Mensch, als Stein, als Säule. Dann sind sie wieder beruhigt.

Da fragt Unmon plötzlich: «Die wievielte Aktivität ist das?»
Die Mönche sind noch viel verwirrter als zuvor! Was meint Meister Unmon?
Nach einer anderen Übersetzung sagt Unmon: «Die wievielte spirituelle Kraft ist das?» Das ist ähnlich. Zwar gab es im alten China noch nicht unseren westlichen Ausdruck «spirituell», und darum wird es ursprünglich wohl geheißen haben: «Die wievielte geistige Kraft ist das?»

Hier können wir bis ins Grenzenlose spekulieren, welche Zahlen und Aufzählungen für geistige Kraft sich in Taten, in Handlungen, in Aktivitäten oder in Akte umsetzen. Nun, ein solches Zählen wäre absurd und überflüssig. Geschieht doch das göttliche Einssein in jeder Bewegung, in jeder Beruhigung, in jeder Wahrnehmung, selbst im Schlaf, ja, in jedem riesigen und jedem kleinwinzigen Geschehnis im endlosen Universum – und in allem dazwischen. Wie könnte da eine Nummerierung angegeben werden und sinnvoll sein? Eine solche Zahl wäre ungeheuer und unheimlich groß, sodass es sie für uns gar nicht mehr geben könnte.

Unmon will seine Mönche aber nur prüfen, ob sie sich womöglich durch eine kleine Frage verwirren lassen. Er hofft sehr, dass niemand von ihnen sich verwirren lässt! Er baut ihnen künstliche Hindernisse, künstliche Dharma-Tore, die doch gar nicht vorhanden sind, damit sie ihren Geist daran stählen, damit sie stark werden und sich nicht verunsichern lassen!

Nun, die Mönche schweigen betreten auf die Frage, die wievielte geistige Kraft das sei, wenn die Buddha-Natur mit einer Säule eins wird! Es ist noch nicht weit her mit der Kraft bei der Einswerdung der Mönche mit der Buddha-Natur.
Um es genau zu sagen: Diese Frage kann überhaupt nicht vernünftig beantwortet werden, und doch hätte Unmon sich so sehr über eine Antwort gefreut! Wer alle Vernunft und Vernünftelei beiseitelässt, findet eine brillante Antwort auf diese irrsinnige Frage von Meister Unmon! Also – wenn einer von euch seine geistige Kraft aktivieren möchte, da oben im Dokusan – bitte sehr! Herzlich willkommen! Legt los!

Nun, unter Unmons Mönchsgemeinde traut sich niemand die Frage zu beantworten, die wievielte spirituelle Tat es ist, wenn der alte Buddha sich mit einer Säule einlässt! Das ist schwach!
Da niemand sich äußert, antwortet Unmon auf seine eigene Frage selber und legt dar: «Am Südberg steigen Wolken auf, am Nordberg fällt Regen nieder.»

In seiner Antwort findet sich nichts von einer Nummer in einer Aufzählung! Bei all diesen hinterrücksen Zen-Fragen und Kōan-Geschichten sollten die Schüler wissen, dass hierbei der Versuch unternommen wird, sie hereinzulegen. Tatsächlich kommt es bei all dem und dem ganzen Geheimnis der Welt immer nur auf das jeweilig aktuelle und überhaupt nicht geheime Faktum an. In unserer Kōan-Begebenheit war das nun mal gerade das Wetter. Darum antwortet der große Meister Unmon anstelle seiner Mönche selbst und sagt: «Am Südberg steigen Wolken auf, am Nordberg fällt Regen nieder.»

Nur vordergründig greift der Meister nach dem äußeren, materiellen Faktum, und das ist vordergründig das Wetter. Das Wort «Südberg» in seiner Bemerkung ist eine geheime Formel für das vollkommen erreichte geistig-spirituelle Erwachen ...
Der Südberg steht für das WESEN der WELT, für die Wesensnatur.

Ja, so ist das also. Zuerst und immer ist das Wesen der Welt da. Der Südberg ist der ewige Urgrund. Er ist schon da, ehe der Urknall in einer riesigen Explosion oder Implosion die Schöpfung entfaltet. Aus diesem tiefen Brunnen des reinen Seins steigen Formen über Formen – und immer wieder neue Formen. Unmon nennt es «... steigen Wolken auf». Wolken stehen seit alter Zeit sinnbildlich für die zehntausend Erscheinungen der Welt, für die zehntausend verschiedenen Dinge, denen wieder neue Dinge folgen, die sich grenzenlos in eine nicht aufhörende Vielheit entfalten.
Unmon sagt mit diesem Bild: Aus dem grundlosen Urgrund des ewigen Seins, der göttlichen Leerheit, steigen immer wieder neue Formen heraus, wachsen, nehmen weiter zu, kommen auf ihren Höhepunkt, sinken langsam wieder hinab, dann schneller und schneller

und vergehen schließlich sanft, ehe sie wieder neues Leben bilden. Unmon sagt: «Die Wolken regnen am Nordberg herab.» Welch ein wundervolles Bild für die Vergänglichkeit! Der Südberg ist das göttliche Sein, aus dem heraus alles Leben aufsteigt, und der Nordberg ist die Vergänglichkeit alles Vergänglichen.

Ob die Mönche des Unmon das mitbekommen haben? Ob sie nun verstanden haben, dass da keine Nummer und keine Zahl etwas zu suchen hat? Ob sie ahnen oder gar erfahren, dass ständig und ohne Unterbrechung ein Werden und Vergehen stattfindet? Und dass jedes Lebewesen in seiner unendlichen Tiefe des Wesens selbst mit dem Universum eins ist, in dem alle Dinge dem Gesetz des Werdens und Vergehens folgen?

Ja, und nun die Hauptsache: Auch diese bestimmte Säule, mit der der alte Buddha sich einlässt, auch sie entsteht und vergeht wie alle anderen Dinge.
Das Ewige nimmt Form an, entsteht am Südberg, wird eine Säule, die für eine prachtvolle Weile stolz dasteht, und wenn ihre Zeit gekommen ist, wie man so sagt, vergeht sie wieder – am Nordberg. Ob es Wolken sind oder Säulen, Katzen oder Maulwürfe, Menschen oder Hochhäuser, Planeten oder die Schwarzwälder Kirschtorte und der Regen – alles geht den Weg der Vergänglichkeit. Es regnet am Nordberg herab. Welche Entspannung, welche Erleichterung!

In jedem Augenblick geschieht einfach alles, was geschieht, zugleich. In dieser Zugleichheit tanzt das pralle und bunte Leben der Welt – von den Galaxien angefangen bis zu den kleinsten Mikroben und den winzigsten Teilchen der Materie und jeder Welle im Raum – und dem Raum selber. Es geht unter, es geht auf. Es geht auf, und es geht unter.

Niemand und nichts ist davon getrennt. Die Wurzel all dessen, was existiert, und all derer, die leben, ist die eine und einzige Wurzel, aus der wir wachsen und die wir sind – und die jeder Einzelne von uns ist.

Und damit ist jeder von uns das Große und Ganze.

32 • Kyōzans «Geist und Umgebung»

Kyōzan fragte einen Mönch: «Woher stammst du?»
Der Mönch antwortete: «Ich stamme aus Yūshū[90].»
Kyōzan fragte ihn: «Ist das deinem denkenden Bewusstsein ganz klar?»
Der Mönch antwortete: «Ja, durchaus!»
Kyōzan sagte: «Das, was denken kann, ist Bewusstsein. Das, worüber gedacht wird, ist Umgebung. Darin sind Berge, Flüsse und die weite Erde, Häuser, Türme, Paläste, Tempel, Menschen, Tiere und anderes mehr. Nun wende dein Bewusstsein nach innen zum denkenden Geist! Gibt es dort immer noch so viele Arten von Dingen?»
Der Mönch sagte: «Da drinnen ist überhaupt nichts!»
«Auf der Stufe der Feststellung der Wahrheit ist es richtig, aber für die Stufe des Menschen ist es noch längst nicht genug.»
«Ehrwürden, habt Ihr einen besonderen Rat für mich?», fragte ihn da der Mönch.
Kyōzan antwortete: «Es ist nicht richtig, solange du sagst, ‹da ist weiter nichts›! Nach dem Stand deiner Einsicht hast du ja nichts als nur ein Geheimnis[91] entdeckt. Wenn du dich von jetzt an hinsetzt, nimm dies wahr, oder wenn du dir deine Robe umhängst, betrachte das Anziehen und Tragen von Kleidern und nimm auch das wahr!»

Da kommt ein Mönch auf seiner Wanderung zu Meister Kyōzan[92], der sich den Burschen anschaut und ihn fragt: «Aus welcher Gegend stammst du denn?»
Der Mönch sagt: «Ich stamme aus der Provinz Yūshū!»
Als er den Mönch so anschaut, kommt dem Meister ein leiser Verdacht, und er möchte die Sache überprüfen. Der Mönch wirkt auf ihn ein bisschen weltfern. So fragt Kyōzan ihn: «Ist dir das denn in deinem denkenden Bewusstsein ganz klar?»
«Ja, durchaus!», sagt der Mönch.

Daraufhin legt Meister Kyōzan ihm die Tatsache der beiden Aspekte der menschlichen Wahrnehmung der Einen Wirklichkeit dar, nämlich den Aspekt der Form und den Aspekt der Leerheit aller Dinge.

Die meisten Menschen unter den 7 Milliarden nehmen bewusst nur die Seite der Form wahr und halten sie für die einzige Realität. Das kann wunderliche Formen annehmen, zum Beispiel einen Sammelzwang, zum Beispiel, wenn es um Milliarden von Dollars geht. Harmlosere Formen fallen weniger auf. Aber das Materielle ist ihnen das «Wesentliche» und oft Einzige im Leben. Ich kannte einen Mann, der behauptete, er wüsste aus seinem

90 Das ist die chin. Provinz You.

91 Die Leerheit.

92 Kyōzan Ejaku, chin. Yangshan Huiji (807–883).

Chemie-Studium, dass zum Beispiel Liebe nichts als ein Produkt der menschlichen Biochemie sei. Auch er hing auf seine Weise am Materiellen fest. Dieser Mann kannte wirklich nur die Ebene der Form und bestand darauf, dass es weiter nichts gebe. Ich weiß nicht, ob er inzwischen eine Freundin oder Ehefrau hat. Geist – meinte er verächtlich – nein! Nie! Ein solcher Unsinn existiere nicht, darauf bestand er. Der Mann nannte sich stolz Naturwissenschaftler.

Wiederum andere Menschen auf der Erde haben zutiefst die Seite der Leerheit erfahren, was an sich sehr nützlich ist, aber einige von ihnen lassen sich wie in einem Sog immer wieder auf diese Seite ziehen. Sie wollen mehr und mehr davon. Die Welt der Dinge interessiert sie nicht mehr, ja, solche «Heiligen» lehnen die Welt sogar arrogant ab. Einige solcher Leute nehmen zu oft nicht einmal die äußeren Formen der alltäglichen Dinge wahr. Die versinken ständig in ihr geliebtes Nichts. Da geht es mit dem sozialen Leben unter den Mitmenschen bergab. Sie können sich nicht einmal morgens ihren Kaffee zum Frühstück kochen und sich ein Butterbrot streichen. Sie sagen: «Es gibt keine Welt. Wer hier eine Welt sieht, hat Wahnvorstellungen.» Dass ein solcher Esoteriker selber Wahnvorstellungen haben könnte, darauf kommt er nicht. Seine Familie und seine Freunde sind verzweifelt.

Nun, ein solches Schicksal wollte Meister Kyōzan dem jungen Mönch nicht zumuten. So brachte er ihm Folgendes nah: «Das, was denken kann, ist Bewusstsein, nämlich in Denken geformtes Bewusstsein. Das, worüber gedacht wird, ist Umgebung, nämlich das Außenherum. Darin sind Berge, Flüsse und die weite Erde, Häuser, Türme, Paläste, Tempel, Menschen, Tiere und anderes mehr. Nun wende dein Bewusstsein nach innen zum denkenden Geist, zum denkenden Bewusstsein! Gibt es dort so viele Arten von Dingen?»
Der Mönch sagt: «Nein, da ist gar nichts!»
Da hat Meister Kyōzan ihn erwischt!

Übrigens kann man das Bewusstsein und das Außenherum mit einer Stadt vergleichen. Nehmen wir an, wir selber sind diese Stadt. In der Mitte ist unser Domizil, unsere Burg. Wir sitzen still und beschützt in unserer Burg. Wenn wir durch die Fenster nach außen schauen, sehen wir rundherum das Getümmel der Welt, das Unruhige, Laute, Bunte, Fröhliche, Fleißige, Wilde und auch Traurige und Schwere. Ich habe es schon oft «unsere Außenbezirke» genannt. Dieses Getümmel tanzt und dreht sich, tanzt und dreht sich. Wir aber sind ganz und gar still – da in der Mitte. Das ist unsere innere Burg, wie Theresa von Avila diesen Bereich nannte.

Theresa von Avila konnte aus ihrer inneren Burg nach außen auf die Welt schauen – und ihr auch gerecht werden. Sie war nicht nur spirituell sehr begabt, sondern äußerst intelligent und gebildet, an vielen Dingen sehr interessiert und den Menschen hilfreich zugetan. Sie war für ihre Nonnen eine ausgezeichnete Lehrerin. Sie konnte sehen, was ist. Sie war nicht abgehoben und weltfremd, obwohl ihre innere Burg ihr tief vertraut war.

Der Mönch unserer heutigen Begebenheit aber, der in seiner Mitte sitzt und nach außen schaut, kann dort nichts sehen. Er sagt, da sei nichts. So konnte er auch innen drin nichts sehen. *Können* sollten wir dies aber wenigstens als gesunde Menschen!

Nun ist das Denken, das doch auf die Ebene der Form gehört, auch Bewusstsein, bewegtes, aktives Bewusstsein, es ist Bewusstsein wie die große Stille innen, die nicht bewegt und nicht aktiv ist. Bewusstsein kann so oder so wahrgenommen werden.

Viele Menschen sagen, der denkende, unruhige Geist sei das Bewusstsein – und sonst nichts. Nun, Bewusstsein ist beides, der aktive Geist und der stille GEIST, der sich in die Grenzenlosigkeit weitet, in die Leerheit, in das absolute, reine göttliche NICHTS.
Dass es jemandem geschehen kann, dass er nur noch diese absolute Stille außerhalb aller Welt der vielen Erscheinungen für wahr und echt hält und die Existenz unserer ganzen materiell ausgeformten und wundervollen Welt ablehnt, liegt an der Art seines Charakters und seiner Persönlichkeit. Jeder hat selbst die Verantwortung dafür, und ein psychisch gesunder Mensch hat auch die Fähigkeit, eine solch extreme Richtung nicht einzuschlagen, sondern ein menschliches und soziales Leben zu führen.

Als Meister Kyōzan also fragt, ob der Mönch innen in seinem Bewusstsein auch all die Dinge der Welt, des Denkens und des täglichen Lebens kennt und sie wahrnimmt, und der Mönch ihm antwortet: «Da drinnen ist nichts!», da spuckt Kyōzan Feuer!
Er sagt: «Nein, nein, so geht das nicht! Faktisch mag das hier und da für eine geraume Weile genügen, aber für einen Menschen, der im täglichen Leben seiner Verantwortung nachkommt, ist das, jedenfalls auf Dauer, nicht genug! Wenn du dich deiner Meditation hingibst, ist es angemessen, dass da drinnen gar nichts ist. Für ein soziales Miteinander mitten in der Welt ist das aber zu wenig! Deine Freunde und Dharma-Brüder müssen dich ja sonst füttern und wickeln!»

Ja, so ist es, wir haben einen Verstand mit einer guten Denkfähigkeit bekommen, um unser Leben auf der Reihe zu halten, uns zu entwickeln und uns nicht egoistisch in einen pseudospirituellen Mutterleib zu verkriechen nach dem Motto: «Soll die übrige Welt doch selber zusehen, wie sie zurande kommt, wenn sie glaubt, dass es sie gibt! Mich interessiert das nicht! Ich bin schließlich ein spiritueller Mensch.» Nein, das ist er nicht.
Wir können feststellen, dass dieses Denken sehr unlogisch und wirr ist. Es ist ein einziger Wahn.

Der Mönch, um den es Meister Kyōzan geht, ist ein guter Mönch, er versteht, dass er auf sich aufpassen muss, und so bittet er Meister Kyōzan bescheiden um einen Rat.

Der Rat des Kyōzan ist hinreißend. Er sagt: «Von jetzt an achtest du auf die irdischen und alltäglichen Dinge. Sie sind deine Lehrer: Wenn du dich hinsetzt, setz dich wirklich hin, und dann sitz! Wenn du dir deine Robe anziehst, dann zieh dir wirklich deine Robe an! Das Tragen von Kleidern – tu es achtsam und beobachte dabei von jetzt an, was du tust!»

Ja, die alltägliche Welt ist unser Zendō, ist unser Himmel, ist unser Übungsort. Jedes Ding auf Erden unterweist uns im Dharma und führt uns zu immer größerer und tieferer Bewusstheit.

Das unausgeformte, leere Bewusstsein ist der Urgrund. Sobald dieses Bewusstsein sich auszuformen beginnt, betrachtet es aufmerksam alles, was ihm begegnet, so, wie die kleinen Kinder es tun – und auch sehr, sehr viele Tiere. Dann ist immer noch Bewusstsein da, es hat nur begonnen, zu agieren und sich darin darzustellen, sich, das Unerkennbare, in der Ausformung zu zeigen.

Die WESENSNATUR ist zwar, wie schon ausführlich beschrieben, Bewusstsein, reines, unverändertes und eigenschaftsloses Bewusstsein. Wir sind aber zum Lernen und zum Entwickeln auf Erden, und so nimmt das reine, göttliche Bewusstsein Bewegung an, bildet Gefühle, bildet Gedanken, gewinnt Einsichten, Erkenntnis – und entwickelt sich nach und nach in grenzenlose Weiten. Es nimmt zu, es wächst, und es kommt zu sich selber zurück. Wenn jemand fragt: «Warum ist das so?», kann man nur sagen, das hat keinen Grund, es ist einfach grundlos, es ist eben so. Und wir Menschen werden immer froher und glücklicher, je weiter, umfassender und stärker unser menschliches Bewusstsein wird.

Heißt das, wir sollen nun permanent denken? Nein, das sollen wir überhaupt nicht, und wir sollen uns mit unserem womöglich aufgeregten Hin- und Hergedenke auch nicht identifizieren. Wir sollen aber auch nicht im Gegenteil unsere Denkfähigkeit unterbinden und umbringen. Wir brauchen sie ja. Unsere Verstandestätigkeit ist sehr nützlich, ähnlich wie ein Computer, der uns dient und der funktionieren soll.
Der Verstand kann auch wachsen. Übrigens tut er das mithilfe guter Meditation wie einem ordentlichen Zazen. Bei Bedarf gebrauchen wir unseren Verstand, und bei Bedarf lassen wir ihn ruhen. Aber sagen: «Weg mit ihm!», das geht nicht, das würde Idioten aus uns machen.

Die meisten Menschen heutzutage sind allerdings hektisch, aufgeregt, nervös, schlecht gelaunt, hypochondrisch, beladen mit Schuldgefühlen, mangelndem Selbstwertgefühl, und alles das frisst unnötigerweise Energie.

Viele Menschen sind einfach nur erschöpft, weil ihnen die Energie fehlt. Sie haben sich verloren in den Tsunamis der Welt. Was hilft da? Nicht im Nichts zu versinken und dort zu ertrinken, sondern zum Beispiel mithilfe des Zazen immer wieder neue Energie aufzutanken. Das Universum ist voller Energie, und diese Energie können wir Lebewesen niemals verbrauchen. Der Himmel gibt uns davon, so viel wir benötigen – und mehr. Also üben wir ein tüchtiges Zazen und leben unseren Alltag sehr achtsam von Augenblick zu Augenblick, wie und wo auch immer wir da sind.

Bei all dem aber ist ein grundlegendes Gebot, um viel und starke Energie aufzunehmen: Achtsamkeit, Achtsamkeit, Achtsamkeit!

33 • Sanshōs «Fisch mit den goldenen Schuppen»

Sanshō fragte Seppō: «Wenn ein Fisch mit goldenen Schuppen durch das Netz hindurchgekommen ist, was sollte er dann als Nahrung bekommen?»
Seppō sagte: «Das sage ich dir erst, wenn du durch das Netz hindurchgekommen bist.»
Sanshō sagte: «Ein Meister mit fünfzehnhundert Schülern weiß nicht einmal, worum es hier geht.»
Seppō sagte: «Der alte Mönch[93] *hat im Tempel wirklich genug mit anderem zu tun.»*

Seppō[94] ist der Dharma-Bruder von Gantō, der ihm ursprünglich lange ein Stück voraus war auf dem Zen-Weg. Selbst als ihr gemeinsamer Meister Tokusan schon die Erde verlassen hatte, konnte Seppō immer noch kein tief greifendes Satori vorweisen, sondern eher ein bescheidenes. Obwohl dieses kleine Satori durchaus echt war, zweifelte Seppō selber lange daran. Dennoch machte er schließlich die ersehnte Erfahrung, wurde tief erleuchtet und einer der hervorragendsten und fähigsten Meister des chinesischen Zen, der viele Schüler ausbildete und auch Nachfolger ernannte.

In unserem Kōan ist Seppō der Meister und Sanshō[95] ein Mönch, der anscheinend zu Besuch gekommen ist.
Auch Sanshō wurde später ein sehr guter Meister, nur in unserer heutigen Kōan-Begebenheit ist er noch nicht sehr überzeugend. Er soll zu der Zeit, als diese Begebenheit stattfand, bereits eine echte Erfahrung gehabt haben, an der er selber allerdings immer wieder zweifelte. Er war sich der Sache einfach nicht so sicher. Das geht auch aus diesem hier geschilderten Geschehnis hervor.

Sanshō kommt also zu Seppō und fragt ihn hinterlistig: «Wenn ein Fisch mit goldenen Schuppen durch das Netz hindurchgekommen ist, was sollte er dann als Nahrung bekommen?»

Damit will er durch die Blume sagen: «Ich bin erleuchtet, Meister! Ich habe die Selbstwesensschau erreicht. Was sagst du dazu? Wie wirst du mich, den nunmehr erleuchteten Mönch, denn von jetzt an behandeln?» Da Sanshō aber sich selbst und dem Meister vormacht, er sei bescheiden, verkleidet er sich in seiner Rede über sich selbst, den, wie er meint, Erleuchteten, in einen Fisch mit goldenen Schuppen, also etwas absolut Herrliches und Edles. Es ist offensichtlich, dass Sanshō von sich selbst redet. Diesen kostbaren goldgeschuppten Fisch beschreibt er nicht etwa als einen im Netz Gefangenen, der im Kochtopf

93 Er spricht hier von sich selbst.

94 Seppō Gison, chin. Xuefeng Yicun (822–908).

95 Sanshō Enen, chin. Sansheng Huiran (9. Jh., genaue Daten unbekannt).

landen wird, sondern als einen herrlich schimmernden Edelfisch, der stark und fähig ist, aus dem Netz des Saṃsāra und in die große, weite Freiheit des Seins zu entkommen.

Seppō sieht den Mönch Sanshō schillern und blinken, und auf dessen Frage, was der Meister einem solch auserlesenen Wesen zur Nahrung geben wird, antwortet Seppō ihm trocken: «Das werde ich dir sagen, wenn du durch das Netz hindurchgekommen bist.» Damit lässt er deutlich durchblicken, dass es bis jetzt noch nicht so weit und die Rede des Mönches Sanshō von erleuchteten Fischen mit goldenen Schuppen ganz überflüssig sei.

Sanshō ist sehr aufgebracht. Arrogant und ungezogen giftet er Seppō an: «Ein Meister von tausendfünfhundert Schülern weiß nicht einmal, worum es hier überhaupt geht!» Sanshō ist geladen. Er hat dem Meister vorgeworfen, nichts zu merken. O, doch, Seppō merkt! Mit der Erleuchtung des Sanshō ist es wohl noch nicht weit her. Jedenfalls ist im Moment davon nichts zu merken. Der Fisch hängt im Netz und kommt nicht durch die Maschen. Er ist gefangen und wird im Kochtopf oder auf dem Grill landen, und von goldenen Schuppen ist auch nichts zu sehen.

Meister Seppō ist immer noch die Ruhe selbst, und daran ändert sich auch nichts. Er sagt: «Der alte Mönch hat im Kloster genug anderes zu tun», und geht davon.

Ja, so kann das mit einigen Zen-Schülern laufen. Am besten, man zieht ihnen gleich zu Anfang ihres Weges die faulen Zähne, dann können sie frei, entspannt, absichtslos und glücklich, ohne sich – und gar mit faulen Zähnen – festgebissen zu haben, ihren Weg gehen.

Es kann aber auch andersherum laufen: Ein Meister registriert kleine, aber auch überzeugende Satoris bei einem Schüler. Er sagt: «Schön, die Richtung stimmt. Mach einfach genauso weiter, bleib dran, und zwar ohne etwas dafür als Lohn zu wollen! Wir können zufrieden sein.» Dann bleibt der Schüler weiterhin entspannt und ruhig, und er sitzt absichtslos auf seinem Kissen. All seine Energie fließt in die Übung. Der Meister hat sich klug verhalten. Es gibt aber auch ein ganz anderes Verhalten bei Zen-Meistern: Da zeigt der Meister unverhohlen seine große Begeisterung bei einem Satori des Schülers. Er gibt ihm große Bestätigung, veranstaltet im Zendō mit dem ganzen Sangha eine aufwändige Zeremonie, lobt und ehrt den Schüler hoch vor aller Welt und sagt ihm – wie tatsächlich geschehen: «Du gehörst jetzt in die Meisterklasse.»

Dies wurde wirklich einmal einer äußerst neurotischen Anfängerin im Zen gesagt, nachdem sie plötzlich ein mittelmäßiges Satori erfahren hatte. Bis zu dieser Erfahrung hatte die Schülerin geplant, eine anständige Psychotherapie zu machen, um sich Steine aus dem Weg zu räumen. Nach der Erfahrung hielt sie dieses für überflüssig. Sie war ja nun «in der Meisterklasse». Ihr Verhalten war weiterhin für ihre Dharma-Geschwister unerträglich. So ein Pech!

Dann gibt es Zen-Schüler, die zwar kleine, aber trotzdem echte Erfahrungen machen, dies allerdings selber nicht anerkennen und es lange Zeit gar nicht ihrem Meister mitteilen! Das ist sehr, sehr schade, denn auch kleine Satoris sind Satoris. So ist es gut, dem Lehrer im

Dokusan genau Bericht zu erstatten, damit der Schüler seine weitere Richtung aufgezeigt bekommen kann. In solchen Fällen hat oft der Lehrer den Eindruck, dass da eine Einheitserfahrung stattgefunden haben muss, nur der Schüler selbst weiß von nichts. Vielleicht berichtet er Jahre später in einem Dokusan von solchen früheren Erfahrungen. Na, das ist dann sehr gut, und sogar darauf kann dann auch noch aufgebaut werden.

Manchmal hat ein Schüler ein echtes Kenshō, eine echte Selbstwesensschau, es fehlen ihm aber die Worte, um diese Erfahrung zu beschreiben. Worte können es sowieso nicht sagen. Im Dokusan wird jedoch sonnenklar, worum es da geht. Darum, liebe Schüler, bringt alle eure Erfahrungen, und seien sie noch so winzig, ins Dokusan! Tut dies, auch wenn ihr nicht wisst, wie ihr sprechen sollt!

Mit einem Satori ist es allerdings noch nicht endgültig getan, denn jedes Satori muss ausreifen. Das benötigt seine Zeit. Ein Satori macht noch keinen Erleuchteten. Eine Ekstase macht sowieso keinen Erleuchteten und keine Erleuchtungserfahrung. Auch eine Lichterfahrung hat nichts mit einem Satori oder einem Kenshō zu tun. Allerdings kann in Einzelfällen ein echtes Kenshō auch einmal begleitet sein von einer Lichterfahrung oder einer Ekstase, manchmal beidem. Dies sind aber nur unbedeutende, wenn vielleicht auch ganz interessante Nebeneffekte. Ein Zen-Meister kann dies unterscheiden, und gut entwickelte Zen-Schüler können es ebenso. Da wird festgestellt, was ist eine solide Erfahrung und was nur «Ausschmückung»? Oft finden diese Ausschmückungen isoliert statt, und mit ihnen ist keine Erleuchtungserfahrung verbunden.

Übrigens ist ein vertiefter Bewusstseinszustand oder eine romantische, gefühlvolle Stimmung auch noch nicht eine Einheitserfahrung. Auch die Wahrnehmung von bestimmten Farben oder plötzliches Wissen von Fakten ist nicht Erleuchtung. Diese Dinge können aber Anzeichen für eine erreichte tiefe Versenkung sein. Man hängt sich daran nicht fest, ist nicht davon fasziniert, geht damit nicht begeistert reihum hausieren, bekämpft aber auch nicht solche Erscheinungen. Man ist daran sozusagen nicht besonders interessiert. Man nimmt das gelassen so hin.

Die ersten Anzeichen für eine stabile Entwicklung auf dem Zen-Weg können kleine und deutlich beginnende Erfahrungen sein, dass zum Beispiel eine Weidenranke und der sie wahrnehmende Zen-Schüler als eins wahrgenommen werden. Da entdeckt der Wahrnehmende vielleicht, dass er auch diese Weidenranke ist. Vielleicht ist es ihm noch nicht ganz geheuer, eine Weidenranke zu sein, aber die kleinen Erfahrungen werden zunehmen. Dabei wird auch sein Verstand mehr und mehr glasklar, und im Alltag sieht er die Dinge realistisch. Im Dokusan lernt er zu akzeptieren, was da geschieht. Der Schüler drückt sich allerdings anders aus, zum Beispiel so: «... plötzlich war ich der Glockenton ...».

Noch einmal zur Kenntnis für euch: Auf dem Weg des Erwachens nimmt die Intelligenz zu. Niemand verliert seinen Verstand.
Was wir, vor allem die Lehrer, unbedingt wissen müssen: Wer Probleme im psychiatrischen Sinn hat, sollte kein Zazen üben. Aber das brauchen wir eigentlich nicht extra festzustellen,

weil das jedem Zen-Lehrer ohnehin bekannt ist.
Nun wieder zu dem Mönch Sanshō zurück: Seine Erfahrung, mit der er dann bei Meister Seppō schillern ging, war nicht überzeugend. Wie können wir das aber so sagen? Nun, wer eine echte Einsicht hat, ist demütig und einfach. Er ist dankbar, still und friedlich. Wer sich jedoch aufführt wie Sanshō, der sein Ego vergoldet, auf einen Sockel steigt und sich selbst Erleuchtung bescheinigt, der, wenn er damit bei einem Meister überhaupt nicht ankommt, diesen zu allem Überfluss auch noch ungezogen zu beleidigen versucht, indem er diesem statt sich selbst den klaren Durchblick abspricht, ja, bei dem ist von einer stabilen spirituellen Einsicht nichts vorhanden.

Wie kommt es aber, dass jemand sich derart aufführt? Er hat ein fehlendes Selbstvertrauen. Er ist sich seiner Erfahrung nicht oder noch nicht wirklich sicher. Er stampft sein Gegenüber in den Boden, versucht dies jedenfalls, um sich selber etwas höher und damit etwas besser zu fühlen. Welche Täuschung!

Meister Seppō stellt nur fest, dass er ja wichtigere Dinge als das Geplänkel zu tun hat, und er verlässt den Saal.

Noch einige Nachbemerkungen zu dieser Begebenheit:
Was wurde eigentlich im Lauf der Zeit aus Sanshō? Im «Lexikon der östlichen Weisheitslehren» heißt es unter anderem:

San-sheng Hui-jan, jap. Sanshō Enen, etwa 9. Jh., chin. Zen-Meister; einer der hervorragendsten Schüler und Dharma-Nachfolger von Lin-ji Yixuan (jap. Rinzai Gigen)…

Weiter wird da mitgeteilt, dass Sanshō die Kōan des *Rinzairoku* zusammentrug, in dem auch die Aussprüche und Auslegungen Meister Rinzais gesammelt wurden. Auch wird Bezug genommen auf unser heutiges Kōan.

Aus einer späteren Begebenheit mit Meister Sanshō, die wir heute nicht behandeln können, geht eine große Sicherheit in Hinsicht auf seinen Durchblick in das Wesen der Welt hervor. Da konnte er blitzschnell handeln und beweisen, wofür andere überflüssigerweise viele Worte versucht hätten.

Wir wissen also, dass Sanshō bei seinem Meister Rinzai eine tief greifende Schulung erfuhr, die das Allerbeste aus ihm herausholte und entwickelte.

Mir ist ein Kommentar zu unserem heutigen Kōan unter die Hände gekommen, aus dem hervorgeht, dass der kommentierende Autor tatsächlich wie auch Sanshō in unserem Kōan meinte, Seppō habe nicht durchgeblickt, Sanshō aber schon, und Meister Seppō sei am Schluss wie ein geprügelter Hund abgezogen.
Das glaube ich nun gerade nicht. Der Kommentator ist ein Übersetzer und ein Teemeister und hat möglicherweise den Zen-Weg nicht durchlaufen. Ich muss aber feststellen, dass seine Kōan-Übersetzungen mir sprachlich ziemlich gut gefallen. Nur – bei mir selbst kommt Seppō besser weg als bei ihm.

Tatsächlich hat Sanshō nach seinem bei Seppō stattgefundenen Besuch unter der Führung von Meister Rinzai eine bewunderungswürdige menschliche und spirituelle Schulung absolviert und eine ebenso überzeugende Entwicklung und einen hohen Stand der Erleuchtung erreicht. Und so wurde er ein Großer.

Es lohnt sich also, auf dem WEG zu bleiben und niemals zu resignieren.
Bleiben wir also dran und glauben wir nicht, dass wir den Weg jemals abschließen könnten.
Er geht über den Tod hinaus.

34 • Fuketsus «Körnchen Staub»

Fuketsu unterwies die Mönchs-Versammlung und sagte: «Wenn man ein Staubkörnchen aufrichtet, so kommt die Nation zur Blüte. Wenn man kein Staubkörnchen aufrichtet, so geht die Nation zugrunde.»

Setchō, der später dieses Kōan kommentierte, sagte, indem er seinen Wanderstab aufrichtete: «Gibt es hier keinen Flickenkutten-Mönch, der mit mir lebt und stirbt?»

Dieses Kōan mitsamt Setchōs Kommentar können wir als zwei Kōan behandeln. Nehmen wir den ersten Teil, der ja das eigentliche Kōan bildet!

Vorweg machen wir uns klar, dass es in der Letzten Wirklichkeit keinerlei Unterschied gibt zwischen groß und klein, lang und kurz, wichtig und unwichtig – und allem scheinbar oder real Gegensätzlichen in der Welt.

Ja, diese Tatsache beruht nicht auf Philosophie, sondern auf knallharter Erfahrung des allerhellsten und allerwachsten Geistes. In einem einzigen Nu zeigt sich in der größten Größe und der winzigsten Kleinheit, dass zwischen beidem kein Unterschied ist. Von dieser Erfahrung an gibt es keinen Zweifel mehr. Allerdings – auf der Ebene der Form und der zehntausend Dinge der Welt entsteht so etwas wie Gegensätzlichkeit. Hier kann kein Ding ohne seine Verneinung, seine Negation – Nāgārjuna nennt es sein Gegenteil –, existieren.

Wir brauchen also nicht nach Amerika zu einem Medizinmann oder nach Indien zu einem Guru oder nach Japan zu einem Zen-Meister, der uns ein Staubkörnchen zeigt, zu reisen, um selber zu entdecken, dass es immer und immer nur dieses eine und einzige JETZT gibt. Trotzdem – ohne diesen Hinweis wird fast kein Mensch unter den 7 Milliarden auf der Erde akzeptieren wollen, dass zwischen einem Staubkörnchen und einer Galaxie kein Unterschied ist.
Und doch – im Urgrund des SEINS ist das so.

Nehmen wir uns wieder einmal das Bild von den Waldanemonen im Frühling vor! Als ich Kind war, haben wir in Hannover gelebt. Alle Stadtteile waren durchzogen von einem viele Quadratkilometer großen Wald von hohen und alten Bäumen, der «Eilenriede» hieß. Sogar heutzutage ist die Eilenriede noch 640 ha groß. Dieser Aspekt ist wichtig, denn in diesem großen Wald, der Hannover durchzieht, gibt es eine gewisse Wurzel, die sich dicht unter dem Waldboden durch den gesamten Wald zieht. Diese Wurzel, ein Rhizom, bildet nämlich ständig neue Ausläufer, die den Boden 640 ha weit und ganz flach unter der Oberfläche durchzieht. Diese Wurzel ist die Basis, der Grund für viele Tausende oder sogar Millionen kleiner weißer Blumen im Frühling, die alle miteinander nur eine einzige Pflanze bilden. Sie ist eine viele Kilometer lange Pflanze mit unendlich vielen Blüten.
Als wir Kinder klein waren, ermahnte unsere Mutter uns, nicht einfach diese Blumen abzureißen, denn sonst würden wir damit auch die Wurzel all der vielen verletzen. Denn jede

kleine Blume, die an einem etwas längeren Stielchen herauswächst, ist zugleich auch die gesamte Wurzel und die Gesamtheit all dieser vielen weißen Blüten im Wald. Eine einzige kleine Blüte ist mit der Gesamtheit aller Blüten und der Wurzel nur ein einziges und großes Anemonen-Wesen. So könnte man sagen, wenn jemand auch nur eine einzige Blüte verletzt, wird das gesamte Pflanzen-Lebewesen verletzt.

Ja, so ist es mit uns Menschen: Unsere gemeinsame unendlich große Wurzel ist die Wesensnatur, und jede einzelne Blüte ist ein Mensch. Da wir alle aber die eine Wurzel, nämlich den einen Urgrund, haben, sind wir alle verwandt, ja, sind wir alle ein einziges Wesen. Wir sind sowohl individuell als auch alle miteinander eins. Wie wir uns erfahren, hängt davon ab, wie gerade unsere Wahrnehmung arbeitet. Entweder wir nehmen uns als einzelnes Individuum wahr – oder aber als das Große und Ganze.

Das Beste ist es, dass wir uns als der eine Mensch, als der wir auf unseren zwei Füßen herumlaufen, wie auch als die Menschheit zugleich erfahren.

Ja, wir sind nicht nur einzelne und kleine Menschen, sondern wir sind die Menschheit. Und nicht nur das, nein, wir sind auch die Pflanzen und Tiere, die Steine und Berge, der Raum, die Luft, das Sonnenlicht, der Regen, das Meer, ja sogar die Mikroorganismen, der Sand, ja, und der Staub, der in der Sonne tanzt und langsam zu Boden sinkt.
Und wir sind das immerwährende Jetzt, in dessen Erfahrung wir uns irgendwann einmal ohne jede Trennung als das Eine und Einzige wiederfinden.

So. Wenn wir nun alle in der tiefsten Wirklichkeit eins sind, was passiert denn dann, wenn wir einem Mitmenschen im Vorbeigehen einfach eine Ohrfeige hauen? Nun, dann passiert natürlich, dass wir uns selbst diese Ohrfeige hauen. Denn durch unser aller gemeinsame Wurzel bin doch der Mitmensch ich selbst, und er ist ich! Was einem Lebewesen zugefügt wird, wird damit allen Lebewesen zugefügt. So ist es nun einmal.

Meister Fuketsu[96] kennt diese Tatsache aus eigener Anschauung und hautnaher Erfahrung auch. Ja, noch viel mehr: Sein innerstes Wahres Wesen kennt diese Tatsache genau. So möchte er es auch seiner Mönchsgemeinde nahebringen. Als alle versammelt sind, sagt er zur ganzen Versammlung: «Wenn man ein Staubkörnchen hochhebt, so kommt die Nation zur Blüte. Wenn man kein Staubkörnchen hochhebt, so geht die Nation zugrunde!»

Ob die Mönche es wohl erfasst haben? Das wird uns nicht mitgeteilt. Möglicherweise haben aber doch einige von ihnen die entsprechende Erfahrung gemacht und nicken zustimmend zu der Unterweisung Meister Fuketsus. Vielleicht schweigen aber auch alle.
Wer jedoch erfasst, dass die Wesensnatur die ewige gemeinsame Wurzel für uns Lebewesen alle und für alle Dinge im ganzen Universum ist, dass wir also alle eins sind, der versteht, dass wir kleinen Menschlein auch kleine Staubkörnchen sind, dass wir ein Flimmern in der Luft sind, dass wir ein Kieselstein sind, den unser Fuß weiterrollen lässt, dass wir eine Wasserwelle sind, ein Vogelschrei, der Nebel in der Morgenfrühe, das Gebrumm eines Motors

96 Fengxue Yanzhao, jap. Fuketsu Enshō (896–973).

auf der Straße, der Fleck von verschüttetem Apfelsaft und ein Stückchen Moos, das vom Dach der Scheune gerutscht ist, und die Elster, die das Moos mit ihrem Schnabel abgerissen hat. Nichts, was wir nicht sind. Jedes Einzelne, Kleine, ist zugleich das Große und Ganze, ist zugleich alles, was da ist, ohne Ausnahme. Wohin wir auch schauen, begegnen wir uns selbst, begegnen wir der Ausformung unseres eigenen Wesens, welches das Wesen der Welt ist.

Nun geloben wir am Abend, alle Lebewesen zu retten. Meister Fuketsu weiß, wie das geht: «Wenn man ein Staubkörnchen aufrichtet, so kommt die Nation zur Blüte.»
Die Nation – damit ist das Große und Ganze gemeint. Damit sind alle Lebewesen gemeint.

Müssen oder sollten wir nun Staubkörnchen hochheben?
Nein, nicht unbedingt, aber wem es zur Sammlung verhilft – gern, der kann das tun. Gemeint ist aber: Wie auch immer wir da sind, wie auch immer unsere Geisteshaltung beschaffen ist, wirkt über unser aller gemeinsame Wurzel Wesensnatur auf das Große und Ganze.

Das allerkleinste Ding, nämlich ein Staubkorn, hochzuheben, ist, die Nation hochzuheben. Sie kommt zur Blüte. Sie lebt das volle Leben.
Das Staubkorn nicht hochzuheben, das ist, die Nation zugrunde gehen zu lassen.
Denn das Kleine ist zugleich das Große, das Unten ist zugleich das Oben. Gegensätze und Extreme gibt es nicht, denn alles ist eins.

Wir kleinen menschlichen Staubkörnchen achten sorgfältig auf uns selbst. Wenn wir sorgfältig und achtsam mit uns selbst, mit dem, was wir wahrnehmen, und dem, was wir gerade jeweils tun, umgehen, sind wir gut beieinander. Wir speisen unseren Zustand sofort in unsere gemeinsame Wurzel, nämlich die Wesensnatur, ein, wir speisen ihn in unsere gemeinsame Ākāśa-Chronik ein, in das Alldurchdringende, das wir sind.
Und alle Wesen um uns herum werden durch uns mitgenährt und können sich gleich besser entwickeln.

So können wir immer wieder dieses und jenes Staubkörnchen in die Höhe heben, auf welche Weise auch immer wir dies tun. So können wir unser Einssein wahrnehmen und ausdrücken, am besten absichtslos, nämlich ohne Hintergedanken.
Damit ist die heilsame Wirkung für das Große und Ganze am stärksten.

Übrigens – es muss kein Staubkörnchen sein!

So, und nun kommt der zweite Teil. Setchō[97] tritt auf den Plan.
Immer wieder taucht Setchō auf, um ein Kōan mit seinem Kommentar zu würzen.

Das ist auch dieses Mal so: Setchō hebt seinen Stab hoch und ruft: «Gibt es keinen Mönch, der mit mir zugleich lebt und stirbt?»

Das bezieht sich auf «hochheben» und «nicht hochheben».

97 Setchō Jūken, chin. Xuedou Chongxian (980–1052).

«Hochheben» – das ist «zur Blüte kommen», «Nicht hochheben» – das ist «zugrunde gehen».

In jedem Augenblick sterben wir bereits dem Augenblick, und in genau diesem Augenblick ist schon das neue Leben da.
Es ist das Gleiche wie Loslassen und Annehmen. Das eine davon ist die Rückseite des anderen.
Ist der Augenblick nun Leben oder Sterben? Beides sind nur Beschreibungen ein und desselben.
Und da es Zeit und Raum in der Letzten Wirklichkeit nicht gibt, finden Leben und Sterben zugleich statt. Wer aber bekommt das mit? Wer kennt diese Erfahrung?
Leben ist Sterben, Sterben ist Leben, es ist ein und dasselbe.

In diesem Augenblick des Erfahrens von Leben und Sterben zugleich ist ein erfahrender Zen-Schüler selbst, was er erfährt.

Und so fragt Setchō, und beinah sehnsüchtig fragt er das: «Gibt es keinen Mönch, der mit mir zugleich lebt und stirbt?»

35 • Rakuhos Ehrerbietung

Rakuho ging zu Kassan und blieb, ohne sich ehrerbietig zu verbeugen, stattdessen aufrecht vor ihm stehen.
«Ein Hühnchen im Nest des Phönix! Das ist nicht dieselbe Gattung. Mach, dass du hier wegkommst!», sagte Kassan.
«Ich bin von weit her dem Wind nachgelaufen, weil ich von Eurer Tugend gehört habe. Bitte, Ehrwürden, gewährt mir eine Unterredung», bat Rakuho.
«Vor meinen Augen ist kein Ācāriya, und hier ist auch kein alter Mönch», sagte Kassan.
Rakuho stieß sofort den Schrei «Katsu!» aus.
«Halt, nicht so hastig!», sagte Kassan, «nicht so aufgebracht! Wolken und Mond sind gleich; Täler und Berge unterscheiden sich. Es ist hier auf Erden durchaus möglich, den Menschen die Zungenspitze abzuschneiden. Doch wie willst du einen Zungenlosen zum Sprechen bringen?»
Rakuho blieb vollkommen stumm.
Kassan schlug ihn.
Von da an unterstellte sich Rakuho Kassans Führung.

Rakuho[98] war ein Schüler des großen Meisters Rinzai, der im hohen Norden von China seinem Zen-Kloster vorstand. Weit fort von seinem Kloster, nämlich im Süden des Landes, befanden sich die allermeisten Zen-Zentren der damaligen Zeit, und so lag Rinzais Kloster beinah in der Einsamkeit und einer Art Diaspora.

Als Rakuho seine Zeit der intensivsten Zen-Schulung hinter sich gebracht und auch von Rinzai eine unmissverständliche Bestätigung erhalten hatte, machte er sich auf die Wanderschaft, wie es damals so üblich war, um seine eigene Einsicht zu prüfen, sich selbst zu bestätigen und zu erfahren, wie es sich so lebt und wandert im Zustand eines durchblickenden Zen-Mönches.
Rakuho war stolz. Als er sich von Rinzai verabschiedete, fragte dieser ihn: «Wohin gehst du nun?» Rakuho hob den Kopf und sagte: «Nach Süden.» Na, das war ja sehr aufschlussreich. Viele Worte machte er nicht. Sollte Meister Rinzai doch denken, was er wollte!

Rakuho reiste also nach Süden in die Gegend der großen Zen-Klöster.
Kassan[99] hatte zuvor schon von Rakuho gehört und auch, dass dieser direkt zu ihm unterwegs sei, und er erwartete ihn bereits.

98 Rakuho Gen'an, chin. Luopu Yuanan, Daten unbekannt.

99 Kassan Zen'e, chin. Jiashan Shanhui (805–881).

Kassan war neugierig auf seinen Besucher, denn er wusste, dass Rinzai den Rakuho schon bestätigt hatte. Ja, wie auch heutzutage verbreiteten sich spannende Nachrichten blitzartig unter den buddhistischen Mönchen über ganze Länder hinweg. Man weiß nicht, wie es geschieht, aber diese Burschen wissen einfach alles.
Hier im Zendō sitzt ein solcher Mönch, vielleicht erzählt er euch ja einmal, auf welche geheimnisvolle Weise die Nachrichten von Mönch zu Mönch um die Erde herumwandern.

Als der Mönch Rakuho schließlich bei Meister Kassan ankam, stellte er sich hochaufgerichtet vor diesen hin und verneigte sich nicht! Er wollte damit ausdrücken: «Du und ich sind einander ebenbürtig, denn ich bin auch anerkannt als Zen-Lehrer, und darum beuge ich mich vor dir nicht! Du stehst nicht über mir, sodass ich mich vor dir kleinmachen müsste und du mich gar zu belehren hättest!»
Ja, Rakuho meinte damals, niemand könne ihn noch irgendetwas lehren.

Meister Kassan war etwas verblüfft ob der Unhöflichkeit, ja, Provokation des Rakuho.
«Ein Hühnchen im Nest des Phönix!», stellt er fest und schüttelt den Kopf, «das ist nicht dieselbe Gattung! Verschwinde von hier!»

Damit hatte Rakuho nun doch nicht gerechnet. Er war etwas betreten. Ein Hühnchen im Nest des Phönix! Das war arg! Und er sollte davongejagt werden! Gemeint war ein Küken, aber ein Hühnerküken, ein kleinwinziges flaumiges Ding, ganz ohne Lebenserfahrung, und dieses hatte sich in die Behausung des Phönix verirrt, des herrlichen und unsterblichen Göttervogels, der immer wieder aus der Asche neu aufersteht. Der Phönix könnte dieses Küken, das sich hier mausig macht, sofort verschlingen!

Rakuho ist erschrocken, und er sagt, bereits eine ganze Spur höflicher: «Ich bin von weit her dem Wind nachgelaufen, weil ich von Eurer Tugend gehört habe. Bitte, Ehrwürden, gewährt mir eine Unterredung!»

Aber der Phönix ist noch nicht sehr überzeugt von der Qualität des Kükens. Er sagt: «Vor meinen Augen ist kein Āchāriya, mit dem sich zu reden lohnt, und hier drüben ist auch kein alter Mönch, um eine Unterhaltung zu führen!»

Kassan sagt damit: «Weder drüben bei dir noch hier bei mir befindet sich jemand, der mit seinem Gegenüber ein lohnendes Gespräch über den Dharma führen könnte.»

Unter anderen Umständen hätte Kassan den kühnen jungen Mönch vielleicht wirklich Āchāriya – Lehrer des Dharma – genannt und sich selbst, wie Meister das gern tun, bescheiden den «alten Mönch». Aber nein, Kassan sagt genau das Gegenteil mit dem Ergebnis: Hier ist niemand, um mit einem anderen eine Unterredung zu führen.

Nun ist für Rakuho alles verloren. Es ist nichts mehr da. Sein ganzer innerer Summs, nämlich seine Einbildung auf die eigene erleuchtete Herrlichkeit, ist ihm abhandengekommen. Alles ist verschwunden. Es ist wie ein Verzicht auf alles, was er vorher noch für seinen geistigen Besitz und ganzen Stolz gehalten hatte.

Und so stößt er in einem letzten verzweifelten Rettungsversuch den Schrei «Katsu!» aus.

Es ist nichts mehr da. Nur noch die große und welteinstürzende göttliche Leere bleibt übrig.
«Katsu» ist der Schrei, der die Vernichtung aller geistig-philosophischen Konzepte demonstriert. Da bleibt keine Vorstellung mehr, keine Täuschung, keine Illusion, kein Wollen von irgendetwas.
Da bleibt nur noch das reine, nackte Nichts.

Meister Kassan merkt, dass Rakuho das Kind mit dem Bade ausschüttet, und er ruft ihm zu: «Halt! Nicht so hastig! Sei nicht so aufgebracht!»
Und dann tritt Kassans große Güte auf den Plan. Er erklärt dem leidenschaftlichen Mönch, der sich kurz davor in die Leerheit versetzt hatte: «Wolken und Mond sind gleich; Täler und Berge unterscheiden sich. Es ist hier auf Erden durchaus möglich, den Menschen die Zungenspitze abzuschneiden. Doch wie willst du einen Zungenlosen zum Sprechen bringen?»

Der Mond ist in der chinesischen Symbolik das reine und eigenschaftslose Wesen, die Buddha-Natur, die alle Dinge und alle Lebewesen bescheint und belebt.
Die Wolken sind die zehntausend Dinge der Erscheinungswelt.
Man kann auch sagen, der Mond steht sinnbildlich für die Leerheit, die Wolken aber für die Welt der Form.
Ja, und beides soll gleich sein? Was sagt Meister Kassan da?

Nun ja, natürlich, die Leerheit ist leer, und die Welt der Form ist leer. Also ist alles leer.

Rakuho bleibt ganz still. Meister Kassan fährt fort: «Täler und Berge unterscheiden sich.»

Aber ja! Die Täler sind tief, und die Berge sind hoch. Auf der Ebene des täglichen Lebens, der Natur, der Gefühle, der Gegenstände, der Gedanken und Träume, des Berufes, der Familie sind alle Dinge ganz und gar unterschiedlich! Keine zwei Dinge sind identisch! Keine zwei Menschen sind identisch! Sogar Zwillinge sind verschieden! Kein Ding ist identisch mit einem anderen, und kein Mensch ist identisch mit einem anderen Menschen.

Und so ist alles gleich, obwohl alles in seiner Ausformung unterschiedlich ist.

Meister Kassan fährt fort mit seiner gütigen Unterweisung an Rakuho: «Du redest und bietest mir mit deinem ‹Katsu› jetzt nur noch dein Schweigen an. Ist denn für dich plötzlich nichts mehr vorhanden? Man kann leicht in die Leerheit versinken, das ist noch nichts Besonderes. Es bringt nichts, den Menschen hier auf der Erde die Zungenspitze abzuschneiden, damit sie in einer irrtümlich verstandenen Leerheit herumwandeln. Das Zunge-Abschneiden geht ganz einfach, doch wie sollen die Menschen zungenlos ihr tägliches Leben meistern können?»

Aber Rakuho bleibt immer noch ganz stumm, beinah, als wäre er in eine Erstarrung gesunken.

Mit einem kräftigen Schlag holt Kassan ihn wieder heraus.

Von da an, so heißt es, unterstellte Rakuho sich Kassans Führung.

Ihr seht, manchmal bestätigt ein Meister einem Schüler etwas voreilig die große Erleuchtung. Es kann sein, dass der Schüler zwar die tiefen Erfahrungen gemacht hat, aber noch gewisse innere Störungen herumträgt: Stolz, Einbildung, Rechthabenwollen, Gekränktsein oder gar Verletztsein, weil ein anderer die Wahrheit sagt, Sich-wichtig-Tun, Beleidigtsein, ja – und immer noch der Rettung bedürfen. Da genügt es nicht, sich einfach nur in ein «Katsu» zu flüchten.
Ist das schlimm? Nein, sofern der Schüler – und selbst der weit entwickelte Schüler – seinen Zustand erkennt und bereit ist, weiterhin an sich zu arbeiten. Das Erkennen wovon auch immer – auch der eigenen Unzulänglichkeiten – ist aber das Wichtigste.
Bleiben wir einfach auf dem Weg und geben wir niemals auf!

Es geht immer weiter und weiter und weiter – von Augenblick zu Augenblick.

36 • Meister Ba ist schwer krank

Meister Ba war sehr krank.
Der Hauptmönch des Klosters fragte ihn: «Wie ist es Euch, Ehrwürden, in letzter Zeit ergangen?»
Der Großmeister sagte: «Buddha mit dem Sonnengesicht, Buddha mit dem Mondgesicht!»[100]

Der Ausspruch «Buddha mit dem Sonnengesicht» oder «Buddha Sonnengesicht» bezieht sich auf einen Buddha, der glücklich und gesund, in Freiheit und Wohlstand eintausendachthundert Jahre leben würde, wohingegen der «Buddha mit dem Mondgesicht» oder «Buddha Mondgesicht» ein Buddha ist, dessen Leben schwer, mühsam und krankheitsgeplagt nur vierundzwanzig Stunden dauert, was einem ja lange vorkommen kann. Dieses betrifft natürlich auch den ganz normalen Menschen und nicht nur einen Buddha – falls er wirklich einer ist. Daraus könnte man ja entnehmen, dass der Mensch allgemein überwiegend froh ist und lange lebt. Tatsächlich leben wir länger und gesünder, wenn wir gern lachen, wenn wir froh sind, wenn wir positiv eingestellt sind und kreativ unser Leben gestalten und von unserer Freude auch noch sehr viel abgeben und teilen können.
In Asien wünschen die Menschen einander ein langes Leben. Es ist logisch, dass jemand, der hundert Jahre alt wird, auch überwiegend gesund gelebt hat.

Der große Rinzai-Meister Mazu[101], in diesem Kōan bekannt unter dem japanischen Namen Großmeister Ba, liegt krank darnieder, als der Erste Mönch des Klosters ihn aufsucht.
Der Vorsteher fragt den Meister mitfühlend: «Wie ist denn Euer Befinden in der der letzten Zeit, Ehrwürden?»
Der Großmeister antwortet: «Buddha mit dem Sonnengesicht, Buddha mit dem Mondgesicht.»
Dieser Ausspruch wird für gewöhnlich gedeutet als: «Mir geht es mal so und mal so» oder einfach nur: «Mal so, mal so!»
Das ist zwar nicht falsch, aber es steckt, wie schon angedeutet, noch mehr dahinter.

Wenn Großmeister Ba der eine Buddha, aber auch der andere Buddha ist, leidet er manchmal ein wenig unter einem Kopfschmerz, oder er friert ein bisschen, oder er hat sich eine asiatische Grippe eingefangen, die zum Glück auch wieder vorübergeht, denkt nur an die vierundzwanzig Stunden, die doch bald vorbei sind! Aber die lange und tiefe Freude, die wundervolle und beglückende Arbeit mit den Zen-Schülern, die tiefe Versunkenheit in die spirituelle Übung im Zendō, die Spaziergänge in der Abendstimmung, der Duft der Früh-

100 Der Buddha mit dem Sonnengesicht ist ein Buddha, der ein Leben von 1800 Jahren haben soll, während der Buddha mit dem Mondgesicht nur 24 Stunden lebt.

101 Mazu («Ma») Daoyi, jap. Baso («Ba») Dōitsu (709–788).

lingsblüten, der morgendliche Gesang der Amsel, die tiefen Gespräche mit geliebten Menschen, die Frucht des heilsamen Weges, auf dem die schweren psychischen Probleme wie Verzweiflung und Angst sich mehr und mehr lösen und bald gar nicht mehr vorhanden sind, ja, all das überwiegt doch! Denkt nur an die tausendundachthundert Jahre von Glück und Freude, von Zuneigung zu den anderen Wesen, von Liebe und Wohlwollen! Denn ohne Glück, Liebe und Freude wird der Mensch krank, und das Leben ist kurz. Wer verbiestert ist, schaut auch so aus den Augen. Er wird böse, vielleicht sogar bösartig, und damit ist er schon krank.
Es gibt eine schöne Geschichte aus den chassidischen Geschichten von Martin Buber über Rabbi Sussja, und die geht so:

Das Leiden
Als Rabbi Schmelke und sein Bruder zum Maggid von Mesritsch gekommen waren, brachten sie dies vor: «Unsere Weisen haben ein Wort gesprochen, das uns keine Ruhe lässt, weil wir es nicht fassen können. Das ist das Wort, der Mensch solle Gott für das Übel lobpreisend danken wie für das Gute und solle es in gleicher Freude empfangen. Ratet uns, Rabbi, wie wir es fassen!»
Der Maggid antwortete: «Geht in das Lehrhaus, da werdet ihr Sussja finden, wie er seine Pfeife raucht. Er wird euch die Deutung sagen.»
Sie gingen ins Lehrhaus und legten Rabbi Sussja ihre Frage vor. Er lachte: «Da habt ihr euch den Rechten ausgesucht! Ihr müsst euch schon an einen anderen wenden und nicht an einen wie mich, dem zeitlebens kein Übel widerfuhr.»
Sie aber wussten: Es war Rabbi Sussjas Tag aus Not und Pein ohne anderen Einschlag gewoben. Da verstanden sie, was es heißt, Leid in Liebe empfangen.

Ja, so ist es: Wenn unsere Wahrnehmungsebene nicht so kümmerlich ist, sondern weit und hoch, sodass wir weise werden, erfahren wir Schweres als schön und als göttlichen Boten, und wir sagen «danke» und entwickeln uns daran. Und das Leben wird heilig und kostbar. Denn tun wir es nicht, kommen weitere Boten aus der gleichen Himmelsgegend, und die äußern sich dann massiver. Denn gelernt muss immer werden! Dafür leben wir doch auf Erden. So seien wir gleich bei den ersten Boten dankbar!
Dann gilt für uns «Buddha Sonnengesicht».

Wenn wir aber für lange Zeit in eine schlimme Gewohnheit gerutscht sind und versuchen, uns mit ihrer vermeintlichen Hilfe besser über Wasser zu halten, geschieht das Gegenteil vom Gewünschten, und wir werden mürrisch, schlecht gelaunt, biestig, aggressiv bis bösartig. Dann werden wir krank, zum Beispiel krank an der Bauchspeicheldrüse, am Magen, am Kopf, am Herzen, ja, vor allem am Herzen. Wir können das Herz nicht mehr öffnen, sondern verschließen uns mehr und mehr – und fühlen uns auch noch als Opfer der «bösen Welt».
Was ist denn nun diese schlimme Gewohnheit? Sie ist ein ständiges Herumzetern und -meckern an allen Dingen und Menschen, auf die unser Auge fällt. Wir schimpfen, beklagen uns, jammern, nörgeln, kritisieren, hacken auf anderen herum, quengeln, keifen, zan-

ken und winseln, und dauernd beanstanden wir, was andere Menschen sagen und tun. Wir beurteilen negativ und hässlich ihr Verhalten, auch wenn dies gar nichts mit uns selber zu tun hat. Wir fühlen uns als arme Opfer, selbst wenn niemand uns etwas Böses antut. Wir glauben, die Welt hätte uns betrogen. Das selbstgemachte Leiden ist unser Hobby geworden.
Nun ratet einmal, was für ein Buddha das dann ist! Ich wage zu sagen, das ist ein Nicht-Buddha, über den hundert Jahre des Nörgelns und Zeterns verhängt werden.

Und wer verhängt diesen Fluch über ihn? Ja, ganz richtig: Er selbst.
Hiervon kann aber bei Meister Ba nicht die Rede sein. Er ist mit Sonne und Mond, mit leerem, freiem Himmel und mit Wolken davor, mit Kranksein und Gesundsein, mit Freude und Schmerz wie Meister Sussja glücklich und dankbar, und er nimmt, was ihm gegeben wird, in Liebe an. Er ist mit sich und mit all dem eins.

Wir brauchen nicht die Rolle «ich bin gut» zu spielen, sondern wir nehmen uns selbst von Augenblick zu Augenblick an, wie wir gerade da sind.
Dies wahrzunehmen, es ohne Bewertung zu durchschauen, bewirkt in unserem Inneren bereits die Reinigung und Klärung. Dann wird das Dunkle hell und klar wie im Sonnenlicht, und Nörgeln, Zetern, Klagen und Winseln – nämlich das Opfer-Spielen – bekommen keine Chance mehr.

Ein und dasselbe Wesen, nämlich jeder von uns, ist beides in einem: Buddha mit dem Sonnengesicht und Buddha mit dem Mondgesicht. Dieser Sonne-und-Mond-Buddha, der wir sind, ist aus Energie gebildet. Wir können davon niemals die eine Hälfte abschneiden.

Sagen wir «danke» dafür wie Rabbi Sussja, der lachen kann, wenn jemand ihn für leidend hält!

Isan fragte Kyōzan: «Wenn plötzlich jemand unter den Mönchen[102] *zitiert: ‹Alle Wesen ohne Ausnahme besitzen karmisches Bewusstsein, das endlos und ohne die Grundlage, die ihnen festen Stand geben könnte, abläuft›, wie würdest du das*[103] *überprüfen?»*[104]
Kyōzan sagte: «Wenn mir so jemand[105] *begegnet, so rufe ich ihn mit seinem Namen an. Wenn er sich dann mir zuwendet, sage ich: ‹Was heißt das?› Wenn er dann zögert und überlegt, sage ich zu ihm: ‹Nicht nur ist das karmische Bewusstsein endlos, sondern da fehlt dir auch noch die Basis, auf der du festen Stand gewinnen könntest.›»*
Isan sagte: «Oh, das ist wirklich gut!»

Vorweg: Der Satz, um den es in diesem Kōan geht, stammt aus dem «Āvataṃsaka-Sūtra», was aber nur eine Abkürzung des eigentlichen Namens ist, und der lautet: «Buddhāvataṃsaka-nāma-mahāvaipulya-sūtra». Umgangssprachlich gebräuchlicher ist allerdings die Abkürzung «Āvataṃsaka-Sūtra». Aber auch die Abkürzung «Buddhāvataṃsaka-Sūtra» gilt als korrekt. Der Name bedeutet auf jeden Fall «Das Netz des Indra». Hieran erkennt man indische, sprich hinduistische, Wurzeln. Dass es für dieses Sūtra auch noch ganz andere Wurzeln gibt, soll hier kein Thema sein. Es geht schließlich um etwas anderes. Legen wir also damit los!

In der Begebenheit, die in diesem Kōan geschildert wird, fragt nicht wie sonst in den Kōan so oft der Schüler den Meister, sondern der große Meister Isan[106] stellt seinem ebenso großen Schüler Kyōzan[107] eine Frage. Es ist eine Prüffrage. Er prüft seinen Schüler, indem er ihn fragt, wie dieser wiederum einen Menschen auf seine spirituelle Einsicht prüft. Isan legt seinem Schüler zu diesem Zweck eine fiktive Angelegenheit als Aufgabe vor. Hierfür wählt er einen Satz aus dem Buddhāvataṃsaka-Sūtra. Er fragt also Kyōzan: «Wenn plötzlich jemand unter den Mönchen zitiert: ‹Alle Wesen ohne Ausnahme besitzen karmisches Bewusstsein, das endlos und ohne die Grundlage, die ihnen festen Stand geben könnte, abläuft›, wie würdest du das bei diesem Mönch auf seine Richtigkeit überprüfen?»

102 Ergänze: aus dem Āvataṃsaka-Sūtra.

103 Das heißt, ihn.

104 Isan meint mit seiner Frage an Kyōzan: Wie wäre zu überprüfen, ob der Mensch, der diesen Satz aus dem Sūtra zitiert, selber überhaupt begreift, was er da sagt?

105 Ergänze: der diese Aussage wiederholt.

106 Isan Reiyū, chin. Guishan (Weishan) Lingyou (771–853).

107 Kyōzan Ejaku, chin. Yangshan Huiji (807–883).

Ja, so geht es oft: Zen-Leute zitieren oft Aussprüche aus Zen-Texten oder Sūtras und sonnen sich in deren Weisheit, als wäre es die eigene und hier zur Schau gestellte Weisheit. Vielleicht ahnen sie, dass es so sei und nicht anders sein könne, als der zitierte Text es sagt, aber doch haben sie oft noch nicht die eigene Erfahrung dessen gemacht.

Was ist, wenn dann jemand fragt: «Ja, und, was bedeutet das?», kennt sich der andere, der dieses Zitat gebracht hat, vielleicht selber nicht aus! Seine Erklärungen sind möglicherweise unsicher. Wenn er dann meint: «Das lässt sich leider nicht erklären», ist das noch ein bisschen mager, vor allem, wenn er gar nichts erfasst hat, sondern es nur liebt, auswendig Gelerntes daherzubringen. Wenn er dann noch herumdruckst und -stammelt, fehlt ihm tatsächlich die Grundlage, nämlich die Erfahrung des eigenen Urgrundes, die Selbstwesensschau, die erst das wahre und tiefe Verständnis der Wirklichkeit ermöglicht.
Ja, und genau hierzu gibt Kyōzan, der diese Erfahrung längst gemacht hatte, seine Antwort. Er beschreibt eine fiktive Begebenheit, die aber so und ähnlich tausendfach vorkommen könnte.
Nehmen wir um des besseren Verständnisses willen die Geschichte, als sei sie real, und spielen die Sache durch:
Es zitiert ein Mönch im Klostergarten die genannte tiefgründige Stelle aus dem Buddhāvataṃsaka-Sūtra. Vielleicht befinden sich noch weitere Mönche in seiner Begleitung. Er spricht also diesen Satz: «Alle Wesen ohne Ausnahme besitzen karmisches Bewusstsein, das endlos und ohne die Grundlage, die ihnen festen Stand geben könnte, abläuft.»

Versteht ihr das? Ja, ihr versteht das. Es gibt das reine und eigenschaftslose Bewusstsein, und das ist die Wesensnatur, das eigene Wahre Wesen. Es ist keinerlei karmischen Folgen unterworfen. Da gibt es nicht Ursache und Wirkung. Was den karmischen Abläufen, nämlich dem karma vipāka, unterworfen ist, sind all die zehntausend Wahrnehmungen, Eindrücke, Handlungen, Taten, die richtigen oder falschen Schlussfolgerungen, die wir alle, seit wir noch nicht einmal geboren waren, in unser MVD[108] gestopft haben und weiterhin stopfen und dort auf Dauer abspeichern. Dieser Speicher ist zwar lebensnotwendig für die Welt der Form, er neigt aber auch zur Entgleisung, weil wir bei jeder Wahrnehmung, auch Unwahrnehmung, zuerst in das MVD schauen, um abzugleichen, ob wir dieses Objekt der aktuellen Wahrnehmung überhaupt kennen oder nicht. Wenn wir dann etwas Ähnliches in dem inneren Speicher entdecken, reagieren wir nicht mehr auf das aktuelle Faktum, sondern auf irgendetwas Altes und längst Verschimmeltes – und reagieren damit unangemessen, nämlich auf die aktuelle Situation gar nicht.

Dauernd tanzt fast allen Menschen eine unaufgeräumte Vergangenheit in ihrem Leben herum. Sie sind nicht fähig, anständige und angemessene Entscheidungen zu treffen und auszuführen. Hierbei unterlaufen den Menschen immer wieder fehlerhafte Verknüpfungen zwischen dem Aktuellen und dem ganz Alten und längst Vergangenen.

108 mano-viññāṇa-dhātu.

Ein Beispiel für eine fehlerhafte Verknüpfung, die ich einmal beobachten konnte und die einer eigentlich gebildeten und in der Öffentlichkeit stehenden Frau unterlief, war, dass diese Dame erklärte: «Alle Männer mit Vollbart sind Schweine.» Eine andere Frau, die ich vor Jahren kannte, behauptete das Gleiche von allen französischen Männern. Ein Mann sagte früher zu mir: «Jede rothaarige Frau ist ein mieses Stück.» Ein wieder anderer Mann, dessen falsche Verknüpfung bis in psychotische Fehlentwicklungen reichte, behauptete: «Jede Frau ist in Wirklichkeit ein homosexueller Mann!» Er schrieb aus dem Grund sogar eine Klage an den Internationalen Gerichtshof gegen die «deutsche weiße Frau», denn bei ihm waren nur «negroid» aussehende deutsche Frauen in Ordnung.
Mein Zen-Meister sagte mir einmal: «Wenn ein Verrückter eine Erleuchtungserfahrung macht, ist das eine verrückte Erleuchtung. Besser, ein solcher Mensch würde gar keine spirituelle Erfahrung machen!» So ist es. Ich sage dazu, eine solche unter derart unpassenden Bedingungen gemachte Erfahrung hat gar nichts mit Spiritualität und Erleuchtung zu tun, sondern eher mit Psychose. Darum tut einem solchen Menschen ja ein Weg der Geistesdisziplin wie der Zen- oder ein Yoga-Weg überhaupt nicht gut und ist in diesem Fall kontraindiziert.

Nicht immer sind fehlerhafte Verknüpfungen so auffällig. Sie verhindern aber immer klare, saubere spirituelle Erfahrungen.
So viel zu falschen Verknüpfungen!

Nicht auffällige Fehlwahrnehmungen liegen im Bereich der bürgerlichen Norm. Ein Mensch mit gut integrierter Persönlichkeit, der sich immer weiterentwickelt und so eine wohlintegrierte Persönlichkeit vorzuweisen hat, ist in einem sehr guten Zustand. Sein Inneres, sprich sein MVD, ist gut aufgeräumt und spielt ihm und seiner Umwelt keine Streiche, er selbst entscheidet über sein Leben, sein Bewusstsein, seinen Geist, seine Entscheidungen, sein Verhalten, sein Handeln, die Richtung, die sein Leben nimmt. Er entscheidet nicht, wie seine Mitmenschen zu denken, zu fühlen und zu handeln haben, aber er entscheidet, wie er darauf bei Bedarf reagiert. Er ist innerlich frei, er ist glücklich, und seine Umgebung ist dadurch positiv und heilsam mit beeinflusst und kann sich ebenfalls auf heilsame Weise entwickeln. Ein Mensch auf dem Weg des Bodhisattva ist eine Wohltat für seine Umgebung, und dies einfach durch die Weise, in der er lebt und da ist.

Was aber den Menschen auf dem WEG in diese wunderbare Richtung lenkt, ist die tiefe Erfahrung der Wesensnatur. Dies ist die Grundlage für eine fehlerfreie Wahrnehmung, dies ist die Basis für den Zen-Weg, der, wie es heißt, ja hiermit erst wirklich beginnen kann.

Jetzt geht es weiter mit unserer fiktiven Begebenheit. Der – ebenfalls fiktive – Mönch rezitiert glücklich: «Alle Wesen ohne Ausnahme besitzen karmisches Bewusstsein, das endlos und ohne die Grundlage, die ihnen festen Stand geben könnte, abläuft.»

Da kommt ihm sein Dharma-Bruder Kyōzan entgegen und ruft ihn mit Namen!
Der Mönch wendet sich ihm zu, und Kyōzan ruft ihm die Frage zu: «Was heißt das?» Nämlich: «Verstehst du, was du da aus dem Sūtra zitiert hast? Kennst du das? Ist dir das

zutiefst vertraut? Stehst du auf festem Grund – oder eher nicht? Bist du etwa noch auf dem Stand, den die meisten Menschen auf der Erde weiterhin hegen und pflegen? Ist es immer noch so, dass dein karmisches Bewusstsein, das in deinem Innern herumtobt, wild durcheinanderwirbelt und immer neue Assoziationen bildet, rast und tanzt, weint und schreit und sich grenzenlos weiter und weiter verstrickt – bildet es immer noch neue Wirkungen trauriger Ursachen? Wo ist denn deine Wesensnatur, die dich retten könnte, die deinen Geist befrieden könnte? Wo ist dein tiefer Brunnen, die Grundlage für großen Gleichmut, Durchblick und ein glückliches Leben?»

Aber all dies sagt Kyōzan nicht laut, sondern er wartet auf die Antwort des Mönches, was mit dem genannten Satz aus dem Sūtra gemeint ist. Der Mönch druckst herum, zögert und weiß nichts zu sagen. Er überlegt und sucht, aber eine Antwort fällt ihm nicht ein. Er sucht in seinem inneren Speicher, ob sich dort eine Antwort findet.
So sagt Kyōzan in seiner fiktiven Begebenheit zu dem fiktiven Mönch: «Nicht nur ist das karmische Bewusstsein endlos, sondern da fehlt dir auch noch die Basis, auf der du festen Stand gewinnen könntest.»
Damit sagt er: «Du Armer! Du schwimmst! In deiner raum-zeitlichen Seele ist immer noch ständig Erdbeben! Dir fehlt die Grundlage der Schau deines Selbstwesens, deiner Wesensnatur.»

Damit bestätigt er dem Mönch die Richtigkeit dieser Stelle in dem Buddhāvataṃsaka-Sūtra. Er weist ihn auf seinen eigenen Bewusstseinszustand hin, der an sich schon die Aussage dieser Stelle in dem Sūtra beweist. Das ist ein Glanzstück!

Meister Isan, dem diese Sache durch Kyōzan unterbreitet wurde, ist jedenfalls hell begeistert von der Möglichkeit, mit der sein Schüler seinerseits einen unsicheren Mönch behandeln würde. Dieser Mönch wüsste ja nun, dass er sich um festen Stand bemühen sollte, statt sich darauf zu beschränken, sich an schönen Sūtras zu berauschen.
Meister Isan sagte anerkennend zu seinem Schüler: «Oh, das ist wirklich gut!»

Ich selber würde diesen Satz noch etwas modifizieren:

«Nicht nur ist das karmische – wohlgemerkt das karmische – Bewusstsein bei den meisten Menschen der 7 Milliarden endlos, sondern da fehlt den allermeisten von ihnen auch noch die Grundlage, auf der sie festen Stand gewinnen könnten.»

Aber eine große Frage bleibt trotz allem: Was ist denn bei dieser Entgleisung des Geistes der Menschheit zu tun, liebe Zen-Schüler? Ich glaube, jetzt seid ihr gefragt!

38 • Rinzais «Wahrer Mensch»

Rinzai wandte sich an die Versammlung der Mönche und sagte: «Es gibt einen Wahren Menschen ohne Rang und Stand, der immerzu vor aller Augen kommt und geht. Wenn ihr Anfänger ihn noch nicht entdeckt habt, so schaut, schaut!»
Da trat ein Mönch vor und fragte: «Was ist dieser Wahre Mensch ohne Rang und Stand?»
Da stieg Rinzai vom Podium herab und packte den Mönch mit festem Griff.
Der Mönch schämte sich.
Rinzai stieß ihn fort und sagte: «Der Wahre Mensch ohne Rang und Stand – was für ein schmutziger Stock ist er doch!»

Der «schmutzige Stock» im Kōan-Text heißt im japanischen Original «Kanshiketsu» – «eingetrockneter Kotstock», meistens mit «Scheißstock» übersetzt, was mit der originalen Bedeutung am ehesten übereinstimmt. Aus Gründen des Anstands dürfen deutsche Kōan-Schüler statt der deutschen Übersetzung das japanische Wort «Kanshiketsu» verwenden, wobei das u am Ende nicht mitgesprochen wird. Das klingt für deutsche Ohren unauffälliger.
Japanische Zen-Schüler werden weniger geschont, obwohl auch im japanischen Wörterbuch das anrüchige Wort nicht zu finden ist.

Dieser Stock – jeder hat seinen eigenen – wird in Japan dazu verwendet, nach dem Toilettenbesuch die eigene Rückseite an der strapazierten Stelle zu reinigen. Neben der Toilette steht auch ein Eimer, in dem man diesen Stock nach Gebrauch oder auch nach Antrocknung weitgehend abkratzen kann. Zwischen zwei Verwendungen dieses «Kanshiketsu» vergehen meistens vierundzwanzig Stunden, in denen der Stock eintrocknet und sich in dem getrockneten Zustand natürlich auch besser wieder aufs Neue verwenden lässt. Unglücklicherweise vergisst manchmal ein Mönch, seinen eigenen Stock mitzubringen, und ist dann auf die Freundlichkeit eines anderen Mönches angewiesen, der ihm verständnisvoll seinen – Gott sei Dank längst eingetrockneten – Stock leiht. Danach darf der gebrauchte Stock ja auch wieder trocknen. Fernöstliche Hygiene – hoffentlich alter Zeit. Jemand, der es erlebt hat, sagt allerdings eben gerade im Vorbeigehen zu mir: «Nicht unbedingt, das machen die Mönche heute noch in den ländlichen Gebieten und an traditionellen Treffpunkten so.»

Wir ziehen es vor, den «Kanshiketsu» zu übersetzen mit «schmutziger Stock» oder «Schmutzstock». Der Fantasie sind allerdings keine Grenzen gesetzt, besonders bei Neulingen auf dem Weg.

Nun zur Begebenheit: Meister Rinzai gibt Teishō für seine Mönche. Er geht dabei nicht zimperlich mit ihnen um. Er sagt ihnen: «Es gibt einen wahren Menschen ohne Rang und

Stand, der immerzu vor aller Augen kommt und geht. Wenn ihr Anfänger ihn noch nicht entdeckt habt, schaut, schaut!»

Obwohl er seine Schüler «ihr Anfänger» nennt, liefert er ihnen aber auch gütig gleich das Rezept zu ihrer Rettung mit. Er sagt: «Schaut, schaut!» Das ist das Rezept zu ihrer Rettung. Sie sollten es ganz ernst nehmen, ebenso wie wir auch!

Sie sollen aufpassen, hell wach sein und hinschauen: Direkt vor ihren Augen kommt und geht der eigentliche Mensch, nicht das, wofür der Mensch sich seit jeher gehalten hatte, nein, sondern das Wesen, das er seit Ewigkeit ist!

Überall, wo ein Mensch auf Beinen herumläuft, da geht nicht bloß so ein biologisches Lebewesen herum, sondern dort geht der Wahre Mensch ohne Rang und Namen, das Geistwesen, das er von Ewigkeit zu Ewigkeit immer nur ist.

Dieses Wesen, das unser Sein ist, das unsere Identität ist, das unser ureigenes Bewusstsein ist, geht – wie Rinzai sagt – ein und aus, kommt und geht und bleibt doch immer nur, wo es seit jeher war. Es ist keiner Zeit und keinem Raum, keiner Begrenzung und auch keiner Eigenschaft unterworfen. All dies baut sich scheinbar und vorübergehend auf – und sinkt wieder nieder.

Der wahre Mensch, der wir seit unendlichen Weltzeitaltern sind und immer nur sind, hat sich angewöhnt, sich mit Eigenschaften und angelerntem Wissen zu umhüllen, mit Erinnerungen an Geschehnisse, angenehme und quälende, die er erlebt und in seinem Inneren abgespeichert hatte und die er für seine Identität hält. Alles, was er glaubt und hofft, besitzt und sich erarbeitet, hält er für seine Identität.
Aber all dies ist nicht seine Identität.

Früher habe ich einmal einen Mann gefragt: «Wer bist du?»
Er nannte mir seinen Namen, dann seinen Beruf, dann seinen beruflichen Rang, dann seine Nationalität, dann seinen Adelstitel, dann seinen Familienstand, dann seine Religion, dann sein geliebtes Hobby, seinen Doktortitel, dann beschrieb er mir sein Image, das er pflegte und für das er sich hielt – und so ging es weiter. Ich sagte zu jedem dieser Dinge, mit denen er sich identifizierte: «Nein – nein – nein – nein – ...» und so weiter. Denn all dies ist austauschbar. Irgendwann war es entstanden. Was aber entstanden war, ist austauschbar, ist auch dem Untergang geweiht und löst sich eines Tages in Nichts auf.

Stand und Rang – so etwas löst sich auf, und oft dauert das gar nicht lange. Es verpufft.

Der Mann wurde immer stiller, und dann saßen wir eine ganze Weile schweigend zusammen, und schließlich sagte er leise: «Ich stehe vor dem absoluten Nichts.»

Ja, so ist es. Absolut – das heißt, wir sind mittendrin im Absoluten, wir sind es selbst, das absolute Nichts. Wir bestehen aus Nichts, wir sind Nichts. Und das ist das Wahre, das Ewige, das Grenzenlose und Unzerstörbare. Es ist die Unsterblichkeit. Es ist die Unendlichkeit. Dieses ist es, was wir sind. Wir waren immer schon die Unendlichkeit, und wir werden niemals etwas anderes sein.

Woher wissen wir das? Nun, es ist eigentlich das Einzige, was wir wirklich wissen können, aber nicht im Sinn von Angelerntem. Vom Angelernten können wir viel in uns hineinstopfen, aber das ist alles austauschbar und vergänglich. Das ist kein wahres Wissen.

Die Unendlichkeit ist unser Wahres Wesen, das unvergänglich ist. Dies kann und sollte uns auch klar und deutlich aufgehen.

«Schaut! Schaut!», sagt Rinzai. Unser Wahres Wesen ist das Einzige, was wir wirklich und unveränderbar, unwandelbar sind und sind und sind und immer nur sind. Es gibt nichts anderes.
Dieses sagt Rinzai mit seinem «Schaut, schaut!»

Schauen und sehen, was ist, wahrnehmen, was ist, erfahren, was ist – das geht nur jetzt und immer nur jetzt! Schauen, was ist, können wir nicht morgen oder gestern oder in einem halben Jahr und auch nicht in unzähligen Weltzeitaltern! Rinzai sagt nicht: «Ihr werdet schauen!», und er sagt auch nicht: «Bemüht euch, nächste Woche einmal zu schauen!» Er sagt auch nicht: «Schaut vorgestern einmal nach!», sondern er sagt: «Schaut, schaut, damit ihr den Wahren Menschen ohne Rang und ohne Stand entdeckt!» Um sie anzufeuern, sagt er sogar: «Ihr Anfänger, schaut, schaut und entdeckt euren ureigenen Wahren Menschen, der ihr seid!»

Ach, welche Befreiung das dann ist, wenn der Wahre Mensch sich selbst, den Wahren Menschen, entdeckt! Welche Freude das ist! Ja, dann entdeckt der Wahre Mensch, dass er selbst die unendliche und unbeschreibliche Freude ist, und niemals war er so wirklich wie jetzt, da er sich selbst, das Wahre Wesen, entdeckt. Der so Erfahrende entdeckt aus seiner eigenen Unendlichkeit wieder, dass er eigenschaftslos und in völliger Freiheit einfach und schlicht nur der Wahre Mensch ist.

Noch einmal: Alles, was geworden ist, vergeht wieder. Was aber niemals angefangen hat, kann auch nicht vergehen. Das Nicht-Entstandene ist das Unsterbliche.
Dieses ist der Wahre Mensch.

Ja, kommt und geht der Wahre Mensch denn nun vor aller Augen ein und aus, wie Rinzai sagt? Natürlich! Geht ihr nicht ständig ein und aus? Außerdem ist es aber auch so, dass der Wahre Mensch schon längst da ist, wohin er geht. Das Wahre Wesen kommt und geht nur scheinbar, weil nur seine irgendwann vergehende körperliche Gestalt kommt und geht, woher sie kommt und wohin sie geht, aber nicht das Wahre Wesen geht irgendwohin. Wir gehen dorthin, wo unsere Wahre Identität immer schon war. Nur scheinbar sind Zeit und Raum. Für unsere physische Manifestation allerdings, die Abläufen, Prozessen unterworfen ist, entstehen Zeit und Raum, indem wir von irgendwo herkommen und irgendwo hingehen. Ja, aber dann, o Wunder, wenn wir richtig schauen, entdecken wir, dass wir schon längst dort sind, wohin wir gerade kommen. Dort warte ich seit Ewigkeit schon auf mich!

Es ist wie beim wohlbekannten Hasen und dem wohlbekannten Igel. Die beiden machen Wettläufe. Und obwohl der Hase der große Renner ist, steht am Ziel der Igel schon längst da und wartet auf ihn. Wenn der Hase dann schnell zurückläuft und wieder am Anfang ankommt, sieh da, dort steht der Igel auch schon längst und wartet auf den Hasen.

Das Ein- und Ausgehen kann man auch mit zwei nebeneinander oder übereinander befindlichen Kreisen wie denen einer Mandorla vergleichen, dem Kreis der Form, der Welt, und dem Kreis der Leerheit, des Nichts. Befinden wir uns im Kreis der Welt, sind da die vielen ausgeformten Dinge. Befinden wir uns aber im Kreis der Leerheit, so ist da gar nichts – außer Sein, das nichts als das göttliche Nichts ist. Dies aber ist die totale Bewusstheit und keine Bewusstlosigkeit. Springen wir nun von einem Kreis in den anderen Kreis und wieder zurück, so erfahren wir – entsprechend der Tiefe und Qualität unserer Wahrnehmung –, die Wirklichkeit einmal so und einmal so.

Das aber ist noch nicht, noch nicht das Letzte und Endgültige an menschlicher Entwicklung auf der Erde. Erst wenn die beiden Kreise einander ein bisschen oder sogar weitgehend überdecken und wir uns genau in dieser Überdeckung befinden, so erfahren wir die Welt der Form und die Welt der Leerheit als ein und dieselbe. Da sind alle Dinge leer und doch ausgeformt. Alle ausgeformten Dinge und Wesen der Welt sind nichts als immer nur leer. Wenn die beiden Kreise einander ganz und gar überdecken, ist unser Zustand der tiefen und tiefsten Erfahrung dauerhaft und stabil.
In diesem Zustand ist auch zwischen beiden Ebenen überhaupt kein Unterschied. Und natürlich sind dann auch keine zwei Kreise mehr da.
Gut ist auf jeden Fall, immer schon dort zu sein, wohin wir gehen. Wir sind es ohnehin, aber die Erfahrung dessen ist notwendig für einen Schüler auf dem WEG.

So sind wir, das Wahre Wesen, also immer schon da, wohin wir auch kommen.
Dies, liebe Leute, ist wahrnehmbar! Ihr müsst nur euren Wahren Menschen entdecken, nämlich denjenigen ohne Rang und Stand, ohne Namen, Bedeutung und Wichtigkeit – dann seht ihr es. Dann seid ihr zu Hause angekommen, dort, wo ihr, das unendliche Wesen, immer schon seid.

Da kommt ein Mönchlein nach vorn zu Meister Rinzai und fragt höflich: «Was ist dieser Wahre Mensch ohne Rang und Stand?»

Er meint es ernst, und Rinzai gibt ihm alles! Er packt den Burschen fest und kraftvoll. Er will aus ihm das Sehen, das Schauen herausschütteln, aber der Mönch missversteht ihn. Er glaubt, der Meister beanstande die Frage, was der Wahre Mensch ohne Rang und Stand sei. Nein, Rinzai möchte, dass der Mönch sieht, was ist, dass er sich selbst, sein Selbst, sein Wahres und grenzenloses Wesen sieht, dass er erkennt, dass er sich noch nie irgendwo anders befand als zu Hause in seiner Heimat.
Aber – leider – der Mönch schämt sich! Er glaubt, er hat einen Fehler gemacht. Ach, wie traurig! Er hat die Chance nicht gesehen!

Meister Rinzai stößt ihn wieder von sich fort – das ist ein zweiter Rettungsversuch – und sagt bedauernd: «Der Wahre Mensch ohne Rang und Stand – was für ein schmutziger Stock er doch ist!»
Ob der Mönch es wohl da erfasst hat? Denn auch ein schmutziger Stock ist ES.

Ja, der Mensch ist das Wahre Wesen, und er ist ausgeformt, und er ist auch alle Welten über Welten dazwischen. Er wühlt im Dreck und ist doch selbst die Unsterblichkeit! Es gibt nichts, was er nicht ist.

Ob der Mönch da endlich sein Geistauge öffnen konnte? Vielleicht sollte Rinzai ihn bei einer neuen passenden Gelegenheit noch etwas fester packen, um ihm das Auge zu öffnen.

Liebe Freunde, werdet nicht matt und schlapp auf dem Weg, sondern seid – am besten bei Tag und bei Nacht – wachsam, und öffnet euer Geistauge! Seht, was ist – von jetzt zu jetzt zu jetzt ...
Euer WEG ist existenziell, wo auch immer ihr euch befindet und was auch immer ihr tut.

39 • Jōshūs «Wasch deine Essschale»[109]

Ein Mönch fragte Jōshū: «Gerade ist dieser Schüler erst in dieses Kloster eingetreten. Er bittet den Meister um einen Fingerzeig.»
Jōshū fragte: «Hast du schon deinen Reisbrei gegessen?»
Der Mönch antwortete: «Ja, ich habe schon gegessen.»
Jōshū sagte: «Dann geh deine Essschale auswaschen!»
In dem Augenblick erlangte der Mönch eine gewisse Erleuchtung.

Viele Menschen auf der Erde, die sich mit den Texten des Zen, also auch den Kōan-Texten befassen, sie vielleicht auch übersetzen, sie gar kommentieren, vielleicht weil sie Gelehrte der asiatischen Sprachen sind, glauben, wenn sie sich in dieses Kōan vertiefen, Jōshū würde dem suchenden Mönch die Antwort verweigern. Er würde von der Bitte des Mönches ablenken.
Kōan-Schüler auf dem Weg erkennen aber bei der Arbeit mit diesem Kōan, dass Jōshū dem Mönch hier die allertreffendste Antwort gibt. Noch klarer und deutlicher könnte Jōshū dem fragenden und bittenden Mönch keinen Fingerzeig geben!
Jōshū[110] meint nicht etwa: «Wasch erst deine Schale, ehe du hier von mir Unterweisung haben willst!», sondern seine Antwort *ist* die Unterweisung.
Der Mönch erfasst es! Sein Geist klärt sich ihm. Er merkt: «Ah, das ist es!»

In dem Augenblick, in dem ein Mensch die Wirklichkeit in ihrer ganzen Tiefe erfasst, so wie sie ist, verändert sich sein Inneres. Er rutscht auf eine andere Wahrnehmungsebene als seine bisher alltägliche und ihm vertraute. Er ist damit noch nicht automatisch ein Erleuchteter, und die frische Erfahrung löst sich auch wieder auf, der Mensch hat aber vielleicht wie dieser Mönch «eine gewisse» Erleuchtung erlebt.

Auch wenn der Mönch, wie es genau heißt, zum ersten Mal «eine gewisse Erleuchtung erlangte», ist er noch lange kein Erleuchteter. Seine Erfahrung war vielleicht noch nicht sehr tief und durchschlagend, den Geist klärend, den inneren psychischen Bewusstseinsspeicher (mano viññāṇa dhātu) reinigend und ihm eine überzeugende und dauerhafte Schau des WESENS DER WELT und des eigenen Wesens bescherend. Die Wirkung seines Durchblicks war möglicherweise erst eine deutliche Ahnung, dass es nur so sein kann, wie es auch ist, und nicht anders. Das ist auch schon ganz wichtig und hilfreich.

Diese Ahnung wird von vielen Zen-Meistern bereits als Satori gewertet. Der Schüler ist sich auch in dem betreffenden Augenblick der Sache vollkommen sicher. Manchmal passiert es aber, dass ein Schüler später zu zweifeln beginnt und den Eindruck hat, dass die Tür zur

109 Vgl. *Mumonkan*, Nr. 7.

110 Jōshū Jūshin, chin. Zhaozhou Congshen (778–897).

reinen Einsicht wieder verschlossen ist. Vielleicht hat er zu viel über sein kleines Satori herumgeplaudert – bei Kollegen, bei Freunden, beim kritischen Ehepartner, ja, bei der Nachbarin. Das kommt leider öfter vor. Davon wird dringend abgeraten, denn man macht sich die Zartheit, die Heiligkeit und die fortschreitende sehr wichtige Wirkung dieser Erfahrung kaputt. Nicht jeder Mensch, der eine solche Schilderung hört, kann damit umgehen. Ja, sogar einige unerfahrene Kursleiter sagen, da wäre doch nur das Ego in Aktion. Besser ist es, man kann zu seinem vertrauenswürdigen Lehrer ins Dokusan gehen und ihm die Erfahrung anvertrauen, damit sie geprüft werden und die weitere Übung aufgezeigt werden kann. Jesus hat einmal gesagt: «Werft eure Perlen nicht vor die Säue!» Weise, weise!

Aber nun wieder zu dem Mönch zurück!
Als Meister Jōshū zu ihm sagt: «Geh deine Schale auswaschen!», erfasst der Schüler sofort, dass dieses der Fingerzeig ist, um den er gebeten hatte, und er bekommt eine Einsicht. Im Waschen der Schale beweist sich das Wesen der Welt, beweist sich die eigene Wesensnatur. Ja, im Waschen der Schale erfährt der die Schale Waschende sich selbst als das Waschen, als die Schale, und da gibt es keinen Unterschied. Es existiert nur noch Waschen. Schon diese kleine Erfahrung ist mit einer großen Freude verbunden, die alle Gefühle und Empfindungen übersteigt. Es ist ein nicht zu beschreibender Seins-Zustand. Solche Seins-Zustände können sich zart und andeutungsweise zeigen, aber auch sehr tief und bis in die Unendlichkeit reichen. Nun, manchmal – beim Waschen einer Schale – erfährt der Übende den Anfang der Welt, das Ende der Welt und die Welt als ein und dasselbe in einem winzigen Augenblick. Und dieser Augenblick ist seine wahre Identität, er selbst. Wie könnte jemand diese Erfahrung beschreiben?

Nun, wie auch immer es um diesen Mönch und seine «gewisse Erleuchtung» stand, er war auf einem zuverlässigen, stabilen Weg bei einem äußerst fähigen, starken Meister.

Aber nun noch einmal zurück zu Jōshūs Antwort an den Mönch! Auch die Worte: «Wasch deine Schale!» können dem Mönch eine Erfahrung auslösen. Gemeint ist: Das Hören der Worte ist es! Nicht der Inhalt der Worte muss das sein, aber der Rhythmus der Sprache, die Stimme, die Melodie der Stimme, der Atem dabei, der ernsthafte Blick des Jōshū, die Bewegung seiner Hand. Noch viel deutlicher: Nicht all dies ist es, sondern des Mönches Wahrnehmung dessen löst ihm die Erfahrung aus! Nicht jemand nimmt etwas wahr, sondern dieser «Jemand» – hier der Mönch – ist selbst die Wahrnehmung von Jōshūs Antwort und das wahrgenommene Objekt. Was geschah dort? Der Wahrnehmende, der Vorgang der Wahrnehmung und das wahrgenommene Objekt sind ein und dasselbe – sind der Mensch in dieser Erfahrung. Er ist es sowieso, er ist eins damit und so mit allem, aber in der Erfahrung kriegt er es auch noch mit! Erst dann kann es Erleuchtungserfahrung genannt werden. Und dieses ist das Kenshō, die Selbstwesensschau, die sofort ins Satori mündet. Auf diese Weise zu sehen, ist umfassend bis allumfassend, frei von Fehlern, Irrtümern, wahnhaften Un-Wahrnehmungen und Täuschungen. Hierbei wird nicht in das MVD (mano viññāṇa dhātu) gegriffen.

Der Mönch erfuhr also mindestens ein «gewisses» Satori. Das war ein guter Anfang für ihn in Meister Jōshūs Kloster.
Was hat nun die ganze Geschichte mit uns zu tun? Ganz einfach: In vollständiger Sammlung – und schließlich ist jeder hier geübt – sich vollständig zu sammeln, nehmen wir ohne Ablenkung wahr, was gerade ist, so wie es ist, und werden eins damit. Unser tägliches Leben ist von morgens bis abends eine herrliche ununterbrochene Zen-Übung! Unser Lebensweg ist unser spiritueller Weg. Unsere Monate und Jahre sind ein endlos langes, glückseliges Sesshin. Es ist immer, immer von morgens bis wieder morgens JETZT. Wie ihr hier sitzt, ist nur jetzt. Jetzt sitzt ihr hier. Jetzt nehmt ihr wahr.
So ist auch zu Hause und in der Arbeit, auf der Straße und im Bett immer nur jetzt. Wenn ihr draußen seid, untersucht die Sache: Ist auch auf der Straße jetzt? Natürlich! Kommt immer wieder zurück zum JETZT! Das ist – nebenbei – auch eine große Erholung für den menschlichen Geist.

Wie also zeigt ES sich jetzt? Was kann denn dieses JETZT sein?
Nun, das Rauschen, Sprudeln und Gurgeln unseres Bächleins, der Gründlach, neben unserer Wiese,
der Mond, der morgens milchig trüb durch den Wolkenschleier schimmert,
das Lied von Herrn Amsel,
das Klappern der Tastatur des Computers,
das Trommeln des Regens auf die Fensterbretter,
das Ausräumen der Spülmaschine,
das Umrühren der Spaghetti im Kochtopf,
der heiße Wasserdampf auf dem Gesicht,
das Dudeln des Telefons,
eine geöffnete Knospe,
das schmerzende Knie,
eine Melodie, die durch ein offenes Fenster auf die Straße dringt,
ein kleiner heulender Hund,
ein Hubschraubergebrumm,
das Windrauschen im Baum,
das Treiben der Wolken,
das Säuseln im Heizkörper,
das grün-golden blitzende Sonnenlicht in einer Baumkrone,
eine Tasse springt in Scherben ...

welche Vollkommenheit in all dem!
Wahrnehmen müssen wir es nur noch!
Wahrnehmen – immer jetzt, immer nur jetzt, immer wieder und wieder nur jetzt!

So ist übrigens auch die Übung mit Mu: Immer nur Mu, immer jetzt Mu, bis wir Mu geworden sind.

Nichts wollen, nur absichtslos wach sein, so entdecken wir unser ureigenes SEIN!

Unmon fragte Kenpō: «Darf ich dich etwas fragen?»
Kenpō antwortete: «Hast du diesen alten Mönch hier schon einmal aufgesucht?»[111]
Unmon sagte: «Wenn du mich so fragst, muss ich wohl zugeben, dass ich damit zu spät dran bin.»
Kenpō sagte: «Ist das so? Ist das so?»
Darauf sagte Unmon: «Gerade wollte ich sagen: ‹Ich bin Fürst Weiß!›, nun aber stelle ich fest, dass es hier außerdem auch noch einen Fürst Schwarz gibt!»

Vorweg erst einmal, was es mit dem «Fürst Weiß» und «Fürst Schwarz» auf sich hat. In anderen Übersetzungen heißt es nur «Weiß» und «Schwarz» oder auch «Weißkopf» und «Schwarzkopf». Damit geht aber der Sinn von dem Kōan verloren, denn tatsächlich gab es einen Fürst Weiß. Der Name ist hier ins Deutsche übersetzt, aber so haben wir auch mehr Vergnügen daran. Der historische Fürst Weiß war ein Gauner. Ob er außerdem auch noch ein echter Fürst oder nur ein Hochstapler war oder nicht, ist mir nicht bekannt. Aber auch echte Fürsten können ja Gauner sein. Über so manchen Ganoven im alten China wurde kopfschüttelnd gesagt: «Er ist doch so ein richtiger Fürst Weiß!», und das hieß dann: «Was dieser Mensch doch für ein Gauner ist!» Einen historischen Fürsten Schwarz gab es allerdings nicht, sondern in dieser Begebenheit unseres Kōans wird jemand, der noch viel schlimmer, viel ganovischer als der alte Fürst Weiß es war, als Fürst Schwarz bezeichnet.

Aber wieder zu Kenpō[112] und Unmon[113] zurück!
Dieses ist ein Dharma-Gefecht. Ein Dharma-Gefecht ist eine Art Austausch zweier Personen, die in diesem Wortwechsel ihre tiefe Einsicht in das Wesen der Welt demonstrieren. Wenn aber ein westlicher zen-begeisterter Mensch diesen heutigen Kōan-Text liest, versteht er überhaupt nicht, dass es hier um ein Dharma-Gefecht geht. Er liest einen ganz anderen und unzutreffenden, abwegigen Inhalt aus den Worten der beiden Meister heraus.
Zen-Erfahrene, vor allem Meister und Zen-Mönche, haben Vergnügen an Dharma-Gefechten. Sie nutzen jede Gelegenheit hierfür aus. Sie erkennen ein Dharma-Gefecht als solches. Jedenfalls betrifft diese Tatsache fernöstliche Zen-Leute oder Westler mit Zen-Erfahrungen, die auch schon auf den Geschmack eines hinreißenden Dharma-Gefechtes gekommen sind.

Bei einem klassischen Dharma-Gefecht zwischen zwei Zen-Meistern, das in Japan auch schon mal in der Öffentlichkeit, zum Beispiel im Rundfunk oder Fernsehen, stattfindet, kommt es nicht darauf an, dass einer siegt, sondern dass jeder der Dharma-Krieger während des ganzen Gefechts im Zustand des vollkommenen Einsseins bleibt, ohne herauszufallen

111 Kenpō meint mit dem «alten Mönch» sich selbst.

112 Esshū Kenpō (gesprochen: Kempō), chin. Yuezhou Qianfeng (Daten unbekannt).

113 Unmon (gesprochen: Ummon) Bun'en, chin. Yunmen Wenyan (864–949).

oder sich verunsichern zu lassen. Er ist also fest auf seinem Stand. Wird aber doch einer von den beiden herauspurzeln? Alle Zuhörer sind gespannt, und am nächsten Morgen steht das Ergebnis in der Zeitung.

Ich erzähle euch von einem Dharma-Gefecht, das sich früher einmal aus einem Gespräch zwischen einer Freundin, einer Zen-Meisterin, und mir entwickelt hatte. Sie war mit dem Zug gekommen, und ich hatte sie vom Bahnhof abgeholt. Sie wollte über Nacht bei mir bleiben und danach weiterreisen. Wir hatten oben unter dem Dach einen gemütlichen Raum, den wir als Zendō verwendeten, aber auch als Schlafzimmer für Gäste.
Der Raum hatte keine Möbel, sondern nur einen Teppich, auf dem viele zusammengelegte Decken aufeinandergestapelt lagen.

Ich wollte meiner Freundin – sie hieß Ludwigis – aus einer flachen Matratze, aus Kissen und Decken ein schönes kuschliges Bett bauen, aber sie sagte: «Ich habe in Asien auf dem Fußboden geschlafen. Ich vertrage keine Betten. Mir genügt eine Wolldecke.»
Ich hielt gerade eine leichte Daunendecke im Arm, und sie erklärte nachdrücklich: «Ich mag keine Federbetten!»
Ich sagte: «Du hast Recht: Die armen Gänse!»
Sie sagte: «Es gibt keine Gänse!»
Und während ich ihr das Federbett vor die Füße warf, sagte ich: «Es gibt keine Federbetten!»
Das war's. Alles klar? Niemand hat gewonnen und niemand hat verloren. Es ist alles klar.

Ja, gibt's nun keine Gänse? Nun, in dem Raum gab es keine Gänse. Aber es gab Gänsefedern, oder etwa nicht? Auf der äußeren Ebene, der Ebene von Raum und Zeit, der Ebene der Form, gab es also Gänse – irgendwo. Aber in der Letzten Wirklichkeit zählt keine rationale Logik, denn da sind alle Dinge leer, aus dem Nichts aufgetaucht und aus Nichts gebildet. Immer bleiben die Dinge nur Nichts. Da gibt's keine Gänse und keine Federbetten! Ludwigis hatte Recht! Aber hatte ich Recht, als ich ihr das Federbett ganz eindeutig vor die Füße warf und dazu sagte: «Es gibt keine Federbetten!», während doch ein Federbett durch die Luft und vor ihre Füße flog? Ja, ich hatte auch Recht. Wir hatten beide Recht. Mit dem gleichen Recht können wir aber auch feststellen: Niemand von uns beiden hatte Recht. Ja und Nein sind in der Letzten Wirklichkeit ein und dasselbe, wobei nur eines von beidem allein unwahr ist.

Das ist die Wirklichkeit! Landläufig nennt man das ein Paradox, und doch ist es nur so und nicht anders. Es ist die Basis für alles. Ludwigis und ich waren uns absolut einig.
Ludwigis hatte eine starke Energie und den vollen Durchblick. Ihre Einsicht war tief und sicher. Ich hielt große Stücke auf sie. Auch wenn ich sie inzwischen viele Jahre nicht gesehen habe, bin ich ganz sicher, dass ihre Kraft von Jahr zu Jahr nur noch zugenommen hat. Sie ist eine gute und starke Zen-Meisterin.

Was ist nun ein Dharma-Gefecht? Das ist wie Pingpongspielen. Es geht hin, und es geht her. Beide Spieler sagen abwechselnd etwas, was nicht rational sein kann, weil es ein Wort aus der tiefsten Wirklichkeit ist. Die Ratio kommt dort nicht mehr hin. Genau genommen ist es außerhalb der Worte und außerhalb der Gedanken. Beides ist nicht nötig, sondern sogar überflüssig, um diese tiefste Wirklichkeit zu erfassen und zu zeigen. Worte, die dabei gemacht werden, sind nur – sozusagen – die Tonträger für das Eigentliche, das Wesentliche, nämlich das Wesen, auch wenn das Wesen ja keinen Tonträger benötigt. Aber es spielt, es spielt. Der Dharma zeigt sich in allem, was geschieht. Einer der beiden Dharma-Krieger macht ping, der andere macht pong, das geht hin und her: ping – pong – ping – pong – und so weiter, bis es genügt. Ein Dharma-Gefecht ist ein Pingpongspiel. Und beide Spieler sind zufrieden.

Wer das Pingpongspiel von Unmon und Kenpō liest oder hört, aber selber nichts über ein Dharma-Gefecht weiß, weil ihm die Einheitserfahrung noch fehlt, bekommt auch nichts davon mit. Jedoch ganz ohne irgendeine Gelehrsamkeit, aber mit einem tiefen und überzeugenden Kenshō, der Schau ins eigene Wesen, erfasst ein Mensch jedes echte Dharma-Gefecht.

Tatsächlich macht der WEG intelligent. Ja, auch der Intellekt kann sich weiten, kann sich selbst übersteigen, kann immer wieder den eigenen Rekord brechen.

Nehmen wir uns das Dharma-Gefecht der Meister Unmon und Kenpō vor!
Unmon kommt Kenpō besuchen. Die beiden Männer sehen sich zum ersten Mal. Unmon fragt ihn, scheinbar devot: «Darf ich dir eine Frage stellen?»
Gut.
Will Unmon wissen, ob der ehrwürdige Meister ihm erlaubt, eine Frage zu stellen?
Nein, Meister Kenpō will nicht wissen, ob der ehrwürdige Meister ihm erlaubt, eine Frage zu stellen! Ja, warum fragt er dann so etwas Überflüssiges? Nun, er sticht den ehrwürdigen Meister an. Das ist der erste Schlag des Gefechts!
Ist der ehrwürdige Meister nun geschlagen? Nein, mitnichten! Er ruht ganz in seinem Selbst. Er fragt seinen Besucher: «Hast du diesen alten Mönch hier schon einmal aufgesucht?»
Mit «diesem alten Mönch» meint er sich selbst. Erleuchtete Zen-Meister sprechen von sich selbst manchmal in der dritten Person. Sie haben keine Lust, immerzu «ich, ich, ich» zu sagen. Sie lassen ihr Ich aus dem Spiel.
Noch mal: Kenpō fragt: «Hast du diesen alten Mönch hier schon einmal aufgesucht?»
Ja, will Kenpō tatsächlich wissen, ob Unmon ihn schon einmal aufgesucht hat?
Nein, das will er überhaupt nicht wissen! Er weiß ganz genau, dass dieser Bursche, Meister Unmon, ihn noch niemals aufgesucht hatte, dass er jetzt gerade zum allerersten Mal hierher zu ihm gekommen ist, ja, dass er immer schon da ist, wohin er auch geht – und dass auch Unmon diese Tatsache klar ist!
Ja, warum fragt er dann so etwas Überflüssiges?
O, er schlägt den Ball, der mit einem «Ping» ankam, mit einem «Pong» zurück. Er ist nicht festzunageln.
Und so geht es weiter.

Unmon antwortet auf die Frage, ob er schon einmal dagewesen sei, mit: «Wenn du mich so fragst, muss ich wohl zugeben, dass ich damit zu spät dran bin!»
Hat er die Frage, ob er schon einmal da gewesen sei, beantwortet? Sagt Unmon wohl mit diesen Worten: «O lieber Himmel, ich hätte wohl schon früher kommen sollen!»?
Nein, das meint er nicht! Er ist niemals zu früh oder zu spät. Er ist immer nur da.
Oder entschuldigt Unmon sich, indem er so tut, als hätte er einen – irgendeinen x-beliebigen – Fehler gemacht, um ein bisschen vor dem ehrwürdigen Meister Kenpō zu kriechen und zu buckeln, aus lauter wohlerzogener Bescheidenheit sozusagen?
O nein, Meister Unmon kriecht nicht, er buckelt nicht, er demonstriert auch keine Demut, denn all dies entspricht nicht dem Charakter des berühmten Mannes. Aber – vielleicht könnte ja der ehrwürdige Meister Kenpō ein bisschen stolpern? Wäre das nicht nett? Konnte er ihn verwirren? Was wird er nun tun?
Auf Unmons spöttelnde Bemerkung: «Wenn du mich so fragst, muss ich wohl zugeben, dass ich damit zu spät dran bin», antwortet Kenpō: «Ist das so? Ist das so?»
Ach, ist das ein grandioser Hieb! Ganz bestimmt kann nun Unmon nicht sagen, ja, das sei so, oder, nein, das sei nicht so.
Und nun stellt Unmon voller Bewunderung fest: «Ich hatte gemeint, ich sei hier der große Gauner, aber du übertriffst mich noch bei Weitem!»
Ach ja, stimmt, er sagt es anders! Er sagt: «Gerade wollte ich sagen: ‹Ich bin Fürst Weiß!› Nun aber stelle ich fest, dass es hier außerdem auch noch einen Fürst Schwarz gibt!»
In diesem Fall heißt das: «Ich bin gut, weißt du, aber du bist besser! Du Gauner bist rabenschwarz!»
Damit gratuliert er ihm sehr freudig! Es ist die allerhöchste Anerkennung für einen mindestens Ebenbürtigen, wenn nicht sogar Stärkeren in diesem Gefecht.

Übrigens, in der Kōan-Übung trainiert der Schüler, seine Ratio ganz weit im Hintergrund zu lassen, keine Erklärungen, Rechtfertigungen oder Entschuldigungen zu geben, warum er dies tut, will, kann, warum er das tut, will oder kann – oder nicht kann.

Nur SEIN ist angesagt.

41 · Rakuho auf dem Sterbebett

Als Rakuho im Sterben lag, wandte er sich an die versammelte Mönchsgemeinde und sagte: «Da gibt es eine Angelegenheit, zu der ich euch heute alle befragen möchte: Wenn ihr sagt: ‹Ja, so ist es!›, setzt ihr einen zusätzlichen Kopf auf euren eigenen Kopf oben drauf. Wenn ihr aber sagt: ‹Nein, so ist es nicht›, dann sucht ihr nach dem Leben, indem ihr euch den Kopf abschneidet.»

Der Hauptmönch auf seinem Ehrenplatz sagte: «Der grüne Berg hebt ohne Unterlass seine Beine; du brauchst nicht bei Tageslicht eine Laterne herumzutragen.»

«Wie bist du darauf gekommen, es so zu sagen?», fragte Rakuho.

Da trat ein Mönch mit Namen Genjō, der ebenfalls auf einem Ehrenplatz saß, herunter und sagte: «Ich bitte dich, Meister, frage nicht jenseits dieser beiden Wege nach dem Dharma!»

«Das genügt noch nicht – sag noch etwas mehr!», sagte Rakuho.

«Ich kann es aber nicht vollständig sagen!», gab Genjō zur Antwort.

«Es macht mir nichts aus, ob du es vollständig sagen kannst oder nicht», sagte Rakuho.

«Ich fühle mich wie ein Diener, der es nicht versteht, seinem Meister eine anständige Antwort zu geben», sagte Genjō.

An diesem Abend rief Rakuho den Genjō von dessen Ehrenplatz herunter zu sich und sagte zu ihm: «Deine heutige Bemerkung enthielt einen wichtigen Punkt. Du musst verwirklichen, was unser alter Meister sagte:

‹1. Es sind keine Dinge[114] vor den Augen.
2. Das Bewusstsein ist vor den Augen.
3. Es ist nicht der Dharma vor den Augen;
4. Es kann nicht erreicht werden durch Augen und Ohren.›

Welcher Ausdruck[115] ist der Gast und welcher Ausdruck ist der Hausherr? Wenn du das unterscheiden kannst, werde ich dir die Schale und die Robe übertragen.»

«Ich verstehe es nicht», sagte Genjō.

«Du musst verstehen!», sagte Rakuho.

«Ich verstehe es wirklich nicht!», sagte Genjō.

Rakuho stieß ein «Katsu!» aus[116] und sagte: «Miserabel! Miserabel!»

114 «Dharmas» mit der Bedeutung «Dinge».

115 Ergänze: in diesen vier Sätzen.

116 Vermutlich. Er gab eine wortlose Äußerung von sich, die nicht näher bezeichnet ist, und von der man vermutet, dass es ein «Katsu» war mit der Bedeutung: «Es ist nicht in Worten auszudrücken.»

Ein anderer Mönch fragte: «Was würde denn Euer Ehrwürden gern sagen?» «Das Boot des Erbarmens konnte nicht über klare Wellen gleiten. Da ist es verlorene Mühe, die hölzerne Gans[117] *ins Tal hinabzulassen», sagte Rakuho.*

Dieses Kōan ist eine lange Geschichte. Dafür, dass sie «Rakuho auf dem Sterbebett» heißt, ist der alte Meister sehr vital und beweglich. Ja, so geht es Menschen, deren Geist hellwach ist und die bis zum letzten Augenblick durchblicken und wissen, was ist. In der heutigen Begebenheit liegt zwar Meister Rakuho auf dem Sterbebett, stellt seiner Mönchsgemeinde aber immer noch spirituelle Aufgaben und gibt brillante Dharma-Unterweisung zur Sache. Das Thema betrifft durchaus nicht den sterbenden Rakuho, obwohl die Überschrift nicht zum Inhalt passt. Es ist, als würde Rakuho ausdrücken, dass die Überschrift das Thema verfehlt hat – oder auch, dass Rakuhos Sterben eben so und nicht anders stattfindet.

Gehen wir es an!

Rakuho[118] – am Ende seines irdischen Lebens – ruft seine Mönche zusammen und kündigt ihnen eine Frage an, die er ihnen allen stellen möchte. Er deutet an, dass, um welches Faktum auch immer es gehen mag bei seiner Frage, Folgendes gilt: «Wenn ihr zu welchem Faktum auch immer mir bestätigend sagt: ‹Ja, so ist es!›, setzt ihr einen fremden Kopf auf euren eigenen Kopf oben drauf. Wenn ihr aber im Gegenteil sagt: ‹Nein, so ist es nicht!›, dann sucht ihr das Leben, indem ihr euch den Kopf abschneidet.»

So sagt Meister Rakuho zu den Mönchen. Um das Gespräch für uns etwas verständlicher zu machen, verwenden wir hier einmal ein fiktives Beispiel, eines das sogar zum Titel des Kōans passt: Nehmen wir also an, Rakuho sagt: «Ich gehe nun bald aus diesem irdischen Leben fort. Wenn ihr – mir dieses Faktum bestätigend – sagt: ‹Ja, so ist es!›, setzt ihr euch einen fremden Kopf, nämlich meinen, auf euren eigenen oben drauf. Ihr bestätigt nicht etwas Eigenes, sondern nur meine Aussage. Ihr schmückt euch also mit fremden Federn, weil ihr keine eigenen habt. Wenn ihr aber stattdessen erklärt: ‹Nein, so ist es nicht!›, sucht ihr das Leben, die Realität, indem ihr lügt, meine Aussage negiert und euch euren eigenen Kopf abschneidet!»

Dasselbe könnte auch ein anderes Thema sein als: «Ich sterbe nun bald.» Meister Rakuho

117 In einigen Flüssen in China war es üblich, dass Bootsführer, die flussabwärts fuhren und wenn der Fluss dabei eine Enge passieren musste, zur Sicherheit ein Stück Holz, genannt eine «hölzerne Gans», vor dem Boot ins Wasser zu werfen und vorweg an ihrer Bewegung und Richtung zu prüfen, ob an irgendeiner Stelle eine Gefahr für das Boot bestehen könnte, zum Beispiel die Gefahr einer Kollision mit einem anderen Boot oder Schiff. Aber dieser Aufwand lohnte sich hier in der Kōan-Geschichte nicht, denn das «Wasser» war nicht fähig, das Boot zu tragen. Es war – hier im übertragenen Sinn – voller Schlick und Schlamm.

118 Rakuho Gen'an, chin. Luopu Yuanan, Daten unbekannt.

könnte gesagt haben, was immer er wollte. Um einen bestimmten Inhalt bei seiner Prüfung für die Mönche ging es ihm nämlich gar nicht, und höchstwahrscheinlich hat er auch kein Beispiel für den Umgang seiner Mönche mit seinen, Rakuhos, Worten gebraucht, sondern tatsächlich den Mönchen wie in diesem Kōan nichts weiter gesagt als: «Gebt mir nicht Recht und widersprecht mir auch nicht! In beiden Fällen seid ihr sonst nicht bei euch selbst. Ihr lehnt euch an meine Rede an, zustimmend oder negierend. Ja, was tut und sagt *ihr*, was erkennt und erfasst *ihr* aber selbst, jeder für sich, ohne woanders Anleihen zu machen, ohne euch die Weisheit eines anderen, oder was ihr dafür haltet, anzueignen? Wie reagiert ihr wahrhaftig und authentisch auf meine Worte?»

An dieser Stelle meldet sich der Hauptmönch, der auf einem besonderen Platz saß und eine allgemein geehrte Persönlichkeit in dem Kloster war, zu Wort. Er sagt: «Der grüne Berg hebt ununterbrochen seine Beine! Da man das doch mühelos wahrnimmt, ist es ganz überflüssig, bei hellem Sonnenschein eine Laterne herumzutragen, um *noch besser* zu sehen, was ist!»

Der Hauptmönch drückt mit dieser für uns Europäer etwas verschleiernden Bemerkung Folgendes aus: «Der schöne, grüne Berg da drüben lebt und lebt und lebt! Er ist ununterbrochen in Bewegung. Ja, er atmet, wie auch die Erde atmet. In Wirklichkeit steht er – wie alle Dinge – nie still. Er erfährt dauernd Wachstum und Untergang, Frühling, Sommer, Herbst und Winter. Die Pflanzen, die Vögel und anderen Tiere, die auf ihm wohnen, die Menschen, die dort herumwandern, leben nicht in Starrheit auf einem toten, kalten Stein. Ja, selbst der Fels, aus dem der Berg besteht, ist lebendig. Sein Gestein befindet sich in unmerklicher Schwingung und Bewegung. Er ist Veränderung unterworfen. Schau, wie der Nebel ihn einhüllt, wie das Wasser von oben aus der Quelle springt und den Stein abwäscht! Ist die Tatsache, dass der Berg seine Beine hebt, wie auch immer er das tut, nicht offen und klar wahrzunehmen? Hört dieser lebendig grüne Berg denn jemals auf, den Dharma zu beweisen? Ehrwürdiger Meister, da das Wesen der Welt so frei und direkt sichtbar ist, da es so offenbar ist, dass der Berg tanzt und vor Freude seine Beine hebt, ist es ganz überflüssig, dass du im Schein der Sonne deine Schüler mit einer trüben Funzellaterne zu erleuchten versuchst!»

Der Meister versucht, seinen Schülern die Irrtümer aus dem Hirn zu ziehen, und der Erste Mönch bestärkt ihn noch darin. Er feuert seinen Meister an. Meister Rakuho sagt zu den Mönchen, sie brauchen nicht Stellung zu nehmen zu dem, was er, ihr Meister, sagt. Sie brauchen nicht eine Meinung darüber zu haben. Sie brauchen sich nicht für «ja» oder «nein» zu entscheiden. Sie brauchen nicht in ihren Köpfen einen Lehrsatz zu formulieren und dann damit zu zeigen, wie gut sie auswendig gelernt haben, wie gut sie sind und wie pietätvoll, dass sie seine Aussagen ungeprüft wiederholen.

Das gilt auch für euch: Sagt nicht «ja», und sagt nicht «nein». Sagt nicht «gut», und sagt nicht «schlecht». Sagt nicht «das ist akzeptabel», und sagt nicht «das ist abzulehnen!» Vor allen Dingen – und das gilt auch hier für euch – wiederholt nicht immer wieder und euer Leben lang aus lauter Verlegenheit und Verzweiflung, was ein anderer euch vorgekaut hat! Redet euch nicht selber ein, was andere euch ins Ohr flüstern, sei der Weisheit letzter Schluss. Glaubt nicht, die mit dem Doktortitel wüssten es nur wegen des Doktortitels besser als ihr selber! Vielleicht kennen sie die Wirklichkeit ja *trotz* des Doktortitels!

Der Meister sagt also zu seinen Schülern: «Greift nicht nach dem von mir Vorgekauten und dem von mir Vorverdauten! Das ist nicht euer Eigenes!»

Der Erste Mönch vom Ehrenplatz ruft spontan: «Die Wirklichkeit ist doch offensichtlich! Wozu sie dann noch beleuchten?» Er sagt es wie beschrieben in Bildern, und das ist klar verständlich.

Meister Rakuho freut sich und fragt ihn: «Wie bist du darauf gekommen, es so auszudrücken?»

Wahrscheinlich öffnet der Mönch gerade den Mund, um zu antworten, als ein anderer Mönch namens Genjō, der ebenfalls auf einem Ehrenplatz neben dem Hauptmönch gesessen hatte, von dort herunterkommt und das Wort ergreift. Nun ist der Hauptmönch abgemeldet und kommt nicht mehr zum Zug. Schade, mich hätte interessiert, was er auf Rakuhos Frage geantwortet hätte. Statt seiner spricht nun aber Genjō und sagt sinngemäß: «Meister, ich bitte dich, frage doch nicht jenseits dieser beiden Möglichkeiten des ‹ja› und des ‹nein›!»

Er sagt damit: «Die Letzte Wirklichkeit besteht doch nicht darin, dass sie weder ist noch nicht ist, und sie besteht auch nicht darin, dass sie sowohl ist als auch nicht ist! Und so solltest du nicht so reden, wie du eben geredet hast, um die Schüler zu prüfen!» Genjō redet beinah so wie Nāgārjuna, ist euch das auch gleich aufgefallen? Jedenfalls meint er das, auch wenn seine Bemerkung an Rakuho noch unvollständig ist. Versenkt euch noch einmal in den Vierkantknoten des Nāgārjuna! Hier wiederhole ich für euch die entsprechende Formel:

Etwas ist (so)
Etwas ist nicht (so)
Etwas ist sowohl (so) als auch nicht (so)
Etwas ist weder (so) noch nicht (so)

Genjō sagt also schlicht: «Meister, frage doch bitte nicht jenseits dieser beiden Aussagen nach dem Dharma! – Sag nicht, sie sollen nicht sagen ‹ja, so ist es› oder ‹nein, so ist es nicht›!»

Was Genjō nicht sagt, wäre die Empfehlung an Rakuho, den Mönchen nahezulegen, sowohl zu bejahen als auch zu verneinen. Das aber, glaubt es mir, gibt die menschliche Sprache nicht her. Nur der schlaue Nāgārjuna hat es trotzdem so gemacht. Da aber unser Intellekt das nicht bewerkstelligen kann, weil sich im Denken «ja» und «nein» widersprechen, obwohl sie ein und dasselbe sind, wagt sich kaum einer auf dieses Glatteis – außer Nāgārjuna und seinesgleichen.

Aber wieder zurück zu Rakuho und Genjō.

Obwohl diese Worte des Mönches Genjō schon von einem gewissen Durchblick zeugen, möchte Meister Rakuho sie nicht zu schnell bestätigen. Tatsächlich ist die Sache auch noch nicht vollständig. So ganz reicht Rakuho die Bemerkung des Genjō nicht. Hat Genjō wirklich die klare Einsicht erreicht?
So sagt Rakuho zu Genjō: «Das genügt noch nicht – sag noch etwas mehr!»

Genjō ahnt zwar, was die Wirklichkeit ist, kann sie aber nicht in Worten erklären! Vielleicht liegt sein Fehler darin, dass er meint, er müsse eine Erklärung geben. Aber Erklärungen können niemals die absolute Wirklichkeit auch nur berühren. So antwortet Genjō dem Meister: «Ich kann es aber nicht vollständig sagen!»
Er weiß noch nicht, dass niemand es vollständig sagen kann, nicht einmal, wenn er den tiefsten Durchblick hat! Es ist nicht möglich, es vollständig zu sagen.

Nun, dem ehrwürdigen Rakuho ist es nicht wichtig, ob Genjō sich brillant oder eher ungeschickt ausdrückt. Er möchte nur sehen und hören, ob der Mönch tief genug durchblickt oder noch nicht. Er sagt zu Genjō: «Es macht mir nichts aus, ob du es vollständig sagen kannst oder nicht! Nur – rede!»
Genjō antwortet: «Ich fühle mich wie ein einfacher Diener, der nicht fähig ist, seinem Meister eine anständige Antwort geben zu können.» Schade, dass Genjō meint, es läge an seinem Unvermögen, durchzublicken.

Da hat nun der alte Meister Rakuho zwei auf dem Ehrenplatz sitzende Mönche von guter Fähigkeit, die Selbstwesensschau zu erfahren, und sie tun es auch annähernd, können dies aber nicht nachweisen. Sie können es nicht zeigen, nicht deutlich machen. Wie schade!
Meister Rakuho gibt sich jedoch noch nicht geschlagen. Der Meister bemüht sich um seine fähigen Schüler, die Anzeichen von Durchblick zeigen. An diesem Abend ist Genjō dran.

Der zweite Teil der Begebenheit

Am Abend ruft Rakuho den Genjō von seinem Ehrenplatz herunter zu sich. Er sagt zu ihm:

«Deine heutige Bemerkung enthielt einen wichtigen Punkt! Hoffentlich verstehst du diesen Punkt! Du musst ganz und gar verwirklichen, was unser alter Meister lehrte! Er sagte:

‹Da sind keine Dinge vor den Augen.
Das Bewusstsein ist vor den Augen.
ES ist nicht der Dharma vor den Augen.
ES kann nicht erreicht werden durch Augen und Ohren.›

Welcher Ausdruck in diesen vier Sätzen ist der Gast, und welcher Ausdruck ist der Hausherr? Wenn du das unterscheiden kannst, werde ich dir die Bettelschale und den Beutel übertragen.»

Der «Hausherr» und der «Gast», von denen Rakuho spricht, sind das Absolute und das Relative. Man kann auch sagen, das Subjekt und das Objekt. Man nennt sie auch die Leerheit und die Form, die WESENSNATUR und die vielen Dinge auf der Welt der Erscheinungen.
Das absolute Wesen, das absolute Subjekt, das Reine Sein, die Buddha-Natur in ihrer Nicht-Ausformung ist der Hausherr. Er wohnt immer in seinem Haus. Er ist immer der Herr. Er ist der Souverän. Er ist auch der Buddha, der, wie es in einem Kōan heißt, im Inneren des Hauses sitzt. Niemand und nichts kann ihn von dort vertreiben. Er ist das SEIN.

Die vielen abhängigen Dinge und Gegebenheiten in der Welt der Form, die kommen und gehen, die Objekte, die entstehen und wieder untergehen, sind der Gast. Der Gast ist nur zu Besuch, aber der Hausherr lässt es dem Gast gutgehen.
Oft glauben die Gäste aus ihrem brillanten Ego heraus, sie seien die Krone der Schöpfung, die Herren, die Wichtigkeiten, die man anreden müsste mit «Eure Wichtigkeit». Einige, die ein elefantöses Ego pflegen, leugnen die Existenz des Hausherrn, des Souveräns der Welt, auch wenn dieser den Gästen das Leben erst ermöglicht.

Wir alle sind also zu Gast beim göttlichen Hausherrn.
Die vier Verse, die Rakuho dem Mönch Genjō zitiert, sprechen vom Hausherrn und vom Gast, nämlich vom Absoluten und vom Relativen.
Wir sind aber auch in unserem tiefsten Wesen der Hausherr selbst ...
Rakuho verspricht dem Genjō: «Wenn dir klar ist, welches in diesen vier Sätzen unseres alten Meisters der Hausherr ist und welches der Gast, werde ich dir zum Zeichen meiner Dharma-Übertragung die Bettelschale und den Beutel überreichen», das heißt, er wird Genjō zu seinem Nachfolger erklären.

Genjō sagt: «Ich verstehe es nicht!»
Rakuho sagt: «Du *musst* verstehen!»
Genjō sagt: «Aber ich verstehe es wirklich nicht!»
Rakuho soll darauf eine starke wortlose Äußerung von sich gegeben haben, um Genjō in die Erkenntnis zu stoßen. Vermutlich hat er laut und wild «Ho!» gebrüllt, wie man es in China getan hat. Das entspricht dem japanischen «Katsu».
Jedoch – der durchschlagende Erfolg blieb aus. Genjō ist ganz jämmerlich zumute, und der Meister setzt auch noch eins drauf, indem er sagt: «Miserabel! Miserabel!»

Da fragt ein anderer anwesender Mönch den Meister: «Was würde denn Euer Ehrwürden zu der Angelegenheit sagen?»
Der Mönch ist etwas hinterlistig. Er versucht, den Meister ganz harmlos dazu zu animieren, doch versehentlich zu verraten, welche Aussage in den vier Sätzen des alten Meisters vom Hausherrn und welche vom Gast handelt. Vielleicht bringt der Meister ja noch etwas ganz Geniales so kurz vor seinem Tod daher! Ein Versuch kann ja nicht schaden!

Aber so leicht lässt sich der Meister, auch wenn er dem Tod nah ist, nicht hereinlegen. Er verrät nichts, nicht einmal in seinen letzten Stunden. Er antwortet: «Das Boot des Erbar-

mens konnte nicht über klare Wellen gleiten. Da ist es verlorene Mühe, die hölzerne Gans ins Tal hinabzulassen.»
Hier noch einmal die Anmerkung über die «hölzerne Gans» von oben:

«Hölzerne Gans»: In einigen Flüssen in China war es üblich, dass Bootsführer, die flussabwärts fuhren und wenn der Fluss dabei eine Enge passieren musste, zur Sicherheit ein Stück Holz, genannt, eine «hölzerne Gans», vor dem Boot ins Wasser zu werfen und vorweg an ihrer Bewegung und Richtung zu prüfen, ob an irgendeiner Stelle eine Gefahr für das Boot bestehen könnte, zum Beispiel die Gefahr einer Kollision mit einem anderen Boot oder Schiff. Aber dieser Aufwand – im übertragenen Sinn – lohnte sich hier in der Kōan-Geschichte nicht, denn das «Wasser» war nicht fähig, das Boot zu tragen. Es war – wieder im übertragenen Sinn – voller Schlick und Schlamm.

Der Schüler war in der beschriebenen Situation schüchtern, befangen, voller Prüfungsangst, Lampenfieber und mangelndem Selbstvertrauen. Hätte er doch sich selbst und ganz ohne Zweifelsucht vertraut! Er hatte es doch dicht unter der Haut!

Rakuho lässt die Sache fürs Erste auf sich beruhen. Ein Boot kann eben hier nicht fahren. Noch nicht.

Schauen wir uns die Sätze des alten Meisters einmal an! Die Frage ist klar. Die Antwort müsst ihr aber geben. Nur gerade so viel:

Der 1. Satz: «Da sind keine Dinge vor den Augen» heißt im Original: «Da sind keine Dharmas vor den Augen.» Tatsächlich gibt es nur einen Dharma, nämlich *den Dharma*. Der Dharma hat keinen Plural. Es gibt nicht *viele Dharmas*, und doch wird der Ausdruck «Dharma» auch im Plural gebraucht. Damit sind in diesem Fall die zehntausend Dinge der Welt der Erscheinungen gemeint. Aber warum werden sie manchmal gerade «Dharmas» genannt? Das ist so, weil jedes noch so winzige Ding, sogar ein Staubkörnchen, den kosmischen Dharma lehrt, ihn zeigt, ihn demonstriert! Ja, wir können ihn sehen, fühlen, anfassen, erkennen – und selber dieser Dharma sein, was wir ja ohnehin sind! So kann jedes kleine Wesen und jeder Gegenstand uns zum Meister werden, der uns den Dharma darlegt, und immer ist es nur der eine und einzige Dharma. Er zeigt sich in den vielen Formen und in allem, allem, was uns auf unserem WEG begegnet. Alles kann das Einssein zeigen! Alles kann ein Dharma-Tor sein – und ist es im Grunde!
Nun heißt der Satz: Da sind *keine* Dinge, *keine* Dharmas vor den Augen.
Kann inmitten der allerletzten und unzweifelhaften Wahrnehmung des Einsseins irgendetwas «vor unseren Augen» sein? Ich hier – das Ding dort –? Für den Erleuchteten ist das nicht möglich, denn er sieht überall das EINE SEIN, wohin er auch schaut. Ja, er ist es selbst! Es ist sein Seinszustand, sodass er nicht mehr dualistisch wahrnimmt. Wer ist das? Wer also nimmt keine von sich selbst abgetrennten Dinge vor seinen Augen mehr wahr? Der Hausherr oder der Gast? Wisst ihr es?

Der 2. Satz: «Das Bewusstsein ist vor den Augen.» Es wird hier vom *unterscheidenden Bewusstsein*, nämlich dem Saṃsāra-Bewusstsein, gesprochen, und damit ist das denkende,

aktive raum-zeitliche Bewusstsein gemeint – und dessen Auswüchse können nur aus unserem MVD[119] kommen, in welchem wir all unseren alten Schimmel abgespeichert haben, den wir irrtümlich für unsere kostbare Lebenserfahrung und gar für unser reines und wunderbares Bewusstsein halten. Dass dieses Bewusstsein oft verunreinigt ist durch Irrealität und Selbsttäuschung, wird uns erstaunlicherweise meistens nicht bewusst, denn diese Art des auf täuschende Weise ausgeformten Bewusstseins ist denkbar unbewusst. So geschieht es, dass wir den eigenen Schimmel vor unseren Augen sehen und nicht mehr wahrnehmen, was sich tatsächlich rein und klar hier an diesem Ort und aktuell jetzt befindet! Was dann vor unseren Augen ist, kann ich nur eine Fiktion nennen, ein Wahngebilde, eine Täuschung und Illusion. Es hat keinerlei Realität – außer die Realität von Wahnvorstellungen. So würde ich diesen 2. Satz formulieren: «Das Unbewusstsein ist vor unseren Augen.»
Wer nimmt das wahr, liebe Schüler, der Hausherr oder der Gast?

Der 3. Satz: «ES ist nicht der Dharma vor den Augen.» Der Dharma ist mitnichten vor den Augen. Zwar sind ES und Dharma nicht getrennt, aber wie kann sich ein Teil davon vor den Augen befinden? ES ist ein immerwährendes Hier-Jetzt, das unser eigenes Wesen ist. Das allerdings befindet sich nicht vor den Augen. Es ist ein Seinszustand. Wer aber erfährt so, der Hausherr oder der Gast?

Der 4. Satz: «ES kann nicht erreicht werden durch Augen und Ohren.» Wie wundervoll und wie wahr! Hier kann man nur aufatmen und sagen: So ist es! Das ist die Quintessenz! Wer nun glaubt, ES durch Augen oder Ohren zu erreichen, täuscht sich sehr. Wer es aber selbst wird, ist keiner Täuschung mehr unterworfen.

Liebe Leute, ob und an welcher Stelle in diesen Sätzen nun der Hausherr oder der Gast wahr- oder auch un-wahrnimmt, durchschaut ihr ganz genau. Die Antwort ergibt sich aus der Art der Fragestellung, ob der Meister nämlich fragt: «Wer erfährt es so?» oder ob er fragt: «Wer erfährt es nicht so?»
Seht ihr, die Sache mit dem «ja» und dem «nein» ist sehr vertrackt! Man kann sich heillos vertun. Letzten Endes aber bleibt die Wirklichkeit für sowohl den Hausherrn als auch den Gast immer nur die EINE WIRKLICHKEIT. Beide allerdings können diese Tatsache unterschiedlich erfahren, nämlich nur halb oder vollständig.

Für den Gast ist dieser selbst nur ein kleines und einsames Wesen unter vielen ihm gegenüberstehenden Wesen. Er sieht die Vielheit und die Trennung.
Für den Hausherrn ist die Welt EINS, denn er ist das EINE. Er lebt in vollkommener Harmonie.
Beide aber sind niemals voneinander getrennt. Darum Vorsicht, Vorsicht, liebe Lehrer und liebe Schüler, wenn ihr den Mund öffnet, um zu reden!

119 mano viññāṇa dhātu.

42 · Nanyōs «Wasserkrug»

Ein Mönch fragte den Kokushi[120] *Nan'yō Chū: «Welches ist der wahre Leib des Vaijrochana Buddha?»*
«Reich mir den Wasserkrug», lautete die Antwort des Kokushi. Das tat der Mönch.
«Stell ihn wieder zurück!», sagte der Kokushi.
Der Mönch fragte noch einmal: «Welches ist der wahre Leib des Vaijrochana Buddha?»
«Der alte Buddha ist schon längst gestorben», sagte der Kokushi.

Nan'yō Chū[121] – sein späterer Ehrenname war Chū-Kokushi, seitdem hieß er Nan'yō Chū-Kokushi – soll bis zum Alter von 16 Jahren kein Wort gesprochen und sich auch nicht vom Haus seiner Eltern entfernt haben. Als sich aber eines Tages ein Zen-Meister dem Haus näherte, lief er diesem entgegen, um ihn zu bitten, ihn, den Jungen, als Mönch zu ordinieren. Der Zen-Meister schickte den Jungen, den er als hochbegabt erkannte, zu Meister Huineng, dem 6. Patriarchen, dessen Dharmanachfolger Nan'yō Chū-Kokushi eines Tages werden sollte.
Nur widerwillig ließ Nan'yō Chū sich später vom chinesischen Kaiser Ming an den Hof berufen und den Titel «Lehrer der Nation» verleihen.

Ihr seht, auch weit entwickelte Menschen können widerwillig sein. Gerade sie können das! Sie möchten nicht etwas tun, wohinter sie eigentlich nicht stehen können, was sie nicht verantworten wollen, wovon sie nichts halten. Da Nan'yō Chū der persönliche Meister des Kaisers werden sollte, hoffte er vielleicht, der Kaiser möge dann aus dem Zen-Geist heraus sein Land weise regieren. Wie auch immer, schließlich wurde er «Lehrer der Nation».

Von ihm handelt das Kōan aus dem *Mumonkan*: «Der Lehrer der Nation ruft drei Mal», in welchem Chū-Kokushi seinem Diener-Schüler die vorhandene Einsicht in die WESENSNATUR bestätigt.

Den Nan'yō Chū fragte nun eines Tages ein Mönch: «Welches ist der wahre Leib des Vaijrochana Buddha?»
Vaijrochana Buddha (sein Name wird entweder mit cc oder mit ch geschrieben) war ursprünglich in der altindischen Mythologie ein Āsura, ein Dämon. Später wurden die Āsura auch als göttlich angesehen. Auch gab es «gute» Āsura, die in himmlischen Bereichen wohnten, und «schlechte» Āsura, die Widersacher der Götter waren. Im Buddhismus kümmerte und kümmert man sich zwar nicht sehr um die Āsura, aber Vaijrochana gibt es dennoch, hier aber als einer der fünf transzendenten Buddhas, dessen Name «Der Sonnen-

120 «Lehrer der Nation» oder «Landesmeister».

121 Nan'yō Echū (hier Chū abgekürzt), chin. Nanyang Huizhong (675–775).

gleiche» bedeutet. Dementsprechend sind seine Symbole die Sonne oder das Rad der Lehre.
Über Vaijrochana Buddha finden wir im *Lexikon der östlichen Weisheitslehren* folgende Information:
Um das 10. Jh. kam es im Mahāyāna-Buddhismus zu einer Erweiterung der Lehre der transzendenten Buddhas und ihrer entsprechenden Bodhisattvas. Es wurde ein höchster Buddha, der sog. Ādi-Buddha, eingeführt. Dieser gilt als das Absolute, die Personifizierung des Dharmakāya. Vaijrochana als erster der transzendenten (oder Dhyāni-) Buddhas wurde im Lauf der Entwicklung mit diesem Ādi- oder Ur-Buddha identifiziert.
In Japan wird Vaijrochana (jap. Birushana) als Sonnen-Buddha angesehen und bildet das Zentrum eines Systems, in dem die vier anderen Dhyāni-Buddhas wie Planeten um ihn kreisen. So, bis hierher diese Mitteilung aus dem Lexikon.

Um den Ur-Buddha, das Absolute Sein, kreisen also die anderen vier «transzendenten Buddhas». So stellt es vor allem die japanische Shingon-Schule dar. Es klingt beinah ein bisschen wie Götzendienst. Hoffentlich reißt mir jetzt niemand von der Shingon-Schule den Kopf ab.
Alle Wesen in allen Bereichen, materiell, feinstofflich oder unstofflich, haben nur durch das Absolute Bestand, können ohne diesen ihren Urgrund nicht sein. Und doch nimmt dieser Urgrund in ihnen immer wieder neu Form und Gestalt an.

In unserem Kōan fragt der Mönch seinen Lehrer, den Landesmeister Nan'yō Chū-Kokushi: «Welches ist der wahre Leib des Vaijrochana Buddha?»

Wie so oft fragen die Zen-Schüler scheinbar über Begriffe, Namen, Personen oder deren Bedeutungen, meinen damit aber immer nur in ihrer eigenen Tiefe die sehnsüchtige Frage nach der WESENSNATUR.
So meinte auch der Mönch nicht einen jenseitigen Buddha und auch nicht das Absolute, um welches alles andere kreist wie um einen Ort.
Er meinte auch nicht einen der Körper eines transzendenten Buddha, als er fragte: «Welches ist der wahre Leib des Vaijrochana Buddha?» Ob es ihm nun selbst ganz klar war oder nicht – er meinte seinen eigenen WAHREN LEIB.

Was ist dein eigener WAHRER LEIB?

Jeder Mensch hat nach der Auffassung des Buddhismus drei «Körper», ebenso wie die Welt drei Körper besitzt, die den drei Körpern des Menschen entsprechen. Die drei Körper, zusammen (auf Sanskrit) «Trikāya», heißen Nirmānakāya, Sambhogakāya und Dharmakāya, von denen letzterer der höchste, nämlich der Gipfel der menschlichen Entwicklung ist. Die drei sind jedoch Abstufungen in der Erkenntnis ein und derselben Wirklichkeit, die in wechselseitiger Beziehung zueinander stehen und ein Ganzes bilden. Sie sind auch nicht eigentlich, was wir unter «Körpern» verstehen – oder höchstens «Körper» im Sinn eines hoch entwickelten Wesens. Je nach Tiefe der spirituellen Entwicklung erfährt sich der Mensch als identisch mit der jeweiligen Ebene bis zum REINEN SEIN. Die Erkenntnis des

REINEN SEINS entspräche dem Dharmakāya. «Wenn der Dharma-Leib voll erwacht, ist nicht ein Ding», rezitieren wir im *Shōdōka*. Alle drei Buddha-Körper sollen verwirklicht werden, wie man es von einem Buddha sagt. In einem Buddha sind sie voll entwickelt.
Der Mönch nun fragt seinen Meister Chū-Kokushi: «Welcher der drei Körper ist der WAHRE LEIB des Vaijrochana Buddha?» womit er meint: «Wie kann ich meinen eigenen WAHREN LEIB erfahren? – Wie kann ich erfahren, wer oder was ich bin?» Er benutzt das ihm vertraute buddhistische Vokabular, das er zur Verfügung hat. Bei uns würde ein Schüler vielleicht fragen: «Wie kann ich erfahren, wer ich bin? Welches ist mein WAHRES WESEN?»
Der Mönch fragte nach dem Wahren Leib des Vaijrochana.
Ja, dieses zu erfahren, sind wir auf die Welt gekommen. Dafür wälzen wir zuerst tausend Bücher aus dem Hugendubel oder von Amazon, suchen Zauberer, Seher oder Heiler auf, machen Yoga oder Schwitzhütte, klappern diverse Gurus ab und kommen schließlich zum Zen-Meister. Dann besuchen wir Sesshin und praktizieren jahrelang den WEG.
Und wir erfahren in einem kostbaren Augenblick auch vielleicht, wer wir sind.

Der Mönch sehnte sich auch danach, als er den Kokushi um Hilfe bat. Auf seine Frage nach dem Wahren Leib des Vaijrochana Buddha gab der Kokushi die rettende Antwort. Ohne Vorbereitung und ohne weites Ausholen gab er dem Mönch gleich alles. Er gab ihm, ohne etwas zurückzuhalten, die komplette Erlösung. Er hielt sie ihm direkt vor die Nase! Er sagte: «Reich mir den Wasserkrug!»

Noch deutlicher und klarer konnte der Lehrer der Nation seine Lehre nicht mehr darlegen. Es ist immer das aktuelle Faktum, das selbst die tiefste Wirklichkeit demonstriert. Wasserkrug!
Aber der Mönch merkte nichts. Er konnte die Lehre des Meisters nicht annehmen. Er kriegte nichts mit. Er blieb im Sandkasten sitzen. Da er aber ein guter und ein ernsthafter und höflicher Mönch war, brachte er dem Meister den Wasserkrug.
Mit dieser Handlung demonstrierte er selber den Wahren Leib des Vaijrochana Buddha! Mit dieser Tat *bewies* er den Wahren Leib! In dem Augenblick vollendete er das Universum. Aber ach, der arme Mönch merkte es selber nicht.
Der Mönch war wie der Fisch im Wasser, der fragt: «Was ist das für eine komische Behauptung, ich würde im Wasser schwimmen! Ich möchte euch ja gerne glauben, aber kann es mir nicht einer von euch zeigen, dass ich im Wasser schwimme? Nirgendwo sehe ich Wasser!»
Der Mönch quälte sich wirklich ab. Er war so sehr bemüht, zu lernen und zu verstehen! Voller Mitgefühl fuhr der Kokushi mit seiner Rettungsaktion fort und sagte zu ihm: «Stell den Krug wieder zurück!»

Jedoch – der Mönch war wie mit Blindheit geschlagen. Er bekam es einfach nicht mit. Er suchte und sehnte sich, fragte und gab sich große Mühe, zu begreifen. Er wollte das WAHRE WESEN erfassen. Er konnte auch nicht verstehen, dass der Meister ihm vermeintlich keine Antwort gab. Dabei konnte die Antwort nach dem Wahren Leib doch deutlicher gar nicht

mehr sein. Trotzdem fragte der Mönch noch einmal und hartnäckig: «Welches ist der wahre Leib des Vaijrochana Buddha?»
Man könnte sich die Haare raufen.
Der Lehrer der Nation Nan'yō Chū antwortete: «Der alte Buddha ist schon längst gestorben.»
Was sagt er damit? Er sagt: «Frag doch nicht nach einem Leib, auch nicht nach einem Wahren Leib! Frag nicht nach einem Dharmakāya, und frag nicht nach dem alten Buddha Vaijrochana! Während hier vor deinen Augen die BUDDHA-NATUR aufleuchtet, dass du sie eigentlich gar nicht übersehen kannst, fragst du nach einem alten, längst gestorbenen Buddha! Während die Antwort auf deine Frage längst gegeben ist, beachtest du sie überhaupt nicht, sondern machst auf blind, machst auf taub.»
Ob der Mönch wohl nun endlich verstanden hat? Oder ob es ihm wieder nur entging?

Was also ist der Wahre Leib des Buddha Vaijrochana? Den Wasserkrug holen, den Wasserkrug wegbringen, die Blumen gießen, den Staub wischen, den Hof fegen, die Wand streichen, Essen, Trinken, Zuhören, Lächeln, Seufzen, Bewegen, Fühlen. Keine Tätigkeit und keine Wahrnehmung, die wir wirklich und wahrhaftig tun, ist etwas anderes als der WAHRE LEIB des Buddha Vaijrochana – ist etwas anderes als euer eigener WAHRER LEIB.

Es geht tatsächlich nicht um Vaijrochana. Es geht um euch, um jeden von euch. Du bist Vaijrochana selbst.
Du selber bist deine drei Körper «Trikāya», eigentlich und wörtlich übersetzt «der Drei-Körper», bist selber die reine Erkenntnis des SEINS. Du bist der Mittelpunkt der Welt, du bist das WESEN.

Üb dich immer nur im wachen Dasein, im Wachsamsein. So wächst du immer tiefer in die Schau der WESENSNATUR hinein.

43 • Razans «Kommen und Gehen»

Razan fragte Gantō: «Was ist davon zu halten, wenn Gedanken unaufhörlich entstehen und vergehen?»
«Wer entsteht und vergeht?», schalt ihn Gantō.

Meister Gantō[122] ist, wie ihr euch vielleicht erinnert, wie Seppō ein Schüler von Tokusan, von dem wir einige schöne Geschichten haben, zum Beispiel die in dem Kōan «Tokusan trägt seine Essschalen» im *Mumonkan*. Bei Gantō und Seppō geht es auch später immer wieder einmal um das «letzte Wort», das uns in diesem Kōan begegnet.
Nun, was es mit dem allerletzten Wort auf sich hat, ist ja jedem hier bekannt. Auch als Gantō und Seppō schon lange große Meister waren, ulkten sie immer noch über dieses «letzte Wort».
Gantō lebte im 9. Jahrhundert. Er war Abt eines großen Klosters mit vielen Schülern. Beim Überfall von Räuberbanden auf sein Kloster waren alle Mönche zwar bereits vorher geflohen, Meister Gantō aber war geblieben. Die Räuber ermordeten ihn, als er in tiefer Versenkung saß. Sein Schmerzensschrei während seiner Ermordung soll meilenweit zu hören gewesen sein.
Ich erinnere mich, dass ich über diesen Schrei erschrocken war, als ich zum ersten Mal davon hörte. Ich fragte meinen Meister: «Wenn Gantō doch so tief erleuchtet ist, warum schreit er dann?» Mein Meister antwortete: «Aber der Schrei ist es doch auch!» Ja, der Schrei ist ES! Die WESENSNATUR drückte sich im Schrei aus, wie sie sich in allem ausdrückt. Die WESENSNATUR spielt SCHREI-SEIN.

Nun zu unserem Kōan: Razan[123] fragte Gantō: «Was ist davon zu halten, wenn Gedanken unaufhörlich kommen und gehen?»
Dem Zen-Schüler Razan ging es eben auch nicht anders als den Zen-Schülern folgender Jahrhunderte: Die Gedanken plagten ihn beim Zazen.
Die Gedanken jagen einander wie die Affen in einer Affenhorde. Einer folgt dem anderen und dem der nächste. So geht es endlos. Natürlich gehen die Gedanken auch immer wieder, sie lösen sich auf, aber neue folgen nach. Sie tanzen im Kreis herum. Wie sollen wir damit verfahren?
Wir sollen die Gedanken nicht wegdrücken, nicht gewalttätig totschlagen, auch nicht wie mit einem Schwert durchschneiden und nicht anderweitig bekämpfen. Wir sollen die Gedanken überhaupt nicht bekämpfen. Wir sollen sie nicht abtöten.
Wir sollen uns an unseren Gedanken aber auch nicht festklammern und sie immer mehr aufschaukeln, wir sollen sie auch nicht mit Absicht aufbauen und uns schöne Geschichten

122 Gantō Zenkatsu, chin. Yantou Quanhuo (828–887).

123 Razan Dōkan, chin. Luoshan Daoxian (9. Jh., genaue Daten unbekannt).

ausdenken. Wenn wir unsere Gedanken nicht bekämpfen, aber auch nicht festhalten, sondern sie kommen und gehen lassen, wie sie kommen und gehen, ohne innerlich beteiligt zu sein – dann werden sie immer harmloser und dünner, immer substanzloser und durchsichtiger. Unsere Gedanken werden schließlich nicht nur als transparent, sondern als vollkommen leer erkannt. Sie haben ihre Bedeutung verloren. Wir sind nicht mehr mit ihnen identifiziert.
Die Gedanken sind leer.
In «Über Zen» von Daiō-Kokushi rezitieren wir:

O, meine lieben und ehrwürdigen Freunde,
wenn ihr euch danach sehnt,
die donnernde Stimme des Dharma zu hören,
gebt eure Worte auf, entleert eure Gedanken,
dann kommt ihr so weit,
das EINE SEIN zu erkennen.

Wir sollen nicht unsere Gedanken ausradieren, vernichten, zerstören, sondern sie entleeren! Damit ist gemeint: Wir sollen erkennen, dass die Gedanken leer sind, dass sie keinerlei Substanz, Bedeutung, Wert und Sinn haben. Sie sind zwar nicht «schlecht», aber sie sind auch nicht «gut». Sie sind nichts weiter. Sie sind nur flüchtige und nichtige Erscheinung. Mehr sind sie nicht. Sie haben nicht einmal die Kraft, uns zu quälen – außer wir ließen das zu. Wen seine Gedanken trotzdem quälen, der lässt dieses zu. Der große Śrī Aurobindo hat gesagt:

Wir leiden nur, insofern wir leiden wollen.
Das Vitalwesen liebt das Leid um des Dramas willen.

So sitzen viele Zen-Schüler auf ihren Kissen und leiden an den Gedanken, die nicht existieren, weil sie leer sind, die darum keine Bedeutung haben – und sie leiden so sehr an dem selbstgemachten Kopf-Schlamassel, als würden sie an irgendeiner großen und interessanten Wichtigkeit, ja, an der Weltgeschichte leiden. Dabei steckt gar nichts dahinter. Der Kopf-Schlamassel ist einfach nur leer.
Beachtet ihn nicht beim Zazen. Wenn er keine Nahrung bekommt, löst er sich wieder auf, und die Stille ist eingekehrt.

Razan fragt also Gantō: «Was ist davon zu halten, wenn Gedanken unaufhörlich kommen und gehen?» Er braucht ein bisschen Trost in seiner Selbstquälerei. Er tut so, als wäre da jemand, der ihn beim Zazen stört, nämlich die Gedanken in seinem Kopf. Er spielt ein bisschen Opfer, das Opfer seiner selbst. Aber da ist niemand, der etwas tut!
Als er fragt: «Wie soll man mit diesen Gedanken umgehen? Was ist davon zu halten, dass sie einfach pausenlos durchwandern? Sie kommen und gehen andauernd, ohne aufzuhören!», antwortet Gantō ihm scharf: «Wer kommt und geht?»
Ja. Niemand kommt, und niemand geht.
Da ist niemand.

Wo könnte jemand sein, der kommt und geht?
Es ist einfach niemand da.
Nur Kommen und Gehen ist da, aber niemand Kommendes und niemand Gehendes. Es ist ein vollständig leeres Kommen und Gehen.
Weiter ist nichts.

Es hängt davon ab, womit wir uns identifizieren, mit unserem allem zugrunde liegenden Wahren Wesen oder mit unserer äußeren Erscheinung und all den verschiedenen Lebensumständen, die wie die Gedanken des Mönches kommen und gehen und der ständigen Veränderung unterworfen sind.

Wenn der Schüler des Weges das durchschaut, haben die Gedanken nicht mehr Existenz als zerplatzende Seifenblasen, als die Samenschirmchen einer Pusteblume. Kaum richtig da – schon fort. Sie haben keinen Inhalt, keine eigene bleibende statische Existenz. Nichts.
So wird es leicht.

Und wie mit den Gedanken – so ist es auch mit den Gefühlen und mit allem anderen: Alle Dinge vergehen schnell, wie es in der Anfangszeremonie des Sesshin heißt. Kaum da – schon verschwunden. Nur jetzt da – und wieder fort. Wenn man schaut, ist nichts mehr davon zu sehen. Das Gestern ist einfach weg. Das Heute hat es ausgelöscht. Auch das Heute wird untergehen. Es bleiben nur Erinnerungen, die nichts als die Realität von Erinnerungen haben, aber kein eigenes Sein.
Alles, was entsteht, vergeht auch wieder. Alles, was einen Anfang hat, beinhaltet bereits sein Ende. Wozu sich aufregen? Wozu Vergänglichem nachjammern oder sich seinetwegen Leiden schaffen? Alles wandelt sich, und nichts bleibt, wie es unserer Meinung nach war, und auch der letzte Rest verschwindet. So hat nichts dauerhaften Bestand. Welch tiefe Beruhigung das ist, wenn jemand diese Wahrheit durchschaut!

Allein die WESENSNATUR ist immer nur. Sie ist – ist – ist – ist – ist.

Zurück zu Razans Frage, was davon zu halten sei, wenn Gedanken unaufhörlich kommen und gehen! Was soll man also von einer Sache halten, die gar nicht existiert?! Vielleicht konnte Razan begreifen, was Gantō ihm übermittelt hat, nämlich dass nichts erscheint und verschwindet, da alles, was erscheint und verschwindet, keine Realität besitzt, sondern nur Erscheinungsform der – selbst leeren – WESENSNATUR ist.
Für gewöhnlich machen wir Menschen uns viel zu viel Kummer um Dinge, die ja doch wieder vergehen. Welche Kraftverschwendung das ist! Warum nicht einfach nur entspannt und heiter da sein, immer gerade jetzt, wach sein, immer jetzt, und so feststellen, dass die vergänglichen Dinge alle nur leer sind?

So wird das Leben leicht, und der Kummer löst sich auf. Der schwere Rucksack entpuppt sich als leer und leicht. Nur im Traum hatten wir schwere Lasten geschleppt. Wir hatten uns selbst verkohlt.

Wenn wir erwachen, sind wir frei und erlöst.

44 • Xingyangs «Göttervogel Garuda»

Ein Mönch fragte den Ehrwürdigen Xingyang Qingpou: «Wenn der König der Drachen sich aus dem Ozean erhebt, sind Himmel und Erde befriedet, und nichts mehr regt sich. Wie könnte man da von Angesicht zu Angesicht einander gegenübertreten und ein Gefecht austragen?»
Der Meister sagte: «Der wunderbare Garuda, der König der Vögel, herrscht über das Universum. Wer von unsresgleichen sollte sich da vorwagen wollen?»
«Wenn es aber plötzlich geschieht, dass sich doch einer vorwagt, was dann?»
Xingyang sagte: «Das ist, wie wenn ein Falke eine Taube reißt. Wenn Sie das nicht verstehen, mein Herr, überprüfen Sie es vor dem kaiserlichen Turm; erst dann erkennen Sie die Wahrheit!»
Der Mönch sagte: «Wenn das so ist, muss ich sofort die Hände vor der Brust kreuzen und drei Schritte zurücktreten.»
Xingyang sagte: «Du schwarze Schildkröte am Fuß des Berges Sumeru, warte nicht darauf, dass du dich noch einmal durch einen Schlag auf die Narbe an deiner Stirn belehren lassen musst!»

Vorweg müssen wir uns einige Kenntnisse aneignen, die wir für diese Geschichte benötigen. In verschiedenen Übersetzungen wird der Garuda in diesem Kōan auch «Der Drachen fressende Vogel» genannt. Der Göttervogel Garuda ist das ewige und absolute Wesen, das alles, was ist, umfasst, das alles Unausgeformte und Ausgeformte als ein und dasselbe – auch die tief greifende Erkenntnis dessen – ist. Indem der Garuda alles sieht, alles kennt, alles durchdringt, überall ist und nirgendwo nicht ist, gibt es nichts, was sich außerhalb seiner befindet. Der Göttervogel bewegt sich in seiner absoluten Stille und Unbewegtheit zugleich in den höchsten Himmeln, hoch oben über den Wolken, auf der Erde, im Innern der Erde und in der Tiefe des Meeres. Niemand und nichts kann ihm entkommen. Das wird so ausgedrückt, dass der Garuda die Drachen und Schlangen frisst, die tief unten in der Tiefe der «vier Meere» hausen. Drachen und Schlangen stehen für Erleuchtung. Natürlich muss der Garuda sie nicht extra fressen, denn er beinhaltet sie ohnehin schon. Nichts kann ja außerhalb von ihm sein. Mythologisch wird der Garuda, wie gesagt, auch der «Drachen fressende Vogel» genannt.

Die Indianer haben eine ähnliche Vorstellung, nämlich die vom Schwarzen Adler, der kosmosumspannend ist und am liebsten das reine und losgelöste Bewusstsein der Menschen als seine Nahrung frisst, und das kleine Wesen Mensch geht dann in dieses große Wesen ein, ohne allerdings seine Identität zu verlieren.
Im Vergleich zum Christentum könnten wir dann sagen, Gott frisst alles auf, was er geschaffen hat. Und hiermit wäre gemeint, dass alles und dass wir alle uns immer schon in Gott selbst befinden und er uns nicht extra fressen müsste.

Ja, es ist bereits so: Die Wesensnatur ist nicht einmal einen Zentimeter von uns entfernt. Sie ist uns näher als unser eigenes Ich. Wir leben in ihr, und sie lebt in uns. Es ist das Eine Leben. Diese Tatsache wird von uns Menschen in vielen Bildern und Legenden ausgedrückt.

Wenn der Mensch sein Einssein mit der Welt, mit dem Wesen der Welt, entdeckt, wird er still und friedlich. Ja, er schaut alles, was auch immer er sieht, mit Andacht und vielleicht sogar mit Anbetung an. Dann ist er befriedet. Sein Geist ist zu sich selbst zurückgekehrt.

Der Garuda ist zur Hälfte Mensch und zur Hälfte Gott. Er wird dargestellt als Adler mit Menschenbeinen. Das heißt, sein göttliches Wesen ist in allen Bereichen zu Hause. So ist er als Mensch ein physisches und der Vergänglichkeit unterworfenes Lebewesen. Seine göttliche Natur jedoch bildet immer wieder neue Formen und ist selbst unsterblich.
Auch der Buddha wird häufig als Garuda bezeichnet.

Der altindischen Mythologie nach ist die Wohnung des Garuda der heilige Berg Sumeru.

Nun zum Kōan: Früher wanderten die Mönche von Meister zu Meister, um ihre Einsicht zu schulen, aber hier und da auch, um ein bisschen Lob zu bekommen oder sogar große Anerkennung. Damit war dann die Bewunderung eines solchen Mönches durch die Mitmenschen gesichert. Viele Leute leben ja davon – von Bewunderung.

Der Mönch, um den es hier geht, besuchte auf seinen Wanderungen den Meister Xingyang Qingpou[124]. Er trat mächtig eindrucksvoll vor Xingyang auf, indem er sagte: «Wenn der König der Drachen, der Göttervogel Garuda, sich aus dem Ozean erhebt und frei sichtbar ist, sind doch Himmel und Erde befriedet! Wie könnte man da von Angesicht zu Angesicht einander gegenübertreten und ein Gefecht austragen?»

Der Mönch spricht von einem Dharma-Gefecht zwischen dem Meister und ihm selbst, dem Mönch. Er redet ganz schlau mit dem Meister. Er möchte einerseits prachtvoll erscheinen, er möchte erleuchtet erscheinen, mit seiner Rede den Meister tief beeindrucken, aber doch nicht – um Gottes Willen – von ihm dann auch noch geprüft werden! Nein, das auf keinen Fall! Der Meister soll ihn *so* bestätigen! Der Mönch möchte von Anfang an Meister Xingyang nicht im Zweifel über seine, des Mönchs, Erleuchtung lassen, sodass Xingyang gar nicht auf die Idee kommen soll, die Sache mit der Erleuchtung näher zu überprüfen. Dieser Meister muss einfach vom ersten Augenblick an platt sein! So sagt der Mönch: «Da doch der Göttervogel Himmel und Erde befriedet und alles eins und wundervoll ist, wirst du, verehrter Meister, ja nicht das Bedürfnis haben, mit mir ein Dharma-Gefecht zu inszenieren!»

Der Ehrwürdige Xingyang durchschaut den Burschen sofort und komplett! Er sagt: «Der wunderbare Garuda, der König der Vögel, herrscht über das Universum. Wer von unsresgleichen sollte sich da vorwagen wollen?»

124 jap. Kōyō Seibō (10./11. Jh, genaue Daten unbekannt).

Damit drückt er aus: «Ein wahrhaft Erleuchteter, der sich eins mit der Welt erfährt, macht ja doch keine Show und kein Theaterspiel zwischen einem Meister und sich selbst oder zwischen dem Garuda, der er selber sei, und einem Meister.» Und er sagt: «Wer sollte sich dem König des Universums gegenüber vorwagen?» Ja, dies ist nicht möglich! Niemand und nichts steht außerhalb des Universums, außerhalb des Wesens des Weltalls, außerhalb oder gar oberhalb Gottes, des absoluten Wesens! Er sieht, dass dieser Mönch, der ein Dharma-Gefecht nicht wünscht, in seiner Angst davor doch alles tut, um ein solches zu provozieren. Möglicherweise hat er eine kleine Erfahrung gemacht, wenn auch nicht eine Garuda-Erfahrung. Aber auch eine kleine Erfahrung ist doch etwas sehr Schönes und auch Beschützenswertes und nichts, womit jemand aufschneiden und sich derart wichtig tun sollte wie dieser Mönch. So warnt Meister Xingyang den Mönch dringend und sagt: «Wage dich nicht zu weit vor!»

Der Mönch aber lässt nicht locker. Vielleicht ist er ja etwas kleinlauter geworden. Trotzdem mault er: «Wenn es aber plötzlich geschieht, dass sich doch einer vorwagt, was dann?»
Also, er wagt sich vor – oder besser, er stellt sich in den Vordergrund. Er hängt sich weit aus dem Fenster. Er will, dass dieser Meister hier endlich anerkennen soll, dass vor ihm der große Drachen fressende Göttervogel Garuda steht! Er hat Angst, dass seine Felle ihm davonschwimmen. So insistiert er: «Schau mich an! Was sagst du nun dazu, dass der Göttervogel hier vor dir steht?»

Xingyang gibt seine Antwort ganz ruhig. In dieser Übersetzung spricht er den Mönch mit «Sie» an, was hier äußerste Ironie ausdrückt. In Asien sprach er den Mönch wahrscheinlich in der dritten Person an. Als dieser maulte: «Was ist, wenn sich doch einer vorwagt?», warnte Xingyang den Mönch: «Das ist, wie wenn ein Falke eine Taube reißt. Wenn Sie das nicht verstehen, mein Herr, überprüfen Sie es vor dem kaiserlichen Turm! Erst dann erkennen Sie die Wahrheit!»
Damit bescheinigt er dem Mönch klar und deutlich, dass dieser die Wahrheit eben noch nicht erkannt hat. Von Erleuchtung keine Spur. Von Garuda nichts zu merken bei diesem Burschen. Im Vergleich zum Garuda ist der Mönch ein kleines Vögelchen, das gleich von einem Falken gerissen wird.

Was aber ist diese Sache mit dem kaiserlichen Turm? Das ist eine alte Geschichte, und die geht so:
Ein wohlhabender Großgrundbesitzer, der 3.000 Diener – man kann auch Leibeigene sagen – hatte, baute einen prächtigen Palast mit einem Balkon an einem Turm, von dem aus er die ganze Hauptstraße beobachten konnte. Eines Tages ging unten auf der Straße ein Krüppel am Palast des reichen Herrn vorbei. Eine von dessen Mätressen stand auf dem Balkon, sah den Mann und lachte. Dies erzürnte den Krüppel sehr, und er verlangte vom Herrn des Palastes als Wiedergutmachung den Kopf der Mätresse. Der Herr aber mochte gerade dieses Mädchen besonders gern, und er wollte sie nicht töten. Ihn, den Herrn selbst störte es ja auch gar nicht, dass das Mädchen den Krüppel wegen seiner Behinderung ausgelacht hatte. So ließ er statt ihrer einen Verbrecher enthaupten und dessen Kopf dem

Krüppel zur Prüfung überreichen. Die Palastdiener hatten den Betrug aber bemerkt und vertrauten ihrem Herrn nicht länger. Sie verließen ihn, einer nach dem anderen. Der Reichtum des Großgrundbesitzers schwand. Reuevoll enthauptete der nun arm Gewordene die Mätresse und übergab ihren Kopf dem Krüppel, der die ganze Zeit über vor dem Balkon des Palastes gewartet hatte, damit ihm Recht geschehen sollte. Der Mann prüfte den toten Schädel und war hochzufrieden. Daraufhin kehrten die Diener in den Palast zurück, denn nun war ja ihr Vertrauen wieder da, und auch der Wohlstand des Palastbesitzers kehrte zu ihm zurück.
Ob diese Geschichte nun voll ehrenhaften, ethisch-moralischen Verhaltens aller Beteiligten ist oder nicht, hat in diesem Zusammenhang keine Bedeutung, aber immer, wenn von diesem Balkon oder Turm geredet wird, ist damit gemeint, dass der Mensch vor einem «Balkon» steht und sich selber von der Wahrheit überzeugen soll. Wenn er nicht aufpasst und sich hereinlegen, belügen und betrügen lässt, ist dies sein eigener Fehler. Dies betrifft auch die dringende Notwendigkeit, dass der Mensch vor dem Balkon gründlich prüft und sicherstellt, dass er sich selbst erkennt und die Wahrheit sagt.
Meister Xingyang macht aus dem Großgrundbesitzer in der Erzählung sogar einen Kaiser. Der Balkon ist kaiserlich, die Prüfung und darauf folgende Erkenntnis der Wahrheit ist kaiserlich! Die Rettung ist kaiserlich!

So sagt auch der Ehrwürdige Xingyang zu seinem Besucher, dieser solle, was er von sich selber glaubt, erst sehr gründlich «vor dem Balkon prüfen», denn wenn er eine solche Prüfung unterlässt und seinem eigenen Wunschdenken in die Hände fällt, hat er sich nur selber hereingelegt, und von der Wahrheit ist er weit entfernt. Er ist in die Fallstricke von Lüge, Selbsttäuschung und Illusion geraten.
So ist Xingyang sehr gütig mit dem Mönch, auch wenn er ihm seinen Hinweis etwas scharf gibt. Er nennt ihn «mein Herr». Er gibt dem «Herrn» Rückzugsmöglichkeit und Hinweise für seine Lebensrettung. Ja, so nenne ich das.

Der Mönch – oder soll ich sagen «der Herr Mönch»? – wird nun anscheinend frech und pampig.
Er merkt, dass er verloren hat. Seine Schau hat nicht gewirkt, der Meister hat ihn bis ins Knochenmark durchschaut. Xingyang hat den Mönch aufgefordert, lieber erst eine Sache sorgfältig zu prüfen – nämlich «vor dem kaiserlichen Turm» zu prüfen – ehe er mit einem falschen Ergebnis andere beeindrucken geht.

So macht dieser Mönch noch einmal auf stark und antwortet dem Meister sarkastisch: «Wenn das so ist, muss ich sofort die Hände vor der Brust kreuzen und drei Schritte zurücktreten!»
Das klingt, als hätte er gesagt: «Na, du blickst ja nicht durch, alter Mann! Du siehst ja nichts! Von mir aus sollst du Recht haben! Viel Vergnügen damit!»

Der Ehrwürdige Xingyang bemerkt, dass dieser Mönch schwer belehrbar ist und nur sein Ego pflegt und poliert. In gekränkter Eitelkeit verstrickt sich der Mönch immer tiefer in seine Dummheit. So setzt der Meister unter das Gespräch einen Punkt, indem er sagt: «Du schwarze Schildkröte am Fuß des Berges Sumeru! Du vertust die Zeit deines kostbaren Lebens! Warte nicht darauf, dass du dich noch einmal durch einen Schlag auf die Narbe an deiner Stirn belehren lassen musst!»

Damit bezieht er sich auf eine andere Erzählung, in der er den Mönch mit einer gewissen Schildkröte vergleicht. Die Geschichte geht so:
In alter Zeit wurde ein Haus gebaut, und ein zur Familie gehörender Knabe half dabei. Er legte eine Schildkröte unter eine Säule. Die Schildkröte verharrte dort unter der Säule ohne Speise und Trank und tat nichts, als die Säule zu stützen. Das Haus brach nicht zusammen. Der Knabe wuchs heran, lebte ein langes Leben, wurde alt und starb schließlich. Als die Schildkröte endlich entdeckt wurde, lebte sie noch.

Auch hier spielen Moral und Ethik keine Rolle in Hinsicht auf unser Kōan, sondern der Meister wollte mit seiner letzten Bemerkung sagen, dass der Mönch, der sich so sehr selbst hereingelegt hatte, doch lieber nicht ein langes, langes Leben reglos in seinem Irrtum verharren sollte. Sonst würde die Wunde, die der Meister dem Mann geschlagen hatte, einen weiteren Schlag erhalten, wieder bluten, damit der Mönch sich endlich belehren ließe! Dieser zweite Schlag an die gleiche Stelle, nämlich an seinen dummen Kopf, würde sehr schmerzhaft werden.

Ein großes und Hoffnung erweckendes Geschenk machte der Ehrwürdige Xingyang seinem Besucher aber trotz allem: Er nannte ihn die schwarze Schildkröte *am Fuß des Berges Sumeru!* Die Sache war also nicht hoffnungslos.

Da hat die schwarze Schildkröte ja doch noch die Chance, am Fuß des Berges der Erleuchtung zur Wahrheit zu erwachen und endlich in Freiheit zu leben.

Und was ist jetzt mit euch? Liebe Leute, spielt ihr auf keinen Fall eine zombiemäßig erstarrte Schildkröte, sondern öffnet euer Herz und euren Geist und erhebt euch wie der Göttervogel mit ausgebreiteten Schwingen in die Unendlichkeit!

45 • Vier Sätze aus dem Engaku-kyō

Das Engaku-Sūtra besagt:
Lass in keinem Augenblick täuschende Gedanken aufkommen!
Lösche deinen vielfältigen täuschenden Geist nicht aus!
Verweilst du an dem Ort täuschenden Denkens, so füge kein Wissen hinzu!
Unterscheide nicht zwischen Nicht-Einsicht und Wahrheit.

Das auf Japanisch genannte Engaku-kyō heißt auf Chinesisch Yuanjuejing, im Deutschen «Sūtra der vollkommenen Erleuchtung». Dies ist aber auch nicht das Original. Das Original stammt aus dem Mund des Buddha.
Der indische Mahāyāna-Mönch Buddhatrāta übersetzte dieses Sūtra im Jahr 693 aus dem Sanskrit ins Chinesische. Buddhatrāta übersetzte dieses Sūtra übrigens in sehr viele Sprachen. Er war ein Ācārya, ein buddhistischer Lehrer, also ein Gelehrter, besonders mit allen Kenntnissen des Theravāda, auch wenn die Mahāyāna-Richtung ihn als den Ihren ansieht. Buddhatrāta war ein Gelehrter beider Richtungen. Wie jeder gebildete buddhistische Mönch konnte er viele Sprachen sprechen und also auch uralte Texte in andere Sprachen übersetzen.

In diesem Sūtra werden zwölf Bodhisattvas über die vollkommene Erleuchtung unterwiesen. Das Zen wurde durch dieses Sūtra tief beeinflusst, obwohl es natürlich von Śākyamuni, und zwar aus dem Tripitaka stammt, dem «Dreikorb», der die ältesten authentischen Schriften des Theravāda-Buddhismus und damit die Worte des Buddha enthält.

An diesem Sūtra erkennen wir wieder einmal, dass die Basis des Buddhismus wie auch des später entstandenen Zen, das sich ja zum Mahāyāna zählt, ursprünglich nicht zwischen Mahāyāna und Theravāda getrennt war. Hierdurch befasst sich auch das heutige Zen noch mit vielen Theravāda-Schriften und -Überlieferungen, dazu Anekdoten und Legenden von Buddha, dessen Schülern, Bodhisattvas und alten großen Meistern. Auch in den Kōan-Büchern finden wir sehr viel Theravāda, wobei allerdings das japanische Zen all die alten Sanskrit-Namen und -Begriffe japanisiert hat, wodurch tatsächlich eine Art japanisches Zen entstand. Aber auch hierbei müssen wir feststellen, dass viele Zen-Meister aus all den Jahrhunderten der Geschichte des Zen Gelehrte von Theravāda *und* Mahāyāna waren.

Zu erwähnen ist: Die indischen Zen-Patriarchen waren noch reine Theravāda-Buddhisten. Wenn also einige Zen-Leute herabsetzend über den Theravāda sprechen, besudeln sie sich selbst.

Übrigens kennt ihr, liebe Schüler, persönlich auch einen Gelehrten beider Richtungen. Dies ist in Europa wohl einmalig, denn Europäer können nur unter sehr wenig Voraussetzung dauerhaft in Asien leben oder gar 17 Jahre lang studieren.

Nun zum Schluss der Erklärung etwas über die Herkunft dieses Sūtra: Der Sanskrit-Original-Name heißt: «Mahāvaipulya Pūrṇabuddha-Sūtra prasannartha-Sūtra». Das Sūtra hat inhaltlich zwei Teile, was auch aus seinem Sanskrit-Namen hervorgeht.

Das japanische Zen hat allerdings etwas Verwirrendes getan, nämlich dadurch, dass dieses Sūtra teilweise oder ganz von verschiedenen japanischen Übersetzern unabhängig voneinander aus dem Chinesischen und dem Sanskrit übersetzt wurde. So gab man den Übersetzungen dieser Texte verschiedene Namen, und zwar «Engaku-kyō», was «Engaku-Sūtra» heißt, und «Kegon-Sūtra». Durch diese verschiedenen und verfremdenden Namen des Sūtra in sämtlichen Übersetzungen leidet der schöne Name, und am Schluss ist das Sūtra nicht mehr wiederzuerkennen als das, was es in Wirklichkeit ist. Ja, viele wissen nicht einmal, dass es sich hierbei immer um ein und dasselbe originale Sūtra aus dem Dreikorb, den Texten des Buddha selbst, handelt. Oft hält man dieses Sūtra für zwei Sūtras und zwar für zwei unterschiedliche japanische Sūtras. Dies betrifft auch einige japanische Zen-Meister, die nicht immer die Kenntnisse über die Herkunft der Texte haben. Sie müssten dann ja auch eingestehen, dass die Herkunft des Zen aus Indien stammt. Der dort und in Śrī Lankā wieder aufgeblühte und weiterhin aufblühende Buddhismus ist Theravāda. In der Universität Colombo in Śrī Lankā gibt es allerdings Theravāda-Professoren und -Meister, die zugleich auch Zen-Meister sind.
Ganz am Rande sei erwähnt, dass Volker Fey[125] die schönste und wirklich glücklich machende Zen-Schulung mitsamt allen Kōan der Rinzai-Schule in Colombo im Rahmen seines vollständigen buddhistischen Studiums noch einmal absolvieren musste und durfte, ehe er den kompletten Buddhismus des Theravāda studieren durfte. Man war dort nicht sehr überzeugt von dem, was er in dieser Hinsicht aus Japan mitgebracht hatte. Jedenfalls hatte es nicht genügt.
Die dortigen Professoren hatten sich von der japanischen Schulung mehr erhofft.

Jetzt aber Schluss vom Nähkästchen! Wenden wir uns nun nach dieser Vorrede wieder unserem Kōan aus dem Tripitaka zu:

Aus dem Sūtra wurden zu Schulungszwecken vier einzelne Sätze ausgewählt, die wir uns jetzt der Reihe nach vornehmen. Sie bilden unser Kōan.

Lass in keinem Augenblick täuschende Gedanken aufkommen!

Abends rezitieren wir im Sesshin: «Täuschende Gedanken und Gefühle sind grenzenlos, ich gelobe sie alle loszulassen.»
Das bedeutet auf jeden Fall nicht, dass wir nun alle Gedanken und Gefühle loslassen sollten, nein, wir brauchen sie ja, sondern das Loslassen betrifft nur die *täuschenden* Gedanken und Gefühle.
Da sitzt einer auf seinem schwarzen Kissen im Zendō, und langsam öffnet sich die Tür zu seinem Unbewussten. Zuerst merkt er gar nichts davon. Vielleicht kommt ihm nur das Er-

125 Der Ehemann der Autorin.

lebnis von vorletzter Woche in seinen undisziplinierten Geist. Da hat doch tatsächlich die Chefin erklärt, er wäre wieder einmal ein unzuverlässiger Patron, und seine Ehefrau habe ihn wohl auch diesmal geärgert, dass er dann vor Aufregung im Büro so pflichtvergessen war! Zwar hat die Chefin sich am gleichen Tag für ihre Entgleisung entschuldigt, aber der arme Mann ist innerlich nicht bereit, ihr zu verzeihen. Er versucht, die unangenehme Erinnerung wegzudrücken, aber – hoffnungslos – er verstrickt sich immer tiefer in diese Angelegenheit. Je mehr er sich bemüht, die Gedanken daran zu unterdrücken, desto mehr reizen und quälen sie ihn. Und schließlich packt ihn die kalte Wut! Die Frau wird er an die Wand knallen! Und dann geht die Fantasie mit ihm durch! Er wird Thüringer Hack aus ihr machen! Mehrere Sitzrunden hindurch quält er sich ab und kämpft einen inneren und einsamen Kampf. Statt dass er schlicht feststellt: «O, ich habe mich festgebissen!», und sich nun wieder auf sein Mu, seinen Atem oder sein Kōan konzentriert, steigt er immer tiefer auf die Erinnerung an das ärgerliche und längst vergangene Ereignis ein. Ja, er macht mit, und innen führt er einen Krieg mit seiner Chefin. Warum tut er das? Hilft es ihm denn? Nein. Er ist denkbar unglücklich dabei.
Schließlich – im nächsten Sitzblock – taucht ihm die Frage auf: «Bin ich denn in dieses Sesshin gekommen, um auf meinem Kissen einen Krieg mit der Chefin zu führen? Soll mich das zur Erleuchtung bringen?» Und nun erst besinnt er sich und erinnert sich daran, dass er doch diesen täuschenden Gedanken fallen lassen sollte.

Ja, und so ähnlich ist es mit vielen täuschenden Gedanken. Es ist gut, sich immer wieder zu überprüfen, ob der jeweilig jetzige Gedanke ein täuschender Gedanke ist. Wenn ja, ist es nötig, sich das Ergebnis sofort bewusst zu machen. In dem gleichen Augenblick fällt der täuschende Gedanke nämlich in sich zusammen. Mit zunehmender Übung wird der Geist klarer und immer klarer. Ein klarer Geist ist frei und offen für die Wirklichkeit, die niemals täuscht. Und ärgerliche Dinge erscheinen plötzlich neutral und viel weniger interessant. Zu sehen, was ist, dies ist unabdingbar notwendig für den Weg.

Lösche deinen vielfältigen täuschenden Geist nicht aus!

Der menschliche Geist, selbst wenn er sich im Kopf laut, wild und unruhig gebärdet, sich selbst bis zum Wahnsinn verkohlt, benötigt für diese zirkusmäßigen Aktionen ungeheuer viel Energie. Wenn ein verzweifelter Zen-Schüler auf seinem Kissen kämpft und kämpft, um seinen Geist zu befrieden, kann dies nicht funktionieren. Wenn er in Selbstvorwürfen schwelgt, macht auch das es nicht besser. Dieser Schüler verflucht sich nun selbst und möchte seinen ihn quälenden Geist abtöten oder ganz und gar ausrotten. Denn seine gesamte Psychoenergie ist gebunden durch die Unruhe der sich jagenden Gedanken, aber noch viel mehr ist seine Energie gebunden durch den Kampf gegen diese innere Unruhe! Und nun möchte er alles – seine Gedanken, seine Unruhe, seinen Kampf im Inneren – durchschlagen, durch einen Fleischwolf drehen oder in einem tiefen Wasser versenken! Die Sache wächst sich aus in eine gewaltige Autoaggression.
Warum warnt nun das Sūtra davor? Warum sollen wir unseren vielfältig täuschenden Geist nicht auslöschen? Nun, ganz einfach: Wir brauchen dringend die eigene Energie, die zwar

vorhanden, aber gebunden sein kann durch Selbstquälereien vielerlei Art und Weise! Die Energie, die wir doch für das Leben brauchen, wird für Unsinn zweckentfremdet, aber sie wird deshalb nicht ausgelöscht. Wie können wir sie nun wieder zu unserer Verfügung haben? Der Schüler stellt, wenn er ernsthaft übt, fest, dass sein inneres Herumtoben ja doch ganz sinnlos ist, und schließlich entspannt er sich und besinnt sich wieder auf seine rettende Übung. So wird die Energie sanft, aber sicher aus dem Sumpf befreit!

Verweilst du an dem Ort täuschenden Denkens, so füge kein Wissen hinzu.

Mit Wissen ist hier nicht das Wahre Wissen, das aus spiritueller Erfahrung kommt, gemeint, sondern etwas, was aus dem Bereich des MVD, des inneren Speicherbewusstseins, kommt. Ein solch falsches Wissen, das unser Zen-Schüler auf dem Kissen zu Hilfe nimmt, während er seine Chefin bekämpft, könnte heißen: «Jetzt habe ich aber genug von dieser Person, und ich mache sie fertig!» Aber – gestehen wir ihm zu, dass er so dumm nicht war, sondern im Gegenteil: Ihm genügte die eigene innere Unruhe, sie war ihm längst zu viel geworden, und ihm war nicht danach zumute, noch eine «Weisheit», die doch nur Dummheit gewesen wäre, oben draufzusetzen.
Als ihm sein Zustand klar bewusst wurde, löste dieser sich wieder auf, und seine Energie wurde frei. Er hatte sie wieder zur Verfügung für seine Übung, für sein Leben, für seinen Weg, der sehr viel Energie benötigt.
Und nun noch: Verweilst du an dem Ort täuschenden Denkens ..., ja, das kann passieren. Einem geübten Zen-Schüler genügt es meistens, sich aus diesem Traum aufzuwecken und zu erkennen: «O, hoppla! Ich hänge ja fest!» Und schon ist er wieder frei und gerettet! Er begibt sich glücklich zurück in seine Übung. Nun hat er genug Energie dafür.

Mache keine Trennung zwischen Nicht-Einsicht und Wahrheit.

Nein, natürlich nicht! Alle Dinge, auch alle geistigen Dinge der Menschen, sind Ausdrucksform des Göttlichen, des immer Einen. Da gibt es keinen Unterschied. Wozu eine Trennung machen? Auch Nicht-Einsicht hat seine Wurzeln und sein Wahres Wesen im Ewigen, im Absoluten, im Reinen Sein. Wenn das Sūtra sagt, Nicht-Einsicht sei prinzipiell nicht anders als die Wahrheit selbst, so ist das faktisch völlig korrekt, denn nicht einmal Dummheit kann ohne dieses tiefste Sein existieren. Auch Irrtum, Wahn und Illusion, Träume, Seifenblasen und völlige Blödheit können nur aufgrund der Wesensnatur existieren. Die Menschen, zum Beispiel auch in der Politik, missbrauchen manchmal die Kraft des wunderbaren himmlischen Wesens dafür, ihre eigenen Unzulänglichkeiten auszutoben. Wer aber durchschaut, dass Nicht-Einsicht und Erkennen der Wahrheit in der Tiefe immer nur ein Einziges sind, wie könnte derjenige dann seine Dummheit noch länger aufrechterhalten? Warum sollte er auf Kosten anderer seine Mängel ausagieren? Er kann es nicht mehr. Es ist ihm nicht möglich, und er wird weise.

Ein Zen-Mensch, der nicht weise im Lauf seiner Schulung und jahrelangen Übung geworden ist, hat seine kostbaren Lebensjahre vertan. Wenn er dann gar eine rein äußerliche Zen-Karriere gemacht hat, ist dieses sogar für ihn ein schwerer Schaden. Ein spiritueller

Mensch auf dem Weg wird gütig, weise, intelligent, gelassen, und er hat all seine Hindernisse zu tiefer Erleuchtung abgetan.
Es ist gut, der Reihe nach einmal zu überprüfen, ob man in sich diese Hindernisse abgebaut hat. Ein kleines Satori allein genügt nicht, auch wenn einige Zen-Schüler glauben, nun hätten sie es! Gar nichts haben sie! Ihre Probleme schieben sie weiterhin vor sich her.
Die Quintessenz dieser vier Sätze ist das Kochrezept dafür, wie wir beim Zazen unseren Geist ganz leer und frei werden lassen können. Wir machen gar nichts beim Zazen, lassen die Gedanken kommen und gehen, wie sie kommen und gehen. Wir interessieren uns nicht für ihre Inhalte, und wir steigen nicht auf sie ein. Den Gedanken würden entsprechende Gefühle folgen, und beides würde uns quälen. Also, lassen wir kommen, was kommt, und gehen, was geht. Selbst bei der Kōan-Übung ist es so: Nicht darüber nachdenken oder spekulieren, sondern sich nur gedankenfrei – nämlich eins werdend – in den Kern des Kōan versenken. Einfach nur sein. Nichts wollen. Nicht aktiv werden. Es ist, als stünden wir vor einem Fußballfeld und schauten den beiden Mannschaften zu, ganz wach, aber ohne emotional auf das Spiel einzusteigen. Was geschieht, das geschieht. Was bedeutet das? Gar nichts. Warum spielen sie? Weil sie spielen. Was will ich, dass ich hier so zuschaue? Ich will nichts. Warum stehe ich dann hier? Weil ich hier nur so stehe. Nur so? Ja, nur so.

Ja, nur so – und das ganz wach!

46 • Tokusan Enmyōs «Das Studium ist abgeschlossen»

Tokusan Enmyō wandte sich an die Versammlung mit den Worten: «Löscht jedes begriffliche Denken aus, und alle Buddhas in den drei Welten werden mit dem Mund an der Wand kleben[126]*. Doch einen gibt es, der schallend lachen wird. Wenn ihr diesen erkennt, habt ihr euer Studium abgeschlossen.»*

Da ist wieder so ein frecher Zen-Meister, der seine Schüler aufmuntert, denn der Weg ist ganz einfach. Die Schüler jedoch sitzen gequält vor der Wand, zwingen ihre aufsteigenden Gedanken nieder, verteufeln sich selbst, setzen lange, in Sorgenfalten gelegte Gesichter auf und behandeln sich mit grausamer Härte und Askese. Ihre Kaumuskeln arbeiten. Sie schnaufen und keuchen vor Anstrengung. Sie knirschen mit den Zähnen. Ihre Hände verkrampfen sich zu Fäusten. Sie sind bereit zu sterben. Sie halten nichts von sich und betteln um Strenge und um Schläge. Sie lesen viele Zen-Bücher und studieren ihre Inhalte. Wenn sie schließlich trotz all dieser Strapazen doch noch die Leerheit erfahren, halten sie das dann für die ganze Erleuchtung und werden nun absolut heilig – oder was sie dafür halten. Sie pflegen ihren Heiligenschein. Sie glauben, sie seien nun Buddhas geworden, oder aber sie wären auf dem besten Wege, Buddhas zu werden. Auf jeden Fall lacht Meister Tokusan Enmyō[127].

Der Meister sagt zu seinen Schülern: «Es ist viel einfacher und viel leichter:
Löscht einfach nur jedes begriffliche Denken aus! Gebt den Dingen nicht andauernd Namen und Bezeichnungen!
Durchschaut eure Skandha-Aktivitäten, da findet ihr nämlich auch eure Konditionierungen und Dressuren! Kommt euren Hirngespinsten, euren Albträumen und euren Luftschlössern auf die Schliche – und euren Ideen, was Buddha sei, was Erleuchtung sei!
Lasst den ganzen Unsinn bleiben!
Lasst euren so glänzenden Intellekt endlich einmal ruhen!
Macht euch von seiner permanenten Knechtschaft frei! Macht euch auch frei von euren überflüssigen Ideen von der Leerheit und von dem Buddha-Sein. Vergesst es! Seid doch einmal keine Sklaven des pausenlosen Getümmels in eurem gequälten Geist!
Lasst alles Wollen fallen!
Dann entdeckt ihr, dass nicht ihr mit euren Mündern an der Wand kleben müsst, sondern dass die Buddhas mit dem Mund an der Wand kleben!»

Was heißt das: Die Buddhas kleben mit dem Mund an der Wand? In all den endlos langen Zeitaltern der Welt gab und gibt es immer wieder einen Buddha, ein voll verwirklichtes Wesen. Alle diese Buddhas in den drei Welten, wie Meister Tokusan Enmyō sagt, werden

126 Das heißt: werden ihn also nicht mehr öffnen können, um etwas zu sagen.

127 Auch: Tokusan Enmitsu, chin. Deshan Yuanming (10. Jh.).

stumm wie die Stockfische mit dem Mund an der Wand kleben, wenn nur *ihr* (!) *hier* (!) *jetzt sofort* (!) alles fallen lasst: Vergangenheit, Zukunft und das, was ihr für die Gegenwart haltet! Und wenn dann nur noch eure Schau des EINEN und REINEN SEINS übrig bleibt? Welche Wirklichkeit hätten denn in einem solchen Augenblick die alten Buddhas?! Sie wissen nichts mehr. Sie sagen nichts mehr. Sie haben keine Möglichkeit mehr.

Kommt es vielleicht auf den Glauben an einen Buddha an? Solltet ihr vielleicht euer Leben mit der inbrünstigen Hingabe und Schwärmerei für einen Buddha vergeuden? «Namo Amida Butsu – Namo Amida Butsu – Namo Amida Butsu –» und so weiter. Nein! Wozu? Öffnet stattdessen lieber euer GEISTAUGE – und seht, was ist!

Macht immer wieder einmal tagsüber diese Übung: Schaut einfach nur! Setzt euch zum Beispiel in der Mittagspause draußen auf eine Bank und seht die Leute vorbeigehen. Habt keine Meinung darüber! Bildet euch im Gehirn keine Begriffe! Keine Idee, wie lasch, mutlos oder krank die Menschen aussehen, wie unmoralisch oder schmuddelig angezogen, wie dick und verunstaltet oder wie abgrundtief traurig und erbärmlich – oder warum alles das. Bewertet sie nicht, verachtet sie nicht und bedauert sie nicht. Ärgert euch nicht über sie. Vergewaltigt sie nicht in eurem Innern mit eurer überlegenen Klugheit. Lasst sie nur in Frieden vorübergehen – und schaut nur!

Habt also keine Meinung über sie. Das steht euch nicht zu. Schaut nur!

Schaut die Menschen, die auf der Straße vorbeigehen, mit klarem, wachem Blick an! Wenn Gefühle auftauchen, aggressive oder ablehnende oder Gefühle sonst welcher Art, bekämpft sie nicht, lasst euch nur einfach nicht auf sie ein, sondern lasst sie ruhig wieder ziehen.

Schaut einfach nur gelassen, ganz ohne eine Absicht, ohne etwas zu wollen, und sei es noch so hehr und edel, und innerer Frieden wird sich ausbreiten. Und wenn ihr schließlich ganz von diesem Frieden erfüllt seid, werden die vorbeilaufenden, hastenden Menschen etwas von diesem Frieden mitbekommen.

Meister Tokusan Enmyō meint nicht, wir sollen uns in das Getümmel des Lebens stürzen und hier und da hektisch agieren, um vermeintlich positive Dinge zu bewirken und andere, nämlich vermeintlich negative Dinge, abzuwehren, um vielleicht «gut», «bewunderungswürdig» oder «nützlich» zu sein; er meint auch nicht, wir sollten passiv in die Leerheit versinken und dort verharren, so, wie manche Menschen sich das von den jenseitigen Buddhas vorstellen, die jegliche Welt der Form längst verlassen haben und nur noch mit dem Mund an der Wand kleben. Nein, so sollen wir es nicht machen. Nein, sondern er meint, wir brauchen nur jedes begriffliche Denken fallen zu lassen – und zu schauen, nur noch zu schauen!

In diesem Schauen, worauf auch immer unser Blick fällt, zeigt sich das Wunderbare, das Grenzenlose und Ungeborene.

Dann steigt ein Lachen auf, ein Lachen! Kennt ihr den, der so lacht? Erkennt ihr ihn wieder?

Vor Jahren habe ich einmal in einer Gruppe ein bisschen Unterweisung und Schulung beim Scheich Abdullah erhalten. Da hat der Scheich mit uns Zikr geübt. Zikr ist eine sehr

starke Praxis des rhythmischen stimmhaften Atmens und Bewegens, indem immer wieder ein Wort oder ein Satz gemurmelt, geseufzt oder auch heftig ausgestoßen und laut gerufen wird – wie zum Beispiel «Allah Hu – Gott ist Er».
Das Wort Zikr bedeutet auf Deutsch «Wiederkennen». Mit Hilfe dieser spirituellen Übung wird «wiedererkannt». Wer oder was wird wiedererkannt? Das eigene ewige göttliche Wesen wird in dem Augenblick wiedererkannt, in dem der Mensch reif geworden ist wie die Frucht am Baum. Mit diesem Wiedererkennen fällt er vom Baum. Alles, was er bis dahin für sich selbst und seine kostbare Person gehalten hatte, fällt ihm weg. Leib und Seele, Wissen und Nicht-Wissen, Glauben und Hoffen und was er bis dahin für Liebe gehalten hatte, fällt ihm ab. Ängste und Abneigungen fallen ihm ab. Er stirbt den Tod des Ego, welches er für seine Identität gehalten hatte und welches nicht sein Wahres Wesen war. Alles, was kein bleibendes Sein hat, rutscht ihm in einem großen Bergrutsch davon. Sein geliebtes und gehasstes kleines Ich rutscht ihm wie ein Haufen Matsch in die Versenkung ... Und übrig bleibt das Sein, das WAHRE und GRENZENLOSE SEIN.
Nur *dieses* ist seine wahre Identität! Nur dieses SEIN existiert, und in ihm erkennt der Mensch sich wieder. Er entdeckt staunend, dass er sich immer schon gekannt, es aber vergessen hatte. Nun ist er zu sich zurückgekommen.

Der Scheich zeigte uns noch eine andere Übung, das Wirbeln. Der linke Fuß drehte sich am Fleck auf dem Fußboden, während der rechte entgegen dem Uhrzeigersinn um den linken Fuß herum Schritte ausführte und der Scheich mit jedem Schritt betete: «Allah – Allah – Allah – Allah –», so wie bei uns der Atem sagt: «Mu – Mu – Mu – Mu –». Die rechte Hand zeigte mit der Handfläche hoch zum Himmel und die linke mit der Handfläche zur Erde, so bildeten die Arme einen Kanal vom Himmel zur Erde, Segen verströmend. Der Raum war sehr klein, aber nicht ein einziges Mal schlug der Scheich mit der Hand an die Wand. Es gab nur noch dieses Kreisen um sich selbst. Ein Ego konnte sich da nicht halten. Es war längst weggeflogen. In der Mitte des Kreisens des Kosmos kreist der Mensch, immer schneller und schneller wirbelnd und betend, den Kopf leicht nach links geneigt, die Augen geschlossen. So wirbelte der Scheich in tiefer Versunkenheit – und in seiner Mitte war er ganz und gar still und unbewegt und nur noch Sein. Je weiter nach außen jedoch – die wilde und tobende Welt, die mit wahnsinniger Raserei ihren Aktivitäten nachgeht. Das Sein in der Mitte aber – unberührbar durch Kummer und Leid.
Woher ich weiß, was sich im Scheich abspielte? Ich habe es ausprobiert. Ich habe auch gewirbelt, eine halbe oder dreiviertel Stunde lang, ohne schwindlig zu werden, mit «Allah». In dem Augenblick, in dem ein Gedanke auftaucht, verliert der Mensch das Gleichgewicht, und er ist nicht mehr innen. Er stürzt in das Getümmel der Welt und ertrinkt darin. Das war das Erste, was ich entdeckte, und so konnte ich gedankenfrei wirbeln.

Es braucht dafür aber nicht das Wirbeln. Das ist nur ein Beispiel für vieles. Jedes Ding ist ein Dharma-Tor. Seid nur wachsam und noch wacher und noch wacher – wacher – wacher – wacher – und dann fallt durch das Dharma-Tor. Fallt nicht in eine dösige Trance, sondern fallt in die Wachheit – in die Realität, in das, was ist!

Schaut – schaut! Und dann erkennt ihr euch in Ewigkeit wieder! Dann erfahrt ihr euch zum allerersten Mal! Und während ihr euch zum allerersten Mal entdeckt, fallen Vergangenheit, Gegenwart und Zukunft in EINS zusammen – endlose Weite und doch nur noch das totale Hier an diesem Ort – und Jetzt in diesem Augenblick! Keine Vergangenheit, keine sogenannte Gegenwart und keine Zukunft mehr – und deren Buddhas kommen mit ihren Mündern nicht mehr von der Wand weg. Mit Wirbeln ist da nichts mehr bei denen. Aber das Lachen, das schallende Lachen, von dem Meister Tokusan spricht, bricht da aus euch heraus.

Und inmitten dieses Lachens entdeckt ihr: «Das ist ja nichts Neues! Das kenne ich seit Urzeiten immer schon! Ebenso wie es nichts Altes gibt, da die Wirklichkeit jetzt ist, so gibt es auch nichts Neues. Mir ist alles bekannt und vertraut!» Wird das eine Freude sein! Eine solch unbeschreibliche Freude!
Meister Tokusan Enmyō sagt: «Wenn auch die Buddhas mit dem Mund an der Wand kleben und handlungsunfähig sind, ist doch einer, der schallend lacht inmitten seines Wiedererkennens! Kennt ihr den? Wenn ihr diesen erkennt, habt ihr euer Studium abgeschlossen!»

Ja, das ist die Selbstwesensschau. Dann gibt es nichts mehr zu lernen, zu erreichen oder zu werden.
Dann gilt es nur noch zu SEIN.

47 • Zhaozhous Eiche[128]

Ein Mönch fragte Zhaozhou: «Welchen Sinn hat das Kommen des Patriarchen aus dem Westen?»
Zhaozhou antwortete: «Der Eichbaum da im Garten!»

Höchstwahrscheinlich fand das Gespräch in einem Raum des Klosters, vielleicht dem Dokusan-Raum, statt. Der Raum hatte große Fenster, die vielleicht offen standen, und draußen im Garten wuchs ein prachtvoller Eichbaum, dessen Schönheit den Meister und alle, deren Blick auf diesen Baum fiel, erfreute.
Der Mönch, der sich gerade bei Meister Zhaozhou[129] befand, fragte diesen nach dem Sinn von Bodhidharmas Kommen aus dem Westen, also von Indien nach China.

«Warum kam der Patriarch, Bodhidharma, von Indien nach China?», fragt der Mönch. Er meint, wenn der Meister ihm diese eine so wichtige Frage beantwortet, muss er, der Fragende, doch endlich der Weisheit letzten Schluss begreifen! Ihm ist natürlich der indische Mönch Bodhidharma mit dem wilden Bart ziemlich egal. Ihm geht es um sich selbst. Es brennt ihn! Er möchte die Erleuchtung erfahren, er sehnt sich unendlich nach der Schau seines Selbstwesens.
Er will endlich wissen, wer er ist!
Er will wissen, warum er von seiner Mutter geboren wurde und auf die Erde gekommen ist.

Ihr wisst ja, wenn jemand nach Bodhidharma fragt, meint er damit sich selbst, auch wenn er so tut, als ob er Bodhidharma meint. Bodhidharma war erleuchtet. Wenn man weiß, warum Bodhidharma aus Indien nach China kam, dann wird man sicher ebenso wie Bodhidharma auch erleuchtet sein! Dann weiß man doch, was der wusste! Dann versteht man doch, was er verstand! Das ist doch logisch, nicht wahr? Bodhidharmas Güte und Weisheit wird doch auch auf einen armen suchenden und fragenden Menschen träufeln –!?

So haben viele Mönche nach Bodhidharma gefragt statt nach sich selbst. Sie schauten in die Augen ihres Meisters und erhofften sich voller Sehnsucht, dass der Meister ihnen den Geist öffnen und sie erleuchten werde.

Der Meister gab ihnen jedoch niemals eine Antwort, die inhaltlich um den Bodhidharma kreiste. Zum chinesischen Kaiser hatte Bodhidharma ohnehin geäußert, er wisse nicht, wer er war. Der Kaiser war ungehalten über Bodhidharmas Aussagen und fragte grimmig: «Wer ist das da mir gegenüber?», und Bodhidharma antwortete nur schlicht: «Ich weiß es nicht.»

128 Entspricht Fall 37 im *Mumonkan*.

129 Jōshū Jūshin, chin. Zhaozhou Congshen (778–897).

Auch heutzutage stellen Zen-Übende manchmal eine ähnliche Frage, nämlich ob der Zen-Meister erleuchtet sei. Einmal kam ein Psychoanalytiker in den Dokusan-Raum und fragte mich: «Bist du erleuchtet?» Ich sagte: «Das willst du gar nicht wissen.» Er gab zu: «Nein, das will ich nicht wissen.» Ich fragte ihn: «Was willst du denn wissen?» Er sagte: «Ich will wissen, wie ich erleuchtet werden kann.» Ich sagte: «Ja.»

Nun wollte lange Zeit, nachdem Bodhidharma den Kaiser aufgesucht hatte, im Zen-Kloster Meister Zhaozhous ein Mönch etwas über Bodhidharma wissen, über Bodhidharmas innere Erfahrungen, über sein Mitempfinden für die Menschen – vor allem für die armen Chinesen, die ja eigentlich noch in einem Missionsland lebten –, über Bodhidharmas Pläne, die Chinesen zu retten, zu erleuchten und über seine große Reise von Indien nach China, und das aus lauter Nächstenliebe! Von all dem wollte der Mönch etwas abbekommen. So hoffte er, der Meister wisse doch genau über Bodhidharma Bescheid und würde ihm, dem armen Mönch, etwas davon abgeben.

Man nimmt aber auch an, dass jeder Mönch, der jemals nach Bodhidharma oder sogar nach Bodhidharmas Bart – das fällt weniger auf – fragte, wisse ganz genau, was er wollte, nämlich nicht etwas über Bodhidharma erfahren, sondern immer nur über sich selbst. Ja, die Menschen stehen für gewöhnlich unter so hohem Leidensdruck, dass sie innerlich immerzu schreien: «Hilfe! Hilfe! Wer kann mir helfen?»

Ja, und so fragen sie nach Bodhidharma, beziehungsweise sie fragen *scheinbar* nach Bodhidharma. Was war das, was der alte Bodhidharma mit seinem großen roten Bart aus Indien mitgebracht hatte? Was hatte er zu vergeben? Jeder der Fragenden meint sich.

Und nun? Der Mönch fragte also Zhaozhou ebenso wie zuvor schon viele andere: «Warum kam der Barbar aus dem Westen?» Der Begriff «Barbar» heißt nichts anderes als «der Fremde». Sie fragten nur scheinbar nach «dem Fremden», denn sie fragten in Wirklichkeit aus ganzem Herzen nach sich selbst!
Sie hatten auch Recht damit, denn sie bedurften dringend der Rettung.

So meinte der Mönch auch: «Was ist meine eigene Buddha-Natur? – Wie kann ich selbst diese Erkenntnis gewinnen? – Wer kann mir mein Ur-Wesen zeigen? – Wie kann ich Kenshō erlangen? – Wie Satori? – Was – um Himmels Willen – kann mich denn nur erleuchten?» Er fragte nach sich!

Meister Zhaozhou *sah*, was mit seinem Schüler los war. Er erkannte, dass hier auf jeden Fall Erste Hilfe angebracht war! Ob nun aber der Mönch die Erste Hilfe würde annehmen können, lag an ihm selber. Auf die Frage des Mönches, warum Bodhidharma aus dem Westen gekommen war, deutete Zhaozhou mit der Hand aus dem Fenster und auf die wundervolle Eiche draußen am Haus und sagte nur: «Der Eichbaum da im Garten!»

Damit ermöglichte Zhaozhou dem Mönch sofort auf der Stelle eine Wahrnehmung!
Der Mönch schaute sofort auf den Baum.
Das war Nahrung für das innere Wesen des Mönches. Wie tief seine Erfahrung jedoch war

– das wissen wir nicht. Etwas hat er jedoch vielleicht gelernt: Wenn wir das Wahre Wesen suchen, müssen wir nicht in die Vergangenheit zu den alten, weisen Meistern gehen und bei denen Anleihen machen! Wir müssen auch nicht sehnsüchtig in eine fiktive Zukunft schauen, um dort etwas zu suchen, was wir an einem Ort, zu einer Zeit, die beide nicht existieren, niemals finden können!
Wenn wir jedoch, wie Meister Zhaozhou es zeigt und sagt, jetzt in dieser Sekunde schauen und sehen und wahrnehmen, nämlich *wahr nehmen*, was sich gerade jetzt und hier vor unseren Augen befindet, dann erfahren wir, was ist!

Wahrnehmen ist immer nur jetzt möglich, in diesem Augenblick, denn nur im Jetzt geschieht etwas!
Nicht gestern oder morgen geschieht etwas, sondern nur jetzt!
Und so können wir auch nur jetzt wahrnehmen – und nicht gestern.
Nur jetzt ist Jetzt!

Wenn du bereit bist, dich offen und ehrlich dem Jetzt auszusetzen, kannst du wirklich wahr-nehmen! Und dieser glückselige Augenblick führt dich ja vielleicht in die Tiefe des göttlichen Seins!
Üb dich immer wieder und immer wieder im Jetzt, und irgendwann fällst du in die göttliche Tiefe des Seins. Du musst nichts tun dafür, sondern nur jetzt sein musst du! Mehr nicht! Das Jetzt benötigt natürlich auch keine Zeit und kein Wandern an einen anderen Ort! Denn es ist bereits immer da. Nur jetzt ist Jetzt!

Du kannst jetzt natürlich herumlaufen und dir die Eichbäume in deiner Wohngegend oder in einem dir bekannten Waldstück anschauen und dich dann wundern, dass nichts funktioniert! So geht es auch nicht! Du musst nicht Eichen suchen, sondern da sein, wo immer du gerade sowieso bist, und zwar jetzt! Jetzt bist du hier! Jetzt und Hier sind untrennbar, ja, sie sind dasselbe! In der tiefsten Wirklichkeit sind Zeit und Raum dasselbe und nichts Getrenntes. Zeit und Raum, nämlich Jetzt und Hier, sind – unter Aufhebung von Zeit und Raum – das Eine Sein.

Dieses Jetzt, das auch das Hier genannt werden kann, bist du.
Ja, und so kannst du dich finden – und bist immer bei dir.
Dann bist du zu Hause angekommen.

48 • Vimalakīrtis «Nicht-Zweiheit»

Vimalakīrti fragte Mañjuśrī: «Was bedeutet es, dass der Bodhisattva in das Dharma-Tor der Nicht-Zweiheit eintritt?»
Mañjuśrī sagte: «Ich sehe es folgendermaßen: Bei allen Phänomenen gibt es weder Wort noch Erklärung, weder Präsentieren noch Willen. Es ist jenseits jeglichen Fragens und Antwortens. Dies verstehe ich als ‹in das Dharma-Tor der Nicht-Zweiheit eintreten›.»
Danach fragte Mañjuśrī den Vimalakīrti: «Wir alle haben unsere Erläuterungen dazu gegeben. Jetzt sollt Ihr das erläutern: Was bedeutet es, dass der Bodhisattva in das Dharma-Tor der Nicht-Zweiheit eintritt?»
Vimalakīrti verharrte in Schweigen.

Vimalakīrti war einer der Schüler des Śākyamuni Buddha. Im Gegensatz zu den anderen Schülern Buddhas führte Vimalakīrti kein mönchisches Leben mit seinen Dharma-Brüdern zusammen, denn er war ein Familienvater, dazu noch ein sehr reicher Mann, von Beruf Kaufmann. Nichtsdestoweniger war er ein äußerst gelehrter Heiliger von tiefer Einsicht in das Wesen der Welt. Er war so tief erleuchtet, dass der Buddha ihn zum Lehrer seiner Schüler bestimmte. Ihr seht daran, dass ein erleuchteter Mensch mitten in der Welt seinen WEG gehen und sich dabei ständig weiter entfalten kann. Dementsprechend lehrte Vimalakīrti auch die Gleichwertigkeit eines mönchischen spirituellen Weges und eines weltlichen spirituellen Weges, nämlich der damit verbundenen praktischen Geistesschulung und Entwicklung des jeweiligen Schülers. Er lehrte, dass sowohl ein Mönch als auch ein Laie den Weg des Bodhisattva gehen kann.
Dies geht deutlich aus dem Vimalakīrti-Sūtra des großen Gelehrten und Erleuchteten hervor. Demnach kann ein Verheirateter im Rahmen seiner Geistesschulung ebenso tief greifende spirituelle Erfahrungen machen wie ein Mönch auf dem gleichen Weg. Beide können das Leben eines Bodhisattva führen. Darin steht ein Nicht-Mönch einem Mönch in nichts nach. Willigis Jäger hat zum Beispiel – ähnlich wie Vimalakīrti – gesagt, man könne sich nirgendwo so gut entwickeln wie in einer Ehe. Dies hatte er vielfach beobachtet, auch wenn er selbst keine Ehe führte, sondern zölibatär als Mönch lebte, der er war.

Bodhisattva sein – das beinhaltet die klare Erkenntnis der Nicht-Dualität aller Dinge und Wesen. Vimalakīrti lehrte und zeigte die Nicht-Dualität im Schweigen.

Im Fall des Vimalakīrti stellte der Buddha sogar fest, dass dieser überragende Schüler, obwohl oder sogar weil er ein Laie und kein Mönch war, einen spirituell viel höheren Stand erreicht hatte als Śākyamunis andere Schüler, die doch Mönche waren. So wurde Vimalakīrti, wie schon gesagt, ebenfalls ein Lehrer der mönchischen Schüler des Buddha.

Diese Einleitung ist für unseren Sangha und unsere Zen-Schule von grundlegender Bedeutung, denn die meisten unserer Schüler wie auch Lehrer sind Weltleute, das heißt, Laien auf dem Bodhisattva-Weg, genauso wie es auch auf Vimalakīrti zutraf.

Nun wieder zum heutigen Kōan:
Vimalakīrti fragte Mañjuśrī: «Was bedeutet es, dass der Bodhisattva in das Dharma-Tor der Nicht-Zweiheit eintritt?»

Mañjuśrī ist ein mythologischer Bodhisattva, dessen Name bedeutet: «Der edel und sanft ist». Auf all seinen Darstellungen hält Mañjuśrī in der rechten Hand das Schwert der Weisheit, in der linken aber ein Buch mit der Sammlung der Prajñāpāramitā-Texte. An beidem, Schwert und Sūtra-Buch, ist Mañjuśrī klar zu erkennen. Ich würde dazu sagen, diese beiden Symbole stehen für die scheinbar gegensätzlichen Erfahrensweisen der Wirklichkeit: Die Sūtras stehen für die Welt der Form, und das Schwert der Weisheit, das alle Dualität zerschmettert, steht für die göttliche Leerheit. Insofern ist Mañjuśrī das Wesen der Erleuchtung in einem jeden Menschen.

Es gibt aber auch eine Mutmaßung, dass Mañjuśrī nicht ein mythologischer Bodhisattva gewesen sei, sondern ein Schüler des Buddha Śākyamuni. Ich weiß es nicht, und ich weiß auch nicht, ob jemand es wirklich mit Sicherheit weiß, ob Mañjuśrī mythologisch oder historisch ist oder war, oder ob einer der Schüler den Namen Mañjuśrī führte. Wenn einer von euch es weiß, mag er es mir gern sagen. Ich selber vermute aber den Bodhisattva Mañjuśrī, denn es waren noch mehr Bodhisattvas bei Vimalakīrti zu Besuch, wie wir gleich sehen werden.

Die buddhistische Mythologie erzählt nämlich, dass bei jenem Gespräch, von dem unser Kōan nur ein Ausschnitt ist, nicht nur Vimalakīrti und Mañjuśrī zugegen waren, sondern mit dem Bodhisattva Mañjuśrī außerdem auch 80.000 weitere Bodhisattvas. Sie alle machten einen Krankenbesuch bei Vimalakīrti und passten doch tatsächlich in dessen kleines Krankenzimmer hinein. Eigentlich waren sie, die 80.000, zuerst äußerst ängstlich und schüchtern gewesen, den übergroßen Vimalakīrti zu besuchen, auch wenn dieser krank und schwach darniederlag. Der Grund ihrer Befangenheit war, dass Vimalakīrti ja bei ihrem Anblick sofort entdecken würde, wie dumm, unentwickelt und unwissend sie eigentlich waren, diese Bodhisattvas, und sie müssten sich dann in Grund und Boden schämen. Der Buddha forderte sie aber auf, nicht ihre Empfindlichkeiten zu pflegen, sondern den kranken Lehrer Vimalakīrti zu besuchen. Und da der starke Mañjuśrī sie außerdem ermutigte, mit ihm mitzukommen und den ehrwürdigen Vimalakīrti in seiner Krankheit und zu dessen Freude zu besuchen, kamen sie schließlich doch noch alle hinter Mañjuśrī her und mit ihm mit zum heiligen und weisen Vimalakīrti.

Das Gespräch in unserem Kōan-Text bestritten aber nur Vimalakīrti und Mañjuśrī allein. Das Kōan ist also ein Ausschnitt aus der ganzen Begebenheit. In der vollständigen Erzählung legten aber auch die 80.000 Bodhisattvas ihre Sicht der Dinge um das Dharma-Tor der Nicht-Dualität mutig dar. Als Bodhisattvas mussten sie es schließlich wissen, nicht wahr? Was die 80.000 sich da allerdings geleistet haben, möchte ich lieber nicht wissen.

Vimalakīrti fragt also den Bodhisattva Mañjuśrī: «Was bedeutet es, dass der Bodhisattva in das Dharma-Tor der Nicht-Zweiheit eintritt?» Der irdische dreidimensionale Mensch Vimalakīrti stellt die Frage dem wohl mythologischen und nicht als Wesen von Fleisch und Blut inkarnierten Mañjuśrī.
Sie reden miteinander.
Diese Begebenheit könnte man auch psychologisch erklären, und damit kennt ihr alle euch ja aus: Vimalakīrti ist selbstverständlich auch Mañjuśrī. Mañjuśrī in der Gestalt des Vimalakīrti und eine von dessen inneren Wesensbereichen.
Vimalakīrti erfährt und kennt sich selbst als das Eine, das Nicht-Dualistische, das Sein.

Und er stellt sich selbst die Frage. Er fragt nicht, weil er es nicht wüsste. Er spielt und experimentiert mit vielen Facetten des Geistes. Er fragt sich: «Wie geht das vonstatten, dass der Bodhisattva Mañjuśrī in den Zustand der Nicht-Zweiheit eintritt?»
Vielleicht fragt er sich selbst: «Wie mache ich das eigentlich? Wie funktioniert das? Wie geschieht das nun? Wodurch bin ich Mensch auf dem Weg des Bodhisattva plötzlich Nicht-Zwei?»
Er kennt den Zustand wohl! Die Erfahrung ist ihm vertraut. Nur: Wie geschieht das?

Oder er fragt in sich selbst hinein: «Ehrwürdiger Mañjuśrī, antworte mir! Wie trittst du durch das Dharma-Tor der Nicht-Zweiheit?»
Und sein innerer Wesensbereich – namens oder auch nicht-namens Mañjuśrī – gibt dem Vimalakīrti die Antwort: «Ich sehe es folgendermaßen: Bei allen Phänomenen gibt es weder Wort noch Erklärung, weder Präsentieren noch Willen. Es ist jenseits jeglichen Fragens und Antwortens. Dies verstehe ich als ‹in das Dharma-Tor der Nicht-Zweiheit eintreten›.»

Jetzt wieder zum Psychologischen! Ihr wisst und kennt das ja: «Jeder von uns ist eine Menschenmenge», wie man in der Psychosynthese sagt. Ja, in jedem von uns lebt und webt das ganze Universum. Nur, dass jeder einzelne Bereich in uns zugleich das Große und das Ganze ist. Und in unserer Tiefe, dem Bereich, der hinüberreicht in die Wahrnehmung des reinen und unsterblichen Seins, liegt die vollkommene Weisheit und das vollständige Wissen unseres Wahren Wesens, welches alles Personhafte übersteigt.

In diesem Bereich kann uns jede Antwort gegeben werden.

Nennen wir diese im Herzen verborgene Weisheit einmal «Mañjuśrī», so wie ja vielleicht auch Vimalakīrti dies getan hat, und fragen einmal unsererseits Mañjuśrī:

«Was hat es mit der Nicht-Zweiheit auf sich? Wie erreiche ich sie?»

Da kommt die gleiche Antwort zurück. Aus der himmlischen Herrlichkeit tiefster Seele spricht das Wesen Mañjuśrī in uns:

«Kein Wort kann es sagen, und sei die Erklärung noch so weise und klar. Kein Beabsichtigen und Wollen kann es uns näherbringen. Denn kein Ding, keine Erscheinung hat Wort noch Erklärung, noch Wollen, noch Fragen, noch Antworten. Es ist jenseits von all dem.

Und nur so ist es möglich, durch das Dharma-Tor der Nicht-Zweiheit hindurchzuschreiten.»

Aber – o weh! Während diese erklärenden Worte aus der Tiefe des Mañjuśrī-Wesens aufsteigen, sind sie schon verfehlend! Denn nicht ein einziges Wort kann es sagen.
Keine Frage kann sich dieser Wirklichkeit nähern, und jede begrifflich gegebene Antwort würde sich von der Nicht-Zweiheit entfernen.

Warum ist das so?

Die menschliche Sprache kann sich nur und ausschließlich dualistisch artikulieren. In der Nicht-Zweiheit aber muss sie verstummen.

Wer aber diese Unfähigkeit der Sprache in Hinsicht auf die Nicht-Zweiheit zu erklären versucht, entfernt und entfernt und entfernt sich immer weiter und weiter und weiter von der Nicht-Zweiheit.

Das ist auch die Tragik aller Theologie.

Ist Vimalakīrti nun zufrieden? Sehen wir, wie es weitergeht!

Mañjuśrī, das Wesen der Weisheit, das alle Irrtümer hinter sich gelassen hat, meldet sich wieder und fragt Vimalakīrti, mit dem er doch Zwiesprache pflegt:

«Wir alle» – womit er die 80.000 Bodhisattvas meint – «haben unsere Erläuterungen dazu gegeben. Jetzt sollt Ihr das erläutern: Was bedeutet es, dass der Bodhisattva in das Dharma-Tor der Nicht-Zweiheit eintritt?»

Nun, nichts, was menschliche Rede hervorbringt, kann auch nur eine kleinwinzige Erläuterung zum Dharma-Tor der Nicht-Zweiheit sein. Erläuterungen entfernen sich von der Wirklichkeit.

Und so heißt es in der Geschichte: «Vimalakīrti verharrte in Schweigen.»

49 • Tōzan hält eine Gedenkfeier

Tōzan hielt eine Gedenkfeier für Un'gan vor dessen Bildnis. Er sprach die Geschichte des Bildes an.[130]
Nachdem Tōzan in der Gedenkfeier über diese Geschichte des Bildnisses gesprochen hatte, fragte ein Mönch: «Was bedeutet Un'gans Ausspruch ‹Nur dies, nur dies!›?»
«Damals hätte ich die wahre Absicht meines Meisters beinahe missverstanden», antwortete ihm Tōzan.
Der Mönch erwiderte: «Ich frage mich, ob Un'gan selbst Bescheid wusste oder nicht.»
«Wie hätte er es so sagen können, wenn er nicht Bescheid wusste? Wie konnte er wagen, es so zu sagen, wenn er Bescheid wusste?», sagte Tōzan.

Nun, Un'gan ging das Wagnis trotzdem ein.
Das ist eine wunderbare Gedenkfeier. Hier wird das Wesen der Welt demonstriert. Es wird bewiesen! Demgegenüber sind alle sogenannten Gottesbeweise unhaltbar.

Gehen wir die Sache der Reihe nach durch!
Meister Un'gan[131], zu deutsch «Wolkenklippe» – er hieß nach dem Berg, auf dem er lehrte –, war der Meister des berühmten Meisters Tōzan Ryōkai[132].

Meister Tōzan war einer der Begründer der Sōtō-Schule. Dass die ursprüngliche Sōtō-Schule ihre Zen-Schüler bewusst und gezielt zur Erleuchtung geführt hat, ist ja allgemein bekannt. Auch haben Sōtō-Meister Kōan-Bücher zusammengestellt, mit denen ihre Schüler geschult wurden und mit denen unter anderen auch wir üben.
Auch sind unsere Vorfahren nicht nur Rinzai-, sondern auch Sōtō-Meister. Alle haben etwas Gutes zu geben, auch heute noch.

Bei dieser Gelegenheit sei erwähnt, dass die Arbeit «Die fünf Stufen der Erleuchtung» von Meister Tōzan stammt. Dieser berühmte Text steht in der Rinzai-Schule, in der Sanbō-Kyōdan-Schule und auch bei uns am Schluss der gesamten Kōan-Schulung und wird in diesem Zusammenhang unter anderem als Kōan behandelt. Die Sonderform der buddhistisch-japanischen Philosophie, vor allem aber die reine Zen-Lehre, soll nicht nur intellek-

130 Die Geschichte ist folgende: Als Tōzan noch ein junger Mönch war, verließ er Un'gan bereits nach seiner Zen-Schulung. Er fragte ihn beim Abschied: «Wenn ich nach deinem Tod gefragt werde, ob ich dein Bildnis habe oder nicht, was soll ich dann antworten?» Nach einer langen Pause antwortete Un'gan: «Nur dies, nur dies!» – Mit «Bildnis» ist aber hier das Wesen des Buddha-Dharma gemeint und nicht eine äußere Abbildung. Was hier für «Bildnis» steht, ist im Sinn des Dharma. Das äußere Bild erinnert nur an diese Begebenheit.

131 Un'gan Donjō, chin. Yunyan Tansheng (780–841).

132 Chin. Dongshan Liangjie (807–869).

tuell verstanden, sondern vor allen Dingen in spiritueller Erfahrung erfasst werden. Darum geht es auch in den «fünf Stufen der Erleuchtung».
Unser heutiges herrliches Kōan aus dem *Shōyōroku* handelt also von Meister Tōzan. Auch dieses Kōan ist ein spirituelles Übungsstückchen, mit dessen Hilfe Zen-Schüler zur Erfahrung ihrer eigenen Wesensnatur kommen können und an Hand dessen sie ihre klare Einsicht beweisen sollen.

Tōzan wanderte von Zen-Meister zu Zen-Meister, um dadurch seine Einsicht zu vertiefen, wie das im alten China üblich war. Er blieb nie allzu lange bei einem Meister. Als Tōzan als noch junger Mönch Meister Un'gan bereits wieder verließ, hatte er noch keine allertiefste Einsicht erreicht. Er fragte seinen Meister beim Abschied: «Wenn ich eines Tages nach deinem Tod gefragt werde, ob ich dein Bildnis habe oder nicht, was soll ich dann antworten?»

Was fragt Tōzan seinen Meister Un'gan da? Geht es um ein Bild, eine Zeichnung, eine Abbildung des Un'gan?

Es geht vielmehr um die Lehre des Meisters. Wahrscheinlich hat Un'gan seinem jungen Schüler zum Abschied ein Bild von sich geschenkt, und vielleicht steht ja auch dieses Bild bei Tōzan im symbolischen Sinn für die Zen-Lehre des Meisters.
Mit dem Bild ist im tiefsten Sinn der Dharma des Meisters gemeint.
In einer anderen Übersetzung heißt es dementsprechend auch: «Wenn ich nach deinem Tod von anderen gefragt werde, ob ich deine Lehre habe oder nicht, was soll ich dann antworten?»
Tōzan fragt also: «Wenn ich gefragt werde, ob ich deinen Dharma bekommen habe, ob du mir Erleuchtung bestätigt hast – was soll ich ihnen dann antworten? Willst du mir vielleicht jetzt meine Einsicht bestätigen?»
Eine gewagte Sache – direkt beim Abschied.
Auf diese Frage schweigt Meister Un'gan längere Zeit. Dann antwortet er: «Nur dies, nur dies!»
Wenn Tōzan ES erfasst, trägt er den Dharma seines Meisters weiter. Erfasst er ES?

Jahre später bei einer Gedenkfeier für Meister Un'gan sagt Meister Tōzan seinen Schülern: «Damals hätte ich die wahre Absicht meines Meisters beinahe missverstanden.»
Zum Glück aber nur beinahe! Die wahre Absicht Un'gans ist ihm dann doch noch aufgegangen. Die tiefe Einsicht folgte noch.
Das wahre Bildnis eines authentischen Meisters ist immer nur das Eine, das sich in dem hier und jetzt gerade existierenden Faktum zeigt! Also in diesem Faktum hier! Nur DIES ist es! Dieser Anblick, diese innere Empfindung, dieses Geräusch! Also nur gerade dies, nur dies!

Wozu große Erklärungen abgeben? DIES genügt.

Es wird erzählt, dass während Tōzan unterwegs auf Wanderschaft war, nachdem er Meister Un'gan verlassen hatte, er einmal während einer Rast in ein Wasser schaute und beim Anblick seines Spiegelbildes tiefe Erleuchtung erfuhr. In diesem Bildnis sah er plötzlich: «Nur dies, nur dies!» Da verstand er die Absicht seines Meisters Un'gan vollständig und nicht mehr nur ahnungsweise.

Viele Jahre später hält Meister Tōzan in seinem Kloster vor dem Bild von Meister Un'gan, welches er in seinem Besitz hat, diese Gedenkfeier, von der hier die Rede ist. Da fragt ein Mönch den Tōzan: «Was meinte Meister Un'gan eigentlich mit seinem Ausspruch: ‹Nur dies, nur dies!›?»
Der Mönch blickte überhaupt nicht durch, nicht einmal vage und ahnungsweise.
«Nur dies, nur dies» ist die Essenz aller Dinge, aller Lehren, aller Bilder. Es ist auch außerhalb aller Schriften und heiligen Zeichen, außerhalb aller Bücher und Worte und außerhalb aller Teishō eines noch so großen Zen-Meisters. ES ist überall und nirgendwo nicht. Alle Dinge «innen» und «außen» manifestieren ES.

Aber auch nachdem Meister Tōzan die Geschichte von seinem Abschied von Un'gan und dem Bild erzählt hat, versteht der Mönch nicht die Essenz der Lehre von Un'gan. Der Dharma bleibt ihm noch verschlossen.
Barmherzig antwortet Tōzan ihm: «Wie du jetzt gerade hätte auch ich damals die wahre Absicht meines Meisters beinahe missverstanden.»
Der Mönch möchte es nicht auf sich sitzen lassen, dass er Meister Un'gans Absicht missverstanden hätte. Er möchte ein bisschen auftrumpfen, und er erwidert etwas frech: «Ich frage mich, ob Un'gan überhaupt Bescheid wusste oder nicht.»
Er sagt damit: «Nun, auch der große Un'gan war wohl nicht so erleuchtet, wie? Was soll das schon bedeuten: ‹Nur dies, nur dies!›? Dahinter steckt doch nichts!»

Nein «dahinter» steckt wirklich nichts. Nichts dahinter und nicht davor. Alles ist nur, was es ist, und bedeutet nicht noch etwas anderes.

Nun folgt Meister Tōzans wunderbar prächtiger Ausspruch, mit dem er voll tiefen Respekts seines Meisters Erleuchtung anerkennt – und zugleich seine eigene Erleuchtung demonstriert.
Auch unterweist er seinen Schüler, den Mönch, indem er sagt:

> «Wie hätte Un'gan es so sagen können, wenn er nicht Bescheid wusste?
> Wie konnte er wagen, es so zu sagen, wenn er Bescheid wusste?»

Das scheint nur für die menschliche Ratio-Logik widersprüchlich zu sein. Wusste Un'gan nun Bescheid, oder wusste er nicht Bescheid – da er ES doch aussprach –?
Un'gan sagte nach einem langem Schweigen endlich: «Nur dies, nur dies» – und dann schwieg er wiederum.
Nur in – ich schreibe es groß – diesem EINEN UND EINZIGEN hier zeigt ES sich. Nur in diesem EINEN und EWIGEN NU beweist es sich. Nur DIES, nur DIES ist ES. Niemals ist ES etwas anderes, denn etwas anderes existiert nicht. Niemals hat irgendetwas anderes außer immer nur DIESEM existiert. Niemals wird etwas anderes als DIESES existieren.
Meister Un'gan konnte «NUR DIES, NUR DIES» allein deshalb so aussprechen, weil er Bescheid wusste.

Und doch – beinah war er befangen, überhaupt irgendein Wort auszusprechen, und sei es auch das treffendste.
Kein Wort ist jedoch treffend genug, um die Wirklichkeit zu benennen.
Und so sagt Meister Tōzan mit einem Anflug von wenn auch nur scheinbarer Empörung: «Wie konnte er wagen, ES so zu sagen, wenn er Bescheid wusste?!»

Nun, Meister Un'gan wagte, es zu sagen, wohl wissend, dass kein Wort es sagen kann.

Immer wieder wagen wir es, fehlerhaft über das SEIN zu sprechen, fehlerhaft über den Dharma zu sprechen, nur um überhaupt darüber zu sprechen, um die Menschen zu trösten, ihnen die vielen Irrtümer herauszuziehen, sie zu motivieren, zu ermutigen, sich auf den Weg zu machen – und auf dem Weg zu bleiben.
Selbst der Buddha redete, auch wenn er am Ende seines irdischen Lebens behauptete, er habe kein einziges Wort gesprochen.

In seinem Text «Über Zen» sagt Daiō-Kokushi:

«In der Absicht, Blinde anzuziehen,
ließ Buddha seinem goldenen Mund
spielerische Worte entspringen;
seitdem sind Himmel und Erde
überwuchert mit dichtem Dornengebüsch.»

Die höchste Lehre lehrt sich selbst. Ohne Worte zu gebrauchen. Wie tut sie das?
Indem die Wolken über den leeren Himmel schweben, lehrt der Dharma sich selbst.
Durch den Schnabel der Amsel lehrt der Dharma sich selbst mit einem verzaubernden, süßen Lied. Wenn das Lied unser Herz berührt, ist es ein ent-zauberndes Lied, und wir fallen in die Wirklichkeit.
Wortlos und ohne Bedeutung und Sinn lehrt der Dharma sich selbst in der Druckerschwärze und dem Papier der Bibel- und Koranseiten und in denen der Bhagavad-Gīta. Der Dharma lehrt sich selbst und unterweist uns in der Sägespäne und in den Gewitterwolken.
Wie bekommen wir das mit? Daiō-Kokushi rät uns:

«Oh, meine lieben und ehrwürdigen Freunde,
die ihr hier versammelt seid:
Wenn ihr euch danach sehnt,
die donnernde Stimme des Dharma zu hören,
gebt eure Worte auf, entleert eure Gedanken,
dann kommt ihr so weit,
das EINE SEIN zu erkennen.»

Für die reine Lehre, den reinen Dharma, ist kein einziges Menschenwort notwendig. Von Augenblick zu Augenblick lehrt und demonstriert das reine WESEN DER WELT sich selbst und benötigt dafür überhaupt nicht die Hilfe eines Zen-Meisters.
So zögerte Meister Un'gan mit seiner Antwort an Tōzan, was er nach seinem, Un'gans, Tod zu sagen habe. Und obwohl er zutiefst «Bescheid wusste», machte er ein Zugeständnis an

die Begriffsstutzigkeit des menschlichen Geistes und gab eine ziemlich umständliche und aufwändige Erklärung ab, indem er sagte: «Nur dies, nur dies!»

Wenn ihr eines Tages alle – vom ersten bis zum letzten Schüler – zu tiefer Erleuchtung gekommen seid, werdet ihr mich dafür steinigen, dass ich euch mit vielen Worten jahrelang irregeführt habe. Dann werdet ihr auch sagen: «Wie konnte sie es nur wagen?! Hat sie denn etwa nicht Bescheid gewusst?»

Ja, so ist es: Was man auch sagt oder tut – es ist falsch.
Was man aber auch sagt oder tut – es ist richtig.

Die Wortinhalte sind es nicht. Geschriebene oder gedruckte Worte haben keine Inhalte, sie sind höchstens Papier mit Druckerschwärze darauf – und gesprochene Worte sind nichts als Klang im Ohr. «Inhalte» geben *wir* den Dingen, den Worten und Symbolen nur fiktiv, nämlich vertretungsweise für nicht vorhandene Tatsachen. Tatsächlich sind keine Inhalte da. Darum sind Worte immer irreführend, wenn wir uns an eingebildeten Inhalten festklammern.

Sollen wir nun nichts sagen oder tun? Oder sollen wir doch irgendetwas sagen oder tun? Nun, ob auch immer wir etwas sagen oder tun, zu sagen unterlassen oder zu tun unterlassen – in jedem Sagen oder Tun und in jedem Unterlassen eines Aussprechens oder Tuns drückt sich nun einmal die WESENSNATUR aus.

In allem zeigt sich das EINE und REINE SEIN.

Letzten Endes können wir darum sagen oder nicht sagen, was wir wollen, wenn wir nur durchschauen, dass der Dharma es selber ist, der sich darin lehrt.
In allen Dingen und Handlungen manifestiert sich der Dharma, manifestiert sich das «Bildnis des Un'gan», manifestiert sich die Lehre, die sich selber lehrt.

Nur merken sollten wir, was uns geschieht und was wir tun.

All unser Tun hat schreckliche Folgen, wenn wir nichts merken. Wenn wir jedoch durchschauen, dass es immer «nur DIES» ist, wenn wir also «Bescheid wissen» wie Meister Ungan und Meister Tōzan – dann sind wir frei von allen psychischen Konditionierungen und allen karmischen Verstrickungen, und die Folgen von altem Karma laufen langsam aus, wenn ihre Energie verpufft ist.

Seien wir also authentische Täter des Dharma. Das heißt, merken wir, was ist, und leben wir dementsprechend! Das ist dann die großartigste Gedenkfeier der Welt, nämlich die Feier, die nicht der Vergangenheit gedenkt, sondern die das absolute JETZT feiert.
Hier und heute sind die großen alten Meister da! Ihr Bildnis ist die Wahre Natur der aktuellen Wirklichkeit!

Wisst ihr nun Bescheid?
Oder ist hier jemand, der noch nicht Bescheid weiß? Der soll einfach mit großer Wachheit hinschauen:

Es ist «NUR DIES, NUR DIES».

50 • Seppōs «Was ist es?»

In der Zeit, in der Seppō sich in einer Einsiedelei aufhielt, kamen zwei Mönche, um ihm ihre Verehrung zu bezeugen. Als er sie kommen sah, stieß er das Tor der Einsiedelei mit den Händen auf, sprang hervor und sagte: «Was ist es?»
Die Mönche sagten ebenso: «Was ist es?»
Seppō senkte den Kopf und kehrte in seine Einsiedelei zurück.

Später kamen die Mönche zu Gantō. Dieser fragte sie: «Woher seid ihr gekommen?»
Die Mönche sagten: «Von der Südseite des Passes.» [133]
Gantō sagte: «Habt ihr Seppō einmal aufgesucht?»
Die Mönche sagten: «Ja, wir haben ihn aufgesucht.»
Gantō sagte: «Was hat er gesprochen?»
Die Mönche erzählten ihm, was geschehen war.
Gantō sagte: «Was hat er sonst noch gesagt?»
Die Mönche sagten: «Kein Wort! Er senkte den Kopf und kehrte in die Einsiedelei zurück.»
Gantō sagte: «Ach, wie bereue ich jetzt, dass ich ihm damals das letzte Wort nicht gesagt habe! Hätte ich es ihm gesagt, könnten die Menschen unter dem Himmel dem alten Seppō gar nichts anhaben!»

Am Ende der Sommer-Übungszeit kamen die Mönche wieder auf dieses Gespräch zurück und fragten nach dessen Sinn.
Gantō sagte: «Warum habt ihr nicht schon längst danach gefragt?»
Die Mönche sagten: «Wir haben uns nicht getraut, es uns so leicht zu machen.»
Gantō sagte: «Seppō ist aus demselben Zweig geboren wie ich[134]*, aber sterben wird er nicht am selben Zweig. Wenn ihr das letzte Wort wissen wollt, so ist es einfach dies!»*

Meister Seppō[135] lebte von 822 bis 908. Schon als Kind von 9 Jahren wollte er Mönch werden, aber seinen Eltern gefiel dies überhaupt nicht. Sie sagten «nein» dazu. Als er 12 Jahre alt war, besuchte er mit seinem Vater ein Kloster, sah den dortigen Abt und sagte: «Dies ist mein Meister!» und blieb eine Zeit lang dort. Eines Tages wurde er Schüler von Meister Tokusan. Seppō wurde später ein ganz Großer des chinesischen Zen. Sein Dharma-Bruder

133 Das war eine Gegend, in der Seppō sich damals aufhielt.

134 Seppō und Gantō waren Schüler von Tokusan; vgl. Fall 13 im *Mumonkan*.

135 Seppō Gison, chin. Xuefeng Yicun.

war Meister Gantō[136], und die beiden waren Freunde. Sie waren zusammen Schüler bei Meister Tokusan, ihr wisst schon, dem Zen-Meister, der eine welteinstürzende Erleuchtung erfuhr und anschließend mit einer Fackel alle seine eigenen Kommentare zum Diamant-Sūtra verbrannte.

Gantō war dem Seppō während der gemeinsamen Schülerschaft immer ein paar Schrittchen voraus. Dabei ging es, wie ihr euch vielleicht aus dem *Mumonkan* erinnert, um das allerletzte Wort, das Gantō angeblich kannte, Seppō aber angeblich nicht kannte. Beide wurden große und fähige Zen-Meister. Sie lebten und lehrten an verschiedenen Orten. In unseren Geschichten über die beiden großen Meister wandern immer wieder Mönche zwischen den beiden Meistern hin und her. Gantō fragt dann den oder die jeweiligen Mönche: «Na, Ihr wart bei Seppō? Was macht denn Seppō so?» Er hat Seppō von Herzen gern! Die Mönche erzählen ein bisschen, und dann ulkt Meister Gantō herum und zieht Meister Seppō zärtlich durch den Kakao und sagt: «Was für ein Jammer, dass Seppō damals das letzte Wort nicht kannte! Ach, hätte ich es ihm doch verraten! Dann würden ihn die Menschen nicht so sehr ärgern!» oder: «Was? Seppō versteht immer noch nicht das allerletzte Wort? Was für ein Jammer für den alten Seppō!» Dabei wussten sowohl Gantō als auch die vielen Mönche, dass der berühmte und hochverehrte Zen-Meister Seppō ja schließlich sehr tiefe Erleuchtung erfahren hatte. Dies geschah, als Seppō 45 Jahre alt war und sich in einem Mondō mit seinem Dharma-Bruder Gantō befand.

Gantō war seit jeher hilfreich dem Seppō gegenüber gewesen, und so wurden beide, Gantō und Seppō, ganz Große. Beide Freunde wurden leuchtende Beispiele für Meister von fleißigen und ernsthaft übenden Mönchen, von denen eine Reihe später ebenfalls sehr tüchtige Zen-Meister wurden – und deren Schüler wiederum.

Eine Zeit lang lebte Gantō in seiner Einsiedlerhütte auf einem Berg im Süden, um sich dort der Stille und der Meditation zu widmen. Aber auch dorthin kamen seine Besucher ihm nach, um ihn zu sehen, zu hören und zu verehren.

Ich denke nun nicht im Traum daran, euch den Kern und die Lösung von diesem Kōan zu verraten. Aber was da in der Geschichte geschah, ist zu verstehen doch sehr wichtig, sodass wir uns damit etwas befassen wollen. Erzählen wir uns die Geschichte noch einmal!

Seppō lebte also einige Zeit lang in seiner Einsiedelei. Dort befand er sich auch, als die beiden Mönche ihn besuchten, um ihm, wie es heißt, ihre Verehrung zu bezeugen. Natürlich wollten sie den Einsiedler auch gern ein bisschen prüfen und nicht nur verehren. Der hatte aber keine Lust, von diesen übermütigen Burschen geprüft und verehrt zu werden. Das hatte auch einen guten Grund.

Als Seppō die beiden Mönche kommen sah, stieß er das Tor zur Einsiedelei auf, sprang wild hervor, sah die beiden an und rief: «Was ist es?» Er hatte die Sache umgedreht. Er prüfte sie!

136 Gantō Zenkatsu, chin. Yantou Quanhuo (828–887).

Den Mönchen war die Schau gestohlen! Sie waren erschrocken. Sie schauten etwas belämmert und fühlten sich veralbert. Seppōs Ruf verlangte eine sofortige Reaktion von den Mönchen. So reagierten sie gezwungenermaßen auch schnell und antworteten ihm, weil ihnen nichts anderes einfiel, mit seinen eigenen Worten: «Was ist es?» Schließlich konnte das ja wohl nicht falsch sein!
Nun war Seppō an der Reihe, die Frage zu beantworten, so oder so. Was würdet ihr sagen auf die Frage: «Was ist es?»?
Es ist immer nur der jetzt aktuelle Augenblick, es ist dieses einzige Jetzt, so wie es sich zeigt! Meister Seppō antwortete, indem er den Kopf senkte, sich der Tür zu seiner Hütte zuwendete, wieder hineinging und die Tür von innen schloss. Tja, das war's. Das war das! Dieses zu erklären, wäre aber nicht die Antwort auf meine Frage an euch.

Seppō war jedenfalls nicht begeistert von der hilflosen Reaktion der Mönche.
Warum Seppō den Kopf senkte, wird immer wieder negativ ausgedeutet, zum Beispiel so: Seppō genierte sich, dass Mönche sich erdreisteten, ihn prüfen zu wollen – oder er schämte sich, weil ihm nichts Besseres einfiel – oder er fühlte sich gar minderwertig – oder er fühlte sich den Mönchen sogar heillos unterlegen. Alles das ist Quatsch! Nehmen wir einmal an, Seppō schaute, ehe er sich umdrehte, auf den Boden, um dort nicht auf ein kleines Tier zu treten, und ging dann erst in seine Hütte. Seppō war achtsam.
Die Mönche aber deuteten, vielleicht auch nach Absprache, Seppōs ganzes Verhalten als peinliche Hilflosigkeit. Das nennt man Projektion des Eigenen nach außen auf einen anderen Menschen. Dort, ja dort, soll der Fehler sein!

Ja, ja, so entstehen Gerüchte. Solche Gerüchte sind ein Zeichen von Dummheit.

Später kamen diese beiden Mönche auf ihrer Wanderung auch zu Meister Gantō, dem Dharma-Bruder des Seppō. In Gantōs Kloster wollten die Mönche ihre lange Sommer-Übungszeit absolvieren.
Die beiden Meister Gantō und Seppō waren Schüler des großen Meisters Tokusan, der in seiner Jugend so stolz und kühn gewesen war. Tokusan wollte in seinen jungen Jahren das ganze Zen in China zerschmettern, weil das Ideal des Zen nicht gerade Gelehrsamkeit war und ist, sondern zuerst die unmittelbare Erfahrung. Tokusan war wütend auf das Zen, denn er seinerseits war schon in jungen Jahren ein buddhistischer Gelehrter, hauptsächlich über das Diamant-Sūtra, gewesen. Er nannte sich selbst den «König des Diamant-Sūtra». Diesen stolzen Mann setzte eine alte Frau, die er auf seinem Weg durch das Land antraf, auf den Topf, wie man so sagen könnte. Sie bewies ihm, dass er keine Ahnung von der Wirklichkeit hatte und dass alle seine Kommentare zum Diamant-Sūtra, die er ständig in einem Wägelchen mit sich führte, für die Katz waren. In der Nacht nach dieser traurigen und erschütternden Niederlage traf Tokusan auf Meister Ryūtan[137], der ihn erleuchtete, indem er die Lampe im Dunkeln ausblies, gerade, als Tokusan die Hand nach ihr ausstreckte.

137 Ryūtan Sōshin, chin. Longtan Chongxin (8./9. Jh.).

Ja, ein kühner Mensch blieb er noch lange, und er musste seinen heftigen Charakter erst glätten. Später aber wurde er ein ganz, ganz Großer, und seine Schüler eiferten ihm in der Größe nach.

In den Zen-Geschichten wirkt es, als seien Gantō und Seppō Rivalen gewesen, denn Gantō hatte als Erster das Selbstwesen erfahren, Seppō aber noch nicht. Das kam dann später. So führte Gantō mit Seppō dieses und jenes Dharma-Gefecht, um auch Seppō schneller zur wunderbaren Erleuchtung zu verhelfen. Ihr könnt eine dieser klassischen Begebenheiten im *Mumonkan* nachlesen im Fall 28. Dort geht es um das «allerletzte Wort», das Gantō angeblich genau kannte, Seppō aber nicht.

Ja, ein Leben lang frotzelte Gantō über seinen Dharma-Bruder Seppō, er würde ja – wie schade – immer noch nicht das letzte Wort verstehen! Die ganze Welt kannte schon das Herumalbern über das letzte Wort, das dem Seppō doch auf Dauer entgangen sei, mit dem es der Gantō aber immer noch hatte. Wer Seppō kannte, besuchte auch Gantō – und umgekehrt. Die Mönche wollten sich eben gern amüsieren – und natürlich die großen Meister bewundern und verehren.

Als unsere beiden mönchischen Schlitzohren zu Gantō kamen, fragte dieser sie: «Von woher kommt ihr?» Sie sagten, sie kämen «von der Südseite des Passes», der Gegend, in der Seppō für längere Zeit in seiner kleinen Einsiedelei zurückgezogen lebte.
Gantō fragte: «Habt ihr denn auch den Seppō einmal aufgesucht?» was sie bestätigten. Gantō wollte alles ganz genau wissen. Er fragte nach, was Seppō gesprochen habe. So erzählten die Mönche die ganze Geschichte in ihrer Version.
Gantō fragte: «Ja, und dann? Was hat Seppō sonst noch gesagt, oder war das alles?»
Die Mönche sagten: «Er sagte kein Wort mehr, sondern senkte nur den Kopf und verschwand wieder in seiner Einsiedelei.»
Seht ihr, so entstehen Geschichten! Wer weiß, wer alles noch dabei stand und das Gespräch verfolgte und weiterverbreitete!
Gantō spöttelte: «Ach, der arme Seppō! Hätte ich ihm damals doch das letzte Wort gesagt! Aber so kann ja jeder Frechling immer noch auf ihm herumhacken und sich lustig über ihn machen! Würde er aber das letzte Wort kennen, könnten die Menschen unter dem Himmel dem alten Seppō überhaupt nichts mehr anhaben.»

Wer hat jetzt die Haue bekommen? Die Mönche wussten nicht ganz genau, wie das nun gemeint war. Hatte Gantō in Wirklichkeit sie, die Mönche, durchschaut? Wollte er etwa durch die Blume andeuten, *sie* würden das letzte Wort nicht kennen – und *sie* würden nicht verstehen, was das allerletzte Wort ist? Hatte nicht eigentlich Seppō sie, die beiden Mönche, geprüft? Ihnen war nicht wohl. Kannten sie selbst ja vielleicht in Wirklichkeit gar nicht das letzte Wort?
Nun gut. Sie kämpften sich tapfer durch ihre Sommer-Übungen, das harte 90-Tage-Sesshin. Zum Ende der Sommer-Übungszeit kamen die Mönche Gantō gegenüber wieder auf dieses Gespräch zurück, und sie fragten endlich jetzt nach Monaten nach dessen Sinn. Das

Gespräch um die beunruhigende Begebenheit mit Seppō und das letzte Wort hatte sie also nicht in Frieden gelassen. Es war wohl ihr Kōan gewesen.
Gantō sagte: «Warum habt ihr nicht schon längst danach gefragt?»
Die Mönche antworteten: «Wir haben uns nicht getraut, es uns so leicht zu machen.»
Ja, seht ihr? Es war tatsächlich die ganze Sommer-Übungszeit hindurch ihr Kōan gewesen. Und am Ende fragten sie doch! Sie hatten es nicht gelöst.
Damit, dass sie sich zuerst nicht zu fragen getraut hatten, sagten sie die Wahrheit. Aber ob sie es sich tatsächlich nicht zu leicht machen wollten? Na, ich weiß nicht. Schließlich fragten sie ja doch.

Gantō sagte: «Seppō ist aus demselben Zweig geboren wie ich, aber sterben wird er nicht am selben Zweig.»

Ja, Seppō und Gantō waren eng befreundete Dharma-Brüder. Viele Jahre lang lernten, übten und praktizierten sie den Dharma, den ihr Meister Tokusan ihnen übermittelte. Spirituell hatten sie die gleichen Wurzeln. Sie gingen den gleichen Weg. Später jedoch entwickelte jeder der beiden seine eigene Art und Weise des Lebens und des Lehrens. Sie reiften ihre ureigenen Persönlichkeiten heran und lehrten doch den authentischen Dharma – eben jeder auf seine Weise, wahrscheinlich der eine ernst, der andere heiter. An verschiedenen Orten leiteten sie ihre Klöster, ihre Zendō, und jeder der beiden hatte eigene Schüler. So sind aus dem gemeinsamen Baum und auch dem gemeinsamen Ast Meister Tokusans sich trennende Zweige gewachsen, nämlich der Zweig Gantō und der Zweig Seppō. Und doch – und doch bleibt es immer der gleiche Baum, wie immer sie nun leben und wie immer sie nun sterben. Für Gantō ist das allerletzte Wort dies, und für Seppō ist das allerletzte Wort das.
Gantō erfuhr seine eigene tiefe Erleuchtung, und Seppō erfuhr seine ureigene und bekanntermaßen sehr tiefe und überzeugende Erleuchtung.
Die Wurzel ist die gleiche, die Zweige aber streckten sich in verschiedene Himmelsrichtungen.
Um den fragenden Mönchen darüber einen Fingerzeig zu geben, setzt Gantō ihnen gegenüber zum Schluss noch hinzu: «Wenn ihr das letzte Wort wissen wollt, so ist es einfach dies!»

Ja, damit hat er ihnen ja alles, alles verraten! Oder doch nicht?

Aber ihr durchschaut es von selbst, nicht wahr? Falls nicht, müsst ihr, was dieses ES ist, nach welchem Seppō die beiden Mönche vor seiner Einsiedelei gefragt hatte, erst noch selbst herausfinden.

Oder kennt ihr es schon?

51 • Hōgens «Mit dem Schiff oder über Land?»

Hōgen fragte Kaku Jōza: «Bist du mit dem Schiff gekommen oder über Land?»
«Ich bin mit dem Schiff gekommen», antwortete Kaku.
«Wo ist das Schiff?», fragte Hōgen ihn.
Kaku antwortete: «Das Schiff ist im Fluss», und zog sich zurück.
Hōgen fragte einen Mönch, der in der Nähe stand: «Der Mönch, der eben hier war, hatte der das Auge oder nicht?»

Hier wirkt es, als sei Kaku Jōza[138] ein Fremder aus der Ferne, der zu Hōgen[139] gekommen sei, um diesen zu treffen. Kaku war aber ein Schüler Hōgens. Ja, er hatte sogar den «Ersten Platz» inne. Dies bedeutet, dass Kaku ein spirituell sehr weit entwickelter Zen-Mönch war. Kaku kam gerade von einer Reise zurück in sein heimatliches Kloster. Natürlich war er mit dem Schiff angekommen und nicht unpraktischerweise übers Land gereist. Es reiste sich gut mit dem Schiff auf dem Yangtse.
Kaku begrüßte also Meister Hōgen, der alle Antworten auf seine eigenen Fragen längst wusste. Und doch fragte er Kaku: «Bist du mit dem Schiff gekommen oder über Land?»
Kaku antwortete: «Ich bin mit dem Schiff gekommen.»
Nun fuhr Hōgen mit seiner offensichtlichen Prüfung fort: «Wo ist das Schiff?»
Hōgen fragte, als wüsste er nicht, dass Schiffe im Wasser schwimmen.
Kaku sagte: «Das Schiff ist im Fluss», und zog sich zurück.

Kaku brach die Prüfung des Meisters einfach ab. Sie war ihm nicht interessant, sie war ihm überflüssig, und die Zeit der Verwirr-Prüfungen war schon seit Langem vorüber. Kaku, der Mönch vom Ersten Platz, war längst vollkommen frei auf allen Ebenen, in allen Sphären, auf Reisen und auch im Zen-Kloster. Er hatte längst alle Prüfungen bestanden. Er war ein gestandener Zen-Mann. Für ihn war jede Prüfung eine der vielen Gelegenheiten, nur jetzt an diesem Ort zu sein und wirklich nur zu sein. So konnte er bei Hōgen stehen bleiben oder auch sich entfernen. Hōgen entfernte sich also. Dies war ihm ebenso recht wie zu bleiben.

Als Kaku gegangen war, fragte Meister Hōgen einen in der Nähe stehenden Mönch: «Sag mir doch mal, hatte der Mönch, der eben hier war, das Auge oder nicht?»

Meister Hōgen tut gerade, als würden weder er selbst noch der Mönch neben ihm noch Kaku einander überhaupt kennen. Es ist ganz sicher, dass Hōgen keine Alzheimer-Erkrankung hatte, aber man könnte sich fragen, warum er sich so wunderlich den Mönchen gegenüber verhielt. Vielleicht hat er dies ja ab und zu getan, um seine Schüler aus der

138 chin. Jiao Shangzuo (Daten unbekannt).

139 Hōgen Bun'eki, chin. Fayan Wenyi (885–958).

Reserve zu locken, auf die Palme zu bringen, zu verwirren in der Hoffnung, dass sie sich nicht verwirren ließen, um ganz einfach zu prüfen, wie sicher und stabil und auf welcher Stufe eines Mönches auf dem WEG sie standen.

Ganz sicher hat sein am weitesten entwickelter Schüler es nicht mehr nötig, solche Prüfungen über sich ergehen zu lassen, und gerade deshalb bestand er diese Probe erstklassig. Er geht ganz einfach davon. Wahrscheinlich geht er in sein Zimmer. Nun aber prüft der Meister den anderen Mönch auf ähnliche Weise, wie er Kaku geprüft hatte.
«Der Mönch, der eben hier war», sagt Hōgen, «hatte der das Auge oder nicht?»
Die Antwort des Mönches ist uns nicht bekannt. Vielleicht ging ja auch dieser Mönch einfach nur weg, besonders wenn er den Kaku und dessen spirituellen Stand genau kannte.

«Das Auge» – mit diesem Ausdruck ist gemeint: «das dritte Auge». Es ist kein physisch-biologisches Auge zum optischen Sehen. Es ist das Chakra, das sich oberhalb der Nasenwurzel befindet. Dieses Energiezentrum ist zuständig für spirituelle und parapsychologische Fähigkeiten wie Hellsichtigkeit und anderes. Man sagt, dass, wer ein offenes drittes Auge hat, fähig ist, beide Ebenen der Wirklichkeit als eine einzige wahrzunehmen. Damit erfährt der Mensch die Welt in erleuchtetem Zustand. Er erfährt die Welt zugleich ausgeformt wie auch leer. Form und Leerheit sind dasselbe, und dies erfährt er.

Nun fragt Hōgen den Mönch so hinterlistig, ob der andere Mönch, der gerade da gewesen war, nämlich Kaku, «das Auge» hätte oder nicht. Er prüft den Mönch, um zu sehen, ob dieser wohl einen erleuchteten Menschen erkennen kann oder nicht. Natürlich weiß er selbst, ob Kaku «das Auge» offen hatte oder nicht. Aber – wie wir gemerkt haben, liebt er es, scheinbar sinnlose Fragen zu stellen, um dadurch seine Zen-Schüler zu verblüffen und zu prüfen. Ob auch dieser Mönch, den er hier gerade fragt, dem Meister übermittelt, dass diese schräge Fragerei bei ihm nicht zieht? Es wäre ein Vergnügen, zu erfahren, wie der Mönch reagiert hat, aber das wurde uns leider vorenthalten. Vielleicht ist das auch sinnvoll, denn die Antwort sollt ja ihr geben!

Wie sollen wir heutigen Menschen denn aber prüfen, ob Kaku das Auge hatte oder nicht? Nein, ihr Lieben, ihr sollt nicht prüfen, ob Kaku das Auge hatte oder nicht! Ihr sollt prüfen, ob Kaku das Auge *hat* oder nicht! Also, bitte: Hat er oder hat er nicht? Hat der gut ausgereifte Zen-Schüler das Auge? Wir wissen aus der Geschichte, dass er das Auge hatte! Das Geistauge! Das spirituelle Auge! Ein meisterliches Auge! Ja, aber was ist «wissen»? Wir wissen es nur vom Hörensagen und aus den Büchern. Wer es uns erzählt, weiß es auch nur aus den Büchern. Wie können wir uns an den großen Kaku heranpirschen? Wie schleichen wir uns an – über Raum und Zeit hinweg?

Über unsere Wesensnatur, die das Wesen der Welt ist, über die unendliche Tiefe des Seins, über den unendlich tiefen Brunnen des ewigen Urgrunds pirschen wir uns an das Auge Gottes, das Auge der Buddha-Natur, das EINE Auge, welches Kakus Auge ist und welches *dein* Auge ist, heran. Und mit diesem Auge aller Augen schauen wir aus der Ewigkeit in die Ewigkeit, von Jetzt zu Jetzt.

Ich weiß nicht, ob Meister Högen da Lust haben wird, lange herumzufragen, denn wer so schaut – von Jetzt zu Jetzt, von göttlichem Nu zu göttlichem Nu –, der will keine Antworten mehr geben.
Ja, ihr Lieben, das ist der Grund, warum Meister Högen auf seine Frage an den Mönch keine Antwort bekommen hat. Dieser Mönch wollte nichts mehr sagen, ähnlich wie zuvor auch Kaku auf Högens Fragen nicht mehr antworten wollte. Auch Kaku schaute aus der Ewigkeit in die Ewigkeit. Högen hatte spirituelle Genies unter seinen Schülern, ist es nicht so? Wahrscheinlich wollte er manchmal genießen, wie der GEIST nur so aus ihnen herausfloss, und stellte ihnen darum sinnlose Fragen.

Manchmal tun folgende Generationen einem Zen-Mönch, der keine Antwort mehr sagen konnte, womöglich Unrecht, indem man ihn verkennt, nämlich seinen hohen spirituellen Stand verkennt, bloß weil er nicht reden wollte. Jenseits der Worte, ja sogar jenseits der Gedanken entfaltet sich der unendliche GEIST, der sonst bei viel Plaudern und Babbeln keine Chance hat, sich zu offenbaren. Aber im Schweigen – da spricht er, da zeigt er sich. Und des Geistes Auge ist zugleich des Menschen Auge. Es ist euer Auge, das ihr – weil ihr aus Wahrnehmung besteht – selber seid!

Diese Geschichte ist nur ganz kurz, aber wie bei einem großen Eisberg ist auch dort das Wesentliche, nämlich was untergetaucht ist im unendlichen Weltmeer, für die physischen Augen unsichtbar. Die wahre Geschichte lässt sich nicht erzählen.

Das Herz aber und das Auge gehen Hand in Hand.

52 • Sōzans «Dharmaleib»

Sōzan sagte zu Toku Shōza: «Der wahre Dharmaleib ist wie der leere Himmel; er offenbart seine eigene Form so wie der Mond, der sich im Wasser spiegelt. Wie würdest du diese Entsprechung erklären?»
«Das ist wie ein Esel, der in einen Brunnen schaut», antwortete Toku.
«Das ist ein hübsches Bild, trifft die Sache aber nur zu achtzig Prozent», sagte Sōzan.
«Wie würdest du es sagen, Ācārya?», fragte Toku.
«Es ist wie ein Brunnen, der einen Esel anschaut», erwiderte Sōzan.

«Der wahre Dharmaleib ist wie der leere Himmel», sagt Sōzan[140] zu seinem hervorragendsten Schüler Toku Shōza[141]. Der Dharmaleib ist der Dharmakāya, die Erfahrung des Menschen, dass nicht nur sein Leib, sondern sein ganzes Wesen aus GEIST gebildet ist. Dieses GEIST-SEIN ist seine WAHRE NATUR. Auch des unerleuchteten Menschen WAHRE NATUR ist GEIST-SEIN, aber er wird dessen nicht gewahr. Er merkt nichts davon. Der leere Himmel ist die WESENSWELT, sie ist gleich dem wahren Dharmaleib. Darauf zielt Sōzan mit seiner Frage ab.

Das Wasser fällt vom Himmel und bleibt als Eiszapfen am Dach hängen, und doch bleibt der Eiszapfen immer nur Wasser. Ebenso bleibt unser WAHRES WESEN immer nur das KOSMISCHE WAHRE WESEN, das die WESENSWELT ist.

«Wenn der Dharma-Leib voll erwacht, ist nicht ein Ding.» Ja. Wenn der Zen-Schüler sein GEISTAUGE öffnet, erwacht er. Sein Dharmaleib erwacht. Dann erkennt er, dass nicht nur er selbst, sondern die ganze Welt mit ihm leer ist. Da existiert nichts, was davon ausgenommen wäre. Alle Dinge und er selbst sind zugleich ausgeformt und leer, beides in EINS und beides als dasselbe.

Dieser Schüler schaut in seine WESENSNATUR. Er schaut in seine eigene Tiefe, die zugleich die grenzenlose Tiefe des Weltalls ist. Er entdeckt, dass er etwas anderes ist, als er bisher immer zu sein glaubte. Er ist unendlich viel größer, er ist unendlich viel mehr, als er je von sich zu sein gemeint hatte.

Meister Sōzan und Toku unterhalten sich über gerade diese Tatsache.
Toku ist der Schüler des großen Sōzan. Beide gehören der Sōtō-Schule an, die Sōzans großer Lehrer Tōzan[142] gründete. Wer heutzutage sagt, dass man in der Sōtō-Zen-Schule nichts von der Selbstwesensschau hielte, ist mit dieser seiner Unterstellung auf dem Holz-

140 Sōzan Honjaku, chin. Caoshan Benji (840–901).

141 Toku Shōza, chin. De Shangzuo (780–865).

142 Tōzan Ryōkai, chin. Dongshan Liangjie (807–869). «Sōtō» = «Sō»[zan] + «Tō»[zan].

weg. Auch hier wurden Kōan-Bücher geschrieben und die Schüler wurden mit Kōan zur Erfahrung des BUDDHA-WESENS geschult. Unsere Geschichte wie auch alle anderen Geschichten des *Shōyōroku* beweisen, dass größter Wert auf eine tiefe Satori-Erfahrung und somit auf den allertiefsten Durchblick gelegt wurde.
Sōzan äußerte sich Toku gegenüber: «Der wahre Dharmaleib ist wie der leere Himmel, der seine eigene Form gleich dem Mond im Wasser spiegelt.»
Alle Dinge steigen aus ihrem Urgrund auf, aus dem völlig leeren Himmel des Śūnyatva – und kehren wieder dorthin zurück. Es ist, als würden die Dinge sich immer wieder rückbesinnen auf den Urgrund. Diese Rückbesinnung und Rückbindung heißt sprachlich und in ihrer echten Bedeutung auf Lateinisch «religio», nämlich, wie wir auf Deutsch sagen, «Religion», und auf Englisch «religion». Jeder Mensch und jedes Wesen ist in diesem Sinn «religiös». Alle möchten zurückkehren in ihr Zuhause, ihr WAHRES SEIN. Ahnungsweise ist ES ihnen uraltvertraut.

Sōzan fragt Toku: «Wie würdest du diese Entsprechung ‹Dharmaleib – leerer Himmel – Mond, der seine Form, sein Bild, im Wasser spiegelt› erklären?»
Toku findet eine neue Entsprechung, ein neues Bild. Er sagt: «Das ist wie ein Esel, der in einen Brunnen schaut.»
«Hübsch, hübsch!» meint Sōzan zu Toku. «Es trifft die Sache aber nur zu achtzig Prozent.»
«Wie würdest du es sagen, Ācārya?», fragt Toku den Lehrer. Das Wort «Ācārya» heißt übersetzt «Spiritueller Lehrer». Es dauert viele Jahre der Ausbildung, bis jemand diesen Titel führen darf.
Auf die Frage, wie er, der Ācārya Sōzan, die Sache mit dem Dharmaleib denn ausdrücken würde, antwortet dieser: «Es ist wie ein Brunnen, der einen Esel anschaut.» Er dreht die Sache herum.
Ja, wie ist es denn nun? Schaut der Esel in die Tiefe des Brunnens oder schaut der Brunnen aus der Tiefe heraus den Esel an? Wer schaut wen an?
Schaut vielleicht der Esel aus der Tiefe des Brunnens sich selbst an oder schaut der Brunnen durch die Augen des Esels in seine eigene Tiefe hinein –? Wer schaut in wessen Urgrund?

Nun, wenn ein Wesen schaut – wenn es wirklich schaut –, sind in diesem Schauen der Schauende und das Geschaute EIN EINZIGES und nicht mehr getrennt – übrig bleibt nur noch das Schauen selbst. Da ist niemand mehr, der schaut, und da ist nichts, was geschaut wird. Niemand und nichts da! Die Skandha-Aktivitäten haben sich beruhigt, und tiefe Stille ist eingekehrt. Der Geist hat sich nach innen «gestülpt» in seinen unendlichen Urgrund, und so erkennt er sich als das EWIGE WELTMEER selber.
In der jüdischen Mystik gibt es eine schöne Auffassung, die der spirituellen Erfahrung einiger heiliger Chassidim entspricht. Dort sagt man etwa so: Gott läuft in Gestalt gewordenem Zustand mit zwei Beinen auf der Erde herum, hat vergessen, wer er ist, wofür er auf Erden lebt, woher er kommt und wohin er geht. Er läuft überall herum und sucht sich selbst und ruft: «Wer bin ich? Wer bin ich?» Mit dem Mensch-Werden, dem Mensch-geworden-

Sein, hat er seine WAHRE NATUR vergessen, und er quält sich ab, um sie wiederzufinden, um sich wiederzufinden. Hier nun tritt der Mensch auf den Plan: Der Mensch lebt auf der Erde, um Gott zu retten! Der Mensch verhilft ihm in der heroischen Rettungsaktion seines Lebens zu der Erkenntnis seiner selbst zurück. Mit Hilfe des Menschen auf dem WEG zur Gotteserkenntnis erkennt Gott sein WAHRES GÖTTLICHES WESEN wieder. Es ist schon gesagt worden, Gott habe die Welt nur geschaffen, um sie auf der Suche nach dem eigenen SEIN zu durchwandern und schließlich mithilfe des Menschen wieder zu sich selbst zurückzukehren. Wegen der unaussprechlichen Seligkeit des Heimkommens habe Gott die Welt geschaffen.
Schaut nun Gott den Menschen an – oder der Mensch Gott?
Schaut der Brunnen den Esel an – oder schaut der Esel in den Brunnen?

Meister Eckehart sagt, wir schauen mit demselben Auge Gott an, mit dem Gott uns anschaut. So ist es. Ein Schauen gibt es nur in der Welt: Das EINE WESEN schaut sich selbst in alle Ewigkeit in dem tiefen Brunnen dieses Augenblicks.

Das EINE schaut Welten der Vielheit in sich. Indem ES in sich hineinschaut, erschafft ES sie – von Augenblick zu Augenblick. Immer nur gerade jetzt findet Schöpfung statt.
Niemals geschah die Schöpfung vor Milliarden von Jahren. Vor Milliarden von Jahren – das ist das ewige Jetzt.

Das EINE sieht Form, und indem es sieht, entsteht und existiert Form.
Nur kraft des Schauens besteht, was wir schauen.
Nur kraft der Wahrnehmung erschafft der Wahrnehmende die Welt.
Es existiert keine Welt da draußen. Nicht so, wie wir Menschen das zu wissen glauben, existiert die Welt.

Unserem Auge entsprechend – nämlich der Qualität unserer Wahrnehmung entsprechend – schaffen wir eine glückliche oder eine quälend traurige Welt. Es gibt keine objektive Welt, die zu erforschen oder zu bemessen wäre. Der Forscher kann immer nur sich selber erforschen. Was er entdeckt, hält er wahnhaft für eine objektive Welt da draußen. Dabei ist er selber der Urheber!

Ein Zen-Lehrer und Doktor der Physik sagte zu einer Gruppe von Physikern: «Der Physiker kann mithilfe seiner Forschung niemals etwas über die Welt herausfinden, sondern nur darüber, wie der menschliche Geist arbeitet.» Er verließ den Raum, ehe seine Kollegen über ihn herfallen konnten.

Ein Zen-Schüler sagte kürzlich: «So schafft nur unser Wahn die Welt, wie wir sie erleben. Gibt es wohl ein paar nicht-wahnsinnige Menschen, die einfach nur sehen, was ist?»

Was ist in Wirklichkeit «da draußen»?

O, wenn wir mit reinem Auge hinschauen, sehen wir auch die Dinge und Gestalten, jedoch sehen wir da draußen unser eigenes Inneres, und da sind Innen und Außen aufgehoben, und eine grenzenlose reine und weite Welt von GEIST bleibt übrig, das unaussprechliche

SEIN. Da gibt es keine Täuschung mehr, keine Illusion, keinen Wahnsinn! Eine unschuldige neu geschaffene und ursprüngliche Welt entsteht in diesem einzigen Augenblick! Und das Leiden hat aufgehört.

Nun fragt sich, liebe Zen-Schüler: Was seht ihr, wenn ihr aufwacht und mit eurem hellklarem GEISTAUGE schaut? Was seht ihr da?

53 • Ōbakus «Sake-Bodensatz-Fresser»

Als Ōbaku die Mönchsversammlung unterwies, sagte er: «Ihr seid allesamt und ohne Ausnahme Sake-Bodensatz-Fresser! Wenn ihr so weitermacht wie bisher, mal hierhin wandert, mal dorthin wandert, wann könnt ihr dann endlich sagen: ‹Heute habe ich ES *erfahren!›? Wisst ihr eigentlich, dass es in diesem großen Reich der Tang keinen Zen-Meister gibt?»*
Da trat ein Mönch vor und sagte: «Was ist dann aber mit den Leuten, die sich in den Klöstern der Schüler annehmen und die Versammlung der Mönche leiten?»
Ōbaku antwortete: «Ich sage nicht, dass es kein Zen gibt, ich sage nur, dass es keinen Zen-Meister gibt.»

Der chinesische große Zen-Meister Ōbaku[143], der sagte, es gebe im Tang-Reich keine Zen-Meister, muss mit dieser Aussage auch sich selbst gemeint haben. Ihn gab es nicht als Zen-Meister. Das ist nicht abwegig. Dazu kommen wir noch.
Ōbaku war ein Geistesriese. Er stand in einer Traditionslinie von Geistesriesen. Aus seinen Aussagen, die bis heute bekannt sind, ist deutlich die Tiefe seiner Erfahrung zu erkennen. Er geht kühn bis zur letzten Möglichkeit der Durchdringung des Geistes bis in die endlosen Tiefen des Menschseins und jenseits davon. Im Aussprechen des eigentlich Unaussprechlichen nimmt er kein Blatt vor den Mund. Er spricht in Negationen. Nicht dies, nicht das – neti neti. Was dann noch übrig bleibt, das reine NICHTS, die reine LEERHEIT, kommt – in Worten ausgedrückt – der Wirklichkeit etwas näher, ohne sie je berühren zu können. Sie besteht einfach nur aus dieser Leere.

In unserem Rezitationsheft haben wir einen Text von Ōbaku:

Alle Buddhas und alle Lebewesen
sind nichts anderes als der EINE GEIST,
neben dem nichts anderes existiert.
Dieser GEIST, der ohne Anfang ist,
ist ungeboren und unzerstörbar.
Er ist weder grün noch gelb,
hat weder Form noch Erscheinung.
Er gehört nicht zu der Kategorie von Dingen,
die existieren oder nicht existieren.
Auch kann man nicht in Begriffen
wie alt oder neu von ihm denken.
Er ist weder lang noch kurz,

143 Ōbaku Kiun, chin. Huangbo Xiyun (gest. 850).

weder groß noch klein,
denn er überschreitet alle Grenzen,
Maße, Namen, Zeichen und Vergleiche.
Du siehst ihn stets vor dir,
doch sobald du über ihn nachdenkst,
verfällst du dem Irrtum.
Er gleicht der unbegrenzten LEERE,
die weder zu ergründen noch zu bemessen ist.

Wer diesen Text von Ōbaku langsam liest und verinnerlicht, müsste eigentlich auf der Stelle von der Erleuchtung überfallen werden. Vielleicht lest ihr ihn jeden Samstagabend vor dem Schlafengehen und jeden Sonntagmorgen nach dem Aufwachen langsam und konzentriert. Denkt dabei nicht über den Text nach, sondern nehmt ihn nur an, so wie er gelesen wird mit eurer eigenen Stimme! Schweift nicht ab, sondern bleibt mit großer Wachheit dabei!

Im alten China war es üblich, dass die Zen-Mönche von Kloster zu Kloster wanderten, die Meister befragten, auch hier und da eine Weile blieben, sich schulten und dann wieder weiterzogen. Mancher brachte auch eine unterwegs erhaltene Ernennung mit von seiner Wanderung.

Meister Ōbaku war nicht zufrieden mit dieser Situation. Auch unentwickelte Mönche wollten schon auf die große Wanderung gehen und Abenteuer mit Zen-Meistern erleben. Sie schwirrten wie die Schmetterlinge über das ganze Land hin und her, blieben nirgends wirklich lange genug, um effektiv bei der Sache zu bleiben, und verschwanden, sobald es ihnen nicht mehr gefiel. So waren sie nicht wirklich greifbar. Aus vielen Begebenheiten in den Kōan-Büchern geht hervor, dass manchmal ein Meister einen Mönch nur grob anzureden und ihm die Wahrheit zu sagen brauchte, und schon ging der Mönch verschnupft und mit wehenden Ärmeln davon. Auf diese Weise konnte ein solcher Mönch sich nicht wirklich auf eine Geistesschulung bei einem Zen-Meister einlassen. Ein Meister verschoss sein Pulver völlig sinnlos, wenn ein solcher Bursche nicht bereit war, anzunehmen, was der Meister ihm anbot.

Dieses so übliche Verhalten erinnert mich an Psychotherapie-Patienten, die von ihrem Therapeuten wegrennen, sobald der mit dem Finger an die seelische Wunde rührt und es dann ans Eingemachte geht. Es gibt Leute, die wechseln dauernd den Therapeuten, laufen dann jedes Mal weg, wenn es anfängt, weh zu tun. So werden sie ihre inneren Qualen niemals, niemals los. Ein solcher Patient sagt dann: «Die Therapeuten taugen alle nichts.»

Auch Zen-Meister deuten auf schmerzhafte Stellen in der Kinderseele der Zen-Übenden. Wandermönche im alten China liefen nicht weg, wenn sie Heldenmut hatten, sondern ließen sich auf die «Medizin» eines Meisters ein. Viele aber wanderten einfach weiter, wenn es ihnen bei einem Zen-Meister ungemütlich wurde. Einige schoben dann dem Meister die Schuld zu. Nun gut, nicht alle Mönche verhielten sich so, aber wohl doch zu viele.

Eines Tages hatte Ōbaku einfach genug von dem Herumgeschwirre der Zen-Mönche durchs ganze Land, ohne dass die meisten Mönche ihre Schulung als verbindlich ansahen und bei der Stange blieben. So rief er die Mönchsversammlung zusammen, und als er sie betrachtete, meinte er lauter Chaoten vor sich zu haben, und er hätte sie am liebsten allesamt zornig wieder davongejagt. Er rief: «Ihr seid allesamt und ohne Ausnahme Sake-Bodensatz-Fresser! Wenn ihr so weitermacht wie bisher, mal hierhin wandert, mal dorthin wandert, wann könnt ihr dann endlich sagen: ‹Heute habe ich ES erfahren!›?», und dann setzte er hinzu: «Wisst ihr eigentlich, dass es in diesem großen Reich der Tang keinen Zen-Meister gibt?»

Da trat ein Mönch vor, der sich über die Aussage, es gäbe keine Zen-Meister, wunderte, denn es gab genug und hervorragende, sogar berühmte Meister! So fragte der Mönch: «Was ist dann aber mit den Leuten, die sich in den Klöstern der Schüler annehmen und die Versammlung der Mönche leiten?»
Ōbaku antwortete: «Ich sagte nicht, dass es kein Zen gebe, ich sagte nur, dass es keinen Zen-Meister gibt.»

Ja, Zen gibt es, nämlich die Wirklichkeit so, wie sie ist. Ob die Menschen diese Tatsache erkennen oder nicht, ist für die Wirklichkeit selbst ohne Unterschied. Wie kann es aber Meister geben und zugleich keine Meister geben, um die Mönche zu schulen?
Nun, es ist ja bekannt, dass ein Schüler kein Schüler ohne einen Lehrer sein kann. Ebenso ist bekannt, dass ohne Schüler kein Lehrer ein Lehrer sein kann. Ohne Studenten kann kein Professor ein Professor sein, ein Arzt ist kein Arzt ohne Patienten. Eine Mutter ohne Kind ist keine Mutter. Sie alle sind nur theoretisch auf einem Papier, was sie sind, wenn ihre Dienste nicht gefragt sind.

Und so konnte in China niemand ein Zen-Meister sein und über eine Reihe von Jahren hinweg Mönche sorgfältig ausbilden und zur Erleuchtung führen, wenn die Mönche aus einer Laune heraus ihre Schulung nicht ernst nahmen, sondern sich einfach – womöglich noch wortlos und ohne Abschied und Dank – auf den Weg woandershin machten, wo es ihnen ihrer Meinung nach besser gefallen würde. Wahrscheinlich sehnten junge Mönche sich auch manchmal nach neuen Orten und Abenteuern.
So war es gar nicht abwegig, dass Ōbaku sagte: «Ihr Mönche fresst ja alle nur den Bodensatz des Sake, statt das Sake selbst zu trinken!»
Sake ist Reiswein, den die Chinesen und die Japaner lieben. Bei dessen Herstellung bleibt ein Bodensatz zurück. Diesen Abfall zu fressen statt den Wein zu genießen, warf Ōbaku den Mönchen vor. Er sagte, sie *alle* würden nur den Abfall statt der Köstlichkeit zu sich nehmen. Er sagte, sie würden sich damit begnügen, die Nebenprodukte zu fressen, statt den Wein der Erleuchtung zu sich zu nehmen, und das konnte Meister Ōbaku nicht gutheißen.

Ōbaku sagt mit diesem Vergleich: «Ihr Mönche begnügt euch mit den Nebenprodukten, die euch Vergnügen bereiten, nämlich dem freien Leben, welches ihr euch als Wandermönche herausnehmt, indem ihr immer wieder durch das ganze Land schwärmt. Das nennt ihr «Zen». Ihr meint, das stünde euch zu – anstelle der Geistesdisziplin, deren sorgfältige Übung ihr nur am Rande praktiziert. Ihr lauft vor den Zen-Meistern immer wieder weg, und so gibt es für euch keine Zen-Meister im ganzen Land! Ihr genießt einfach nur das Euch-Herumtreiben, statt intensiv und eurem Pfad getreu im Zendō zu sitzen und euch in das eigene Wesen zu versenken! Ihr versenkt euch in euer Ego, aber nicht in euer Wahres Wesen. Auf diese Weise, die ihr bevorzugt, werdet ihr niemals sagen können: ‹Heute habe ich es geschafft! Heute habe ich es erfahren!› So werdet ihr nie die Selbstwesensschau erfahren!»

So klärt sich die Frage auf, warum es im ganzen Tang-Reich keine Zen-Meister gab.

Als Meister Ōbaku pauschal behauptete, im großen Reich Tang gebe es keine Zen-Meister, bezog er sich selbst ja auch mit ein. Wir wissen allerdings, dass Ōbaku in einer großen und berühmten Traditionslinie stand. Wir können nicht sagen, dass es diese Meister im Tang-Reich überhaupt nicht gab, denn es gab sie, und sie unterwiesen ernsthafte Schüler und ernannten hervorragende Nachfolger. Die vielen Mönche aber, die über das Land taumelten wie die Schmetterlinge, hierhin und dorthin, im Kreis herum und wieder zurück, wie es ihnen gerade angenehm und passend vorkam, sie wurden von Ōbaku, wie geschildert, streng zurechtgewiesen. Für *sie* gab es keinen Zen-Meister! Ja, warum tanzten die Mönche denn dann überhaupt von Meister zu Meister? Ach, sie wollten bloß Erklärungen darüber, was Zen ist, von den Meistern hören. Sie wollten sich im Diskutieren üben, sie wollten schöne und erbauliche Worte hören. Sobald es aber ans Eingemachte ging, machten sie sich davon.

Wenn ich als Kind und junger Mensch nicht in die Schule gehe, sondern sie schwänze, gibt es für mich keinen Lehrer. Dann bin ich verloren und für mein Unglück selbst der Urheber. Ohne Schüler keine Lehrer! Hierauf macht Meister Ōbaku die Mönche aufmerksam.

Interessehalber lese ich euch einen Teil von Ōbakus Traditionslinie vor. Fangen wir an mit Huineng, dem 6. Patriarchen in China. Nach ihm kommen – immer vom Meister auf den Schüler:

Nan-yüeh Huai-jang
Mazu Daoyi (den ihr kennt als Baso)
Baizhang Huaihai (den ihr kennt als Hyakujō)
Huangbo Xiyun (der wie in diesem Kōan bekannt ist als Ōbaku)
Linji Yixuan (der berühmte Rinzai, auf den sich die Rinzai-Schule bezieht)
Hsing-hua Ts'ung-chiang
Nanquan Puyuan (der wohlbekannt ist als Nansen)
und so weiter ...

Diese Meister waren sehr wohl geeignet, den Mönchen die Wahrheit zu zeigen, und welcher Mönch Manns genug war, dies anzunehmen, blieb auch bei seinem tüchtigen Meister und erhielt letzten Endes den Lohn seines Lebens.

Früher sagte mir einmal eine Frau: «Wir leben doch, um es uns so angenehm und schön wie nur möglich zu machen!» Sie fraß den Sake-Bodensatz. In ihrem Fall würde ich vielleicht sagen, sie fraß – im übertragenen Sinn – den Kaffeesatz.

Einige der Reichen und der Schönen fressen den Abfall von der Müllkippe. Dies tun wenigstens diejenigen, die «von Beruf» reich und schön sind und die sich dadurch definieren.

Eben gerade fiel mir der Satz aus der Bibel ein[144]:

«Das Leben währt siebzig Jahre, und wenn es hoch kommt, sind es achtzig. Wenn es aber köstlich gewesen ist, dann ist es Mühe und Arbeit gewesen.»

Diese Worte aus dem Psalm 90 sind keine sauren Trauben, sondern tiefe Weisheit.

Das Gleiche betrifft auch den spirituellen Weg. Streckenweise ist er ein Weg mit Tränen und Schmerzen. Liebe Zen-Schüler, lasst euch dadurch niemals abschrecken. Tragt euren eigenen Kopf oben, macht gelassen weiter und nehmt in Liebe und Geduld alles auf euch, was euer Weg euch abverlangt! Glaubt mir, das ist köstlich!

Liebe Freunde, am Ende der Mühsal trinkt ihr den Wein, den Göttertrank Todlos.

144 Psalm 90, Vers 10, christliche Bibel, 89,10 hebräische Zählung.

Un'gan fragte Dōgo: «Wozu gebraucht der Bodhisattva des Großen Erbarmens seine vielen Hände und Augen?»
Dōgo sagte: «Es ist, als wenn man in der Nacht mit der Hand nach hinten greift und nach dem Kopfkissen tastet.»
Un'gan sagte: «Ich verstehe.»
Dōgo sagte: «Was verstehst du?»
Un'gan sagte: «Der ganze Körper ist voller Hände und Augen.»
Dōgo sagte: «Da hast du einen außerordentlich zutreffenden Grundsatz ausgesprochen, auch wenn du dabei nur acht Zehntel getroffen hast!»
«Wie seht Ihr es denn, mein älterer Bruder und Lehrer?»
Dōgo sagte: «Der ganze Körper ist Hände und Augen.»

Dōgo[145] und Un'gan[146] waren Dharma-Brüder und Schüler ihres Zen-Meisters Yakusan[147]. Dōgo war der ältere Schüler und Un'gan der jüngere. Un'gan nannte den Dōgo auch entsprechend «Älterer Bruder» und sogar «Lehrer».
Beide Männer wurden Zen-Meister mit gutem Durchblick. Sie liebten es, sich miteinander über viele Fragen des Lebens und der Welt auszutauschen. In dieser Geschichte wendet sich – wie schon öfter – Un'gan an Dōgo.
Un'gan fragt: «Wozu gebraucht der Bodhisattva des Großen Erbarmens seine vielen Hände und Augen?»
Dōgo antwortet: «Es ist, als wenn man des Nachts mit der Hand nach hinten greift und nach dem Kopfkissen tastet.»
Un'gan sagt: «Ich verstehe.»
Nun tritt tatsächlich der «Lehrer» Dōgo auf den Plan. Er fragt zurück: «*Was* verstehst du?»
Un'gan verdeutlicht sein Verständnis von der Angelegenheit: «Der ganze Körper ist voller Hände und Augen.»
Un'gan ist der Sache ziemlich nah gekommen, aber so ist es noch nicht ganz stimmig ausgedrückt. Es klingt etwas ungeschickt und auch dualistisch, obwohl Un'gan auf dem richtigen Weg ist.
Dōgo sagt ihm: «Du hast einen außerordentlich zutreffenden Grundsatz ausgesprochen, dabei allerdings nur acht Zehntel der Sache getroffen!»

145 Dōgo Enchi, chin. Daowu Yuanzhi (769–835).

146 Un'gan Donjō, chin. Yunyan Tansheng (780–841).

147 Yakusan Igen, chin. Yaoshan Weiyan (745–828).

Un'gan, der dem Dōgo tief vertraut, bittet ihn: «Wie seht Ihr es denn, mein älterer Bruder und Lehrer?»
Daraufhin antwortet Dōgo ihm: «Der ganze Körper *ist* Hände und Augen.»

Merkt ihr den Unterschied der beiden Aussagen?
Un'gan sagt: «Der ganze Körper ist voller Hände und Augen.»
Dōgo sagt: «Der ganze Körper *ist* Hände und Augen.»

Da fällt mir etwas ganz Ähnliches ein, das ich euch erzähle. Da steht in der Bibel bei Jesaja, zu Anfang des sechsten Kapitels, Folgendes: Die Engel stehen vor Gottes Thron und rufen einander zu:

«HEILIG, HEILIG, HEILIG – GOTT HERR DER HEERSCHAREN: HIMMEL UND ERDE SIND SEINE HERRLICHKEIT.»

Diese gute Übersetzung aus dem Hebräischen hat Hans Neundorfer-Rōshi mir genannt, und so heißt es tatsächlich. In der alten deutschen Übersetzung heißt die gleiche Stelle: «... Himmel und Erde sind *erfüllt* von Seiner Herrlichkeit!» Das stimmt so – auch dem Sinn nach – nicht. Denn in dieser falschen Übersetzung füllt lediglich die Herrlichkeit Gottes Himmel und Erde. Das entspricht einer unerleuchteten Sicht, die vor allem auffällig dualistisch bleibt. Da neigt sich die Herrlichkeit herab auf Himmel und Erde, um diese zu füllen, und so werden Himmel und Erde von oben oder außen her mit Herrlichkeit gefüllt.

Ganz wörtlich und am allerrichtigsten heißt der Satz, um den es uns gerade hier geht, aus der hebräischen Urbibel übertragen:

«Die Fülle der ganzen Erde ist Seine Herrlichkeit.»

Ja, «die Fülle der ganzen Erde ist Seine Herrlichkeit» ist genau das Gleiche wie «Der ganze Körper ist Hände und Augen». Es sind Versuche, das vollständige EINSSEIN auszudrücken.

Beide Aussagen weisen deutlich darauf hin, dass die Dinge sich zurückführen auf das Eine. Diese Tatsache wird in den zwei Sätzen ausgedrückt, fast so, als würde dafür eine symbolische Geheimsprache verwendet.

Nehmen wir uns zuerst einmal vor «Die Fülle der ganzen Erde ist Seine Herrlichkeit»:
Die Fülle – das hebräische Wort bedeutet «alle Dinge ohne Ausnahme» oder «das Ganze». Mit «Erde» ist zuerst das Land Israel gemeint, aber im erweiterten und eigentlichen Sinn nicht nur außerdem der ganze Planet Erde, sondern das Universum bis in die fernsten Fernen und bis in die winzigste Kleinheit und Nähe. Nichts ist ausgenommen, nicht einmal ein Wassertropfen. Die Fülle des Universums selbst und dies ohne Ausnahme *ist* die Herrlichkeit des Wesens der Welt, des Wesens Gottes. Gott ist seine eigene Herrlichkeit. Da gibt es keine Ausnahme. Das Viele ist zugleich das Eine und Einzige, nämlich Gott, die Wesensnatur, die Buddha-Natur, das einzige Wesen, das existiert, das grenzenlos, ja, unend-

lich ist. Ohne auch nur ein einziges winziges Stäubchen, das jemand davon auszunehmen versucht, wäre es nicht mehr die Fülle der Herrlichkeit. Aber das kann niemals geschehen, weil nichts, aber auch gar nichts aus dem Universum verschwinden kann. Nur wandeln kann es sich und neue Form annehmen. Der Fülle, die zugleich die totale Leerheit ist, ist nichts hinzuzufügen und nichts hinwegzunehmen. Und so ist das Viele, das doch der Abhängigkeit und damit der Vergänglichkeit unterworfen ist, in der letzten Wirklichkeit auch das Eine und Einzige. Die Fülle der vielen Dinge ist zugleich die Eine und Einzige Herrlichkeit.
EINS ist alles, und alles ist EINS.

Und nun: «Der ganze Körper *ist* Hände und Augen.» Ja, ein Ding wie ein menschlicher Körper ist nicht die Summe aller seiner Einzelteile. Auch ist die Summe, die Zusammenzählung der vielen Hände und Augen des Bodhisattva Avalokiteśvara, die dieser «hat», eben noch nicht der Bodhisattva. Aber derjenige ist der wahre Bodhisattva, der selbst viele Augen und Hände ist. Das ist gemeint. Da gibt es keine Einzelteile und keine Trennung. Da ist das ganze Wesen aus einem Guss. Da ist der Bodhisattva die fugenlose Pagode. Das ist der Wahre Mensch. Er ist das EINE.

Diese Bilder und Vergleiche haben nichts mit Religion, nichts mit Frömmigkeit zu tun. Sie versuchen schlicht die Wirklichkeit anzudeuten.

Die beiden Meister erfassen die Sache ganz ebenso. Sie nicken einander zu: «Ja, so ist es!» Trotz aller Worte lässt es sich nicht erklären. Das versuchen sie auch gar nicht erst. Diese höhere Logik entzieht sich dem Intellekt. Wenn aber einer der beiden Männer sagt: «Der ganze Körper ist Hände und Augen», versteht der andere sofort: «Das Eine Wesen ist die vielen Lebewesen und Dinge», wofür der Bodhisattva hier sinnbildlich steht.

Ja, diese Tatsache drückt auch der Bodhisattva Avalokiteśvara mit den vielen Armen und Augen aus: Das Eine Göttliche Wesen ist zugleich die scheinbare Vielheit, in die hinein es sich ausformt und in der es sich offenbart.

Jesus gebrauchte das Bild: «Ich bin der Weinstock, und ihr seid die Rebzweige.» All die Rebzweige mitsamt den vielen Blättern und Früchten sind in Wirklichkeit alle der ganze Weinstock. Jede Traube ist der ganze Weinstock, und dies gilt für das kleinste Teilchen der gesamten Pflanze.

Jeder Ast am Baum ist der ganze Baum.

Jedes Menschenwesen ist zugleich die ganze Menschheit.

Das zu erklären, brauchen wir gar nicht erst anzufangen. Es funktioniert nicht. Aber erfahren und dann kennen – das ist möglich, das können wir. Manchmal beim Kinhin durch das Zendō im Uhrzeigersinn erfährt plötzlich ein Teilnehmer, dass er dort mit vielen Beinen geht, und *er selbst* ist alles. Beim Abendessen am Tisch sieht er, dass er nicht begrenzt ist durch seinen ihm bekannten Körper, denn er isst mit vielen Mündern, und auf den Tellern liegt er in Gestalt der Nahrung. Jesus entdeckte das sicher auch und sagte: «Dieses

Brot ist mein Leib.» Er erkannte sich, und er erkannte, dass er von niemandem und nichts getrennt war.

Ein Mensch ist zugleich alle und alles – so wie auch die Wesensnatur alles ist, und das Universum ist sein, des Menschen, Leib.
Und nun noch ein paar Worte zum Avalokiteśvara, der ein mythologischer Bodhisattva ist: Die Menschen, die ihn verehren, sagen, der Bodhisattva des Großen Erbarmens, der doch die Schreie der Welt hört und alles Schwere der Gequälten und Leidenden mitfühlt, sehnt sich, dass alle Wesen erlöst werden mögen, dass sie die Erleuchtung und ihre Vollkommenheit erlangen mögen, damit ihr Leiden aufhört. Er ist es, der sagt:

«Die Lebewesen sind zahllos,
ich gelobe sie alle zu retten.»

Um den zahllosen Menschen zu helfen, sie zu retten, so sagen seine Verehrer in volkstümlichem Glauben, braucht er die vielen Hände und Augen.
Der Bodhisattva gelobt, nicht in das «statische Nirvāṇa» einzugehen, bevor nicht alle Wesen des Universums gerettet sind. Das statische Nirvāṇa ist hier auf Erden nicht möglich und auch kein erstrebenswerter Zustand, da wir ja hier ein Leben in Bewegung und Aktivität führen. Gerade dieses Leben bietet uns die Chance für menschlich-spirituelle Weiterentwicklung. Das «statische Nirvāṇa» dagegen ist ein unkonditionierter Zustand, den ein Wesen im sogenannten Jenseits erreichen kann, falls es sich dafür entscheiden will. So heißt es jedenfalls. Wenn ein Wesen das allerdings will, meine ich, ist der Zustand, den es will, nicht mehr unkonditioniert. Ein unkonditionierter Zustand kann nicht durch Wollen, Absicht oder Entscheidung erreicht werden. Sonst wäre er ja nicht unkonditioniert, also unbedingt.
In einem fiktiven statischen Nirvāṇa gibt es nämlich keinerlei Bewegung und Veränderung mehr. So frage ich mich, ob es wunsch- und entscheidungsgemäß ein statisches Nirvāṇa überhaupt geben kann. Wollen wir aber lieber nicht über Zustände im sogenannten Jenseits spekulieren, das wäre Zeitverschwendung.

Das dynamische Nirvāṇa dagegen erreichen viele Menschen auf Erden, die den Weg gehen. Sie leben ihre Erleuchtung inmitten ihres Lebens und in ihrem sozialen Umfeld, aus dem sie nicht flüchten, sondern in dem sie ihre Arbeit tun. Wie sie täglich da sind, wirken sie voller Freude wie der barmherzige Bodhisattva, ja wirken sie *als* Avalokiteśvara, vielleicht unbekannt und unerkannt, aber Menschlichkeit und Segen verströmend, wohin sie kommen. Und so hilft das große Erbarmen des Bodhisattva den Menschen, ihren Weg zu finden.

Der Avalokiteśvara wird auch als weibliche Gottheit «Guan-Yin» in China oder «Kannon» in Japan verehrt. Dort ist sie die liebreiche himmlische Beschützerin der Menschen, die sich an sie wenden, ähnlich wie sich in Europa die Menschen an die Gottesmutter Maria wenden, als wäre sie eine Göttin.

Avalokiteśvara kann also männlich oder weiblich sein, aber immer ist er gütig und barmherzig.
Menschen auf dem Pfad der Erleuchtung üben sich, ebenfalls das große Mitempfinden zu entwickeln, und lehnen sich dabei an des Bodhisattvas Eigenschaft an. Das Mitempfinden öffnet das Herz-Chakra weit, wir sagen landläufig, es öffnet das Herz. Wer ein verschlossenes Herz hat, kann nicht mitempfinden, kann nicht fühlen, und der ist krank. So hilft es den Menschen, ihrerseits das Mitgefühl zu üben, bis es keine Übung mehr zu sein braucht, sondern ein natürlicher Zustand des Mitlebens und Miterlebens mit allen Wesen, natürlich auch das Miterleben der Freude «anderer» Menschen, denn es gibt keine «anderen». Jeder von uns ist nicht nur eine Menschenmenge, sondern jeder ist – mindestens – die Menschheit. Was ein anderer Mensch erlebt, erleidet, oder was ihn freut, erfährt ebenso ein zum Bodhisattva Gewordener. Der Kummer oder die Freude eines Mitmenschen ist sein eigener Kummer oder seine eigene Freude.

Zu allerallerletzt noch eine Frage: Was soll eigentlich das mit dem Kopfkissen in der Nacht? Was hat das mit dem Bodhisattva des Großen Erbarmens zu tun?
Du erfährst und beantwortest es dir selber so: Bündele dein ganzes Wesen in eine einzige große Kraft, und dann greif mit deinem vollständigen Sein zu! Das ist es.

Und wie immer ist es so: Der Zugreifer, der Vorgang des Zugreifens und das Objekt, das ergriffen wird, sind zusammengefallen in Ein Einziges Sein. Du bist nichts weiter als Zugreifen. Das ist die Vollendung der Schöpfung, und du bist der Urheber davon.

55 • Seppō kocht Reis

Als Seppō noch Schüler bei Tokusan war und das Amt des Reiskochs ausübte, wurde eines Tages das Mittagessen nicht rechtzeitig fertig. Tokusan kam jedoch pünktlich mit seiner Essschale in der Hand hinunter in die Dharma-Halle.
Seppō sagte: «Alter Mann, die Glocke wurde noch nicht geläutet und die Trommel ist noch nicht geschlagen worden. Wohin geht Ihr mit Eurem Essnapf in der Hand?»
Sofort ging Tokusan in seine Abtsräume zurück.
Seppō berichtete Gantō[148] *diesen Vorfall.*
Gantō sagte: «So groß der alte Tokusan auch sein mag, das letzte Wort hat er noch nicht erfasst.»
Als Tokusan das hörte, schickte er seinen Diener und ließ Gantō zu sich kommen. «Billigst du das Verhalten des alten Mönches[149] *nicht?», fragte er ihn.*
Gantō flüsterte ihm heimlich seine Absicht zu.
Tokusan verharrte schweigend.
Am nächsten Tag, als Tokusan den erhöhten Sitz[150] *bestieg, war seine Rede ganz anders als sonst.*
Da lief Gantō in der Dharma-Halle nach vorn, klatschte in die Hände, brach in schallendes Lachen aus und sagte: «Wie wunderbar! Jetzt bin ich glücklich! Unser alter Meister hat das letzte Wort begriffen! Von jetzt an wird niemand unter dem Himmel ihm mehr etwas anhaben können!»

Dieses Kōan kennen wir, wenn auch nur teilweise, aus dem *Mumonkan*, Fall 13, «Tokusan trägt seine Essschalen». Unser heutiger Kōan-Text mit der gleichen Geschichte, aber dem verräterischen Titel «Seppō kocht Reis», bringt noch einen sehr wichtigen Aspekt hinzu. Zu der Zeit, als sie nämlich stattfand, war Seppō[151] gerade der Tenzo, also der Koch, in Meister Tokusans[152] Zen-Kloster.

Der Koch sollte ein bereits hervorragender Zen-Schüler sein, der nicht nur in seine Übung auf dem Meditationskissen versunken sein konnte, sondern in gleichem Maß auch beim Gehen, Stehen, beim Sitzen auf einer Parkbank, beim Handwerken, bei der Gartenarbeit, beim Kehren, Wäschewaschen und natürlich beim Kochen. Für alle diese Tätigkeiten eines Zen-Schülers ist allerhöchste Aufmerksamkeit, ja Wachsamkeit, unerlässlich. So durfte nur

148 Gantō Zenkatsu, chin. Yantou Quanhuo (828–887).

149 Tokusan meint damit sich selbst.

150 zur Dharma-Unterweisung.

151 Seppō Gison, chin. Xuefeng Yicun (822–908).

152 Tokusan Senkan, chin. Deshan Xuanjian (780–865 oder 782–867).

ein weit fortgeschrittener, möglichst erleuchteter Schüler Tenzo sein. So wurde ein Tenzo bei den Mönchen auch hochgeachtet.

Seppō wurde also für die Küche eingeteilt. Ein Tenzo, auch Reiskoch genannt, kochte vor allem, wie in Asien üblich, Reis in vielen Variationen mit Gemüse aller Art, mit Nüssen, Linsen, Kräutern, Soßen – und womit auch sonst immer. Reis war aber die Grundlage für fast alle Gerichte. Der Reis durfte nicht zu hart und nicht zu weich sein, er durfte nicht zu salzig und nicht zu fade sein. Er sollte fein gewürzt werden. Der Reis durfte auch nicht kalt werden, bis die Mönche zum Mittagessen kamen.

An dem gewissen, nicht gerade ruhmreichen Tag für Seppō wurde dieser nicht rechtzeitig mit dem Mittagessen fertig. Der Reis war noch nicht gar. Seppō hatte noch nicht so viel Erfahrung als Tenzo, und so geriet er unter Druck. Andererseits wusste er, dass er selbst ja die Möglichkeit hatte, die Mönche zum Essen zu rufen, indem er im richtigen Augenblick dafür sorgte, dass die Glocke geläutet und die Trommel zum Essen geschlagen wurde. Vorher würden die Mönche nicht zum Essen erscheinen. Normalerweise aber wurden diese Zeichen ganz exakt im richtigen Augenblick gegeben.
Nun, Seppō beeilte und beeilte sich, den Reis zu beschwören, sich zu sputen. Er musste ja auch noch gewürzt, vielleicht ja auch zusammen mit Linsen gekocht werden.
Da erschien zur üblichen Essenszeit der Meister! Tokusan trug seine Essschale in der Hand und ging ruhig in die Dharma-Halle, in der das Mittagessen immer eingenommen wurde. Seppō erschrak. Und nun nahm das Unheil seinen Lauf. Seppō war wütend. Er wollte und konnte einfach keinen Fehler und auch keine harmlose Ungeschicklichkeit zugeben. So stieg das Unheil aus seiner eigenen inneren Tiefe auf. Wie schade!
Seppō fuhr seinen Meister auf unhöfliche und beleidigende Weise an, indem er sagte: «Alter Mann, die Glocke wurde noch nicht zum Essen geläutet und die Trommel noch nicht geschlagen. Wohin wollt Ihr denn jetzt mit Eurem Essnapf in der Hand?»

«Alter Mann», sagt er! «Essnapf», sagt er! Er plustert sich arrogant auf, als wäre sein großer, vornehmer und tief erleuchteter Meister ein alter Trottel, der nicht mehr wusste, wo links und rechts war und wie man ordentlich aus einer ebenso ordentlichen Reisschale isst, sodass er wohl einen «Napf» zum Essen benutzen würde. Seppō hat wohl auch nicht richtig hingeschaut. Die Essschale des Tokusan war die edle Schale eines Abtes.

Er hat versäumt, was an der Reihe war: Er hätte ja den Meister höflich um ein wenig Nachsicht dafür bitten können, dass diesmal der Reis etwas länger brauchte. Für die Wartezeit hätte er dem Meister auch ein Schälchen Tee anbieten können. Tokusan hätte sich dann ganz bestimmt nicht wortlos wieder entfernt.

Auf Seppōs ungebührliches Verhalten sagt Tokusan kein einziges Wort. Er dreht sich ganz einfach wieder um und geht mit seiner Essschale zurück in seine Abt-Räume.

Ob Seppō nun zufrieden ist? Er braucht in der ganzen Sache wohl etwas Rückenstärkung! So berichtet er später die Geschichte seinem Freund und Dharma-Bruder Gantō. Er baut sich dabei ein bisschen auf und den Meister – vor sich selbst und vor Gantō, wie er meint – ab.

Gantō war zu dem Zeitpunkt dem Seppō immer schon auf dem Zen-Schulungsweg etwas voraus. Gantō half auch seinem Freund immer wieder dabei, ein Stückchen weiter auf seinem WEG zu kommen. Die beiden standen sich nah.

Als Gantō die Begebenheit mit Seppō und Tokusan hört, vor allem, dass doch der alte Meister nicht wirklich erleuchtet sein könne, wenn er nicht einmal die Glocke und die Trommel abwarten wolle und schon vorher mit seinem Napf herumlaufen würde, na, da durchschaut Gantō seinen Kameraden. Er erkennt, womit Seppō sich quält. Er sieht, was ihm noch fehlt. Er beschließt bei sich einen Rettungsplan für Seppō, ohne ihm das Gesicht herunterzureißen, und auch ohne seinem verehrten Meister hinterherzunegieren. Als Seppō seinen Bericht beendet hatte, äußerte Gantō ihm gegenüber: «So groß unser ehrwürdiger Meister Tokusan auch ist, das letzte Wort hat er noch nicht erfasst!»

Ihr wisst ja, wann Meister Tokusan «das allerletzte Wort» erfasst hat! Diese Begebenheit liegt viele Jahre zurück. Damals erfuhr er seine erste und äußerst tiefe und welteinstürzende Erleuchtungserfahrung. Was aber ist jetzt «das allerletzte Wort?» Denn immer ist es neu und frisch, sonst ist es nicht das allerletzte Wort.

Tokusan wird es zugetragen, was sein vertrauter Schüler Gantō dem Seppō über ihn, den Abt, gesagt hat! Er, Tokusan, würde das allerletzte Wort nicht kennen! Er lässt den Gantō zu sich rufen und fragt ihn: «Billigst du mein Verhalten nicht – vorhin vor dem Essen? Kannst du diesen alten Mönch nicht respektieren?»
Nun, die Sache ist ja umgekehrt, und Gantō hat einen Plan, den er gemeinsam mit dem alten, ehrwürdigen Lehrer ausführen möchte. Er flüstert Tokusan seinen Plan ins Ohr, damit niemand ihn erfahren soll. Tokusan nickt und schweigt.

Wie geht es nun aber in der Zwischenzeit Seppō?
O, Seppō quält sich ab! Zwar hat Gantō ihm ja angedeutet, der Meister kenne das allerletzte Wort nicht! Seppō weiß nicht, ob er sich darüber freuen oder traurig oder beunruhigt sein soll. Er weiß nicht, ob er Gantō diese Aussage, der Meister kenne das letzte Wort nicht, glauben soll. Auch Seppō kennt das allerletzte Wort nicht, dies gesteht er sich heimlich ein. Ja, kennt denn nur Gantō das allerletzte Wort? Seppō ist unglücklich: Er weiß nicht einmal, was das allerletzte Wort sein soll. Was soll er tun? Was soll er überhaupt wissen, denken, sich erarbeiten? Wohin geht sein Weg, wenn nicht einmal sein berühmter Meister das letzte Wort kennt? Wie kann er selber dann das letzte Wort jemals, jemals erfahren? Ach, und außerdem – hätte er sich doch nicht so hässlich dem Meister gegenüber verhalten! Seppō zweifelt an sich. Der ehrwürdige Meister wird ihm vielleicht jetzt nicht mehr weiterhelfen wollen. Wie soll er, Seppō, jetzt jemals das allerletzte Wort erfahren können? Das allerletzte Wort bohrt ihm Löcher ins Herz. Seppō ist unglücklich.

Wir springen einmal kurz und heimlich unter Aufhebung von Raum und Zeit ein paar Jahre nach vorn: Da sehen wir, wie Meister Tokusan seinen geliebten Schüler, den Mönch Seppō, in einer großen Zeremonie zum Zen-Meister erklärt.

Wieder zurück, denn noch ist da allerhand in der Schwebe, und Seppō hat eine schwere Nacht.

Am Tag jedoch, als Tokusan den hohen Sitz einnimmt, um den Mönchen Teishō zu geben, spricht Tokusan – so heißt es – ganz anders als sonst! Er spricht mit goldenem Mund. Seine Worte bauen Seppō einen beruhigenden, trostreichen Weg in dessen eigenen Seelenfrieden hinein, in die tiefe Stille seines Wesens. Der Kummer fällt von ihm ab.

Alle Mönche sind begeistert beim Hören des Teishō. Gantōs und Tokusans Plan geht auf. Gantō springt auf, läuft nach vorn und ruft laut lachend: «Wie wunderbar! Jetzt bin ich glücklich! Unser alter Meister hat das letzte Wort begriffen! Von jetzt an wird niemand unter dem Himmel ihm mehr etwas anhaben können!»

Ja, soll das nun heißen, jetzt endlich im hohen Alter habe der Abt, nämlich Meister Tokusan, die Erleuchtung erreicht? Aber nein, Gantō drückt mit seiner Begeisterung aus, dass es jetzt wohl der letzte freche Ignorant in der Mönchsgemeinschaft mitbekommen hat, dass der ehrwürdige Meister das letzte Wort begriffen hat, dass er es gerade eben nachgewiesen hat, dass die ganze chinesische Welt es jetzt ihrerseits erkennt und anerkennt, ja dass sogar der Dümmste von ihnen heute den Beweis vor Augen hatte. Von nun an, da es die gesamte klösterliche Allgemeinheit nicht mehr leugnen kann, dass Meister Tokusan ein weltumstürzendes Drachen-Samādhi erfahren hat, können keine aggressiven und ungewaschenen Münder unter dem Himmel mehr dem alten Meister etwas anhaben.

Diese Rede des Gantō war für seinen Freund und Dharma-Bruder Seppō gemacht, war für alle anderen Mönche gemacht, denen ja Seppō früher vielleicht in den Ohren gelegen hatte, und war für Meister Tokusan gemacht, damit er sich keine Frechheiten mehr anhören musste.

Zum allerletzten Schluss noch ein persönliches Wort:
Wie gut es ist, dass wir eine Regel haben, niemals über Personen innerhalb des Sangha hässlich und herabsetzend zu sprechen. Und wie gut das ist, dass hier überhaupt niemand diese Regel braucht, denn unter euch herrscht eine herzerfreuende Kameradschaftlichkeit! Ihr helft und unterstützt einander, ihr geht vornehm miteinander um, und so sind alle froh und aufgehoben.

Habt ihr es mitbekommen? Trotz allem bleibt eine Frage: Wie heißt das allerletzte Wort?

56 • Meister Mitsus «Weisser Hase»

Onkel Mitsu ging mit Tōzan spazieren. Ein weißer Hase huschte ihnen über den Weg. «Wie flink!», sagte der Onkel.
Tōzan fragte: «Wie ist das?»
«Wie wenn ein Durchschnittsbürger zum Premierminister ernannt wird», gab der Onkel zur Antwort.
«Du redest immer noch so, obwohl du alt und bedeutend bist», sagte Tōzan.
«Was würdest du sagen?», fragte der Onkel.
«Der Prinz eines großen alten Geschlechts steigt für eine gewisse Zeit die gesellschaftliche Stufenleiter herab», antwortete Tōzan.

Dieses Kōan erinnert an die Frage aus dem Kōan Nr. 52 in diesem Buch, «Sōzans Dharmaleib»: «Schaut der Esel den Brunnen an oder der Brunnen den Esel?» Steigt der Durchschnittliche zum Premierminister auf oder steigt der Prinz aus altehrwürdiger Familie die gesellschaftliche Stufenleiter hinab? Man könnte auch fragen: Wird der Mensch auf dem Pfad der Erkenntnis göttlich oder wird Gott Mensch?

Die eigentliche Frage ist: *Wird überhaupt jemand irgendetwas?*

Es ist in der Letzten Wirklichkeit nicht möglich, irgendetwas zu «werden», was man nicht schon ist. Und was man ist, ist man nicht «geworden». Das «Werden» ist nur Schein, es sei denn, man wird, was man immer schon ist. Das heißt: Die Scheuklappen fallen herunter, und der Mensch erkennt, wer er ist.

Es kann also niemand etwas werden. Es ist kein Unterschied zwischen dem, der angeblich wird, und dem, der angeblich geworden ist.

Auch kann niemand «einen anderen» anschauen, denn er schaut mit gleichem Auge wie der Angeschaute. Der vermeintlich «andere» ist der Mensch, der ihn anschaut, selber. Es gibt keinen «anderen». Der Brunnen ist zugleich der Esel – und der Esel der Brunnen. Der Durchschnittliche ist der Premier – und der Premier der Durchschnittliche. Der Prinz ist der Kastenlose – und der Kastenlose der Prinz. Gott ist Mensch – und Mensch ist Gott. Niemand steigt hinauf oder hinab.
Gott ist nicht «oben drüber».

Denn das SEIN ist immer nur das SEIN. Daran gibt es nichts zu deuteln. Da der menschliche Verstand diese höhere Logik aber nicht erfassen kann, denn er ist nur für komplizierte Gedankengänge konstruiert, damit wir wähnen sollen, es gäbe diese Welt – weil also der Verstand nicht erfassen kann, dass das SEIN immer nur das SEIN ist, schreien Theologen, Philosophen und Psychologen auf, wenn sie hören: «Niemand kann etwas werden, was er nicht schon ist.» Diese Entdeckung kann die menschliche Ratio nicht machen. Und doch entspricht sie «Form ist Leere – Leere ist Form».

Gott ist zwar tatsächlich einfach, aber der Mensch ist kompliziert. Er will sich sein oft neurotisches Weltbild erhalten. Darum muss er seiner Ängste wegen kompliziert sein, und wenn es noch so sehr der höheren und universellen Logik widerspricht, die schlicht feststellt: «Form ist Leere – Leere ist Form.»

Das Unbekannte macht selbst angeblich logisch Denkenden Angst. Darum bevorzugen sie es immer wieder, vor sich selber die Wahrheit zu verschleiern, kryptisch zu denken und zu reden – und *dieses* dann für intelligent zu halten. Allerdings erfordert es eine ziemliche Raffinesse – das ist auch eine Art Intelligenz –, die Wirklichkeit zu verschleiern. Dann sagen die Leute: «O, kann er brillant reden!» und sind begeistert hingerissen.

Mich hat immer wieder gewundert, wieso intelligente Leute, die studiert haben, den logischsten aller Sätze, «Form ist Leere – Leere ist Form», nicht erfassen können, sondern sogar darüber polemisieren, ohne zu merken, dass die Intelligenz selber die Feststellung fordert: «Form ist Leere – Leere ist Form.»

Zur Erfassung der HÖCHSTEN WAHRHEIT ist es also nicht notwendig, studiert zu haben. Unter Umständen kann es sogar hinderlich sein, nämlich dann, wenn der Studierte meint, «Form ist Leere – Leere ist Form» widerspräche seiner Intelligenz. Dieses ist ein Trugschluss, denn die große Erfahrung von «Form ist Leere – Leere ist Form» widerspricht eben gerade nicht der Intelligenz, sondern nur der durchschnittlichen und gewöhnlichen menschlichen Ratio. Je intelligenter ein Wesen jedoch ist, desto tiefer geht ihm die WAHRHEIT und die hohe Logik von «Form ist Leere – Leere ist Form» auf.
Allerdings ist unbedingt zu beachten: Dieses darf nicht in ein Dogma ausarten! Warum nicht? Weil ein Dogma nicht die ureigene Erfahrung des Menschen ist, sondern nur gefordert wird, dass er das Dogma glaubt, um in den Himmel zu kommen, aber Glauben allein genügt nicht, um das eigene göttliche Wesen zu schauen, was alle Menschen in ihrer Tiefe ersehnen. Und so wird der Erfahrende ganz und gar demütig – und weise.

Mit der Erfahrung hat sich schon manche Strohdummheit aufgelöst.
Weiter mit der Logik: Es gibt auch nicht «jemanden», der etwas sehen, erkennen, werden oder tun kann. O nein, da ist niemand. Also kein Sehen, Erkennen, Werden oder Tun? Doch, denn die Welt lebt! Sehen! Erkennen! Ja! Aber es ist niemand da, der erkennt. Der wahrhaftig Erkennende sieht: Da ist nur noch Erkennen, aber niemand mehr, der erkennt. Diese Erfahrung ist sehr oft mit einer großen Verblüffung verbunden. Dass da jemand wäre, war vorher eine Täuschung gewesen. Niemand hat ein selbstständiges, eigenes und bleibendes Ich. Was begonnen hat, ist auch der Vergänglichkeit unterworfen. Eine statische Person existiert nicht und hat noch niemals existiert. Aber *Erkennen*! Ja! Erkennen!

Das Erkannte aber ist nichts und niemand anders als der Erkenner. Im Erkannten erkennt er sich wieder. Genauso wie der Erkenner nicht mit eigenem, unabhängigem Sein existiert, so existiert auch nicht der oder das Erkannte. Wiederum bleibt nur noch das Erkennen,

und *dieses* ist des Menschen wahre Identität in dem wunderbaren Augenblick des Erkennens.
Da sind nämlich alle drei – Erkenner, Erkennen und zu Erkennendes – zusammengefallen.

Ein Beispiel? Du schaust einer spielenden Katze zu. Du bist der Schauende, du bist der Vorgang des Schauens, und du bist das zu schauende Objekt, die Katze. Alle drei sind nicht getrennt. Du erfährst, dass du alle drei bist, und das ist nur noch ein einziges Geschehnis. Ganz nebenbei: Du weißt in dieser Erfahrung vielleicht, wie es ist, diese Katze zu sein. Du erfasst auch tiefer als vorher, was die Welt ist.

Nun zu Tōzan[153] und Onkel Mitsu[154]. Meister Mitsu ist der Dharma-Onkel Tōzans. Das heißt, er ist der Dharma-Bruder von Tōzans Meister, dem berühmten Meister Unmon. Auch der Onkel ist Meister, sonst wäre er nicht der Dharma-Onkel.

Mitsu und Tōzan verstehen sich sehr gut. Meister Tōzan geht also mit seinem Onkel Mitsu spazieren, als ein weißer Hase blitzschnell vor ihnen über den Weg springt. «Wie flink!», bewundert der Onkel das Geschehen.

Tōzan spürt deutlich, dass der Onkel die Sache durchschaut, nämlich dass der Onkel an diesem Geschehnis die Welt durchschaut. Und er fragt nach: «Wie ist das?» Er meint: «Was bedeutet das? Was siehst du da? Was erkennst du? Sag noch etwas dazu!»
Der Onkel antwortet sinnbildlich: «Das ist, wie wenn ein gewöhnlicher Mensch plötzlich hoch aufsteigt und zum Premierminister ernannt wird.» Er meint damit: «Ein einfacher Mensch wird plötzlich zum Buddha. In dem Augenblick, als ich die Buddha-Natur des Hasen erkannte, erkannte ich die Wirklichkeit!» Er sagt damit aber auch: «Ich erkannte, dass dieses kleine weiß bepelzte Wesen ein Buddha ist!»

Anscheinend also ein Aufstieg auf der ganzen Linie!
Tōzan aber antwortet, ein bisschen missbilligend: «Du redest immer noch so, obwohl du doch alt und bedeutend bist!»
Tōzan sagt damit zu seinem Onkel: «Obwohl du ein alter, hochgeehrter Mensch mit allertiefstem Durchblick bist, tust du immer noch bescheiden wie ein armseliger kleiner Wicht mit einem winzigen Satori.»
Der Onkel, Meister Mitsu, ist ihm nicht etwa böse über diese Kritik. Die beiden haben tiefes Vertrauen zueinander und führen aus Freude so manches Dharmagefecht, was nicht mit jedem Menschen möglich ist. So fragt Mitsu den Tōzan: «Was würdest du denn sagen?»
Tōzan antwortet mit einem kühnen Wort:

«Der Prinz eines großen alten Geschlechts steigt für eine gewisse Zeit die gesellschaftliche Stufenleiter herab.»

Nicht nur, dass Tōzan damit seinen Onkel ehrt, etwa in dem Sinn: «Du bist ein Buddha

153 Tōzan Ryōkai, chin. Dongshan Liangjie (807–869).

154 Shinzan Sōmitsu, genannt «Onkel Mi[tsu]», chin. Shenshan Sengmi (Daten unbekannt).

und nur vorübergehend ein gewöhnlicher Mensch geworden», oder auch: «Die BUDDHA-NATUR hat sich erlaubt, ein kleiner, weißer Hase zu sein», was beides korrekt ist – sondern vor allem: «Das EWIGE und ABSOLUTE, das UNGEBORENE und UNSTERBLICHE, das UNENDLICHE WELTMEER und REINE SEIN läuft hier auf deinen zwei Beinen herum als kleiner Mensch auf dem Rücken der Erde, muss essen und schlafen, wurde geboren und wird sterben. Welches Wunder das ist!»

Ja, schaut so das Leben an und erinnert euch, dass ihr zu euch selber sagen könnt: «Ich bin nicht etwa ein kleiner, armseliger Wurm voller Unzulänglichkeiten und Sünden, ein unfähiger, mieser und ängstlicher Mensch. Vielmehr bin ich GEIST, bin ich WESEN und das UNENDLICHE WELTMEER. Ich bin die UNSTERBLICHKEIT selber. Ich bin das SEIN. Für eine Weile habe ich Form angenommen und führe in dieser Verkleidung ein verborgenes Leben hier auf der Erde, um in dieser Gestalt meine Erkenntnis der Wirklichkeit, meine REINE EINSICHT, immer weiter zu vertiefen und damit auch die anderen meiner Formen, die anderen Lebewesen, erlösen zu helfen.»

Oder auch so: «Ich bin das ABSOLUTE SEIN. Nur vorübergehend habe ich in mich hinein einen kleinen Körper gebildet, in dem ich mich zeige.»

Oder so: «Von EWIGKEIT ZU EWIGKEIT bin ich GEIST. Für eine gewisse Zeit bin ich in die Welt der Form herabgestiegen und habe mir so die Welt der Form geschaffen.»

Oder so: «Im Grunde bin ich GEIST – und habe mich nur vorübergehend ausgeformt.»

Oder auch so: «Ich bin GEIST. Wohin ich auch schaue, sehe ich nichts anderes als GEIST. Ich sehe überall nur MICH und sonst nichts. All die Formen und all die Körper sind MEINE Formen und MEINE Körper. Außer MIR existiert nichts.»

Das ist die Erfahrung Gottes in seiner Seligkeit und Freude.

Das ist auch die Erfahrung der erleuchteten Zen-Schüler.

Der weiße Hase ist nicht nur ein weißer Hase. Der Onkel Mitsu ist nicht nur der Onkel Mitsu. Der Baum ist nicht nur der Baum. Ihr seid nicht nur, was ihr bisher zu sein glaubtet, kleine begrenzte Geschöpfe.

In diesem Sinn: Vergesst nicht, dass ihr die Erben des großen Königs, der WESENSNATUR, seid. Ihr seid die Urheber! Ihr seid Prinzen und Prinzessinnen. Beschränkt euch aber nicht auf das Glauben daran, obwohl auch das bis zur Erfahrung tröstlich und notwendig sein kann, sondern geht treu euren WEG, und dann – erfahrt, wer ihr seid!

Zum Abschluss eine Bemerkung, die der Zen-Meister Willigis Jäger gemacht hat:

«Wir sind nicht Menschen, die eine transpersonale Erfahrung machen, sondern wir sind Geistwesen, die vorübergehend eine menschliche Erfahrung machen.»

Ich kann nur sagen, ja, ja, ja! Das Normale ist, dass wir BEWUSSTSEIN sind, nicht, dass wir materielle Körper wären. Alles, was vorübergeht, kann nicht unsere wahre Identität sein.

Unser WAHRES SEIN ist, dass wir GEIST sind.

57 • Yanyangs «Kein einziges Ding»

Der Ehrwürdige Yanyang fragte Zhaozhou: «Wenn man nicht ein einziges Ding mitbringt, was ist dann?»
Zhaozhou sagte: «Wirf es endgültig weg!»
Yanyang sagte: «Was soll man denn wegwerfen, wenn man kein einziges Ding bei sich hat?»
Zhaozhou antwortete: «In diesem Fall schlepp deine Last fort!»

Wie ihr wisst, wurde und wird seit den alten Zeiten jeder Mönch mit «Ehrwürdiger» oder «Ehrwürden» angeredet, ob er ein spiritueller Lehrer und Würdenträger des Buddhismus war beziehungsweise ist oder nicht. Wir wissen vom Ehrwürdigen Yanyang[155] fast nichts, außer dass er auf jeden Fall ein Mönch war. Über das, was er außerdem noch war, ist beinahe nichts bekannt.
Wir wissen aber, dass Yanyang den großen Meister Zhaozhou[156] besuchte. Er war kein junger Zen-Schüler mehr, sondern ein erwachsener Mann.
Anscheinend hatte Yanyang schon innere Erfahrungen gemacht, nämlich die der Leerheit, des reinen Nichts.

Schauen wir uns wieder einmal unseren inneren psychischen Speicher an, der die prachtvolle Bezeichnung «mano viññāṇa dhātu» trägt! Von Anfang unseres irdischen Lebens an – noch richtiger ist, seit lange noch davor – sind wir permanenten Eindrücken ausgesetzt. Von Sekunde zu Sekunde speichern wir jeden dieser Eindrücke, dieser Erfahrungen, dieser Erlebnisse ab. Wir machen uns von jedem Augenblick unseres Lebens eine Kopie und speichern jede dieser Kopien in unserem mano viññāṇa dhātu, kurz genannt das «MVD», ab. Wie wir eine Begebenheit abspeichern, ist beeinflusst dadurch, wie unsere persönliche Biografie ablief und abläuft. Durch diese entsprechende psychische Brille sind die Kopien jeweils getönt.

Ein Beispiel? Ein kleines Mädchen wurde durch seinen Papa missbraucht. Der Papa sah mit seinem schwarzen Lockenhaar und seinem wilden schwarzen Bart insgesamt ein bisschen wild aus. Das Kind speicherte in seinem kleinen inneren Speicher ab: «Mann mit schwarzem Haar und schwarzem Vollbart = Gefahr!» Das Kind speicherte nicht ab: «Papa tut mir das und das an.» Irgendwie – vor allem, wenn das Kind sich bewusst an das Erlebnis erinnern kann – speichert es schon auch ab «Papa hat das und das getan» oder Ähnliches, aber womöglich immer in Zusammenhang mit schwarzem Haar und Vollbart. In einem solchen Fall geschah später Folgendes: Das Kind war eine erwachsene junge Frau geworden, die mit ihrer Freundin unterwegs ins Kino war. Auf der Straße begegnete den beiden ein

155 jap. Genyō.

156 Zhaozhou Congshen, jap. Jōshū Jūshin (778–897).

ausländischer Passant mit schwarzem Haar und schwarzem Vollbart. Der Fremde bat höflich: «Bitte, wo geht es zum Bahnhof?» Der Bahnhof war nicht weit weg. Der Mann fand ihn bloß nicht. Die junge Frau aber schrie den Mann aufgebracht an: «Verp.ss dich, du Erzsch...n, oder ich mache dich fertig!» Sie hielt ihm die geballte Faust vor das Gesicht. Der Mann rannte verstört weg. Die Freundin der jungen Frau war schockiert. Die Begebenheit hatte wirklich stattgefunden! Dieses Mädchen hatte wohl etwas abgespeichert, dabei aber das Geschehnis irrtümlich und fehlerhaft abgespeichert, sie hatte nämlich das Erlebnis mit ihrem Vater mit der Art des Kopfhaars und des Bartes verknüpft. Das nenne ich eine falsche Verknüpfung. Es ist ähnlich wie bei einem Computer, wenn man zwar die gewünschte Verknüpfung anklickt, dann aber in einer falschen Datei landet, *ohne allerdings den Fehler zu bemerken.*

Ein weiteres Beispiel: Eine Frau fuhr im Winter bei Glatteis mit ihrem Auto zum Bahnhof, um eine Verwandte vom Zug abzuholen. Unterwegs dorthin rutschte ein anderes Auto auf der glatten Straße von der Seite her in ihr eigenes Auto hinein. Die Frau speicherte ab: «Fahrt zum Bahnhof = Autounfall.» Sie sagte hinterher: «Ich fahre nie wieder mit dem Auto zum Bahnhof!» Sie hatte «Auto», «Bahnhof» und «Unfall» verknüpft. Das waren die falschen Assoziationen. Sie hätte verknüpfen müssen: «Auto», «Glatteis» und «Unfall». Sie hätte sich sagen müssen: «Ich fahre nicht mehr bei Glatteis mit dem Auto.» Das hätte einen Sinn ergeben.

Unser MVD ist voller Unsinn. Arthur Janov – man mag ansonsten über ihn denken, wie man will – hatte meiner Beobachtung nach ganz Recht mit seiner Aussage, dass unglaublich viele Menschen neurotisch sind. Viele dieser Neurosen sind ja klein und harmlos, ja, sie gelten sogar als gesellschaftsfähig, zum Beispiel wenn jemand einen Arbeitszwang hat, oder wenn jemand immer nur hilfsbereit *sein muss*, immer nur lieb und nett *sein muss*, auch einen Putzzwang hat. Wer sich in falsch verstandener Selbstlosigkeit beinah bis zur Selbstvernichtung aufopfert, wird hoch gelobt.

Wir haben aber auch zutreffende und praktische Verknüpfungen, zum Beispiel: «Ampel mit rotem Licht = Nicht über die Straße gehen!» oder «Feuer = Große Hitze».
Sehr, sehr viele Verknüpfungen sind aber, wie beschrieben, fehlerhaft. Die Art menschlicher Kommunikation beruht häufig auf fehlerhaften Verknüpfungen. Beispiel:

Ein Mann und seine Frau stehen sich gegenüber und unterhalten sich. Nehmen wir die altvertraute Sache mit den Pantoffeln! Der Mann sagt: «Ich kann und kann einfach meine Pantoffeln nicht finden! Weißt du, wo sie sind?» Das ist eine sachliche Frage. Die Frau jedoch hat sich von ihrem Ehemann das Bild einer äußerst autoritären Person gemacht, entsprechend dem, wie sie früher in Kindheit und Jugend ihren Vater erlebt hatte. So entgegnet sie ihm weinerlich: «Schon wieder gibst du mir die Schuld! Wie immer! Warum soll ich dir deine Pantoffeln weggenommen haben?» Die Frau erlebt nicht nur ihren Ehemann täuschend und unecht, sondern auch sich selbst: Sie erlebt sich als Opfer. Was auch immer der Mann sagen mag, diese Frau fühlt sich durch ihn angegriffen. Der Mann stöhnt und sagt: «Wie immer! Du Prinzessin auf der Erbse! Du bist wie meine Mutter, die alte Heulsuse! Wenn ich dich sehe, meine ich, meine Mutter zu sehen! Ich kann euch Weiber nicht ertragen, ihr neurotischen Ziegen!» Er fühlt sich ihr weit überlegen. Die beiden spielen ein Spiel. Es ist ein Spiel der Täuschungen. Wenn sie miteinander sprechen, sind da anscheinend sechs Personen, und das geschieht so:

Die Frau hat ein täuschendes Bild von sich selbst (das Opfer)
Die Frau hat ein täuschendes Bild von ihrem Mann (der autoritäre und gefühllose Tyrann)
Die reale Frau ist auch noch da, aber sie ist irgendwo in ihrem Innern verborgen
Der Mann hat ein täuschendes Bild von sich selbst (der Souveräne und Überlegene)
Der Mann hat ein täuschendes Bild von seiner Frau (der Jammerlappen, seiner Mutter ähnlich)
Der reale Mann ist auch noch da, wenn auch irgendwo im Innern verborgen

Da «kommunizieren» vier irreale Personen miteinander wie durch Masken. «Person» heißt Hindurch-Klingen (per-sonare – hindurchtönen), nämlich durch eine Maske, die etwas vorgibt, was in Wirklichkeit nicht vorhanden ist.
Die beiden realen Personen haben sich versteckt. Sie haben im Lauf ihrer Erziehung durch die Autoritäten wie Eltern, Lehrer, Pfarrer, Ausbilder ihre Persönlichkeiten verbogen, um vor allem den Eltern zuliebe so zu werden, wie es denen genehm war. Na, wie sollten viele von uns als Kinder denn werden? Pünktlich, ehrlich, fleißig, sauber, unauffällig, höflich, fromm, leise, tüchtig, in Leistungen hervorragend, bescheiden, mutig, was nicht unbedingt alles zusammenpasst – und so weiter, und so weiter. Einige Gefühle waren unerwünscht, zum Beispiel Wut, Angst und das Bedürfnis nach Liebe und Zuwendung. Diese Gefühle waren den Eltern lästig.
Die realen lebendigen Wesen sind oft tief im Innern der Menschen versteckt. Ja, die Menschen kennen sich selbst nicht. Sie haben sich schon seit ihrer frühen Kindheit vergessen. Da gibt es viele verschiedene Möglichkeiten, nicht nur die beiden in unserem Beispiel. Wie könnten sie ihre Mitmenschen kennen und verstehen? Zuerst müssten sie wieder sich selbst begegnen, sich selbst erkennen, sich selbst verstehen!
Darum heißt es im Zen, du musst mit der Rettung der vielen Lebewesen zuerst bei dir selbst anfangen.

Nun, es mag auch Gesunde geben, aber selbst diese haben es nötig, das Innere ihres MVD gründlich aufzuräumen, zu klären und alle Täuschungen daraus zu vernichten.
Es gibt hunderttausend Möglichkeiten, sein MVD zu verunreinigen und zu besudeln. Ich habe heute nur wenig davon angedeutet.

Die Menschheit hat aktuell 7 Milliarden Exemplare, und alle, alle stopfen vom ersten Atemzug bis zum letzten ihr mano viññāṇa dhātu voll mit nichtigem Zeug! Nicht das MVD an sich ist nichtig, denn es hilft uns, in diesem irdischen Leben mit der Welt der Erscheinungen zurechtzukommen, sondern der nicht aufhörende Krempel, der da pausenlos hineingestopft wird, ist zum größten Teil nichtig. Das Furchtbarste daran ist, dass alle Menschen

diesen Krempel für Weisheit und für ihre wahre und kostbare Identität halten! Rechnet einmal aus – wie viele Milliarden Persönlichkeiten, nämlich Masken, die 7 Milliarden Menschen sich selbst und anderen vorspielen?
Normalerweise ist der unruhige menschliche Geist also voll von verrückten, überflüssigen Ideen, Meinungen, dem, was er für Lebenserfahrung hält, den daraus gezogenen Schlussfolgerungen (oft zusätzlich auch noch den von anderen übernommenen Schlussfolgerungen) und den endlosen Irrtümern. So rezitieren wir jeden Abend im Sesshin:

Täuschende Gedanken und Gefühle sind grenzenlos,
ich gelobe sie alle loszulassen.

Zuerst ist es notwendig, überhaupt erst einmal zu entdecken, zu erkennen und sich einzugestehen, wie sehr die eigenen Gedanken und Gefühle uns täuschen können! Vor sich selber so etwas zuzugeben, ist nicht für jeden leicht! Aber wenn wir es trotzdem mutig tun, ist uns hinterher viel leichter! Die Sache lohnt sich also! Wir haben viel zu tun, wenn wir – wohin auch immer wir gehen – nicht wieder und wieder mehrere innere neurotische Personen spazieren führen, dazu überflüssigerweise auch noch all die selbstgemachten Bilder, die wir uns von der Welt machen und die mit der Wirklichkeit gar nichts zu tun haben, weil sie nur in unserem privaten und noch viel zu dummen MVD herumtanzen.

Wer neurotisch ist, nämlich in Täuschungen (falschen Verknüpfungen) lebt, kann nicht logisch denken.

So ist es sehr nötig, zu erkennen, was ist, und dies mutig vor sich selbst einzugestehen! Das ist schon die halbe Miete!
Immer wieder sollten wir durchschauen, was ist, es nicht leugnen, und so beginnen die Täuschungen im Inneren, sich aufzulösen.
Immer wieder sollten wir mutig hinschauen!
Nur so kann Weltfrieden geschaffen werden, nur so!

Schließlich werden wir uns selbst ganz klar, leicht und leer, weil nichts mehr vorhanden ist, woran wir uns festklammern müssten oder auch nur könnten. Da ist nichts mehr vorhanden, um uns verzweiflungsvoll daran zu halten. Wir werden so leicht, so leicht!

Nun wieder zur Begebenheit mit Yanyang und Zhaozhou! Yanyang hat wohl sein MVD weitgehend aufgeräumt und geklärt. Er besucht ganz einfach den großen Meister Zhaozhou, ohne eine besondere Absicht damit zu verfolgen. Er hat sozusagen kein «Thema». Er kommt fröhlich zu Zhaozhou und ist einfach nur da.

Mir fällt dazu ein, dass ich während meiner Schülerschaft bei meinem Meister hin und wieder auch kein «Thema» hatte, keine Fragen, kein Kōan, kein Irgendetwas. Ich ging absichtslos nur ins Dokusan. Einmal sagte ich: «Ich habe nichts zu sagen, ich wollte nur mal hier hereinkommen.» Mein Meister antwortete: «Das ist eine gute Idee.» Und dann saßen wir eine Weile schweigend im Dokusan-Raum. Im Dokusan muss ein Schüler nicht immer reden!

Yanyang kommt also zu Zhaozhou und sagt: «Wenn man nicht ein einziges Ding mitbringt, was ist dann?»

Damit teilt er dem Meister Zhaozhou etwas mit, auch wenn er es nur indirekt tut. «Was ist, wenn ...», und natürlich will er keine theoretische Erörterung provozieren, sondern er sagt mit seinen Worten indirekt: «Meister, ich bin ganz leer, ganz frei, ich trage nichts herum, ich bringe dir nichts hierher. Was bedeutet das nun? Was sagst du dazu?»

Zhaozhou misstraut der Sache ein bisschen. Der Mann, der ihn hier aufgesucht hat, macht eine Sache aus der Leerheit, aus seinem göttlichen Nichts. Macht er sich etwa einen Götzen daraus? Vielleicht ist der Mönch in die Hauslosigkeit gegangen, das heißt, er hat auf alle irdischen Güter verzichtet. Er hängt an nichts fest. Es gibt ja Menschen, die machen einen Kult aus der heiligen Armut, deren Sinn sie äußerlich verstehen! Aber – selbst ein Reicher kann in Wahrheit die heilige Armut, nämlich Einfachheit, leben. Er hängt an nichts, nicht einmal an Gott oder an Buddha oder an Christus oder an Krishna oder an Rama fest. Er hängt nicht an irgendeinem Kult, einem Titel, einem Insignium seiner Würde fest. Und er bildet sich darauf – nämlich auf sein Losgelöstsein – nichts ein. Er spricht nicht davon, er produziert nicht seine Heiligkeit vor anderen. Er ist eben auch nicht einmal betont demütig! Nein, ihm schmeckt ein Stück Schwarzwälder Kirschtorte und – wer weiß – ein Schlückchen Likör im Kaffee. Er wird nicht als «heilig» auffällig und auch nicht als «verrückt».
Er vermisst nichts, ob ihm etwas Angenehmes oder etwas Unangenehmes begegnet. Er nimmt das jeweilig existierende Faktum eben als aktuelle Tatsache an. Er sieht, was ist, mehr nicht. Darin liegt die Möglichkeit für innere Veränderung, Entwicklung und Ausreifung.

Denn bis in die tiefste Ewigkeit hört auch die Entwicklung eines Buddha niemals auf.

Es ist gut möglich, dass Yanyang in dieser Hinsicht auf einem sehr guten Stand ist. Meister Zhaozhou ist aber ein bisschen misstrauisch: Die Frage des Yanyang kommt ihm verdächtig vor: «Was meint der Bursche mit seiner hinterlistigen Frage ‹Wenn man nicht ein einziges Ding mitbringt, was ist dann?› Hat er wirklich nichts mehr an Summs in seinem Innern stecken? Oder ist da noch eine Spur Eitelkeit wegen des vermeintlichen ‹kein einziges Ding›? Oder kultiviert er etwa sein ‹kein einziges Ding›? Macht er eine Religion daraus?»

Und so antwortet Meister Zhaozhou auf Yanyangs Frage sofort: «Wirf es endgültig weg!»

Ja, auch das Festhängen am Nichts muss weg!
Das Festhängen an der Heiligkeit muss weg!
Das Festhängen an der heiligen Einfachheit muss weg!
Das Festhängen an Gott muss weg!
Das Festhängen am Nicht-Festhängen muss weg!
Der Kult mitsamt der Begeisterung um das Nichts muss weg!
Die Eitelkeit vor sich selber, dem eigenen Ego, muss weg.
Aber auch das Bekämpfen all dessen, was sich auflösen soll, muss weg!

Also vorsichtig, macht euch keinen Kult, weder um das neue tolle Auto noch um das göttliche Nichts!
Wohlgemerkt: Nicht die Einfachheit, die reine Klarheit, das Nur-Sein muss weg, denn das bleibt ja ohnehin da. Und am Ende bleibt nur das SEIN.
So, und jetzt höre ich wieder auf damit, denn auch das muss weg.

Zhaozhou sagt schlicht: «Wirf es endgültig weg!»
Der Mönch, der nichts herumschleppt, staunt und fragt: «Was soll man denn wegwerfen, wenn man kein einziges Ding mehr bei sich hat?»

Ich habe den heimlichen Verdacht, das ist ein Dharma-Gefecht, und sie schlagen die Pingpongbälle hin und her. Den letzten Schlag hat bis jetzt der ehrwürdige Mönch Yanyang mit seiner Frage: «Was soll man denn wegwerfen, wenn man kein einziges Ding bei sich hat?»

Zhaozhou ist aber nicht zu schlagen. Er antwortet: «In diesem Fall schlepp deine Last fort!»
Er sagt damit: «Du kannst also nicht aufhören! Wenn du unbedingt damit weitermachen willst, hast du dich ordentlich an deinem Nichts, an deinem ‹kein einziges Ding› festgebissen! Pass auf, dass dir davon nicht die Zähne ausbrechen! Stopf nicht etwas Neues – nur auf einer höheren Stufe Befindliches und damit deiner Meinung nach Edleres – in dein mano viññāṇa dhātu! Wenn du aber trotzdem willst, so schlepp dein Zeug weiter! Viel Vergnügen!»

Na, und so hat der große Meister Zhaozhou mit seinem *allerletzten* Schlag gesiegt. Er macht wirklich keine Sache aus irgendetwas. Er lebt ganz alltäglich und unkompliziert im SEIN, das ungeschminkt und unmaskiert sein Wahres Wesen ist.

58 • Das Diamant-Sūtra und die Verspottung

Im Diamant-Sūtra heißt es: «Es geht um das Verachtetwerden durch die anderen: Wenn einer wegen seiner Sünden im vorigen Leben in die Hölle kommen sollte, werden diese Sünden deswegen ausgelöscht, weil er von den Menschen dieser Welt verspottet (oder ‹verachtet›) wird.»

Jedes Sūtra wird auf Śākyamuni Buddha zurückgeführt. Es gibt nur wenige Ausnahmen – oder sogar nur eine einzige. Die Autobiografie des 6. Zen-Patriarchen in China, Huineng – eigentlich ein langer Dharma-Vortrag – wurde das Plattform-Sūtra, also Sūtra, genannt, obwohl Huineng doch nicht Śākyamuni Buddha war! Man ging aber davon aus, dass Huineng der wiedergeborene Śākyamuni war – und somit indirekt der Buddha. So durfte die Autobiografie des 6. Patriarchen als Sūtra bezeichnet werden.

Nun – unser Wahres Wesen ist nichts anderes als die Buddha-Natur, das Buddha-Wesen selbst, ob wir es merken oder nicht. Und so könnten eigentlich alle unsere Reden zu Sūtras erhoben werden. Da die meisten der 7 Milliarden Menschen von sich selbst aber keine Ahnung haben, lassen wir die Sache lieber bleiben. Es halten sich schon genug Schafsköpfe auf der Welt für erleuchtet. Sie hätten wohl das Zeug dazu, ziehen es aber vor, Schafsköpfe zu bleiben und als solche zu leben.

Jetzt wieder zum Diamant-Sūtra! Mit dieser eben vorgelesenen Übersetzung eines Abschnitts aus dem Diamant-Sūtra haben wir Zen-Schüler unseres Meisters geübt. Als ich nun wieder auf dieses Kōan stieß, war ich wie früher vor vielen Jahren auch schon misstrauisch wegen der merkwürdigen Philosophie, die aus dem Text hervorging und die dem Dharma des Śākyamuni Buddha ganz entgegengesetzt ist, aber diesem Sūtra trotzdem unterstellt wird. Das ist weder Buddhismus noch Zen. Auch Zen ist ja eine buddhistische (nicht religiöse) Strömung des Mahāyāna. Hier verwendet man nicht die Begriffe «Sünde» und «Hölle», wohl aber «Verfehlungen» oder «unheilsame Taten (oder Handlungen)» und deren Folgen. Das sind die karmischen Taten als Ursachen und deren Wirkung, die karmischen Folgen, die wiederum neue Folgen nach sich ziehen. Diesen Konsequenzen kann niemand entkommen. Gravierend in unserem Kōan-Text ist, dass angeblich – laut Diamant-Sūtra – unsere früheren «Sünden ausgelöscht» werden, wenn man uns jetzt nur kräftig verachtet oder verspottet. Das glaube ich nicht. Sonst könnten wir ja unsere Mitmenschen auffordern: «Bitte, verachtet mich ganz gründlich! Spottet, spottet, spottet über mich, damit ich wieder sündenfrei werde!» Nein, das genügt bei Weitem nicht. Das wäre Unsinn. Was andere tun, wandelt uns nicht! Es kommt darauf an, welche Richtung wir selbst von innen heraus einschlagen, und es kommt immerhin noch auf unsere eigene Geisteshaltung an und nicht auf die der anderen Menschen und wie diese sich uns gegenüber verhalten. Wir ändern uns nicht dadurch, dass andere uns quälen. Allerdings haben wir die Möglichkeit, uns auch in Schmerzen und Leiden, Kummer und Trauer in Ruhe

und Gelassenheit zu üben, geduldig anzunehmen, was uns gegeben wird und was sich nicht ändern lässt. Das aber geht aus der zitierten Textstelle aus dem Diamant-Sūtra nicht hervor.
In unserem Kōan soll angeblich Verachtung uns gegenüber durch unsere Mitmenschen unsere uralten Verfehlungen auflösen. Dass jedoch wir selbst in der Hand haben, wie unsere Entwicklung auf dem eigenen Lebensweg vonstattengeht, davon ist überhaupt nicht die Rede.

Und doch soll der Buddha diese unzutreffende Äußerung dem Subhuti gegenüber, einem der zehn großen Schüler des Buddha, in einem langen Lehrgespräch getan haben. Das konnte einfach nicht wahr sein. Ich habe es also nicht geglaubt, und so habe ich das ganze Diamant-Sūtra gelesen und diese gewisse Stelle herausgesucht. Sie lautet vollkommen anders als in unserem Kōan, vor allem inhaltlich.

Dieser Abschnitt aus dem Sūtra sollte ein genaues Zitat sein, denn das Kōan beginnt mit den Worten: «Im Diamant-Sūtra heißt es ...» Es muss also auch im Kōan eine genaue Wiederholung dessen sein, wie es im Diamant-Sūtra heißt, und hierfür sorgen wir nun, als würde das Kōan Nr. 58 aus dem *Shōyōroku* folgendermaßen und korrekterweise lauten:

Aus dem Sūtra mit dem vollständigen Namen
«Der Diamant, der die Illusion durchschneidet»

(Abschnitt) *16* (Der Buddha wendete sich dem Subhuti zu und sagte:) *«... Überdies, Subhuti – wird ein Sohn oder eine Tochter aus guter Familie verachtet und verleumdet, während* (weil) *er oder sie das* (Diamant-)*Sūtra rezitiert und praktiziert, so werden die Missetaten, die er oder sie im vergangenen Leben beging – auch solche, die ein übles Schicksal nach sich ziehen könnten –, ausgelöscht, und er oder sie wird die Frucht des höchsten, vollkommen erwachten Geistes erlangen. Subhuti, in alten Zeiten, bevor ich dem Buddha Dīpankara begegnete, da opferte und diente ich bereits allen 84.000 Myriaden von Millionen von Buddhas. Wenn aber jemand fähig ist, dieses Sūtra im letzten Zeitalter aufzunehmen, es zu rezitieren, zu studieren und zu praktizieren, so ist das Glück, das durch dieses tugendhafte Handeln hervorgebracht wird, hunderttausend Male größer als das Glück, das ich in alten Zeiten bewirkt habe. Tatsächlich ist ein solches Glück nicht vorstellbar, und es kann mit nichts verglichen werden, auch durch Zahlen nicht. Solches Glück ist unermesslich.*
Subhuti, das Glück, das dem tugendhaften Handeln eines Sohnes oder einer Tochter aus gutem Hause entspringt, der oder die dieses Sūtra im letzten Zeitalter annimmt, es rezitiert, studiert und praktiziert, wird so groß sein, dass manche Menschen misstrauisch und ungläubig werden, versuchte ich es jetzt in Einzelheiten zu erklären; ihr Geist könnte sich verwirren.
Subhuti, du musst wissen, dass die Bedeutung dieses Sūtras jenseits von Gedanken und Worten liegt. Und ebenso liegt die Frucht, hervorgebracht durch das Annehmen und Praktizieren dieses Sūtras, jenseits von Gedanken und Worten.»

Hierzu, liebe Schüler, müssen wir wissen, wovon das Diamant-Sūtra überhaupt handelt.

Zuerst zum Begriff «Diamant-Sūtra»: Der Diamant ist von großer Härte, und zwar das härteste bekannte Material in der Natur, das alle anderen Materialien durchschneiden kann. Darum steht er als Symbol für das Durchschneiden aller Illusionen und Täuschungen des Menschen über die Wirklichkeit. So hilft dieser Diamant den Menschen, die Wirklichkeit zu erfahren, wie sie ist.

Was ist denn aber die Wirklichkeit, die niemand kennt, außer der Diamant hätte die wahnhaften Täuschungen des Menschen durchschnitten?

Dieses lehrt der Buddha, indem er das Diamant-Sūtra in einem Gespräch mit seinem Schüler entfaltet. Er selber beschreibt seine Entstehung so: Er lehrt das Sūtra, indem er über das Sūtra spricht. Ja, er schafft erst das Sūtra, indem er, seinen Schüler unterweisend, über das Sūtra spricht, als wäre es längst vorhanden. Das ist nicht sinnlos, denn unter Aufhebung von Raum und Zeit ist alles längst vorhanden. So entwickelt er es von Jetzt zu Jetzt.

Über das, was Śākyamuni dem Subhuti nahelegt und wie er das tut, führe ich euch hier als Beispiel einen Vers aus dem Diamant-Sūtra zu Gemüte:

(Der Buddha wendet sich an Subhuti und sagt:) «... Subhuti, was der Tathāgata ‹das höchste Vollkommene› nennt, ist seinem Wesen nach nicht ‹das höchste Vollkommene›, und darum wird es ‹das höchste Vollkommene› genannt ...», und weiter: «... Subhuti, der Tathāgata hat gesagt, dass das, was ‹vollkommene Geduld› genannt wird, nicht ‹vollkommene Geduld› ist. Darum wird sie ‹vollkommene Geduld› genannt ...»

Immer wieder sagen sowohl der Buddha als auch sein Schüler abwechselnd in ihrem Gespräch, dass ein Ding zugleich nicht das Ding ist, als was es erscheint, ja, dass es sogar *überhaupt nicht* ist, und dass dadurch und deshalb erst das Ding ist, das es in Wahrheit ist. Das erinnert sehr an Nāgārjunas Vierkantknoten. Merkt ihr es?

Jemand sagte einmal zu mir: «Ich bin, und zugleich bin ich nicht.» Ja, und man könnte hinzufügen: Erst so ist er wirklich, wer er ist!

Jedes Ding auf der Welt existiert und existiert nicht, weil es vollständig leer ist, weil es reines Nichts ist. Hiermit ist – ich wiederhole mich – kein nihilistisches Nichts gemeint, denn es birgt in sich die Potenz für Welten über Welten.

Also noch einmal: Jedes Ding auf der Welt, nehmen wir als Beispiel den Mond, existiert, aber da der Mond aus Nichts gebildet ist, existiert er zugleich damit, dass er existiert, eben auch nicht. Und hierzu sagt der Buddha wie über alle Dinge: «Erst dadurch existiert er wirklich.»

Man kann sagen: Der Mond existiert = Der Mond existiert nicht.
Beides ist aber nicht zweierlei, sondern ein und dasselbe.
Es liegt an der Qualität unserer Wahrnehmung, ob wir dies erkennen.

Vor Jahren hat eine Frau einmal in der Straßenbahn gesessen, und dabei kam sie auf eine für den Normalmenschen ungewöhnliche Idee. Sie sagte sich: «Ich suche jetzt mein Ich. Wo steckt es?» Sie suchte innerhalb ihres Körpers jeden Kubikzentimeter ab. Sie wanderte

dabei ernsthaft innerlich von oben nach unten und unten nach oben, von rechts nach links und von links nach rechts. Sie fand und fand ihr Ich nirgendwo. Sie machte einen zweiten Durchgang und fand wiederum – nichts. Da sie eine furchtlose Frau war, sagte sie zu sich: «Okay – kein Ich. Sehr erfrischend!» Dann schaute sie wieder aus dem Fenster der fahrenden Straßenbahn, und da sah sie – die Welt sah ganz unschuldig aus. Die Häuser sahen aus wie Schattenbilder auf der Wand. Sie wirkten ähnlich wie zweidimensional und nicht räumlich oder kompakt. Die Autos bewegten sich ebenso harmlos, formlos, unschuldig. Die Frau fuhr durch eine Welt, die nicht als das existierte, was sie bis dahin als Welt zu kennen geglaubt hatte. Sie sah: «Die Häuser sind keine Häuser mehr.» Sie bestanden aus reinem, unschuldigem und heiterem Nichts. Die Frau wusste, dass ihre Begriffe es nicht adäquat ausdrücken konnten, aber sie wiesen vielleicht etwas in die Richtung «unschuldig» und «heiter» und «Nichts». Dann sah die Frau, dass die Häuser zum ersten Mal in ihrem Leben so «haushaft» aussahen. Sie atmete auf: «So sind sie erst wirklich Häuser!» Und sie schaute und fand: «Die Straße ist so straßenhaft, der Himmel ist so himmelhaft, die Autos sind so autohaft.» Die Welt war nicht da, wie diese Frau geglaubt hatte, dass die Welt die Welt sei. Es war nicht mehr «die Welt». Und schließlich kam es ihr: «Aha, so ist das – ‹kein Ich› gleich ‹keine Welt›.»
Ja, und diese «Keine Welt» ist erst die wirkliche Welt.

Eben dies sagte der Buddha ganz einfach, klar und schlicht in seinem Diamant-Sūtra in vielen, vielen Beispielen.

Shakespeare sagt: «Sein oder Nicht-Sein, das ist hier die Frage.» Shakespeare müsste richtigerweise eigentlich sagen: «Sein oder Nicht-Sein, das ist nicht die Frage; sondern Sein = Nicht-Sein, und Nicht-Sein = Sein.»
Ja. Auch ist in der tiefsten Wirklichkeit zwischen Sein und Nicht-Sein kein Unterschied und kein Gegensatz.

Aber erfahren sollten wir es! Es ist nämlich erfahrbar!

Solche Aussagen kann nur jemand tun, der sie eben so erfährt. Dies ist keine Gedankenkonstruktion.

Nun gehen wir weiter und kommen zum Thema «Angegriffenwerden».

Wenn wir – durch Erfahrung – wüssten, dass auch Feindseligkeiten uns gegenüber, Verspottetwerden, Angegriffenwerden, Verleumdetwerden, Beleidigtwerden und Verachtetwerden immer nur leer und Nichts sind, brauchten wir uns nicht mehr so sehr abzuquälen, denn oftmals würden die Quäler dann ins Leere laufen.

Im *Shōdōka* gibt es den Vers:

... Mögen die anderen mich tadeln, so viel sie wollen.
Mit einer Fackel versuchen sie, den Himmel in Brand zu stecken.
Am Ende werden sie nur müde davon.
Ihre Verleumdungen schmecken wie süßer Tau,

denn plötzlich vergeht alles, und ich bin im Reich des Nicht-Denkens.
Wenn ich bedenke, wie hilfreich Verleumdungen sind,
wird der Verleumder mein guter Freund ...

Alles, was uns begegnet, selbst das Schwere, kann uns zum Meister werden, der uns zur Entwicklung hilft.
Ja, selbst unsere unheilsamen Taten können uns mit der entsprechenden Geisteshaltung zu unserer menschlichen und spirituellen Entwicklung helfen. Denn alle Dinge und Wesen, auch wir selbst, sind aus Nichts gebildet.

Wenn wir wachsam das jeweilig aktuelle Faktum sorgfältig anschauen und wahrnehmen, sehen wir die Wirklichkeit, so wie sie ist. Da sehen wir die Leerheit in ausgeformtem Zustand in all den Dingen der Welt.

Ja, wir sehen dann die Welt und *wissen*, wie sie ist, außerhalb aller Worte und Gedanken. Das tiefste Wissen muss nicht erreicht werden, denn es ist immer schon gegenwärtig in uns da. Es zeigt sich hell leuchtend außerhalb der Gedanken und Worte.
Ja, lasst die Worte ruhen, und dann lasst die Gedanken ruhen.

Da setzen wir dieses wundervolle Sūtra praktisch um, üben und verwirklichen es. Was auch immer wir dann tun oder nicht tun, wahrnehmen und erfahren – *es ist dieses Sūtra* – ohne Worte und ohne Gedanken.
Dies ist das Wahre Wissen, und das ist nichts anderes als ein Seins-Zustand, ja, als das SEIN.

Und so wird nach und nach aufgelöst, was wir aus alter Zeit noch Schweres innerlich mit uns herumschleppen. Schließlich werden wir keinen neuen Unrat mehr in unserem Innern anhäufen, sondern – wie der Buddha es sagt – wird unser Glück unermesslich groß sein.

Und dies ist keine Übertreibung.

Wenn ihr die Gelegenheit habt, einmal das Diamant-Sūtra zu lesen, empfehle ich euch: Lest es langsam und sorgfältig und so, dass ihr dabei eure Stimme hören könnt! Lasst es auf euch wirken!

Für die Kōan-Schüler stellt sich nun aber die Frage: Was ist der Kern von diesem Kōan?

Auch das Faktum dieses Kōan-Kerns ist leer – und so ist das Faktum erst das Faktum, ob du es nun so nennst oder nicht.

59 • Seirins «Giftige Schlange»

Ein Mönch fragte Seirin: «Was ist, wenn ein Schüler den Weg geht?»
«Auf dem Weg liegt eine giftige Schlange, und ich rate ihm, nicht draufzutreten», antwortete Seirin.
«Was passiert, wenn er drauftritt?», fragte der Mönch.
«Dann muss er um sein Leben trauern», antwortete Seirin.
«Was ist, wenn er nicht drauftritt?», fragte der Mönch.
«Nun, das lässt sich gar nicht vermeiden», antwortete Seirin.
«Was passiert in jenem Augenblick?», fragte der Mönch.
«Sie verschwindet vollkommen», sagte Seirin.
«Ich frage mich, wohin?», sagte der Mönch.
«Das Gras steht so hoch, dass wir sie nirgends sehen können», antwortete Seirin.
«Euer Ehrwürden sollten sich auch davor schützen», sagte der Mönch.
«Wir beide, du und ich, sind giftige Schlangen», sagte Seirin händereibend.

Meister Seirin[157] treibt sein Spielchen mit dem Mönch. Er tut es, um dem Mönch zu helfen. Der Mönch ist ein ernsthaft suchender Schüler. Er ist aber ein bisschen schwer von Begriff.
Ich möchte diese Geschichte einmal mit anderen Worten erzählen:

Ein Mönch fragt den Seirin: «Was ist, wenn ein Schüler den WEG geht?»
Der Meister antwortet: «Auf dem WEG begegnet dem Schüler mit jedem Schritt die WESENSNATUR. Ich rate ihm dringend, aufzupassen, dass er nicht blind drauftritt, ohne es zu merken.»

Der Meister nennt in der Geschichte die Wesensnatur eine Schlange. Die Schlange ist in Asien das Symbol für die aufsteigende Erleuchtungserfahrung. Es ist eine starke Energie mit dieser Erfahrung verbunden.
Der Mönch hört «Schlange» und «Tritt nicht einfach drauf» und «Pass auf! Pass auf!». So fragt er erschrocken: «Was passiert, wenn er doch blind drauftritt? Das Gras steht doch so hoch, dass der Schüler diese Schlange nicht sehen kann! Und wenn er nun drauftritt?»

Das Gras sind immer die menschlichen Denk-Konzepte, die verhindern, dass der Mensch die Wirklichkeit unverfälscht sieht, wie sie ist. Er schiebt eben immer wieder zwischen sich und die Wirklichkeit der Welt, nämlich zwischen sich und die Schlage WESENSNATUR, das Grasgestrüpp seiner privaten Ideen oder der Ideen von Mama und Papa oder das Ideengestrüpp seiner politischen Partei, seiner Glaubensgemeinschaft, seines Clubs oder seines Lieblingsschauspielers. Und so entgeht ihm die wunderbare Erleuchtung, die ihn vor der

157 Seirin Shiken, chin. Qinglin Shiqian (gest. 904).

Blödheit seiner eigenen oder übernommenen Ansichten und Meinungen retten würde, die ihn befreien würde von allem Wahn und aller Täuschung.
Seirin sagt: «Dann muss er um sein Leben trauern.»
O, ja, dann hat er wirklich Grund, um die verpasste Gelegenheit zum Satori zu trauern. Wie viele Gelegenheiten zur Selbstwesensschau lassen die meisten Schüler verstreichen, ohne sie zu ergreifen! Die WAHRE NATUR zeigt sich ständig! Sie steht vor unseren Augen! Sie liegt vor unseren Füßen! Aber der Mensch tritt einfach drauf, ohne es zu merken! Wie tragisch! Das ist noch viel schlimmer als bei einem, der 6 Richtige im Lotto hat, aber vergessen hat, den Lottoschein abzugeben. Auf die Schau des Selbstwesens zu verzichten, ist noch viel unverzeihlicher. Derjenige hat Grund, um sein Leben zu trauern.

Der Mönch lässt nicht locker. Er fragt: «Was ist, wenn er *nicht* auf die Schlange tritt, die auf dem Wege liegt?»
Der Meister antwortet mit heimlichem Vergnügen: «Nun, nicht auf die WESENSNATUR treten – das lässt sich gar nicht vermeiden.» Überall ist die WESENSNATUR und nirgendwo ist nicht die WESENSNATUR!
Der Mönch aber versteht nur, auf eine Schlange zu treten, ließe sich gar nicht vermeiden. Der Tod kommt auf jeden Fall. Ach, ist sein Verständnis beschränkt! Er blickt kaum mehr durch. Er sucht verzweifelt Klarheit, und so fragt er: «Was passiert in jenem Augenblick?»

Wenn das der wunderbare und wahre Augenblick ist, in dem der Schüler auf die Schlange tritt, ob er es will oder nicht, weil er einfach nicht darum herum kommt, was geschieht dann? Meister Seirin sagt: «Sie verschwindet vollkommen.»
Peng! Alles leer! Die Schlange leer, der Weg leer, der Zen-Schüler leer und die Leerheit leer. Nichts da! Die Schlange, die WESENSNATUR – verschwunden!

Der Mönch jedoch hängt immer noch an der Schlange fest und fragt: «Wohin ist sie denn verschwunden?» und das, obwohl doch niemals eine Schlange da war – und selbst er, der Mönch, kein eigenes, persönliches, unabhängiges Sein hat!

Mitleidsvoll antwortet der Meister ihm: «Das Gras steht so hoch, dass wir sie nirgends sehen können.»
Ja, so ist es! Die Ideen, die Meinungen, die täuschenden Konzepte, die illusionären Sehnsüchte und Träume, die emotionalen Irrtümer wachsen so hoch, so hoch, dass die wunderbare Schlange der Erleuchtung für gewöhnlich einfach nicht zu sehen ist! Das Gras ist das totale Gestrüpp der Verwirrung im Hirn. Der Schüler bahnt sich mühsam einen Weg durch dieses Gras, und das Gras steht hoch. Er selbst hat es wuchern lassen.

Der Mönch ist wiederum erschrocken und sagt – vielleicht auch ein bisschen, um auf den Busch zu klopfen: «Meister, auch du solltest dich davor schützen!»
Das ist ganz rührend. Der Meister lacht amüsiert und schalkhaft, indem er sich vor Vergnügen die Hände reibt, und sagt zum Schluss: «Wir beide, du und ich, sind giftige Schlangen.»
Allermindestens sagt er damit: «Wir beide, du und ich, wir sind schlau: Wir sind die Schlange selbst! Wir sind das Eine Wesen! Merkst du es nicht?»

Im noch tieferen und eigentlichen Sinn sagt Seirin etwa: Warum suchst du deine WESENSNATUR? Du selber bist die WESENSNATUR! Warum hast du Angst vor ihr? Du und ich und die ganze Welt sind selbst gefährliche Schlangen. Wir sind wilde und undressierte Wesen! Wir sind Buddhas! Wir sind frei. Wir sind die Schlange der Schlangen: Wir sind nämlich der himmlische Drache, das Wesen der Erleuchtung!

In Asien ist seit jeher die Schlange heilig. Das Gras zu unseren Füßen kann uns nicht die Sicht nehmen, denn: *Wir sind das Ganze, wir sind die Welt, wir sind das SEIN!* Wozu noch suchen! Wozu drauftreten und wozu nicht drauftreten? Wozu überhaupt die Aufregung? Gehen wir einfach unseren WEG heiter und absichtslos!

So ist es. Wenn wir nicht durchblicken und Angst vor der Schlange im Gestrüpp haben, auch wenn es unser eigenes inneres Gestrüpp ist, sind wir wie mit Blindheit geschlagen. Wenn wir aber klar und deutlich erfahren haben, dass *wir* die Schlangen sind – wovor könnten wir uns dann noch fürchten?

Meister Seirin ist sehr gütig: Er möchte dem Mönch auf die Sprünge helfen. Er möchte ihn ein bisschen schubsen, dass er mitbekommt, wer hier die giftige Schlange ist! Der Meister stellt den Mönch sogar auf seine Stufe: «Wir beide sind die giftigen Schlangen.»

Ist denn kein Unterschied zwischen den beiden? Nein, natürlich nicht! Die WESENSNATUR ist immer nur die WESENSNATUR, ob es dem Mönch klar ist oder nicht. Die WESENSNATUR des Meisters ist die WESENSNATUR des Schülers. Somit sind alle beide «giftige Schlangen». Das Schlangengift hilft zur Heilung, wenn es im richtigen Augenblick und in der richtigen Dosierung gegeben wird. Es ist Medizin. Die WESENSNATUR des Meisters ist nicht wertvoller als die des Schülers. Somit sind beide auf gleiche Weise «giftige Schlangen». Einen Schrecken hat nur, wer sich nicht selber als die giftige Schlange erkennt, wer sich nicht erkennt als das, was er ist, sondern sich überflüssigerweise vor sich selber fürchtet.

Was macht nun der Mönch? Hat dieser schlaue und maliziöse Mönch vielleicht nur versucht, seinen Meister ein bisschen hereinzulegen? Hat er nur ein bisschen auf blöd gemacht? Wollte er, dass sein Meister darauf hereinfallen und ihm lange Erklärungen geben sollte? Wollte er seinen Meister in Konzepte, in verfilztes Gras verstricken? Manchmal macht der Versuch Spaß, seinen Meister zu «verstricken»!
Der Meister aber reibt sich die Hände: «Wir beide, du und ich, sind giftige Schlangen! Wir sind uns ebenbürtig, und dein Gift ist mein Gift.»
Wer weiß, wer weiß!

Wie verhält es sich aber jetzt mit euch?
Wie macht ihr es, wenn ihr euch – um Gottes willen – durch das schlangenverseuchte hohe Gras kämpft? Tretet ihr drauf oder tretet ihr nicht drauf? Und wo bleibt bei der Sache dann euer Gift?

Was tut ihr zu eurer Rettung, wenn alles nur so vor Schlangen wimmelt? Rennt ihr auch vor euch selber weg?

Liu, der Eiserne Mühlstein, kam zu Weishan.
Weishan sagte: «Alte Kuh, da bist du ja!»
Der Eiserne Mühlstein sagte: «Morgen findet auf dem Berg Taishan das große Wohltätigkeitsfest des Bodhisattva Mañjuśrī mit vegetarischem Essen für alle Teilnehmer statt. Geht Ihr auch dorthin, Ehrwürdiger Meister?»
Weishan streckte sich zu einem Schläfchen aus, worauf der Eiserne Mühlstein sofort davonging.

Das erinnert auch wieder verdächtig an ein Dharma-Gefecht. Na, sehen wir mal!
Die Nonne Liu Tiemo[158] war eine hochanerkannte spirituelle Persönlichkeit und Schülerin des berühmten Meisters Weishan, den wir gut unter seinem japanischen Namen Isan[159] kennen. Isan ist der Zen-Mönch, der den Wasserkrug umstieß und damit dem Ersten Mönch, wie Meister Baizhang es nannte, den Rang ablief.

Wir nennen Isan heute mit seinem chinesischen und echten Namen Weishan. Weishan wurde Zen-Meister auf dem Berg Weishan, dessen Namen er führte. Zen-Meister wurden meistens nach dem Berg benannt, auf denen ihr Kloster stand. Weishan war eine Berühmtheit. Er bildete viele seiner Schüler zu Zen-Meistern aus, und auch die Nonne mit dem Beinamen Eiserner Mühlstein war, wie schon gesagt, eine gefährliche Gegnerin bei Dharma-Gefechten. Sie hatte ebenfalls auf dem Berg des Weishan ihr Hüttchen, in dem sie als Einsiedlerin lebte. An ihr mussten aber auch die Pilger, die zu Weishans Kloster hinaufstiegen, vorbei. Immer, wenn jemand in die Nähe ihrer Hütte kam, verwickelte sie ihn in ein Dharma-Gefecht, und es hieß, dass sie jeden besiegte, ja zermalmte, und so gab man ihr voller Bewunderung und Anerkennung den Beinamen Eiserner Mühlstein.

Als Eiserner Mühlstein das Zimmer des Weishan betreten hatte, begrüßt dieser sie äußerst vertrauensvoll und beinah zärtlich-intim mit: «Alte Kuh, da bist du ja!» Er freut sich. Die Anrede «Kuh» war nicht, wie das in Europa gewesen wäre, eine Beleidigung, sondern eher ein Ausdruck von Vertrauen und persönlicher Nähe. Weishan freut sich, dass seine alte Schülerin da ist.

Der Eiserne Mühlstein konnte es nicht lassen, ihrer Lieblingsbeschäftigung entsprechend den Meister ein bisschen anzustechen, wenn auch nur «höflich» indirekt. Wollte sie ihn vielleicht auch zermalmen? Sie tut, als wolle sie ihn locken mit der Festlichkeit auf dem Wallfahrts-Berg Taishan, dort gebe es auch etwas Leckeres zu essen. Auch könne ja der Bodhisattva auf sein, nämlich Weishans Flehen hin dem großen Weishan zu einer noch viel

158 jap. Ryū Tetsuma (9. Jh., genaue Daten unbekannt).

159 Isan Reiyū, chin. Guishan (Weishan) Lingyou (771–853).

tieferen Erleuchtung verhelfen! Nein, so frech spricht sie das eben nicht aus, aber deutet die Sache doch indirekt an: Die Pilger pflegten nämlich auf diesem Berg des Avalokiteśvara Beistand zur Erleuchtung zu erbitten. Damit, dass der Meister ja vielleicht auch so handeln könnte, wie es der volkstümliche Brauch war, hatte sie ihren Meister tatsächlich versucht anzustechen. Dass konnte ihr jedoch zu ihrer eigenen Freude nicht gelingen. Es ist nämlich ganz und gar gegen die Ehre eines anständigen Zen-Menschen, spirituelle Erfahrungen von heiligen Wesen zu erbitten und daraufhin übertragen zu bekommen, vielleicht durch Blicke, vielleicht durch Berührungen, vielleicht durch Sūtra-Rezitationen oder gar durch Magie. Nein, das wurde von einem Menschen mit Selbstachtung nicht angestrebt, schon gar nicht von einem Mann wie Weishan, sondern durch eigene Bemühungen und einen strengen jahrelangen Weg wird das Satori erreicht und danach weiter durch ebenfalls eigene Kraft die Ausreifung der Erfahrung.

Trotz aller Raffinesse konnte der Stich der Nonne Liu Weishan also nicht treffen! Der Versuch, ihn zu besiegen, war gar so auffällig: Der Berg Taishan war nämlich viele, viele Kilometer weit weg! Eine Reise dorthin war sowieso illusorisch. Meister Weishan durchschaut seinen Eisernen Mühlstein! Schließlich hat er seine Schülerin ja selber dazu gemacht! Er sagt nichts zu ihr, und da kann sie lange warten, sondern er räkelt sich gemütlich auf seinem Lager zurecht, und weiter hat er nichts zu äußern.
Und was sagt nun Eiserner Mühlstein? Sagt sie: «He, du, antwortest du nicht?» Nein, das wäre ihrer nicht würdig! Dieses ist ein Dharma-Gefecht! Sie *sieht* ja die Antwort ihres Meisters! Er zeigt es ihr. Er macht es sich für einen Schlummer behaglich, er streckt die Glieder, als wäre nichts. Es ist auch nichts. Er lässt seine alte Kuh auflaufen. Sie freut sich, ist stolz auf ihn. Beide lachen innerlich, jeder für sich. Es gibt nichts mehr zu sagen oder zu fragen. Die beiden alten Erleuchteten sind einander ebenbürtig, sie machen einander Freude. Sie hatten ein kleines Pingpong-Spiel, und die Nonne geht wieder fort. Auch sie sagt nichts, nicht einmal «auf Wiedersehen» oder «schlaf gut». Wozu? Der Meister schläft sowieso gut.

Merkt ihr, da ist kein Streit, keine Empfindlichkeit, keine Kritik, kein Siegen oder Verlieren. Aber auch diese Bemerkung ist ganz überflüssig.

Was ist nun aber der Kern dieses Kōans? Wie legt ihr euren Zen-Lehrer herein, liebe Kōan Schüler? Vergesst nicht: Der Kern muss Bezug zum Kōan haben. Es muss eure eigene Lösung sein, und sie muss passen wie der Deckel auf den Topf.

61 • Der «eine Weg» Kenpōs

Ein Mönch fragte Meister Kenpō: «In einem Sūtra heißt es: ‹Die Bhagavatam der zehn Richtungen – ein WEG *zum Tor des Nirvāṇa.› Ich möchte gern wissen: Wo ist dieser* WEG*?»*
Kenpō hob seinen Stab hoch, zog eine Linie und sagte: «Hier ist der WEG*.»*
Später bat ein Mönch den Unmon um eine Erklärung. Unmon hob seinen Fächer hoch und sagte: «Dieser Fächer springt hoch zu den dreiunddreißig Devāḥ und trifft die Nase des Gottes Taishaku. Wenn ein Karpfen im östlichen Meer von einem Stock getroffen wird, regnet es in Strömen, als ob ein Kübel Wasser umgekippt worden wäre.»

In dem ganzen Kōan wird nicht gesagt, aus welchem Sūtra die genannte Textstelle stammt. Sie stammt aus dem Śūraṃgama-Sūtra, das auch – wenigstens zu einem Teil – das uns bekannte Tāvatiṃsa-Sūtra ist.
Das Śūraṃgama-Sūtra wurde schon oft und von verschiedensprachigen Übersetzern, dazu auch noch aus verschiedenen buddhistischen Richtungen und überdies auch in verschiedene Sprachen übersetzt, wodurch der Text jeweils unterschiedlich anmutet und das ganze Sūtra in den verschiedenen Versionen nicht immer als ein und dasselbe Sūtra sofort erkennbar ist. Da einige Übersetzer dem Text auch noch einen eigenen und neuen Namen gegeben haben, wird die allgemeine Verwirrung manchmal größer, als sie so schon ist. Hinzu kommt, dass öfter in einigen dieser Texte das Sūtra gar nicht vollständig ist, sondern nur ausschnittweise erscheint, was aus dem Namen nicht hervorgeht. So ergäben die gesamten Versionen des Śūraṃgama-Sūtra zusammen eine ganze Liste, deren Exemplare, wie gesagt, oft nicht mehr als ein und dasselbe Sūtra zu erkennen sind, selbst in Fällen, in denen sie wie das Original «Śūraṃgama-Sūtra» heißen.
Diese Tatsache berührt allerdings unser wundervolles Kōan nicht besonders.

Die zehn Bhagavatam[160] werden auch «die zehn Bodhisattvas» oder «die zehn Meditations-Buddhas» oder auch «die zehn Tathāgatas» genannt.
Diesen zehn Meditations-Buddhas werden zehn göttliche Prinzipien oder Eigenschaften zugeordnet, jedem einzelnen der zehn eine für ihn typische tugendhafte Verhaltensweise.

Mönche und Schüler auf dem Weg meditieren entweder der Reihe nach oder auswahlweise und vorgegeben, was der jeweilige Meister bestimmt, über diese Buddhas, um sich deren Eigenschaften durch Einübung anzueignen. So üben sie zuerst in der Meditation, dann durch die Umsetzung im praktischen Leben. Wer gut ausgewogen solche Eigenschaften, vergleichbar zum Beispiel den Göttlichen Verweilzuständen, erworben hat und sie ganz natürlich lebt, erreicht müheloser, was er anstrebt, nämlich den Eintritt in den Strom zur Erleuch-

160 Singular: Bhagavad, Plural: Bhagavatam.

tung. Es gibt viele effektive Übungen für die spirituelle Entwicklung. Die Übungen mit den zehn Bhagavatam sind ein Beispiel dafür.

Hierbei muss man aber warnen: Die Meditations-Buddhas sind nur fiktive Buddhas, die den Schülern auf ihrem Übungsweg helfen sollen. Sie werden also nicht verehrt oder gar angebetet. Sie sind keine Götter, sondern meditationstechnische Hilfsmittel. Dementsprechend wird mit ihnen gearbeitet.

Nun stellt sich die Frage: Wenn von zehn Schülern ein jeder mit einem anderen der zehn Meditations-Buddhas – nämlich einer anderen göttlichen Eigenschaft als die der übrigen neun – übt, erreicht dann jeder der zehn eine andere Art der Erleuchtung?
Aber nein! Alles, alles, was existiert, sogar ein Wort, ein Klang im Ohr, eine Berührung, ein Atemzug, ein Anblick, eine Bewegung oder das Innehalten inmitten einer Tätigkeit kann sich als Dharma-Tor erweisen und den Menschen tief in eine durchschlagende Erleuchtungserfahrung stürzen.
Die Welt besteht aus Dharma-Toren, und so könnten wir permanent Erleuchtungen erleben. Aber dafür müssen wir gut vorbereitet sein, gut geübt sein. Darum gehen wir den Übungsweg. Wir gehen ihn absichtslos und ohne Berechnung. Wir wollen nichts und gehen nur treu unseren Weg.
Die tiefste Wirklichkeit aber ist immer die gleiche, nur die Zugänge sind verschieden. Dazu muss auch gesagt werden, dass die tiefste Wirklichkeit sich manchmal nur ein bisschen, wenn auch echt und wahrhaftig, manchmal deutlicher und manchmal vollständig zeigt. Dafür kann ich viele Beispiele berichten, aber nicht jetzt und in diesem Zusammenhang.

Und so kann alles, was in der Welt lebt und webt und existiert, ein Tor zum Nirvāṇa sein.
Kein Dharma-Tor kann dafür zu profan sein.
Nichts ist besser und nichts schlechter, um ein Dharma-Tor zu sein.

Also besteht die Welt aus Dharma-Toren. Es ist, als wäre die Welt der Erscheinungen, nämlich unsere Welt der zehntausend Dinge und Lebewesen, durchlöchert von Toren, Fenstern und sonstigen Öffnungen, genannt «Dharma-Tore». Schauen wir durch eine dieser Öffnungen, nämlich die jetzige, hiesige, sehen wir die Herrlichkeit der Welt, die Unendlichkeit der ewigen Schönheit des Seins.

Und nun wieder zu unserem Kōan:
Ein Mönch fragte Meister Kenpō[161]: «In einem Sūtra heißt es: ‹Die Bhagavatam der zehn Richtungen – ein WEG zum Tor des Nirvāṇa.› Ich möchte gern wissen: Wo ist dieser WEG?»

Der Mönch hat die Stelle im Śūraṃgama-Sūtra gelesen, in der es heißt: Die Bhagavatam der zehn Richtungen – dies sind die zehn Meditations-Buddhas – ein WEG zum Tor des Nirvāṇa.
Er wundert sich: «Ja, wenn die Bhagavatam in zehn Richtungen weisen, wie können sie

161 Esshū Kenpō (gesprochen: Kempō), chin. Yuezhou Qianfeng (Daten unbekannt).

denn dann alle zu demselben Ziel weisen oder sogar gelangen? Wie können zehn verschiedene Richtungen zu ein und demselben Ziel führen? Ja, wie können zehn Richtungen nur ein einziger WEG sein?»
Dieser Mönch weiß, wie viel jahrelange Disziplin und Mühe der WEG benötigt, um zum Erfolg zu führen. Da sollen zehn Richtungen der eine WEG sein?
Stellt euch einmal irgendwo hin und deutet in zehn verschiedene Richtungen, die vier Himmelsrichtungen, dann wieder zurück zu dir nach innen, dazu nach oben und nach unten! Ihr merkt schon: Das geht an jedem Punkt der Erde, ja, es ginge auch auf dem Mond, dem Mars und jedem anderen Ort des Universums.

Der Mönch, der sich nach dem WEG zum Tor des Nirvāṇa, ja, nach dem Zustand des Nirvāṇa sehnt, fragt Meister Kenpō also: «Wo ist dieser WEG?»

Meister Kenpō hält gerade seinen Meisterstab in der Hand. Er hebt ihn hoch, zieht eine Linie in der Luft und sagt: «Hier ist der WEG.»

Dies ist eine meisterhafte Demonstration! Die Antwort ist gegeben.

Ja, nirgendwo ist nicht der WEG. Es gibt keinen Ort im Universum, der außerhalb des WEGES wäre.
An jedem Ort zeigt sich der WEG zum Tor des Nirvāṇa, ja, jeder Ort ist bereits das Dharma-Tor, und indem du hindurchgehst, erfährst du dich selbst, wo auch immer du dich befindest, im Nirvāṇa. Und so ist der jetzige Schritt des WEGES der Eine und Einzige WEG, das Dharma-Tor und das Nirvāṇa. Das sind nur verschiedene Begriffe für das EINE.
Jeder Anblick lässt dich durch das Dharma-Tor gehen. Jede Bewegung beweist dir, dass hier und gerade hier der WEG ist.

Indem du wahrnimmst, wie der Meister den Stab hoch in die Luft hebt und eine Linie zieht, beweist nicht nur der Meister, sondern du selbst beweist dir: «Hier ist der WEG zum Dharma-Tor des Nirvāṇa».

Meister Kenpō war sehr gütig zu dem fragenden Mönch. Er zeigte ihm bereits das Dharma-Tor. Der Mönch brauchte nur noch hindurchzugehen. Außerhalb aller Worte und Gedanken in kristallklarer Wachheit zeigt sich das Nirvāṇa.
Ich habe eben gerade das Rezept zur Erleuchtung verraten. Keine Worte! Keine Gedanken!

Es ist kein Ort, sondern ein Zustand. Kein Schritt ist nötig, um durch das Tor zu gehen. Wir müssen keine Reise dorthin machen. Wir sind schon da.

Nun kommt der zweite Teil der Geschichte.

Später tritt ein anderer Mönch auf den Plan. Ihn wundert diese Begebenheit mit Meister Kenpō, und er möchte eine Erklärung zu der Sache haben. Er fragt sich: «Wie kann der Meisterstab des Kenpō hoch oben in der Luft den Weg zum Tor des Nirvāṇa weisen?»
Nun, dies ist so, denn jeder Ort ist zugleich jeder andere Ort. Jeder Punkt, wo auch immer

im Universum er sich befindet, ist zugleich die Mitte der Welt wie auch ihr Außenherum – und jeder andere Punkt dazwischen.
Wie soll man das erklären? Es lässt sich nicht erklären, sondern nur erfahren.
Dann braucht man keine Erklärung und keinen Beweis mehr.

Du kannst nur erfahren: Wo immer du jetzt gerade bist, da ist der WEG. An diesem Ort und in diesem Augenblick findet der WEG statt.
Ja, wie soll man das erklären? Es geht nicht.

Der Mönch will aber eine Erklärung haben.
Er geht also zu Meister Unmon[162] und bittet ihn um eine Erklärung.

Unmon hat zwar keinen Meisterstab in der Hand, aber einen Fächer.
Unmon hebt seinen Fächer hoch und sagt: «Dieser Fächer springt hoch zu den dreiunddreißig Devāḥ und trifft die Nase des Gottes Taishaku. Wenn ein Karpfen im östlichen Meer von einem Stock getroffen wird, regnet es in Strömen, als ob ein Kübel Wasser umgekippt worden wäre.»

Meister Unmon nimmt bei seiner Demonstration Bezug auf das Śūraṃgama-Sūtra, aus dem die Aussage stammt, die wir eben behandelt haben: «Die Bhagavatam der zehn Richtungen – ein WEG zum Tor des Nirvāṇa.»

Unmon tut dies, indem er mit den Inhalten des Tāvatiṃsa-Sūtra spielt, einem Teil des Śūraṃgama-Sūtra.
Er nennt die dreiunddreißig Devāḥ und ihren Anführer Taishaku. Sein Name ist Śakka.

Hierzu für alle, denen die Tāvatiṃsa noch nicht vertraut sind, Folgendes:
Vor über 10.000 Jahren – dies ist historisch belegt – fand in Kurukshetra im heutigen indischen Staat Haryana eine große Schlacht statt. Der Krieg wurde durch eine im Streit gespaltene Königsfamilie verursacht, was jetzt kein Thema im Zusammenhang mit unserem Kōan sein soll.
Das Mahābhāratam, das die Schlacht von Kurukshetra ausführlich beschreibt, beinhaltet einige besondere Textstellen, die folgenreiche Begebenheiten schildern, die in diesem Krieg stattgefunden hatten. Die entsprechenden Textinhalte (die Kapitel 25 bis 42 des 6. Buches des Mahābhāratam) stehen also im Zusammenhang mit den Geschehnissen um Kurukshetra. Diese einzelnen Textstellen wurden gründlich erforscht und ausgearbeitet zu längeren und ausführlichen Niederschriften, und zwar entstanden daraus das Śūraṃgama-Sūtra, das Tāvatiṃsa-Sūtra, die Aṣṭāvakra-Gītā und die Bhagavad-Gītā, die 700 Verse auf Sanskrit enthält. Die vier genannten Werke existieren neben dem Mahābhāratam, aber in engem Bezug zu ihm.
Die ganze Begebenheit, die in der Bhagavad-Gītā geschildert wird, fand also ebenfalls in der großen und furchtbaren Schlacht statt. Hier fungiert Gott Krishna als Wagenlenker des Streitwagens von Prinz Ārjuna, den er im Dharma unterweist und dem er auch seine Gött-

162 Unmon (gesprochen: Ummon) Bun'en, chin. Yunmen Wenyan (864–949).

lichkeit zeigt. Eine Gītā ist der Offenbarungsgesang eines Erleuchteten, in diesem Fall eines Gottes. Für mich ist der Kern der Bhagavad-Gītā das hohe Ideal: «Dienen, ohne Lohn zu erwarten.» Das heißt, den Weg zu gehen ohne Absicht, ohne den Hintergedanken, etwas dafür zu bekommen. Diesen Hinweis gebe ich nur am Rand und zu eurer Freude!
Während die Schlacht von Kurukshetra tobte – natürlich kämpften die «Bösen» gegen die «Guten», die letzten Endes siegten, wenn auch mit vielen Opfern – traten die Tāvatiṃsa-Krieger auf den Plan.

Die dreiunddreißig Krieger – der Mahārāja namens Śakka mitsamt seinen Bodyguards und Anhängern – befanden sich auf Reisen und gerieten auf ihrem Weg über Kurukshetra ungewollt in das Schlachtgetümmel, obwohl dies nicht ihr Ziel gewesen war.
Die Bezeichnung «Tāvatiṃsa» bedeutet «dreiunddreißig». Die dreiunddreißig Krieger waren heiligmäßige und selbstlose Männer aus der Krieger-Kaste, die sofort erkannten, dass hier viele unschuldige und wehrlose Bewohner einer großen Stadt abgeschlachtet werden sollten und zum Teil schon waren. So setzten sie sich mit ihrem eigenen Leib und Leben für die Hilflosen ein, kämpften für sie und retteten viele von ihnen. Bei ihrem heldenmütigen Kampf erlitten alle dreiunddreißig Krieger tödlich schwere Verwundungen, kämpften dennoch weiter, um möglichst viele Menschen zu retten. Sie kannten nichts von Augenblick zu Augenblick als diese ihre lebensrettenden Taten für die Menschen. Sie boten ihr Bestes auf, um ihre selbst auferlegte Pflicht zu Ende zu führen, und halfen mit, die Schlacht schließlich zum Guten zu wenden.
Es heißt, die dreiunddreißig Helden erfuhren alle miteinander tiefste Erleuchtung, während sie an ihren Verletzungen starben und erleuchtet in den himmlischen Bereich eingingen, der seitdem der «Tāvatiṃsa-Himmel» heißt. Die Tāvatiṃsa heißen «Die Dreiunddreißig, die göttlich wurden», und man verehrt sie als Götter.

In Japan wird Śakka Taishaku oder Taishakuten genannt. In Indien ist er «devānam indra», der «Götterkönig». Aus dem Namen «devānam indra» haben westliche Autoren gemacht, Śakka wäre der altvedische Gott Indra, aber das ist ein Missverständnis, denn Indra ist ein Name, der dem König Śakka nach dessen Heldentod beigegeben wurde. Er heißt bei den Menschen «Devānam Indra, der Götterkönig der Tāvatiṃsa». Sie verehren ihn als den Herrscher des Tāvatiṃsa-Himmels.

Nun kehren wir wieder zum Kōan zurück. Da möchte doch ein Mönch die Sache mit dem EINEN WEG Kenpōs von Meister Unmon erklärt bekommen. Er blickt einfach nicht durch, kann sich nicht erklären, wie eine mit einem Stock hoch oben in der Luft gezogene Linie der WEG sein kann! Und er sucht doch so sehr den WEG!

Meister Unmon hebt schwungvoll seinen Fächer hoch und sagt: «Dieser Fächer springt hoch zu den dreiunddreißig Devāḥ und trifft des Nase des Gottes Śakka!»
Versteht der Mönch es? Der Devāḥ-Himmel ist hier und jetzt immer nur präsent! Der Devāḥ-Himmel ist im finsteren Keller, und er ist in den Baumkronen, er ist oben auf dem Dach, er ist nirgendwo nicht, und er ist in unseren Herzen! Dies ist ein Zustand, ein Seins-

Zustand. Ihr wisst schon, außerhalb aller Worte und Gedanken wird er für uns wahrnehmbar, ja, wir werden es selbst! Dann sind wir im Tāvatiṃsa-Himmel, und wir selbst sind Tāvatiṃsa-Devāḥ! Wenn der Fächer Śakkas Nase trifft, ist das unsere Nase! Śakka ist hier! Lasst euch treffen wie die Tāvatiṃsa, die kriegerischen Helden, die sich selbst vergaßen in ihrer Aufgabe – und göttlich wurden.

Kann denn ein Mensch göttlich werden? O nein, denn er ist seit Ewigkeit göttlich. Von Jesus wurde gesagt: «wahrer Mensch und wahrer Gott», und dies gilt für alle Wesen. Nur – mitkriegen müssen wir es noch, nicht nachreden. Sein müssen wir es, was wir seit Ewigkeit sind!
Meister Unmon fügt noch hinzu: «Wenn ein Karpfen im östlichen Meer von einem Stock getroffen wird, regnet es in Strömen, als ob ein Kübel Wasser umgekippt worden wäre.» Das ist die Zugleichheit aller Geschehnisse in diesem wundervollen Augenblick, in diesem Jetzt! Niemals geschieht etwas anders, als es in diesem Jetzt geschieht.
Ja, warum dann aber, wenn ein Karpfen einen Schlag bekommt?
Nun, warum geschieht immer nur jetzt, was jetzt geschieht?
Warum ist die Welt genau jetzt so, wie sie ist, wenn jetzt der Mond aufgeht?
Warum werden in diesem Jetzt so viele Kinder geboren, wenn gerade jetzt die Blumen im Hof ihre Blüten schließen?

In jedem Augenblick, und das kann nur jetzt sein, kann etwas geschehen, weil es nichts anderes als jetzt gibt. Gestern ist nicht jetzt, und morgen ist nicht jetzt. Nur jetzt ist jetzt.

Und so bekommt genau jetzt der Karpfen einen Schlag, und es regnet in Strömen.

Als mein jüngster Sohn Marcus fünfzehn Jahre alt war, saßen wir bei einem Gespräch am Tisch. Ich hatte meinen rechten Arm lässig auf meinen Kopf gelegt und schaukelte dabei ein bisschen mit meinem Stuhl vor und zurück. Marcus war in einem vertieften Zustand der Meditation, er glühte vor großer Freude und sagte ruhig: «Die Welt ist so, wie sie ist, weil du deinen Arm auf dem Kopf liegen hast.» Ich sagte: «Ja», nahm den Arm herunter und legte ihn auf mein Bein. Marcus sagte: «Die Welt ist so, wie sie ist, weil dein Arm auf deinem Bein liegt.» Ich sagte: «Ja.»
Wir wussten beide, dass dieses nichts mit Ursache und Wirkung zu tun hatte, sondern mit dem absoluten Einssein aller Dinge und Wesen im ganzen Universum und deren Zugleichheit. Immer nur ist jetzt. Niemals ist nicht jetzt.

Eins-Sein und Jetzt-Sein und Leer-Sein ist ein und dasselbe SEIN.

In welche Richtung wir auch immer gehen, wir kommen jetzt in diesem Augenblick am Ziel an. Wir brauchen dafür nicht einmal eine Straße entlang zu gehen.

Das ist der Eine Weg Kenpōs.

62 • Beiyus und Kyōzans «Erleuchtung oder nicht?»

Beiyu schickte einen Mönch zu Kyōzan, um ihn zu fragen: «Machen Zen-Schüler heutzutage die Erfahrung der Erleuchtung oder nicht?»
Kyōzan sagte: «Es ist nicht so, dass es keine Erleuchtung gäbe, doch ist es fast immer nur die zweite Wahl.»
Der Mönch kehrte zu Beiyu zurück und erstattete ihm Bericht.
Beiyu stimmte lebhaft zu.

Der chinesische Zen-Meister Kyōzan[163] lebte und starb im 9. Jahrhundert. So lange ist es schon her, dass das Zen mitsamt der Übung und der Disziplin aufgeweicht wurde. Die Erleuchtungserfahrungen der damaligen Zen-Schüler waren schon zu deren Zeit nicht mehr erheblich. Sie waren zu oft nur die zweite Wahl! Damit gaben sie sich zufrieden, und ihre Meister akzeptierten ihre Maus-Erleuchtungen seufzend, weil sie verhindern wollten, dass sonst das Zen unter den Chinesen aussterben würde. Das wäre ja beinah auch passiert.
Zur Beruhigung muss ich allerdings feststellen, dass es trotzdem große und äußerst starke und fähige chinesische Zen-Meister gab, die ebensolche Schüler hervorgebracht haben.
Bin ich froh! Ich halte sehr viel vom klassischen chinesischen Zen! Ja, ich halte dessen Meister für die größten. Selbst Japan ist begeistert vom chinesischen Zen und hat dessen Meistern japanische Namen gegeben, und so wirken die Kōan-Texte manchmal, als seien die chinesischen Meister in Wirklichkeit japanische gewesen.
Wir gebrauchen hier die originalen Namen der chinesischen Meister sehr gern oder geben sie aus Anlass der Kōan-Texte mindestens an.
Hier geht es also um die Meister Mihu[164] und Yangshan.

Auch heutzutage sind nicht alle Zen-Leute mit welteinstürzenden Satoris gesegnet, obwohl eigentlich jeder Mensch die Fähigkeit dafür hätte. Es erfordert hohe Disziplin und starken Willen, über lange Zeit hinweg streng an der Übung des Geistes zu bleiben, ohne etwas für das eigene Ego zu wollen, ohne Hintergedanken und das Fordern einer Belohnung.
Die meisten Menschen wollen für all ihr Tun eine Belohnung haben, und sei es auch nur die Bewunderung oder das Lob anderer für ihr nur scheinbar ego-loses Tun. Wenn sie nicht gelobt werden, jammern sie: «Warum respektiert mich keiner? Schließlich bin ich erleuchtet!»

Bodhidharma, der 1. Zen-Patriarch in China, sagte zu seinem späteren Nachfolger und 2. Zen-Patriarchen, Daizu Huiko, als dieser kniend im Schnee wartete, dass der 1. Patriarch ihn zum Schüler annehmen möge:
«Ohne ein sehr langes Training und schier unerträglich harte Arbeit kann der höchste,

163 Kyōzan Ejaku, chin. Yangshan Huiji (807–883).

164 Keichō Beiyu, chin. Jingzhao Mihu (Daten unbekannt).

geheimnisvolle BUDDHA-WEG nicht beschritten werden. Niemals kann man ES erreichen mit Eigendünkel, schwächlicher Tugend, oberflächlicher Weisheit und halbherzigem Einsatz.»

Wäre Daizu von schwachem Charakter gewesen, hätte er sich auf Bodhidharmas starke Worte hin gescheut, dessen Schüler werden zu wollen. Bodhidharma hatte mit seinem Hinweis den um Schülerschaft Ersuchenden jedoch erst recht angespornt. Bodhidharmas Worte fuhren Daizu ins Knochenmark und gaben ihm große Kraft. Und so wurde er Zen-Schüler und später Meister, Zen-Patriarch und Bodhidharmas Nachfolger.

Ihr seht also: Mit Eigendünkel – da geht kein «höchster, geheimnisvoller WEG».
Ohne Eigendünkel – nur so ist der «höchste, geheimnisvolle WEG» möglich.

Was ist nun die «zweite Wahl» beim Erlangen einer Erleuchtungserfahrung? Nun, das zeigt sich «fast immer», wie es hier im Kōan heißt, wenn ein Schüler auf dem Weg sich mit dem minder tief greifenden Satori zufriedengibt. Wie kann ein solcher Schüler auf Dauer mit einem schwachen Satori zufrieden sein und sich weiter nicht mehr bemühen? Er wird unweigerlich abrutschen.

Die Disziplin ist ihm vielleicht zu anstrengend, er hat nicht genügend Energie für eine anständige Konzentration. Er verschleudert vielleicht auch seine kostbare Energie mit Dummheiten. Wie kann das geschehen? Möglicherweise pflegt er seine Eitelkeit, seinen Eigendünkel. Er hält was von sich und kultiviert diese Selbstmeinung, die einem selbst gebastelten schönen Bild von sich entspricht. Dieses Bild ist edel, rein und gut, vielleicht mit gewissen interessanten Zusatzanteilen wie Nachdenklichkeit, einem andeutungsweisen Schuss Melancholie, Interesse an Musik, bei dessen Hören er die Augen zum Himmel wendet – oder auch sie schließt, wenn es zu seinem Selbstbild gehört. Er möchte «esoterisch» wirken. Er redet oft von Energie. Nun gut, es gibt auch viele andere Möglichkeiten für ein solches Selbstbild. Vielleicht trägt er gern das entsprechende Gewand dazu. Es gibt auch den coolen Intellektuellen, zu dessen Image Zen gehört. In seinem japanisch anmutenden Edel-Büro steht eine teure Buddha-Statue, die dem Kamakura-Buddha nachempfunden ist. Aber wie auch immer, in einigen Zen-Schulen findet sich Eigendünkel, Eigendünkel, Eigendünkel. Es gibt eine hochveredelte Zen-Schule in Europa, in welcher Leute, die dort in Stil und Denkweise nicht hineinpassen, wieder hinausgeekelt werden.
Alle solche Machenschaften erfordern unglaublich viel Energie.

Aber auch harmlosere kleine Eigenheiten können große Energiefresser sein, wenn man sich an ihnen festgebissen hat.
Wer seine Energie verschleudert, hat nicht mehr genügend davon für seinen kostbaren WEG übrig, denn diese für Unfug verschleuderte Energie würde dringend für den «höchsten und geheimnisvollen Weg» gebraucht.
Dieser Weg erfordert unsere ganze Sammlung, unsere ganze Kraft, unser ganzes Sein. Wir können den Weg nicht als Hobby betrachten wie eine interessante und exotische Freizeitgestaltung.

Was dringend nötig ist, ist Aufmerksamkeit, Aufmerksamkeit, Aufmerksamkeit und nicht nur das Wort «Aufmerksamkeit».

Worauf lenken wir unsere Aufmerksamkeit? Worauf richten wir in unserem Leben das Augenmerk?
Wir haben das im Blick, was unsere höchste Freude ist, was unserem Herzen nahe ist. Bei vielen Menschen handelt es sich dabei um ein fantastisches Auto, ein eindrucksvolles Haus, eine hohe Stellung, ein dickes Bankkonto, Luxus, ein beneidenswertes Image, eine Wirkung auf die Mitmenschen. Einige Frauen legen den größten Wert auf ihre Schönheit. Wenn man sie fragt, was sie von Beruf sind, sagen sie «schön». Sie glauben, mit Schönheit werden sie mehr geliebt.

Wieder andere haben etwas höhere Werte, denen sie folgen, Reisen, neue Menschen, Kultur, Tier- und Umweltschutz, kleinen Völkern gegen Ungerechtigkeit helfen. Vielleicht ist ihr Herz voller Liebe und Zuneigung zu allem Lebendigen, der Natur, der Mutter Erde. Das ist schon sehr gut und sehr viel. Liebe ist ein guter Weg, der seine eigentliche Richtung findet. Ja, ohne Liebe geht es nicht.

Und einige Menschen, nennen wir sie Bodhisattvas, folgen dem höchsten und geheimnisvollen Weg. Es ist ein Weg der Wandlung und Entwicklung, der Entfaltung ins Göttliche Sein. Es liegt ihnen fern, damit auf andere wirken zu wollen. Ihr Weg ist nicht Mode, ist nicht schick! Sie gehen im Verborgenen still und sorgfältig Schritt für Schritt, immer jetzt. Sie brauchen keine Bewunderung dafür. Sie missionieren nicht. Sie gehen absichtslos, sie wollen nichts für ihre Mühe.

Wie sagt Bodhidharma? «Ohne ein sehr langes Training und schier unerträglich harte Arbeit kann der höchste, geheimnisvolle BUDDHA-WEG nicht beschritten werden. Niemals kann man ES erreichen mit Eigendünkel, schwächlicher Tugend, oberflächlicher Weisheit und halbherzigem Einsatz.»

Wie ist das mit der «unerträglich harten Arbeit», von der Bodhidharma spricht? Diese unerträglich harte Arbeit ist leicht, so leicht, wenn wir uns nicht dauernd fragen, ob wir überhaupt Lust darauf haben. Viele Zen-Leute, die keinen Bock haben, sich auf ihr Kissen zu setzen, tun dies einfach nicht. Dabei ist es für alle Zen-Schüler Pflicht, täglich Zazen zu üben und dabei *nicht* zu fragen, ob sie Lust haben. Einige reden sich ein, das hätte «heute doch keinen Sinn und Erfolg», also ließen sie es lieber gleich bleiben. Das sind vertane Chancen. Andere erklären, sie hätten «keine Zeit» zu üben. Alles, was sie tun, müssen sie so also ohne Aufmerksamkeit erledigen. Sie rutschen ab. Manche Zen-Schüler üben monatelang nicht mehr und gehen nur noch aus «sozialen» Gründen ins Zendō. Der Sangha ist eben ihre Gemeinschaft, ihr Club. Aber sie sind längst ausgestiegen. Sie gehen nicht mit ihrem Sangha den Weg. Sie sind vordergründig Zen-Schüler, aber nicht mehr in der Wirklichkeit. Leider machen sie ihrem Sangha, ihrem Lehrer und sich selbst etwas vor. Das hat nichts mit harter Arbeit, aber auch nichts mit nur angedeuteter Arbeit zu tun. Da ist nur noch ein bisschen Theater übrig. Das ist nicht weise, und ihr Einsatz für den kostbaren Weg, der doch ihr Weg hätte sein sollen, ist längst kein Weg mehr. Ja, und von Tugend keine Spur. Im besten Fall sind sie noch «nett».

Oder es passiert Folgendes, und so geschieht es bei zu vielen Menschen, die sich zuerst aus großer Sehnsucht nach Erleuchtung auf den Weg der Zen-Schülerschaft begeben. Diese innere Sehnsucht liegt in der Tiefe eines jeden Menschen. Zuerst sind sie eifrig dabei, irgendwann aber fangen sie an, sich auf dem Meditationskissen zu langweilen, dann tun ihnen die Gelenke weh, dann werden sie mürrisch, weil sie im Sesshin am frühesten Morgen aus tiefem Schlaf geweckt werden. Sie fragen sich: «Wofür tu ich mir das eigentlich an?» Dann gibt es geliebte alte Gewohnheiten, zum Beispiel ein exzessives Konsumieren von Genüssen, etwa von Alkohol oder anderen ungesunden Dingen, von denen manche Menschen nicht lassen wollen. Sie pflegen Verhaltensweisen, die hier nicht einzeln aufgezählt werden sollen, die aber große Energiefresser sind. So werden solche Zen-Schüler schwach, sie bringen nicht mehr die Energie für ein ruhiges und starkes Zazen auf, sondern träumen sich stattdessen interessante Hirngespinste zurecht. Sie sind nicht mehr wirklich motiviert. Aber welch Wunder: Eines Tages erreichen sie vielleicht trotz aller Hindernisse ein kleines Satori. Beim Biss in einen kleinen Butterkeks erfahren sie ein winziges, wenn auch echtes Satori. Von da an halten sie sich für erleuchtet. Sie möchten überall so angesehen werden, aber ihr Ego ist immer noch unverändert auf dem alten Stand – und ihnen im Wege. Dieses kleine Satori könnte ein schöner Ansporn sein, von nun an ernsthaft die Geistesübung zu vollziehen, aber dafür fehlt ihnen inzwischen die Energie. So bleibt ihre Erleuchtung, da nicht ausgereift, auf einem wackligen und schwachen Stand. Man kann solche Zen-Leute nicht wirklich Erleuchtete nennen. Über entsprechende Hinweise des Lehrers sind sie beleidigt.

Viele Zen-Schüler erwarten, dass ihr Lehrer sie «motivieren» soll. Jemand sagte mir: «Wenn du mich motivierst, werde ich vielleicht dein Schüler.» Ich antwortete ihm: «Wenn du nicht vorher schon sehr motiviert bist, kannst du nicht mein Schüler werden.» Die Geisteshaltung der meisten Menschen, die Zen wie eine Mode betreiben, ist sehr schwach.

Kann dies auch Zen-Meistern geschehen? Ja, das kann auch Zen-Meistern geschehen. Es gibt – auch heutzutage – solche Zen-Meister, die schwach und schlapp von Moral und Disziplin werden. Ihre Erleuchtungskraft war nicht stark genug. Man nennt sie «lau». Lau gewordene Zen-Meister sind auf dem Weg des Rückschritts, und ehe ein karmisches Unheil geschieht, sollten sie sich zurückziehen und nicht mehr andere Menschen führen, falls es dafür noch nicht zu spät ist. Wenn ein lauer Zen-Meister sich nicht zurückzieht, werden seine Schüler, die ihn ja als Vorbild sehen, ihn imitieren und nachmachen, was er tut. Es gab zum Beispiel einen Zen-Meister, der Alkoholiker war, und einen anderen, der schwer depressiv wurde und sich schließlich das Leben nahm.
Ganz ebenso kann es auch Schülern gehen. Dies, liebe Leute, ist eine Sache der Entscheidung. Auf jeden Fall hat jeder Schüler, ebenso wie auch jeder andere Mensch, die Verant-

wortung für sein eigenes Tun und sein eigenes Unterlassen. Ein kluger Schüler schiebt keine Schuld auf seinen Lehrer.
Der Lehrer hat seinerseits ebenfalls die eigene Verantwortung für sein Tun und sein Unterlassen.

Bodhidharma will solche Menschen von vornherein gar nicht erst zu Schülern annehmen.

Zu solchen geschilderten Katastrophen sagte Meister Kyōzan: «Es ist nicht so, dass es keine Erleuchtung gäbe, doch ist es fast immer die zweite Wahl.»

Am liebsten würde ich sagen: Oft ist es ja gar nicht die zweite Wahl, sondern die dritte oder vierte, und sie ist wertlos, wenn der Schüler sich für einen Erleuchteten hält und auf diesen kleinen Lorbeeren ausruht und tut, als wäre er ein Buddha.

Wenn ein kleines Satori aber eine Stufe zu weiterer intensiver Übung wird, ist diese kleine Selbstwesensschau leuchtend, ist der Weg des Zen-Schülers leuchtend, er wird niemals den Weg verlassen, da gibt es kein Ende, und der höchste, geheimnisvolle BUDDHA-WEG führt ihn Schritt für Schritt tiefer in den glückseligen und ewigen Augenblick.

So wird der unübertreffliche Weg leicht, schön und mühelos, und ein solcher Mensch wird ihn niemals verlassen.

Die beiden alten chinesischen Zen-Meister Mihu und Yangshan aber wussten Bescheid.

63 • Jōshūs «grosser Tod»

Jōshū fragte Tōsu: «Was ist, wenn ein Mensch den großen Tod gestorben ist, aber dennoch lebt?»
Tōsu antwortete: «Ich dulde keine Nachtwanderung. Komm bei Tageslicht!»

Dieses Gespräch fand – ganz grob gerechnet – im 9. Jahrhundert statt. Meister Jōshū[165] kennen wir bereits aus vielen Kōan. Nachdem sein Meister Nansen[166] gestorben war, machte Jōshū sich nach der folgenden üblichen dreijährigen Trauerzeit auf seine große und viele Jahre lange Wanderung. Er arbeitete noch nicht als der große Zen-Meister, als den die Welt ihn kennenlernen sollte, sondern er vertiefte auf seiner Wanderung seine spirituelle Einsicht nach seiner eigenen selbst gesetzten Richtlinie, von demjenigen zu lernen, der weiser sei als er, Jōshū, selbst, und wenn dies ein siebenjähriges Kind wäre; denjenigen aber zu unterweisen, dem er selbst in Erkenntnis überlegen sei, und handelte es sich dabei um einen Mann im älteren Lebensalter.

Auf dieser Wanderung kam er auch ins Gespräch mit Meister Tōsu[167], der Jahrzehnte jünger als Jōshū gewesen sein soll. Kam nun Jōshū als Lehrer oder als Schüler zu dem Jüngeren? Das bleibt offen. Beide Meister waren von stabilem Selbstvertrauen. Sie waren ihrer Sache sicher. Sie spielten keine Rollen voreinander. Jeder war, wer er war.

Jōshū fragte Tōsu: «Was ist, wenn ein Mensch den großen Tod gestorben ist, aber dennoch lebt?» Schon aus der Art der Frage geht hervor, dass Jōshū genau wusste, wovon er überhaupt sprach. Den «großen Tod» sterben, mit diesem Ausdruck ist immer gemeint, all der Täuschungen, Missverständnisse, Irrtümer und Wahnvorstellungen gestorben zu sein, ihrer frei und ledig zu sein, keinen Zwängen, Selbstzweifeln und psychischen Abhängigkeiten mehr unterworfen zu sein, alten Dingen, erfreulichen oder quälenden, nicht mehr nachzujammern. All dieses Überflüssige ist in einen tiefen Abgrund gerutscht, und der Mensch ist frei. Vor allen Dingen ist er frei, wenn diese wundervolle Klarsicht gründlich ausgereift werden konnte. Jōshūs Erfahrung war ganz sicherlich gründlich ausgereift, er hatte dafür schließlich viele, viele Jahre zur Verfügung gehabt.

Es gibt im Zen den Ausspruch: «Stirb und sei vollkommen tot. Dann leb und tu, was du willst, alles ist gut!»
Es ist auch vom «großen Tod» und dem darauffolgenden «großen Leben» die Rede. Eines aber ist ohne das andere nicht möglich. Und dafür brauchen wir nicht einmal diesen unseren irdischen Körper zu verlassen.

165 Jōshū Jūshin, chin. Zhaozhou Congshen (778–897).

166 Nansen Fugan, chin. Nanquan Puyuan (748–835).

167 Tōsu Daidō, chin. Touzi Datong (819–914).

In diesem Zusammenhang ist vom «Sterben auf dem Kissen» die Rede.

Jōshū wusste also, wovon er sprach, als er Tōsu seine Frage stellte.

«Was ist, wenn ein Mensch den großen Tod gestorben ist, aber dennoch lebt?», fragt Jōshū.

Jōshū möchte gar keine Erklärung haben, auch wenn es sich so anhört mit seinem «Was ist, wenn ...» Was dann ist, weiß er selber am allerbesten. Er benötigt keine Erklärung.

Wer wirklich den großen Tod gestorben ist, der hat die Chance, das große Leben zu führen, das Leben in totaler Freiheit, in Unabhängigkeit. Sein Geist ist nicht mehr der kleine raumzeitlich-menschliche Ego-Geist, der sich ständig Sorgen macht um sich selbst, seine Bequemlichkeit, sein Image, seine Wirkung auf andere, seinen materiellen Wohlstand, seine Wichtigkeit vor anderen und vor sich selbst, ja, vor allem die Angeberei vor sich selbst. Das alles ist weg, und so ist sein wundervoller Zustand kristallklar und rein, er hat den Tod überstiegen, er hat ihn hinter sich gelassen, und so erst lebt er wirklich in seinem tiefen inneren Frieden – von Tag zu Tag, von Stunde zu Stunde, von Jetzt zu Jetzt.

So kennt Jōshū den Zustand von Gestorbensein und von Leben, ja, von dem großen Leben – beides zugleich und als eines.
Jōshū kann lachen. Er kommt nicht als Bittsteller zu Tōsu. Er ist neugierig auf die Reaktion des Jüngeren. Mit seiner Frage muss er nicht einmal Theater spielen und so tun als ob. Er wirft zwei Begriffe hin, ohne etwas wissen zu wollen. Es ist etwas, was keine Antwort hat oder braucht. Nur scheinbar ist die Frage eine Frage.

Meister Tōsu durchschaut seinen Besucher ganz genau. Er sieht ihn deutlich. Er erkennt Jōshūs Zustand, ja, er sieht, dass Jōshū schon längst den großen Tod gestorben ist und damit das große, freie, glückliche Leben führt. Er sieht, dass dem nichts hinzuzufügen und nichts wegzunehmen ist. Jōshū lebt im Sein. Er lebt als Sein. Er ist das Sein.

Tōsu durchschaut sofort, dass Meister Jōshū nicht als Fragender und Suchender kommt. Und doch stellt Jōshū diese überflüssige Frage!
In wundervollem Selbstvertrauen antwortet Tōsu dem Jōshū auf dessen nur scheinbare Frage: «Ich dulde keine Nachtwanderung! Komm bei Tageslicht!»

Das ist prachtvoll! Hiermit sagt Tōsu: «Tu nicht so, als ob du etwas von mir willst, als ob du suchst und von mir eine Lehre erhoffst! Ich durchschaue dich, älterer Bruder! Also schleiche hier nicht im Dunkeln und Trüben herum, tu nicht, als wärst du jemand anders, sondern komm bei hellem Tageslicht und rede direkt und unverschleiert mit mir! Spiele mir gegenüber nicht die Rolle des Unwissenden, dem ich auf die Sprünge helfen soll, sondern zeig dich offen, so wie du bist!» Trotz seiner Worte, Tōsu dulde keine Nachtwanderung, wissen beide Zen-Meister, dass Tōsu das Spiel durchschaut, nämlich dass Jōshū eben gerade kein Problem und keine Frage hat. Und so spielen beide nur brillant. Beinah ist es ein kleines Psychodrama.

Damit hat auch Tōsu die Prüfung durch Jōshū bestanden.
Wahrscheinlich haben die beiden Meister gelacht und aneinander große Freude gehabt.

Bei dieser Gelegenheit muss erwähnt werden, dass in vielen Kōan-Begebenheiten aus dem alten China und Japan Mönche ihren eigenen oder einen anderen Meister aufsuchten, um – im Gegensatz zu Meister Jōshū im heutigen Kōan – dort eine Bestätigung für ihre angebliche oder tatsächliche Erleuchtung zu erhalten. *Diese* Mönche waren nicht immer ihrer Sache ganz sicher, aber das war von Schüler zu Schüler unterschiedlich. Immer wieder einmal kommt jedoch in den alten Zen-Texten die vage Andeutung eines Mönches, er sei wohl erleuchtet, und ob der betreffende Meister das wohl bemerkt oder eben dummerweise nicht bemerkt.
Hier sind einige Beispiele aus dem *Shōyōroku* für ein solches Nachtwanderungs-Verhalten, nämlich für ein etwas hinterrückses Verhalten:

«Wenn kein Gedanke sich erhebt, ist das richtig oder falsch?»
(Übersetzung: In mir erhebt sich kein Gedanke mehr. Ich halte das für Erleuchtung. Sag mir bloß nicht, das wäre falsch!)

«Ich habe die Wirkkraft des Eisernen Stiers. Jedoch bitte ich Euch, Meister, dass ihr mir das Siegel nicht erteilt.»
(Übersetzung: Ich gebe mich so bescheiden, will aber nicht geprüft werden. Ich will ohne Prüfung bestätigt werden.)

«Wenn ein Fisch mit goldenen Schuppen durch das Netz hindurchgekommen ist, was sollte er dann als Nahrung bekommen?»
(Übersetzung: Ich bin der Fisch mit den goldenen Schuppen! Ich bin erleuchtet und möchte jetzt eine besondere Behandlung vom Meister bekommen.)

Rakuho ging zu Kassan und blieb, ohne sich ehrerbietig zu verbeugen, stattdessen aufrecht vor ihm stehen.
(Übersetzung: Ich bin selber erleuchtet und verbeuge mich nicht mehr vor einem Meister.)

«Wenn der König der Drachen sich aus dem Ozean erhebt, sind Himmel und Erde befriedet, und nichts mehr regt sich. Wie könnte man da von Angesicht zu Angesicht einander gegenübertreten und ein Gefecht austragen?»
(Übersetzung: Ich bin erleuchtet wie der Drache, das Wesen der Erleuchtung, aber ich will mich auf kein Dharma-Gefecht einlassen, es wäre mir zu riskant.)

«Wenn man nicht ein einziges Ding mitbringt, was ist dann?»
(Übersetzung: Ich stehe hier vor dem Meister und bin innerlich ganz leer, das reine Nichts. Was sagt jetzt mein Meister dazu? Bewundert er mich?)

«Was ist, wenn man den Staub wegfegt und den Buddha sieht?»
(Übersetzung: Ich sehe den Buddha, weil bei mir kein Staub an Konzepten und sonstiger Hirnspinnerei mehr da ist. Was sagt der Meister dazu? Muss er mich jetzt nicht anerkennen und mindestens bestaunen?)

Dieses sind nur einige wenige Beispiele für Zen-Mönche, die ihrem Meister angebliche und eigene Erleuchtungserfahrungen anzubieten versuchen. Die klassischen Kōan-Bücher sind jedoch voll von noch viel mehr solcher Begebenheiten. Die betreffenden Mönche wollen alle anerkannt werden. Durch Fragen dieser Art deutet der Schüler an, dass er die große Erfahrung habe, aber er zeigt nicht klar und deutlich, was er nun erfahren hat, sondern er erwartet, dass der Meister dieses Unausgesprochene gefälligst von alleine auch anerkennen und bestätigen solle. Bei all diesen Begebenheiten hat der jeweilige Meister dem Mönch die gewünschte Bestätigung aber nicht gegeben. Es erwies sich der Mönch fast immer im nachfolgenden Gespräch mit dem Meister als eben doch nicht erleuchtet.
In solchen Begebenheiten deutet der Schüler an: «Meister, ich bin erleuchtet, und ich erwarte von dir, dass du das auch bemerkst oder mir wenigstens glaubst und mich bestätigst!» Wenn der Meister dann nachfragt und den Schüler prüft, stellt sich an der Reaktion des betreffenden Schülers heraus, wes Geistes Kind er ist.

Von solchen Machenschaften konnte in unserem jetzigen Kōan bei Meister Jōshū natürlich nicht die Rede sein. Jōshū spielte verbal mit dem «großen Tod» und dem «großen Leben», um Meister Tōsus Reaktion herauszufordern. Dabei lag in Jōshūs Frage bereits die Antwort. Ein Missverständnis war ausgeschlossen. Jōshū würde an Tōsus Reaktion erkennen, wie es um dessen spirituelle Einsicht stand. Und so geschah es ja auch.

Der große Tod kann schon zu irdischen Lebzeiten erfahren werden. Warum sollen wir also warten, bis wir eines Tages diesen Körper abgelegt haben und hinter uns zurücklassen? Wir können auch jetzt schon das freie, innerlich unabhängige und große Leben genießen. Es ist unbeschreiblich, weit und schön. Dies sind allerdings keine Eigenschaften des großen Lebens, sondern dieses große Leben ist ein Seinszustand, ja, es ist der Seinszustand des vollkommen Erleuchteten.

Wie oben schon gesagt, reden wir im Zen manchmal vom «Sterben auf dem Kissen». Wenn die Unzulänglichkeit unseres Ego stirbt und wir erkennen, dass wir niemals dieses Ego waren, dass es nur wellenförmig bei Bedarf kurzfristig aufsteigt und geht, erkennen wir, dass dieses geliebte und gehasste Ego, mit dem wir uns früher identifiziert hatten, tatsächlich niemals bestanden hatte, ja, dass es gar nicht unsere wahre Identität sein konnte.

Welch täuschende Einbildung dann zerplatzt wie eine Seifenblase!

Dieses ist die grenzenlose Freiheit, die kein Mensch einem anderen Menschen geben kann. Volkers ehrwürdiger Therāvāda-Lehrer wies seine Schüler und seine Studenten immer wieder darauf hin, indem er eindringlich sagte: «Independence first!»

Diese Freiheit ist das Ergebnis des wunderbaren, unübertroffenen Weges des Erwachens.

Der Hauptmönch und Shishō[168] *fragte Hōgen: «Euer Ehrwürden ist der Begründer dieses Klosters. Wessen Dharma wurde Euch übertragen?»*
«Der Dharma des Jizō», antwortete Hōgen.
«Ihr habt das Vertrauen unseres alten Meisters Chōkei gebrochen», antwortete der Shishō.[169]
«Chōkeis einziges Umkehrwort verstehe ich immer noch nicht», sagte Hōgen.
«Warum fragst du nicht mich?», entgegnete der Shishō?
Hōgen sagte: «‹ES offenbart seinen EINEN Körper in Form der zehntausend Dinge.› Was bedeutet das?»
Der Shishō hob seinen Fliegenwedel.
«Das hast du von Chōkei gelernt», sagte Hōgen, «wie aber steht es mit einer eigenen Antwort des Hauptmönches?»
Der Shishō schwieg.
«Wenn der alte Meister sagte: ‹ES offenbart seinen einen Körper in Form der zehntausend Dinge›, werden da die zehntausend Phänomene der Objektwelt hinweggefegt oder nicht?», fragte Hōgen.
«Sie werden nicht hinweggefegt», antwortete der Shishō.
«Das ist Dualität!», sagte Hōgen.
Die Diener, die in der Nähe saßen, riefen zugleich: «Es fegt sie hinweg!»
«ES offenbart seinen einen Körper in Form der zehntausend Dinge», sagte Hōgen und schrie den Warnruf: «Nii!»[170]

Schauen wir uns diese Geschichte von Hōgen[171], Chōkei[172], Jizō[173] und dem Shishō der Reihe nach an! Das meiste davon geht nämlich nicht aus dem Kōan-Text hervor.

168 Das Wort «Shishō» bedeutet «Lehrer für junge Anfänger auf dem buddhistisch-spirituellen Weg», der normalerweise kein Zen-Meister wurde, sondern dessen Funktion fast immer die eines Shishō blieb.

169 Gemeint mit dem «alten Meister» ist Hōgens früherer Meister, Chōkei, bei dem Hōgen zusammen mit Shishō lernte, ehe er zu Meister Jizō kam, der ihn dann schulte und später zu seinem Nachfolger machte.

170 «Vorsicht! Tödliche Gefahr!»

171 Hōgen Bun'eki, chin. Fayan Wenyi (885–958).

172 Chōkei Eryō, chin. Changqing Huileng (854–932).

173 Jizō Keijin, chin. Dizang Guichen (867–928).

Der Begriff «Shishō» ist kein Eigenname, sondern bezeichnet einen Dharma-Lehrer für ganz junge Anfänger in einem Zen-Kloster. Ein Shishō – das Wort wird allerdings wie ein Name gebraucht – lebte also mit den Mönchen, war selber ein Mönch und mit ihnen auf dem Weg. Er hatte eine Reihe von jungen Schülern, war aber nicht deren Zen-Meister, sondern erteilte ihnen Dharma-Unterricht. Auf Verfügung des Rōshi übernahm er einen Teil des Unterrichts für seine jüngeren Dharma-Brüder.

Der Shishō, um den es in unserem Kōan geht, lebt und arbeitet im Zen-Kloster von Meister Chōkei. Er hat neben seiner Aufgabe als Shishō auch den Rang des Hauptmönchs beziehungsweise des Ersten Mönches inne. Der Shishō ist seinem Meister Chōkei sehr treu und loyal ergeben. Auch er ist natürlich ein Schüler des Meisters und wird durch diesen auf dem Zen-Weg geschult.

Also sind beide, der Shishō und der jüngere Hōgen, Dharma-Brüder und Schüler von Meister Chōkei. In dieser Phase der Geschichte scheint der Shishō geistig und in seiner Einsicht in die Wesensnatur weiterentwickelt zu sein als Hōgen. In seiner Funktion als Lehrer für die Jungen wirkt hier und da auch der Shishō als spiritueller Lehrer für seinen jüngeren Dharma-Bruder Hōgen, der dem Shishō vertraut und sich manchmal gern mit einer Frage an den Älteren wendet.

Ein hervorstechendes und sich wiederholendes Thema zwischen Hōgen und dem Shishō ist ein Satz, hier genannt ein Umkehrwort, das ihr Meister Chōkei seinen Schülern vorgelegt hatte, um ihnen hierdurch zu einer durchgreifenden Erfahrung zu verhelfen.
Ein Umkehrwort ist ein Zauberwort, besser ein Entzauberwort. Ein böser Zauber soll sich umkehren und zurückverwandeln in die reine Klarheit, aus der alle Dinge der Welt gebildet sind.
Das Umkehrwort soll also die illusorische und irrtümliche Auffassung von der Beschaffenheit der Welt verwandeln, eben umkehren in die reine und klare Schau der Wirklichkeit der Welt, so wie sie ist.
Es heißt im Bericht von dieser Begebenheit, Meister Chōkei habe nur ein einziges Umkehrwort ausgesprochen und den Übenden angeboten. Dieses Umkehrwort, an dem die Mönche sich schulten, lautete: «ES offenbart seinen *einen* Körper in Form der zehntausend Dinge.»

Während der Shishō kein Problem mit diesem Satz zu haben schien, hatte Hōgen gewisse Schwierigkeiten damit, ob es nun dabei um die sprachliche Ausdrucksweise Meister Chōkeis ging oder um die Tatsache, dass die ganze Welt aus unendlich vielen Erscheinungen nur ein einziger Körper für das gesamte kosmische Buddha-Wesen ist.
Das Buddha-Wesen ist der Souverän, das einzig Wahre Wesen, und dessen wundervoller leuchtender, strahlender Körper ist dieses schöne Universum. In tiefer Erfahrung geht diese Tatsache den Menschen auf.
Immer wieder deutete Hōgen seinem Dharma-Lehrer, dem Shishō, an, er käme einfach mit diesem Wort ihres gemeinsamen Meisters nicht klar.

Vielleicht kam er ja mit der Tatsache klar, für die das Umkehrwort des Chōkei stand. Er verstand möglicherweise nicht die Verbalisierung, den sprachlichen Ausdruck dieser Aussage. Ja, oft ist die Wirklichkeit rein und klar wahrnehmbar, nicht aber eine Aussage in menschlicher Sprache darüber. Aus diesem Grund wird im Zen zuallererst der größte Wert auf die Erfahrung der Selbstwesensschau gelegt und nicht auf rational gelernte und einstudierte verbale philosophische Aussagen darüber. Die Gelehrsamkeit mag später folgen.

Ja, manchmal kann das beste Umkehrwort versagen.

Vermutlich quälte Hōgen sich tüchtig bei der Beschäftigung mit Chōkeis berühmtem Satz ab. Schließlich verließ er das Zen-Kloster und die Schülerschaft bei Meister Chōkei, ging auf die Reise und unterstellte sich dann zu weiterer Zen-Ausbildung dem Meister Jizō, der ihm schließlich Erleuchtung bestätigte und ihn zum Zen-Meister und seinem Nachfolger ernannte.
Mit anderen Worten gesagt: Jizō übertrug dem Hōgen seinen Dharma.

Hatte Hōgen denn nun inzwischen das eine Umkehrwort seines alten Meisters Chōkei zutreffend erfasst? Hatte Jizō ihm dabei geholfen? Sehen wir weiter!

Das gesamte Verhalten des Hōgen erbitterte den Shishō, der immer noch treu als Lehrer und Hauptmönch in Chōkeis Zen-Kloster fungierte. Ja, er hielt unerschütterlich und standhaft an seinem Meister fest. Diese Geisteshaltung ehrt ihn. Er empfand Hōgens Verlassen des gemeinsamen Meisters als Verrat und als Flucht, nur weil er mit Chōkeis Umkehrwort nicht klarkam. Der Shishō grollte dem viel jüngeren Hōgen, der seiner Meinung nach keinen klaren Durchblick hatte, aber bei einem anderen Zen-Meister eine ungerechtfertigte Karriere gemacht und für diesen Zweck seinem Meister Chōkei den Rücken gekehrt hatte – wie der Shishō annahm. Nun, vielleicht war ja der Shishō auch ganz persönlich etwas gekränkt: Hatte doch Hōgen auch ihn, den Shishō, einfach schmählich und undankbar verlassen! Schließlich war auch er ein Lehrer des jungen Dharma-Bruders in Chōkeis Zendō gewesen! Woanders hatte es dem Schüler Hōgen wohl besser gefallen! Seinen ehrwürdigen Meister Chōkei und seinen Shishō brauchte der Hōgen wohl überhaupt nicht mehr! Er hatte anscheinend beide auf ehrlose Weise vergessen!

Eines Tages konnte der Shishō es nicht mehr aushalten. Da saß nun Hōgen in einem schönen Zen-Kloster als Meister und unterwies seine Schüler, wozu der Zen-Meister Jizō ihn beauftragt und ihn zu seinem Nachfolger ernannt hatte, und das, obwohl Hōgen viel jünger als der Shishō war! Der Shishō hielt den Hōgen für völlig ungeeignet und unwürdig für diese Aufgabe.

Der Shishō ertrug diese ganze Situation schwer. Er wollte Hōgen zur Rede stellen und ihn zu diesem Zweck mit einer ganzen Gruppe von Mönchen als Verstärkung aufsuchen. So machte er sich auf die Reise zu seinem früheren Dharma-Bruder in der Nachbarprovinz.

Als Hōgen die Mitteilung erhielt, dass sein früherer Lehrer, der Shishō, ihn besuchen kam, freute er sich, und er ging dem Shishō – ebenfalls mit einer Gruppe von Mönchen als Begleiter – entgegen, um ihn auf diese Weise zu ehren und glücklich zu begrüßen.

Als sie dann alle miteinander die letzte Strecke zu Hōgens Kloster gingen, übermannte den Shishō erneut die Erbitterung, und zornig fragte er Hōgen, dabei aber die Formen der Höflichkeit wahrend: «Euer Ehrwürden ist der Begründer dieses Klosters. Wessen Dharma wurde Euch übertragen?»
«Der Dharma des Jizō», antwortete ihm Hōgen.

Beim Hören dieser Worte stieg dem Shishō wiederum der Zorn auf: War doch Meister Chōkei ihrer beider Meister gewesen, aber nun folgte Hōgen dem Dharma eines anderen! Welch schändliche Untreue! Er rief zornig: «Ihr habt das Vertrauen unseres alten Meisters Chōkei gebrochen!»

Vielleicht seufzte Hōgen ein wenig, als er sagte: «Chōkeis einziges Umkehrwort verstehe ich immer noch nicht.»

An dieser Stelle frage ich mich wieder einmal: Lässt sich denn die tiefste Wahrheit der Welt in Worten sagen und auch noch verstehen? Meister Hōgen hat ganz sicherlich die Wahrheit gesagt, nämlich dass er Chōkeis Umkehrwort immer noch nicht verstünde.
Für mich deutet aber alles darauf hin, dass Hōgen das gesprochene Wort zwar nicht verstand, aber die Wirklichkeit, für die das Wort stand, in seiner Tiefe genau kannte! Er wusste Bescheid!

Als nun Hōgen wahrheitsgemäß sagt, er verstünde das Umkehrwort noch immer nicht, entgegnet der Shishō ihm: «Warum fragst du nicht mich?»

Ja, schließlich war er für Hōgen doch neben Chōkei ein wichtiger Lehrer gewesen! Der Shishō ist immer noch bereit, seinem jüngeren Dharma-Bruder zu helfen, auch wenn dieser jetzt tausend Mal Zen-Meister wäre und der Shishō eben nur ein Shishō, ein Lehrer von Kindern und jungen Mönchen.

Hōgen geht sofort auf das liebreiche Angebot ein und fragt: «‹Es offenbart seinen einen Körper in Form der zehntausend Dinge›. Was bedeutet das?»
Da fragt ein Meister selbst wie ein Schüler: «Was bedeutet das?»
Nun wird es ganz zauberhaft: Wer ist hier der Schüler und wer der Lehrer?

Der Shishō hebt seinen Fliegenwedel hoch.
Das ist seine Antwort.
Ja, jedes Ding ist zugleich alle Dinge! Sie alle sind nicht getrennt, sie alle sind in ihrem Urgrund die eine und einzige Wesenswelt. Der Shishō liefert den Beweis. Dem ist nichts entgegenzusetzen. Es ist auch kein Wort dafür nötig.

Aber nun ist Hōgen seinerseits nicht ganz und gar überzeugt von des Shishōs Einsicht. Er meint: «Das hast du von Chōkei gelernt! Wie aber steht es mit einer eigenen Antwort des Hauptmönchs?»

Peng, das sitzt! Ein Meister hat gesprochen. Der Shishō schweigt.

Ja, so ist das: Eine nachgemachte Antwort ist keine eigene Antwort! Sie ist der zweite Aufguss eines alten Teesatzes. Sie ist eine auswendig gelernte und geübte Pseudo-Antwort, also keine echte Antwort. Zwar ist eine demonstrierte und beweisträchtige Antwort überzeugender als eine wortreiche Erklärung, aber die Antwort sollte doch die eigene sein und nicht eine aus zweiter Hand!

Hōgen bemüht sich hilfreich um seinen älteren Freund und stellt ihm eine Frage: «Wenn der alte Meister sagte: ‹ES offenbart seinen einen Körper in Form der zehntausend Dinge›, werden da die zehntausend Phänomene der Objektwelt hinweggefegt oder nicht?»

Und da fällt der Shishō in die Grube! Er sagt: «Sie werden nicht hinweggefegt.»
Hōgen sagt dazu: «Das ist Dualität!»

Liebe Zen-Leute, wenn das Wesen der Welt sich als Welt manifestiert, werden dann die vielen Dinge der Welt hinweggefegt? Ja oder nein? Das heißt, existieren sie oder existieren sie nicht? Bestehen sie oder bestehen sie nicht?
So lässt sich das nicht beantworten, denn, wie schon Nāgārjuna festgestellt hatte, besteht jedes Ding durch sein Gegenteil, nämlich dadurch, dass es eben nicht besteht.

Alle Dinge sind gebildet aus reiner Leerheit, aus reinem Sein, aus Nur-Sein. Und dieses Nur-Sein ist das absolute göttliche Nichts.

Also – die Dinge bestehen aus Nichts, und doch bestehen sie. Beides. Keines davon kann ohne das andere sein. Nāgārjuna sagte es auch: Nur so können Dinge existieren. Wir haben schon oft festgestellt, dass nur dadurch, dass es das reine und absolute göttliche Nichts gibt, etwas ent-stehen und für eine Weile be-stehen kann.

Nur weil es nichts, und zwar gar nichts gibt, kann es die Welt geben.
Gäbe es kein Nichts, wäre die Welt nie entstanden.
Wie gut, dass es das Nichts gibt! Aber eine andere Möglichkeit gibt es ja auch nicht.

Ob nun der ehrwürdige Shishō sagt: «Die Dinge werden hinweggefegt» oder «Die Dinge werden nicht hinweggefegt», macht keinen Unterschied, denn Sein und Nicht-Sein sind ein und dasselbe, ob der Shishō das nun selber bemerkt oder nicht. Sein und Nicht-Sein sind nicht zweierlei. Wenn eine Philosophie behauptet, Sein und Nicht-Sein seien zweierlei, so kann man das nur als eine Dualität bezeichnen. Die Philosophie hinkt. Sein und Nicht-Sein sind immer nur das, was in diesem einzigen und ewigen Jetzt ist. Form ist nur Leerheit, und Leerheit ist nur Form.

«Nur» und nichts als «nur».

Liebe Zen-Leute, erklärt nicht, wieso das Sein das Nicht-Sein ist – und das Nicht-Sein das Sein. Erklärt nicht, wieso Form nichts als Leerheit ist – und die Leerheit nichts als Form. Beantwortet keine Fragen in diesem Zusammenhang. Beantwortet sie nicht auf dualistische Weise. Es käme Unsinn dabei heraus.

So sagt der Shishō irrtümlich: «Die zehntausend Phänomene der Objektwelt werden nicht hinweggefegt», und Hōgen sagt: «Das ist Dualität.»

Wenn jemand anders sagen sollte: «Die zehntausend Phänomene der Objektwelt werden hinweggefegt», auch dann würde Hōgen sagen: «Das ist Dualität.»

Ja, wann ist es denn nicht Dualität?
Na, sehen wir mal!

Als einige in der Nähe sitzende Mönchs-Diener, die mit dem Shishō gekommen waren, hören, wie Meister Hōgen fragt: «Wenn der alte Meister sagte: ‹ES offenbart seinen einen Körper in Form der zehntausend Dinge›, werden da die zehntausend Phänomene der Objektwelt hinweggefegt oder nicht?», und sie hören, wie der Shishō antwortet: «Sie werden nicht hinweggefegt», und als sie dann hören, dass Meister Hōgen ruft: «Das ist Dualität!», da wagen diese Mönchs-Diener es doch tatsächlich, einstimmig zu rufen: «Es fegt sie hinweg!»

Diese Burschen meinen nämlich, wenn es falsch ist, dass die zehntausend Erscheinungen der Welt der Form *nicht* hinweggefegt werden, könne es ja nur richtig sein, dass sie eben *doch* hinweggefegt werden!
Und so schreien sie ihren dualistischen Unsinn – und fallen zu ihrem Lehrer in die Grube.

Da wiederholt Meister Hōgen das Umkehrwort seines ersten Meisters Chōkei: «ES offenbart seinen einen Körper in Form der zehntausend Dinge», und dann schreit er sofort, um weiteren Unsinn zu verhüten, den hohen, lauten Warnruf «Nii!».
Dieser Ruf, der durch Mark und Bein dringt, hat die Bedeutung: «Vorsicht! Todesgefahr!» Auch fernöstliche Soldaten, die sich in den Kampf stürzen, geben diesen Schrei von sich, dass es den Gegnern durch Mark und Bein fährt.

Dieser Warnschrei war Hōgens klassische Antwort auf seines alten Meisters Umkehrwort «ES offenbart seinen einen Körper in Form der zehntausend Dinge».

Dieses Umkehrwort verwandelte die Gesinnung des Shishō in dem Augenblick, in dem der Warnschrei «Todesgefahr!» in sein Knochenmark fuhr:
Der Shishō erkannte seinen Irrtum, er unterstellte sich der spirituellen Schulung durch Hōgen, durchlief mit großer Ernsthaftigkeit seinen Weg und wurde eines Tages selbst durch Hōgen zum Zen-Meister ernannt. Welch wunderbare Wandlung!

Und so sehen wir, dass jeder Mensch trotz all seiner Irrtümer doch noch das Dharma-Tor finden kann, das ihn in die Wahrheit und das reine Sein führt. Dann ist die Todesgefahr abgewendet, und die Welt besteht aus Rettung.

Chōkei, Hōgen, Jizō und der Shishō aber stehen da und lachen.

65 • Die junge Braut

Ein Mönch fragte Shuzan: «Was ist Buddha?»
Shuzan sagte: «Die neu vermählte junge Braut reitet auf einem Esel. Der Schwiegervater führt ihn am Zügel.»

In vielen Zen-Geschichten und Kōan-Begebenheiten ist die Rede vom Hausherrn und vom Gast oder auch vom Gastgeber und vom Gast. In dieser heutigen Geschichte geht es nur scheinbar um eine junge Braut, die durch ihren Schwiegervater in ihr neues Zuhause geführt wird. In Wirklichkeit geht es nicht um eine Braut und ihren Schwiegervater, sondern um das absolute Subjekt und das relative Objekt.

Bei all diesen Metaphern geht es um die Wesensnatur, die sich ausformt in die vielen Dinge der Welt. Die Dinge der Welt, nämlich die unzähligen Erscheinungen, sind abhängig von der Wesensnatur, die doch der Souverän ist, der Herr des Hauses, der Gastgeber, ja, der Monarch, der niemals abdankt.
Ohne ihn könnten seine Gäste nicht essen, nicht versorgt werden, ja, sie könnten nicht einmal leben, und sie wären nie entstanden.

Gäbe es nicht diesen unendlichen Souverän, gäbe es auch keine Welt, keine Dinge und keine fühlenden Wesen.
Der Souverän ist unabhängig. All die vielen Erscheinungen der Welt, nämlich die Dinge und die Lebewesen, sind abhängig.
Alle Objekte, die jemals entstanden sind, vergehen auch wieder.
Nur der Hausherr ist das absolute Subjekt. Dieses Subjekt ist niemals entstanden, und so vergeht es auch niemals – und ist unsterblich.

Man kann auch sagen, der Hausherr ist das unabhängige Subjekt, und der Gast ist das von ihm abhängige Objekt.

Da alle Dinge und fühlenden Wesen aus dem Subjekt heraus entstehen, bleibt ihr Wahres Wesen immer das Subjekt.
Da alle Dinge und fühlenden Wesen aus der Wesensnatur heraus entstehen und entstanden sind und so auch aus Wesensnatur bestehen, bleiben alle Dinge und fühlenden Wesen in ihrer ursprünglichen und Wahren Natur auch immer nur Wesensnatur. Das betrifft ebenso uns, die wir hier zusammen in diesem Raum sitzen.

So ist die reine, unausgeformte Wesensnatur immer nur Wesensnatur; und so bleibt die in viele Gestalten milliardenfach ausgeformte Wesensnatur auch immer nur Wesensnatur. Allein ihre äußere Form wandelt sich. Die Formen aller Dinge und Lebewesen entstehen und vergehen auch wieder.
Der Urgrund jedoch – nämlich der unendlich tiefe Brunnen Wesensnatur, und das ist der Hausherr – wandelt sich niemals. Er entsteht nicht und vergeht nicht. Er ist immer und

ewig nur da. Er ist – ist – ist – ist –. Niemals ist er nicht. Er ist absolut. Er ist nun einmal und für immer der Souverän, und da gibt es keine Ausnahme.

Nun zu unserem Kōan zurück! Da fragt ein Mönch Meister Shuzan[174]: «Was ist Buddha?»

Buddha – damit ist hier nicht der historische Buddha Śākyamuni gemeint! Hier im Westen meinen die Leute, mit dem Begriff «Buddha» sei der historische Buddha gemeint. Dabei ist hiermit aber das WESEN DER WELT gemeint. Das ist die Wesensnatur, unser aller Wahres Wesen, unser unvergängliches Sein, das niemals begonnen hat. Rund um die Erde herum nennt man das Buddha-Wesen mit unterschiedlichen Begriffen. Zum Beispiel nennen Menschen es die Buddha-Natur, die Essenzielle Natur, das Christus-Bewusstsein, den kosmischen Menschen, den Puruśa, das Göttliche Nichts, das Brahman, das Krishna-Wesen, das Absolute – und den Ātman, der das Brahman ist.
Wir können auch sagen, es ist das Namenlose.

Unser aller Familienname ist «Namenlos». Nur in unserer Ausformung haben wir vorübergehend individuelle Namen bekommen.

Es ist also das göttliche Wesen gemeint, das die Welt schafft, durchdringt und am Sein erhält – und all das in diesem einzigen Augenblick. Es, nämlich ES, bewirkt alles, was geschieht, nur durch sein eigenes Sein.

Selbst indem dieses einzige und ewige Sein sich ausformt und Welt wird und indem es sich als Welt offenbart, bleibt es doch immer das ewige Sein, das Unendliche und Unsterbliche. Denn, wie gesagt, es ist absolut.

Da fragt also dieser Mönch den Meister Shuzan: «Was ist Buddha?»
Der Mönch ist tollkühn! Wie kann irgendjemand durch Definition sagen, was Buddha ist? Eigentlich müsste ein Mensch sterben, wenn er versuchen würde, eine solche Definition zu geben! Niemand kann das tun, und niemand kann das verstehen. Nein, kein Verstand kann diese grenzenlose Wirklichkeit erfassen!

Und doch, liebe Freunde, erfahren kann man es! Ja, ein kleiner, einfacher, sterblicher Mensch kann das Wesen der Welt erfahren. Er kann seine eigene Identität erfahren!
Ein kleiner, einfacher und sterblicher Mensch kann das große Wunder entdecken, dass sein eigenes Wesen das kosmische Wesen ist, das göttliche Wesen, das grenzenlose Sein!

Der Mensch braucht dafür keinen Doktortitel, keinen hohen Rang irgendwelcher Art, und er braucht auch kein blaues Blut, um sich selbst als das grenzenlose Sein, das keinen Anfang und kein Ende hat, zu erfahren.

Dann begreift er, dass er noch niemals von Gott getrennt war und dass er niemals von Gott getrennt sein wird – und dass er in dem ewigen und absoluten Jetzt das ewige und absolute Jetzt selbst ist.

174 Shuzan Shōnen, chin. Shoushan Xingnian (926–993).

Dann wundert er sich, braucht aber doch keine Antwort. Er wundert sich, dass er selbst die Unendlichkeit ist und zugleich damit dieser kleine und unbekannte Mensch, der Wunder über Wunder erfährt, weil er selber diese Wunder ist. Und doch spürt er, dass er dieses immer schon kennt. Es ist ihm uralt vertraut.

Dann merkt er, dass er das Kleine, Begrenzte und Sterbliche ist, die empfindliche menschliche Form – und doch untrennbar eins mit dem Großen und Ganzen.
Und dann wird er demütig, und sein Geheimnis lässt er niemanden merken.

Diese Erfahrung zu machen, sehnt sich der Mönch, sodass er den Meister fragt: «Was ist Buddha?» Ihn interessiert doch nicht der historische Mensch Śākyamuni Buddha! Wenn es existenziell um ihn, den Mönch, geht, ist Śākyamuni ihm ganz egal. Ihm geht es auch nicht um irgendeine Buddha-Statue, und nach Pietät einem Bild gegenüber ist ihm nicht zumute. Er hat jeden Götzendienst abgetan, denn er will erfahren, was Buddha wirklich ist, weil es ihm um sich selbst und seine Rettung geht.

Meister Shuzan schaut den Mönch an, und er gibt ihm keine Erklärung, keinen Glaubenssatz, keine Denkhilfe. Er sagt ihm nur: «Die jung vermählte Braut reitet auf einem Esel. Der Schwiegervater führt ihn am Zügel.»

Da ist wieder das Abhängige, die junge Braut, und da ist das Unabhängige, der Schwiegervater. Er führt die Braut nach Hause. Er führt das Abhängige in die Unabhängigkeit. Er führt das Menschenwesen heim zu sich.
Beides aber ist ein einziges SEIN, und es gibt keine Trennung mehr.

Ich sage euch zum Abschluss als Medizin für morgens und abends wieder einmal das Zauberwort, das Volker Feys ehrwürdiger Lehrer ihm immer wieder und wieder eindrücklich gesagt hat:

«Independence first!»

66 • Kyūhō Gons «Kopf und Schwanz»

Ein Mönch fragte Kyūhō: «Was ist der Kopf?»
«Die Augen aufzuschlagen, ohne die Morgendämmerung wahrzunehmen», antwortete Kyūhō.
Der Mönch fragte: «Was ist der Schwanz?»
«Nicht auf einem Zehntausend-Jahre-Sitz zu sitzen», antwortete Kyūhō.
«Was ist ein Kopf ohne Schwanz?», fragte der Mönch.
Kyūhō antwortete: «Das ist nicht gerade erhaben.»
«Was ist ein Schwanz ohne Kopf?», fragte der Mönch.
Kyūhō antwortete: «Das Äußerste zu versuchen, jedoch ohne Kraft.»
«Was ist, wenn Kopf und Schwanz genau miteinander übereinstimmen?», fragte der Mönch.
Kyūhō antwortete: «Den Nachkommen wird es wohlergehen, aber der eine im Raum wird es nicht erfahren.»

In der asiatischen Mythologie ist die Schlange ein Sinnbild für das erleuchtete Wesen. Der Kopf steht für das ursprüngliche reine Sein außerhalb aller Form, also die essenzielle Natur aller Lebewesen und Dinge. Auch in der jüdischen Mystik ist der Kopf – «das Haupt der Häupter» –, das reine göttliche Sein, insofern es sich noch nicht in irgendeiner Art der Form offenbart.

Nun wieder zur chinesischen Schlange, die den Menschen symbolisiert: Der Schwanz, das andere Ende der Schlange, steht für die Welt der zehntausend Dinge und also auch das tägliche Leben in ihr. Wenn Kopf und Schwanz der Schlange einander nicht finden können, ist das Wesen mit sich selbst nicht in Übereinstimmung. Es ist mit sich nicht eins. Wenn der Schlangenkopf und der Schwanz sich aber berühren, wird die Schlange zum Kreis, der die vollständige Sicht des eigenen Wesens und des Wesens der Welt darstellt.
Form und Leerheit sind ein und dasselbe.

Auf den Menschen bezogen, der hier mit der Schlange verglichen wird, ist der Kopf allein und ohne den Schwanz im Zustand der Versunkenheit in die Wesensnatur, der Schwanz allein und ohne den Kopf aber befindet sich im Zustand des Ertrinkens in den Fluten der Unruhe und Verstrickung des Lebens, er ist darin gefangen und kann sich nicht befreien.

So ist es äußerst unerquicklich und überflüssig, entweder in der Leerheit allein zu schweben oder sich in der Welt der Erscheinungen verlaufen und verloren zu haben.
Beide Zustände jeweils für sich allein sind unvollständig und peinvoll. Und dies ist so, obwohl fast alle Menschen auf diesem Planeten in einem der beiden Zustände am Untergehen sind, ohne es zu bemerken.

Beide Zustände haben fast immer etwas mit einer Begierde zu tun, sich an dem Ersehnten festzuklammern, an der Leerheit an sich oder an Dingen aus der Welt der Form. Da es aber nichts hilft, dem Ersehnten nachzujagen, stellen Glück und Freude sich nicht ein und der Mensch bleibt ein gequältes Wesen. In den meisten Fällen ist er selbst derjenige, der sich quält. Nicht, dass einer der beiden Zustände negativ oder überflüssig wäre, sondern sie sind ganz einfach noch zu wenig, um ein vollständiges, harmonisches Leben führen zu können. Beide Seiten der menschlichen Erfahrung der ganzen Wirklichkeit sind notwendig für ein erfülltes und erleuchtetes Leben.

Jetzt kommt dieser Mönch zu Meister Kyūhō[175] und fragt ihn: «Was ist der Kopf?»
Es ist ganz klar, dass es um die erwähnte Deutung von Kopf und Schwanz der Schlange geht, die dem Mönch natürlich vertraut ist. So antwortet Kyūhō: «Das ist, die Augen aufzuschlagen, ohne die Morgendämmerung wahrzunehmen.»
Der frühe Morgen ist zauberhaft schön. Immer wieder steigt er als neue Schöpfung aus der Tiefe der Nacht. Er ist noch ganz still und entfaltet sein junges Leben mit dem aufsteigenden zarten Licht, den kürzer werdenden Schatten, den zuerst zaghaften, dann kräftigeren Stimmen der Vögel, den Schritten der Menschen auf der Straße, die schon zur Arbeit gehen, ja, und in den Häusern dem Duft des Kaffees in der Küche. Mit zunehmendem Tageslicht gewinnt der Mensch an neuer Energie, und nächtliche Ängste lösen sich auf, je heller es wird. Er beginnt fröhlich seinen Tag und nicht in mürrischer Laune, jedenfalls wenn er gut beieinander ist und dafür sorgt, dass er es auch bleibt. So nimmt er beglückt die Morgendämmerung war.

Wenn der Mensch aber nur und ausschließlich das innere Schweigen sucht, den zauberhaften frühen Morgen aber ignoriert und missachtet, ja, die Dinge der Welt sogar verachtet, entgeht ihm die Schönheit der Morgendämmerung und all das, was sie mit sich bringt. Ein solcher Mensch ist wie erstarrt. Er kommt weder vor noch zurück. Freude erlaubt er sich nicht. Er sitzt unbewegt wie auf einer Nadelspitze in einer Art unechtem Samādhi. Vielleicht hat er sogar beschlossen, mürrisch zu sein und zu leiden.

Der Mönch fragt weiter: «Was ist der Schwanz?»
«Nicht auf einem Zehntausend-Jahre-Sitz zu sitzen», erwiderte Kyūhō.
So ist es. Wer auf einem Zehntausendjahresitz Platz nimmt und sich nicht mehr davon erhebt, ist leblos wie ein Stockfisch, der sich auch nicht davonbewegen kann und das auch niemals können wird. Er ist eine Art Zombie geworden und vertrocknet immer mehr. Er hält diesen Zustand für spirituell und womöglich auch noch heilig und erleuchtet. Aber gerade *nicht* auf einem solch albernen Sitz auszuharren, birgt die Chance auf Entwicklung, auf Bewegung, Wachstum und Entfaltung in das grenzenlose und anfangslose Sein.

Der Mönch gibt noch eins drauf mit seiner nächsten Frage: «Was ist ein Kopf ohne Schwanz?»

Nun ja, eigentlich hatten wir das ja gerade schon, aber der Mönch freut sich schon auf die nächste Antwort des Meisters, er kann nicht genug davon bekommen, und Kyūhō sagt:

175 Kyūhō Dōken, chin. Jiufeng Daoqian (ca. 9. Jh., genaue Daten unbekannt).

«Das ist nicht gerade erhaben.»
Nein, das ist es nicht. Es ist eine Verrücktheit! Es ist peinlich. Was soll an einem Zombie erhaben sein?

Der Mönch möchte es ganz genau wissen, er lässt nicht so schnell locker, und er fragt: «Was ist ein Schwanz ohne Kopf?»
Kyūhō erklärt ihm: «Das ist, alles zu versuchen, aber ohne Kraft.»

Ja, so kann es gehen: Ein Mensch, der sich ausschließlich auf irdische Angelegenheiten konzentriert, auf Haben, Erreichen, Genießen, Wirken, Image, eindrucksvolles Aussehen, Luxus, Geld, Titel, Weltreisen, erotische Abenteuer, Essen, Essen, Essen und vergnüglichen Nervenkitzel, all diese Dinge, um sich damit vermeintlich gut zu fühlen, dieser Mensch vergeudet seine kostbare Lebensenergie und bindet sie in das Erreichen dessen, was er für kostbare Werte hält. So bleibt ihm keine Kraft mehr für einen spirituellen Weg übrig. Seine Energie ist gebunden an Äußerlichkeiten, die er doch nicht mitnehmen kann, wenn er diese Erde verlässt. Derjenige glaubt irrtümlich, mit dem Nachjagen in diese von ihm gewählte Richtung irgendwann endlich, endlich glücklich zu werden. Er jagt dem nach, was er für Glück hält. Er verliert seine Kraft, und wenn er sich noch so sehr abstrampelt. Er strampelt einem Blödsinn nach, um glücklich zu werden. Er ist grenzenlos gierig, habsüchtig, dumm, und da nützt auch kein noch so hoher IQ, und all das macht ihn schwach. So kämpft und kämpft und kämpft er vermeintlich um sein Lebensglück – und wird doch immer kraftloser dabei. Er vergeudet seine Energie, weil er an der falschen Front kämpft.

Der Mönch versteht Meister Kyūhō gut. Auch weiß er ja schon gut Bescheid, ehe er seine Fragen stellt. Und wieder einmal spielen Meister und Schüler ein Spiel. Sie spielen Pingpong und werfen sich Fragen und Antworten hin und her. Dies mündet in die letzte Frage des Mönches: «Was ist, wenn Kopf und Schwanz miteinander im Einklang sind?»

Der Mönch weiß es selbst, was dann ist, und Meister Kyūhō antwortet ihm bestätigend in wundervoll chinesischer Ausdrucksweise: «Den Nachkommen wird es wohlergehen, aber der eine im Raum, der dies bewirkt, wird es nicht erfahren.»

Nun ja, es ist immer nur das eine JETZT, und jetzt geht es darum, das Seine zu tun, ganz ohne einen Hintergedanken und ohne Hintertürchen, was man dafür bekommt, ob es zur Belohnung dafür auch der Familie, der Sippe und den Nachkommen gut geht. Nein, sondern absichtslos wird der Weg gegangen, Schritt für Schritt, mitten in der Welt und aus der Kraft der Wesensnatur.

Das Unendliche und das Endliche führen uns Wanderer auf dem Weg – das ist das Eine Sein –, und wir gehen, ohne Belohnung zu erwarten, von Dharma-Tor zu Dharma-Tor. Ohne aber etwas dafür haben zu wollen, ohne nach einer Bezahlung vom Himmel zu gieren, wird die heilsame Wirkung sich im rechten Augenblick einstellen, denn alles, was wir aussenden, findet in vielfacher Potenz zu uns zurück, und im abhängigen Entstehen kommt dies auch den Nachkommen zugute, auch wenn wir selbst es gar nicht mehr erleben.

Und so ist alles immer, wie es sein soll.

67 • Worte aus dem Kegon-Sūtra über die Weisheit

Das Kegon-Sūtra sagt: «Beim Anblick aller Lebewesen überall sehe ich, dass jedes einzelne von ihnen die Weisheit und Tugend des Tathāgata besitzt, aber wegen seiner Anhaftung und Täuschung kein Zeugnis davon geben kann.»

Liebe Schüler auf dem Weg,

wenn ein Mensch wahrhaftig schreibt und spricht, dann durchzieht diese Wahrhaftigkeit sein ganzes Leben. Da gibt es keine Täuschung. Er spricht immer, Tag und Nacht, die Wahrheit, er arbeitet und singt die Wahrheit. Was immer er tut, er tut die Wahrheit. Sein gesamtes Leben duftet nach Wahrheit. Darin ist er immer gleich, und er macht davon keine Ausnahme.

Wenn ein Mensch nun aber aus Gewohnheit lügt, durchzieht diese Verhaltensweise seinen gesamten Alltag und alle seine Feiertage, seine Nächte und seine Träume. Alles, was er tut, ist Lüge. Wenn er die Straße entlang kommt, geht seine Lüge ihm bereits voran, und schon sein Anblick riecht nach Lüge, wenn man ihn nur von ferne sieht. Darin ist er immer gleich. Wenn man ihn fragt: «Was sind Sie von Beruf?», kann er nicht einmal sagen: «Ein Lügner», und immer ist er darin gleich: Sein Leben ist Lüge.

Also, was auch immer für ein «Teishō» ich euch, liebe Schüler, anbiete, immer ist es vom gleichen Flair durchduftet, und ihr könnt unterscheiden, ob es aus Wahrheit oder aus Lüge besteht.

Jetzt geht es aber los! Die Themen erinnern ganz verdächtig an Weisheit, Tugend, Anhaftung, Täuschung und Zeugnis abgeben. In Gesprächen kommen wir immer wieder auf diese Dinge.

Nehmen wir uns also das Kōan aus dem Kegon-Sūtra vor.
Dieses Sūtra lautet mit seiner japanischen Bezeichnung «Kegon-Sūtra», aber mit seinem echten Sanskrit-Namen «Buddha-vatam-saka-Sūtra».

Das Kōan ist die Nummer 67 aus dem *Shōyōroku* und heißt:

Worte aus dem Kegon-Sūtra über die Weisheit

Das Kegon-Sūtra sagt: «Beim Anblick aller Lebewesen überall sehe ich, dass jedes einzelne von ihnen die Weisheit und Tugend des Tathāgata besitzt, aber wegen seiner Anhaftung und Täuschung kein Zeugnis davon geben kann.»

Das Kegon-Sūtra ist, wie gesagt, das Buddha-vatam-saka-Sūtra, auch Ava-tam-saka-Sūtra genannt, eine wichtige Schrift des Mahāyāna. Es lehrt, dass alle Dinge und Wesen einander durchdringen, ja, dass die Buddha-Natur des Menschen die Buddha-Natur des Universums ist, dieses durchdringt und mit ihm eins ist.

Eine bestimmte Stelle aus diesem Sūtra bildet unser Kōan. Hier wird festgestellt, dass alle Lebewesen die Weisheit und Tugend des Tathāgata, also eines voll verwirklichten Buddha, besitzen, dieser Tatsache aber wegen ihrer Anhaftung und Täuschung nicht innewerden, also auch kein Zeugnis davon geben können.

Wer kann Zeugnis davon geben? Nur wer dieser Weisheit innegeworden ist. Der Text erklärt, die Wesen können kein Zeugnis geben, aber der Textschreiber erklärt andererseits: «Beim Anblick aller Lebewesen überall sehe ich, dass jedes einzelne von ihnen die Weisheit und Tugend des Tathāgata besitzt.» *Er* sah es also demnach! Das lässt hoffen, dass es auch anderen so geht.

Nehmen wir an, dass dieses Sūtra wie alle Sūtras auf Śākyamuni zurückgeht, und nehmen wir an, Śākyamuni sagt hier, dass *er sieht, dass alle Lebewesen die Weisheit und Tugend des Tathāgata besitzen.* Entsprechend seinem Ausspruch bei seiner tiefen Erleuchtung unter dem Bodhi-Baum, als der Morgenstern aufging, «O, Wunder über Wunder, im Grunde sind alle Wesen Buddhas», sah Śākyamuni, dass alle Wesen Buddhas sind, dass sie die Tugend und Weisheit des Tathāgata besitzen.

Für diese Tatsache des Buddha-Seins aller Wesen gibt es viele Erfahrungsberichte, die Zeugnis davon ablegen, nicht nur diejenigen des Śākyamuni.

Zu den Wesen gehören nicht allein Menschen, Tiere und Pflanzen, sondern auch die Wesen der Devāḥ-Welten, außerdem das Wasser, die Luft, die Erde, die Steine, Metalle, Planeten, Monde und alle anderen Gestirne und Spiralnebel ebenso wie die Moleküle, Atome und kleinsten Teilchen der Materie. Sie alle und sogar der weite, weite Raum sind die unzähligen Wesen, denn alles, was im Universum existiert, lebt, und überhaupt nichts ist tot.

Warum nun können denn Menschen, die doch sprechen können, nicht Zeugnis davon ablegen, dass jedes einzelne Lebewesen und sie selber die Weisheit und Tugend des Tathāgata besitzen?

Mein Meister sagte zu mir dazu: «Sie sind ihrem animalischen Wesen verhaftet.»
Hierzu meinte jemand: «Was ist gegen das animalische Wesen einzuwenden?» Selbstverständlich gar nichts! Es ist sogar wichtig, anzuerkennen, dass wir biologisch und auch emotional Tiere sind. Gefühle sind, wie ich das manchmal in der Therapie nenne, «inter-animalisch». Alle organischen Lebewesen verstehen sich in der Sprache der Gefühle. Jeder versteht Liebe, Zorn oder Angst. Jeder versteht auch Hunger, Durst, Lebensgefahr vor dem Aufgefressenwerden oder vor dem Absturz in große Tiefe. Jeder Regenwurm versteht das, und jeder, der einmal beobachtet hat, wie eine Blindschleiche einen Regenwurm verspeist, versteht das auch. Der Regenwurm kämpft bis zum allerletzten Augenblick. Manchmal kann er sogar seine eine Hälfte retten, und der Blindschleiche bleibt die andere. Ur-Gefühle sind animalisch. Sie dienen dem Überleben. Damit sind sie als nützlich anzuerkennen. Wir haben also tatsächlich allesamt auch ein animalisches Wesen.

Nur – unserem animalischen Wesen *verhaftet sein* sollten wir nicht!

Mit dem Verhaftetsein kommen ja erst die Auswüchse, die seelischen Krebsgeschwülste wie Gier, Hass und Irrsinn! Dem Animalischen verhaftet zu sein führt zur Blindheit des Geistes. Kein Regenwurm und keine Blindschleiche sind so blind wie manche Menschenwesen, die in einem solchen Maß verhaftet sind, wie kein Wildtier das fertigbringt. Also nicht das Animalische ist abzubauen, sondern das ihm Verhaftetsein, das Festgekralltsein.

Ja, die meisten Menschen auf der Erde können kein Zeugnis ablegen von ihrer eigenen Weisheit und Tugend des Tathāgata. Sie sehen ES nicht. Sie sind zu verhaftet. Tausend großen und kleinen Dingen sind sie verhaftet. Davon sind sie bereits besetzt, sodass keine Möglichkeit für die reine Wahrnehmung mehr bleibt. Wie traurig!
Śākyamuni sah dies, und viele andere Menschen auf dem WEG sahen es, und viele sehen es auch heutzutage. Die Menschheit aber – da gibt es noch viel zu tun, bis die Menschheit insgesamt die Augen öffnet und aus den Windeln und dem Sandkasten aussteigt.
Sprechen wir von dem «Sehen», das hier im Kegon-Sūtra genannt ist, dem Sehen, dass alle Lebewesen, und zwar ohne Ausnahme jedes einzelne von ihnen, die Weisheit und Tugend des Tathāgata besitzen.

Es ist nicht nur Tatsache, dass alle Dinge und alle Lebewesen im Universum «Buddhas» sind, ob sie dies nun wissen oder nicht, ob sie dessen nun selber gewahr sind oder nicht, sondern immer wieder gibt es auch hochbegabte Menschen, welche die Buddha-Natur aus allen Wesen heraus leuchten sehen. Ja, es gibt spirituelle Genies, die das Göttliche Wesen überall schauen, wohin sie auch den Blick wenden. Sie sehen ständig nur das EINE SEIN in seinen hunderttausend unterschiedlichen Erscheinungsformen.

Wie mir einmal ein Mann erzählte, erfuhr er in einem Meditationskurs beim Verneigen bis zum Boden, dass der Fußboden Gott sei. Er erzählte: «Als ich mit der Stirn den Fußboden berührte, erfuhr ich, dass der Fußboden Gott ist. Als ich mich wieder erhob, sah ich, dass alle Gegenstände im Raum Gott sind. Da wusste ich in meiner Tiefe, dass *alles* Gott ist. Ich wusste, dass meine Frau Gott ist und dass auch ich Gott bin. Daraus ergab sich, dass ich alle Menschen und alle Dinge anders anschauen und behandeln muss als vorher.»
Dieser Mann war ein nüchterner Verwaltungsrichter und durchaus kein Träumer. Er lebt und arbeitet schon seit mehreren zig Jahren in einer anderen Stadt, und ich habe ihn nie wieder getroffen. Der Mann *sah* und *erlebte*, dass «alle Wesen mit der Weisheit und Tugend des Tathāgata» begabt sind.

Eine Frau berichtete: «Beim Spazierengehen streifte mich der Zweig eines Busches am Weg. Da bekam ich deutlich mit, dass dieser Zweig und ich eins sind.» Sie erfuhr das unterschiedslos gleiche Wesen in dem Zweig und in sich selbst. Sie sagte: «Da war ich der Zweig.»
Ich würde sagen, sie war schon vorher der Zweig, und sie war hinterher der Zweig, aber in dem Augenblick der Erfahrung ging ihr das Licht des Erkennens auf, dass sie der Zweig *ist* und nicht erst werden musste!

Der spanische Mystiker Johannes vom Kreuz dichtete: «Mein Geliebter, die Bergriesen!»

Seinen Göttlichen Geliebten sah er in den Bergriesen. Er sah ihn *als* die Bergriesen. Gott, sein Geliebter, hatte in ihnen Gestalt angenommen. Natürlich: Gott wird Gestalt von Augenblick zu Augenblick.

Ramakrishna sagte zur Katze: «Göttliche Mutter (übersetzt könnte man auch sagen «Wesensnatur» oder auch «Buddha-Natur» oder «Gott». Als Hindu sagte er «Göttliche Mutter» und sprach damit die Göttin Kālī, Gottes weiblichen Aspekt, an), ich erkenne dich wieder, auch wenn du dir dieses Katzenfell übergezogen hast.» Gott gestaltet sich aus in der Katze. Die Wahre Natur des Universums nimmt Form und Gestalt an als Katze. Auch die Katze besitzt also die Weisheit und Tugend des Tathāgata.

Ihr kennt vielleicht die Geschichte von dem Samurai, dem alle Wesen «miau» sagten, weil er eine Katze erschlagen hatte, und der schließlich selber ganz und gar zu «Miau» wurde und dem seinerseits das Einssein mit «Miau» das Leben rettete. Also in voller Bewusstheit «Miau» sein, in voller Bewusstheit Katze sein, das ist, der Tathāgata sein.
Volker sagte zu mir dazu: «Miau seiend bin ich NICHTS, und NICHTS seiend bin ich alles.»

Alles sein – und sehen, dass alles Tathāgata ist – das ist, Tathāgata sein.
Im Upaniṣad heißt es:

Im Anfang war diese Welt
allein Atman,
ein Einziges ohne ein Zweites.
Er blickte um sich und sah
nichts anderes als sich selbst.
Da sprach er: «Das bin ICH.»
So entstand der Name «ICH».

Diese Worte beruhen auf Erfahrung.

Diesen ehrwürdigen, klassischen Hindu-Text könnte man auch so übersetzen:

Im Anfang war diese Welt
allein Wesensnatur,
ein Einziges ohne ein Zweites.
Sie blickte um sich und sah nichts anderes als sich selbst.
Da sprach sie: «Das bin ICH.»
So entstand der Name « ICH».

Oder auch – in der ewigen Gegenwart gesagt:

In diesem immerwährenden Augenblick
ist die ganze Welt nur noch SEIN,
ein Einziges ohne ein Zweites.
Dieses SEIN erschaut,
wohin es auch blickt, nichts anderes als Sich Selbst.

Da spricht ES:

«Das bin ICH.»
So entsteht der Name «Ich».

Auch aus Menschenmund kann das SEIN so sprechen, wenn es aus der Tiefe der Wesensnatur kommt.

Wenn die menschliche Entwicklung aber schiefgeht, verwechselt der Mensch dieses ursprünglich reine, absolute und leere «ICH», nämlich das «ICH» des Tathāgata, mit seiner kleinen, raumzeitlichen und Irrtümern behafteten Erscheinungsform. In diesem Sinn sagt der Tathāgata dann nicht mehr «ich», denn er ist ja kein Ego-Ich.

Wenn ein Mensch aus seiner Erleuchtungserfahrung heraus das Wort «ich» gebraucht, muss man sehr gut hinhören, um zu erfassen, auf welcher Ebene der Erfahrung er spricht. Man darf ihn nicht auf einen Begriff, hier den Begriff «ich», festnageln, denn bereits auf der anderen Ebene stimmt der Begriff nicht mehr und war so auch niemals gemeint.

Durch den Gebrauch des Wortes «ich» entsteht nicht nur das Wort, sondern entstehen auf der Erde auch Millionen Irrtümer und Missverständnisse. Leute ohne die tiefe Erfahrung des Tathāgata streiten um Dogmen und Glaubenssätze und führen sinnlose und völlig überflüssige Religionskriege, weil sie erwiesenermaßen und deutlich erkennbar auf der dualistischen Ebene des kleinen, verhafteten Ich streiten und diskutieren.

Abgewandelt möchte ich unsere Stelle aus dem Kegon-Sūtra einmal so sagen:

Die WESENSNATUR sieht beim Anblick aller Lebewesen, dass jedes einzelne von ihnen die Weisheit und Tugend des Tathāgata besitzt, dass es aber wegen seiner Anhaftung und Täuschung kein Zeugnis davon geben kann.

Das wahre «Ich» ist die WESENSNATUR. Sie sieht sich selbst. Dies ist keine Tätigkeit, sondern der Seins-Zustand, der allem zugrunde liegt.
Sie ist der Ātman. Sie ist das Brahman.

Weiter heißt es im Kegon-Sūtra: Aber wegen der Anhaftung und Täuschung jedes Lebewesens kann es von seiner Weisheit und Tugend des Tathāgata, die auch ihm innewohnt, kein Zeugnis ablegen.

Nehmen wir uns als Beispiel: Woran hängen wir fest? Wir hängen an Menschen fest, die unserer Meinung nach Dinge tun oder unterlassen sollten, und zwar so, wie es uns selbst gerade die Stimmung oder Laune eingibt. Daran hängen wir fest.
Unsere Partner sollen anders handeln, als sie es tun, sie sollen anders aussehen, natürlich immer, wie *wir* das wollen.
Unsere Kinder sollen *unserem* Kopf nach anders handeln, anders sein, nämlich so, wie *uns Eltern* das passt. Sonst werden wir nämlich ungemütlich ihnen gegenüber.

Wir hängen und haften also fest.

Unsere Kinder haften nicht weniger fest. Sie haben es von uns gelernt. Kinder machen unbewusst ihren Eltern aus Liebe alles nach, die Jungs den Vätern, die Mädchen den Müttern. Und doch bekämpfen sie uns, um sich von dem zu befreien, was sie von uns übernommen haben. Darum sind sie manchmal auch so wütend auf uns.

Wir haften auch fest an den Glaubenssätzen darüber, wie die Welt sei, den Glaubenssätzen, die man uns eingeimpft hat.
Wir haben uns festgebissen an den Ideen darüber, was wir mit Gewalt erreichen wollen, und lassen niemals los.

Israelis und Araber wollen beide, und zwar jede der Volksgruppen für sich allein, das Heilige Land Israel beziehungsweise Palästina zu Eigen haben. Dass beiden das Land heilig ist, dass beide es lieben, bewirkt nicht etwa, dass sie sich solidarisieren und dieses Land miteinander bewohnen, schützen und pflegen, o nein, sie wollen jeder das Land alleine haben. Sie lassen nur sich und ihre eigenen Egoismen gelten. Die «anderen» sollen nicht in dem geliebten Land leben. Dass beide, Israelis und Araber, sich «Kinder Abrahams» und dessen Nachkommen nennen, hat bei ihnen keinerlei reale Bedeutung, so, als hätten sie von Vater Abraham nichts als Kriegslüsternheit geerbt, und als wäre dieses die einzige Gemeinsamkeit der abrahamitischen Völker. Da zieht man wohl eben am besten das Schwert oder jagt eine Serie Raketen los – meinen sie. Die «anderen» werden bis aufs Blut bekämpft und möglichst vernichtet. Dieses hat nicht in der Vernunft seine Gründe, sondern in der «Anhaftung» und «Täuschung» der beiden Parteien, ich nenne dass ein emotionales Sich-Festgebissenhaben. Die religiösen Männer sind nicht besser als die weltlich eingestellten.
Da aus eindeutig psychischen Gründen niemand mehr klar denken kann und aus denselben Gründen auch fast niemand nachgeben kann, blüht im Heiligen Land der Fanatismus, und man kann absehen, was daraus entsteht, wenn nicht doch noch weise Politiker und weise Menschen aus dem Volk etwas Weisheit und Tugend anwenden, die bisherige Schiene verlassen und ihre Mitmenschen dorthin lenken, ebenfalls die herzlose und aggressive Schiene zu verlassen. Damit würde es aber sehr, sehr eilen! Es hat schon zu viele Tote gegeben.

Auch an vielen anderen Orten auf dieser Erde sieht man ein ähnliches Verhalten, besonders bei den Regierenden.

In unserem persönlichen Umkreis führen wir ebensolche Kriege im kleinen Stil.

In der Bibel bei Maleachi steht eine Stelle: «Haben wir nicht alle einen Vater? Hat nicht Ein Gott uns alle geschaffen? Warum seid ihr untreu, einer gegen den anderen?»

Das bedeutet: Ist nicht ein und dieselbe Wesensnatur der URGRUND aller Lebewesen? Sind wir nicht alle im ganzen Universum von derselben Familie? Sind wir nicht alle die Familie UNGEBOREN? Tragen wir nicht alle die Weisheit und Tugend des Tathāgata in uns? Sind wir also nicht alle verwandt, ja, sogar alle EINS?

Die Menschheit sitzt aber leider noch im Sandkasten. Wegen ihrer Anhaftung und der Täuschung, ihre einzelnen Mitglieder seien voneinander und von ihrem Urgrund abgegrenzte Wesen, können die Menschen kein Zeugnis davon ablegen, dass sie in Wirklichkeit alle die Weisheit und Tugend des Tathāgata besitzen. Stattdessen denken sie nur «ich, ich, ich, ich, ich», selbst solche, die sich Volksdiener nennen, denken «ich, ich, ich ...» Wenn es hoch kommt, sagen sie «wir, wir, wir, wir, wir», wobei alle, die da ausgeschlossen werden, nicht zu dem «wir» gehören sollen. Noch fanatischer wird allerdings das «Ich» verteidigt.
Freiwillig und mit Leidenschaft halten sie an ihren Täuschungen und daraus bedingten Anhaftungen fest und führen ihre emotionalen und rechthaberischen Kämpfe. Der menschliche Geist vieler ist somit nicht frei und klar genug, um einfach nur zu sehen, was ist, nämlich, dass er Tathāgata ist. Mit unbewusster Freiwilligkeit hält er sich selbst gefangen, als wäre das sein Hobby.

Was meint ihr, was ist nun zu tun? Śākyamuni, der beim Anblick des Morgensterns ausrief: «O Wunder über Wunder! Im Grunde sind alle Wesen Buddhas!», sagt im Kegon-Sūtra: «Beim Anblick aller Lebewesen überall sehe ich, dass jedes einzelne von ihnen die Weisheit und Tugend des Tathāgata besitzt, aber wegen seiner Anhaftung und Täuschung kein Zeugnis davon geben kann.»

Was ist also zu tun? Die Anhaftung ist zu lösen, die Täuschung zu durchschauen! Ich bitte euch von Herzen: Löst eure Anhaftung! Durchschaut jeden Rest von Täuschung!
An euch liegt die Rettung der Welt, und zwar daran, dass ihr euer Inneres klärt und dass ihr so euer Herz rein macht.
Durchschaut die Wirklichkeit so, wie sie ist!
Wartet nicht bis in fernere Leben, das ist Unsinn, sondern dringt sofort auf den Grund der WAHRHEIT und seht, was ist!
Erkennt eure eigene Weisheit und Tugend des Tathāgata!
Seht, dass ihr Tathāgata seid!

Die Menschheit besteht aus kleinen und gefährlichen Kindern im Sandkasten. Sie sind wie unwissende Kinder mit Handgranaten in den Händen. Wir dürfen nicht naiv sein und uns für unschuldig, weil angeblich unbeteiligt, halten. An uns liegt ihre Rettung! Dem können und dürfen wir uns nicht entziehen.
In jedem von uns liegt die Welt, liegt das ganze Universum! Bitte, nehmt das ernst. Es ist notwendig, unser Inneres zu klären und unseren Geist zu reinigen.

Wie reinigt ihr euren Geist? Schaut eure «täuschenden Gedanken und Gefühle» an, die euch beim Zazen aufsteigen, zum Beispiel unsinnige Sachen wie: «Immer lösen nur die anderen ihr Kōan, ich niemals!» – «Ich bin ein Schüler zweiter Klasse. Typisch für mich. Ich schaffe immer nichts.» – «Keiner kann mich leiden.» – «Ich mache schon wieder mal alles falsch.» – «Die anderen reden blöd über mich.» – «Ich will endlich so ein verdammtes Satori haben!» – «Der da drüben schnauft so laut!» – «Warum muss ich immerzu schlucken? Ich bin die einzige, die so schluckt!» – «Man hat mir keinen Kaffee übrig gelassen.» – «Der Zeichengeber schlägt so gefühllos das Brett.» – «Können die hier im Haus nicht für mehr Komfort sorgen?» – «... für einen Ventilator sorgen ... ?» – «Wie blöd ich bin! Wenn ich doch besser wäre!» – «Immerzu mache ich Fehler!» – «Was tu ich hier überhaupt? Habe ich nichts Besseres zu tun?»

Ihr könnt davon ausgehen, dass auch die gebildetsten und angesehensten Akademiker, auch die mit den hohen Titeln, solche täuschenden Gedanken pflegen und sich damit Steine in ihren Weg legen. Diejenigen, zu denen erstaunlicherweise viel klügere Leute aufschauen, quälen sich selbst endlos mit diesem überflüssigen Unsinn. Was ist zu tun?

Schaut hin und nehmt wahr, was auftaucht!
Bekämpft es nicht! Und dann lasst es wieder gehen!
Alles, was auftauchen will, will auch wieder gehen.
Es will sich nur zeigen – und dann vorübergehen.
Schaut hin, lasst es kommen – und dann lasst es wieder gehen.
Bewertet es nicht! Steigt nicht darauf ein!
Schaut unbeteiligt hin und nehmt wahr, wie es kommt und geht.
Mehr nicht!
Das ist ein Prozess der psychischen Reinigung.
Irgendwann kommen diese Täuschungen nicht mehr.
Dann ist es Zazen.

«Täuschende Gedanken und Gefühle sind grenzenlos, ich gelobe sie alle loszulassen.»
Dieses ist die Weise, alle Lebewesen zu retten.

Ich wünsche uns allen, dass wir wie die Bodhisattvas – ja, *als* Bodhisattvas – den vielen Mitwesen helfen, indem wir zuerst uns selber in Ordnung bringen, unseren Geist stählen und so im ganzen Universum Frieden schaffen.

Die Lebewesen sind zahllos – ich gelobe sie alle zu retten.

Mögen alle Wesen glücklich sein! Mögt ihr alle glücklich sein!

Gasshō!

68 · Kassans «Schwinge dein Schwert»

Ein Mönch fragte Kassan: «Was ist, wenn man den Staub wegfegt und den Buddha sieht?»
«Du musst dein Schwert schwingen. Wenn du nicht dein Schwert schwingst, wirst du wie ein Fischer sein, der im Schilf feststeckt und keinen einzigen Fisch fangen kann», antwortete Kassan.
Der Mönch sprach mit Sekisō darüber und fragte diesen: «Was ist, wenn man den Staub wegfegt und den Buddha sieht?»
«Er hat keine Heimat. Wo kann man ihn dann treffen?», entgegnete Sekisō.
Der Mönch erzählte dies dem Kassan. Kassan ging auf das Podium und sagte: «Wenn es um praktische Mittel geht, ist Sekisō mir unterlegen, aber im Reden über die tiefste Wirklichkeit steht er hundert Stufen über mir.»

Das ist eine schöne Geschichte. Meister Kassan[176] spricht gütig über Meister Sekisō[177] und sich selbst. Beide lehren die Wirklichkeit, betonen aber jeweils einen anderen Aspekt. Meister Kassan weist deutlich darauf hin, dass die Erkenntnis Buddhas sich im Handeln erweisen muss – Erleuchtung zeigt sich im Alltag –, während Meister Sekisō deutlich auf die WESENSWELT hinweist, die völlig leer ist. Beide haben Recht, und jeder von beiden ist dem anderen auf gewisse Weise voraus, auf eine andere gewisse Weise aber auch hintendran.
Wenn ein Mensch, der Satori erfahren hat, nicht aufpasst, hinkt er in der Erkenntnis der Wirklichkeit auf einer der beiden Erfahrensebenen hinten nach.
«Frischerleuchtete» unter den Zen-Schülern sind eben noch ein bisschen «neben der Kappe», wie eine Schülerin das einmal genannt hatte. Da schwebt die Kappe, die doch für den Kopf bestimmt ist, ihren Weg einsam und allein neben dem Kopf, während der Mensch, statt sich unter seiner Kappe zu befinden, wie es sich gehört, neben der Kappe geht. So geht es denen, die unrealistisch in der Leerheit hängen und sich erleuchtet wähnen. Es gibt aber auch Altgediente unter den Zen-Leuten, die es ihrer alten psychischen Struktur wegen, die immer noch vorhanden ist, chronisch und überwiegend zur Leerheit zieht. Das ist nicht unbedingt krankhaft, wenn sie die Leerheit auch in der Form erfahren und das Ihre in der Welt tun.

Ein Beispiel vom Sichverlieren in der Leerheit:
Über den großen Ramakrishna wurde gesagt, er habe einmal monatelang nur auf der Ebene des absoluten Brahman, das ja vollkommen leer ist, geweilt und dann erst eines Tages die Aufforderung von innen her bekommen, die Ebene der ausgeformten Welt wahrzuneh-

176 Kassan Zen'e, chin. Jiashan Shanhui (805–881).

177 Sekisō Keisho, chin. Shishuang Qingzhu (807–888).

men und «an der Grenze zu beiden Welten» zu bleiben und sich nicht mehr auf einer der beiden zu verlieren.

Es gibt aber auch Menschen, die in der Leerheit versinken und ertrinken, die sich weigern, jemals wieder aus ihr aufzutauchen, und die niemals mehr Anteil an den Dingen des irdischen Lebens nehmen und die man als lebensuntauglich bezeichnen könnte. Solche Menschen haben leider gar kein Verständnis für ihre Mitwesen, kein Mitgefühl für deren berechtigte Belange, zum Beispiel, dass Väter und Mütter ihre Kinder gesund aufwachsen lassen und erziehen wollen, dass die Menschen Gesundheit, Frieden, Bildung und Weiterentwicklung brauchen. Es ist solchen «Erleuchteten» absolut gleichgültig, ja, sie wissen selbst nicht einmal, wie wurscht ihnen alles ist. Sie bleiben versunken in einem Meer von Nichts und tauchen nie wieder auf. Das ist der Gipfel an Herzlosigkeit, auch wenn in einigen anderen Kulturen solche Leute verehrt und bewundert werden mögen.
Aber sogar im Zen laufen Zen-Leute – und ich habe den Verdacht, sogar Meister – herum und stecken dabei tief in der Leerheit. Sie schweben in höheren Regionen und merken es nicht einmal. Sie wissen nicht wirklich, was sie tun und was ihre Mitmenschen, für die sie doch da sein sollten, brauchen.

Dann gibt es eine Reihe von Zen-Leuten, die auch nach einem erfahrenen Satori nicht davon abgehen, ihre alten Gewohnheiten zu pflegen, zum Beispiel das exzessive Rauchen. Ein «erleuchteter» Zen-Mann hielt sehr viel vom Fremdgehen. Er nannte das «gesund leben» und «nicht die Welt der Form leugnen».

Es ist wichtig, nicht vom Wandern auf dem Grat des Berges der Erleuchtung nach rechts oder links hinunterzupurzeln, sondern alle Bereiche seines Menschseins zu entwickeln bis zu einer wohlintegrierten Persönlichkeit. Dann rutscht dieser Zen-Schüler in keine Extreme mehr, auf welche Weise auch immer. Er kann ein glückliches Leben führen, indem er dem Dharma gemäß sein frohes und soziales Leben meistert.

Nun wieder zurück zu Meister Kassan. Dieser war der Lehrer des späteren Meisters Zuigan, der, wie in Fall 12 im *Mumonkan* beschrieben, sich selbst jeden Tag zurief: «Meister! Lass dich nicht verwirren! Ganz wach, ganz wach!», und der sich dann auch selbst antwortete: «Ja! Ja!»
Kassans hellwacher und scharfer Durchblick zeigt sich also auch bei seinem Schüler Zuigan.

Ein Mönch also kommt zu Meister Kassan und fragt: «Was ist, wenn man den Staub wegfegt und den Buddha sieht?»
Der Mönch fragt damit: «Was ist, wenn man all seine Täuschungen, Illusionen und Neurosen abgebaut hat, wenn man sein Geistauge gereinigt und geklärt hat, wenn man dann den Buddha, nämlich das eigene und reine Wesen, sieht?» Er sagt, kurz gefasst: «Was ist, wenn man Satori erfahren hat?»
Natürlich meint er: «Ich habe Satori erfahren. Was ist jetzt?» Er will nicht zugeben, dass er von sich selber sagt, er habe Satori erfahren. Schließlich will er ein bescheidener Zen-Schüler sein. Er möchte jedenfalls nicht unbescheiden auf seinen Meister wirken.

Nun, der Meister geht auf die derart demonstrierte Bescheidenheit nicht ein.
Kassan antwortet ihm: «Du musst dein Schwert schwingen! Du musst aktiv sein! Du musst handeln!»
Auch mir hat mein Meister das gesagt: «Du musst aktiv sein! Im Zen wird agiert und reagiert. Wir handeln. Wir tun das Unsere, wann immer es gerade anfällt!»
So sagt Meister Kassan zu dem Schüler: «Wenn du nicht dein Schwert schwingst, wirst du wie ein Fischer sein, der im Schilf feststeckt und keinen einzigen Fisch fangen kann.» Das bedeutet, der Schüler würde mitsamt seinem Satori auf der Spitze einer Fahnenstange festsitzen und weder vor- noch zurückkommen, genau wie der Fischer, der sich nicht frei bewegen kann, weil er im Schilf feststeckt. Für ihn gibt es keine Weite, kein Rechts, kein Links, kein Vorne, kein Hinten, einfach kein Dasein, keine Freude, keine Welt. Wozu soll das gut sein?
«Du musst dein Schwert schwingen», sagt Kassan. «Beweg dich!», sagt Kassan.

Der Mönch wundert sich vielleicht ein bisschen und weiß die Sache nicht so richtig zu deuten. Er holt auch noch eine andere Meinung ein und sucht Meister Sekisō auf, der fast zugleich wie Kassan, nämlich im 9. Jahrhundert, gelebt hat und der wie dieser ein großer Zen-Meister war. Die beiden Meister kannten einander.
Der Mönch geht also zu Sekisō. Auch ihm, dem Meister Sekisō, stellt der Mönch die gleiche Frage: «Was ist, wenn man den Staub wegfegt und den Buddha sieht?»

Ob der Mönch wohl die beiden großen Meister ein bisschen gegeneinander ausspielen will? Ob er ihnen unter die Nase reiben will: «Der andere sagt aber etwas anderes!»? Oder ob er misstrauisch prüfen will, ob ein Meister in Wirklichkeit vielleicht doch nicht so Bescheid weiß, wie man immer über die Zen-Meister sagt? Oder ob er ganz einfach die wunderbaren Worte aus den goldenen Mündern der großen, alten Lehrer hören und genießen will?

Es war durchaus damals üblich, von Meister zu Meister zu wandern, nicht, um zu kritisieren, sondern um weiter von den Meistern zu lernen und die eigene Einsicht in das Wesen der Welt zu schulen und zu vervollkommnen. Nach Abschluss der Zen-Schulung kann man auch heutzutage noch fleißig von anderen Lehrern lernen, wenn der Meister das empfiehlt. Es ist gut, sich mit dem eigenen Meister darüber zu beraten oder während der noch nicht abgeschlossenen Kōan-Schulung sich auch einmal im Bedarfsfall eine Erlaubnis einzuholen.

Zurück zu unserem Mönch! Er fragt den großen Meister Sekisō: «Ich habe Satori erfahren und sehe Buddha. Was ist jetzt?» Er fragt allerdings vorsichtig mit den gleichen Worten, mit denen er Kassan gefragt hatte.
Sekisō antwortet: «Du siehst Buddha? Aber er hat keine Heimat! Wo kannst du ihn dann treffen?»

Auch diese Antwort ist brillant. Sie ist vollkommen korrekt. *Sie ist vollkommen.* Buddha ist die Leerheit. Die Leerheit hat keine Heimat, nichts, wo sie weilen kann, nichts, wo sie sich

festmacht, nichts, wo sie sich manifestiert. Wo, um Himmels willen, kannst du dann Buddha treffen?
Der Mönch, der wegen der Antwort Kassans inzwischen vielleicht gemeint hatte, nun wüsste er etwas, ist womöglich wie vom Donner gerührt. Was nun? Wenn Buddha keine Heimat hat und alles ist leer und Nichts – wo könnte er, der Mönch, dann sein Schwert schwingen?

Vielleicht aber ist der Mönch doch nicht wie vom Donner gerührt! Vielleicht blickt er vollständig durch: Schwert schwingen! Handeln! Agieren! Reagieren! Ja! Und alles ist leer! Ja! Das Agieren ist leer! Das Reagieren ist leer! Das Schwingen des Schwertes ist leer! Es wird einfach nur geschwungen, und es ist ein leeres Schwingen.
Was aber das Wunderbarste daran ist: Beides ist ganz genau dasselbe! Ja, so ist es. Kein Unterschied! Form *ist* Leere – Leere *ist* Form.
«Ob den beiden Rōshis das wohl ganz klar ist?», fragt sich der Mönch. Und er kehrt zurück zu Kassan, um ein bisschen zu schüren. Er erzählt die Sache von Sekisō dem Meister Kassan. «Stell dir nur vor, Meister, was der sagt ...», und so weiter.

«Ja», sagt Meister Kassan, «wenn es um praktische Mittel geht, nämlich darum, mit der tausendfachen Manifestation der Leerheit umzugehen, ist Sekisō mir unterlegen, das ist meine Domäne. Im Reden aber über die tiefste Wirklichkeit, nämlich dass die ganze Welt nur ein einziges REINES SEIN außerhalb aller Form ist, nämlich im Reden über diese tiefste Wirklichkeit – da steht Sekisō hundert Stufen über mir.»

Sekisō manifestiert also das Buddha-Wesen im Reden.
Ich finde allerdings, auch Kassan bringt die Sache sehr brillant mit seinem Schwert.
Hat nun einer Recht und einer nicht Recht? O nein! Beide drücken gleichermaßen die Wesensnatur aus. Gleichermaßen treffend und doch auf etwas unterschiedliche Weise, entsprechend ihrer Persönlichkeit und ihrem Temperament.
Mit seiner Bemerkung sagt Meister Kassan einfach nur: «Ich sage und zeige es eben ein bisschen anders als Sekisō.»

Jeder Mensch auf der ganzen Erde, der die Selbstwesensschau erlangt und tief verwirklicht hat, drückt eben dieses auf seine ureigene Weise aus, wie Kassan und Sekisō, nämlich Kassan *so* und Sekisō *so* und jeder von uns wieder anders, nämlich *so*, wie es ihm jeweils entspricht. Das nennt man dann «Persönlichkeit», wobei ganz klar ist, dass die Wesensnatur in ihrer ewigen Stille nicht so etwas wie eine individuelle «Persönlichkeit» besitzt.

Sag mir also: Wenn Buddha keine Heimat hat, wie Sekisō sagt, wo ist dann Buddhas Heimat?
Wenn du dieses also durchschaut hast, *was ist dann*? Stehst du dann hundert Stufen drüber oder eher drunter?

Wie drückst du nun deine Wesensnatur aus? *So*? Wie sieht dein *So* aus?

69 • Nansens «Dachs und Fuchs»

Nansen wandte sich an die Versammlung mit den Worten: «Alle Buddhas der Vergangenheit, der Gegenwart und der Zukunft wissen nicht, dass ES *wirklich ist. Aber der Dachs und der Fuchs wissen, dass* ES *wirklich ist.»*

Die Tiere wissen Bescheid. Sie wissen, was ist. Sie blicken durch. Sie reflektieren nicht «darüber» mit einem Intellekt, so wie wir, aber sie leben darin. Sie schwimmen in der WESENSWELT wie die Fische im Wasser. Sie haben den unmittelbaren Zugang zur Wirklichkeit. Sie atmen sie, sie trinken sie, sie bewegen sich frei in ihr.

Hattet ihr schon einmal den Eindruck, dass ein Wildtier, nämlich ein durch den Menschen nicht beeinflusstes freies Wesen, etwa neurotische Verhaltensweisen an den Tag gelegt hätte?
Wer einen ganz und gar leeren und freien Geist hat, weiß, dass ES wirklich ist. Der kennt die LETZTE WIRKLICHKEIT, und der kennt die ERSTE WIRKLICHKEIT, was dasselbe ist. Der kennt die WIRKLICHKEIT.

Es gibt sehr deutliche Hinweise auf die Erleuchtung bei einigen Tieren. Bei allen anderen Tieren, die uns nicht solche Hinweise geliefert haben, weil sie uns lieber aus dem Wege gehen, konnte man es noch nicht bemerken. Mindestens ist es ein Zeichen von Intelligenz und Weisheit, wenn die Wildtiere uns aus dem Wege gehen. Menschen, die weniger intelligent sind, behaupten, Tiere können nicht Satori erfahren. Als Begründung dafür heißt es ja, dass Tiere wegen der Beschaffenheit ihrer Wirbelsäule nicht die Möglichkeit hätten, ihre Kundalini in der Suṣumnā aufsteigen zu lassen und in den tausendblättrigen Lotos zu führen. Da bin ich etwas skeptisch: Zum Beispiel trat eine meiner Katzen in einen heftigen telepathischen Kontakt mit mir über dieses Thema. Vielleicht sollten wir Menschen unseren Mitgeschöpfen gegenüber viel bescheidener sein und ihnen wirklich das Höchste auch zutrauen, sie entsprechend behandeln und sie nicht einfach bloß aufessen.

Ja, nun die große Frage: Warum sagt Meister Nansen[178] zu seiner Schülerversammlung, alle Buddhas der Vergangenheit, der Gegenwart und der Zukunft wüssten nicht, dass ES wirklich ist, die Tiere dagegen schon? Aber zuerst zu den Buddhas: Warum wissen die Buddhas ES nicht?
Nun, die Buddhas der Vergangenheit existieren nicht, da die Vergangenheit nicht existiert. Würde sie existieren – wo wäre sie dann jetzt? Sie existiert also nicht.
Die Buddhas der Zukunft existieren auch nicht, da die Zukunft ebenfalls nicht existiert. Denn würde die Zukunft existieren – wo wäre sie dann jetzt? Die Zukunft existiert also auch nicht.

178 Nansen Fugan, chin. Nanquan Puyuan (748–835).

Beide – Vergangenheit und Zukunft – sind Fiktionen des menschlichen Geistes.

Was aber ist die Gegenwart? Das ist der Punkt, an dem Vergangenheit, die es nicht gibt, und Zukunft, die es auch nicht gibt, sich treffen und ineinanderfließen. Da sind Vergangenheit und Zukunft verquickt. Zwei Fiktionen, die als Realität nicht existieren, vermischen sich, und der menschliche Geist, der Fiktionen schafft, um diese dann für die Wirklichkeit zu halten, bezeichnet diese Vermischung der Fiktionen dann als «Gegenwart» und hält das für Zeit, für «jetzige Zeit». Aber «Jetzt» und «Zeit» sind ein Widerspruch, ähnlich wie auch «Ewigkeit» und «endlos lange Zeit».

Nun weiter zum Jetzt: Der ewige Nu – das absolute Jetzt –, sollen wir diesen Nu als Gegenwart bezeichnen? Nun, sagen wir von mir aus, wenn auch nicht absolut korrekt, aber sich doch der Wirklichkeit annähernd, jetzt gerade und nur eben gerade in diesem Augenblick – peng – sei die Gegenwart.

Wo ist dann aber der gegenwärtige Buddha? Vorbei! Schon vorbei! Auch der gegenwärtige Buddha wird zur Fiktion.

Wie könnten fiktive Buddhas irgendetwas wissen?

Wie könnte ES, dieses ES, die durch keine fiktive Zeit greifbare und erfassbare Wirklichkeit, von wem auch immer, «gewusst» werden? Wie also könnte jemand aus Vergangenheit, Zukunft oder Gegenwart, wer auch immer es sei, dieses ES wissen?
Nein, es ist unmöglich.
Meister Nansen hat Recht.

Da also die drei Zeiten gar nicht existieren, sind sie leer.

Da also das absolute und ewige, also zeitlose, JETZT auch leer ist, ist alles leer. Die Buddhas sind leer.
Das Buddha-Wesen ist leer.
Die Leerheit selbst aber – ist leer.
Wo könnte jemand sein, der weiß, dass ES wirklich ist?

Und doch – Leere ist Form, wunderbar! Die Buddhas zwar, die seit unendlichen Kalpa in der Leerheit versunken bleiben, wissen nichts. Die in unbeschwertem und freiem Jetzt fröhlich springenden Dachse und Füchse jedoch – sie *wissen, dass ES wirklich ist!*
Ist das ein rationales Wissen? Ist das ein rational logisches Wissen? Nein, damit hat es nichts zu tun.

Ich habe eine Freundin in der Schweiz, die von Beruf Psychotherapeutin ist. Sie heißt Marianne. Marianne hat mich früher einmal heftig gedrängelt, sie möchte doch Schülerin bei meinem Meister, dem Willigis, werden, und ich solle mich bei ihm dafür einsetzen, dass er sie zur Schülerin und in einem kurz bevorstehenden Sesshin annehmen würde. Nun gut, ich habe meinen Meister meinerseits bearbeitet, und er hat «ja» gesagt. Marianne durfte kommen.

Dann hörte ich nichts mehr. Einige Zeit, nachdem das Sesshin längst stattgefunden hatte, rief ich sie an und fragte: «Warst du in dem Sesshin?» Sie sagte: «Ach, weißt du, ich bin davon abgekommen. Ich habe nämlich jetzt einen jungen Hund, und der ist mein Meister.»

Meine Freundin hatte sich also durch die ursprüngliche und reine Frische des jungen Hundes überzeugen lassen: Dieses Hündchen lebte spontan und frei aus seiner Wesensnatur heraus. Nicht mit seiner Ratio «kannte» es Buddha da oben in seinem Grips, sondern es lebte Buddha, es lebte das Sein. Das Hündchen manifestierte auf vollkommene Weise seine Buddha-Natur. Welcher Meister hätte meiner Freundin das WESEN noch deutlicher zeigen können?
So wurde Marianne nicht Zen-Schülerin, und sie verzichtete auf einen Sesshin-Platz bei Willigis, um den viele Menschen sich gerissen hätten.

Ich erinnere mich, dass ich bei meinem Meister mit einem Text arbeiten sollte, der hieß: «Warum werden die Schüler Buddhas höchst verehrt? – Weil sie auf wunderbare Weise die Buddha-Natur manifestieren.» Ich sagte: «Das tun auch die Katzen. Auch sie manifestieren auf wunderbare Weise die Buddha-Natur. Darum werden auch sie höchst verehrt.» Ich versuchte, dabei ernst zu schauen. Schließlich *meinte* ich es ernst, aber ich war vergnügt. Auch mein Meister schaute ernst und antwortete: «Ja, mit Kitekat.» Wir waren miteinander und mit den Katzen zufrieden.

Nun fragt es sich in allem Ernst: Auf welche Weise beweisen die Katzen ihre Wahrnehmung dessen, dass ist, was ist? Auf welche Weise also zeigen sie, dass sie wissen, dass ES *wirklich* ist? Wie machen sie das? Wenn ihr, die ihr Katzen zu Hause habt, gute Schüler seid, dann ist euch das klar.

Weiter: Auf welche Weise zeigt der Dachs, dass ES ihm durch und durch *wirklich* ist?
Auf welche Weise zeigt der Fuchs ES?
Dass die Buddhas, die nicht in der Welt der Form leben, sondern nur auf ihrer Nadelspitze sitzen, es zeigen könnten, ist zweifelhaft. Wir können das gleich vergessen!
Aber Dachs – ? Und Fuchs – ?
Sie zeigen ES! Sie blicken durch!
Dass niemand mehr ein solch wunderbares Wesen wie Dachs oder Fuchs mit Verachtung anschaut! Diese Wesen wissen Bescheid. Jenseits aller Worte und Gedanken wissen sie Bescheid. Ihnen gebührt Respekt!

Zum Schluss ein treffender Vers aus der Zen-Lehre:

Lebewesen und Buddhas verstoßen nicht gegeneinander.

Was ist hier gemeint?

Form und Leerheit verstoßen nicht gegeneinander.

Das ist gemeint.

70 • Shinzan fragt nach dem Leben

Meister Shinzan fragte Meister Shūzan: «Du weißt genau, dass es zum Wesen des Lebens gehört, nicht geboren zu werden. Warum hängst du immer noch am Leben?»
«Der Bambusschössling muss zum Bambus werden. Ich bin noch ein Bambusschössling. Du kannst keine Bambusschnur aus mir drehen», antwortete Shūzan.
Shinzan sagte: «Du wirst es später selbst erfahren.»
«Ich sehe es so, wie ich eben sagte. Wie siehst du es?», fragte Shūzan.
«Dies ist die Halle, das ist die Küche», sagte Shinzan.
Shūzan verneigte sich.

Das ist wieder ein Gespräch zwischen einem Meister und einem, der später auch Meister wurde.
Meister Shinzan[179] sagte zu Meister Shūzan[180]: «Du weißt ganz genau, dass es zum Wesen des Lebens gehört, nicht geboren zu werden. Warum hängst du immer noch am Leben?»

Mit diesen Worten erinnert er Shūzan daran, dass wir Menschen und anderen Lebewesen allesamt zu der Familie UNGEBOREN gehören. Wir sind in unserer WESENSNATUR niemals entstanden, niemals geworden und damit also auch unsterblich. Wir sind keinem Werden und Vergehen unterworfen. Wir sind ewig und unsterblich. Wir sind SEIN. «Wieso», sagt Meister Shinzan, «da du diese Tatsache doch weißt, hängst du immer noch fest am Leben und dem, was mit dem Leben zu tun hat?»
Also, warum sind dann die zehntausend Dinge der Welt der Erscheinungen so überaus wichtig? Warum üben sie nur eine solche Macht über uns aus? Warum sich daran festhängen, festbeißen? Warum – was auch immer – in Besitz nehmen, haben wollen, bekämpfen? Wozu sich aufreiben? Wozu krallen?

«Du weißt doch ganz genau, dass es in der WESENSWELT Geburt und Tod nicht gibt. Warum lebst du nicht einfach aus dieser großen Freiheit heraus?»
Das ist ein bisschen missbilligend zu Meister Shūzan gesagt. Meister Shūzan war zu dem damaligen Zeitpunkt noch nicht der große und berühmte Rinzai-Meister, der später seine Linie und Schule vor dem Untergang bewahrte. Vielleicht war er, als das Gespräch stattfand, seiner eigenen Aussage entsprechend, selber in spiritueller Hinsicht noch nicht ganz ausgewachsen, noch nicht ganz ausgereift, noch nicht ein prachtvoller und herrlicher Bambus, sondern nur ein kleines Bambuslein, ein Bambusschössling, ein Kind.

So sagt er jammernd: «Ich muss doch erst noch zum großen Bambus werden. Ich bin doch erst ein kleiner Schössling. Ich habe schon noch meine Tiefs und meine ‹Depris› und mei-

179 Shinzan Sōmitsu, chin. Shenshan Sengmi (genaue Daten unbekannt).

180 Shūzan Shū alias Ryūsai Shōshū, chin. Xiushan Zhu alias Longji Shaoxiu (gest. ca. 954).

ne Sorgen und Kümmernisse. Du kannst doch nicht eine Bambusschnur aus einem kleinen Schössling drehen, der sich erst in den Anfängen befindet. Du kannst doch nicht schon etwas aus mir machen!» Er kriegt es ja beinah mit der Angst. Er entschuldigt sich für sein Nicht-Verstehen, indem er sich klein macht.
Meister Shinzan sagt geduldig: «Du wirst es später schon noch selbst erfahren, dass du ungeboren und unsterblich bist und dass die ganze Aufregung umsonst ist.»
Daraufhin wird Shūzan doch noch ein bisschen renitent und meint: «Ich sehe es eben so, wie ich gerade sagte. Was gibt es daran zu beanstanden? Wie siehst du es denn, was die Wirklichkeit betrifft?»
Shinzan sagt schlicht: «Dies ist die Halle, das ist die Küche.»
Ja, das ist schön. Es tut so wohl. Dies ist dies, und das ist das.
Dies ist das Zendō, draußen ist der Hof. Hier ist hier, und da vorn ist da vorn. Alles ist so, wie es ist und wo es ist. Und immer ist es nur das Vollkommene. *Noch vollkommener als vollkommen* – das geht nicht. Es ist *so*! Es ist so!
Welche Wohltat das ist – welche Freude!
Shūzan verneigt sich.

Also auch Shūzan erfasst etwas von der Wohltat und Freude über die Tatsache, dass alles so einfach ist: Dies ist die Halle, das ist die Küche.
Hier ist der Fußboden, da ist das Fenster.
So drückt Meister Shinzan das Ungeborene aus. So einfach!

Was tun wir also? Nichts Spektakuläres und nichts Esoterisches, nichts Geheimnisvolles oder Betuliches! Wir tun, was wir sowieso tun, immer das Nächstliegende, das, was gerade eben anfällt. Gut. Und was sehen wir? Na, hier, das, was gerade vor unseren Augen steht. Das, was sowieso da ist, was sich eben gerade zeigt – *das sehen wir, wenn wir unsere Augen öffnen.* Und damit sehen wir das Ungeborene. Wir sehen, was wirklich ist! Wir sehen die Welt nicht nur so verschlafen und verschwommen, sondern rein, klar und wie frisch gebadet.

Das ganze mitleidsheischende und winselnde Getue um das kleine Bambuslein ist also überflüssig. Wer ein großer Bambus werden will, der braucht nur zu erkennen, dass er in seinem Wahren Wesen schon längst ein großer Bambus ist.

Es ist so viel die ängstliche Rede von Karma. Da sagt man: «Alles, was ich jemals getan habe, muss ich auch erleiden.» Und da fürchtet man sich dann vor einer rachsüchtigen Zukunft. Ich glaube nicht, dass der Mensch exakt dasselbe erleiden muss, was er anderen getan hat, aber er muss aus all seinen Handlungen natürlich die Konsequenzen ziehen, wie auch die Konsequenzen akzeptieren, die sich aus seinen Taten ergeben. Wir haben die Verantwortung dafür. Verantwortung zu tragen, ist Freiheit. Insofern haben wir die große Freiheit, unser Leben und unsere Entwicklung zu gestalten, wie es uns gefällt. Je bewusster wir werden, desto glücklicher und freier sind wir dann. Alles, was wir tun, hat seine Folgen. Insofern dürfen wir glücklicherweise für alles entweder «bezahlen» oder «Bezahlung» er-

halten, nämlich einfach nur das uns Entsprechende.
Dies läuft auf der irdischen Ebene, der Ebene der Form, so ab.

Auf dem Stand dieser Erkenntnis stehen die meisten Menschen im allerbesten Fall.
Meister Shinzan verlangt von seinem Gesprächspartner jedoch etwas ganz anderes: «Du weißt doch, dein eigenes Wesen ist nicht geboren! Also sei frei von jedem Anhaften an Vorstellungen über die Dinge des Lebens, wodurch du dir nur quälendes Karma schaffst!»
Was meint er? Nun, er meint: Sieh die Wirklichkeit, so wie sie ist! Erkenne, dass du selbst ungeboren und unsterblich bist! Dein großes Glück steigt in dem Augenblick empor, in welchem du dein GEISTAUGE öffnest und die WESENSNATUR schaust, die seit Urzeiten deine wahre Identität ist. Du selber bist der ewige Brunnen, aus dem dein eigenes Leben steigt. Erkenne das, und dein Leiden hört auf.

Die Wirklichkeit zu hören und zu verwirklichen ist ein Grund, sich zu verneigen.
Als Meister Shūzan schließlich etwas mehr als zuvor begreift, verneigt er sich.

Vielleicht hat Meister Shūzan sich ja voller Freude verneigt.
Und wie steht es um euch?

71 • Suigans «Augenbrauen»

Als Suigan am Ende des dreimonatigen Sommer-Sesshin die Mönchsversammlung unterwies, sagte er: «Während des ganzen Sommers habe ich zu euch Brüdern geredet. Schaut einmal her, ob Suigans Augenbrauen noch da sind!» [181]
Hofuku sagte: «Des Räubers Herz ist voll Furcht!»
Chōkei sagte: «Sie sind gewachsen!»
Unmon sagte: «Einhalt!»

Schon im alten China war es Tradition, im Sommer dreimonatige Sesshin am Stück abzuhalten. Auch in Japan wird diese Tradition heute noch gepflegt. Diese langen Zazen-Übungen sind sehr hart. Die Schüler sitzen viel mehr, als wir hier im Sesshin sitzen. Auch des Nachts sitzen sie in den 90-Tage-Sesshin, ohne zu schlafen. Es besteht die Auffassung, dass, wer nicht schläft, schneller zur Erleuchtung kommt. Ganz sicher ist damit aber eigentlich gemeint, dass wir alles, was wir tun, in großer Wachheit, ja, Wachsamkeit zu tun haben, damit wir nicht immer wieder in süßen Träumen versinken. Denn beim Einduseln in Fantasiewelten gibt es keine klare Einsicht in das eigene Wesen. Da der menschliche Körper aber ohne Schlaf auch erschöpft ist, fallen diesem und jenem Übenden immer wieder einmal die Augen zu. Das ist auch gut so, denn ein ausgeruhter Mensch kann besser Zazen üben. Selbst in Japan ist man trotz der großen Härte bei den langen Sesshin auch barmherzig: Es ist erlaubt, in der Nacht eine Kinnstütze, nämlich eine Astgabel, zu verwenden, in welche das Kinn gelegt werden darf, wodurch der ganze Körper gestützt wird, um im Schlaf nicht umzufallen. Man muss um eine Kinnstütze bitten, um sie zu erhalten. Wer nicht bittet, bekommt keine. Das erfährt mancher Ausländer, der von der Sache nichts weiß und so keine Kinnstütze bekommt. Allerdings muten nur wenige Ausländer sich ein solches Sesshin zu. Bei dieser Härte – mit oder ohne Kinnstütze – wird sicher die gesamte Konzentration dafür verwendet, nicht umzufallen, sondern aufrecht zu sitzen, aber in der angemessenen Geisteshaltung mag auch das Zen-Übung sein. Mindestens stählt es den eisernen Willen.
Übrigens werden 90-Tage-Sesshin in der beschriebenen traditionellen extrem strengen Form nicht in jedem japanischen Zen-Tempel und -Kloster durchgeführt. Wir können hier in unserem Zendō auch keine Dreimonats-Sesshin abhalten, da ihr ja vom Arbeitgeber kein Vierteljahr Urlaub bekommt. Am Anfang war mein Traum allerdings, auch hier von Zeit zu Zeit solch lange Zazen-Zeiten anzubieten, wenn auch mit Nachtruhe. Aber das zu tun, wäre letztlich wohl illusorisch.

181 Das Ausfallen der Augenbrauen geschieht laut alter volkstümlicher Ansicht in China einem Verbrecher, um ihn vorweg an die Höllenstrafen zu erinnern, die ihn erwarten. Der Zen-Meister, der zu viel über das Unsagbare redet, schädigt seine Schüler und wird an ihnen zum Verbrecher. So fallen ihm die Augenbrauen aus.

Früher habe ich zwei Mal bei meinem Meister ein dreiwöchiges Sesshin besucht. Uns allen ging es so, dass wir danach nicht mehr aufhören wollten. Wir waren auf den Geschmack des immerwährenden Zazen gekommen. Zwischen je zwei Wochen gab es einen Tag, an dem wir tun konnten, was wir wollten. Da sagte einmal einer der Teilnehmer: «Wenn ein Sesshin-Tag ausfällt, verlottert man ja ganz!» Tatsächlich saßen wir auch des Nachts im Zendō, aber nicht die ganze Nacht hindurch, sondern auf Wunsch so lange jeder wollte. Ihr wisst hier alle, dass es nicht unbedingt das Zendō sein muss, um ein immerwährendes Zazen zu praktizieren. Auch ein Sesshin muss es nicht sein, aber eure intensive und ungeteilte Wachsamkeit bei allem, was auch immer ihr tut und was auch immer ihr wahrnehmt, diese Wachsamkeit muss sein! Dann wird euer Leben wirklich zu eurem WEG.

Nun gut, kommen wir zu Meister Suigan[182]! Er hatte sich gerade ein Vierteljahr lang Tag für Tag intensiv um seine Mönche gekümmert. Er hatte ihnen täglich Teishō und Dokusan gegeben. Er hatte geredet! Am nächsten Tag würde eine Reihe von ihnen sich auf die damals übliche Wanderschaft begeben, um ihre im Dreimonats-Sesshin erworbenen Geisteskräfte bei ihren Besuchen bei anderen Meistern und Mönchen zu prüfen und weitere Erfahrungen zu sammeln.
Übrigens lässt sich beim Wandern das allerschönste Zazen praktizieren. Das ist die Übung in der Bewegung. Es ist ein langes Kinhin.

Suigan hielt seine letzte Unterweisung vor dem Abschied. Er sagte zu den Mönchen: «Den ganzen Sommer über habe ich zu euch Brüdern geredet. Schaut einmal her, ob Suigans Augenbrauchen noch da sind!»

Wie schon gesagt, ist das Ausfallen der Augenbrauen ein schlimmes Zeichen dafür, dass ein Mensch zum Verbrecher geworden ist! Dadurch soll er darauf vorbereitet werden, dass ihn fürchterliche Höllenstrafen für seine Taten oder üble karmische Folgen erwarten. Ursache und Wirkung greifen unerbittlich! Wenn nun ein Zen-Meister seinen Schülern leichtsinnigerweise zu viel, aber auch zu viel Unsinn über Erleuchtung, Tod, Leben und Wiedergeburt erzählt hat, ja, wenn er ihnen die Köpfe vollgestopft hat mit Überflüssigem und Falschem, stiehlt er ihnen ja die Chance für ungestörte innere Stille, sodass sie nicht mehr in Ruhe und Harmonie ihre geistige Übung vollziehen und zur Erfahrung des eigenen Wesens kommen können. Der Meister wird zum Dieb, ja, zum Verbrecher an seinen Schülern. Ihm widerfährt Entsetzliches: Die Augenbraucn fallen ihm aus!

Ihr müsst mich nicht fragen, ob das wirklich stimmt! Ihr seid so weise, dass eine solche Frage für euch gar kein Thema ist. Ihr wisst Bescheid! Passt nur auf, liebe Zen-Leute, dass nicht ihr zu viel Esoterisches redet und damit eure Mitmenschen verderbt, bloß um sie zu beeindrucken! Sonst verliert ihr ganz bestimmt eure Augenbrauen oder das, wofür die Augenbrauen im alten China standen!

Suigan ist sich selbst ganz sicher, dass er den Mönchen keinen Unsinn in die Köpfe gestopft hat. Er möchte sie aber auch davor warnen, sich aus seinen Worten womöglich Glaubens-

182 Suigan Reisan, chin. Cuiyan Lincan (9./10. Jh.).

sätze, Dogmen zu basteln und dann zu meinen, sie wüssten etwas. Ich warne auch euch immer wieder einmal nach Beendigung eines Teishō davor, dies zu tun, sondern alles Gehörte zu vergessen und sich nur noch in Zazen zu versenken. Es geht euch dadurch nichts verloren, denn im Inneren arbeitet es mit dem zuvor Erfahrenen und Gehörten, und dort findet ein großer und langer Prozess der Reinigung statt. Dabei werden alle Illusionen, alle Irrtümer, alle Dummheiten aufgelöst, ja, es wird alles Überflüssige vernichtet, und übrig bleibt das ursprüngliche reine, klare Bewusstsein, auch genannt das ursprüngliche Gesicht.

Einige Menschen krallen sich panisch an gewissen Ideen fest, an Stichworten, die sie gehört oder gelesen haben, um sich sicherer zu fühlen. Sie fühlen sich dadurch beschützt. Tut das nicht, liebe Leute! Das sind Hindernisse zur Selbstwesensschau, zum Kenshō.

Als nun Meister Suigan seine Mönche auffordert: «Schaut mich doch einmal an und sagt mir, ob meine Augenbrauen noch da sind!», braucht er keine Sorge zu haben! Er hat den Sommer über gut gearbeitet.

Wir nehmen einmal an, dass auch Hofuku, Chōkei und Unmon, drei sehr fähige Männer, unter den Mönchen gesessen haben und ihre Äußerungen zu dieser Angelegenheit «Augenbrauen» sogleich von sich gegeben haben. Sie haben Spaß daran. Als Meister Suigan die Mönche auffordert, ihn anzuschauen, ob er denn seine Augenbrauen noch im Gesicht hat, gibt Hofuku seine Meinung ab. Er spöttelt: «Des Räubers Herz ist voll Furcht!» Er meint damit, Suigan hätte wohl die Befürchtung, zu viel geredet zu haben. Das glaube ich aber nicht, sondern Suigan mahnt eher seine Schüler, sich nicht aus so manchem Gehörten und Gemerkten ein neues inneres Durcheinander zu basteln und dabei innere fehlerhafte Verknüpfungen herzustellen, sondern stattdessen ihren Geist zu befreien, ihn klar und leer zu machen. Es gilt, sich von untauglichen Assoziationen und Bezugsfeldern zu befreien.

Chōkei glaubt nicht an eine Befürchtung bei Meister Suigan, und er springt für Suigan schnell in die Bresche, indem er ihm bestätigt: «Die Augenbrauen sind sogar gewachsen!» Damit erklärt er, Suigan habe den ganzen Sommer über kein Wort zu viel geredet.
Beide Bemerkungen um dieses Augenbrauen-Thema und die womöglich zu viel geredeten Worte oder doch nicht zu viel geredeten Worte reichen nun dem Unmon endgültig. Er ist ohnehin vollkommen einverstanden und hochzufrieden mit der sommerlichen Zen-Schulung durch Meister Suigan, er möchte nichts mehr davon hören und dem auch nichts hinzufügen. Ihm ist auch klar, dass Meister Suigan seinerseits gar keine Bestätigung durch seine Schüler braucht. Unmon will, dass sofort mit den Kommentaren um die Augenbrauen und das Reden Schluss gemacht wird, und er ruft laut und schroff: «Einhalt!»

So löst Unmon den Bann um das Gerede, dass nicht zu viel Gerede sein sollte, und tatsächlich war dieses Wort «Einhalt!» die Rettung aller Zen-Schüler!

Ja, es ist ein Zauberwort, das auch uns entspannt und still machen kann – und wir so in tiefes leeres Schweigen sinken. Und alles ist gut, ob wir auf Wanderschaft gehen oder hier bleiben.

72 • Chūyūs «Affe»

Kyōzan fragte Chūyū: «Was bedeutet ‹Buddha-Natur›?»
«Ich will es dir mit einem Gleichnis erklären», sagte Chūyū. «Stell dir einen Raum vor mit sechs Fenstern. Darin befindet sich ein Affe. Draußen ruft jemand: ‹Affe, Affe!› Der Affe antwortet im selben Augenblick mit demselben Ruf. Durch welches der sechs Fenster auch immer jemand ‹Affe!› ruft, der Affe antwortet stets im selben Augenblick auf dieselbe Weise. Das ist alles.»
«Und wenn der Affe schläft?», fragte Kyōzan.
Chūyū stand aus seinem Zen-Sitz auf, packte Kyōzan und sagte: «Affe, ich habe dich!»

Was bedeutet diese mysteriöse Geschichte mit den sechs Fenstern und dem Affen im Innern des Hauses? Das ist der Mensch. Sein Körper ist das Haus. Die sechs Fenster sind seine sechs Sinne, einschließlich seines denkenden, menschlichen Bewusstseins. Hier ist vom Skandha und dem ausgeformten Bewusstsein die Rede, also unseren Möglichkeiten der menschlich-irdischen Wahrnehmung.
Der Affe ist die Wesensnatur, die sich so oder so zeigt, nämlich wie sie sich jeweils gerade zeigt. Immer aber offenbart sie sich.

Manchmal zeigt die Wesensnatur sich auch in der Dummheit, im Nichtwissen, Nichterkennen oder im Wahn. Manchmal zeigt sie sich im Kopfschmerz, in der Müdigkeit, in der Trauer – und dann wieder im Atmen der frischen Luft, im Duft eines Blütenbuschs und im Anblick eines jungen Mädchens.
Da kommt scheinbar von außen ein Klang, ein Ton, ein Bild, eine Berührung – und der Affe reagiert sofort! Es ist, als ob von außen jemand ruft: «Affe!» und der Affe reagiert. Er reagiert rein und ursprünglich oder – wenn er sich erst durch sein inneres Raster, gar seinen inneren Mülleimer, quälen will – verkleidet, vermummt und maskiert. Dann redet man von einer «Person» oder gar «Persönlichkeit», obwohl das wirklich nicht immer mit der Ausgereiftheit eines reifen Menschen, einer integren Persönlichkeit, zu tun hat.

Wie aber auch immer die Wesensnatur sich zeigt – sie zeigt sich!
Entweder sie zeigt sich in ihrem reinen unberührten Sein, dem göttlichen Nichts, oder sie zeigt sich in einer ihrer vielen Ausformungen.
Niemals zeigt sie sich nicht.
Aber in ihrer absoluten tiefen, göttlichen Stille des Seins ist sie für physische Augen und Ohren nicht wahrnehmbar.
In ihrer Ausformung erkennen Menschen sie meistens nicht. Sie sehen nur die äußere Form.

Die Wesensnatur ist die Buddha-Natur. Sie wohnt im Innern des Hauses. Das Haus ist, wie

gesagt, unser menschlicher irdischer Körper. In ihrer Tiefe ruht die Buddha-Natur unverändert und rein. Nie schläft sie. Nie tobt sie herum. Und doch tobt der Affe!
Wie kommt das? In ihrer Ausdrucksform tobt oder tanzt oder singt oder schaut oder arbeitet sie, die Wesensnatur. Wenn abends in der Zeremonie auf das Brett geschlagen wird, reagiert der Affe. Der Ruf des Brettes kommt bei ihm an. Hören! Womöglich gar ein inneres Sichwehren gegen die lauten Schläge. Heftige innere Empörung. Schreck. Oder einfach *nur* Hören. Nur! Nichts dazu, nichts weiter mehr.
Die Erfahrung kommt verfälscht oder unverfälscht, je nach Tiefe und Qualität der Wahrnehmung, je nach Tiefe der Entwicklung des Menschen. Wie weit ist der Edelstein schon aus seiner Trübung herausgeschliffen?

Ich weiß noch, wie mein Meister mir dieses demonstrieren wollte. Er schlug mir mit seinem Meisterstab kräftig auf den Oberschenkel. Er wollte eine spontane Reaktion haben, aber ich schwieg nur. *Das* war meine Reaktion.
Manchmal hört man bei ihm aus dem Dokusan-Raum den Schrei eines Schülers. Dann ist *das* die Reaktion des betreffenden Schülers, sprich seiner Wesensnatur in ihrer dann aktuellen Ausformung.

Wie auch immer die Wesensnatur sich zeigt, sich manifestiert – immer wieder manifestiert sie sich!

Niemals, niemals gibt es *keine* Form! Immer entsteht von Sekunde zu Sekunde Form! In jedem Augenblick hebt sich die Welle der Welt, ehe sie wieder versinkt – und sich wiederum hebt. Jetzt – und jetzt – und jetzt – und jetzt –.

Die Zen-Geschichten und die Kōan sind voll von den Erzählungen des jeweiligen Augenblicks, in dem der Affe gerufen wird und zugleich damit reagiert. Der Ruf ist ja schon die Reaktion! Der Ruf und die Reaktion des Affen sind nicht zweierlei, sondern sie sind EINS. Der Ruf «Affe!» ist bereits die Reaktion des Affen. Der Affe wartet nicht.

In der hebräischen Bibel gibt es eine schöne Stelle, die das zeigt. Auf Deutsch heißt sie: «Und Gott sprach: ‹Es werde Licht!›, und es ward Licht.»
Da scheint ein zeitlicher Ablauf beschrieben zu sein. Grammatikalisch im Deutschen ist das jedenfalls so. Zuerst sagt Gott: «Es werde Licht!» Er gibt sozusagen den Befehl. Danach und in der Folge heißt es: «Und es ward Licht!» Sprachlich sind dies Ursache und Wirkung.
Aber nur und wirklich nur auf Hebräisch kommt die Sache richtig heraus: «Wajomer Elohim: Jehij Or – Wajehij Or.»
Habt ihr es gehört? «Jehij Or – (Wa)jehij Or.» «Jehij Or – jehij Or.»
Das «Wa» heißt nur «und». Ein Ausdruck wirkt dadurch pathetischer, und die Heiligkeit der Aussage wird betont.
«Or» ist «Licht». «Es werde» und «es ward» heißt das in falschen Übersetzungen, nämlich die Zukunft in Befehlsform und die Vergangenheit. Aber in der Urbibel ist es dieselbe Form. «Es werde» und «es ward» ist da dieselbe Form. «Jehij – jehij». Dies drückt die

ewige Präsenz, das ewige Jetzt aus. Das ist kein zeitlicher Ablauf. Zukunft und Vergangenheit sind nichts als das reine Jetzt. Wie soll man das wohl übersetzen?
Ich weiß nicht, ob das schon einmal jemandem in der hebräischen Bibel aufgefallen ist. In sämtlichen Übersetzungen der hebräischen Bibel in andere Sprachen ist der eine ewige Augenblick auseinandergenommen. Und schon wird es dort dualistisch und damit fehlerhaft.
Jedoch: Indem das ewige Wesen spricht: «Es werde», steht damit zugleich die Welt da. Dieses «es werde» ist bereits der Augenblick der Schöpfung.
Es findet in einer ewigen Zugleichheit statt und ist doch nicht zweierlei.
Eigentlich und noch korrekter hieße es übersetzt: «Es *sei* Licht!», und in dem Augenblick dieses Rufes *ist* Licht!
Der Ruf selbst ist Licht-Sein.

Noch näher an der Sache hieße die Übersetzung eigentlich: «Licht sei – Licht ist!»
Da sind «Licht sei!» und «Licht ist!» ein und dasselbe.

Der Ruf «Affe!» von außen ist zugleich seine Antwort von innen.

Wenn der Mensch dies erfährt, geht ihm glückselig auf, dass das Innen und das Außen EIN EINZIGES geworden sind – ja, in Wirklichkeit immer schon waren.
Denn: Das Einzige ist!

Da gibt es kein «Ich» und kein «Nicht-Ich», kein «Selbst» und kein «anderes».
Der Mensch begegnet sich in allem, was ihm begegnet, selbst.

Nur scheinbar begegnet ihm etwas anderes. Nur scheinbar kommt von außen etwas auf ihn zu.

Aktion und Reaktion – beides ist in der Letzten Wirklichkeit EINS. Beides ist dasselbe.
Jede Ursache ist zugleich ihre Wirkung.
Jede Wirkung ist zugleich ihre eigene Ursache.

Ursache und Wirkung sind aufgehoben. Sie sind in der absoluten Wirklichkeit aufgehoben. Das ganze Karma ist leer. Im absoluten unberührbaren SEIN hat niemals das Karma als statisches Faktum bestanden. Der Affe ist frei.

Ich muss aber warnen! Der Affe darf sich nicht mit seinen jahrelangen Dummheiten, die er als seine Weisheiten innerlich im MVD abgespeichert hatte, identifizieren! Sein Ego ist nicht seine wahre Identität!

Er ist – erst sobald er die Unabhängigkeit von allen Täuschungen erreicht hat – nicht eingesperrt. Alle Fenster und Türen sind offen. Seine Wahrnehmung ist klar und rein. So kann er kommen und gehen, wie er will, weil er immer schon dort ist, wohin er geht.

Wenn der Affe keinem Irrtum unterworfen ist, hat er kein Problem. Dann gibt es keine Fenster, durch die er erst schauen müsste.
Dann ist alles, was gerade ist, das eine Sein. Ja, so ist das.

Kyōzan[183] fragt in unserem Kōan den Chūyū[184]: «Was bedeutet Buddha-Natur?» Nun, so etwas wie «Bedeutung» gibt es nicht. Nichts «bedeutet» irgendetwas. Alles ist vorher schon, was es ist. Buddha-Natur ist Buddha-Natur. Wenn ich aber sage: «Buddha-Natur ist Buddha-Natur», ist es nur eine Erklärung und nicht Buddha-Natur. Was also ist Buddha-Natur?

Chūyū sagt zu Kyōzan: «Ich will es dir sagen: In einem Raum mit sechs Fenstern von innen nach außen befindet sich ein Affe. Wenn jemand ruft ‹Affe!›, so reagiert er zugleich mit diesem Ruf. Der Ruf von außen *ist* der Ruf von innen, es ist nur der eine Ruf in dem einen Augenblick. Die Ursache ist die Wirkung, die Wirkung ist die Ursache, und zwischen innen und außen, oben und unten, rechts und links gibt es in der tiefsten Wirklichkeit keinen Unterschied. *Es ist so und nicht anders*!»

Kyōzan fragt nach: «Und was ist, wenn der Affe schläft?» Was ist, fragt er damit, wenn der Affe in seine eigene ewige Stille, in die Leerheit, versunken ist – und zwar *nur* in die Leerheit versunken ist? Was ist, wenn er nicht mehr hört, dass jemand ihn ruft? Wenn er nicht mitbekommt, dass sich da in der Welt überhaupt etwas regt und bewegt? Was ist, wenn seine Buddha-Natur in ihrem unberührten SEIN verharrt und es keine Regung mehr gibt – ja, wenn der Affe diesen Zustand auch noch für Erleuchtung hält?

Vielleicht hat Kyōzan zu dem Zeitpunkt noch einen heimlichen Hang zur Leerheit, dass er so hinterrücks nachfragt. «Was ist, wenn der Affe schläft? Wenn er nicht mehr teilnimmt am Leben der Welt? Wenn er versunken bleibt in seine zeitlose Unendlichkeit, uninteressiert an der schnöden Welt?»

Das aber ist bei jedem anständigen spirituellen Meister verpönt, und Meister Chūyū reagiert sofort heftig. Er springt von seinem Kissen hoch, packt den Kyōzan fest, schüttelt ihn und ruft: «Affe! Ich habe dich!» Da kann der Affe nicht mehr schlafen. Wachheit ist angesagt! Er muss schnell und hellwach reagieren.

Im Zen wird nicht herumgedöst und in die Leerheit gerutscht, um da gemütlich wie im Mutterleib in einer vermeintlichen Geborgenheit zu verbleiben, fern aller unerwünschten Verantwortung. Manche Zen-Leute scheuen die Welt. Sie üben Zazen, um sich vor den Angriffen des Lebens zu verstecken. Sie versinken im Nichts, probieren es jedenfalls, und werden autistisch, jedenfalls immer bei Bedarf. Sie haben Angst vor ihren eigenen Verantwortlichkeiten, von denen sie sich überfordert fühlen. So schließen sie die Augen. Das ist eine Krankheit, sie wird sogar «Zen-Krankheit» genannt, und sie ist im Zen strikt verboten. Der so Kranke ist nicht unschuldig. Er will für sich und seine Aufgaben nicht die Verantwortung tragen.

Es ist nicht schlecht, die Leerheit gründlich zu kennen, aber bitte nicht unter Leugnung der

183 Kyōzan Ejaku, chin. Yangshan Huiji (807–883).

184 Chūyū Kōon, chin. Zhongyi Hon'gen (8./9. Jh., genaue Daten unbekannt).

Welt! Sondern inmitten der Dinge werden Leerheit und Form erkannt und gelebt! Inmitten der Aktion und in tüchtiger täglicher Arbeit wird die tiefe Stille erfahren!

In den zehntausend Dingen der Welt, das heißt, in den entzückenden und zauberhaften Dingen und Lebewesen, sieh den göttlichen Urgrund, ohne Angst, ohne Abwehr! Mit Angst und Abwehr ist es noch nicht das reine göttliche Nichts.

Ja, alle Dinge sind leer, sie sind voll der göttlichen Leerheit, voll des göttlichen Nichts! Und erst so sind sie da.

Dieses immer wieder zu entdecken, ist das Beste, denn die Welt entweder nur als leer oder nur als ausgeformt zu erfahren, ist noch nicht die wahre und reine Schau. Wie wir erfahren, liegt nur an uns selbst und nicht an der Welt! Die Welt ist, wie sie ist, und damit ist sie von uns unabhängig. Um zu sein, wie sie ist, dafür braucht sie nicht uns. Es stört die Welt nicht, wie wir sie wahrnehmen. Die Unendlichkeit kümmert sich nicht um unsere Weltsicht.

Ist die Welt nun leer oder nicht-leer? Oder beides zugleich als dasselbe? Sind «leer und nicht-leer» nun innen oder außen?
Was meint ihr?
Stellt aber kein Dogma darüber auf! Bastelt euch keinen Glaubenssatz! Lasst euch nicht hereinlegen und legt euch nicht selber herein!

Zum Schluss der Affengeschichte, welche die Geschichte der Buddha-Natur ist – hier noch eine wunderschöne Stelle aus dem Katha-Upaniśad:

> «Der Schöpfer bohrte die Öffnungen der Sinnesorgane nach außen.
> Daher blickt der Mensch nach außen und nicht nach innen.
>
> Ein gewisser Weiser jedoch, der die Unsterblichkeit ersehnte,
> wandte die Augen nach innen und schaute das Selbst unmittelbar.»

Damit wissen wir, was wir zu tun haben: Wir wenden die Augen nach innen und schauen das Selbst unmittelbar. Um es uns leicht zu machen, sitzen wir in ausgezeichneter Haltung auf dem Kissen, atmen ruhig und versenken uns. Der Geist wird still, und wir erkennen all die Unruhe des täglichen Lebens als leer und substanzlos.

Woran sollten wir uns noch festklammern? Alles gierige und ängstliche Festklammern hat sich aufgelöst. Und nun erst, da wir uns selbst und die Welt als leer durchschauen, erkennen wir die große Schönheit in allen Dingen des Lebens, das wir ja vielleicht bis dahin für so schwer und hässlich gehalten hatten.

73 • Sōzan erfüllt seine Sohnespflicht

Ein Mönch fragte Sōzan: «Wenn jemand seine Trauerkleider ablegt, was ist dann?»
«Heute hat Sōzan seine Sohnespflicht erfüllt», antwortete Sōzan.
«Was ist, wenn du deine Sohnespflicht erfüllt hast?», fragte der Mönch.
«Sōzan betrinkt sich gern», sagte Sōzan.

Die Frage «Was ist, wenn jemand seine Trauerkleider ablegt?» bedeutet: «Was ist, wenn ein Mensch zur Erleuchtung kommt?»
Wenn ein Mensch zur Erleuchtung kommt, hat er keinen Grund mehr zu trauern. Er fühlt sich nicht mehr wie im Exil, er sehnt sich nicht mehr nach zu Hause, er vermisst nichts mehr. Alles ist gut. Wo auch immer er sich gerade befindet, was auch immer er gerade tut, erfährt, entdeckt, er ist immer – hier und jetzt – da. Die Freude hat ihn erfasst. Er legt seine Trauerkleider ab.

Sōzan[185] antwortet dem fragenden Mönch: «Heute hat Sōzan seine Sohnespflicht erfüllt.» Damit sagt er: «Du willst wissen, was ist, wenn jemand seine Trauerkleider ablegt. Schau mich an! Ich habe die Erfahrung gemacht! Die Trauer ist vergangen. Nachdem ich lange genug Trauer getragen und meiner Sohnespflicht nachgekommen war, kann ich nun die Trauergewänder ablegen. Die Erfüllung der Pflicht ist abgeschlossen. Schau mich an: Sie ist vervollständigt! Jetzt wird erst richtig gelebt!»

Der Mönch will wissen: «Was ist denn dann, wenn du deine Sohnespflicht erfüllt hast?» Der Meister sagt es ihm: «Sōzan betrinkt sich gern.»

Was sagt er damit? Was bedeutet, die Sohnespflicht erfüllt zu haben? Ein inneres fühlendes Wesen, also ein inneres Kind, empfindet häufig und unbewusst verschiedene drückende Pflichten. So geht es fast jedem Menschen. Er fühlt sich – und selbst wenn auch nur unbewusst – verpflichtet, treu, pünktlich, ehrlich, fleißig, sauber, freigebig, liebevoll und fromm, bescheiden und vornehm sein zu müssen. Außerdem fühlt er sich verpflichtet, immer Verständnis mit den Mitmenschen, auch mit seinen Quälern, zu haben, also ein Stockholm-Syndrom zu entwickeln und auszuagieren, natürlich auf eigene Kosten. Dann fühlt er sich verpflichtet zu verzichten, nachzugeben, sich immerzu zu entschuldigen, zu erklären, sich zu rechtfertigen und die Schuld auf sich zu nehmen. Die Quintessenz ist: Er fühlt die Verpflichtung, neurotisch zu werden und zu leiden. Er glaubt, nur ein leidender Mensch sei ein guter Mensch. Das ist einer seiner Glaubenssätze.

Ein frommer Mensch fühlt die Verpflichtung, sich ständig seine eigenen Sünden unter die Nase zu reiben und sie schmerzlich zu bereuen. Er hört nicht auf damit. Er fühlt die ernsthafte Verpflichtung, immer wieder Buße zu tun und sich zu bessern in all den Punkten, die

185 Sōzan Honjaku, chin. Caoshan Benji (840–901).

eben aufgezählt wurden. Ein alter Jesuit hat mir einmal erzählt, er sei ein «ganz großer Sünder», und er ginge seit vielen Jahren jeden Samstag zur Beichte. Ja, wieso konnte ein alter, religiöser Mann seine angeblich großen Sünden niemals überwinden?

Was aber das Allerschlimmste ist – ein guter Mensch glaubt unbewusst, er sei verpflichtet, sein ganzes Leben lang mit einem schlechten Gewissen herumzulaufen. Das ist wenigstens in Mittel- und Südeuropa der Fall. Übrigens nennt man auch solche Persönlichkeitsstrukturen «Ego», in diesem Fall «zerrissenes Ego». So ein armes Egolein der eben beschriebenen Art ist ein kleines, verletztes Kind. Damit die lieben Eltern das kleine Kind doch noch lieben, gibt es sich die allergrößte Mühe und sagt ständig: «Ich bin kein gutes Kind. Ich bin kein gutes Kind. Wenn ich eure Lehren erfülle, nämlich mich zu strafen, wie ihr mich gestraft habt, werdet ihr mich hoffentlich eines Tages endlich doch noch lieb haben!»

Und so erfüllen viele, viele Kinder, die schon lange erwachsen geworden sind, jedenfalls den Zentimetern nach, ihre «Kindespflicht». Sie erfüllen ihr «Skript», ihr inneres Lebensprogramm, ihr Lebensdrehbuch. So blühen die Neurosen, die Persönlichkeitsstörungen und die psychosomatischen Erkrankungen, die chronischen Schuldgefühle, die Traurigkeit darüber, dass die große Liebe einfach nicht kommt, und die Depressionen. Vielleicht sind die Eltern schon lange gestorben, das Kind aber versucht immer noch traurig und hoffnungslos, ihnen zuliebe deren Lehren zu erfüllen.

Eines Tages aber, o Wunder, erfährt ein solches Kind auf dem Weg unverhofft Satori! Peng! Satori! Das Kind erwacht! Es öffnet sein GEISTAUGE! Guten Morgen, du Kind!! Herzlich willkommen in der Wirklichkeit!! Es wird erwachsen! Wenn es jedenfalls an seinem Weg dranbleibt und *wirklich* erwachsen wird, kann es sein Satori ausreifen lassen und sich weiter und weiter entwickeln. Es kann einen sehr, sehr guten Stand erreichen.

So ist es Sōzan gegangen.
Er hat es geschafft. Nicht durch jahrelange Selbstquälerei hat er es schließlich geschafft. Er hat es erreicht durch das Öffnen seiner Augen und in dieser daraus folgenden klaren Einsicht in das Wesen der Welt. Hierdurch war es ihm möglich, sich die Selbstquälerei abzuschaffen.
Schluss mit der Selbstquälerei!

Die Trauerzeit ist die Zeit vor dem Kenshō. Ist die Trauerzeit vorüber, wird gefeiert, wird gelebt. Nicht bloß existiert wird dann – und nicht bloß mehr oder weniger mühselig vegetiert! Nein, sondern jetzt wird gelebt! Gelebt! Aus der Fülle wird gelebt!

Später sagt er zu dem Mönch, der sich seinerseits um Hilfe an ihn gewendet hat: «Heute hat Sōzan seine Sohnespflicht erfüllt.»
Sōzan hatte auch schon gestern und vorgestern seine Sohnespflicht erfüllt. Er war längst Meister und damit ein Helfer seiner Schüler. Mit dem «heute» habe er seine Sohnespflicht erfüllt, drückt er aus: «Jetzt! Jetzt! Jetzt bin ich im Frieden und habe keine Schulden mehr abzuleisten. Der Ausgleich ist geschehen: Alle Dinge sind leer. Ich habe wirklich Grund zu großer Freude.» Denn immer nur ist JETZT.

Sōzans Schüler begreift noch nicht so ganz richtig. Der Schüler ist nämlich ein braver, lieber Sohn. So fragt er – etwas verunsichert – weiter nach: «Was bedeutet es, dass du deine Sohnespflicht erfüllt hast? Was ist dann?»
Meister Sōzan lacht fröhlich: «Ich betrinke mich gern! Was glaubst du denn? Wenn ich meine Sohnespflicht erfüllt habe, dann bin ich schuldenfrei, dann lache ich, dann tanze ich, dann trinke ich!»

Überflüssigerweise erwähne ich, dass es hier nicht um Trinken und Alkohol geht. Ich habe mich über Meister Sōzan und sein Leben informiert und dort auch nicht den winzigsten Hinweis auf Alkohol und Trinken finden können. Im Gegenteil hatte er einen reinen, klaren Geist, der vollständig unvernebelt und unverdorben war. Dementsprechend war auch seine Arbeit, die er für die Menschen leistete, wo auch immer er in die Lage kam, sie zu unterweisen.
Es soll zwar auch unter den Zen-Meistern Alkoholiker gegeben haben und auch geben, aber mit diesem Thema hatte Sōzan nichts zu tun.
Als Sōzan sagte: «Sōzan betrinkt sich gern», war das gemeint, was viele Mystiker auf der ganzen Welt nennen, nämlich sie seien vom Heiligen Geist berauscht. Kabīr schrieb: «Ich bin berauscht vom Anblick dieses Alls.» Der Erleuchtete trinkt den Göttertrank Todlos, der nichts mit Rauschmitteln zu tun hat. Kein Alkohol und kein anderes Mittel, um den Geist zu trüben, kann auch nur annähernd eine solche Glückseligkeit zur Folge haben wie ein Schluck des Göttertrankes Todlos.

Zu meiner Freude sehe ich bei euch, dass dieses hier ein fröhliches Zendō ist. Normalerweise ist es ja üblich, dass Zen-Anhänger in den diversen Zen-Schulen mit so furchtbar langen Gesichtern herumlaufen, als ob auch sie sich immer noch verpflichtet fühlten, irgendwelchen imaginären Autoritäten zuliebe zu leiden und nie mit sich selber einverstanden zu sein. Einige wüten streng und hart gegen sich selbst, fordern Härte vom Zen-Meister und wenden dann diese Härte auch gegen ihre Dharma-Geschwister. Denen soll es nämlich auch nicht besser gehen. Ihr könnt beobachten, dass Zen-Leute, die eine strenge und harte Einstellung anderen Zen-Leuten gegenüber hegen, vor allen Dingen und in erster Linie zu sich selber grausam sind. Dann schauen sie, ob die anderen es auch genau so «richtig» machen wie sie selbst, und wenn nicht – o weh – dann ist mit ihnen nicht gut Kirschen essen.

Viel stärkere Hilfe und Motivation auf dem Weg ist die Heiterkeit. Also macht weiter damit! Übt durchaus mit einem heiteren, aber nicht verbissenen Ernst, mit einer ernsten, aber nicht verkrampften Heiterkeit. Auch im täglichen Leben draußen in der Familie oder im Beruf sind der Humor, die liebevolle Freundlichkeit und die Güte sich selbst gegenüber eine starke Kraft. Lasst doch euch selbst gegenüber ein bisschen locker!
Fragt euch, ob ihr nicht auch schon längst eure – in dem beschriebenen Sinn – Kindespflicht erfüllt habt. Seid unbeschwerter und fürchtet nicht ein grausiges Karma! Die innere Verbissenheit schafft immer wieder neues und quälendes Karma. Seht euch selbst mit Humor und Verständnis an und übt das Loslassen. Wenn ihr auf eurem Weg klar und frei geworden seid, wo könnte sich dann noch neues Karma bilden?

Wenn also die große Freude einsetzt und euer ganzes Leben durchtränkt, was ist dann? Was tut ihr dann?
Feiern! Essen! Trinken! Tanzen! Wandern gehen! Wunderschöne und gute Gespräche führen! Kochen! Geschirr spülen! Einkaufen gehen! Am Computer arbeiten! Mit den Kindern spielen! Einen großartigen Film sehen! Freunde einladen! Ins Büro fahren! Sport machen! Verreisen! Auf Fortbildung gehen! Eine Sprache lernen! Noch eine Sprache lernen! Nähen! Saubermachen! Die Treppe bohnern! Den Hof kehren! Duschen! Den Kopf waschen...

Nämlich: Immer das Jeweilige tun, das eben gerade jetzt an der Reihe ist, und dieses ohne Zähneknirschen akzeptieren! Und dieses wirklich tun, voller Freude an der augenblicklichen Tätigkeit! So entwickelt es sich, dass jeder Handgriff Spaß macht!
Nach und nach wird das Leben ein einziges Fest, ein einziger Tanz.

«Sōzan hat seine Sohnespflicht erfüllt.» Sōzan ist erleuchtet. Er erkennt das Universum und sich selbst als EINS. Welchen Grund könnte er noch haben, Trauerkleider zu tragen? Nein, fröhlich hebt er einen! «Sōzan betrinkt sich gern», sagt er selbst. Dass ein wirklich Erleuchteter seinen Geist nicht mehr mit Alkohol berauschen kann, ist kein Geheimnis. Er wird bekanntermaßen höchstens noch müde davon, und da ihm diese Wirkung vielleicht nicht so günstig erscheint, wird er auch keinen Tropfen Alkohol zu viel zu sich nehmen. Er benötigt jedenfalls zu seiner Lebensfreude keinen Whisky. Sōzan freut sich ohne äußere Stimulantien, und er zieht andere mit in den Bann seiner Freude.

Es gibt eine schöne chassidische Geschichte. Da bekommt ein Rabbi Besuch von einem reichen Mann, der es gewohnt ist, öfter einmal ein Fest zu feiern, an dem herrlich getafelt und getrunken wird. Auch hält es der Reiche mit der Liebe zu den Frauen. Der Rabbi freut sich über den Besuch, und die beiden ziehen sich zurück, um ein Gespräch unter vier Augen zu führen. Die Schüler des Rabbi aber verziehen das Gesicht und rümpfen die Nase. Sie hören drinnen den Rabbi und seinen Freund lachen. Sie verachten den reichen Mann und stellen, nachdem dieser das Haus wieder verlassen hat, ihren Rabbi zur Rede: «Rabbi! Dieser Mann ist ein Sünder! Warum hast du dich in deinem heiligen Zimmer so lange mit diesem schlechten Mann unterhalten?» Der Rabbi sagt: «Die Freude ist es! Die Freude zieht mich an!»

Der Reiche hat anscheinend auch schon seine Sohnespflicht erfüllt. Wie aber steht es mit den Schülern des Rabbi?
Wie steht es mit dem Mönch, der Meister Sōzan nach der Erleuchtung gefragt hatte. Dieser Mönch, so scheint es, hat schon mehr begriffen. Die Trauerzeit ist vorüber. Die Zeit des langen Gesichts ist vorüber. Tiefe Freude ist ausgebrochen. Es wird getrunken.

Übrigens – ich kenne eine Frau, die sich ständig mit Freude betrinkt. Was hat sie in ihrem Becher? Freude, reine Freude! Sie hat seit Langem ihre Kindespflicht erfüllt.

Zum Wohl! Und nun trinkt den Göttertrank Todlos ...

74 • Hōgens «Form und Name»

Ein Mönch fragte Hōgen: «Ich habe gehört, dass ein Sūtra sagt: ‹Aus dem Ursprung, der keine Eigenschaft hat, entspringt jedes einzelne Ding.› Was ist dieser Ursprung, der keine Eigenschaft hat?»
Hōgen antwortete: «Form entspringt aus Nicht-Form. Name kommt aus Nicht-Name.»

Eigentlich ist hierzu weiter nichts zu sagen. Alles ist verraten, und alles ist klar. Wozu eigentlich noch etwas hinzufügen? Andererseits ist es ganz nett, ein paar Verwirrungen zu stiften. Ihr Zen-Schüler könnt dann daran prüfen, ob ihr euch verwirren lasst oder nicht.
Es geht hier also um den Vers aus einem Sūtra, der lautet:

«Aus dem Ursprung, der keine Eigenschaft hat, entspringt jedes einzelne Ding.»

Was ist dieser Ursprung? Was ist das, das nirgendwoher kommt und nirgendwohin geht? Was ist das, aus dem die Welt entspringt? Woher kommen alle Gedanken? Wohin gehen sie, wenn sie wieder verschwinden? Woher kommt das alles, und wohin geht es?
Meister Hōgen[186] antwortet: «Form entspringt aus Nicht-Form. Name kommt aus Nicht-Name.» Nun, damit ist wirklich alles gesagt.
Wir können höchstens noch ein bisschen damit spielen:
Gedanke kommt aus Nicht-Gedanke.
Die Berge kommen aus Nicht-Bergen.

Noch genauer können wir es so machen:
Gedanke ist Nicht-Gedanke.
Berge sind Nicht-Berge.
Name ist Nicht-Name.
Form ist Nicht-Form.

Indem eine Form aus diesem «Nicht», nämlich «Nichts», entsteht, vergeht sie bereits in ihm. Während sie kommt, vergeht sie. Noch besser: Indem sie kommt, vergeht sie. Das ganze Universum entsteht und vergeht in diesem jetzigen EINEN EINZIGEN AUGENBLICK. Es taucht auf, indem es versinkt. Die Schöpfung vollendet sich, indem sie eben gerade untergeht. In dem Wort «vollenden» steckt bereits «enden». Indem es endet, entsteht es und ist gerade erst geboren. Da das gesamte Universum aus dem Nichts auftaucht, besteht es aus Nichts. Das ist seine substanzlose Ursubstanz. Etwas anderes als das, was es gibt, kann es nicht geben. Nur dadurch, dass das Nichts als Einziges existiert, können die vielen Dinge entstehen und vorübergehend Bestand haben.

Schauen wir wieder einmal eine Welle auf der Oberfläche des Meeres an: Sie hat keine

186 Hōgen Bun'eki, chin. Fayan Wenyi (885–958).

eigene und unabhängige Existenz. Sie ist nur eine kleine Ausbuchtung, eine Beule auf der Wasseroberfläche. Die Beule hebt und senkt sich mit der Bewegung des Wassers. Ohne das Meer könnte die Welle nicht sein. Die Welle ist völlig abhängig vom Meer. Das Meer besteht aus Wasser. Also besteht auch die Welle aus Wasser. Das kosmische Meer nun besteht aus NICHTS. So bestehen alle Dinge, die sich auf der Oberfläche des kosmischen Meeres bilden und kurzfristig aus dem Meer herausheben, ebenfalls nur aus NICHTS. NICHTS kommt von NICHTS. Wenn wir einen Satz aus der christlichen Lehre nehmen, zum Beispiel: «Gott schuf die Welt aus NICHTS», können wir diesen Satz übersetzen mit: «Das NICHTS schuf das NICHTS aus NICHTS.» Wenn wir unserer menschlichen Ratio ein bisschen entgegenkommen wollen, können wir auch sagen: «Das NICHTS schuf die Welt aus NICHTS, aber die Welt ist auch nur NICHTS.» So ist es. Die Welt ist eine Erscheinungsform von NICHTS, von zauberhaft klarem, reinem, göttlichem NICHTS.

Wenn nun dieses NICHTS niemand ist, dann schuf NIEMAND aus NICHTS die aus substanzloser Substanz bestehende Welt. Alle Dinge sind leer. Dieses ist keine philosophische Lehre, die irgendein Philosoph einmal konstruiert hat, sondern reine und natürlich aus NICHTS bestehende Erfahrung. Der erfahrende Mensch erfährt sich selbst als leer, als zugleich seiend wie auch nicht-seiend, als existent wie auch nicht-existent, wobei ihm aufgeht, dass erst diese Nicht-Existenz ihm die menschliche Existenz ermöglicht.

Mit Worten lässt sich die Wahrheit nicht beschreiben, die dem Menschen nun aufgeht. Staunend möchte er seinen Freunden mitteilen, was er erfahren hat. Er kann es nur in der Negation tun: «Ich habe den unhörbaren Ton gehört.» «Mein echter Name ist kein Name. Ich heiße ‹Namenlos›.» «Die ganze Welt ist nicht mehr da, obwohl sie deutlich zu sehen und zu fühlen ist.»
Denn – wie soll er es sagen?

Ein Mann sieht am späten Abend den hellen, klaren Mond am wolkenlosen Himmel und den Abendstern darüber stehen. Bei diesem Anblick geht ihm die Wahrheit auf.
Auch Śākyamuni erkannte die Wahrheit, als er während seiner Meditation zum Himmel schaute. Er sah die Wahrheit beim Anblick des aufgehenden Morgensterns.

Jesus erkannte bei Brot und Wein sein eigenes göttliches Wesen.

Ein junger Mann erkannte, während er mit dem Auto übers Land fuhr, nach jeder Kurve in der sich immer wieder neu öffnenden Landschaft die völlige Leerheit aller Erscheinungen und dass sein eigenes Leben sich ihm hierin offenbarte.
Ein Zen-Schüler, der mit Mu übte, erfuhr beim Spazierengehen, dass es die ganze Welt nicht gibt, zugleich wie es sie gibt, und dass sie vollkommen leer und rein ist.
Eine Zen-Schülerin erlebt immer wieder die große Liebe zu allen Lebewesen, ob diese nun «angenehm» oder «nicht angenehm», «nett» oder «nicht nett» sind. Davon, wie die Wesen oder Dinge bewertet werden können, wenn man schon bewerten will, ist die Erfahrung und deren Tiefe nicht abhängig. Von Eigenschaften der Objekte ist die Erfahrung unabhängig.

Die Zen-Erfahrung zeigt dem Erfahrenden sein eigenes göttliches Leben, das ganz und gar leer ist. Der Mensch sieht in seinem Kenshō, seiner Selbstwesensschau, dass diese Leerheit der Grund ist, auf dem er steht.

Hier findet er sein göttliches Wesen und seinen eigenen göttlichen Ursprung. In diesem reinen göttlichen NICHTS findet er seine Ruhe, und hier heraus entspringt seine Lebensfreude. Für diese Freude braucht er keinen weiteren Grund. Immer «gute Laune» oder «gut drauf sein» ist gar kein Ausdruck dafür.

Wem es so geht, hat überhaupt nicht mehr, was man «Laune» nennt. Ein Erleuchteter kann Kopfschmerzen oder Zahnschmerzen haben, aber Launen wird er nie mehr haben! Launen sind abhängig von äußeren Dingen, durch die der Durchschnittsmensch immer noch hin- und hergerissen wird.

Der Zustand der Erleuchtung, vor allem der ausgereiften Erleuchtung, ist etwas ganz anderes. Hier herrscht eine tiefe Freude, um nicht das altmodische Wort Glückseligkeit zu strapazieren. Einen Menschen, der aus dieser Freude heraus lebt, kann ein aufmerksamer Beobachter, der selber auf dem Weg ist, wohl erkennen. Und selbstverständlich hat das NICHTS keine Eigenschaften. Der ewige göttliche Ursprung allen Daseins ist eigenschaftslos. Meister Huangbo sagt über ihn:

«Alle Buddhas und alle Lebewesen
sind nichts anderes als der EINE GEIST,
neben dem nichts anderes existiert.
Dieser GEIST, der ohne Anfang ist,
ist ungeboren und unzerstörbar.
Er ist weder grün noch gelb,
hat weder Form noch Erscheinung.
Er gehört nicht zu der Kategorie von Dingen,
die existieren oder nicht existieren.
Auch kann man nicht in Begriffen
wie alt oder neu von ihm denken.
Er ist weder lang noch kurz,
weder groß noch klein,
denn er überschreitet alle Grenzen,
Maße, Namen, Zeichen und Vergleiche.
Du siehst ihn stets vor dir;
doch sobald du über ihn nachdenkst,
verfällst du dem Irrtum.
Er gleicht der unbegrenzten LEERE,
die weder zu ergründen noch zu bemessen ist.»

Ja, der EINE GEIST ist eigenschaftslos, weder grün noch gelb, weder groß noch klein noch alt noch neu noch lang noch kurz noch sonst irgendetwas. Nur aus dieser Erfahrung dieses

EINEN GEISTES heraus, welcher der Ursprung aller Dinge ist, welcher auch die eigene WAHRE NATUR ist, lässt sich also die Frage des Mönches nach dem eigenschaftslosen Ursprung jedes einzelnen Dinges beantworten. Im Kenshō schaut der Mensch und schaut und schaut. Es ist keine Schau mit den körperlichen Augen. Es ist die Schau des SEINS. Es ist nicht zu ergründen. Es ist nur in der Schau des Ewigen zu erkennen. Es ist zu SEIN. Dann bleibt nur noch das SEIN übrig – und weiter nichts mehr.

Wie geht man nun aber mit diesem «nichts mehr» um? Als ich aus meinem ersten Sesshin zurückkam, rief ich meine Mutter an und dankte ihr, dass sie mich geboren hat. Sie freute sich und sagte, das würde sich ja gut anhören. Dann sagte ich: «Durch dich erhielt ich die Chance zu erkennen, dass ich nie geboren wurde.» Sie sagte: «Da erinnere ich mich aber an etwas anderes.» Sie hatte Recht, und ich hatte Recht. Geboren in der Welt der Form – und doch niemals geboren. Immer schon da. Diese beiden Wirklichkeiten sind jedoch immer nur EIN UND DIESELBE WIRKLICHKEIT, die nichts Zweites neben sich hat.

Unser Freund Stephan Eberle hat gedichtet:

«Niemand da»

Niemand da?
Niemand da!

Das große Leiden hat aufgehört. Es ist sanft ausgelaufen wie die Brandungswelle auf dem Strand. Erst jetzt beginnt der Mensch zu leben. Erst jetzt zeigt sich die Freude, und alle Handgriffe machen Spaß. Jede Bewegung und jeder Anblick wird zum Gottesdienst, selbst das Essen und Baden wird Gebet. Wie soll man das denn erklären?

Es lässt sich nicht erklären.

75 • Zuigans «Prinzip der Beständigkeit»

Zuigan fragte Gantō: «Was ist die Immerwährende Wirklichkeit?»
«Es hat sich bewegt», antwortete Gantō.
«Was ist, wenn es sich bewegt?», fragte Zuigan.
«Dann kannst du die Immerwährende Wirklichkeit nicht sehen», antwortete Gantō.
Zuigan dachte einen Augenblick darüber nach.
«Wenn du dem zustimmst, bist du noch nicht frei von der Wurzel der Befleckung. Wenn du dem nicht zustimmst, bist du endlos in Geburt und Tod verstrickt», sagte Gantō.

Was ist die Immerwährende Wirklichkeit? Das ist die Wirklichkeit, die niemals angefangen hat und die niemals aufhört. Das ist die Wirklichkeit, die nicht Werden und Vergehen unterworfen ist. Das ist das SEIN. Es ist die EWIGKEIT. Das ist der EINE EWIGE NU. Das ist der Augenblick, der nie begonnen hat und der nie aufhört.
Das ist das absolute JETZT.

Dieses JETZT ist die eigene Wahre Natur, die Buddha-Natur, die Wesensnatur. Es ist Gott. Die Begriffe dafür sind allesamt uninteressant. Die Bezeichnungen dafür machen es nicht.

Es ist das, wonach alle Menschen sich sehnen. Es ist die Sache, der alle Menschen nachjagen, auch wenn es gar keine Sache ist. Weil die Menschen nicht wissen, dass es keine Sache ist, glauben sie, es wäre irgendeine Sache, und so laufen sie dieser und jener Sache nach – und laufen in die Irre. Sie laufen dem Ansehen oder gar dem Ruhm nach. Sie laufen der beruflichen oder politischen oder sportlichen oder künstlerischen Karriere nach. Sie laufen dem Geld nach. Sie laufen der Macht nach – oder der Kontrolle über andere Menschen. Sie laufen den Frauen nach oder den Männern – je nachdem. Sie laufen den Edelsteinen nach oder den Uhren, den Rolex- oder Cartier-Uhren. Oder sie sammeln Puppen. Ich kenne eine Frau, die sammelt Puppen. Vor Jahren hatte sie schon über vierhundert davon. Ihre Wohnung war deswegen schon zu klein geworden. Die Frau ist in eine größere Wohnung umgezogen. Wie viele Puppen es inzwischen sind, wage ich nicht auszudenken. Manche Leute sammeln Flaschendeckel oder Korken oder Bierdeckel oder Schuhe oder Zeitungen oder ganz einfach auch Abfall. Dabei ist der Unterschied zwischen Uhren, Bierdeckeln und Abfall nicht so groß, wie man denken mag.

Mit dem unsinnigen Sammeln von Überflüssigem meint der Mensch unwissentlich etwas ganz anderes. Er verwechselt nur den Unrat mit seiner Wahren Natur, mit dem Göttlichen. In der Tiefe der Seele jagt der Mensch der Immerwährenden und grenzenlosen Wirklichkeit nach. Hat er sie gefunden, jagt er nicht mehr. Dann wird er still.

Die Immerwährende Wirklichkeit ist das Beständige. Dieses Beständige ist nicht veränderlich und nicht angreifbar. Es hat keine Eigenschaften. Es *ist* nur. Es *ist*.
ES.

Die Immerwährende Wirklichkeit ist das Eigenschaftslose, Ungeborene und Unbewegte. In ihrer Ewigkeit rührt die Immerwährende Wirklichkeit sich nicht. Sie ruht in ihrem SEIN.

Hierüber befragt Zuigan[187] den Gantō[188]: «Was ist die Immerwährende Wirklichkeit?»
Gantō antwortet: «Es hat sich bewegt.»
Was soll das heißen?! Es hat sich bewegt –? Die Immerwährende Wirklichkeit ist doch das Unbewegte! Wie kann sie sich bewegen?
Und doch! Gantō sagt: «Es hat sich bewegt.»
Nun, es hat sich bewegt.

Wie bewegt ES sich? Obwohl ewig still, drückt es sich doch in der Bewegung aus! So bewegt ES sich, so und so und so. Einfach so. Was heißt das? Nichts heißt das. Nur bewegen. Bewegen – und das heißt nichts!

Die Immerwährende Wirklichkeit wird Bewegung.
Auf dem Grund des Wesens der Bewegung ist nur die Immerwährende Wirklichkeit. Die Wahre Natur dieser Bewegung ist die Immerwährende Wirklichkeit. Die Wurzel einer jeden Bewegung ist die Immerwährende Wirklichkeit. Wenn ihr hinschaut, wenn ihr hinspürt und wirklich der Bewegung gewahr seid, seid ihr der Immerwährenden Wirklichkeit gewahr.
In der Bewegung manifestiert sich die Immerwährende Wirklichkeit.

«Es hat sich bewegt», sagt Gantō über das Unbewegte.
Zuigan fragt daraufhin: «Was ist, wenn es sich bewegt?» Das ist eine von den ganz dussligen Fragen: Was ist, wenn ...? Es kann auch eine Fangfrage sein. Der Antwortende beginnt womöglich zu erklären, sich in Gehirnakrobatik zu ergehen, sich im Intellektuellen zu verstricken. Aber nicht so Meister Gantō! Auf die Frage, was ist dann, wenn es sich bewegt – sagt er: «Dann kannst du die Immerwährende Wirklichkeit nicht sehen.»

Er sagt: Wenn die Immerwährende Wirklichkeit sich bewegt, nämlich, sich ausformt, nämlich sich in Raum und Zeit manifestiert, dann kannst du die Immerwährende Wirklichkeit nicht sehen. Ist das verwirrend?
Nein, es ist ganz rein und klar und unmissverständlich: Wenn die Leerheit sich manifestiert, ist das nur auf der Ebene der Form wahrnehmbar. Die Leerheit an sich, die Leerheit selbst, die Immerwährende ewige Wirklichkeit, ist immer unsichtbar, unwahrnehmbar für den kleinen menschlichen Geist, für die sechs Sinne, und so ist sie, die Leerheit, auch auf keinen Fall zu sehen. Nur in der Form ist die Wirklichkeit sichtbar. In der Leerheit jedoch ist sie unsichtbar.

187 Zuigan Shigen, chin. Ruiyan Shiyan (9. Jh., genaue Daten unbekannt).

188 Gantō Zenkatsu, chin. Yantou Quanhuo (828–887).

So sagt Meister Gantō ganz passend: «Wenn die Immerwährende Wirklichkeit sich in der Bewegung ausformt, ist die Immerwährende Wirklichkeit nicht sichtbar.»
Dasselbe sagt folgendes Wort aus dem Upaniṣad:

«Er geht, wohin er will,
der Unsterbliche, der goldene Puruṣa,
der einzige Vogel ...
Man sieht seinen Ruheort,
aber ihn selbst sieht niemand.»

Auch wenn der «Ruheort» des Ewigen, nämlich dessen Ausformung, zu sehen ist – das Ewige ist nicht zu sehen. Der goldene Puruṣa, der einzige Vogel – ist unsichtbar. Er, dieser goldene Vogel – er ist die Immerwährende Wirklichkeit.

Zuigan dachte einen Augenblick über das nach, was Gantō zu ihm gesagt hatte: «Wenn du dich auf der Ebene der Form befindest, kannst du die Leerheit nicht sehen.» Hatte Gantō damit Recht?
Gantō gibt ihm selbst die Antwort darauf: «Wenn du mir zustimmst, bist du noch nicht frei von der Wurzel der Befleckung. Wenn du aber nicht zustimmst, bist du endlos in Geburt und Tod verstrickt.»

Wenn Zuigan sich dafür entscheidet, dass die Immerwährende Wirklichkeit nicht sichtbar ist, ist er immer noch nicht frei von der Wurzel der Befleckung. Denn in ihrer Ausformung ist sie nun einmal doch sichtbar! Seht die Bewegung einer Fahne an: In ihr drückt sich die Wesensnatur, nämlich die Immerwährende Wirklichkeit, aus! Also hat Meister Gantō vielleicht gar nicht Recht?
Wenn Zuigan sich aber dafür entscheidet, dass die Immerwährende Wirklichkeit doch sichtbar ist, dann wird er für endlose Zeiten in Abläufe von Geburt und Tod verstrickt sein. Wieso denn das? Nun, die Immerwährende Wirklichkeit ist unsichtbar.

Aber Vorsicht: Nur eines von beidem für sich allein – sichtbar oder unsichtbar – ist jeweils nur die halbe Wahrheit. Wenn Zuigan sich auf nur eine Hälfte festlegt, wird er auf der Spitze einer Nadel festsitzen, oder er wird hoch oben auf der Spitze einer Fahnenstange stecken und nicht vor noch zurück können. Er wird unendliche Geburten erdulden und unendliche Tode sterben. Er wird nicht mehr herauskommen. Wo ist bloß die Rettung?

Ihr wisst natürlich längst Bescheid. Ihr kennt die Rettung: Die Wirklichkeit hat für unsere menschliche Erfahrung zwei Seiten, die Leerheit und die Form. Es auszusprechen, es zu erklären, ist inzwischen schon langweilig geworden! Nachbabbeln können viele! Aber es zu erfahren, zu erfahren, dass es gar nicht zwei Seiten gibt, sondern beide die einzige sind, ja – das ist der Himmel! Das ist wunderbar! Das ist Satori und die ganz große Freude!

Wie wird Zuigan sich entscheiden?
Wir dürfen Zuigan ohne weiteres vertrauen: Er, der große Schüler des großen Meisters Gantō, wurde seinerseits ein großer Meister. Er wurde der Meister, der sich jeden Morgen

selbst zurief: «Meister, lass dich nicht verwirren!», und der sich dann selbst antwortete: «Ja, ja, hier bin ich! Ich lasse mich nicht verwirren! Ich bleibe hellwach!» Dieser hellwache und klare Geist durchschaute auch das spaßige und doch todernste Verwirrspiel seines Meisters. Und er handelte korrekt!

Er, der Große, wurde frei von Geburt und Tod! Was für ein Sieg!

Nun frage ich euch, liebe Zen-Schüler, ihr jungen Löwen hier im Zendō: Wie werdet ihr frei von Geburt und Tod? Wie löst ihr euch aus der Verstrickung?

Was ist die Immerwährende Wirklichkeit?

Und wenn euch das nun klar ist – ist dann diese Immerwährende Wirklichkeit sichtbar oder unsichtbar?

Wann ist sie sichtbar? Wann ist sie unsichtbar? Ist sie zu sehen, wenn sie sich manifestiert, oder ist sie nicht zu sehen? Ja oder nein?

Vorsicht, Vorsicht! Lasst euch nicht hereinlegen! Lasst euren Intellekt beiseite, ehe er euch in den Sumpf wirft oder in die Grube! In dem Augenblick, in dem du eine Erklärung abgibst, wird die Sache immer falsch! Die korrekte Wirklichkeit ist korrekt nicht auszudrücken.

Welches ist die vollständige Sicht der Angelegenheit? Wer will, kann mir diese Frage oben im Dokusan-Raum zeigen: Wie wirst du frei von Geburt und Tod? Wie begegnest du Zuigan, Augenbraue an Augenbraue?

Er ist nämlich höchstselbst anwesend! Wie wirst du – zusammen mit Zuigan – frei von Geburt und Tod?

Nichts leichter als das.

76 • Shuzans «Drei Verse»

Shuzan wandte sich an die Versammlung mit den Worten: «Wenn ihr den ersten Vers versteht, werdet ihr die Lehrer Buddhas und der Patriarchen sein.
Wenn ihr den zweiten Vers versteht, werdet ihr die Lehrer des Himmels und der Menschheit sein.
Wenn ihr den dritten Vers versteht, könnt ihr noch nicht einmal euch selbst retten.»
Darauf fragte ein Mönch: «Welchen Vers hat Euer Ehrwürden verstanden?»
«Der Mond ging um Mitternacht unter, und ich gehe allein durch die Stadt», sagte Shuzan.

Nehmen wir zuerst den allerletzten Vers, denjenigen, den Meister Shuzan[189] nach eigenem Bekunden dem Mönch gegenüber verstanden hat:

Der Mond ging um Mitternacht unter,
und ich gehe allein durch die Stadt.

Natürlich hat Meister Shuzan alle anderen Verse auch verstanden. Er versteht alle Verse der Welt, das heißt, er versteht alle Verse auf der Erde, auf dem Mars, auf der Venus, dem Jupiter und so weiter und alle Verse in der Milchstraße und im ganzen Universum. Es gibt keinen Vers, den Meister Shuzan nicht versteht.
Übrigens gibt es auch so manche Katze, die alle Verse im Universum versteht. Wenn jemand das leugnet, kennt er die Welt nicht in ihrem Wahren Wesen. Er schaut nur äußerlich.

Aber zurück zu Meister Shuzan, der hier seine Schülerversammlung unterweist. Sprechen wir von dem eben zitierten Vers.

Der Mond ging um Mitternacht unter,
und ich gehe allein durch die Stadt.

Der Mond – die Erfahrung der WESENSNATUR. Aha, er ist von dem Berg der Erleuchtung heruntergestiegen. Der Mond ist untergegangen. Er hat die Füße wieder auf dem Boden. Er steht realistisch im Leben, in seinem Alltag, und er führt ein nützliches und soziales Leben. Er schwebt nicht erleuchtet herum. Er *ist* erleuchtet. Wenn für ihn der Mond um Mitternacht untergegangen ist und er allein, selbstständig und authentisch, durch die Stadt wandert, dann ist seine Erleuchtung längst ausgereift. Er hat ES also verstanden. Er hat seine Erleuchtung vergessen, und damit beginnt sie erst, Früchte zu tragen. Ja, das ist der Vers, den er verstanden hat. Shuzan geht durch die Stadt. Er lebt frei und leicht mit den zehntausend Dingen der Welt. Er sitzt nicht auf der Spitze einer Fahnenstange.
Einige von euch verstehen diesen Vers ebenso.

189 Shuzan Shōnen, chin. Shoushan Xingnian (926–993).

Meister Shuzan ist uns schon öfter begegnet. Er ist der Meister, der, seinen Stock hochhaltend, sagte: «Ihr Mönche, wenn ihr dieses einen ‹Stab› nennt, so ist das ein Verstoß. Wenn ihr das ‹Nicht-ein-Stab› nennt, so ist dies widersinnig und geht an der Tatsache vorbei. Ihr Mönche, sagt einmal, wie nennt ihr es?» Als wir hier im Zendō diese Sache einmal behandelt haben, seid ihr beinah geplatzt vor Löwenkraft und Stärke, die Antwort zu geben. Ihr wart kaum zu bändigen, und es gab eine Rauferei. Ihr seid nämlich wirklich keine Stockfische.

Die heutigen Fragen und Aussagen desselben Meister Shuzan bringen euch vielleicht ebenso in Fahrt.
Meister Shuzan sagt:

«Wenn ihr den ersten Vers versteht, werdet ihr die Lehrer Buddhas und der Patriarchen sein.
Wenn ihr den zweiten Vers versteht, werdet ihr die Lehrer des Himmels und der Menschheit sein.
Wenn ihr den dritten Vers versteht, könnt ihr noch nicht einmal euch selbst retten!»

Einer der Mönche ist neugierig und möchte dem Meister Shuzan auf den Zahn fühlen. Er fragt: «Meister, welchen der drei Verse hast du denn verstanden?» Er möchte so gern wissen, ob Meister Shuzan der Lehrer von Buddhas und Patriarchen sein kann oder nur der Lehrer des Himmels und der Menschheit. Oder ob er gar, o weh, noch nicht einmal selbst gerettet ist und noch der Rettung und Unterweisung bedarf.
«Sag mir, Meister», fragt er hinterlistig, «welchen der drei Verse hast du verstanden?»

Shuzan sagt den Vers:

Der Mond ging um Mitternacht unter,
und ich gehe allein durch die Stadt.

Nun weiß der Mönch gar nicht: Ist dies der erste Vers, oder ist es der zweite Vers? Oder ist dieses gar der dritte Vers? Der Mönch wagt vielleicht nicht zu fragen und senkt den Vers in sich hinein, um zu ergründen, welcher der drei Verse das ist. Mit seiner Hinterlist kam er nicht weit.
Was meint ihr? Welcher Vers von Shuzans drei Versen ist dieses?
Ist dieses überhaupt einer der drei Verse?
Wie heißen denn dann die drei Verse?

Ihr wisst ja, im Anfang ist diese ganze Welt nur EINS. Man könnte auch sagen, im Anfang ist das WORT. Man könnte auch sagen, im Anfang ist der Vers. Im Anfang ist DAS. Im Anfang ist EINS. Im Anfang ist NUR. Im Anfang IST. In der LETZTEN WIRKLICHKEIT gibt es also nicht Dreierlei. O nein, da gibt es keine Drei Göttlichen Personen, denn sonst wäre es nicht die LETZTE WIRKLICHKEIT, und es wäre auch nicht die ERSTE WIRKLICHKEIT.
Was also sind die drei Verse Meisters Shuzans? Sind sie Glaubenssätze? Dogmen? Sind sie buddhistische Lehrsätze?

Nein! Bestimmt nicht!

Versenke dich in deinen eigenen Geist und gehe dort auf den Ursprung aller deiner Gedanken, Worte und Verse! Geh an die Wurzel deines eigenen «Ich», und von dort lass die drei Verse aufsteigen! Dann aber, wenn sie leuchtend vor dir stehen, dann wirst du wissen, welcher der drei Verse der wichtigste ist! Du wirst wissen, welcher der letzte Vers ist, und dann wirst du den ersten Vers kennen, und du wirst wissen, welch himmeleinstürzender Unterschied zwischen beiden ist. Du wirst keinen Zweifel haben, und du wirst die sieben Himmel und alle Buddhas und Erleuchteten lehren. Und – wirst du dich dann auch retten können? O nein! Das kannst du nicht! Warum nicht? Du wirst der Rettung nicht bedürfen.

In Ewigkeit bist du gerettet.

Nun verrate mir, wenn du kannst, im Dokusan-Raum: Welches ist der letzte Vers? Der allerallerletzte Vers? Welches ist der Vers aller Verse, dieser Vers, dem kein weiterer Vers mehr folgt?

Ein Mönch fragte Kyōzan: «Euer Ehrwürden, kennt Ihr die chinesischen Schriftzeichen?»
«Wie mein Beruf es erfordert», erwiderte Kyōzan.
Der Mönch umkreiste ihn daraufhin einmal rechts herum und fragte: «Welches Schriftzeichen ist das?»
Kyōzan ritzte das Schriftzeichen 十 *in den Boden.*
Der Mönch umkreiste ihn dann einmal links herum und fragte: «Und welches Schriftzeichen ist das?»
Kyōzan machte aus dem 十 *ein «Hakenkreuz»* 卍 .
Der Mönch beschrieb nun mit den Händen den leeren Kreis in der Luft, hielt dann die nach oben gewendeten Handflächen hoch wie ein Āsura, der mit eigener Kraft Sonne und Mond hält, und fragte: «Welches Zeichen ist dies?»
Kyōzan zeichnete nun als Antwort einen Kreis um das Hakenkreuz herum.
Der Mönch nahm die Haltung einer Schutz- und Wächtergottheit ein, die am Tor eines Tempels steht.
«Gut, gut», sagte Kyōzan, «du beschützt wirklich die buddhistische Lehre.»

Hier kommt wieder ein Mönch zum Meister und stellt ihm Fragen. Dieser Mönch in der heutigen Begebenheit blickt sehr gut durch. Er möchte mit Meister Kyōzan[190], einem der ganz großen und bedeutenden Meister des chinesischen Zen, ein bisschen spielen, und dieser geht gern darauf ein.

Der Mönch fragt: «Euer Ehrwürden, kennt Ihr die chinesischen Schriftzeichen?»
Meister Kyōzan antwortet bescheiden: «Wie mein Beruf es erfordert.» Er sagt damit: nicht weniger und nicht mehr als nötig. Dabei war Kyōzan von frühester Jugend an nicht nur tief erleuchtet, sondern auch äußerst gut im Zen ausgebildet und dazu gelehrt.

Als der Mönch die Bestätigung erhält, dass Kyōzan der Schriftzeichen mächtig ist, umkreist er den Meister einmal rechts herum und fragte ihn dann: «Welches Zeichen ist das?»
Kyōzan schreibt das Schriftzeichen eines Kreuzes in den Sand.
Dieses Zeichen bedeutet die Zahl «Zehn», und diese Zahl bedeutet zugleich mit ihrem Zahlenwert auch «das Vollkommene» oder «Vollkommenheit».
Das Gleiche bedeutete zuvor auch die Umkreisung des Meisters durch den Mönch. So zeigen beide symbolisch das Vollkommene auf unterschiedliche Weise, der eine, indem er mit der Bewegung seines Körpers einen Kreis bildete, der andere mit einem Schriftzeichen, dem gleichbalkigen Kreuz.

190 Kyōzan Ejaku, chin. Yangshan Huiji (807–883).

Der Mönch wünscht sich aber mehr als nur das Vollkommene. Er wünscht sich auch noch die schöpferische Ausformung des Vollkommenen und nicht nur dessen tiefes weltloses, raum- und zeitloses In-sich-Ruhen. Daher umkreist nun der Mönch den Meister Kyōzan noch einmal, und jetzt links herum. Dann fragte er: «Welches Zeichen ist dies?»

Meister Kyōzan versteht den Mönch sofort, und er erweitert das Kreuz mit der Bedeutung «Zehn» zu dem vollständigen Hakenkreuz der Hindus und der Buddhisten mit der Bedeutung «Zehntausend». Das Hakenkreuz hat die alte Bezeichnung «Svastika», was «Glück» und «Heil» bedeutet. Die Zahl «Zehntausend» drückt das Unendliche in der grenzenlosen Vielheit der Ausformung der Welt aus. Da ist kein Staubkörnchen und keine Ameise ausgenommen. Das Zeichen «Svastika» steht für Buddhisten außer seiner Bedeutung «Zehntausend» auch und vor allem für das Rad der Lehre des Śākyamuni Buddha.

Da ist es heraus, was der Mönch wünscht! Ihm genügt nicht das Ruhen des kosmischen Wesens in sich selbst außerhalb allen Entstehens von Schöpfung, sondern er sieht die kosmische Entfaltung nach außen und in immer größere Vielheit und Weiten – und auch in alle Bereiche der Menschenwelt. Das Symbol «Svastika» zeigt die Rettung aller Lebewesen zu Glück, Segen und Heil durch die Verwirklichung des Buddha-Dharma bis in die Erleuchtung hinein.

Der Mönch ist hochzufrieden mit des Meisters Schriftzeichen. Er führt mit den Händen einen Kreis in der Luft aus und hält dann seine Hände mit den Handflächen nach oben, ebenso wie ein Āsura, ein starkes Geistwesen in der indischen Mythologie, das mit seiner Kraft Sonne und Mond am Himmel hält.

So stehend fragt er: «Welches Zeichen ist dies?»
Daraufhin zieht Kyōzan nun als Antwort einen Kreis um das Hakenkreuz herum. Dieser Kreis, der alles beinhaltet, was ist und was doch immer nur aus göttlicher Leerheit, aus ewigem Nichts besteht, dieser leere Kreis also beschützt und bewacht die Welt vor dem Untergang. Nur weil das Nichts die ewige Wurzel aller Dinge ist, kann Rettung geschehen.

Der Kreis zeigt, dass alle Dinge zugleich Nichts sind und dass dieses Nichts sich in unendlich viele Formen hineingebildet hat und ständig neu bildet. Er zeigt, dass die Welt der Form völlig leer ist und diese Leerheit endlos neue Formen bildet, ohne jemals ihr Wesen der Leerheit zu verändern. Und der leere Kreis bleibt leer.

Nun haben die beiden Männer, der Mönch und der Meister, ein kosmisches Spiel gespielt, und sie sind nicht getrennt vom Kosmos selbst. Sie haben gespielt, Form und Leerheit sind eins.

Dann nimmt der Mönch schließlich die Haltung einer Schutz-Gottheit ein, von denen zwei üblicherweise in Stein gehauen an beiden Seiten des Außentores eines buddhistischen Tempels stehen, um den Buddha-Dharma zu beschützen und all die Menschen, die ihm folgen.

Meister Kyōzan ist berührt durch die Leistung des Mönches, der wortlos den Dharma darlegen kann und dessen Geisteshaltung rein, lauter und selbstlos ist, und er sagt zu ihm: «Gut, gut, du beschützt wirklich die buddhistische Lehre. Du bist selbst die Schutzgottheit, der 999. Buddha der alten Zeit, der den Dharma erhält.»
Als ich damals während meiner Kōan-Schulung auf dieses Kōan stieß, sagte ich zu meinem Meister: «Das ist kein Kōan!»
Mein Meister bestand auf einer Lösung zu diesem Kōan. Ich sagte: «Nun, wenn du willst, bringe ich auch eine Lösung her!» Er war zufrieden, und ich sagte: «Es ist trotzdem kein Kōan.» Mein Meister griff nach seinem Skriptum dieses Kōan-Buches und schaute unter «*Shōyōroku* Nr. 77» nach. Dann sagte er: «Tatsächlich, das ist kein Kōan!»

Nein, aber es ist eine entzückende Geschichte darüber, wie die alten Chinesen mit den Symbolen und Zeichen der Buddhisten, Daoisten und Hindus wortlos kommunizieren und ihre Geisteshaltung demonstrieren konnten.
Ja, dieser Mönch konnte sogar mit der Schutz-Gottheit EINS sein und sich selbst als den Beschützer des kosmischen Buddha-Dharma erfahren und zeigen.

Auch wir können Schutz-Götter sein, lebendige Beschützer der Menschen und des Dharma.

78 • Unmons «Reisklösschen»

Ein Mönch fragte Unmon: «Was meint man mit der Äußerung, über die Buddhas und Patriarchen hinauszugehen?»
Unmon sagt: «Reisklößchen.»

Das ist herrlich! Es ist die Freude des vollen Lebens mit Essen und Trinken, Lachen und Genießen. Genießen? Ist das nicht Gier? O, nein, der Gierige kann gar nicht genießen. Er kann nur leiden.
Übrigens kann man japanische Reisklößchen überaus genießen!

Es hilft alles nichts, ich muss euch unbedingt erzählen, wie man diese Klößchen herstellt! Kochen kann eine Zeremonie sein, ein Gottesdienst, eine Puja, ein Opfer, und das ist ein Geschenk für den Himmel. Ja, freut sich auch der Himmel? Natürlich, denn der Himmel befindet sich auch in unserem Mund.
Früher habe ich einmal solche Klößchen auf folgende Art gemacht:

Von allen Zutaten nehmt ihr die jeweilige Menge nach eigenem Geschmack und nach Verträglichkeit!
Es wird alles Mögliche an wilden Pflanzen, aber auch Kulturgemüse geerntet: Löwenzahnwurzeln und -blätter, Distelwurzeln, Brennnesseln, Karotten, Zwiebeln, Sellerie, Lauch, Paprika, und all das wird klein gehackt und nur halb gegart. Es hat noch gut Biss.
Inzwischen wurde eine gute Menge ungeschälter Reis in Salzwasser gekocht, sodass auch er noch etwas Biss hat.
Ich würde sagen, Reis und Gemüse an Menge je etwa zur Hälfte.
Dann kommt all dieses Gekochte in eine passende Schüssel.
Hinzu kommen viele, viele frische Gartenkräuter, Knoblauch, Zwiebeln, Salz, etwas Muskat, Kreuzkümmel und Koriander in Pulverform, Sesam, auf Wunsch auch klein gehackte Nüsse nach Geschmack. Nun wird alles gründlich, aber vorsichtig gemischt, und es werden lauter pingpongballgroße Klößchen geformt, danach in Vollkorn-Semmelbröseln oder in leicht scharf gewürztem Kichererbsenmehl gewälzt und in heißes, aber nicht etwa kochendes und qualmendes Sojaöl – es geht auch Erdnussöl – gelegt. Am besten geht das im Wok. Wenn die Klößchen oben schwimmen, sind sie gar.
Ihr müsst alles das mit Andacht und großem Respekt vor Mutter Erde verrichten.

Die Klößchen schmecken köstlich heiß und kalt. Für ein Picknick sind sie ein herrlicher Snack. Sie sind auch toll zur Stärkung für einen spannenden Krimi. Aber nein, nein, vergesst es wieder. Wenn essen, dann essen. Wenn Krimi, dann Krimi. Im anderen Fall wird die Sache dekadent vor Gier, denn diese köstlichen Klößchen werden dann nicht geschmeckt, nicht respektiert, geachtet, dankbar und froh genossen, sondern in den Bauch gestopft, gegiert, und dabei wird sich der reißerische Krimi reingezogen, im übelsten Fall zugleich damit auch noch mit der neuen Freundin geschmust. Und nichts davon kann wirklich wahrgenommen werden. Die Sache artet beinah zu einer Totschlägerei des Lebens aus.

Nun, urteilt ihr: Habe ich mit dem Kochrezept-Beschreiben dieser Klößchen die Buddhas und Patriarchen überstiegen?
Was bedeutet es eigentlich, die Buddhas und Patriarchen zu übersteigen, über sie hinauszugehen?

Schauen wir uns einmal an, was es heißt, *nicht* über sie hinauszugehen!
Das heißt, wir versenken uns täglich um viele Stunden ohne Unterbrechung in die eigene Tiefe und wollen uns nicht mehr daraus erheben. Wir haben dann vergessen, dass die Praxis auf dem Kissen zwar wichtig ist und nicht zu kurz kommen darf, dass aber diese Übung auf unseren Alltag und auch Sonntag übertragen werden muss!
Was auch immer wir tun, was auch immer wir wahrnehmen, es hat in hoher Aufmerksamkeit zu geschehen. In Wachheit, ja, Wachsamkeit hat unsere Übung stattzufinden. Also, tatsächlich findet unsere Übung immer statt.
So hört die Übung auf, eine Übung zu sein, und die Wachsamkeit ist uns in Fleisch und Blut übergegangen.

Aber wann übersteigen wir die Buddhas und Patriarchen nicht? Das geschieht, wenn wir nicht nur aufmerksam üben, was immer wir auch tun, sondern an den Buddhas festzukleben kann passieren, wenn uns nicht mehr viel im Leben interessiert, außer dass wir unbedingt die Erleuchtung erkämpfen wollen wie bei den Olympischen Spielen.
Es gibt Beispiele hierfür:

Eine Frau gab alle ihre Hobbys auf. Sie las nicht mehr in ihren Lieblingsbüchern, sie traf nicht mehr ihre Freundinnen, sie ging nicht mehr in ihren Sportverein, sie strickte nicht mehr, malte auch nicht mehr ihre geliebten Blumenbilder, sie pflegte nicht mehr ihren Garten. Sie putzte nur noch widerwillig ihren Fußboden. Sie aß nur noch das Notwendigste, ja, sie hatte auch ihren Ehemann in die Ecke gestellt – den besonders. Was tat diese Frau denn überhaupt noch?

O, sie meditierte! Sie praktizierte Zazen auf ihrem schwarzen Kissen. Dies tat sie Tag und Nacht. Sie wollte heilig werden. Sie wollte erleuchtet werden. Sie wollte ein Buddha werden. Sie wollte und wollte und wollte.

Schlief sie denn nicht in der Nacht? Nun, sehr wenig. Sie saß jede Nacht vier Stunden an der Fußseite des Ehebettes und meditierte, während ihr Mann schlief oder vor Sorgen nicht schlafen konnte.
Dies tat sie auch im Urlaub, auf dem der Ehemann bestand.
Was geschah? Während des Urlaubs im Hotel auf einer schönen Insel brach eines Nachts zugleich mit einer spirituellen Erfahrung auch eine Psychose aus, die sich gewaschen hatte. Die Frau durfte hinterher nie wieder meditieren. Das war's dann.

Eine ähnliche Begebenheit: Ein Mann drehte während seiner intensiven selbstgemachten Übung tagelang alle seine Gedanken und Gefühle, wenn sie auftauchten, sofort durch einen imaginären Fleischwolf. Dies hatte tatsächlich eine heftige Wirkung. Nach kurzer Zeit erfuhr der Mann eine durchschlagende Erfahrung. Er sah daraufhin alle Gegenstände nur noch als wolkige Gebilde und ohne feste Strukturen, und immer wieder löste sich für ihn die Welt auf. Wohl waren Bilder für ihn da, aber sie kamen aus seinem Inneren, und er nannte sie Visionen und gab ihnen tiefe Bedeutungen. Der Mann nahm nicht mehr eine Außenwelt wahr, sondern, so sagte er, sah er nur noch Gott. Er war in Gott ertrunken. Dieser Mann kam nicht mehr daraus hervor, so lange ich ihn kannte. Er war krank, weil er nur noch den Schöpfer sah, aber nicht mehr die Schöpfung, in der er doch lebte. Er konnte seinen Beruf nicht mehr ausüben und seine Familie versorgen. Sein Kind musste ihm das Frühstücksbrot streichen und ihm die Kaffeetasse zum Mund führen. Der Familienvater konnte nicht mehr Familienvater sein. Seine Frau war verzweifelt, und sein Kind begann, ihn zu verachten. In seinen tiefen meditativen Zuständen weinte er oft vor Rührung und Liebe zu Gott. Tatsächlich konnte er keine tätige Liebe zu den Menschen mehr leben. Wenn er redete, sprach er nur von seinen Visionen. Er durfte nie wieder meditieren, also keine Sesshin besuchen, und mit seinem Weg war es aus.

Beide Personen waren ihrer Meinung nach einem Buddha gleich, und sie konnten nicht mehr in das ganz normale und reale Leben zurückkehren.
Dieses waren natürlich Extremfälle. Viele Menschen auf dem Weg glauben aber, wenn sie ihr Buddha-Wesen verwirklicht haben, höre das ganz normale Leben auf. Sie glauben, das Leben habe sie nicht mehr zu interessieren, und sie müssten sich von ihm abwenden, denn nur noch das Geistige, Spirituelle oder was sie dafür halten, wäre ihres Interesses wert.
Darin liegt eine große Täuschung, denn beide Erfahrensebenen, die der Leerheit und die der Form, müssen als die Eine und Einzige erkannt und gelebt werden!

Die Täuschung einiger Menschen auf dem Weg liegt darin, dass sie glauben, die Dinge des Lebens müssten weg, menschliche Bindungen müssten weg, ihr Ich müsste weg, die Sexualität müsste weg, der Ehemann beziehungsweise die Ehefrau müsste weg, Essen und Trinken müssten weg, ein bürgerliches Leben müsste weg, Kino und Tanzen müssten weg, die Karriere müsste weg und so weiter. Einige solcher Menschen versuchen, auf immer in einer Höhle im Himalaya oder in Spanien oder woanders zu leben, in einer Wüste wie der Sahara nur noch zu meditieren und jegliche Art des sozialen Lebens zu meiden. Das ist die Täuschung. All diese Dinge müssen nicht weg, sondern das Anhaften, das Daran-Hängen muss weg! Die Verhaftung an begehrenswerte Dinge der Welt muss weg! Ewig etwas zu wollen, etwas besitzen zu wollen, wirken zu wollen, wieder haben zu wollen, was schon einmal so schön war, das ist ein Hindernis zur Entwicklung des Menschen.

Nun wieder zurück zum Übersteigen der Buddhas und Patriarchen!
Das Festhängen an der Idee, was die Menschen für einen Buddha halten, genügt nicht. Es muss darüber hinausgegangen werden!

Sich am Religiösen oder am Heiligen oder am Esoterischen oder am Spirituellen festzuhalten, genügt niemals! Es geht am Leben vorbei. Am Buddha festhängen heißt, den Buddha verfehlen. Vor lauter Festhängen entgeht dem Menschen das, woran er festhängt.

Nehmen wir an, da sitzen drei edle Buddhas in Versunkenheit. Was machen wir nun? Ich schlage vor, wir machen höflich Gasshō und gehen an ihnen vorbei in die Küche, wo wir uns einen herrlichen heißen, schwarzen, duftenden, dampfenden Kaffee kochen.
Ach, haben wir eigentlich noch einige von diesen Reisklößchen? Die wären jetzt gerade das Richtige zu diesem Kaffee!
Ja, hier sind ein paar mit Früchten statt mit Gemüse hergestellte! Hmm!

Das Übersteigen der Buddhas und Patriarchen geschieht immer inmitten des Lebens.
Im Zustand der Erleuchtung führt der Weg ins Alltägliche.

Und die Buddhas und Patriarchen selbst? Bleiben sie einsam und verstaubt zurück? O, die Buddhas und Patriarchen sind schon lange über die Buddhas und Patriarchen hinausgegangen! Für Buddhas und Patriarchen interessieren sie sich schon lange nicht mehr.

79 • Chōsas «Einen Schritt gehen»

Chōsa beauftragte einen Mönch, den Ehrwürdigen E-Oshō zu fragen: «Was war, bevor du Nansen gesehen hattest?»
E-Oshō saß da und rührte sich nicht.
«Und was ist jetzt, nachdem du ihn gesehen hast?», fragte der Mönch.
«Nichts anderes», antwortete E.
Der Mönch ging davon und berichtete Chōsa dies.
Chōsa sagte: «Der Erleuchtete sitzt auf der Spitze einer hundert Fuß hohen Stange. Zwar hat er die Stufen der Erleuchtung betreten, aber es ist noch nicht erheblich. Er muss von der Spitze einer hundert Fuß hohen Stange aus einen Schritt vorwärts gehen. Dann werden die Welten der zehn Richtungen sein vollständiger Leib sein.»
Der Mönch fragte: «Wie soll jemand von der Spitze einer hundert Fuß hohen Stange aus einen Schritt gehen?».
«Die Berge von Rōshū, die Wasser von Reishū», antwortete Chōsa.
«Das verstehe ich nicht», sagte der Mönch.
«Die vier Meere und die fünf Seen stehen alle unter der Herrschaft des Königs», antwortete Chōsa.

In dem Kōan ist allerhand chinesische Symbolik enthalten. Ein Europäer neigt dazu, sich bei der Arbeit mit diesem Kōan den Kopf zu zermartern. Das ist eine überflüssige Energieverschwendung. Ich übersetze diese kleinen Unverständlichkeiten jetzt einmal für euch:

Bevor und *nachdem* = vor der Erleuchtungserfahrung und nach der Erleuchtungserfahrung.

Festsitzen auf der Spitze einer hundert Fuß hohen Stange = in der Erfahrung der Leerheit festsitzen und nicht vor noch zurück können.

Von der Spitze der Stange aus einen Schritt gehen = nicht die Welt der Form leugnen und meiden, sondern umfassend und aktiv sein irdisches Leben führen; auf beiden Ebenen von Form und Leerheit zugleich erfahren und leben.

Die Berge von Rōshū, die Wasser von Reishū = die Welt der Dinge ohne Ausnahme, also das ganze Weltall.

Die vier Meere und die fünf Seen stehen alle unter der *Herrschaft des Königs* = die Meere und Seen sind die Ebene der Form, der König ist die Wesensnatur, beide zugleich sind erst die Wahre Wirklichkeit, die erfahren und gelebt werden muss.

In chinesischer und japanischer Symbolik ist der König das Absolute, also die Wesensnatur, und Personen oder Dinge im Bezug zum König sind immer das Relative.

Das Absolute wird auch als «Hausherr» oder «Gastgeber» bezeichnet.
So, und nun geht es los mit der Geschichte:

Da ist ein Zen-Meister, nämlich Chōsa[191], der einem seiner Mönche einen Auftrag gibt. Der Mönch wird zu E-Oshō, einem gewissen Einsiedler, geschickt, um diesem eine Frage zu stellen. Es heißt, dass E-Oshō schon spirituelle Erfahrung hatte und sich im Anschluss daran dem Brauch gemäß mindestens für eine Weile in die Einsamkeit zurückgezogen hatte.

Der Mönch E-Oshō und Meister Chōsa waren Dharma-Brüder, und beide waren sie Schüler von Meister Nansen gewesen.
Beide hatten Erleuchtung erfahren und waren nach ihrer Lehrzeit von Nansen fortgegangen, einer von ihnen in die Einsamkeit und der andere als Zen-Meister in das Kloster, in dem er seine Schüler unterwies und schulte.

Mit seinem Auftrag an den Mönch schlägt Chōsa zwei Fliegen mit einer Klappe: Er möchte den spirituellen Stand des E-Oshō prüfen. Hat sich die Erleuchtung des E-Oshō seit seiner Zeit bei Nansen überzeugend vertieft? Bisher war sie noch nicht genügend durchschlagend gewesen, sondern galt noch als «verborgen» und nicht deutlich genug erkennbar.
Für diesen Zweck der Prüfung gibt er dem Mönch die Aufgabe, dem Einsiedler E-Oshō eine bestimmte Frage zu stellen. Chōsa möchte mit dieser Aktion aber nicht nur E-Oshō prüfen, sondern zugleich damit auch den Mönch, Chōsas eigenen Schüler.
Wie werden die beiden sich verhalten?

Ihr wisst ja: Mit allem, was ein Mensch tut oder spricht oder auch unterlässt oder worüber er schweigt, verrät er sich selbst. Er verrät den eigenen inneren Stand seiner psychischen, menschlichen und spirituellen Entwicklung.

Der Mönch macht sich also gehorsam auf den Weg zu E-Oshō.
Dort angekommen, fragt er den Einsiedler: «Ehe du zu Nansen gekommen bist, wie war das da?»
Der Einsiedler in seiner tiefen Stille bleibt ebenso still sitzen und rührt sich nicht. Es gibt nichts für ihn zu sagen, zu tun, zu zeigen, zu essen, zu trinken, zu lesen, zu plaudern.
Mit seiner schweigenden Antwort zeigt er seinem Besucher den inneren Geisteszustand seiner selbst, sogar schon seinen Geisteszustand, ehe er damals Meister Nansen gesehen hatte.
Bereits vor Jahren hatte er sein Wahres Wesen erkannt und war, als er seinen Meister wieder verließ, in die Einsamkeit gegangen, um sich dort seiner tiefen Stille zu erfreuen und möglichst nicht mehr aus ihr herauszufallen.

Oh, oh!

Dann fragt der Mönch den Einsiedler: «Und was ist nun, da du Meister Nansen gesehen hast und durch ihn geschult wurdest?»
E-Oshō rappelt sich ein bisschen aus seiner schweigenden Tiefe auf und antwortet: «Auch nichts anderes.»

191 Chōsa (oder Chōsha) Keijin, chin. Changsha Jingcen (gest. 868).

Nochmals oh, oh!

Der Mönch kehrt heim zu seinem Meister Chōsa und gibt diesem einen Bericht über seinen Besuch bei E-Oshō.

Chōsa sagt dazu: «Der Erleuchtete sitzt auf der Spitze einer hundert Fuß hohen Stange. Zwar hat er die Stufen der Erleuchtung betreten, aber es ist noch nicht erheblich. Er muss von der Spitze einer hundert Fuß hohen Stange aus einen Schritt vorwärts gehen. Dann werden die Welten der zehn Richtungen sein vollständiger Leib sein.»

Er sagt damit, dass sein Freund, der Einsiedler, es noch nicht ganz geschafft hat. Zwar bescheinigt er ihm Erleuchtung – er nennt ihn den Erleuchteten –, aber, so sagt er, ist sein Dharma-Bruder immer noch zu sehr von der Welt der Erscheinungen abgewendet und sitzt im Nichts, in der Leerheit. Der Einsiedler ist in sich selbst hineingeschnurrt, statt sich zu entfalten in die grenzenlose Weite. Chōsa drückt sich mit dem alten Symbol von der langen Stange oder auch Fahnenstange aus, auf der E-Oshō sitzen würde, statt ganz einfach von der Spitze der Stange einen Schritt vorwärts zu tun. Dann erst, so sagt Chōsa, werden die zehn Welt-Richtungen des Einsiedlers vollständiger Leib sein.

Der Mönch fragt: «Was meinst du damit? Ich verstehe das nicht! Wie soll denn ein Mensch von der Spitze einer hundert Fuß hohen Stange einen Schritt gehen können?» Er versteht es nicht. Er nimmt die Sache mit der Fahnenstange wörtlich und bildlich statt sinnbildlich.

Nun, gemeint ist, ein meditierender und gar erleuchteter Mensch sollte sich bewegen! Er sollte nicht unbeweglich sitzen bleiben, als wäre er auf der Spitze einer langen Stange festgenagelt, als könne er nicht vor und nicht zurück. Die Leerheit darf ihn nicht gefangen halten. Er darf sich nicht darauf fixieren!

Na, was soll der Mensch mit einer wundervollen Satori-Erfahrung machen? Er soll aktiv sein, er soll sein Geschirr spülen, er soll seine Dusche putzen, er soll früh genug am Morgen aufstehen und menschenwürdig den Tag beginnen, er soll hellwach und klar seine Arbeit tun mitsamt all den Handgriffen, die dazu gehören. Er soll in dem Zustand seiner Erleuchtung achtsam sein tägliches Leben führen, hellwach die Dinge wahrnehmen, so wie sie sind. Er soll sie behandeln, wie es der jeweiligen Situation entspricht. Es kommt immer nur auf das jetzt aktuelle Faktum an, und dieser Tatsache soll der Erleuchtete gerecht werden. Was immer er sieht, was immer er tut – es geschieht im jetzigen Augenblick. So tut der Erleuchtete immer nur das, was gerade anfällt, was gerade dran ist. So lebt er sein tägliches profanes Leben im erleuchteten Zustand, ohne weiter über seine Erleuchtung nachzudenken. Er wird dem aktuellen Augenblick immer von Jetzt zu Jetzt gerecht.

Auf die Frage des Mönches, wie denn ein Mensch ein vollständiger Leib sein kann, sagt Meister Chōsa: «Die Berge von Rōshū, die Wasser von Reishū», und auf die Frage des Mönches, was das bedeute, antwortet Chōsa dem Mönch: «Die vier Meere und die fünf Seen stehen alle unter der Herrschaft des Königs.»
Ob der Mönch nun verstanden hat?

Die Berge, die Wasser, die Meere, die Seen sind alle wunderbare Erscheinungen auf der Erfahrensebene der vielen Dinge, der Ausformungen in der Welt. Sie symbolisieren auch das Weltall, das Universum mit unterschiedslos allem, was existiert.
Alle Dinge in der Welt aber stehen unter der Herrschaft des großen Königs.

Der König ist der Monarch WESENSNATUR, und ihm untersteht alles vom Spiralnebel bis zum kleinsten Sandkörnchen.
Die Sterne und Monde, die Planeten und Asteroiden, die Diamanten und Kieselsteine, die Amseln und Falken, die Katzen und Nilpferde, die Ameisen und Regenwürmer – und wir Menschen –, alle, alle stehen wir unter der Herrschaft des großen Königs. Er ist unser Monarch, ohne den es uns nicht gäbe. Alle Dinge und Wesen steigen aus seinem unendlichen und ewigen Brunnen, die er selber ist, die Wesensnatur. Und so sind wir ER, der König, die Wesensnatur, zugleich, wie wir seine Untertanen und Kinder sind. Wir sind zugleich in unserem Wahren Wesen der König, wir müssen es nur mitbekommen. Auf das Merken kommt es an. Dann sind wir vollständig – und sind, wie Chōsa das nennt, ein vollständiger Leib, womit er meint, ein vollständiges Wesen, menschlich und göttlich zugleich, und zwischen beidem ist kein Unterschied mehr. Beides ist EIN SEIN.

So sind wir zugleich die Stille wie auch deren Ausformungen, die Bewegungen, die Töne, die Klänge, die unser irdisches Leben ausmachen. Wir brauchen uns nicht in einer Höhle oder Einsiedelei zu verkriechen, nur damit wir die Welt vergessen. Nein, sondern wir sind Augenblick für Augenblick präsent in diesem unendlichen und einzigen Jetzt.

So hat Chōsa seine Pappenheimer geprüft und dem Mönch auf die Sprünge geholfen.
Hat nun der Mönch wohl schließlich verstanden? Hat er den E-Oshō gar überholt? Das wohl eher nicht.
Dies sind aber nicht die Fragen, auf die es ankommt, sondern die ganze Angelegenheit betrifft uns hier! Um uns geht es!

Haben wir es erfasst? Jeder winzige Ausgenblick, selbst die allermühseligste Arbeit, von der uns schon der Rücken wehtut, schenkt uns von früh bis spät die wundervollsten Dharma-Tore.

Das sind die kostbaren Edelsteine, mit denen unsere Wesensnatur uns beschenkt.

Ryūge fragte Suibi: «Welchen Sinn hat das Kommen des Patriarchen aus dem Westen?»
Suibi sagte: «Bring mir eine Kinnstütze!»[192]
Ryūge brachte eine Kinnstütze und gab sie ihm. Suibi nahm sie und schlug ihn damit.
Ryūge sagte: «Ihr mögt mich schlagen, wie Ihr wollt. Letzten Endes hat das Kommen des Patriarchen aus dem Westen keinen Sinn.»

Ryūge fragte auch den Rinzai: «Welchen Sinn hat das Kommen des Patriarchen aus dem Westen?»
Rinzai sagte: «Bring mir ein Sitzkissen!»
Ryūge holte ein Sitzkissen und gab es Rinzai. Rinzai nahm es und schlug ihn damit.
Ryūge sagte: «Ihr mögt mich schlagen, wie ihr wollt. Letzten Endes hat das Kommen des Patriarchen aus dem Westen keinen Sinn.»

Später wurde Ryūge Abt in seinem eigenen Zen-Kloster.
Da fragte ihn einmal ein Mönch: «Hat der ehrwürdige Meister nicht einmal den Suibi und den Rinzai gefragt, welchen Sinn das Kommen des Patriarchen hat? Haben die beiden ehrwürdigen Meister es denn geklärt oder haben sie es nicht geklärt?»
Ryūge antwortete: «Wenn sie es geklärt haben, so haben sie es wohl geklärt. Dennoch bestehe ich darauf: Im Kommen des Patriarchen liegt kein Sinn!»

In dieser Geschichte erscheinen eine Menge deutlicher Dharma-Tore, mit deren Hilfe bei all denen, die es mitbekommen und diese Tore durchschreiten, Satoris über Satoris purzeln können.
Ich zähle die deutlichen Dharma-Tore einmal auf:

Ryūge fragt. Suibi hört. Suibi sagt. Ryūge hört. Ryūge bringt eine Kinnstütze. Ryūge gibt sie. Suibi nimmt sie. Suibi schlägt. Ryūge sagt. Suibi hört. Ryūge fragt. Rinzai hört. Rinzai sagt. Ryūge hört. Ryūge holt. Ryūge gibt. Rinzai schlägt. Ryūge sagt. Rinzai hört. Ein Mönch fragt. Ryūge hört. Ryūge sagt. Der Mönch hört.

Das sind die Fakten. In jedem Augenblick, in dem etwas geschieht – und es geschieht in jedem Augenblick etwas – öffnet sich ein Dharma-Tor. Die Menschen könnten hindurchgehen. Was findet hier statt bei all den Fakten, die in diesem Kōan geschehen?
Schauen wir uns das an: Nicht die Wortinhalte sind die Fakten, denn Wörter sind nur Klang im Ohr oder irgendwelche schwarzen Dingerchen auf einem Bildschirm.

192 Ein Brett, das man beim Zazen benutzte, um beim Einschlafen nicht umzufallen.

Also – was sind die Fakten? Was findet hier statt?

Zählen wir es auf:

Fragen. Hören. Sagen. Hören. Kinnstütze bringen. Die Kinnstütze geben. Die Kinnstütze nehmen. Schlagen. Sagen. Hören. Fragen. Hören. Sagen. Hören. Holen. Geben. Schlagen. Sagen. Hören. Fragen. Hören. Sagen. Hören.

Möglicherweise kommt noch Schmerz hinzu. Es kommt noch viel mehr hinzu für alle, die dabei sind, die irgendwie beteiligt sind. Aber – alle diese Lebewesen sind leer. Niemand da. Ja, es ist niemals jemand, nämlich eine Person, eine Wichtigkeit, da. Nur das, was geschieht, das geschieht.

Dies alles sind Dharma-Tore, die zu durchschreiten sind, wenn die dabei anwesenden Menschen achtsam nur da sind und nicht träumen, dass sie jemand wären. Dann ist ihre Wahrnehmung klar und rein wie Kristall.

Auf der äußeren Ebene kommen noch Wortbedeutungen hinzu. Die Menschenwelt ist vollgestopft mit dualistischen Wort- und Denkvorgängen. Aber diese lösen meistens keine Satoris aus, wenn der Denker, Sprecher, Hörer oder Leser dieser Begriffe sich beim Denken, Sprechen, Hören oder Lesen auf das begriffliche Denken beschränkt. Dabei greift er selbstverständlich immer, immer, immer in sein inneres Speicherbewusstsein, das MVD[193], um dort in dieser Rumpelkammer die Weisheit der Weisheiten zu finden. Tatsächlich findet er dort manchmal ein taugliches Bröckelchen.

Wenn er aber nur horcht, nur lauscht, steht das Dharma-Tor!

Die Wortinhalte sind es also nicht. Sie sind nicht die Wirklichkeit, sondern wollen nur über die Wirklichkeit reden. Dem wirklich Zuhörenden verlieren sich die Inhalte, die der Mensch im Lauf seiner Menschheitsentwicklung ja nur zu diesen Klängen der Wörter hinzugegeben hat – der Verständigung und des Austausches von Informationen wegen. Auch dies ist nützlich, wenn auch nur in völlig anderen Zusammenhängen, nämlich dualistischen und rationalen, also bei solchem Bedarf.

Auch etwas wie «Sinn» hat nichts mit der Wirklichkeit zu tun. Zum Beispiel ist «der Sinn von Bodhidharmas Kommen» völlig – um es einmal so zu sagen – widersinnig und unsinnig.

Die Unendlichkeit kennt nicht Sinn, Unsinn, Wert, Unwert, Bedeutung, Bedeutungslosigkeit, Namen, Bezeichnungen und Begriffe. Nein, das alles kennt sie nicht. Darum ist es gut, immer wieder die Welt ohne sie zu betrachten, die Welt unmittelbar zu betrachten, ja, kein Mittel der Bewertung nach irgendwelchen Kriterien dazwischenzuschieben, nämlich zwischen sich selbst, den Betrachter, und das zu betrachtende Objekt zu schieben.
Nur irrtümlicherweise glauben wir Menschen die Welt und darin also ein Ding, einen Gegenstand, zu verstehen, richtig zu erkennen, wenn wir ihm beim Betrachten sofort eine

193 mano viññāṇa dhātu.

Bezeichnung geben, einen Wert beimessen, eine Bedeutung – für wen auch immer – geben. Was geschieht aber dann? Wir setzen lange Ketten der Assoziationen mitsamt oftmals falschen inneren Verknüpfungen in Gang, und wir glauben, mit diesen unzutreffenden Ergebnissen unserer Forschungen in uraltem abgelegten Gerümpel wüssten wir nun ganz genau, was dieses Ding vor unseren Augen ist. Nur – das Ding selber und unsere reine Wahrnehmung davon, nämlich das Einssein damit, bleiben auf der Strecke und sind verloren.

So geht es fast der ganzen Menschheit: Sie lebt in einem selbstgebastelten Traum, der Fantasiewelten schafft, die einander durchdringen, und so können die Menschen die Wirklichkeit nicht wahrnehmen.
Dabei ist die Wirklichkeit doch ganz einfach und unkompliziert! Ja, schaut denn jeder Mensch auf der Erde immer zuerst in sein MVD? Gibt es nicht auch Leute, die das nicht tun? Nein, es schaut eben nicht jeder Mensch immer zuerst in sein MVD, es gibt auch Leute, die ganz direkt hinschauen auf das, was ist.

So, nun schauen wir uns endlich unser Kōan an!

Ryūge[194] möchte Suibi[195] prüfen. Später wird er auch Rinzai prüfen.
Ryūge fragt also den Suibi, welchen Sinn das Kommen des Patriarchen Bodhidharma aus dem Westen, nämlich aus Indien, habe. Mit dieser Formulierung fragt Ryūge allerdings nicht nach Bodhidharma, nach einem Sinn, nach einem Warum. Nein, Ryūge fragt nach der Wirklichkeit. Er fragt: «Was ist in diesem Augenblick die Wirklichkeit?»
Er weiß es selbst!

Auch Suibi weiß es, und er antwortet treffend: «Gib mir eine Kinnstütze!» Das ist die Wirklichkeit! Indem er es sagt, beweist er dem Suibi die Wirklichkeit als Wirklichkeit.
Suibi hat die Frage beantwortet.
So spielen die beiden weiter ihr Dharma-Gefecht.

Ryūge gibt dem Suibi die Kinnstütze. Damit beweist er seinerseits die Wirklichkeit als Wirklichkeit! Kein Gerede! Kein Philosophieren! Nur Geben der Kinnstütze! Verschlüsselt könnte man das nennen: «Darum kam Bodhidharma aus dem Westen!» Ja – wegen der Kinnstütze? Nein, nicht «weil» und «warum» und «darum» und «damit» und «wegen», sondern nur Kinnstütze-Geben, nur das aktuelle Faktum, nur die jetzige Tatsache! Nur das Jetzt! Mehr nicht.

Also, Suibi nimmt die Kinnstütze entgegen und schlägt Ryūge damit.
Schlägt Suibi den Ryūge, weil er vielleicht nicht weiß, warum Bodhidharma aus dem Westen kam? Nein, das nicht! Schlägt er ihn, weil er sehen möchte, wie Ryūge darauf reagiert? Oder weil Ryūge dem Bodhidharma vielleicht den Sinn seiner Reise von Indien nach China absprechen möchte?

194 Ryūge Kodon, chin. Longya Judun (835–923).

195 Suibi Mugaku, chin. Cuiwei Wuxue (840–901).

Aber, wie schon oft gesagt, kümmern die alten Zen-Meister sich nicht um «warum» und «weil».

Ryūge nimmt den Schlag locker hin und sagt: «Ihr mögt mich schlagen, wie ihr wollt! Letzten Endes hat das Kommen des Patriarchen aus dem Westen keinen Sinn.»
Hat er Recht? Ja, er hat Recht! In der tiefsten Wirklichkeit gibt es keinen Sinn, keinen Wert und keine Bedeutung. Suibi widerspricht ihm nicht. Beide zeigen, warum Bodhidharma aus dem Westen kam. Es braucht keinerlei weiteren Beweis dafür.

Nur – Vorsicht, Vorsicht! Hängt euch nicht fest an der klassischen Formulierung dieser Frage! Die echte, wahre Frage nach dem SEIN hat sich nur versteckt.

Ryūge hat Spaß an dem Spiel, und so geht er auch zu dem großen Meister Rinzai, um diesen zu prüfen.
Rinzai freut sich und prüft seinerseits den Ryūge. Sie prüfen einander gegenseitig.

Die ganze Sache wiederholt sich. Ryūge fragt scheinbar nach Bodhidharma. Rinzai antwortet: «Gib mir ein Sitzkissen!» Rinzai schlägt den Ryūge mit dem Kissen. Der lacht und sagt: «Ihr mögt mich ruhig schlagen, wie Ihr wollt. Letzten Endes hat das Kommen des Patriarchen aus dem Westen keinen Sinn!»

Jahre später ist Ryūge der Abt und Meister eines Zen-Klosters. Da fragt ihn einmal einer seiner Mönche: «Hat der ehrwürdige Meister früher nicht einmal Suibi und Rinzai gefragt, welchen Sinn das Kommen des Patriarchen aus dem Westen habe? Haben die beiden ehrwürdigen Meister es denn geklärt oder nicht?»

Ryūge antwortete ihm tiefgründig: «Wenn sie es geklärt haben, so haben sie es wohl geklärt. Dennoch bestehe ich darauf: Im Kommen des Patriarchen liegt kein Sinn!»

Heißt das, Bodhidharmas Kommen war sinnlos? Nein, gemeint ist: Da gibt es keinen Sinn und keine Sinnlosigkeit.

Hierüber besteht kein Zweifel mehr, und jedes weitere Wort wäre überflüssig.

Überlassen wir uns einfach dem gerade jetzt aktuellen Faktum!

81 • Gensha kommt in die Provinz Putian

Gensha kam in die Provinz Putian und wurde mit vielen Vergnügungen empfangen. Am nächsten Tag fragte er den ehrwürdigen Klostervorsteher Shōtō: «Wo ist denn der ganze Festrummel von gestern geblieben?»
Shōtō lüpfte die Ecke seiner Mönchsrobe.
Gensha sagte: «Du hast dich vertan, da gibt es nicht den geringsten Zusammenhang.»

Das ist eine sehr wichtige Begebenheit! Jeder in diesem unserem Zendō blickt sofort durch! Wir alle wissen, dass es kein Gestern gibt. Jedes kleine Kind weiß das! Fragt ein kleines Kind: «Wo ist das Gestern? Kannst du mir das zeigen?» Das Kind wird sagen: «Das Gestern ist weg! Es ist einfach vorbei! Ich kann es dir nicht zeigen.» Also weiß jeder, dass es kein Gestern gibt.
Es gibt das Wort «gestern», aber eine begriffliche Bezeichnung ist eben nicht das, wofür es stehen soll. Das Wort «gestern» ist nicht «gestern». Noch schlimmer ist, dass es ein Gestern überhaupt nicht gibt. Das Wort nützt also sowieso nicht viel.

Gestern – das ist eine Fiktion, mehr nicht.
Übrigens ist auch das angebliche «Morgen» eine Fiktion. Der nächste Tag existiert nicht, denn sonst wäre er ja da, und zwar jetzt. Er ist aber nicht da.

Bleiben wir beim Gestern, das es nicht gibt!

Gensha[196] kommt also nach Putian. Die Leute sind begeistert, sie haben ihm einen herrlichen Empfang vorbereitet. Es ist ein richtiger bunter volkstümlicher Rummel, und natürlich gibt es leckere Sachen zum Essen. Alle sind fröhlich, und der von den Leuten verwöhnte Zen-Meister ist auch fröhlich.

Am folgenden Tag jedoch ist alles still. Keine Menschenansammlung, keine Vergnügungen, kein Lärm, keine bunten Stände, keine Vorführungen, keine Musik, kein Singen, kein Tanzen. Plötzlich ist alles weg, als wäre es nie da gewesen.

Der Meister fragt den Klostervorsteher Shōtō[197]: «Wo ist denn das ganze Getümmel von gestern geblieben?»

Der ehrwürdige Shōtō sagt nicht, die fröhlichen, lauten Leute seien dort oder dort geblieben, dort oder dort hingegangen. Er erklärt gar nichts. Er hebt eine Ecke seiner Mönchsrobe und wedelt ein bisschen damit herum. Es wirkt wie «vom Winde verweht».

Gensha ist gar nicht damit einverstanden. Er meint, die Reaktion Shōtōs auf seine Frage sei unpassend, und er beanstandet, sie habe nichts mit der Frage, wo denn das gestrige Fest-

196 Gensha (Gensa) Shibi, chin. Xuansha Shibei (835–908).

197 chin. Xiaotang.

getümmel geblieben sei, zu tun. «Du hast dich vertan», sagt er, «da gibt es nicht den geringsten Zusammenhang.»

Tatsächlich hat alles, was heute ist, ja auch gar nichts mit dem Gestrigen zu tun. Das Gestrige ist längst weg! Jetzt ist etwas Neues aktuell, etwas noch nicht Dagewesenes, etwas nur jetzt Existierendes.
Und so greift der edle Mönch Shōtō lächelnd nach dem, was ihm am allernächsten ist, und das ist seine Robe, die er auf dem Leib trägt. Diese Robe hat nichts mit gestern zu tun, auch nichts mit morgen. Sie ist, wie sie ist, einfach nur heute, und zwar jetzt gerade, ganz nah.
Aber der Zen-Meister Gensha hat in seinem Sinn eine andere Erwartung, und der Mönch enttäuscht ihn. Geht hier jemand auf falscher Fährte? Sieht hier jemand ein wenig unklar? Wer? Nur heute ist heute, und heute kann nicht wie gestern sein, denn sonst wäre es ja so. Es ist aber, da heute, nichts Gestriges vorhanden, denn das Gestern mitsamt dem Gestrigen ist vorbei, und es wird nie wiederkommen! Warum soll man da einen Zusammenhang erwarten?

Heute aber existiert das Heutige, und das ist ganz, ganz nah, es ist nämlich das Gewand auf dem Leib.

Ich meine, der Mönch Shōtō hat den Zen-Meister Gensha übertroffen. Der Zen-Meister hat es noch nicht einmal gemerkt. Nun, vielleicht fiel ihm die Sache ja nachträglich noch ein.
Wenn aber der ehrwürdige Mönchsvorsteher des Klosters Meister Gensha noch seinen Erwartungen gemäß glücklich und zufrieden gemacht hätte, wäre es so abgelaufen:

Meister Gensha und der Mönch Shōtō stehen draußen auf dem Festplatz, der nun an diesem Tag, nämlich heute, ganz und gar leergefegt von all dem Bunten und den vielen vergnügten Menschen des Vortages da liegt. Da fragt Gensha: «Wo ist denn das Festgetümmel von gestern geblieben?»
Shōtō, in seiner leuchtend goldenen Mönchsrobe, springt auf und ruft: «Hier und jetzt ist sie geblieben!», und er tanzt, und er tanzt, und er tanzt, und seine Mönchsrobe weht im Wind.
Und Gensha? Was tut er? O, er lacht, und auch er tanzt und tanzt! Jedenfalls heute und hier in diesem Zendō tanzen sie! Alles, was ist und immer nur ist, findet hier und jetzt statt. Und so tanzen sie! Und das steht in dem von Gensha geforderten Zusammenhang mit dem Festrummel auf dem Platz!
Und auch hier gilt – kein Gestern, kein Morgen, nur heute ist heute!

Spielen wir, dass die jetzige, heutige Antwort des Shōtō so wie eben beschrieben ausgefallen ist. Und damit hat Shotō gesiegt, und Gensha hat auch gesiegt. Er hat seinen gewünschten Zusammenhang bekommen. Sieg auf der ganzen Linie!

Schließlich war der berühmte Gensha, Schüler des Seppō, ein ganz Großer des chinesischen Zen. Er hatte viele gut ausgebildete Nachfolger, und der wunderbare Weg des Erwachens ging nicht unter, und er geht auch weiterhin von Jetzt zu Jetzt nicht unter.

82 • Unmons «Stimme und Farbe»

Unmon wandte sich an die Versammlung mit den Worten: «Den Weg erkennen durch das Hören von Stimmen und den Geist erleuchten durch das Sehen von Farben, das ist genau so, als hätte der Bodhisattva Avalokiteśvara für ein paar Pfennige billige Kekse gekauft. Wirft er sie weg, erhält er stattdessen Manju, einen viel köstlicheren Kuchen.»

Den WEG erkennen – das ist die Wirklichkeit so zu sehen, wie sie ist. Das heißt, mit klarer Einsicht die Zusammenhänge der Welt zu durchschauen. Wie aber kannst du durch Hören von Stimmen den WEG erkennen? Nicht der Hörsinn erkennt den WEG. Nicht die äußere Ausformung ist ES. Nicht die wilden und unausgegorenen Skandha-Aktivitäten erkennen den WEG.

So legt Unmon die Sache dar[198]: Du kannst auch nicht deinen Geist erleuchten durch das Sehen von Farben! Farben sehen, und wenn sie noch so schön leuchten, führt nicht zur Erleuchtung. Erleuchtung hat nichts mit Licht und Leuchten zu tun. In Ermangelung der passenden Begriffe, da es keine passenden Begriffe gibt, gebrauchen wir unpassende und unzulängliche Begriffe. Farbensehen erleuchtet dich also nicht.

Also nicht durch Hören von Stimmen und nicht durch Sehen von Farben kannst du deinen Geist erleuchten.

Erkennst du aber im Erkennen die WAHRHEIT, dass alle Dinge, auch das Hören, auch das Erkennen, auch das Erkannte der WEG sind, nämlich du selbst, der Erkenner – dann schaust du dein eigenes WESEN.
Immer, wenn diese drei, der Erkenner eines Objektes, das zu erkennende Objekt und der Vorgang des Erkennens, in eins zusammenfallen – was sie faktisch immer schon waren, nämlich EINS –, dann nimmst du aus dem Zustand der Erleuchtung heraus wahr.

Erkennst du aber in einem ewigen Augenblick, in diesem absoluten Jetzt, dass auch das Sehen von Farben dir die WESENSNATUR zeigt, dann erkennst du, dass diese drei, das Sehen, das Gesehene und der Seher, nämlich du selbst, EIN EINZIGES sind und nicht getrennt und voneinander geschieden. Wie könnte das EINE und EINZIGE von sich selbst geschieden sein? In diesem Augenblick erkennst du die WAHRHEIT.

Nun kommt die nächste Strophe von Unmon: «Wirf es weg!», sagt er. Wieso wegwerfen? Endlich hast du es verstanden, und nun sollst du es wegwerfen?
Gemeint ist dies: Wenn du deine wunderbare Erleuchtung festhältst, ständig an sie denkst, dir immer wieder die Erinnerung an sie ins Gedächtnis rufst, um ja noch hinterher zu «wis-

198 Unmon Bun'en, chin. Yunmen Wenyan (864–949).

sen», wie es sich mit der Letzten Wirklichkeit verhält, dann bist du auf dem Holzweg. Dann ist es, als hätte der Bodhisattva Avalokiteśvara, das ist der barmherzige Avalokiteśvara, sich für wenige Pfennige billige Kekse gekauft. Was soll er mit dem trockenen Zeug? Er hat sich die Hände gefüllt und den Mund verstopft. Es geht nicht weiter. Wirft er sie aber weg – erhält er auf der Stelle den köstlichsten Kuchen! Dann ist er wieder der Held Avalokiteśvara, der mit reinem GEISTAUGE die Menschenwesen und die Welt durchschaut. Werft eure Erleuchtung weg! Klammert euch nicht an irgendwelche erfahrenen spirituellen Herrlichkeiten! Weg damit, denn jetzt erst kann deine Erfahrung Früchte tragen. Der WEG ist frei! Jetzt erst ist der WEG der WEG geworden. Nun können die Früchte reifen.

Wie ist das nun mit dem Reifen der Früchte?

Eine Erleuchtungserfahrung muss ausreifen. Man sagt auch im Zen, sie muss vergessen werden. Wenn sie echt war, hat sie den Menschen ohnehin verändert. Das lässt sich nicht mehr rückgängig machen. Die Entwicklung kann allerdings stagnieren, wenn ein Zen-Schüler, nachdem er ein Satori erfahren hat, nichts mehr tut. Kein Zazen, kein Sesshin mehr, kein sorgfältiges Achtgeben, keine Geistesschulung mehr. Vielleicht kommt er noch manchmal zu einer Veranstaltung ins Zendō, um seine Freunde nicht zu verlieren, aber er wird lasch und lahm. Die Tür zur Wesensnatur hat sich im Satori zwar geöffnet, sie ist aber im Lauf der Jahre mit Gestrüpp zugewachsen, und oben drüber breiten sich Spinngewebe. Das gibt es sehr häufig. So kann auch der Charakter nicht weitergebildet werden. Das spirituelle Leben ist gar kein spirituelles Leben. Manchmal sagt einer dazu: «Ja, aber alles, was ich tu, drückt doch die Buddha-Natur aus! Wozu auf dem Kissen sitzen, nachdem ich Satori hatte? Jetzt habe ich doch alles!»
Was meint er bloß damit, dass er jetzt «alles» habe?

Natürlich: Alle Dinge drücken die Buddha-Natur aus, nicht nur das Zazen, die sorgfältige und konzentrierte Arbeit und nicht nur die Rezitation vieler Sūtras, sondern auch der Kopfschmerz und der Hundehaufen!

Es ist aber nicht alles ein Zeichen für spirituelle Entwicklung, was der Mensch mehr oder weniger bewusst tut und erlebt. Bei einem Zen-Menschen, der chronisch frustriert mit verbiestertem Gesicht herumläuft und immer wieder mit den anderen streitet oder gar intrigiert, kann von Erleuchtung keine Rede sein. Der Wesensnatur ist es zwar gleich, ob sie sich in der Weisheit oder in der Dummheit manifestiert, aber für den Schüler auf dem Weg ist es nicht irrelevant, ob er den Weg der Achtsamkeit oder den Weg des Frustes und der schlechten Laune geht.

Eine hohe Achtsamkeit schafft Konzentration. Konzentration schafft Energie. Energie schafft Lebensfreude und Durchblick. Ja, Energie schafft die Schau der Welt, so wie sie ist. Wer mürrisch dahinschlappt und angewiderte Blicke um sich wirft, erreicht keinen Durchblick und keine tiefe Freude, und der ist kein Erleuchteter, selbst wenn er ein paar kleine Satoris gehabt haben sollte.

Wer sich schon in einem Satori geöffnet hat, sollte gerade jetzt tüchtig Zazen üben und sich nicht mit dem bisschen Einsicht begnügen. Einzubilden braucht derjenige sich nichts. Also weitergemacht! Im Zen beginnt der WEG erst richtig mit der ersten Erleuchtungserfahrung. Nun geht der Mensch die Stufen seiner Entwicklung hinauf, und dabei wird er immer einfacher und bescheidener. Er wird immer alltäglicher und unauffälliger. Er erreicht nämlich seine grundlegende und unveränderliche Norm. Er tritt nicht etwa «erleuchtet» und exotisch auf. Er vermeidet es, andere Menschen zu beeindrucken.

Wirf also deine Erleuchtungserfahrung, auf die du so stolz bist, hinterher wieder weg, denn dann erst wirst du ihre Früchte entwickeln und genießen können. Jesus nennt das: «An ihren Früchten werdet ihr sie erkennen.» Das sind nicht Früchte des Lieb- und Nettseins, das wäre viel zu wenig. Es geht im spirituellen Wachstum um die Früchte, die von innen her reifen. Was sind das für Früchte? Erst einmal die Abwesenheit von Gier, Hass und Illusion beziehungsweise Wahn. Im Positiven sind die Früchte der ausgereiften Erleuchtung die vier Göttlichen Verweilzustände «Liebevolle Freundlichkeit», «Mitempfinden», «altruistische Mitfreude» und «Gleichmut», die hier im Zendō schon oft genannt wurden.

Die Göttlichen Verweilzustände heißen auch «die vier universellen Geisteshaltungen». Sie sind wirklich universell, denn sie sind nicht das Privileg einer bestimmten Kultur, Religion oder Menschengruppe, sondern für alle Lebewesen – ich würde sagen im ganzen Universum – ein Gradmesser für Entwicklung, anhand dessen man sich immer wieder überprüfen kann. Wo stehe ich? Zeigt sich bei mir spirituelle Entwicklung im Alltag? Drückt mein Handeln wirklich meine Einsicht in das Wesen der Welt aus? Oder mache ich mir selbst etwas vor mit meinem kümmerlichen und längst verstaubten Satori?

Ein weiterer Gradmesser wäre der zweite achtfache Pfad oder auch die zehn Gebote – oder ganz einfach die Frage: Bin ich immer noch in emotionale Angelegenheiten verstrickt oder lebe ich nur noch aus dem SEIN?
Also vergessen wir lieber die bereits erfahrene Erleuchtung, denn nun erst kann sie beginnen, Früchte tragen.

Die Früchte aber werden immer schöner und herrlicher, reiner und klarer – wenn der Mensch auf dem WEG immer wieder die billigen Kekse wegwirft, die er unbedingt haben wollte und die doch nur verstauben, wenn er sie ängstlich hütet und hortet. Weg damit! Vergessen! Die Erleuchtung vergessen! Nichts mehr habgierig ergreifen wollen! Nichts mehr eifersüchtig hüten!

Denn alles, woran wir uns festklammern möchten, würde in unseren Händen zu schimmeln beginnen. Staub legt sich darüber, dann die Spinngewebe, dann die Kellerasseln – und so weiter. Es gibt Menschen, deren «Erleuchtung» so aussieht.

Wie wunderbar ein Bodhisattva ist, der seine Erleuchtung vergessen hat. Ich habe gehört, dass eine weit entwickelte Zen-Meisterin über sich selbst gesagt hat: «Ich bin doch nicht erleuchtet, aber es mag schon Erleuchtete geben!» Als ich diese Frau zum ersten Mal traf, wusste ich nicht, wer sie war, aber dass sie eine weit entwickelte Zen-Meisterin war, das

wusste ich ganz sicher, als sie mich ansprach. Es war zu sehen und zu fühlen. Jemand fragte mich: «Wer ist das?» Ich sagte: «Das ist eine Zen-Meisterin.»
Wenn du deine verstaubten Kekse wegwirfst, bekommst du stattdessen wunderbare und himmlische Kuchen!
Das sind die universellen Kuchen der Erleuchtung!
Werft alles Überflüssige weg – und genießt von diesen Kuchen!
Werft auch diese Kuchen wieder weg – und das Wunderbare fließt grenzenlos und ewig aus dem tiefen Brunnen des unendlichen SEINS.

83 • Dōgo pflegt die Kranken

Isan fragte Dōgo: «Wo kommst du her?»
«Ich komme von der Krankenpflege», antwortete Dōgo.
Isan fragte ihn: «Wie viele Leute sind krank?»
«Einige sind krank, und einige sind nicht krank», antwortete Dōgo.
Isan fragte: «Ist der Nicht-Kranke der Wandermönch Chi?»
«Kranksein und Nicht-Kranksein haben damit nichts zu tun. Sprich schnell! Sprich schnell!», sagte Dōgo.
Darauf Isan: «Ich könnte schon etwas sagen, aber mit der Sache hätte es nichts zu tun.»

Ihr erinnert euch, Isan war ursprünglich der Koch im Kloster seines Meisters, Hyakujō. Isan[199] bestand die Prüfung durch Hyakujō, indem er den Wasserkrug mit dem Fuß umstieß, um fortan das neue Kloster auf dem Berg zu leiten. Mit seinem Durchblick übertraf Isan sogar den Ersten Mönch in der Schülerschaft des Meisters, denn der Erste Mönch konnte die Aufgabe, die Hyakujō den Mönchen gestellt hatte, nicht meistern.

Isan und Dōgo[200] stammten aus verschiedenen Zen-Linien. Hier aber trafen sie sich, weil Dōgo, nachdem er das große Erwachen erfahren hatte, aber noch nicht Zen-Meister geworden war, auf seiner Wanderschaft von Kloster zu Kloster und von Meister zu Meister auch den großen und genialen Isan aufgesucht hat. Höchstwahrscheinlich blieb er auch eine ganze Weile in Isans Kloster, übte mit den anderen Mönchen Zazen und arbeitete dort.

Isan und Dōgo hatten beide einen sehr guten Einblick in die Wirklichkeit der Welt. Ganz sicher gab es zwischen ihnen so manchen Dharma-Austausch und hier und da auch ein Dharma-Gefecht. Die beiden begabten Männer hatten Freude aneinander.

Nun zu unserer heutigen Begebenheit: Wieder einmal begegnet Dōgo auf dem Tempel-Gelände dem Isan.
Isan fragt Dōgo: «Wo kommst du her?»
Dōgo antwortet: «Ich komme von der Krankenpflege.»
Isan fragt ihn: «Wie viele Leute sind denn krank?»
Dōgo sagt: «Einige sind krank, und einige sind nicht krank.»
Isan fragt: «Ist der Nicht-Kranke wohl der Wandermönch Chi?» Mit dem Wandermönch Chi meint Isan natürlich sein Gegenüber, Dōgo.

Hier kommt ein wichtiger Aspekt ins Spiel: Ein Erleuchteter ist gesund, ein Nicht-Erleuchteter ist krank. Der Erleuchtete hat die Möglichkeit, sein volles menschliches Potenzial zu

199 Isan Reiyū, chin. Guishan (Weishan) Lingyou (771–853).

200 Dōgo Enchi, chin. Daowu Yuanzhi (769–835).

entfalten, ständig zuzunehmen an Energie, an Intelligenz, an Kraft, an Gesundheit, an Lebensfreude, an Glück.
Hierzu ist – ich wiederhole mich – zu sagen, dass ein Satori gründlich ausreifen muss, und dieses dauert seine Jahre. Es laufen viele sogenannte Erleuchtete herum, die überhaupt nicht ausgereift sind. Auf dem Gebiet ist entsetzlich Abschreckendes zu beobachten.

Ein Nicht-Erleuchteter kann im besten Fall bis zu einem bestimmten Grad zwar auch eine relativ gute Reife erreichen, aber das sehe ich eher mit Vorsicht. Bei den meisten Menschen tanzen und turnen die Irrtümer und Illusionen in den Köpfen herum. Ihnen fehlt die reine, klare Sicht der Dinge. Sie sehen und erfahren und deuten die Welt auch wie durch eine getönte Brille, welche die Welt anders zeigt, als sie ist.

Den meisten Mitmenschen fällt dies nicht auf, weil ja schließlich, wie sie meinen, «alle so sind». Der nicht spirituell Erfahrene, und das betrifft die allermeisten Menschen auf Erden, ist also nicht gesund im beschriebenen Sinn.

Von dieser Art «krank» oder «nicht-krank» sprechen Dōgo und Isan. Sie drücken es nicht extra aus, sie definieren «nicht-krank» und «krank» in ihrem Gespräch nicht extra in Hinsicht auf die spirituelle Entwicklung, denn die beiden wissen ohnehin genau, was sie meinen und wovon sie reden.

Dōgo sagt also, einige der Mönche sind «krank», einige sind «nicht krank». Isan weiß dementsprechend, dass einige ihr Satori gut ausgereift haben, andere noch nicht.

Isan freut sich, und er möchte den Dōgo ein bisschen aufziehen mit den Worten: «Sag mal, ist der vor allem Nicht-Kranke der Wandermönch Chi?» So nennt Isan den Dōgo.
Er flappst herum: «Gib es zu, du bist doch der Gesunde hier!» Es ist halb ernst, halb spaßig gemeint. Man kann es sich aussuchen.

Dōgo antwortet ihm: «Kranksein und Nicht-Kranksein haben damit nichts zu tun. Sprich schnell! Sprich schnell!»
Er sagt damit: «Großer Meister Isan! Verwechsele die Sache, um die es wirklich geht, nicht mit dem körperlichen Befinden meinerseits!»
Dōgo weiß ganz genau, dass Isan nichts verwechselt. Trotzdem provoziert er ihn: «Dann sag es doch, wenn du durchblickst, sag es doch! Schnell, schnell!»

Darauf meint Isan: «Ich könnte schon etwas sagen, aber mit der Sache hätte es nichts zu tun!» Damit haben beide genau dasselbe gesagt und es sich gegenseitig vergnüglich um die Ohren gehauen.

Und beide haben Recht, ja, so ist es! Mit der eigentlichen, wesentlichen, ewigen, wahrhaftigen Sache, die keine Sache ist, hat es nichts zu tun. Kein Wort hat mit dem zu tun, wofür das Wort steht.

Wenn ihr beim Anblick einer Lilie aufhört, zu denken: «Lilie», oder gar zu sagen: «Lilie», nur dann könnt ihr dieses wundervolle Wesen, zu dem die Menschen «Lilie» sagen, als das erkennen, was es ist. In dieser Wahrnehmung werdet ihr EINS damit. Ihr seid es selbst.

Die beiden Burschen Dōgo und Isan provozieren sich gegenseitig, um einander zum Stolpern zu bringen, aber keiner von beiden fällt darauf herein. Sie sehen, ja, sie erfahren, dass die Wahrnehmung nur außerhalb der Worte und Gedanken rein, klar und unverfälscht sein kann wie ein kostbarer Kristall in der Sonne.

Und sie wissen, was sie nicht extra aussprechen müssen, dass der Mensch mit dieser Wahrnehmung der Nicht-Kranke, der Gesunde, ist. Er hat wahrhaftig das Menschsein erreicht.

Übrigens – der auf diese Art wahrhaftig Gesunde kann sich ruhig eine Grippe oder ein gebrochenes Bein leisten – und wird doch nicht krank dadurch, nicht einmal, wenn es wehtut.

Obendrein, liebe Leute, gibt es in der Wesensnatur überhaupt keinen Unterschied zwischen Kranksein und Nicht-Kranksein, zwischen Erleuchtung und Nicht-Erleuchtung.

Wozu dann die ganze Diskutiererei zweier, die doch erleuchtet sind und es besser wissen müssten? Sie wissen es, sie wissen es, und sie flachsen trotzdem herum – einfach aus Spaß an der Sache.

84 • Guteis Finger

Immer, wenn der ehrwürdige Meister Gutei etwas über Zen gefragt wurde, streckte er als Antwort einfach nur einen Finger hoch.

Dieses Kōan erscheint im *Mumonkan,* Fall 84, noch ausführlicher. Da enthält es zwei weitere eindrucksvolle Abschnitte zu dem Thema.
Wir wollen uns diese auch heute nicht vorenthalten, und sie folgen nun:

Einst wurde sein junger Diener von einem Besucher gefragt: «Worin besteht die Lehre deines Meisters?»
Da hielt der Bursche ebenfalls einen Finger hoch.
Als Gutei davon hörte, schnitt er dem Jungen mit einem Messer den Finger ab. Schreiend vor Schmerz lief der Junge davon.
Gutei rief ihm nach.
Als der Junge seinen Kopf zurückwandte, streckte Gutei einen Finger hoch.
Da wurde der Junge plötzlich erleuchtet.

Und:

Als Gutei zum Sterben kam, sagte er zu den versammelten Mönchen: «Ich habe dieses Ein-Finger-Zen von Tenryū empfangen. Mein ganzes Leben lang habe ich es benutzt, aber dennoch nicht ausgeschöpft.»
Nach diesen Worten trat er ins Nirvāṇa ein.

So, und nun geht es los!
Meister Gutei[201] teilt seinen Schülern auf dem Sterbebett mit, er habe das Ein-Finger-Zen von Tenryū empfangen. Mit dieser Begebenheit von Gutei und Tenryū hatte es sich viele Jahre zuvor so verhalten:

Im alten China war es üblich, dass, wenn ein Besucher in einen Zen-Tempel zu einem auf seinem Platz sitzenden Meister kam, er diesen ehrfurchtsvoll drei Mal umrundete und sich dann mit entblößtem Haupt vor ihm verneigte.

Nun suchte eines Tages auch eine Nonne den noch jungen Gutei auf, umkreiste ihn drei Mal auf seinem Sitz und blieb dann vor ihm stehen, allerdings ohne ihr Haupt zu entblößen und ohne sich zu verneigen.
Die Nonne sagte zu Gutei: «Wenn Ihr ein Wort zu sagen wisst, mit dem ich zufrieden bin, werde ich meinen Hut abnehmen und mich vor Euch verneigen.»
Gutei wusste nichts zu sagen, aber selbst nachdem die Nonne den Gutei drei Mal heraus-

201 Kinka Gutei, auch Gutei Isshi («Ein Finger» Gutei), chin. Jinhua Juzhi (Juzhi «Yizhi»), 9. Jh.

gefordert hatte, etwas Passendes zu sagen, fiel ihm keine Antwort ein.
Gutei war aber ein sehr freundlicher Mensch, und wegen der späten Stunde und der inzwischen hereingebrochenen Dunkelheit sorgte er sich um die Nonne und lud sie ein, die Nacht im Kloster zu verbringen.
Die Nonne antwortete: «Wenn Ihr etwas sagen könnt, will ich hier bleiben.»
Gutei blieb jedoch stumm, und die Nonne ging fort.

Gutei war sehr unglücklich und er tadelte sich hart. Er sagte zu sich selbst, er hätte die Statur eines Mannes, aber nicht die Geisteskraft eines Mannes, denn kein Wort an die Nonne sei ihm eingefallen. Er fand, diesen Zustand müsse er dringend ändern. Er würde Hilfe dafür suchen.
Er beschloss, sich auf die Reise zu machen, um fähige Zen-Meister zu finden, die ihn streng schulen würden.

In der letzten Nacht vor dieser Reise hatte Gutei einen bedeutsamen Traum: Die beschützende Gottheit des Ortes, an dem sein Kloster stand, erschien ihm und sagte: «Geh nicht fort von hier! In wenigen Tagen wird ein inkarnierter Bodhisattva hier einkehren und dich über den Dharma belehren.»

Gutei nahm den Traum sehr ernst und blieb zu Hause. Genau so, wie ihm gesagt worden war, so traf es auch ein. Kurze Zeit darauf besuchte Meister Tenryū das Kloster. Gutei begrüßte den Gast äußerst höflich und respektvoll. Er berichtete ihm die ganze Geschichte in allen Einzelheiten, das Geschehnis mit der Nonne, sein Versagen ihr gegenüber, seinen Entschluss, einen strengen Meister für sich zu suchen – und schließlich seinen Traum. Er ließ nichts aus. O ja, Gutei war sehr demütig. Er hat nicht mehr und nicht weniger aus sich gemacht, um seine Position darzustellen.

Nachdem Meister Tenryū ihn sorgfältig bis zu Ende angehört hatte, streckte er sofort einen Finger in die Höhe!
In diesem Augenblick erfuhr Gutei eine tiefe Erleuchtung.

Was erfuhr Gutei? Nun, den Finger erfuhr er. Erfuhr er, das sei einer von fünf Fingern? Ein Finger von der Hand Meister Tenryūs? Erfuhr er, der Meister wolle irgendetwas damit ausdrücken? Nein, nein, nein, das wäre keine tiefe Erleuchtung gewesen!
Gutei erfuhr einfach den Anblick von Meister Tenryūs Finger! In einem köstlichen Augenblick den Finger zu erfahren, das ist, das ureigene erfahrende Wesen zu erfahren, das ist, die Welt zu erfahren, das ist, die Welt zu sein, einfach nur das SEIN zu sein.
Jedoch – mit diesen oder anderen Worten lässt sich die große Erleuchtung Meister Guteis niemals beschreiben.

So weit diese Begebenheit zwischen Gutei und Tenryū.

Kurz vor seinem Hinübergehen in die geistige Welt sagt Gutei zu seinen um ihn versammelten Mönchen – ich wiederhole es: «Ich habe dieses Ein-Finger-Zen von Tenryū empfangen. Mein ganzes Leben lang habe ich es benutzt, aber dennoch nicht ausgeschöpft.»

Ja, das ist der Schatz, der sich niemals erschöpft. Ob wir es nun das «Ein-Finger-Zen» nennen oder das «Eine-Wort-Zen» oder überhaupt «Zen» oder das «SEIN» – oder wie auch immer wir es nennen, die Wirklichkeit hat ja doch keinen Namen, keine Bezeichnung, keine Benennung, keinen Begriff! Sie ist nur, was sie ist. Ja, ES ist nur, was ES ist.
Und das ist nicht von einem Finger abhängig. Das Absolute ist niemals vom Relativen abhängig. Der Anblick des Fingers kann einem Menschen aber zum Dharma-Tor werden, so wie es auch Gutei geschah.

Auch Anblicke und Erfahrungen anderer Art können ein Dharma-Tor öffnen, zum Beispiel:
Ein Krähenflug dicht über dem Kopf,
das Lachen eines kleinen Jungen,
ein Besenkratzen auf dem Steinfußboden,
die süße Melodie eines Liedes,
der Anblick einer aufblühenden Narzisse.

Der Erfahrende ist eins mit dem zu erfahrenden Objekt und mit der Erfahrung. Dies ist die echte und tiefe Wahrnehmung. Dies geschah Meister Gutei in dem Augenblick, als Tenryūs Finger in die Höhe fuhr.

Das Zen aber, das Gutei in diesem Augenblick zutiefst erfuhr, zeigt sich im gesamten Universum in jeder Sekunde, in jedem Augenblick, in jedem Nu! Wenn es doch alle Menschen mitbekommen würden! Wenn sie doch aufmerksamer wären, achtsamer, konzentrierter bei all ihren Tätigkeiten – dann hätten wir Weltfrieden. Denn die Wirklichkeit wahrzunehmen, befriedet.

Wir können beruhigt sein über Meister Guteis letzte Bemerkung, dass sein Zen trotz lebenslangen Gebrauchs sich niemals erschöpft habe. Es wird sich auch weiterhin nicht erschöpfen.

Am besten, ihr fangt gleich an: Schließt ruhig einmal die Augen und lauscht nur! Denkt nicht dabei nach, was das sei, was das bedeuten könnte, sondern lauscht nur. Seid nicht unzufrieden, wenn nicht gleich ein welteinstürzendes Satori kommt, sondern lauscht absichtslos! Das allein ist schon wunderbar genug. Die Absichtslosigkeit in der treuen Übung ist der Demut sehr nah. Die beiden gehen Hand in Hand. Nur die Absichtslosigkeit führt zum Erfolg.

In dieser Geisteshaltung schaut auch auf die vielen kleinen täglichen Dinge des Lebens.

So nehmt ihr wahr und nicht un-wahr!

Der tiefe und ewige Brunnen des SEINS ist unerschöpflich, und sein Göttertrank wird euch nicht vorenthalten. Bereitet euch nur dafür zu – ohne gierig etwas zu wollen!

85 • Der Lehrer der Nation und die fugenlose Pagode

Kaiser Shukusō fragte den Lehrer der Nation Chū: «Was wäre Euer Wunsch, um Euch zu ehren – in hundert Jahren?»
Der Lehrer der Nation sagte: «Bau diesem Mönch eine fugenlose Pagode!»
Der Kaiser sagte: «Ich bitte Euch, Meister, um einen Plan!»
Der Lehrer der Nation schwieg lange. Dann fragte er schließlich: «Hast du verstanden?»
Der Kaiser sagte: «Ich habe leider nichts verstanden.»
Der Lehrer der Nation sagte: «Ich habe einen Dharma-Nachfolger, meinen Schüler Tan'gen, der sich in dieser Sache vollkommen auskennt. Lass ihn zu dir kommen und frage ihn danach!»
Nachdem der Lehrer der Nation gestorben war, ließ der Kaiser den Tan'gen kommen und fragte ihn, was diese Sache bedeute.
Tan'gen antwortete dem Kaiser mit folgenden Versen:
«Südlich vom Fluss, nördlich vom See.[202]
Darin gibt es Gold, welches das ganze Land füllt.
Unter dem schattenlosen Baum sind alle Menschen auf einem Schiff.
Im Kristallpalast gibt es kein Wissen.»

Später kommentierte Setchō[203] *diese vier Zeilen des Tan'gen einzeln nacheinander so:*
Südlich vom Fluss, nördlich vom See: «Eine Hand klatscht nicht ohne Grund.»
Darin gibt es Gold, welches das ganze Land füllt: «Ein Stock, frisch gehauen vom Bergwald.»
Unter dem schattenlosen Baum sind alle Menschen auf einem Schiff: «Das Meer ist ruhig, der Fluss ist klar.»
Im Kristallpalast gibt es kein Wissen: «Das Thema ist erledigt.»

Die Antwort Tan'gens[204] auf des Kaisers Frage schauen wir uns nachher an. Sie gehört zum Wesentlichen des Kōan selbst.

Fangen wir jetzt aber von vorn an. Der «Lehrer der Nation» wurde traditionellerweise vom chinesischen Kaiser persönlich unter den hervorragendsten spirituellen Meistern aus-

202 Der Fluss Shō im Süden und der See Dotei im Norden – das ganze Land.

203 Setchō Jūken, chin. Xuedou Chongxian (980–1052).

204 Tan'gen Ōshin, chin. Danyuan Yingzhen (8./9. Jh.).

gewählt. Er war – im Vergleich – eine Art Kultusminister und zugleich Berater und spirituller Lehrer des Kaisers.
Kaiser Shukusō[205] verehrte seinen «Lehrer der Nation[206]» Chū[207] sehr.

In unserem Kōan und der uns zur Verfügung stehenden Übersetzung redet der Kaiser seinen ehrwürdigen Lehrer mit «Ihr» und «Euch» an, der Lehrer den Kaiser aber mit «du». Hieraus geht hervor, dass selbst der Kaiser seinen buddhistischen Meister viel höherstehend ansah als sich selbst. In der westlichen Welt fehlt meistens das Verständnis dafür, dass ein spiritueller Lehrer durch seine Schüler in den asiatischen Ländern sehr hoch geachtet wird. Die Menschen dort empfinden es als großes Glück, wenn ein guter Lehrer sie als Schüler annimmt und auf dem Weg zur Erleuchtung führt. Übrigens werden dort auch die Schüler hoch geachtet, die diesen Weg selber gehen und dafür alle Mühen auf sich nehmen. Ihr spiritueller Weg ist schließlich ihr Lebensweg.

Als der ehrwürdige Lehrer der Nation Chū schon hundert Jahre alt war und es mit seinem baldigen Hinübergang gerechnet werden musste, fragte der Kaiser ihn äußerst höflich: «Was wäre Euer Wunsch, um Euch zu ehren, in hundert Jahren?»

Der Kaiser sagt nicht: «Auf welche Weise soll ich Euch ehren, Meister, wenn Ihr demnächst gestorben sein werdet?» Er sagt: «Was darf ich tun, um Euch zu ehren? Was wünscht mein ehrwürdiger Lehrer sich von mir in hundert Jahren?» Er meint damit nicht, dass er seinen verehrten alten Lehrer erst in hundert Jahren ehren möchte, sondern es war üblich, beim Andeuten des Todeszeitpunktes eines geachteten Gesprächsteilnehmers den Zusatz «in hundert Jahren» anzufügen.

Auf die Frage, auf welche Weise nach seinem Ableben und seiner Bestattung geehrt zu werden der Lehrer der Nation sich wünscht, antwortet Chū schlicht: «Baue diesem alten Mönch eine fugenlose Pagode!»

Der «alte Mönch» ist der Lehrer selbst. In vielen Kōan- und Zen-Geschichten nennt der betreffende Meister sich selbst in der dritten Person «dieser Mönch» oder «dieser alte Mönch». Als der Kaiser hört, er solle seinem verehrten Lehrer eine fugenlose Pagode bauen, ist er verdutzt. Natürlich wird er dem Lehrer der Nation eine Pagode bauen! So ist es doch üblich! So gehört es sich! So ist es auch der Stolz des Kaisers, seinem geliebten und verehrten Meister eine prachtvolle Pagode zu bauen! Wie kann aber eine Pagode, die doch aus vielen einzelnen Etagen und jeweils sogar mit Dächern besteht, fugenlos sein? Stück für Stück wird die Pagode aufgeschichtet, und es entstehen dabei viele Fugen, Spalten, Ritzen, und gerade so wird es eine wundervolle und edle Pagode! Aber dieses schöne Bauwerk ohne Fugen herzustellen, ja, wie soll das denn möglich sein?
Der Kaiser bittet den ehrwürdigen Chū: «Ich bitte Euch, Meister, um einen Plan!»

205 chin. Sizong.

206 jap. Kokushi, chin. Guoshi.

207 chin. Zhong.

Als Antwort schweigt der Lehrer der Nation lange. Er sagt kein Wort, damit der Kaiser in der Stille das Fugenlose wirken lassen kann, damit er erfasst, wovon der Meister eigentlich gesprochen hat.
Schließlich fragt Chū den Kaiser: «Hast du verstanden?»
Der Kaiser antwortet: «Ich habe leider nichts verstanden.»
Wie traurig!
Darauf gibt der Lehrer der Nation keine weitere Erklärung, nicht einmal den kleinsten Hinweis. Er sagt zum Kaiser: «Ich habe einen Dharma-Nachfolger, meinen Schüler Tan'gen. Der kennt sich in dieser Sache vollkommen aus! Lass ihn zu dir kommen und frage ihn danach!»

Als der Lehrer der Nation gestorben war, ließ der Kaiser den Tan'gen zu sich kommen und fragte ihn, was diese Sache mit der fugenlosen Pagode, von der ihr gemeinsamer Lehrer gesprochen hatte, bedeute.

Tan'gen antwortete:

«Südlich vom Fluss, nördlich vom See.
Darin gibt es Gold, welches das ganze Land füllt.
Unter dem schattenlosen Baum sind alle Menschen auf einem Schiff.
Im Kristallpalast gibt es kein Wissen.»

Südlich vom Fluss Xiang und nördlich des Dongting-Sees sind die Grenzen des Landes, mit dem hier die Provinz Hunan gemeint ist. Hier steht Hunan sinnbildlich für das ganze Land China, und das ganze Land steht für die fugenlose Pagode. Alles, was sich da befindet, ohne Ausnahme, ja, jeder Berg, jedes Gewässer, jeder Mensch und jede kleine Katze, jeder Vogel und jeder Stein, stehen hier für das Große und Ganze, einfach für alles, was ist. Damit ist allerdings nicht einfach nur die äußere Erscheinung der Welt gemeint, sondern deren Urgrund, die Wesensnatur, ohne welche es keine Welt der Dinge und der Lebewesen geben kann. Die Wesensnatur aber – und jetzt kommt es – ist fugenlos und ohne Riss. Sie ist immer ein Einziges ohne ein Zweites.

Dieses Einssein hat nichts mit landläufiger «Einheit» zu tun. Der Begriff «Einheit» wird verstanden als sich einig sein, sich verbünden, sich verstehen, die gleiche Meinung haben, Verschiedenes zusammenzufassen in einen Verbund. So etwas ist hier nicht gemeint. Sondern es gibt ohnehin und seit jeher ohne ein menschliches Zutun schon das Einssein des Einzigen. Religiös sagt man: Es gibt nur einen Gott. Viele Menschen glauben, nur sie selbst hätten diesen einzigen Gott, die anderen aber nicht. Wenn aber Gott absolut ist, wie die Kirche lehrt, gibt es neben ihm, IHM, nichts anderes. So ist alles Ausdruck seiner selbst. Er lebt unser Leben als seines, und wir leben sein Leben als unseres. Es existiert aber in Gottes Leben nicht «unseres» und im Gegensatz dazu «anderes». Ob wir darüber diskutieren oder es glauben oder nicht akzeptieren, ist nicht von Belang. An der Wirklichkeit ändert unsere Meinung darüber nichts. Das gesamte Universum ist ein einziges lebendiges Wesen. Es ist Bewusstsein, das sich so oder so ausformt. Auf diese Weise erscheint es uns Menschen

– wenn auch eben nur als Schein – vielseitig und vielheitlich, philosophisch nennt man das dualistisch. Die Welt ist also nur scheinbar dualistisch.

Das Universum ist eine unsagbar prachtvolle fugenlose Pagode.

Schauen wir uns weiter die Worte des Tan'gen an! Er fährt fort mit seiner Beschreibung der Pagode: «Darin gibt es Gold, welches das ganze Land füllt.»
Ja, darin gibt es Herrlichkeit über Herrlichkeit, und wer Augen hat zu sehen, dem offenbaren sich die unendliche Schönheit des göttlichen Wesens, und dies geschieht in jedem Vogelruf, in jedem Stein in einem Bach, im Rauschen des Windes durch die Baumkrone und im Sonnenaufgang am frühen Morgen, wenn die Sonne über den Dächern aufsteigt. Jedes Ding und jedes Lebewesen ist zugleich jedes andere Ding und jedes andere Lebewesen. Die Dinge und Lebewesen sind nicht nur alle in Beziehung zueinander, sie sind es in der Wesensnatur unter Aufhebung von Raum und Zeit selbst.
Dies ist das Gold, welches das ganze Land füllt, und dies ist die Fülle selbst.

Tan'gen führt die Sache weiter aus: «Unter dem schattenlosen Baum sind alle Menschen auf einem Schiff.»
Was keinen Schatten wirft, ist auch nicht von Ursache und Wirkung abhängig. Alle sind wir beschirmt und behütet, ja wir bestehen einfach aus Rettung! Wir selbst sind das fugenlose Sein, die ewige Pagode! Niemand und nichts ist davon ausgenommen, und so sind wir alle aufgehoben in diesem einen Schiff. Ihr kennt ja den Ausspruch: «Wir sitzen alle im selben Boot.» So ist es tatsächlich! «Beschirmt» von dem, was keine Schatten wirft, von dem Einen Sein, das wir unterschiedslos alle sind – das ist unser Wahres Wesen.
Dies aber müssen wir selbst entdecken, selbst erfahren und nicht lediglich glauben!

Diesen Zustand nennt Tan'gen: «Im Kristallpalast gibt es kein Wissen.»
Nichts Anstudiertes, Gelerntes, Gehörtes und von außen Übernommenes, Erdachtes, kein rationales Wissen ist hier möglich oder auch nur notwendig. Der Kristallpalast ist ein Zustand und nicht ein Ort. Dieses Wissen, das in der Letzten Wirklichkeit keinerlei Bedeutung hat, wird bei Weitem überstiegen durch ein uraltes und immer da gewesenes «Kennen» von allem, was zu kennen möglich war, ist und sein wird. Es ist ein tiefes Verstehen, Sicherinnern an immer neues und doch uralt Vertrautes, und hier gibt es keine Geheimnisse und auch keine Geheimlehren. Dieses WISSEN ist von anderer Art als das über die Ratio erworbene Wissen. Schreiben wir dieses ewige WISSEN im Sinn von KENNEN mit großen Buchstaben! Dieses Wissen ist ein Seinszustand, dem nichts verborgen ist. Es kann nicht erworben werden wie die Mathematik, die wir in der Schule oder an den Universitäten lernen, oder wie eine Fremdsprache, die wir uns aus Büchern und von Tonträgern aneignen.
Dieses WAHRE WISSEN – immer großgeschrieben – kann also nicht erworben werden, denn es ist ja schon da, aber wir können es in uns entdecken und befreien. Es ruht in uns, und es ist unzerstörbar. Es steigt direkt aus der Wesensnatur.

Hier sind wir also wieder in der Wesensnatur. Sie ist der Kristallpalast, rein und klar, hell leuchtend, raum- und zeitlos, ohne Anfang und ohne Ende. Hier gibt es nichts, was die Menschen für «Wissen» halten.

Die Welt ist voll von göttlichem SEIN. Und doch – obwohl ständig Milliarden über Milliarden Dinge aus dem göttlichen Nichts, dem einzigen SEIN, aufsteigen, bleibt ihr Urgrund, dieses SEIN, doch unberührt in seiner ewigen Stille. Ohne Riss, ohne Sprung steht das fugenlose All da, die fugenlose Pagode, die jeder von uns in seinem Wahren Wesen ist.
Dies gilt es zu erfahren, dies gilt es in vollständiger Bewusstheit zu sein.

Ob der chinesische Kaiser Shukusō dies wohl erfasst hat?

Für einen Lehrer, der Schüler zum vollständigen Erwachen führt, gibt es keine größere Freude, als wenn ein Schüler dieses Erwachen erreicht, ausreift und niemals aufhört, seinen WEG zu gehen. Der Pfad zu immer größerer Bewusstheit, der absichtslos gewandert wird, ist niemals zu Ende.

Dieses wünschte sich der Lehrer der Nation Chū von seinem Schüler, dem Kaiser Shukusō. Der Lehrer sagte: «Bau *mir* eine fugenlose Pagode!» Denn auch ein wahrer Lehrer und ein wahrer Schüler sind eins im Einssein der Welt.

Rinzai fragte Ōbaku: «Worin offenbart sich klar und deutlich das Wesen des Buddha-Dharma?»
Als Antwort schlug ihn Ōbaku. Das geschah drei Mal. Dann verabschiedete sich Rinzai und suchte Daigu auf.
«Wo kommst du her?», fragte ihn Daigu.
«Von Ōbaku», antworte Rinzai.
Daigu fragte weiter: «Was hatte Ōbaku dir zu sagen?»
«Ich fragte ihn drei Mal: ‹Worin offenbart sich klar und deutlich das Wesen des Buddha-Dharma?›, und bekam drei Mal seinen Stock zu spüren. Ich weiß nicht, ob ich etwas falsch gemacht habe oder nicht», antwortete Rinzai.
Darauf sagte Daigu: «Ōbaku ist eine alte Großmutter, die sich deinetwegen völlig verausgabt hat. Und da kommst du noch und fragst, ob du etwas falsch gemacht hast!?» Bei diesen Worten erfuhr Rinzai die große Erleuchtung.

Ōbaku[208] ist der japanische Name für Huangbo, einen der größten und berühmtesten chinesischen Zen-Meister. Ich würde sagen, er war ein Geistesriese. Jedes seiner Worte sitzt, und ihm ist nichts mehr zu entgegnen.
Wir haben einen Text von Meister Huangbo in unserem Sūtra-Heft.

Meister Ōbaku, wie er in unserem Kōan mit seinem japanischen Namen, den man ihm später gegeben hat, heißt, schult hier seinen Schüler, den jungen Rinzai[209], der ihn sehnsüchtig fragt: «Worin offenbart sich klar und deutlich das Wesen des Buddha-Dharma?»

Meister Ōbaku könnte nun anfangen wie in einer philosophischen Vorlesung: «In den materiellen und ausgeformten Erscheinungen der Welt manifestiert sich ohne Ausnahme das Wesen des Buddha-Dharma.» Diese Antwort wäre aber nicht klar und deutlich, wie Rinzai sie ja haben will. Damit hätte Ōbaku dem jungen Schüler keinen Gefallen getan. Rinzai hätte weniger verstanden als vorher. Wie sollte Ōbaku den Schüler retten? Jedes gesprochene Wort einer menschlichen Sprache ist unfähig, den Buddha-Dharma oder dessen Wesen, nach dem Rinzai fragt, zu definieren.
So fängt Meister Ōbaku überhaupt nicht erst mit Worten und Begriffen, mit Zahlen und Lehrsätzen an. Er geht mit seiner Antwort ganz, ganz nah an den Buddha-Dharma heran: Ōbaku schlägt Rinzai.

Rinzai lässt sich nicht abschrecken, denn er hat auch als junger Mann einen starken Geist.

208 Ōbaku Kiun, chin. Huangbo Xiyun (gest. 850).

209 Rinzai Gigen, chin. Linji Yixuan (gest. 866).

So stellt er unerschrocken wiederum dieselbe Frage, und zwar insgesamt drei Mal. Jedes Mal schlägt Ōbaku ihn, aber Rinzai versteht nicht.
Wieso konnten Schläge eine Antwort auf die Frage nach dem Buddha-Dharma sein, ob nun der Schüler dies versteht oder nicht? Nun, man kann es ganz exakt genau so nehmen: «Worin offenbart sich klar und deutlich das Wesen des Buddha-Dharma?» – Peng!
Ganz eindeutig, nicht verschleiert, nicht erklärt, nicht philosophiert und theoretisiert gibt er die Antwort! Nein, hier ist keine Theorie, sondern außerhalb aller Worte und Schriftzeichen kommt die Antwort:
Peng!
Näher an die Wirklichkeit heran geht es ja gar nicht!
Könnte es auch eine andere wortlose Antwort sein? Aber natürlich! Ōbaku gibt aber diese Antwort: Er schlägt den Schüler.

Meister Ōbaku entäußert sich, könnte man sagen, er verschleiert seine Antwort nicht durch Erklärungen, er verbirgt sie nicht hinter Konzepten. Er gibt die Wirklichkeit unmittelbar! Er demonstriert das WESEN DES BUDDHA-DHARMA.
Es ist kaum zu glauben, dass Rinzai es nicht erfasst, es selbst beim dritten Mal noch nicht erfasst! Traurig verabschiedet er sich von Meister Ōbaku und sucht Daigu[210] auf.

Meister Daigu fragt Rinzai: «Woher kommst du?»
Das ist wieder die klassische Frage eines Meisters, die bedeutet: «Wie steht es um deinen Durchblick? Hast du dein Selbstwesen schon geschaut?»

Rinzai erzählt ihm von Ōbaku. Er erzählt ihm die ganze Geschichte und fügt ratsuchend hinzu: «Ich weiß nicht, ob ich etwas falsch gemacht habe.»
Nun offenbart auch noch Meister Daigu zusätzlich Rinzai gegenüber den Buddha-Dharma. Er gebraucht Worte, treffende Worte, aber keine Erklärungen. Er sagt dem Schüler: «Dein Meister Ōbaku hat alles für dich getan, gütig wie eine Großmutter! Er hat sich von innen nach außen gestülpt. Er hat kein Geheimnis zurückgehalten. Er hat dir das WESEN des Buddha-Dharma offenbart. Und obwohl du alles am eigenen Leib spürst, das WESEN des Buddha-Dharma am eigenen Leib spürst, kommt du daher und wagst auch noch zu fragen, ob du etwas falsch gemacht hast! Was fällt dir ein?»

Bei diesen Worten erfährt Rinzai die große Erleuchtung.

Ja, da begreift er, welche Wohltat Ōbaku ihm hatte zukommen lassen. Wie dankbar er da sein muss!

Im Zen sagt man, ein Meister ist «gütig wie eine Großmutter», wenn er heftig und rau den Schüler packt, schlägt, schüttelt und anbrüllt, um ihn aufzuwecken. Als mein Meister mich stark machen wollte, gebärdete er sich einmal gar nicht «nett», und als ich nicht erfreut reagierte, sagte er mir: «Aber ich bin zu dir so lieb wie eine Großmutter!» Na, da hatte er's wenigstens zugegeben.

210 Daian Daigu, chin. Daan Dayu (9. Jh.).

Wieso aber, frage ich euch, offenbart sich in solchen Rauheiten der Buddha-Dharma? Ja, wieso sollte der Buddha-Dharma sich zwar in allen Dingen und Geschehnissen der Welt offenbaren, nur ausgerechnet nicht in den gütigen Rauheiten eines Zen-Meisters?

Ich kenne die Auffassung, wo Menschen gut miteinander seien, da sei Gott. Schön, das ist korrekt, aber unvollständig. Wie ist es denn? Überall, wo Menschen gut miteinander sind, da ist Gott, da offenbart sich die WESENSNATUR, aber auch: Überall, wo Menschen nicht gut miteinander sind, da offenbart sich ebenfalls Gott, da zeigt sich ebenfalls die WESENSNATUR. Überall, wo irgendetwas geschieht, was auch immer, da offenbart sich die WESENSNATUR, da offenbart sich Gott.
Im ganzen Universum, nicht nur hier auf der kleinen Erde, manifestiert sich die Buddha-Natur, offenbart sich der Buddha-Dharma, das kosmische und spirituelle Gesetz. Hierin gibt es keine Ausnahme, keine einzige Ausnahme. Ihr könnt euch ausdenken, was ihr wollt: Es offenbart den Buddha-Dharma. Ihr werdet keine Ausnahme finden.
Ich kenne einen Mann, der sich «Druide» nennt. Mit diesem Mann hatte ich ein Gespräch. Ich vertrat in diesem Gespräch die Sicht, Gott sei überall und nirgends nicht, und das würde auch die «Hölle» beinhalten. Er sagte: «Gott ist nicht in der Hölle, das kann ich Ihnen versprechen.»

Dass die Leute immer wieder irgendetwas versprechen müssen, was sie dann nicht halten können! Seine druidische Sicht der Welt war also noch nicht sehr tief. Ich antwortete ihm: «Wie könnte die Hölle ohne Gott auch nur vorübergehend Bestand haben?!»

Höllische Taten durch Menschen sind Missbrauch der göttlichen Kräfte! Dafür braucht man nicht Gott die eigene Verantwortung zuzuschieben.

Nichts hat ohne seinen Urgrund Bestand. Kein Stäubchen kann ohne seinen Urgrund existieren. Gutes und Böses, selbst jeder Traum und jeder Wahn stehen auf dem Urgrund des Buddha-Dharma, dem Urgrund des SEINS.
Warum sollte ein Schlag mit dem Stock davon ausgenommen sein? Es gibt keine Ausnahmen.
Dieses ist selbstverständlich kein durch Denken erlangtes Konzept, keine Konstruktion des menschlichen Intellektes. Es ist ganz schlicht Erfahrung.

Diese wunderbare Erfahrung konnten wie in einer Verschwörung Meister Ōbaku und Meister Daigu miteinander dem jungen Rinzai vermitteln. Die Erfahrung machen musste Rinzai natürlich selber.
Rinzai starb den Großen Tod. Alles Überflüssige war von ihm abgefallen. Es war ihm «gestorben».

Später hat er fleißig daran gearbeitet, seine Schüler mit Schlägen zu erleuchten. Dafür wurde er bekannt, es war seine Spezialität.

Was tun wir nun? Uns an der schönen Geschichte erbauen? Das wäre zu wenig. Wir dürfen schon das Unsere selber tun! Also: Augen auf! Wachsam sein! Aufpassen! Jetzt! Jetzt! Jetzt!

Immer jetzt und dieses hier ist ES! In diesem Augenblick offenbart sich der Buddha-Dharma!
ER übersteigt alle Begriffe und alle Deuteleien.
ES übersteigt alle Begriffe und alle Deuteleien.
Peng! Schlag!

Auch ihr könnt in diesem Augenblick die abgrundtiefe und welteinstürzende Erleuchtung erfahren, der das große Leben folgt!
Lasst euch das nicht nehmen! Tut es nicht darunter!
Steigt auch ihr in den tiefen Brunnen eures eigenen Urgrundes und kehrt dahin zurück, wo ihr immer schon seid.

87 • Sozans «Sein und Nicht-Sein»

Sozan kam zu Isan mit folgender Frage: «Ich habe gehört, dass du sagst: ‹Worte und Nicht-Worte sind nichts anderes als Schlingpflanzen, die sich um einen Baum winden.› Wenn nun der Baum plötzlich umfällt und die Schlingpflanzen verdorren, was wird dann aus den Worten?»
Da lachte Isan aus voller Kehle.
«Ich habe eine beschwerliche Reise von viertausend Meilen auf mich genommen und sogar meine Kleider verkauft, nur um hierher zu kommen. Warum machst du dich jetzt so über mich lustig?», sagte Sozan.
Isan rief seinen Diener und trug ihm auf: «Bring etwas Geld und gib es diesem ehrwürdigen Mönch für seine Reiseauslagen.»
Dem Mönch gab er eine Vorhersage mit auf den Weg, indem er sagte: «Eines Tages wird ein einäugiger Drache dir die Augen öffnen.»
Später ging Sozan zu Myōshō und erzählte ihm von dem Vorfall.
Myōshō sagte dazu: «Wir können zwar sagen, dass Isan mit beidem, Kopf und Schwanz, Recht hat, aber er hat keinen getroffen, der ihn zu schätzen wusste.»
Sozan fragte noch einmal: «Wenn der Baum umfällt und die Schlingpflanzen verdorren, was wird dann aus den Worten?»
«Es würde Isan von Neuem und noch heftiger zum Lachen bringen», antwortete Myōshō.
Als Sozan das hörte, erlangte er die Erleuchtung und sagte: «In Isans Lachen war ein Schwert von Anfang an.»

In unserer heutigen Geschichte blickt der große Sozan noch nicht ganz durch. Er ist noch ein Schüler, und er soll sogar ziemlich schlau und frech gewesen sein. Andere Mönche kamen noch lange nicht zu ihm, um zu lernen und den Weg zu gehen. Er ist selbst noch auf der Suche, und zwar sucht er die Wahrheit mit dem Intellekt. So etwas klappt aber nicht. Der noch so herrliche Intellekt erfasst niemals die Letzte Wirklichkeit.
Jemand hat mir einmal stolz erzählt: «Ich bin sehr intelligent. Ich werde doch niemals von meinem Verstand ablassen, und darum ist Meditation nichts für mich.» Na, ich habe auf seinen Wunsch, den er allerdings auch gar nicht hätte zu äußern brauchen, keine Bekehrungsversuche unternommen, und so ist dieser Mensch nicht den «Großen WEG» gegangen.

Eines Tages unternahm Sozan[211] eine lange und unbequeme Reise, nur um Meister Isan[212] aufzusuchen und von ihm Dharma-Lehren zu hören.

211 Sozan Kyōnin, chin. Shushan Kuangren (Daten unbekannt).

212 Isan Reiyū, chin. Guishan (Weishan) Lingyou (771–853).

Er war schon wissensdurstig und lernbegierig, der Sozan! Er wollte wohl auch die Bestätigung seiner großen Gescheitheit aus dem Mund eines Zen-Meisters hören.
Sozan brachte eine äußerst spitzfindige Angelegenheit vor. Ganz sicher bewunderte er sich selber dafür.

Sozan brachte nun also eine raffinierte Frage vor: «Ich habe gehört, dass du folgende Aussage tust: ‹Worte und Nicht-Worte sind nichts anderes als Schlingpflanzen, die sich um einen Baum winden.› Wenn nun der Baum plötzlich umfällt und die Schlingpflanzen verdorren, was wird dann aus den Worten?»
Schauen wir uns das an. Isans Ausspruch, auf den der Besucher, Sozan, sich bezieht, lautet: «Worte und Nicht-Worte sind nichts anderes als Schlingpflanzen, die sich um einen Baum winden.»

«Worte und Nicht-Worte» bedeuten hier «Sein und Nicht-Sein».
Der Baum ist die WESENSNATUR, die sich einmal ausgeformt und einmal nicht-ausgeformt zeigt – das heißt, die sich einmal zeigt und einmal nicht zeigt.

Isan sagt also, übersetzt: «Form und Leerheit sind nichts anderes als Schlingpflanzen, die das SEIN ausdrücken.»
Oder auch: «Form und Leerheit – beide sind leer. Es ist überflüssig, Worte darüber zu machen.»
Oder: «Form und Leerheit – beide sind NICHTS. Wozu etwas daraus machen? Es würden ja doch nur verstrickende Schlingpflanzen daraus.»

Also noch einmal: «Sein und Nicht-Sein sind für ein verträumtes Auge nichts als Verstrickungen, die sich um die WIRKLICHKEIT winden.»

Nun kommt dieser junge Kerl, der Sozan, daher und fragt: «Wenn die WIRKLICHKEIT plötzlich umfällt und die Schlingpflanzen von Form und Leerheit verdorren, was wird dann aus den Worten, die doch auch nur Erscheinungen in der Welt der Form sind?»

Ich kann mir vorstellen, dass Meister Isan einen kleinen Moment verblüfft war über so viel hohe Intelligenz, mit der Sozan die Leistung fertigbrachte, wie ein Idiot den eigenen Verstand aus den Angeln zu heben. Aber dann lachte Isan los. Sozan war schwer beleidigt.

Ich könnte auch schreien vor Lachen; und dass Sozan über Isans Lachen beleidigt war, ist noch viel witziger. Es ist urkomisch.

Isan dachte nicht im Traum daran, die blödsinnige Frage von Sozan zu beantworten. Vielleicht wäre die Frage gar nicht so blöd, wenn man sie verwendet, um einen Schüler zu prüfen, um den Versuch zu machen, ihn hereinzulegen. Die meisten Menschen legen sich selbst ja meistens sowieso herein, und so manche sinnlose Frage reift den Durchblick eines Schülers. Wenn aber ein Schüler eine solche Frage an einen Meister wie Isan stellt und sie für eine seriöse Frage hält, wie soll er gerettet werden? Isan gab die einzig mögliche Antwort. Er lachte los.

Soll denn Meister Isan, der doch damals einmal den Wasserkrug mit dem Fuß umstieß, nun Gehirnkonstruktionen entwickeln, um den intelligenten Schüler zufriedenzustellen? Soll er sagen: «Worte und Nicht-Worte umschlingen das Einssein von Sein und Nicht-Sein wie der Efeu den Baum. Lass den Baum zusammenfallen, und so weiter und so weiter ...»?
Oder soll er sagen: «Form und Leerheit ist einfach nur SEIN»?
Soll er sagen: «Lass den Quatsch! Wenn der Baum umfällt, hat die Welt sowieso nie bestanden und macht nicht einmal ‹puff!›, um zu verschwinden»?

Nein, das wäre nicht Meister Isans Format. Es wäre Sandkasten-Format. Meister Isan lacht schallend.

Als der Mönch Sozan überhaupt nichts von seinem eigenen Fauxpas bemerkt, sondern sich gekränkt beklagt: «Ich habe wohl extra den weiten und teuren Weg hierher unternommen, um mich jetzt auslachen zu lassen! Warum machst du dich über mich lustig? Habe ich nicht eine ernsthafte Frage gestellt?», da lachte Isan noch viel mehr und sagte zu seinem Mönchs-Diener: «Gib diesem guten Mönch hier sein Fahrgeld!», und das war's dann.
Ach, hätte Sozan ES doch erfasst! So viel Aufmerksamkeit! So viel fröhliche und direkte Antwort! So viel Hilfe! So viele Rettungsreifen aus dem großen Herzen eines großen Mannes! In dem Lachen war die Auflösung! Was bleibt übrig? Nichts bleibt übrig! Der Himmel ist rein und leer. Śūnyatva.

Isan gibt ihm noch etwas Schönes mit auf den Weg. Er macht ihm ein Geschenk, indem er sagt: «Eines Tages wird ein einäugiger Drache dir die Augen öffnen.»

Der Drache ist das Himmelswesen der Erleuchtung. «Nur der himmlische Drache hört still und freudig zu», sagen wir im *Shōdōka*. Ein-äugig heißt geist-äugig. Einäugig ist das GEISTAUGE, das beide Ebenen der Wirklichkeit, Form und Leerheit, in EINS erfährt. In dem durchdringenden Blick dieses EINEN AUGES fallen alle Extreme, alle Dimensionen, alle Gegensätze zusammen, und es bleibt nur noch das SEIN.
Aus des Mönches Geholper in der Frage über Worte und Nicht-Worte hört Meister Isan die Sehnsucht des Sozan nach dem Sein heraus. Sein Lachen konnte den Sozan aber noch nicht erlösen.
Dieses Lachen setzte jedoch dem Sozan einen Widerhaken ins Herz. Dort wühlte der Widerhaken, bis Sozan endlich reif war.

Später ging Sozan – immer noch mit dem Widerhaken des Isan im Herzen – zu Meister Myōshō[213]. War vielleicht Myōshō der «einäugige Drache»? Das sehen wir gleich.
Sozan erzählte dem Myōshō die ganze Geschichte mit Isan.
Myōshō meinte: «Wir können zwar sagen, dass Isan mit beidem, Kopf und Schwanz, Recht hat, aber er hat keinen getroffen, der ihn zu schätzen wusste.» Damit sagt er sinngemäß: «Isan durchschaut vollständig den Anfang und das Ende und das SEIN. Aber wer ist ihm ebenbürtig und weiß seine tiefe Einsicht zu schätzen? Keiner hat das Zeug dazu!»

213 Myōshō Tokken, chin. Mingzhao Deqian (genaue Daten unbekannt).

Mit diesen Worten übermittelt er dem Sozan also: «Mit Isans Gelächter hat er alle deine Konzepte durchgeschnitten, aber du hast es nicht gemerkt.»
Trotz Myōshōs klarer Mitteilung über Meister Isan begreift der arme Sozan immer noch nichts, und witzigerweise wiederholt er den alten Unsinn auch noch bei Meister Myōshō: «Wenn der Baum umfällt und die Schlingpflanzen verdorren, was wird dann aus den Worten?»
Myōshō antwortet ihm: «Es würde Isan von Neuem und noch heftiger zum Lachen bringen.»
Ja, das kann man wohl sagen! Man könnte sich glatt überkugeln! Vielleicht steigt auch dem Sozan das Lachen tief aus seinem Bauch auf, denn in diesem Augenblick erlangt er die Erleuchtung. Er ruft voller Freude aus: «In Isans Lachen war ein Schwert von Anfang an!»

Um welches Schwert geht es hier? Welches Schwert war in dem Lachen? Das ist das Schwert der Vernichtung aller dualistischen Konzepte, aller Täuschungen, aller Verwirrungen, Verstrickungen und Verblendungen! Mit einem prachtvollen laut lachenden Hieb schlug Isan die Schlingpflanzen des Intellektes durch. Nicht den Intellekt zerschlug er, o nein, sondern nur dessen intelligente Verstrickungen. Erst so wird ja ein Verstand klar und hell. Erst so ist ja eine Intelligenz von ihrem Besitzer überhaupt zu gebrauchen. Welch eine überzeugende Dharma-Unterweisung ist ein solches Lachen wie das des großen Meisters Isan!
Sozan brauchte nur noch ein kleines Weilchen, um es zu merken, und der einäugige Drache Myōshō öffnete ihm sein Auge und rettete ihn.

Sozan wurde später selbst ein großer Zen-Meister.

Nun zum Schluss eine ernsthafte Frage an euch: Wenn der Baum umfällt und die Schlingpflanzen verdorren, was wird dann aus den Worten?

Welcher Baum und welche Schlingpflanzen das aber sind – ihr wisst Bescheid, und hier lässt sich niemand mehr verwirren, und jeder kann eine angemessene Antwort auf diese Frage geben.

88 • Aus dem Śūraṃgama-Sūtra

Im Śūraṃgama-Sūtra heißt es: «Wenn wir nicht sehen, warum können wir unser Nicht-Sehen nicht sehen? Würden wir unser Nicht-Sehen sehen, wäre das nicht der wahre Aspekt des Nicht-Sehens. Können wir unser Nicht-Sehen nicht sehen, gibt es kein einziges Ding. Warum solltest du es nicht selbst sein?»

Von dieser berühmten Stelle aus dem Śūraṃgama-Sūtra habe ich mehrere unterschiedliche Versionen gefunden. Diese verschiedenen Versionen drücken teilweise jeweils etwas ganz anderes aus, und das kommt von falschen Übersetzungen. Manches davon ist direkt Unfug. Einige Menschen glauben, Kōan seien sowieso Unfug, da käme es auf eine korrekte Übersetzung nicht an. Daran ist zu merken, dass in solchen Fällen die betreffenden Übersetzer des Śūraṃgama-Sūtra nicht verstanden haben, worum es dabei geht, auch wenn sie tüchtige Sprachwissenschaftler sein mögen. Ich gebe aber auch gern zu, dass bei diesem Text neben der tiefen Weisheit auch allerhand Wortspielerei um «Sehen» und «Nicht-Sehen» oder gar «nicht Nicht-Sehen» das Verständnis dieser Worte des Buddha erschweren kann.

So habe ich im Internet nach Übersetzungen dieser Stelle aus dem bedeutsamen Sūtra gesucht. Ich habe eine klare und einleuchtende englische Übersetzung von einem chinesischen Zen-Meister gefunden.[214] Es handelt sich um Worte des Śākyamuni Buddha, die er während einer Dharma-Unterweisung seinen Zuhörern nahelegte.

Diese vier Sätze, um die es in unserem Kōan geht, übersetze ich aus dem Englischen für uns so:

Wenn du nicht siehst, warum siehst du dann nicht das Nicht-Sehen?
Wenn du aber das Nicht-Sehen siehst, ist das nicht mehr das Nicht-Sehen.
Wenn du nicht das Nicht-Sehen siehst, ist das überhaupt kein Ding.
Warum solltest du es nicht selbst sein?

Diese Sätze bringe ich nun für uns in ein normales, verständliches Deutsch, aus dem für uns hervorgeht, worum es überhaupt geht:

Wenn du ES nicht siehst, warum merkst du denn nicht, dass du ES nicht siehst?
Wenn du aber erkennst, dass du ES nicht siehst, ist das gar kein Nicht-Sehen mehr.
Wenn du klar erkennst, dass das Nicht-Sichtbare, nämlich ES, gar nicht zu sehen ist, so ist da kein einziges Ding.

214 In the Śūraṃgama-Sūtra the Buddha says: «When unseeing, why do you not see the unseeing? If you see the unseeing, it is no longer unseeing. If you do not see the unseeing, it is not an object. Why isn't it yourself?»

Warum solltest du das – ES – nicht selbst sein?

Liebe Schüler, wenn wir immer wieder in spirituellen Texten dieses Wörtchen ES gebrauchen, so ist das ein eigentlich untragbarer Notbehelf. Das reine kosmische Bewusstsein ist nicht männlich, nicht weiblich und nicht sächlich. Es ist unsagbar, was es, nämlich ES, ist. Jedes Wort, das gebraucht wird, um es zu beschreiben, ist falsch. Jedes! ES übersteigt alle Worte und alle Sprachen, alle Gedanken und alle Schriften. Unter der Voraussetzung, dass uns diese Tatsache klar ist, und unter diesem Vorbehalt wollen wir es nun wagen, weiterzuführen, Worte zu machen.

Wir verwenden darum auch weiterhin das unzutreffende Wörtchen ES.

ES ist selbstverständlich nicht zu sehen. Das ist die kosmische unausgeformte Wesensnatur. Unausgeformt – das heißt, da gibt es keine Form, kein Weltall, keine Spiralnebel, keine entstehenden, sterbenden oder bestehenden Sonnen und Sonnensysteme mit Planeten und Monden. Nichts, nichts, nichts. Und dies trifft zu, obwohl es alles das gibt. Es existiert also das Unausgeformte und das Ausgeformte.
Sie durchdringen nicht nur einander, sondern das Viele entsteht aus dem EINEN.

Für uns organische Lebewesen ist das Unausgeformte nicht sichtbar, nicht hörbar, nicht fühlbar, also mit unseren Sinnen nicht wahrnehmbar. Kurz gefasst sagen wir, dieses Es ist für unsere Augen nicht zu sehen. Dieses Es ist das Unsichtbare, das nicht zu Sehende, aber doch Vorhandene, und das, obwohl es nicht «etwas» ist. Darum nennen wir es auch das «Nichts». Da es aber kein kaltes, totes nihilistisches Nichts ist, nennen wir es manchmal auch das Göttliche Nichts.

Ohne dieses NICHTS kann nicht irgendetwas entstehen. Der grundlose Urgrund dafür, dass es zum Beispiel uns Menschen gibt, ist das reine NICHTS. Dieses NICHTS wird auch das SEIN genannt, denn ohne es gäbe es kein Leben. Das SEIN durchdringt das Universum, und nichts ist ohne es, ohne ES, möglich.

Zwischen dem GÖTTLICHEN NICHTS, nämlich dem Unausgeformten, und dem Ausgeformten, nämlich den zehntausend Dingen der Welt, gibt es eine große Spannbreite von Dingen, die nicht aus Materie bestehen, sondern aus einer fein- oder unstofflichen Möglichkeit des Entstehens und der Existenz. Das betrifft auch zum Beispiel unsere Träume, unsere Gedanken, unsere Gefühle, Engel, Devāḥ, Dämonen und anderes.
Die Veränderungen der körperlichen Biochemie sind für die Fähigkeit, manchmal in solche Bereiche hineinschauen zu können, nicht die Ursache, wie immer noch einige Psychiater manchmal glauben. Im Gegenteil ist zuerst die Fähigkeit, die Begabung für eine erweiterte Wahrnehmung, da, und erst die Reaktion darauf kann sich dann biochemisch auswirken. Wir sprechen ja hier nicht von Psychosen.

Auch diese entstandenen Dinge und Wesen aus höheren und nicht-irdischen Bereichen, auch wenn sie nicht biologischer oder physikalisch-chemischer Art sind, gehören in die Welt der Form.

Das reine, kristallklare, unausgeformte, unendliche und unbedingte SEIN ist für uns nicht sichtbar. Nur zutiefst uns selbst als dieses SEIN zu erkennen, ist möglich.
Der Buddha fragt: «Warum solltest du ES nicht selbst sein?»

ES ist zwar mit physischen Augen nicht zu sehen, und diese Tatsache ist zu erkennen. So sehen wir im Zustand tiefer Erleuchtungserfahrung mit unserem Geistauge, dass wir ES zwar physisch nicht erkennen können, aber doch wahrnehmen, dass ES ist. Hiervon spricht der Buddha in seiner Dharma-Unterweisung. Er bestätigt uns heutzutage, was auch wir etwa 2600 Jahre nach Śākyamunis irdischem Dasein entdecken können.

Es ist unwahrscheinlich, dass alle 7 Milliarden Erdenbewohner dieses göttliche ES in dieser ihrer jeweils aktuellen Manifestation erfahren oder erfahren werden. Die Möglichkeit dafür hätten sie allerdings trotzdem. Wer den WEG in die Unendlichkeit wandert, hat immer noch eine weitere Chance während seines wunderbaren Sterbeablaufs beim Hinübergehen in himmlisch-geistige Bereiche. Da aber die geistig-seelische Entwicklung des Bewusstseins niemals aufhören muss, wenn wir uns dies ernsthaft wünschen, empfehle ich allen Menschen und anderen Wesen, sorgfältig auf ihre Entwicklung zu achten und dabei auch um Hilfe zu bitten, sobald sich dafür ein Weg bietet.

Schließlich erkennen wir, dass wir, dieses Wesen, als das wir uns kennen, in unserer Tiefe das GÖTTLICHE WESEN, dieses ES, selbst sind, wie der Buddha in seinem vierten Satz unter den berühmten Sätzen im Śūraṃgama-Sūtra sagt. ES ist unsere ursprüngliche eigene und WAHRE IDENTITÄT. Es ist unser SEIN, das sich nur vorübergehend in einer sichtbaren körperlichen Form zeigt. Das Unsichtbare aber sind wir jetzt auch, während wir zugleich damit in körperlicher Gestalt herumlaufen. Wir sind es seit Urweltzeiten, und wir bleiben es von Ewigkeit zu Ewigkeit. Wir sind niemals entstanden, und wir sind unsterblich. Ja, unser WAHRES WESEN ist die Unsterblichkeit. Und so sind wir die Unsterblichkeit.

Überall, wo ihr ein menschliches Wesen in einem physischen Körper herumlaufen seht, befindet sich auch vor allem ein Geistwesen. Der Anblick seiner äußeren menschlichen Form enttarnt dessen vorhandene Gegenwart.

Sendet ihm einen segnenden Gedanken hinüber, damit es seinen WEG findet!

89 • Tōzans «Kein Gras»

Tōzan wandte sich an die Versammlung mit den Worten: «Wenn der Herbst beginnt und der Sommer zur Neige geht, schwärmt ihr Brüder nach Osten und Westen aus. Doch solltet ihr euch geradewegs zu dem Ort begeben, wo zehntausend Meilen weit kein Gras wächst.»
Und er fügte hinzu: «Wie werdet ihr euch zu dem Ort begeben, wo zehntausend Meilen weit kein Gras wächst?»
«Kaum geht man durch das Tor hinaus, ist alles voller Gras», sagte Sekisō.
«Ich würde lieber gleich sagen: Selbst wenn man nicht durch das Tor hinausgeht, ist alles mit Gras bedeckt», sagte Taiyō.

Zur Erinnerung noch einmal: Meister Tōzan Ryōkai[215] ist der Begründer der Sōtō-Schule in China, der unter anderem die «Fünf Grade der Erleuchtung», die Go-I-Kōan, schrieb, einen Text, der in der Rinzai-Schule und in der Sanbō-Kyōdan-Schule am Ende der Kōan-Schulung durchgearbeitet werden soll. Auch wir befassen uns damit. Meister Tōzan erfuhr tiefe und authentische Erleuchtung auf der Stufe des Daigo Tettei. Dies zeigt, dass es auch in der Sōtō-Schule jahrhundertelang Satori und die Führung der Schüler zu Satori gab. Sämtliche Kōan des *Denkōroku* und des *Shōyōroku*, die doch Sōtō-Bücher sind, beweisen dies.

Meister Tōzan lehnte radikal alles halbe Wissen und nur vages Erkennen ab. Seine Einsicht war sehr tief. Bei manchen dauert die Ausreifung viele Jahre, ehe man überhaupt von Erleuchtung und einem erleuchteten Menschen sprechen kann. Man muss aber auch sehen, dass die Erleuchtungserfahrung der meisten Menschen nicht tief genug ist, weil sie sich vorher schon – ehe es überhaupt so weit ist – auf ihren Lorbeeren ausruhen, statt weiterhin ernsthaft und intensiv zu üben und das GEISTAUGE zu schulen. Sie neigen immer wieder zum Einschlafen. Nun, Meister Tōzan war darüber weit hinaus, aber der Zustand seiner Mönche schien ihm bedenklich.

Meister Tōzan streut den Mönchen nicht gerade Sand ins Auge, sondern er rüttelt sie, um sie aufzuwecken. Eines Tages sagt er zu ihnen: «Wenn der Herbst beginnt und der Sommer zur Neige geht, schwärmt ihr Brüder nach Osten und Westen aus. Doch solltet ihr euch geradewegs zu dem Ort begeben, an dem zehntausend Meilen weit kein Gras wächst.»

Was sagt er ihnen damit? Wenn die Sommer-Übungszeit im Kloster vorbei war – das war das jährliche große dreimonatige Sommer-Sesshin – wanderten die Mönche über das Land, suchten Klöster und andere Meister auf, um sich auf vielerlei Weise im Zen zu schulen, sich auch auf Dharma-Gefechte mit Zen-Meistern einzulassen und ihre Einsicht zu prüfen. Aus vielen Kōan geht auch hervor, dass einige unbescheidene Wandermönche fremde Klöster

215 Chin. Dongshan Liangjie (807–869).

aufsuchten, um vorsätzlich den dortigen Meistern zu beweisen, dass sie, die Mönche, auf jeden Fall besser wären als diese Meister. Meistens zogen sie jedoch den Kürzeren und konnten dann noch etwas lernen. Die meisten von dieser Art Wandermönche waren hinterher sehr glücklich, und heimlich hatten sie sich ja doch etwas an weiterer Einsicht erhofft.

«Ihr schwärmt nach Osten und Westen aus», sagt Meister Tōzan.
«Ihr sucht in vielerlei Richtungen», sagt er, «ihr wandert die Dimensionen ab, Länge mal Breite mal Höhe, ihr hofft auf die fernen Orte, die Weite, die Berge, die Zukunft, und ihr sagt ‹hoffentlich bald›, ihr hofft auf diesen und jenen Zen-Meister, und so vertut ihr eure Kraft und vergeudet euer kostbares Leben. Wozu?»

Er sagt ihnen: «Schwärmt nicht in allen Landesgegenden herum, verzettelt euch nicht, sondern begebt euch geradewegs zu dem Ort, an dem zehntausend Meilen weit kein Gras wächst!»

Dieser Ort ist immer hier und jetzt. Das Gras aber sind die Konzepte im Kopf, die Philosophien, die Auffassungen, die Täuschung, der Mensch wäre ein einsames Ich allen anderen Ichs gegenüber, er wäre jemand Abgetrenntes einer feindseligen Welt gegenüber. Das Gras sind die Konditionierungen, die wir uns geschaffen haben, unsere Neurosen, unsere Erinnerungen, vor allem unsere verfälschten Erinnerungen und die verzweiflungsvollen und täuschenden, daraus resultierenden Gedanken und Gefühle – und unsere Dressur, die wir verpasst bekommen haben und aus der wir einfach nicht ausbrechen können.

Meister Tōzan warnt seine Mönche, nicht das Sommer-Sesshin zu verlassen, um sich in den Wucherungen dieses hohen Grases zu verstricken, sondern sich stattdessen *gleich und sofort* beim Verlassen des Klosters geradewegs an den Ort zu begeben, «wo zehntausend Meilen weit kein Gras wächst», wo es keine verstrickenden Konzepte mehr gibt, ja, dorthin, wo es niemals täuschende Gehirnkonstruktionen gegeben hat und in Ewigkeit auch nicht geben wird.

Im ganzen Universum, und zwar ohne Ausnahme, also auch hier und jetzt, hat es niemals täuschende Gedankenkonstruktionen gegeben – außer in den menschlichen Köpfen. Ja, ist das ganze Universum denn viel dümmer als die Menschen mit ihren so herrlichen Gedankenkonstruktionen in den Köpfen? Bestimmt nicht!

Dic meisten Menschen auf der Erde verwechseln sich selber mit diesem «Gras», durch das sie sich ständig mühsam kämpfen. Das ist gar nicht klug. Sie verwechseln sich mit ihren Konzepten, Erinnerungen, Gefühlen, Gedanken – und mit ihrer Dressur, die sie von Mama und Papa bekommen haben. Wenn diese Verstrickungen sich auf dem Zen-Weg auflösen, geraten sie in Panik, weil sie meinen, nun werden sie selbst vernichtet. Sie halten sich eben für ihre, wie man sagen kann, tausend Skandha-Aktivitäten. Sie halten sich für ihre Dressur. Sie meinen auch, ein gut dressierter Mensch sei ein guter Mensch, und so dressieren sie auch ihre Kinder. Sie haben ja Angst, sich an den Ort zu begeben, an dem kein Gras mehr wächst, an dem, wie es in einem anderen Kōan heißt, «die Söhne Buddhas wohnen».

Da, wo das REINE SEIN herrscht, gibt es kein Gras und keinen Weg, kein Ich und keine Meinung über ein Ich. Da ist der Mensch erst, wer er wirklich ist. Erst an diesem ortlosen Ort erkennt er die WAHRHEIT.
Was ist die WAHRHEIT? Die WAHRHEIT ist es, die Wirklichkeit zu sehen, wie sie ist. Nicht mehr und nicht weniger.
Zur Not kann man auch als WAHRHEIT bezeichnen, wenn diese Wirklichkeit ausgesprochen wird. Das Gesprochene ist aber bereits mit Veränderung und Verfälschung der ursprünglichen Wirklichkeit verbunden, denn das Sprechen über die Wirklichkeit ist noch nicht die Wirklichkeit, wenn über sie ja nur gesprochen wird. Zum Beispiel ist das Wort «Liebe» keine Liebe. Viele Menschen verwechseln beides allerdings und meinen, sie «kennen» diese oder jene Wirklichkeit, nur weil ja über sie gesprochen wurde.

Die Wirklichkeit zu sehen, wie sie ist, bereitet dem Menschen einen glückseligen Zustand, einen Zustand voll tiefen Friedens.
Wozu also herumhetzen, um Erleuchtung woanders zu erfahren? Warum nicht einfach sehen, was hier ist?

Die Wahrnehmung, das zu sehen, was ist, wie es ist und nicht anders, kann in eine große Tiefe führen und eine Erleuchtungserfahrung auslösen.

Meister Tōzan ist sehr hilfreich für seine Schüler. Er fragt sie: «Wie werdet ihr euch zu dem Ort begeben, wo zehntausend Meilen weit kein Gras wächst?»

Zehntausend Meilen – das ist die Welt, das ist das Ganze. Und auf der ganzen Welt soll es kein Grasgestrüpp der täuschenden und verwirrenden Konzepte geben? Genau! So ist es! Die Welt in ihrer Vielheit – das ist zugleich die Unendlichkeit, großgeschrieben: DIE UNENDLICHKEIT.
Die UNENDLICHKEIT lässt kein Gestrüpp wachsen. Sie ist rein und klar, leer und weit. Sie ist tiefe Stille und Seligkeit. Wozu den Dingen nachjagen? Es wäre eine Regression, ein Rückschritt, ein Zurückkehren in den Sandkasten.

«Wie werdet ihr euch zu diesem Ort aller Orte begeben, an dem die UNENDLICHKEIT herrscht?», fragt Meister Tōzan.
Nun, die UNENDLICHKEIT herrscht nirgendwo nicht. Sie wartet auch nicht darauf, ob die Mönche oder wir sie erkennen. Sie hat kein Problem damit. Sie dröhnt uns mit ihrer ewigen Stille in den Ohren, ob wir es nun hören oder nicht.

Das Sesshin steht für die Stille der UNENDLICHKEIT: «Wenn ihr das Sesshin verlasst», sagt Meister Tōzan, «dann passt auf: Verstrickt euch nicht! Bleibt in der Gegenwart der UNENDLICHKEIT! Die ganze Welt mit ihrem verstrickenden Gestrüpp besteht aus UNENDLICHKEIT!»
So ist es. Gras oder Nicht-Gras, welcher Unterschied wäre das?
Nur in der Qualität und dem Grad der Erkenntnis eines Menschen besteht der Unterschied.

In der UNENDLICHKEIT ist alles rein und klar.
Die UNENDLICHKEIT besteht aus UNENDLICHKEIT, und die täuschenden Konzepte bestehen aus UNENDLICHKEIT.
Die UNENDLICHKEIT besteht aus UNENDLICHKEIT, und unsere Selbstquälereien bestehen aus UNENDLICHKEIT.
Die UNENDLICHKEIT besteht aus UNENDLICHKEIT, und unsere fantastischen intelligenten, brillanten Einfälle, mit denen wir uns selber immer wieder hereinlegen, bestehen auch aus UNENDLICHKEIT.
Der UNENDLICHKEIT ist es egal, auf welche Weise wir mit ihr spielen. Ihr ist alles gleich recht: Alles besteht aus ihr. Sie kümmert nicht, ob wir uns aufreiben oder das nicht mehr tun: Aufreiben und Nicht-Aufreiben, beides besteht aus UNENDLICHKEIT.
Schmerzen und Freude, die UNENDLICHKEIT stört sich nicht daran: Beides besteht aus ihr. Und so sind alle Dinge vollkommen leer und rein und unendlich. Auch wir sind unendlich.
Die UNENDLICHKEIT kratzt es nicht, ob die Mönche von Meister Tōzan sie erkennen oder sinnlos herumwandern und blind suchen: Sie bleibt unendlich.
Die UNENDLICHKEIT leidet nicht. Der Mensch, der sein EINSSEIN mit der UNENDLICHKEIT erfährt, leidet auch nicht. Er hat seine wahre Identität gefunden.

Die Mönche aber leiden. Sie versuchen, «besser» zu werden. Meister Tōzan ist sehr mitfühlend: «Wie werdet ihr euch zu dem Ort begeben, an dem kein Gras wächst?», fragt er sie, «wie begebt ihr euch sofort und auf der Stelle an den ortlosen Ort der UNENDLICHKEIT, wenn ihr dieses schöne und stille Kloster hier verlasst?»

Da antwortet Sekisō[216] ihm: «Kaum geht man durch das Tor hinaus, und schon ist alles voller Gras!» Ja, die geringfügigste äußere Ablenkung, die bunte «Welt da draußen», und schon greift das «Ich» gierig zu, und schon hängt der Zen-Schüler in der Tinte. Wie macht ihr das, wenn ihr aus dem Schweigen des Sesshin herauskommt? Fallt ihr heraus? Ist die Übung vorbei? Die Stille, die Reinheit des Geistes? Stürzen die zehntausend Dinge der Welt über euch her, um euch zu verschlingen? Kaum hier aus dem Haus – und schon Chaos – ? Affenherden im Kopf? Krach und Lärm, Streit und Aufregung? Hektik und Ängste? Meinungen und quälende Bedürfnisse? Rechthaben, Rechthaben, Rechthaben? Konzepte, die mit der Wahrheit verwechselt werden? Wie soll da Erleuchtung gehen? Oh, oh!

Nun sagt Taiyō[217], der genau weiß, wie die Egos funktionieren: «Ich würde lieber gleich sagen: Selbst wenn man nicht durch das Tor hinausgeht, ist alles mit Gras bedeckt.»
Taiyō durchschaut seine Pappenheimer, nämlich die zerrissenen Egos. Er sagt: «Ihr braucht gar nicht das Kloster zu verlassen. Ihr braucht nicht einmal das Zendō zu verlassen. Ihr braucht euch nicht von euren Kissen zu erheben: Die Konzepte sitzen schon vorher in euren Köpfen. Die Feinde sind nicht da draußen in der bösen Welt, o nein, sie sitzen im Inneren!»

216 Sekisō Keisho, chin. Shishuang Qingzhu (807–888).

217 Taiyō Kyōgen, chin. Dayang Jingxuan (943–1027).

O weh, was ist da zu tun? Wuchert das wilde Gras innen oder außen? Was ist da zu tun? Welche Rettung gibt es?

Hinschauen! Seht, was ist! Versucht nicht, «anders» oder «besser» zu sein, als ihr seid! Seht nur hin! Seht die Dinge, wie sie sind, und nicht, wie ihr sie euch zurechtmacht.
Macht euch nichts zurecht, sondern seid stattdessen lieber Realisten!
Seht euren Mitmenschen, wie er ist, und nicht, wie ihr ihn euch denkt oder wie ihr ihn gern hättet.
Seht den Sonnenaufgang, wie er sich euch zeigt, ganz genau so, und nicht, wie ihr ihn euch wünscht, etwa nach dem Motto: «Bitte etwas mehr Orange da links!»
Seht auch die momentane Situation und nicht eine Theorie, die ihr euch darüber bereitet.
Nur die Wirklichkeit ist die Wirklichkeit, und nicht, was jemand darüber für Ansichten hat.
Schaut hin – und traut eurer eigenen Wahrnehmung! Seht nicht das, was man euch zu sehen früher beigebracht hat! Seht, was wirklich ist!

Man hat junge Katzen in einer künstlichen Welt mit vertikalen Linien aufwachsen lassen. Alle Möbel und Gegenstände zeigten nur Vertikales. Alles andere war unsichtbar oder nicht vorhanden. Als die Katzen später in eine ganz normale Welt mit normalen Formen gebracht wurden, in denen es auch Horizontalen gab, stießen sie sich andauernd an den horizontalen Kanten und Leisten. Sie konnten sie nämlich nicht wahrnehmen. Sie hatten dafür keinen Blick entwickelt. So geht es uns: Wir sehen nur, was zu sehen gesellschaftsfähig ist.

Das UNENDLICHE sehen wir nicht, weil unsere frühkindliche Dressur uns nicht erlaubt hat, es zu sehen.

In der tiefsten Wirklichkeit aber existiert *nur und ausschließlich* das UNENDLICHE. Selbst unsere Dressur und unser Wahn, die Welt wäre anders, als sie in Wirklichkeit ist, bestehen aus UNENDLICHKEIT.

Wo ist nun *nicht* der Ort aller Orte, dieser ortlose Ort, an dem kein Gras wächst? Im Sesshin? Draußen auf der Straße? Im Stadtgetümmel? In der Stille des Waldes?

Was ist nun nicht der Ort aller Orte, dieser ortlose Ort, an dem kein Gras wächst, das sich uns um die Füße schlingt und den Blick verdunkelt?
Wenn wir nur hinschauen, dann entdecken wir, dass auch im Stadtgetümmel, in der Verstrickung und Verdunkelung nichts anderes ist als immer nur die Unendlichkeit, die unsere Heimat ist. Hier an dieser Stelle und in diesem einzigen und wunderbaren Augenblick ist die UNENDLICHKEIT, und niemals kann etwas anderes sein als die UNENDLICHKEIT.

Dieses aber ist der Ort, zu dem wir nicht extra aufbrechen müssen, sondern an dem wir immer schon gewohnt haben und an dem wir uns als unsterblich erfahren, nie entstanden und nie vergänglich.

Da gibt es keinen Kummer und kein Leid mehr.

In einem Traum ging Meister Kyōzan zu Maitreyas Wohnsitz und wurde zum dritten Platz hingeführt.
Ein ehrwürdiger Mönch schlug mit dem Hammer auf den Klotz und sagte: «Heute ist der auf dem dritten Platz an der Reihe, zu sprechen.»
Kyōzan stand auf, schlug mit dem Hammer auf den Klotz und sagte: «Der Dharma des Mahāyāna ist jenseits der vier Aussagen und übersteigt die hundert Verneinungen. Hört! Hört!»

Was ist der Unterschied zwischen einem Traum und dem Tagesbewusstsein? Der Traum ist Schein, glaubt ihr? Er ist wie eine Seifenblase? Unwichtig, überflüssig und ohne Realität? O, so sicher ist das nicht!

Viele Träume sagen die Wahrheit. Einige zeigen die ganze Wirklichkeit deutlicher als die Unwahr-Nehmung vieler Menschen im Tagesbewusstsein. Träume handeln immer von der Wirklichkeit. Sie sagen sie in Bildern und nicht in Worten und Begriffen.

Und wie verhält es sich mit dem Tagesbewusstsein? Da sehen die Menschen doch alle Dinge einzeln und von allen anderen getrennt! Sie sehen sie als statische und bleibende, sogar feste Gegenstände, Tiere oder Menschen. Sie sehen da zwischen den einzelnen Erscheinungsformen auf der Welt überhaupt keinen Zusammenhang. Sie sehen sich selbst allein und verloren, einsam und verlassen – und die harte, grausame Welt ihnen gegenüber. So geht es den meisten Menschen unter den sieben Milliarden auf der Erde. Aber – welche Täuschung ist das!

Die Menschen erkennen nicht, dass alles Fremde, das sich «gegenüber» befindet, gar nicht fremd ist, gar nicht gegenüber ist, gar nicht anders ist als wir selbst, ja, dass nur unsere Sinne und unser angelerntes Denken nach dem Muster unserer Erzieher von damals uns vorgaukeln, da gäbe es eine Welt der voneinander getrennten Dinge.
Da spielen sich doch Träumereien, nämlich Täuschungen der Milliarden von Menschen im Tagesbewusstsein ab! Milliarden träumen bei Tag und halten ihre Träume für wahr.

Jemand fragte mich: «Was ist denn nun eigentlich der Unterschied zwischen Traum und Wirklichkeit?» Ich sagte: «So genau weiß ich das auch nicht. Eigentlich müsstest du fragen, was der Unterschied zwischen Traum und Traum ist, weil viele Menschen auch bei Tag träumend herumlaufen, aber auch dann wüsste ich es nicht genau. Weißt du es?»

Traum scheint in den meisten Fällen ein Zustand zu sein, in dem wir nicht in vollkommener Klarheit und Reinheit des Geistes die Wirklichkeit so wahrnehmen, wie sie ist. Der Traum im Schlaf zeigt aber auch oft die Wahrheit, die der Träumer bei Tageslicht leugnet und ignoriert. Und es gibt luzide Träume, in denen der Träumer weiß, dass er träumt – und bewusst die Wahrheit träumt.

Von den Gehirnwellen wollen wir in diesen Zusammenhängen gar nicht reden.

So, nun nähern wir uns Kyōzans Erlebnis.
Es heißt in der buddhistischen Mythologie, dass jedes Jahr ein Mal die Buddhas aller Zeiten sowie die wichtigsten Bodhisattvas sich beim Welterhabenen, dem Buddha Śākyamuni, versammeln und eine Konferenz abhalten, bei der es regelmäßig um die Rettung der unerleuchteten Menschheit geht. Ich glaube ganz sicher zu sein, dass es so etwas tatsächlich gibt! Es macht vielen Zen-Schülern auch die gewisse Kōan-Geschichte Freude, in der eine einfache junge Frau nahe beim Sitz des Buddha saß, während dieses nicht unbedingt jedem Bodhisattva gelang. Also hat ja sicher auch Unsereiner die Chance, den Welterhabenen zu besuchen.

In unserem heutigen Kōan findet das berühmte Treffen bei dem zukünftigen Buddha Maitreya statt, dem Liebenden, der die Menschheit von der Dumpfheit des Bewusstseins erlösen und sie erleuchten wird. Es heißt, er soll blauäugig und blond sein und im Westen der Welt geboren werden. Unter Aufhebung von Raum und Zeit jedoch lebt der Maitreya in seinem eigenen Bereich, in dem auch das Treffen stattfindet. Also auch hier geht es eindeutig um die Rettung der Menschen auf der Erde.

Nach diesen ausführlichen Vorbemerkungen kommt nun Meister Kyōzan[218] in Aktion: In seinem Traum geht dieser zu Maitreyas Wohnsitz und wird von einem ehrwürdigen Mönch zum dritten Platz geführt. Meister Kyōzan heftet sich also an die vielleicht fiktive, vielleicht reale Möglichkeit, die Versammlung der Buddhas zu besuchen, ob in diesem oder in jenem Traum, wenn der Traum nur in völliger Wachheit als Traum erkannt wird. Versteht ihr das? Im Traum sind wir dann wach und wissen, dass wir träumen. Wir sehen in Wachheit die Wirklichkeit. Wir sind nicht benebelt.

Wir erkennen eines Tages, dass die Welt der Dinge eine Welt der Erscheinungen ist, dass nicht nur alle Erscheinungen in der tiefsten Wirklichkeit miteinander verbunden sind, sondern dass alle Erscheinungen keine realen, festen, statischen und bleibenden Gegenstände und sonstigen Formen sind, sondern wie eben angedeutet, ein Einziges und ein unendliches Weltmeer von GEIST. Dieser GEIST ist ein einziges und *das* einzige Wesen, ohne Riss, ohne Bruch und aus einem Guss. Alles ist GEIST.
Der GEIST aber ist unteilbar.

Wer diese Tatsache erkennt, wer sie sieht, der entdeckt auch, wie sehr er sich bisher selbst verkohlt hat: Er sieht zwar die Formen noch immer, aber er sieht auch, dass sie aus Selbstverkohlung bestehen, und er lacht und lacht und lacht über sich selbst. Dann sagt er vielleicht: «Jetzt spiele ich noch eine Weile Selbstverkohlung, weil es doch Spaß macht und

218 Kyōzan Ejaku, chin. Yangshan Huiji (807–883).

weil ein duftender, heißer, dampfender schwarzer Kaffee göttlich schmeckt. Aber hereinlegen lasse ich mich dadurch nicht mehr!»

Kyōzan sitzt also bei Meister Maitreya auf dem dritten Platz. Damit ist er ein hoch geachteter Mensch.
Ein ehrwürdiger Mönch schlägt mit dem Hammer auf den Klotz und sagt: «Heute ist der auf dem dritten Platz an der Reihe, zu sprechen.»
Kyōzan steht auf, schlägt mit dem Hammer auf den Klotz aus Hartholz und sagt: «Der Dharma des Mahāyāna ist jenseits der vier Aussagen und übersteigt die hundert Verneinungen. Hört! Hört!»
Das ist seine Rede.

Wenn ihr aber meint, diese Worte seien die ganze Rede, so ist das nur zu einem Drittel zutreffend. Die Hauptsache nämlich ist der Hammerschlag auf das Holz. Wie kommt das? Nun ja, wenn ich sage «Schlag», so ist das nur ein Wort und nicht ein Schlag. Wenn aber der Hammer auf das Holz trifft, o, dann ist das ein Schlag! Vor allem, wenn ein Meister wie Kyōzan seinen Geist und alle seine Kräfte sammelt und dann in voller Achtsamkeit den Hammer schlägt, zittert die Welt vor Ehrfurcht – und lauscht.

Ja, und dann sagt Meister Kyōzan zu der Versammlung: «Der Dharma des Mahāyāna ist jenseits der vier Aussagen und übersteigt die hundert Verneinungen. Hört! Hört!»

Und wie sie hören! Ihr ganzes Wesen ist Hören! Während Kyōzan sagt: «Hört! Hört!», hören sie längst in der Zugleichheit aller Dinge, die ebenfalls nichts als GEIST sind.
Jedes weitere Wort ist überflüssig. Und so schweigt Meister Kyōzan.

Was sind nun aber die vier Aussagen? Sie besagen, dass jedes Ding zugleich ist wie auch nicht ist, dass es aber auch damit zugleich so ist, dass keines allein für sich existieren kann, dass also beides nicht ist und beides doch ist, und nur so gibt es die Möglichkeit für seine Existenz. Nāgārjuna sagt es zwar ebenso, aber noch deutlicher mit seinem Vierkantknoten:

Etwas ist so,
etwas ist (zugleich damit) nicht so,
beides trifft zu,
beides trifft (zugleich damit) nicht zu.

Da alle Dinge leer sind, ist das für einen Schüler, der diese Tatsache erfahren hat, ganz einfach und logisch verständlich. Es ist die höhere Logik. So ist es, und anders ist es nicht, es ist die einzige Möglichkeit, wie es sein kann.

Die Sache mit den hundert Verneinungen ist ähnlich, aber für uns ist es hier überflüssig, dass wir diese hundert Verneinungen jetzt aufzählen und womöglich auch noch erklären. Wir verzichten jetzt also auf intensive Zahlenphilosophie. Wir erschlagen nicht den Vierkantknoten, der allerdings nicht zu erschlagen ist.

Meister Kyōzan sagt ebenfalls: Die Wirklichkeit übersteigt alle Aussagen über die Wirklichkeit! Reden ist bloß Reden. Der Dharma selbst übersteigt alles Reden über den Dharma. Der Dharma lehrt sich ganz köstlich, wenn die Regentropfen auf das äußere Fensterbrett fallen. Kein Wort kann ihn erklären. Worte verdeutlichen den Dharma nicht, sondern sie verundeutlichen ihn.

Nāgārjuna war zwar ein philosophisches Genie, da er tiefste spirituelle Erfahrung in treffende Worte zu kleiden vermochte. Eine direkte eigene Erfahrung übertrifft all dies aber tausendfach! Eine direkte eigene Erfahrung, welche die Welt aus den Angeln heben kann, ist Nāgārjuna jedoch ebenfalls nicht abzusprechen. Er hatte nämlich nicht nur die Fähigkeit, brillant und hochintelligent zu schreiben und zu reden, sondern zu erfahren und in dem Erfahrenen zu leben. Er kannte das SEIN unmittelbar.

Ein Hammerschlag! Hört! Hört!
Hammer!
Rufen!
Hören!

Mehr nicht! Die Rede ist vollendet! Meister Kyōzan tritt ab.

Zu eurem Vergnügen füge ich für euch hier noch das Gedicht an, das Meister Mumon zu dieser Angelegenheit geschrieben hat:

Sagt nur: Hat er den Dharma dargelegt oder nicht?
Wenn ihr den Mund auftut, geht ihr fehl.
Wenn ihr den Mund nicht auftut – ebenso.
Sogar wenn ihr den Mund weder aufmacht noch schließt,
ist es einhundertundachttausend Meilen entfernt.

Ja, nicht nur sagen wir es, und nicht nur sagen der große Nāgārjuna und der große Mumon es! Ihr aber, ihr Zen-Schüler, ihr müsst es übersteigen! Macht es ebenso direkt, konkret und wahr, so wie Meister Kyōzan dies selbst im tiefsten Traum tun konnte!

Ihr habt die gleichen Chancen wie er!

91 • Nansen und der Blütenstrauch

Der hohe Beamte Riku-kō war zu Besuch bei Meister Nansen und befand sich in einem Gespräch mit ihm.
Riku-kō sagte: «Der Dharma-Lehrer Jō hat gesagt: ‹Himmel und Erde haben ein und dieselbe Wurzel. Die zehntausend Dinge und ich sind ein einziger Leib.› Dies ist doch wunderbar.»
«Ja, ja», sagte Nansen, zeigte mit der Hand auf einen Blütenstrauch und fuhr fort: «Zu des hohen Herrn Beamten Zeit betrachten die Leute aber diesen Blütenstrauch, als ob sie träumen.»

Ihr wisst ja, dass die Wirklichkeit etwas anderes ist als das Reden über die Wirklichkeit, und sei das Reden noch so schön, berührend und auf emotionale Weise vertiefend.
Das begriffliche Denken und das Reden über die Wirklichkeit bleiben immer nur in den Außenbezirken der Wirklichkeit und natürlich auch des Menschen.
Vergleicht den Zustand des Menschen einmal mit einem Wirbelsturm: Ganz innen ist er vollkommen still, der Sturm, der Mensch, denn da ist das Auge des Sturms. Auch das wahre Auge des Menschen, das Geist-Auge, ist im Innersten.

Wenn der Mensch sich vollkommen in seiner Mitte befindet, ist er ganz still. Er bewegt sich nicht, er mag nicht reden, er mag nicht lesen, keinen Krimi, aber auch kein philosophisches, esoterisches, spirituelles Buch, und sei es noch so weise und wahrhaftig. Er mag keine Party besuchen, nicht in die Kirche gehen, nicht in ein wildes Konzert und in kein Museum. Er mag sich nicht mit Problemen der Menschheit, nicht einmal mit denen der Nachbarschaft oder der eigenen Familie, befassen. Er hat keine Fragen, und er möchte keine Fragen beantworten. Ganz im Inneren des Auges mag er nicht einmal zur Arbeit gehen, ein technisches Problem lösen, sich gesellschaftsfähig zurechtmachen, eine politische Versammlung besuchen, seine Muskeln trainieren, Psalmen beten oder Posaune blasen.

Er zieht sich erst einmal von der Welt zurück. So. Dann steigt dem Menschen vielleicht ein zarter Impuls, vielleicht doch etwas nach außen zu gehen, auf: Er hat Lust, ein bisschen Meditationsmusik zu hören. Er lauscht auf die leise, schöne Musik, und sein Herz weint Freudentränen. Liebe zu Gott und allen Wesen überwältigt ihn, und er möchte Gedichte der Liebe und Schönheit kreieren.

Dann treibt ihn seine Lebenskraft noch ein bisschen weiter nach außen: Er möchte auch anderen Menschen diese Freude bereiten. Er wird sogar etwas bekehrungseifrig – und er lässt auch seine Freunde und seine Kinder diese himmlische Musik hören. Aber ach – diese können überhaupt nichts damit anfangen. Die Kinder sagen: «Papa, lass das mal. Zu deiner Zeit war man noch etwas hinter dem Mond.» Und in seinem Freundeskreis sagt doch tatsächlich einer seiner alten Kameraden: «Vielen Dank, aber meine Interessen liegen auf einem anderen Gebiet.» Da kommt doch eine ganz irdische Enttäuschung unseren Heiligen und Liebenden an, und er kehrt wieder nach innen in seinen Bereich der tiefen göttlichen Stille zurück.

Ja, und was ist nun? Also gut, er meditiert. Und als er endlich wieder schön in Versunkenheit sitzt, erscheint seine Ehefrau und erinnert ihn, dass in einer halben Stunde seine lange vorbereitete Konferenz in einer für die menschliche Gemeinschaft wichtigen Angelegenheit stattfindet. Ob er nicht, so fragt sie ihn, lieber rechtzeitig am Ort sein möchte. Der Mann bekommt einen Schrecken! Er soll sich jetzt mit profanen Dingen herumschlagen! Er soll die Menschen von einer dringenden Notwendigkeit überzeugen! Er soll sich mit etwas befassen, was außerdem auch noch mit Diskussionen und mit Finanzen zu tun hat! Jetzt soll er sich abhetzen, und er kennt doch «eigentlich» keine Zeit, keinen Raum mehr, er, der sich als kosmisches Wesen erfahren hat, er, der doch schon das ganze schnöde, platte, primitive und profane irdische Leben hinter sich gelassen hatte, wenigstens kurzfristig! Er hat Anflüge von Enttäuschtsein, von Unsicherheit: Hatte er sich geirrt? War seine Erleuchtungserfahrung gar nicht echt gewesen? Er fragt sich sogar: Habe ich mich selbst betrogen? Nein, er hat sich nicht selbst betrogen, sondern wir Menschen müssen immer wieder vom Berg der Erleuchtung herunterkommen. Es sind auch Gedanken, Überlegungen, Pläne, Berechnungen, Geld-Verdienen für die Familie und sich selbst notwendig, ja, und Arbeit zum Wohl und Heil der Gemeinschaft, vielleicht auch bis zum Wohl und Heil der ganzen Menschheit, der Natur, der Luft, des Wassers, des Planeten Erde!

Mit tiefer Erfahrung wissen wir Menschen, dass alles lebt, dass sogar Stein und Eisen leben, dass der Raum lebt, die Energie, das Licht, die Sonnen, Planeten, Monde und Meteoriten, Staub und Stoffe aller Art. Das Absolute ist absolut, da gibt es keine Ausnahme.
Nach und nach kommt der Mensch dahinter, dass auch seine Außenbereiche und nicht nur die tiefe innere Stille er selber ist. Er ist das Sein und das Nicht-Sein, das Ausgeformte und die Leerheit, christlich gesprochen das Gott-Sein und das Mensch-Sein. Da ist der tiefe, stille Brunnen, vergleichbar mit dem Auge des Wirbelsturms, aber da ist auch der wilde Wirbel – je mehr nach außen er tobt, desto heftiger ist seine Bewegung, ja, sie kann sich bis in das Rasen der stärksten Zerstörungskraft ausdehnen und steigern.

Jetzt hört: Es gibt einen Grundsatz für die menschliche Entwicklung, und zwar Entwicklung auf allen Ebenen: Jedes Extrem führt zu einem Schaden. Es kann nicht nur die Ebene der Form geben, denn Ausformung ist nur möglich, weil es das tiefe, stille Nichts gibt. Das tiefe, stille Nichts ganz allein und ausschließlich kann es ebenfalls nicht geben, denn dieses göttliche Nichts, dieses göttliche Sein, ist bestrebt, sich immer und immer neu in vielerlei Formen auszudrücken und die Bereiche seines formhaften Daseins auszudehnen in ferne und unendlich ferne Weiten, und dabei ist kein noch so kleines Ding identisch mit einem anderen kleinen Ding unter all den Milliarden von Dingen.

Nur das unberührte und unberührbare Sein an sich ist immer gleich und unveränderlich. Veränderlich sind nur seine Ausformungen.

Gott nimmt Form und Gestalt an – und bleibt doch in seiner ewigen Stille.
Da aber die Welt der Dinge aus Gott heraussteigt, sollen wir sie denn verachten? Leugnen? Meiden? O nein, überhaupt nicht! Auch das Wasser, mit dem ich das Geschirr spüle, verdient meine Achtung! Auch die Teller, Schüsseln und Töpfe, die ich wasche, verdienen meine Achtung. Ihr Material wurde aus dem Boden genommen, und es verdient Respekt. Die Bürste, mit der ich Tassen und Töpfe wasche, verdient meine Achtung. Ja, sogar jeder meiner eigenen Handgriffe verdient meine Achtung und meine Sorgfalt! Sonst würde ich mein Leben, das mir nicht nur meine Eltern geschenkt haben, sondern das mir das Wesen der Welt gegeben hat, nicht für wert halten, hoch geachtet und dankbar respektiert zu werden. In dem Fall würde sich mir auch nicht das Wesen des Universums offenbaren und mir meinen Weg zeigen, und ich würde endlos lange an der Oberfläche eines Sumpfes des Nichterkennens dümpeln und mich vielleicht beklagen, dass es das Leben mit mir nicht gut meinen würde.

Und so kommt auch unser mit dem Wirbelsturm verglichene Mensch schließlich darauf, was immer wieder, wenn auch mit unterschiedlichen Worten gesagt wird:

Erleuchtung erweist sich im Alltag und nicht in einer Höhle im Himalaya.

Nun kommen wir zu unserem Kōan, obwohl wir uns mit dessen Kern schon die ganze Zeit befasst hatten:

Ein hochstehender und äußerst gebildeter Beamter und Würdenträger namens Riku-kō[219] besucht den großen Zen-Meister Nansen[220]. Die beiden Männer kommen in ein tiefes Gespräch, und der kluge Riku-kō zitiert den berühmten und äußerst gelehrten Dharma-Lehrer Jō.

Zuerst aber: Wer ist der Dharma-Lehrer Jō? Der Dharma-Lehrer Jō[221] lebte von 374 (oder auch 384) bis 414, während Meister Nansen erst von 748 bis 835 auf Erden lebte. Die beiden Geistesriesen konnten einander also nicht persönlich begegnet sein. Jō war ein Gelehrter des Laozi und des Zhuangzi. Er kannte das Vimalakīrti-Sūtra durch intensives Studium und die Texte von Nāgārjuna. Er lehrte und erfuhr die Tatsache, dass Form und Leerheit – auch genannt das Absolute und das Relative – nichts Gegensätzliches und nichts Unterschiedliches sind. Jō war Schüler des Kumārajīva und war wohl nicht nur von Dhyāna – heute genannt Zen – geprägt, das in alter Zeit vor allem in Indien noch nicht von den übrigen buddhistischen Richtungen getrennt war, sondern eben auch durch alle damals existierenden philosophischen Richtungen. Er verfasste entsprechende berühmte und wichtige Schriften.
Selbstverständlich kannte und respektierte Meister Nansen den berühmten Dharma-Lehrer Jō.

219 chin. Lugeng.

220 Nanquan Puyuan, jap. Nansen Fugan.

221 jap. Sōjō («Mönch Jō»), chin. Sengzhao.

Auch Nansens Besucher, der hochstehende Beamte und Würdenträger Riku-kō kannte viele Schriften des Dharma-Lehrers Jō, den er sehr verehrte. Was geschah nun zwischen den beiden ernsthaften und klugen Männern?

Die beiden alten Freunde sitzen auf einer chinesischen Terrasse, den Garten mit wundervollen Blumen und blühenden Sträuchern vor Augen. Besonders eindrucksvoll ist ein Päonien-Strauch mit zauberhaften Blüten. Wir nennen sie Pfingstrosen. Die beiden hervorragenden Männer haben diese Herrlichkeit unmittelbar vor den Augen. Das ist in diesem Moment das aktuelle Faktum, auf das es ankommt. Genau in diesem Augenblick jedoch redet der Besucher von Meister Nansen darüber, wie bewunderungswürdig die schönen und wahren Worte des Jō sind, die Worte eines zwar weisen und gelehrten Mannes, der aber schon seit langer, langer Zeit gestorben ist, während die Blumen gerade jetzt unübersehbar in voller Schönheit leben!
Der edle Würdenträger aber sieht sie nicht. Wie traurig und wie furchtbar! Er sinniert stattdessen über die Worte des Dharma-Lehrers Jō, der so schön und so tiefgründig reden konnte und der doch auch so herzberührende Dinge geschrieben hat! Und ganz bewegt sagt Riku-kō zu Nansen: «Der Dharma-Lehrer Jō, der ein höchst ungewöhnlicher Mensch war, hat die Äußerung getan: ‹Himmel und Erde haben ein und dieselbe Wurzel. Die zehntausend Dinge und ich sind ein einziger Leib.›» Dann fügt er begeistert hinzu: «Ist das nicht wunderbar?»

Riku-kō staunt, wie herrlich und treffend der große Jō geistige Dinge über das Einssein des Universums auszudrücken verstand, nämlich dass das Eine Wesen das Einzige Wesen auch zusammen mit uns Menschen ist.

Die schönen und sogar wahren Worte sind seit Jahrhunderten verraucht, und doch soll Meister Nansen sie jetzt bewundern! Riku-kō sagt: «Sind die Worte des Dharma-Lehrers Jō nicht wunderbar?»

Nansen ist nicht erfreut. Er antwortet: «Ja, ja! Zu des hohen Herrn Beamten Zeit betrachten die Leute diesen Blütenstrauch, als ob sie träumen!»

O, das ist eine sarkastische und herbe Kritik, auch wenn er den Riku-kō nicht persönlich und direkt angreift!
Nansen sagt damit jedoch: «Edler Würdenträger! Zu deiner Zeit, nämlich gerade jetzt, kriegen die Leute nichts mit, weil sie träumen!» Er meint damit, auch wenn er es nicht ausspricht: «Lieber Freund, du kriegst nichts mit! Du schwelgst in den schönen Worten anderer, die außerdem schon längst tot sind.»
Kriegt der hohe Beamte nichts mit? Anscheinend nicht! Hat denn der hohe Beamte nicht sein Einssein mit diesen zauberhaften Blüten erfahren? Nein, das hat er nicht, wenigstens in dem Augenblick nicht!

Was ist passiert? Ihr kennt alle die Pfingstrosen. Es gibt sie in den allerschönsten Farben, in größeren und kleineren Blüten, gefüllten und weniger gefüllten. Die Blüten sind voller Blütenblätter, es ist ein Reichtum an Blütenblättern! Im alten China waren diese Blumen kaiserliche Blumen, und das gewöhnliche Volk durfte sie nicht in den Gärten halten. Bei Mao Zedong galten Päonien als «dekadent», weil «kaiserlich». Darum waren sie auch da noch verboten. Heutzutage dürfen die Chinesen sich aber wieder an ihren Päonien ergötzen. Ja, sie sind wirklich zauberhaft schön! Sie wirken wie aus dem Himmel gewachsen. Eigentlich kann man die Augen kaum von ihnen abwenden.

Also, was ist denn nun passiert? Die beiden Herren haben diese Herrlichkeit vor Augen, und da redet einer von ihnen darüber, wie bewunderungswürdig schöne Worte sind, dazu noch schöne Worte eines längst Verblichenen. Er, Riku-kō, zitiert auch noch diese schönen Worte. Die schönen Worte haben absolut nichts mit der aktuellen Situation angesichts der himmlischen Blüten da im Garten zu tun. So macht Nansen mit seiner kritischen und strengen Bemerkung – wenn auch indirekt – ganz klar, dass auch sein Gast nur träumt und nicht wahrnimmt.

Um die wunderbare Wirklichkeit zu erfahren und dann wieder und wieder zu erfahren, muss der Mensch jeweils aktuell ganz und gar präsent sein, ganz wach, ganz offen. Er muss nicht aufgeregt oder gar hektisch sein, sondern ruhig und still, achtsam, wachsam und sorgfältig in allem, was er tut und was er wahrnimmt. Er sollte nicht verträumt, nicht verdöst sein. Im anderen Fall nimmt er nicht wahr, sondern unwahr, und dies betrifft auch den edlen Riku-kō.

Ja, so ist es. Schöne Gärten kennt Seine Exzellenz ja sowieso. Er besitzt selber so etwas. Es beeindruckt ihn weniger als die weisen Worte von jemand nicht Vorhandenem, nämlich dem Dharma-Lehrer Jō, und dies vielleicht auch nur vom Hörensagen aus dritter oder vierter Hand oder vom Lesen in den Werken des Jō.

Ja, Riku-kō sah gar nicht den Blütenstrauch, obwohl seine Augen das Bild des Blütenstrauches optisch aufnahmen. Riku-kō jedoch bemerkte dies selbst überhaupt nicht. Ohne den Hinweis des Meisters wäre dem Beamten der Anblick der wundervollen Päonien vollständig entgangen. So aber erhielt er einen Stoß, der hieß: «Pass auf! Jetzt ist Jetzt! Und jetzt wird hier nicht süß geträumt!»

In Würzburg blühen auf dem großen Platz vor dem Bahnhof zur Magnolienzeit die Magnolienbäume. Als ich einmal meinen Meister besuchte, fragte er mich: «Wie bist du vom Bahnhof hierhergekommen?» Ich sagte: «Zu Fuß.» Er fragte: «Hast du die Magnolien gesehen?» Ich sagte: «Ja.»

Die Magnolien waren einfach nicht zu übersehen. Jeder musste sie doch sehen! Trotzdem erfuhr ich später, dass einigen Zen-Schülern die kostbaren Magnolienblüten zu deren großer Zeit vor dem Würzburger Bahnhof überhaupt nicht aufgefallen waren. Wie war so etwas möglich?

Also auch zu dieser Zeit und nicht nur im 8. Jahrhundert in China sehen die Menschen die Dinge nur wie im Traum. Aber hin und wieder bekommen sie doch etwas mit.

Liebe Freunde, macht nicht Anleihen bei der Weisheit anderer, sondern schaut und lauscht einfach nur selbst hin! Die Welt macht euch Geschenke über Geschenke. Sie überschüttet euch mit Liebe, selbst dann, wenn ihr etwas zu erleiden habt!
In jedem Augenblick vollendet sich die Schöpfung neu.
Warum rede ich dann zu euch? Ich stupse euch nur an. Nachprüfen und erfahren müsst ihr es selbst!

Das Leben ist kostbar und kurz. Verschwendet es nicht!

92 • Das Kleinod

Unmon unterwies die Versammlung und zitierte einen Ausspruch aus dem Hōzōron des Dharma-Lehrers Jō: «Im Himmel und auf Erden – inmitten des Universums und der unendlichen Zeit – gibt es ein Kleinod, verborgen im Berg der Erscheinungen.»
Dann fügte er hinzu: «Man nimmt die Laterne und geht zur Buddha-Halle. Man nimmt das Drei-Tor[222] *und stellt es auf die Laterne.»*

Dieses Kōan hat zwei Teile, den ersten vom Mönch Jō[223] und den zweiten von Unmon[224] selbst, der seine Schüler unterwies, indem er Jō zitierte.

Der geniale Dharma-Lehrer Jō wurde bereits im vorigen Kōan zitiert. Die Aussage, die dort zitiert wurde, war stimmig, nur der Zitierende der Aussage war nicht stimmig, wenn auch nur und ausgerechnet in dem Augenblick des Zitierens. Heute ist es ganz anders. Heute geht es um eine Stelle, die der Dharma-Lehrer Jō in einem seiner berühmten und tief greifenden philosophischen Werke, dem *Hōzōron*[225], geschrieben hat. Das Buch ist die Abhandlung vom Kleinod. Dieses Kleinod ist auch Inhalt des Satzes aus dem *Hōzōron*, um den es in unserem heutigen Kōan geht.

Der Mönch Jō schrieb: «Im Himmel und auf Erden – inmitten des Universums und der unendlichen Zeit – gibt es einen Schatz, verborgen im Berg der Erscheinungen.»

Was meint ihr, wo befindet sich «die Mitte des Universums»? Nun, an jedem Punkt des Universums ist auch seine Mitte. Da überall zugleich diese Mitte ist, gibt es gar keine Mitte in unserem physikalischen Sinn. Es ist das Gleiche wie mit Gott. Meister Eckehart sagte: «Gott hat keine Mitte und kein Außenherum.» Man kann auch sagen: «Alles ist zugleich Mitte und Außenherum», wenn man es unbedingt sagen will. Das ist kein physikalischer Lehrsatz, aber auch kein religiöser Glaubenssatz. Es ist schlicht Erfahrung.

Nun die Frage: Was ist denn «die Mitte der Zeit»? Irgendwo in der Bibel heißt es, der Messias, nämlich Jesus, wurde «in der Mitte der Zeit» geboren. Ich sage manchmal am Anfang oder am Ende eines Sesshin: «Wir sind mittendrin!»
Also, was ist nun die Mitte der Zeit? Jeder Augenblick ist die Mitte der Zeit! Da gibt es keinen Anfang und kein Ende und keinen Fixpunkt mittendarin. So ist jedes Jetzt die Mitte. Diese Tatsache ist übrigens erfahrbar bei kristallklarem Bewusstsein. Den Beweis hat man sich selbst geliefert. So benötigt man keinen weiteren Beweis dafür.

222 Das chin. Tripel-Tor mit den drei Eingängen.

223 jap. Sōjō («Mönch Jō»), chin. Sengzhao (ca. 374–414).

224 Unmon Bun'en, chin. Yunmen Wenyan (864–949).

225 chin. *Baozanglun*.

Frage: Was ist Zeit? Dazu muss ich sagen, ich habe keine Ahnung, was das sein soll. Ich würde es probeweise mal so ausdrücken: Mit dem Begriff «Zeit» könnte die Dauer eines Ablaufes gemeint sein, eines Prozesses, eines Geschehnisses. Da entwickelt sich etwas, kommt zum Höhepunkt, bis die Entwicklung irgendwann beendet ist. Natürlich gibt es auch die Lebensabläufe, die nur so lange oder kurz andauern, bis das irdisch-biologische Leben endet. Es geht langsam oder schnell oder in der Geschwindigkeit dazwischen. Übrigens ist mir auch schon so etwas wie Geschwindigkeit suspekt. Auch Geschwindigkeit ist nicht absolut. Manche Wissenschaftler glauben, dass Ufos oder künftige irdische Raumschiffe nicht eine unglaubliche Geschwindigkeit, nämlich von mehrfacher bis vielfacher Lichtgeschwindigkeit an den Tag legen, sondern still bleiben und sich nur auf die universelle Bewegung «setzen», sich tragen lassen und dabei selbst den Raum um sie herum krümmen. Da gäbe es dann also überhaupt keine Geschwindigkeit eines Raumschiffes. Es kommt nur rasend schnell voran. Ähnlich haben wir selbst ja keine Geschwindigkeit, wenn wir im Zug sitzen, der das für uns erledigt.

Zum Thema Geschwindigkeit noch ein interessanter Hinweis. Die Naturwissenschaft lehrt, dass die Geschwindigkeit des Lichts eine Naturkonstante sei, also ein unveränderliches, nämlich ein konstantes, ein feststehendes Naturgesetz, und das Licht würde dementsprechend niemals seine Geschwindigkeit ändern. Tatsächlich haben viele Wissenschaftler, die ständig wieder die Lichtgeschwindigkeit messen, in der ersten Hälfte des vorigen Jahrhunderts unabhängig voneinander festgestellt, dass die Lichtgeschwindigkeit über dreißig Jahre hinweg langsamer war als zuvor und dass das Licht nach Ablauf der dreißig Jahre wieder so schnell wurde wie früher. Den Grund für das vorübergehende Phänomen kannte niemand.
Also ist die Geschwindigkeit des Lichts überhaupt keine Naturkonstante, obwohl die wissenschaftlich-akademisch anerkannte Naturwissenschaft immer noch an dieser Behauptung festhält. Sie haben das Phänomen des langsamer gewordenen Lichts ignoriert. Aber halten wir uns jetzt damit nicht weiter auf.

Da ein Ablauf und darum auch dessen Dauer immer nur begrenzt ist, kann Zeit keine Naturkonstante sein, die bleibt und immer gültig ist, sondern etwas wie «Zeit» (oder das, wovon die Menschen glauben, das gäbe es immer und daher niemals nicht) entsteht und vergeht wie alle Dinge, weil ja auch die Prozesse entstehen und vergehen, wenn sie abgeschlossen sind. Also herrscht auch hier das Prinzip der Vergänglichkeit. Wenn die Prozesse vergangen sind, dann ist die sogenannte Zeit weg und verpufft – und war nie da.

Auch dies ist erfahrbar. Es könnte nun jemand sagen: «Aber eine solche ‹Erfahrung› ist doch ganz subjektiv!» Nein, sondern diese Erfahrung ist weder subjektiv noch objektiv. Das hat gar nichts miteinander zu tun.

Immer, wenn es still und stiller wird, unbewegter bis zur tiefen Ruhe, flackert nichts mehr auf wie etwa ein Ablauf – wovon auch immer. Dies geschieht im Zazen, besonders im Shikantaza. Dann ist da keine Bewegung, keine Veränderung, und dann ist da keine Zeit.

Ihre scheinbare Existenz hat aufgehört. Nur die Uhren laufen weiter. Es gibt also kein Phänomen, kein Ding wie Zeit. Wir Menschen haben die Illusion von Zeit, die wir uns geschaffen haben nach dem Motto: «Wir tun einfach so als ob. Dann können wir Formeln entwickeln und damit rechnen.» Das mag ja auch praktisch sein, zum Beispiel, damit wir uns alle zugleich hier treffen können. Dann orientieren wir uns aber an den Zeigern und nicht an einer Zeit. Auf jeden Fall sind Uhren praktisch, denn sie begleiten mit ihren gleichmäßig herumlaufenden Zeigern andere Abläufe, die zugleich mit den Zeigern ablaufen. So laufen die Zeiger mit anderen Abläufen parallel, und wir können daran beobachten, ob etwas schnell oder langsam abläuft. Geschwindigkeiten *erscheinen* uns allerdings nur langsam oder schnell. Was nun aber wirklich wie schnell oder wie langsam ist, das bestimmen wir Menschen für unseren Bedarf. Die Natur hat es aber nicht nötig, unsere Hilfsmittel wie Uhren und Kalender zu benutzen. Die Natur weiß genau, wie lange ihre Abläufe dauern müssen.

Da es nicht so etwas Absolutes wie eine absolute Zeit gibt, worauf auch die Naturwissenschaft schon lange gekommen ist, wissen wir auch nicht, was die Mitte der Zeit im naturwissenschaftlichen Sinn sein könnte.
Albert Einstein sagte: «Zeit ist das, was die Zeiger der Uhr zeigen», und wo wäre da eine Mitte?

In der spirituellen Erfahrung allerdings weiß jeder Mystiker und jeder Schüler auf dem WEG, dass jeder einzelne Augenblick unseres Lebensablaufes DIE MITTE ist. Und das hat nichts mit Zeit zu tun. Ich nehme sicher an, dass der weise Jō mit seiner Formulierung der «Mitte der Zeit» eben ganz genau dieses auch gemeint hat. Er weiß es nicht durch rationale Schlussfolgerung und auch nicht durch Lernen oder Gelernthaben, sondern er erfährt es eben so.
Die Mitte wovon? Die Mitte der Zeit im physikalischen Sinn – das kann es ja logischerweise nicht sein. Was ist gemeint? Sehen wir weiter!

Nur im Hier und Jetzt geschieht Bewegung, geschieht irgendetwas, das Backen eines Kuchens oder was auch immer. Zum Beispiel: Es geschieht Sprechen, und zwar jetzt! Es geschieht Hören, und zwar jetzt! Hin und wieder geschieht Denken, aber wenn, dann auch nur jetzt! Du kannst nicht vorgestern denken.

Was auch immer geschieht, egal an welchem Wochentag und zu welcher Uhrzeit: Es geschieht immer nur jetzt! Nur jetzt geschieht Dasein, geschieht Leben, geschieht ein Augenblick in einem Ablauf. Und das ist DIE MITTE.
Nur jetzt kann etwas stattfinden. Und gerade immer dann ist DIE MITTE.

Die Mitte von sogenannter Zeit ist auch die Mitte von sogenanntem Raum. Überzeugt euch selbst! Schaut hin, erfahrt es!

Jetzt geht es weiter: Da überall, wo etwas geschieht, die Mitte ist, ist logischerweise, nämlich der höheren Logik entsprechend, überall die Mitte. Denn wo Weltall ist, da geschieht an jeder Stelle, in jedem Augenblick, in jedem Hier-Jetzt, irgendetwas.

Damit sind wir wieder zurückgekommen zum genialen Dharma-Lehrer – ich müsste sagen zum genialen Dharma-Gelehrten und -Erfahrenen Jō. Jō sagt: «Mittendrin ist ein Kleinod.» Jō erklärt, das Kleinod sei «verborgen im Berg der Erscheinungen».

Was sind die Erscheinungen? Das sind nicht feste, bleibende, unveränderliche Realitäten, sondern das sind eben nur die Dinge, die uns so erscheinen, als wären sie fest, bleibend, unveränderlich und real. Sie sind es aber nicht. Die Welt der vielen Dinge hat nur die Realität von Erscheinungen. Dinge erscheinen vorübergehend und sind dann wieder weg. Die chemisch-physikalische Welt der vielen Dinge ist tatsächlich nur eine Welt der Erscheinungen.
Der «Berg der Erscheinungen» steht mythisch hierfür. Die Welt ist dieser Berg.

Dass die Welt uns Menschen kompakt und statisch erscheint, es aber nicht ist, glauben wir auf jeden Fall erst einmal überhaupt nicht. Dass die Welt mit allem, was sich in ihr befindet, aus GEIST besteht, muss auch nicht geglaubt werden, sondern erfahren! Das göttliche Wesen, das allem zugrunde liegt, ist erfahrbar, wenn auch nicht für die Sinneswahrnehmung. Die sind nur der Weg und der Wegweiser dahin, das Dharma-Tor.

Viele Menschen bringen, wie sie meinen, «Gegenbeweise»: Wir können sie doch sehen, wir können sie hören, wir können sie riechen, anfassen und fühlen, wir können sie ausmessen, berechnen und fotografieren, wir können vieles aus ihr sogar aufessen! Das ist doch grobe und manchmal sehr grobe bis harte und sogar unzerstörbare Materie! Wir können manches wie Eisen und Diamant kaum klein kriegen trotz vieler Versuche! Zur Not soll die Atombombe her!

Wir wiederholen es einmal: Wir müssen gar nichts glauben, aber wir können alles, was wir nicht glauben mögen, selbst nachprüfen. Es ist gut, sich nicht nur auf das Negieren von Tatsachen zu beschränken.

Freunde, was auch immer es im Universum gibt, besteht aus Energie, besteht aus GEIST, besteht aus göttlichem Nichts, besteht aus ursprünglichem, reinem Bewusstsein, aus Wesensnatur. So ist es nun einmal.

Eine Messlatte gibt es im gesamten Universum nicht, um uns daran auszurichten, um daran alles, was wir für wahr halten, zu verifizieren. Selbst wenn wir noch so intelligente Messlatten bauen und dem lieben Gott eine Nase drehen, können wir die Letzte Wirklichkeit nicht beweisen.
Der Versuch ist nur rührend – aber auch gut. Wir merken dadurch, was nicht geht.
Die Wesensnatur selbst formt sich aus, wird Mensch und forscht am Weltall herum, forscht also an sich selbst herum.

Alle Dinge entstehen und vergehen, manche schnell, manche langsam, manche dazwischen. Es ist ein Kommen und ein Gehen. Und das Universum lernt dabei …

Alles, was entsteht, vergeht wieder auf diese oder jene Weise. Das ist auch, was wir in unserem tiefsten Wesen selber wollen.

Inmitten – hier taucht wieder die «Mitte» auf – also inmitten dieses zarten, empfindlichen, verletzlichen materiellen Weltalls befindet sich das Kleinod, von dem der Lehrer Jō geschrieben hat. Recht hat er! In all der Vergänglichkeit, auch in der Trauer darüber, ja, sogar in der ebenfalls tiefen Beruhigung, dass alles und auch der Mensch wieder gehen darf, ruht versteckt das überaus kostbare Kleinod!

Also in der Mitte, so haben wir es festgestellt, zu unseren Füßen, finden wir das Kleinod, die Kostbarkeit! Vor unseren Augen offenbart diese Kostbarkeit sich! Unter unseren Händen, auch wenn diese Hände gerade das Geschirr spülen, liegt die Kostbarkeit – und beim prachtvollen Donnerrollen meldet sie sich unseren Ohren und fährt uns ins Knochenmark. Wenn wir auf der Treppe stolpern, ist das ja nur, weil unser Fuß gegen diesen herrlichen Edelstein stößt! Und wenn wir ein Blumenstöckchen in die Erde pflanzen wollen und dafür zuerst mit den Händen den Boden aufbuddeln, finden wir den unendlichen Schatz! Oben am Himmel grüßt uns blitzend das verborgene Juwel.

Das Juwel ist die unglaubliche Entdeckung, dass alle Dinge und wir selbst in unserem Wahren Wesen die Wesensnatur selbst sind.

Nun frage ich mich: Wenn es doch oben ist, kann es dann zugleich unten sein? Nun ja, ihr wisst doch: Die Wesensnatur ist nirgendwo nicht. Sie ist ohne Ausnahme überall. Also, oben ist zugleich unten. Rechts ist zugleich links. Innen ist zugleich außen. Das wussten schon die alten Ägypter. Die Quintessenz ist, dass es in Wirklichkeit überhaupt kein Oben und Unten, Rechts und Links, Innen und Außen gibt.

Es gibt nirgendwo einen Bezugspunkt dafür.

Weitere Frage: Wieso ist das Kleinod denn dann versteckt oder verborgen?
Das ist es nicht. Es ist offen sichtbar. Da aber die Menschen meistens ihr Geistauge noch nicht geöffnet haben, sondern es noch schlafen lassen bis zu «ferneren Zeiten», weil sie anderes interessanter finden als das Wesen der Welt zu schauen, schauen sie ganz einfach nicht wirklich hin.

Allerdings schaut manchmal ein Mensch aus Versehen richtig hin, weil er meint, da sei doch etwas Interessantes, zum Beispiel das Auge eines Krokodils, ein neugeborenes Baby, ein Roboter, der Geschirr spülen kann – und dieses Schauen und Schauen und Schauen kann ihm unter Umständen die Schau der Wirklichkeit auslösen. Wenn er aber nicht auf dem WEG ist, wird die Erfahrung bald wieder in die Versenkung rutschen.

Wessen Geistauge aber dauerhaft offen ist, der sieht und sieht, und er lebt auf der Ebene dieser Welt der Erscheinungen und zugleich damit auf der Ebene der Ewigkeit, des reinen Bewusstseins. Demjenigen ist nichts mehr verborgen. Der kostbare Schatz ist sein Eigen. Er ist der Erbe des großen Königs.

Und was macht er dann, wenn er das entdeckt hat?
O, er spielt damit! Er spielt mit der Letzten Wirklichkeit: Er tut im Spiel, was auch Meister Unmon macht: Er stellt die Lampe im Zendō auf den Boden, hebt die große schwere Ein-

gangstür aus den Angeln und stellt sie auf die Lampe drauf! Er braucht nicht einmal seine Muskeln dafür. Der Kōan-Weg wird dem Zen-Schüler viele Möglichkeiten dafür eröffnen! Keine Sorge, die Eingangstür nimmt keinen Schaden dabei – und die Lampe sowieso nicht. Es gibt kein Oben und kein Unten.

Wirklich? Also, er spielt damit, indem er beobachtet und mitbekommt, sich auch darüber amüsiert, dass ja auch die Gegensätze sich aufgehoben haben, ja, er sieht, dass es niemals Gegensätze und Grenzen gegeben hat.
Noch viel mehr amüsiert ihn, dass er jemals an Gegensätze und Grenzen geglaubt hatte.

So ist es: In der tiefsten Wirklichkeit gibt es keine Gegensätze und keine Grenzen, und es hat sie nie gegeben. Nur wir Menschen bauen künstliche Extreme, bauen Grenzen, denn unsere Sinnesorgane und die verinnerlichten Stimmen unserer früheren Autoritäten haben uns eine Welt der Gegensätze gebaut, je nach deren Lehren, und diese imaginäre Welt haben sie uns vererbt.

Es ist jedoch in Wirklichkeit im Urgrund des GEISTES so:

In diesem Urgrund besteht kein Unterschied zwischen oben und unten, es besteht kein Unterschied zwischen haben und nicht haben, es besteht kein Unterschied zwischen innen und außen, zwischen hell und dunkel, zwischen hoch und niedrig, zwischen leicht und schwer, zwischen böse und gut, wertvoll und wertlos, heilig und profan, arm und reich – und so weiter.

Wenn dann jemand sagt: «Dann muss ich ja auch den Hungernden und Verzweifelten nichts geben, weil zwischen leben und sterben kein Unterschied ist», sollte derjenige bedenken, dass zwischen seinem Magen und dem eines hungernden Mitmenschen kein Unterschied ist und beide Nahrung benötigen, und dass es am allerbesten ist, nach seinen Möglichkeiten zu teilen, was man hat, worüber er das Glück hat zu verfügen, und zu helfen, so gut er nur kann. Darin liegt eine große Freude!

Außerdem – wer die für den Verstand unfassbare Herrlichkeit des Universums erfasst, weil er sein eigenes Wesen geschaut hat, der lebt ohnehin sozial und selbstlos mit seinen Mitmenschen zusammen und der wird nicht mehr ein gestörtes Ego auf Kosten anderer austoben. Der schaut auf sich selbst wie auch auf die Mitwesen auf dieser Erde – und vielleicht darüber hinaus. Er hat eine wohlintegrierte Persönlichkeit, ein großes Herz, und er sieht die Welt voller Liebe und Hochachtung an, so wie sie ist!

Für jeden von uns ist der kostbare Schatz schon da. Wir müssen nicht woandershin laufen, um ihn zu finden; denn wo immer wir sind, da ist die Mitte des Universums. Öffnen wir in Liebe und mit Vertrauen unser Herz und unsere Augen – und finden unser Erbe, das kostbare und ewige Kleinod, das wir selber sind!

93 • Roso versteht nicht

Roso kam mit folgender Frage zu Nansen: «‹Die Menschen erkennen das Mani-Juwel nicht. Ich habe es selbst in der Tathāgata-Schatzkammer aufgelesen.› Was ist in dieser Schatzkammer?»
«Es ist der Alte Meister Ō[226]*, der dir in dieser Weise Frage und Antwort steht», antwortete Nansen.*
«Was ist, wenn Fragen und Antworten nicht stattfinden?», fragte Roso.
«Das ist ES *auch», sagte Nansen.*
«Was ist das Juwel?», fragte Roso.
«Ehrwürdiger So!», antwortete Nansen.
«Ja, Meister», sagte Roso.
«Hinaus mit dir! Du hast kein Wort verstanden!», rief Nansen.

Was ist das Mani-Juwel? Was ist die Tathāgata-Schatzkammer? Was befindet sich in dieser Schatzkammer? Was sind diese Fragen und Antworten zwischen dem Mönch Roso und Meister Nansen in ihrer Tiefe? Was ist die Abwesenheit aller Fragen und aller Antworten? Was sind also die Nicht-Fragen und die Nicht-Antworten?
Was ist – in der Quintessenz – nun dieses geheimnisvolle Juwel?
Und wieso hat denn der Ehrwürdige Roso nichts verstanden und wird hinausgeworfen?

Schauen wir uns die Geschichte an:
Der ehrwürdige Roso[227] sehnt sich danach, die WESENSNATUR zu erkennen und fragt Meister Nansen[228]: «Was ist in der Schatzkammer des Tathāgata verborgen, über die es im Zitat heißt: ‹Die Menschen erkennen das Mani-Juwel nicht. Ich habe es selbst in der Tathāgata-Schatzkammer aufgelesen.› ?»

Der Mönch Roso ist ein ernsthaft Suchender. Er kennt wie jeder buddhistische Mönch die alten, ehrwürdigen Texte, die natürlich auf der Erkenntnis der WESENSNATUR basieren. Er kennt die Begriffe, er kennt die Mantras, die Dhāranī, die Sūtras. Er hat sie wie alle Mönche studiert.

Mit dem Satz «Die Menschen erkennen das Mani-Juwel nicht. Ich habe es selbst in der Tathāgata-Schatzkammer aufgelesen.» bezieht Roso sich auf das ehrwürdige und uralte Mantra «OM MANI PADME HUM», das dem Bodhisattva Avalokiteśvara zugeordnet wird.

Ich zitiere für euch ausschnittsweise aus dem «Lexikon der östlichen Weisheitslehren» über das «OM MANI PADME HUM»:

226 Das ist er, Nansen, selbst.

227 «Vorfahre Ro», chin. Luzu.

228 Nansen Fugan, chin. Nanquan Puyuan (748–835).

«‹OM, Juwel im Lotos, HUM›; Sanskrit-Formel ... Die einfachste Erklärung des von sogenannten Keimsilben (das sind OM und HUM) eingeschlossenen Wortpaares ‹Juwel im Lotos› ist die Gleichsetzung des Juwels mit dem Erleuchtungsgeist, der im Lotos des menschlichen Bewusstseins erzeugt werden soll ...» und so weiter. Bis hierher aus dem Lexikon. Der Ausdruck «Mani-Juwel» heißt übersetzt «Juwel-Juwel». Der Lotos, in dessen Mitte das Mani-Juwel ruht, heißt auf Sanskrit «Padma».

Die Lotosblume ist eine Art Seerose, deren Wurzeln im Schlamm des Sees oder Teiches wächst. Geht zum Alten Kanal und schaut euch die Lotosblumen an, eine schöner als die andere! Dort unten auf dem Grund ist es trüb und dunkel. Der lange Stiel mitsamt der Knospe des Lotos drängt aufwärts an die Wasseroberfläche, durchdringt sie, und die Blume breitet prachtvolle Blätter aus, in deren Mitte sich schließlich die Blütenknospe entfaltet.

So entfaltet sich auch das menschliche Bewusstsein aus dem Trüben und Dumpfen, dem Schlamm der Schwere und der Unbewusstheit, drängt ans Licht und entfaltet sich schließlich in großer Reinheit und Schönheit. So wird die aufgeblühte Lotosblume zum Zeichen für die Erleuchtung eines Menschen. Der Buddha wird immer wieder ruhend auf einemLotosblumen-Thron dargestellt. Das Scheitel-Chakra des voll erwachten Menschen wird als aufgeblühter Lotos gesehen, der sich aus dem Schlamm des Irdischen, der Unwissenheit und des Primitiven aufwärts entwickelt und entfaltet hat.
So kann jeder Mensch aus dem Sumpf, dem Schlamm seiner Traurigkeit, seiner Aggression und Illusion heraus ins Licht wachsen und zum Erwachen reifen.

Das Mani-Juwel ruht also im Inneren, in der Tathāgata-Schatzkammer. Der Tathāgata ist der voll Erwachte. Er ist ein Buddha. Nun existiert kein Mensch auf der Erde, der nicht ein Buddha wäre! Die meisten Menschen begreifen sich nur selbst nicht, ähnlich wie es auch dem Mönch Roso geht, der sich ebenfalls nicht begreift. Die meisten Menschen auf der Erde wissen und erfahren ihr ganzes Leben lang niemals, dass der große Schatz, den sie so sehr ersehnen, dem sie nachjagen, den sie mit hunderttausend unsinnigen Dingen der Welt verwechseln, der das heimliche und oft unbewusste Motiv für all ihr Handeln ist, in ihrem eigenen Inneren liegt, ja, dass diese Tatsache ihre Wahre Identität, ihr Wahres Wesen ist.
Dass sie hiervon jedoch nichts merken – wie traurig das ist! Ohne dass sie es wissen, befindet sich die Schatzkammer des Tathāgata in ihrem eigenen Herzen. Hier ruht das Mani-Juwel der reinen Erkenntnis der WAHRHEIT.
Im *Shōdōka* rezitieren wir in Vers 10:

Die Menschen kennen nicht das Juwel,
tief in der Schatzkammer des Tathāgata verborgen.
Sein wunderbares Wirken in den sechs Sinnen ist leer und nicht-leer.
Sein vollkommenes Licht ist Form und Nicht-Form.

Ja, mitkriegen sollte man es! Merken sollte man es! Das wunderbare Wirken dieses Juwels in den sechs Sinnen nehmen die meisten Menschen nur auf der äußeren, materiellen und ausgeformten Ebene wahr, die sie für «nicht-leer», für einzig existent und real halten. So entgeht ihnen leider die reine und klare, göttliche Leerheit des Wirkens des Mani-Juwels im eigenen Inneren. Die Menschen kennen also wirklich nicht das Juwel, das ihre WAHRE NATUR ist. Sie kennen nicht die eigene und ursprüngliche Identität, das eigene Ur-Gesicht, das schon vor aller Zeit bestand, bestehen wird und – in Wahrheit – jetzt und immer nur besteht. Von diesem Nicht-Erkennen rühren die Streitereien unter uns Menschen, die kleinen und großen Kriege und die vielen Gehässigkeiten, die eigentlich aus der Verzweiflung der Menschen darüber rührt, sie seien einsame und gequälte Lebewesen, einer bösen Welt gegenüber, die über sie herfällt.

Ein klarsichtiger Mensch aber, ein Tathāgata, ein Buddha, ein Zen-Schüler aus diesem Zendō – er hat das Mani-Juwel in der Schatzkammer des Tathāgata aufgelesen!
Der Mönch Roso ahnt, was ihn aus seiner Verzweiflung retten kann: Er fragt den großen Meister Nansen nach dem Mani-Juwel. Er fragt: «Was ist das in dieser Schatzkammer? Dieses Mani-Juwel – was ist das? Wie kann ich es finden? Wie kann ich es erringen? Bitte, verhilf mir zur Klärung des Problems: Was befindet sich eigentlich wirklich in dieser Schatzkammer?»

Meister Nansen sieht, wie sehr der Mönch sucht und sich quält, und voller Mitgefühl sagt er zu Roso: «Es ist der Alte Meister Ō, der dir in dieser Weise Frage und Antwort steht.»
«Ō» ist eine Bezeichnung und ein Titel für einen Heiligen, einen Erleuchteten. Meister Nansen kann einerseits sich selbst damit meinen, aber er könnte auch den Buddha meinen, und er könnte das WAHRE WESEN des Mönches Roso meinen. Wo wäre in der LETZTEN WIRKLICHKEIT der Unterschied? Alle Gespräche sind «SELBST»-Gespräche, Gespräche, die das EINE KOSMISCHE WESEN mit sich selber führt. Es fragt und es antwortet, und in Frage und Antwort drückt es immer nur SICH SELBST aus. Es offenbart SICH SELBST.
So zeigt sich der alte Meister Ō in jedem von euch, ob ihr es merkt oder nicht.
Roso merkt es jedenfalls nicht. Er fragt sehnsüchtig weiter: «Und was ist, wenn gar keine Fragen und Antworten stattfinden?»
«Nun», sagt Nansen, «das ist ES auch.»
Ja, Fragen und Antworten sind ES.
Nicht-Fragen und Nicht-Antworten sind ES auch.
Alle Dinge sind leer, ob sie sind oder nicht sind – ob sie nun in Erscheinung treten oder es auch nicht tun. Und dieses ist ihr WAHRES SEIN.

Aber Roso merkt immer noch nichts. Wie tragisch! Er forscht weiter: «Was ist das Juwel?»
Nun möchte Meister Nansen ihn schütteln. Hat er ES ihm nicht mehr als überdeutlich gezeigt? Nun gibt er ihm alles! Er hält nichts mehr zurück! Aus übergroßer Menschenliebe und um den Mönch aus seinen Illusionen zu befreien, ruft er dem Roso zu: «Ehrwürdiger So!»
Mönche wurden und werden immer noch «Ehrwürdiger» genannt. So ruft Nansen ihn «Ehrwürdiger So!»
Dieses Wort ist die Vollendung des Universums!

Hoffnungsvoll sagt So: «Ja, Meister!»

Und nun kommt ein ganz großer Schlag, sozusagen ein letzter Rettungsschlag, ein Schlag, der jeden Wahn vernichtet und Himmel, Erde und die ganze Welt rettet! Meister Nansen tut diesen Schlag und ruft:

«Hinaus mit dir! Du hast kein Wort verstanden!»

Versteht ihr? Dieses ist das EWIGE WORT, das WORT ALLER WORTE. Dieses WORT ist das UR-WORT und der GRUND-DES-SEINS. Mit diesem prachtvollen Wort, ob Roso es versteht oder nicht, rettet Meister Nansen den Mönch – und rettet er uns. Wann? Jetzt! Ein solches Wort wurde noch nie gesprochen, denn nur gerade JETZT kann dieses Wort geschehen!

Bekommt ihr es mit?

Hier ist Meister Nansen, und hier ist der Mönch Roso, hier sind lauter Ehrwürdige Zen-Schüler, und hier ist das Mani-Juwel, tief in der Schatzkammer des Tathāgata verborgen – zwar verborgen, und doch in jedem Augenblick offenbar.
In jedem Augenblick? Ja, nämlich in *diesem* Augenblick! Jetzt und immer jetzt leuchtet aus allen Anblicken und allen Klängen und Lauten, aus allen Bewegungen und Regungen, aus allen Worten und Wahrnehmungen immer nur das kostbare EINE und EWIGE JUWEL heraus, das sich in Wirklichkeit *nicht* in irgendeiner Schatzkammer verkriecht, sondern sich im ganzen Universum frei zeigt und das sich noch niemals versteckt hat.
Jeder von euch kann es sofort und auf der Stelle zeigen!
Also, Ehrwürdige Schüler, was ist dieses Juwel?

Da es kein Geheimnis gibt, keine Esoterik und nichts Verborgenes oder Verdunkeltes, weiß jeder von euch ganz genau Bescheid, und wenn auch tausendmal irgendein alter chinesischer Zen-Mönch oder Heiliger oder Erleuchteter daherkommt und behauptet, die Menschen würden das Mani-Juwel des Tathāgata nicht erkennen! Aber ihr wisst doch Bescheid! Und selbst wenn Yōka-Daishi, der das *Shōdōka* gedichtet hat, sich auf den Kopf stellt, ihr kennt dieses Juwel! Und auch wenn Yōka-Daishi oder Meister Nansen oder selbst Śākyamuni höchstpersönlich zerspringen: Jeder von euch findet das Juwel, denn es ist euch viel näher als euer Knochenmark! Öffnet euer GEISTAUGE und schaut, was ist! Dann seht ihr, wohin euer Blick auch fällt, das Mani-Juwel in der eigenen Schatzkammer. Hier ist der wahre und unermessliche Reichtum, den ihr geerbt habt und nun in Besitz nehmen könnt.

Welche Freude, ja, welch große Freude das dann ist!

94 • Tōzans «Unwohlsein»

Tōzan fühlte sich nicht wohl. Da fragte ihn ein Mönch: «Euer Ehrwürden fühlen sich nicht wohl. Gibt es eigentlich einen, der nicht krank ist?»
«Den gibt es», antwortete Tōzan.
«Pflegt dieser Gesunde Euer Ehrwürden?», fragte der Mönch.
«Der alte Mönch pflegt Jenes ganz entsprechend», sagte Tōzan.
«Was ist, wenn dieses Ehrwürdige ihn pflegt?», fragte der Mönch.
«Dann sieht er nicht, dass er sich krank fühlt», sagte Tōzan.

Das ist eine wunderschöne Begebenheit. Hier kann man sich mit Krankheit aussöhnen. Wie geht ein Zen-Mensch mit Krankheit um? Jammert, klagt und lamentiert er? Fragt er dauernd: «Warum hat es mich getroffen?»? Wir werden sehen. Der alte Meister Tōzan[229] ist krank, und einer seiner Mönche besucht ihn. Tōzan fühlt sich überhaupt nicht wohl. Jedenfalls steht es so in unserem Kōan.

Ein Zen-Meister «fühlt sich nicht wohl». Wir werden sehen, wie es mit dem «Nicht-Wohl-Fühlen» und dem «Wohl-Fühlen» ist. Es hat mit dem Krank-Sein und dem Nicht-krank-Sein zu tun. Es hat mit dem Leben-aus-der-Wesensnatur zu tun und auch mit dem Dumpf-und-Stumpfsein und nichts davon zu merken.

Der Mönch sagt mitempfindend: «Euer Ehrwürden fühlen sich nicht wohl», und dann fragt er: «Gibt es eigentlich jemanden, der nicht krank ist?» Der Mönch blickt schon tiefer. Er durchschaut, dass die Menschen alle herumlaufen und ihre eigene Wahre Natur nicht kennen, dass sie von falschen Voraussetzungen ausgehen und dass sie darum leiden und nur so schwer aus ihrem Leiden aussteigen können, dass sie aus ihrem Sandkasten nicht herauskommen. Sie sind im wahrsten Sinn des Wortes krank. Ihr ganzes Wesen sehnt sich nach Gesundung. Auch wenn sie körperlich im landläufigen oder medizinischen Sinn «gesund» sein mögen, sind sie krank an ihrem menschlichen Wesen. Die ganze Menschheit sehnt sich nach Erlösung. Man liest es in der Zeitung. Alle möchten aus der Qual aussteigen. Die Täter sind nicht glücklicher als die Opfer. Am schlimmsten sind die Opfer ihrer selbst dran.

So fragt der Mönch voller Mitgefühl den Meister: «Gibt es eigentlich jemanden, der nicht krank ist?»
«Den gibt es», antwortet Tōzan.
Der Mönch begreift sofort, und er fragt weiter: «Pflegt dieser Gesunde Euer Ehrwürden?»

229 Tōzan Ryōkai, chin. Dongshan Liangjie (807–869).

Wonach fragt er damit? Meint er: «O, hier im Kloster ist wohl ein Mönch, den als Einzigen nicht die Grippe gepackt hat! Hoffentlich pflegt er den Rōshi auch gut, damit der bald wieder auf den Beinen ist!»? Nein, das meint der Mönch natürlich nicht! Die Unterhaltung findet auf der Ebene der Erleuchtung statt. Beide sind bereits aus dem Sandkasten ausgestiegen. Beide erfahren Leerheit und Form als eins, und beide leben auf beiden Ebenen der Erfahrung zugleich. Das ist die wahre Schau. Hier sind Oben und Unten, Innen und Außen, Anfang und Ende EIN EINZIGES SEIN geworden. Sie sind nur scheinbar so «geworden», denn sie waren und sind es seit jeher. In tiefer spiritueller Erfahrung eines Menschen sind die Dimensionen aufgehoben. Trotzdem sind auch für ihn die vielen Dinge immer noch da, genauso wie sie sich den menschlichen Sinnen zeigen. So entdeckt der Erfahrende die Welt mit ihren vielen Lebewesen und Dingen als vollkommen leer und doch zugleich damit ausgeformt. Er erfährt die totale Leerheit aller Dinge in der Welt. Er sieht: «Alles ist leer *und* ausgeformt – ausgeformt *und* leer! Ja, auch ich selbst bin ausgeformt *und* leer.» Auch wer die EINHEIT, das EINSSEIN, allen Daseins erfährt und zutiefst kennt, geht immer noch nicht verantwortungslos im Stadtgetümmel bei einer roten Ampel über die Straße. Der trinkt auch immer noch nicht Gift. Er lernt unter Umständen immer noch eine neue Sprache zu seiner Freude, und er liest ein Buch. Oder er schreibt ein Buch, weil er etwas zu sagen hat. Er macht seine Planung für ein berufliches Jahresprogramm, und er bereitet seinen Urlaub vor. Er sagt nicht, alles sei null und nichtig, und die Welt existiere nicht, sondern er geht im Gegenteil sorgfältig und achtsam mit sich selbst und mit der Welt um. Der presst seine Welt nicht aus. Er schont sie. In ihr zeigt sich ja die Wahre Natur, und wer diese Sicht der Wirklichkeit hat, dem sind alle Dinge göttlich und kostbar geworden. In ihnen allen entdeckt der spirituell Erfahrende ja seine eigene Wesensnatur, sein eigenes Leben. Überall, wohin er auch schaut, entdeckt er sich selbst.
Und dieses Selbst ist nicht krank!

«Gibt es einen, der nicht krank ist?», fragt der Mönch.
«Den gibt es!», sagt Meister Tōzan.
«Pflegt dieser Gesunde Euch auch gut, Meister?», fragt der Mönch daraufhin.
Tōzan antwortet, indem er die Sache herumdreht. Er sagt: «O, dieser alte Mönch ...», womit er sich selbst meint, «dieser alte Mönch pflegt Jenes ganz entsprechend.» Nicht das einzig Gesunde pflegt ihn, den kranken Meister, so sagt er hier, sondern er, der Meister, pflegt JENES ganz entsprechend!
Entsprechend? Ja, die Form «pflegt» die Leerheit so wie die Leerheit die Form «pflegt». Form und Leerheit sind dasselbe. Ohne diese Pflege kann keines von beidem existieren. Die Leerheit formt sich immer wieder aus. Die vielen Dinge sind Form gewordene Leerheit. Alle Formen, die uns fest oder ausstrukturiert erscheinen, sind immer nur manifestierter GEIST. Eine Sicht, dass es Leerheit ohne die Welt der Form gäbe, wäre falsch. Leerheit wird Fülle und bleibt doch immer leer, das Nichts wird Welt und bleibt ebenfalls immer leer. Es gibt diese irrtümliche nihilistische philosophische Auffassung, dass es die Welt nicht gäbe, dass eine gegenteilige Auffassung auf Wahn beruhe. Hier wird die Erfahrensebene der

Form geleugnet. Ein solcher Philosoph geht dann trotz seiner Behauptung, es gebe die Welt nicht, auf seinen zwei Beinen herum, zieht sich dazu sogar Schuhe an, damit ihm die Füße nicht wehtun, besorgt sich etwas zu essen, und abends will er auch ein angenehmes Bett haben, nicht zu warm und nicht zu kalt. Er will sogar noch eine ganze Menge mehr haben, Kleider, ein Dach über dem Kopf, Arbeit, Geld, Freunde, jedenfalls Menschen, die ihm alles das ermöglichen sollen. Sie sollen ihm auch glauben, dass es die Welt nicht gäbe.
Er braucht und braucht und braucht, auch wenn er es leugnet. Er ist ein trauriger Vogel. Er ist nicht besser als ein Mensch, der ausschließlich die Ebene der Form für existent hält und der sich auf der materiellen Ebene verstrickt und verloren hat und äußeren Dingen nachjagt. Für beide unvollständigen Erfahrensweisen ist die Welt kalt und tot.

Menschen, die sich auf nur einer der beiden Ebenen verloren haben, sitzen, so sagt man im Zen, auf einer Nadelspitze und können weder vor noch zurück. Man sagt auch, sie sitzen auf der Spitze einer Fahnenstange fest und können nicht vorwärts gehen. Sie sind arm dran. Und natürlich sind sie krank!

Die Wesensnatur jedoch, die sich immer wieder ausformt und in ihren Erscheinungen ausdrückt, die Gestalt und Struktur annimmt, ist, wie Meister Tōzan klar andeutet, das gesunde WESEN, ist der oder das «einzig Gesunde».

«Der alte Mönch pflegt Jenes ganz entsprechend», sagt Meister Tōzan.
Der alte Mönch ist die Gestalt, der Mensch, der sich als Wesensnatur erfährt und aus dieser Erfahrung lebt. So «pflegt» Tōzan «Jenes» ganz entsprechend. Er durchschreitet jedes Dharma-Tor. So pflegt er Jenes! Er rettet jedes Lebewesen! So pflegt er! Gott rettet den Menschen. So rettet der Mensch Gott.
Form ist Leerheit – Leerheit ist Form. Sie fallen zusammen in EINS.

Die Wesensnatur aber kennt keine Krankheit, kennt kein Leiden. In der Erfahrung der Wesensnatur hat sich alles Leiden aufgelöst.

Und wo, frage ich euch, ist die Wesensnatur erfahrbar? Nun, in diesen alltäglichen, konkreten Dingen hier! In diesem Ton, dieser Berührung, dieser Wahrnehmung! In dieser Bewegung und dieser Tätigkeit! In diesem Handgriff ist die Wesensnatur erfahrbar! Nicht außerhalb aller Form und Struktur kann man die Wahrheit finden – das wäre eine Fuchserleuchtung[230] –, sondern die Leerheit ist erfahrbar in dem hier an diesem Ort und jetzt in diesem Augenblick existierenden Faktum! Nur hier und jetzt zeigt Jenes einzig Gesunde sich!

Wenn ihr also gesund sein wollt, hängt nicht traurig vermeintlich gesünderen Tagen nach und jammert nicht, wann es euch denn endlich besser gehe, sondern nehmt wahr, was jetzt

230 «Fuchserleuchtung», der Zustand irrtümlicher Wahrnehmung einer ausschließlichen Leerheit ohne die ausgeformte Welt hat zur Folge, dass der so unvollständig Erfahrende in einen Fuchs verwandelt wird.

gerade ist. Fragt euch immer wieder einmal: «Was ist jetzt gerade?» oder: «Was ist hier gerade?» Denkt aber nicht darüber nach, meditiert nicht über etwas, philosophiert nicht über ein Thema oder einen Gegenstand, kontempliert nicht über eine Sache, auch nicht über einen Vers, ein Heiligenbild, einen Kerzenschimmer, einen Ton oder Klang oder sonst was – und auch nicht über eure Krankheit! Alles das wäre eine Entfernung von der Wirklichkeit, die sich ja schon längst zeigt. Die Erfahrung der Letzten Wirklichkeit, die der Urgrund ist, kann man sich nicht durch Gehirnakrobatik erarbeiten oder mit Tricks herbeiführen. Man kann nicht durch Denkkonstruktionen und ein Darüber-Meditieren an die Wirklichkeit herankommen, sondern nur durch diesen EINEN JETZIGEN AUGENBLICK! Nichts wollen, auch nicht eins sein wollen, es aber auch nicht ablehnen wollen, denn ablehnen wollen ist auch wollen. Nehmen, was kommt! Der jetzige Moment genügt! Peng! Jetzt! Setzt euch nichts oben drüber! Schüttet es nicht zu! Die jetzige Tatsache, das jetzige Ding, ist schon perfekt und braucht nicht noch etwas Zusätzliches.

Das jetzige Ding, dieser Knüppel hier, benötigt nicht eine Bezeichnung, auch nicht die Bezeichnung «Knüppel». Das Ding benötigt keinen Wert, den man ihm beigibt, und es benötigt keine Bedeutung, die man ihm andichtet. Es benötigt keine Erklärung und auch keine Beschreibung. Unsere Sicht der Welt ist ja nur deshalb verfälscht, weil wir, statt einfach nur die Dinge selbst zu sehen, die Beschreibung der Dinge, die Erklärung der Dinge, ihre vermeintliche Bedeutung, ihren angeblichen Wert und ihre exakte Bezeichnung oder Benennung für die Wirklichkeit halten! Und dann glauben wir auch noch, wir hätten die Wahrheit!
So haben wir gar nichts! So funktioniert es nicht. Es klappt nicht.

Wie klappt es denn dann? Erleben muss man das, erleben! In einem einzigen Augenblick erfahren, was es mit diesem Ding auf sich hat! Dann fallen alle Gehirnideen darüber weg! In einem einzigen jetzigen Augenblick die Erfahrung machen! Dann fallen Zeiten und Welten, die doch nur hirngemacht sind, zusammen. Und dann wissen wir Bescheid. Das ist kein Kopfwissen, nein, das ist das Wahre Wissen.

Das Wahre Wissen kennt die wahre Pflege, mit welcher der Gesunde den Kranken und der Kranke den Gesunden pflegt. Das Wahre Wissen kennt das Auge, das sieht, und das Auge, welches gesehen wird. Dem Wahren Wissen ist der tiefe Brunnen seit Ewigkeit sehr bekannt, in den der Mensch schaut – und der aus seiner Tiefe den Menschen anschaut: Dieser Brunnen ist seine Wahre Natur, die ihn gesund erhält, da die Wahre Natur des Menschen niemals krank war.

Der Mönch tut, als wundere er sich ein bisschen, als Tōzan ihm sagt, dass er «Jenes» ganz entsprechend pflege, aber auch der Mönch zeigt in seiner nächsten Frage, wie klar er durchschaut, dass Sehen und Gesehenwerden, Pflegen und Gepflegtwerden genau dasselbe und eine sind. Er dreht nämlich die Sache wiederum zurück und sagt: «Was ist, wenn dieses Ehrwürdige ihn pflegt?» Er fragt also: «Was ist, wenn dieses ehrwürdige und einzig Gesunde dich, verehrter Meister, pflegt?»

«Dann», sagt Meister Tōzan, «dann sieht dieser alte Mönch nicht, dass er sich krank fühlt.»

So ist es. Taucht tief in euer eigenes, ewiges und grenzenloses Wesen, taucht in ihm unter, badet in ihm, trinkt es, denn das ist der Brunnen des Ewigen Lebens, der Gesundbrunnen, in dem es keine Krankheit gibt.
Jetzt mag mancher denken: «Und warum habe ich dann solche Kopfschmerzen, was mir überhaupt nicht gefällt?»

Mein Meister hat einmal gesagt, ein aus der Erfahrung der Wesensnatur lebender Mensch kann sagen: «Ich habe Krebs – wie wunderbar! Ich empfinde Trauer – wie wunderbar! Ich habe Migräne – wie wunderbar!»
Auch in einem Schmerz, der angenommen werden kann, offenbart sich JENER EINZIG GESUNDE. So hat schon mancher Schmerz und manche Krankheit in tiefe Erleuchtung geführt. Also nicht verzweifeln bei körperlichen Miseren. Sie bergen eine große Chance in sich. Es ist auch nicht richtig, bei Schmerz, Krankheit und Tod immer wieder nur nach der Schuld des Kranken zu suchen nach dem Motto: «Was hat er falsch gemacht?» oder: «Was habe ich falsch gemacht?» oder gar: «Was ist meine Sünde?» Das ist nicht die angemessene Frage. Sie schwächt den menschlichen Geist. Viel besser wäre: «Wie gehe ich mit dieser Krankheit um? – Was kann ich daraus lernen? – Auf welche Weise kann sie mir helfen? – Welches ist die nützliche, heilsame Seite an der Geschichte dieser Krankheit?»

Vielleicht steigt aus der Erfahrung der Krankheit ja die Erfahrung der Wesensnatur auf! Vielleicht kann ein solch Kranker ja glückselig erkennen, welches Heil in seiner Krankheit liegt, dass im Grunde allen Seins, auch auf dem Grunde aller Krankheit, das Göttliche leuchtet, rein, klar und gesund, und dass hier niemals etwas Krankes und Schweres war. Die Krankheit ist leer. Welche Freude einem so Erkennenden durch seine Krankheit zuteilwird!

Meister Tōzan ist krank und nicht krank. Er fühlt sich nicht wohl, und er «sieht nicht, dass er sich krank fühlt», wie er es nennt. Das kommt durch die wunderbare Pflege, mit der das zu Pflegende sich selber pflegt. Subjekt und Objekt sind nicht zweierlei, o nein, sondern Subjekt und Objekt sind aufgehoben.

Der einzig Gesunde ist das Königskind, der Erbe, und das ist jeder von euch! Also tragt stolz eure Köpfe oben: Ihr seid die Königskinder und nicht arme, sündige und kranke Bettler!

95 • Rinzais «Der eine Schlag»

Rinzai fragte den Klostervorsteher: «Wo kommst du her?»
«Ich komme gerade vom Markt, wo ich Reis verkauft habe», antwortete der Vorsteher.
«Hast du den ganzen Reis verkauft?», fragte ihn Rinzai.
«Ja, das habe ich», sagte der Vorsteher.
Rinzai hob seinen Stab, zeichnete das chinesische Schriftzeichen für «eins» und fragte den Vorsteher: «Hast du das auch verkauft?»
Der Vorsteher schrie: «Katsu!»
Unmittelbar darauf schlug ihn Rinzai.
Als nächstes kam der für die Mahlzeiten zuständige Mönch zu Rinzai, welcher ihm von dem Vorfall erzählte.
«Der Vorsteher hat Euer Ehrwürden nicht verstanden», urteilte der Mönch.
«Und wie steht's mit dir?», fragte Rinzai ihn.
Der Mönch verneigte sich. Rinzai schlug auch ihn.

Die Frage eines Zen-Meisters: «Woher kommst du?», die an einen Schüler gerichtet ist, fragt nur vordergründig nach einem Ort, in Wirklichkeit aber nach der Einsicht des Schülers. Der Lehrer will wissen, wie tief die spirituelle Erkenntnis des Schülers oder seines sonstigen Gegenübers ist. Wird der Schüler genau seinen Herkunftsort bezeichnen? Wird er zögern? Wird ihm das Herz in die Hose rutschen? Wird er, da er vielleicht eine Menge Zen-Bücher gelesen hat, eine metaphysische Antwort zu geben ausprobieren? Wird er esoterisch antworten? Wird seine Antwort wie ein Hammerschlag sitzen, passend wie der Deckel auf den Topf?

Meister Rinzai[231] will seinen Klostervorsteher prüfen. Unverhofft fragt er ihn: «Wo kommst du her?» Und ebenso direkt und ohne zu zögern antwortet der Vorsteher: «Ich komme gerade vom Markt, wo ich Reis verkauft habe.»
Einwandfrei bis dahin.
Rinzai fragt weiter: «Hast du den ganzen Reis verkauft?» Er fragt das hintergründig. Es ist die verschlüsselte Frage nach dem Entwicklungsstand des Vorstehers. Er fragt: «Hast du alle deine Konzepte, alle Täuschungen und allen Wahn abgelegt?» Mit dem Reis hat das nichts zu tun.
Der Vorsteher sagt schlicht: «Ja, das habe ich.»
Nun zeichnet Meister Rinzai mit seinem Stab das Zeichen für «eins» in die Luft. EINS, zeichnet er, die völlige EINHEIT, das völlige EINS-SEIN, das nichts anderes neben sich hat. Alles in Menschenköpfen vermeintlich «andere» ist auch nur das EINE und EINZIGE.

231 Rinzai Gigen, chin. Linji Yixuan (gest. 866).

Und dann fragt er den Mönch, auf das Zeichen für «eins» deutend: «Hast du auch *das* verkauft?» Was will er damit sagen? Er will sagen: «Hänge dich nicht an deiner Erleuchtung fest! Hänge dich nicht an dem EINSSEIN fest! Das wäre nichts als eine Formel, nichts als ein Begriff. Klebe nicht an dem EINEN unter Leugnung der Welt und der Form! Übersteige es! Verkaufe es! Und nun sage mir: Hast du *das* verkauft?»
Der Vorsteher schreit: «Katsu!»

Das ist seine Bestätigung. Dieses Katsu, wenn es ohne Wimpernzucken und ursprünglich wie im Schöpfungsaugenblick aus der WESENSNATUR herausspringt, schneidet alle Konzepte und Täuschungen ab. Es vernichtet im Bruchteil einer Sekunde, ja sogar unter Aufhebung dieses Bruchteils der Sekunde, alle Illusionen, die im psychischen Speicher, dem «Raster», seit Langem vor sich hin schimmeln, auch wenn der Mensch in seiner Arroganz dieses für Weisheit gehalten hatte.
Das Katsu ist das Diamantschwert, das kein Restchen Nebel und Verschleierung, kein bisschen Wahn mehr übrig lässt.

Mit seinem «Katsu!» schneidet der Klostervorsteher auch alle Ideen und die Vorstellung über ein EINSSEIN, über das EINE, ab. Denn auch dem ewigen Urgrund soll kein Schüler auf dem WEG sich verhaften.

Rinzai schlägt ihn.

Warum schlägt Rinzai ihn? Hat der Vorsteher falsch geantwortet?
Es gibt kein richtig und kein falsch. Der Vorsteher hat geantwortet. In seiner herrlichen Antwort offenbart sich das WESEN. Es leuchtet rein und klar, und alle Irrtümer sind aufgehoben. Nackt und bloß bleibt nur noch das Wahre Wesen selbst übrig.

Warum schlägt Rinzai ihn dann?

O, es gibt kein Warum und kein Darum, kein Wozu und Wofür und Wieso. Es gibt nur diesen einen, einzigen, herrlichen und prachtvollen Schlag. Er ist das Gleiche wie das Katsu!

Der Vorsteher schreit einen vollendeten Schrei.
Der Meister schlägt einen herrlichen und vollendeten Schlag.

Die beiden sind sich ebenbürtig. Keiner steht dem anderen nach. Sie spielen das Pingpong der Erleuchtung.

Meister Rinzai ist glücklich. Als am Mittag der für die Mahlzeiten zuständige Mönch zu ihm kommt, erzählt er diesem die Sache mit dem Vorsteher.
Was aber macht der Mönch? Er antwortet: «Der Vorsteher hat nichts verstanden.»
«O», sagt Rinzai, «was sagst du da! Er hat nichts verstanden? Wie steht es denn mit dir?»

Der Mönch verneigt sich. Das ist seine Antwort. Das ist schwach. Der Mönch hat eine Menge Zen gelesen. Er weiß: Wenn man nicht weiterweiß, schreit man Katsu oder man verneigt sich. Oder man brüllt. Oder man schlägt auf seinen Oberschenkel und sagt: «Das ist es!»

Der Mönch entscheidet sich dafür, sich zu verneigen.
Versteht er nun, oder versteht er nicht? Hat er nur zu viel Zen gelesen oder blickt er doch durch? Blickt er mehr durch als der Klostervorsteher, dessen Schrei er hier so abwertend kommentiert, ohne selbst etwas zu begreifen?

Rinzai kritisiert wortlos den Mönch, indem er ihn schlägt.
In diesem Augenblick gibt es nur den einen, einzigen Schlag. Ob der Mönch nun doch noch etwas verstanden hat? Die Chance dafür hat er ja gerade bekommen!

Beide Schüler wurden durch Rinzai wunderbar geschult, jeder für sich entsprechend der Notwendigkeit. Meister Rinzai lehrt den Dharma auf prachtvolle und schöne Weise. Die Schönheit liegt in der Authentizität seines Handelns, seines treffenden Wortes und seiner Bewegungen. Sein Meisterstab fährt durch die Luft. Er fährt durch das Weltall. Die zehntausend Dinge sind vollendet in ihrem SEIN. Beide Schüler brauchen nur noch hinzuschauen – und in diesem Schauen zu SEIN.

Wie ist es mit euch, liebe Schüler?
Habt ihr alle Konzepte über Erleuchtung, Spiritualität und Gotteserfahrung losgelassen? Habt ihr euren Reis verkauft?

Habt ihr wirklich den ganzen Reis verkauft? Oder liegt hier und da noch Unfug in eurem Raster herum? Wenn aber der gesamte Reis verkauft ist und nur noch das reine SEIN übrig geblieben ist, habt ihr denn auch *das* vollständig verkauft? Oder hängt ihr in der Leerheit herum? Oder habt ihr euch an eurer Idee vom SEIN festgemacht und schwelgt darin? Das kann passieren, wenn man irgendetwas zur Sicherheit noch festhalten möchte, und sei es auch das «gar nichts mehr».

«Katsu!», das ist ja nicht schlecht, wenn es aus dem Wahren Wesen kommt. So ein Zen-Meister ist aber selten zufrieden. «Katsu» genügt ihm noch nicht. Das kann ja jeder gelesen haben. Manchmal ist das auch nur nachgemacht. Darum, liebe Schüler, wenn ihr schon Katsu-Schreie ausstoßt, bringt es überzeugend! Macht es überzeugend! Bringt es nicht so schwach! Vor allem: Es sollte kein Ego-Katsu sein!

Satori! Darunter macht es nicht! Und dann stürzt den Himmel und die Welt ein! Zeigt es – ob laut oder leise – mit Löwengebrüll!

Kyūhō lebte in Sekisōs Kloster als dessen Diener. Nachdem Sekisō gestorben war, ließ die Versammlung den obersten Mönch kommen und forderte ihn auf, dass er die Nachfolge als Hauptpriester antrete.
Kyūhō war damit nicht einverstanden und sagte: «Wartet, bis ich ihn geprüft habe. Wenn er versteht, was unser verstorbener Meister gemeint hat, will ich ihm ebenso dienen wie dem verstorbenen Meister.»
Dann fragte er den obersten Mönch: «Unser verstorbener Meister sagte:

‹Lösche alle täuschenden Gedanken aus.
Lass das Bewusstsein vergehen;
lass dein eines Bewusstsein zehntausend Jahre fortdauern;
lass dein Bewusstsein zu kalter Asche und zu einem verdorrten Baum werden:
lass dein Bewusstsein zu einem dünnen Faden weißer Seide werden.›

Antworte mir, was wollte er damit klarmachen?»
«Er wollte damit den Bereich der einen Farbe[232] *klarmachen», sagte der oberste Mönch.*
«Wenn das deine Antwort ist, verstehst du noch nicht, was der alte Meister gemeint hat», entgegnete ihm Kyūhō.
«Du erkennst mich nicht an. Bring mir Weihrauch!», sagte der oberste Mönch. Dann zündete er den Weihrauch an und erklärte: «Wenn ich nicht verstehe, was der alte Meister meinte, bin ich auch nicht imstande zu sterben, während dieser Weihrauch aufsteigt.»
Kaum hatte er das gesagt, als er auch schon im Zazen sein Leben aushauchte.
Kyūhō klopfte ihm auf die Schulter und sagte: «Du kannst zwar sitzend oder stehend sterben, aber du verstehst immer noch nicht, was der verstorbene Meister meinte, nicht einmal im Traum.»

Kyūhō[233] diente seinem Meister Sekisō[234] als Diener. Die allerhervorragendsten Zen-Schüler alter Zeiten dienten ihren Meistern als persönliche Diener, Assistenten oder Adjutanten. Der besondere Diener war seinem Zen-Meister sehr nah, genoss dessen vollkommenes Vertrauen und kannte seine persönlichen Geheimnisse. Meister und Diener führten private Gespräche miteinander, an denen nicht jeder andere Anteil hatte, und der Diener war mit

232 Der Bereich der absoluten Leerheit.

233 Kyūhō Dōken, chin. Jiufeng Daoqian (Daten unbekannt).

234 Sekisō Keisho, chin. Shishuang Qingzhu (807–888).

wichtigen Aufgaben betraut. Er erledigte alle Dinge im Sinn des Meisters und genoss auch das Vertrauen der anderen Schüler.
In dieser besonderen Stellung befand sich auch der spätere Meister Kyūhō bei Sekisō. Daraus ist zu entnehmen, dass Kyūhō ein Mensch von bereits großer Geisteskraft und tiefem Durchblick war. Dementsprechend zeigte er auch einen selbstbewussten Stolz.
Ein guter Stolz ist eine gute Demut. Der auf diese Art Stolze und Demütige macht sich weder größer noch kleiner, als er ist. Er ist geradlinig und von stabilem Rückgrat.

Als Meister Sekisō gestorben war, wollte die Mönchsgemeinde des Klosters den obersten Mönch, der das Kloster als Ordnunghabender leitete, zu Sekisōs Nachfolger als Hauptpriester des Klosters bestimmen. Wir würden den obersten Mönch in unserem Zendō heute als Godō bezeichnen.

Ein Zen-Mönch mit priesterlichen Aufgaben wie der Mönch in dem Kōan ist nicht dasselbe wie ein Zen-Meister. Manchmal kann eine Person diese beiden Rollen zugleich innehaben. Im Fall dieser Geschichte sollte der oberste Mönch die priesterliche Leitung des Klosters übernehmen, die auch Meister Sekisō innegehabt hatte. In diesem Sinn sollte der Oberste Mönch Sekisōs Nachfolger werden. Sollte er aber auch die spirituelle Nachfolge seines Meisers, ebenfalls als Meister, übernehmen? Von der Richtigkeit dieser Regelung ging die Mönchsgemeinde jedenfalls aus. Als Nachfolger Sekisōs sollte doch wohl der Mönchsälteste unter allen Mönchen das Kloster leiten, denn er kannte sich vollkommen im klösterlichen Ablauf, in den Regeln, Riten und Zeremonien des Klosters aus, wie sich das für einen Ersten Mönch gehört. Und so, meinten die Mönche, wäre der oberste Mönch natürlich auch als Zen-Meister geeignet. Ob es jedoch für einen Leiter eines Klosters oder Tempels genügt, sich lediglich in Regeln, Riten und Zeremonien auszukennen? Sekisō war schließlich auch und vor allem anderen der Zen-Meister des Klosters und all seiner Mönche gewesen, und so sollte doch wohl der Mönchsälteste diese Aufgabe ebenfalls mit übernehmen, so glaubten die Mönche. Hiervon war verständlicherweise, wie wir sehen werden, Kyūhō ganz und gar nicht überzeugt.

Die Rolle des Linien-Nachfolgers beziehungsweise Linienführers sagt noch nichts darüber aus, ob dieser unter allen Dharma-Nachfolgern des hinübergegangenen Meisters der am tiefsten Erleuchtete ist, sondern ob er der Geeignetste ist, um den Tempel beziehungsweise das Zendō zu leiten. Der Linienführer sollte jedoch einen sicheren Durchblick in das WESEN DER WELT besitzen. Vielleicht ist das aber nicht immer der Fall.

Nun tritt Kyūhō auf den Plan. Der Schüler Kyūhō ist einer der fähigsten Dharma-Nachfolger seines Meisters Sekisō. Er war, wie schon gesagt, der persönliche Diener von Meister Sekisō. Als Kyūhō vernimmt, dass der Mönchsälteste jetzt der Dharma-Nachfolger von Meister Sekisō werden soll, ist der treue und hochausgebildete Diener des Sekisō damit überhaupt nicht einverstanden. Er sagt: «Nein!» Es sei denn, der Oberste Mönch werde Kyūhōs Prüfung bestehen.

Kyūhō sagt: «Wenn der Oberste Mönch versteht, was unser verstorbener Meister gemeint

hat, wenn er also meine Prüfung bestanden hat, dann will ich ihm ebenso dienen wie dem verstorbenen Meister.»
Damit sind alle einverstanden. Wahrscheinlich freuen sie sich auf die Prüfung.
Nun wiederholt Kyūhō für den Obersten Mönch die folgenden Lehr-Sätze von Meister Sekisō:

«Lösche alle täuschenden Gedanken aus.
Lass das Bewusstsein vergehen;
lass dein EINES Bewusstsein zehntausend Jahre fortdauern;
lass dein Bewusstsein zu kalter Asche und zu einem verdorrten Baum werden:
lass dein Bewusstsein zu einem dünnen Faden weißer Seide werden.»

Dann fügte Kyūhō hinzu: «Antworte mir, was wollte unser Meister damit klarmachen?»

Wenn ihr Zen-Schüler und Lehrer gefragt werdet: Was heißen diese Aussprüche, diese Aufforderungen, von Meister Sekisō – was antwortet ihr dann?

Wenn also Meister Sekisō das so sagt, was will er damit klarmachen? Er sagt:

«Lösche alle täuschenden Gedanken aus!» Das ist herrlich! Sei nicht mehr dem unterworfen, was du erinnert und dir in deinem menschlichen Gehirn zurechtgemacht hast, was dich konditioniert hat, was deine inneren Konzepte dir vorgaukeln! Sekisō sagt: Gib deine täuschenden Gedanken also ganz und gar auf! Lösche sie! Er sagt nicht, du sollst alle deine Gedanken löschen, denn du kannst ruhig denken: «Wo gibt es hier etwas zu trinken?» Du sollst nur deine *täuschenden*, deine *neurotischen* Gedanken auslöschen. Kein Problem, nicht?

Weiter sagt er: «Lass dein Bewusstsein vergehen.» Damit ist wiederum gemeint, gibt das auf, was dir aus deinem psychischen Raster aufsteigt, das du bisher immer für dein Bewusstsein, für deine Identität, gehalten hattest. Du warst dir womöglich «bewusst», dass die Menschen schlecht sind. Das taugt nichts. Gib es auf! Wenn menschliche Täuschungen – nämlich täuschende und wahnhafte Gedanken – Bewusstsein sein sollen, taugt Bewusstsein nichts. Aber auch höhere und edlere Auffassungen, zum Beispiel dass du edel und gut sein willst, gib auf, denn Meinungen und Auffassungen sind auch nicht die reine, klare Wahrnehmung der Wirklichkeit, sondern sie sind nichts anderes als Gehirnkonstruktionen, und wenn sie noch so geschickt und raffiniert sein mögen. Häng nicht daran fest! Mach dich frei davon!
Gib unbedingt auch die Idee von dem, was Bewusstsein sei, auf. Löse dich von dem Daran-Hängen und Dich-damit-Trösten, dass etwa nach deinem Tod ja noch dein Bewusstsein übrig bleibt, vielleicht sogar in dem Sinn, dass du eine Art wolkiges Geistgebilde wärest. Hafte an solchen Ideen nicht fest!

Was heißt nun: «Lass dein EINES BEWUSSTSEIN zehntausend Jahre fortdauern!»? Ist das nicht ein Widerspruch zum Vorigen? Oh, nein. Zehntausend Jahre – das sind Raum und Zeit, das ist die Welt, das sind die Dinge, das sind die Abläufe von Werden und Vergehen.

Das ist die Ebene der Erscheinungen und nichts Statisches. Durch all das hindurch soll das WAHRE BEWUSSTSEIN rein, klar und unberührbar bestehen, ohne sich täuschen zu lassen. Inmitten der Welt und ihrer Vergänglichkeit, inmitten des Saṃsāra bleibt doch das reine Bewusstsein unzerstörbar und kristallklar bestehen. Es hat nie begonnen und kann niemals untergehen. Nur stecken bleiben darfst du nicht in der Erscheinungswelt der zehntausend Jahre und der zehntausend Dinge, nicht einmal in Ewigkeit.
Rein und klar wie Kristall, unberührt und unberührbar bleibt das ewige und EINE BEWUSSTSEIN übrig, das du wirklich bist.

Wie passt dazu die Aufforderung: «Lass dein Bewusstsein zu kalter Asche und zu einem verdorrten Baum werden» und die weitere Ausführung dazu: «Lass es zu einem dünnen Faden weißer Seide werden!»? Das steht sinnbildlich für die transzendente Seite der vorher dargelegten Medaille: Kalte Asche, verdorrter Baum, dünner Faden weißer Seide – das ist das Nichts, das ist die totale und GÖTTLICHE LEERHEIT. Ohne deren Erfahrung geht es nicht, nur darin ertrinken darfst du auf keinen Fall. Gib das dich Festbeißen an deiner Spiritualität auf! Nicht einmal an Gott oder was du dafür hältst, darfst du, wie auch der europäische große Mystiker Meister Eckehart dringend empfohlen hat, festhängen. «Gib Gott auf!», sagt er. «Werde Gottes quitt!», sagt er. Andernfalls würdest du dir daraus nur einen neuen Götzen basteln.

Die eine Seite ist die Welt der Form, die andere die WELT DES WESENS, die WESENS-WELT. Form ist Leere – Leere ist Form. Auch die Ebene der Form darf nicht in der Schau der Wirklichkeit fehlen, und ebenso darf nicht deren abgrundtiefer Urgrund, die Leerheit, das reine göttliche Nichts, in dieser Schau der Wirklichkeit fehlen. Sonst ist diese Schau keine Erleuchtungserfahrung.

Meister Sekisō wies in seiner Lehre intensiv darauf hin, dass in der Selbstwesensschau, der Erleuchtungserfahrung und dem täglichen Leben aus ihr heraus der Mensch auf dem WEG weder die Welt der Form, also der vielen Dinge, noch die Leerheit, die der Urgrund der vielen Dinge der Welt ist, leugnen darf.

Form und Leerheit sind nicht zweierlei, sondern EINS. Nur so ist seine Erfahrung vollständig.
Es ist eine Sache des Bewusstseins, auf welcher Ebene der Mensch erfährt, was auch immer er erfährt, das Eine oder das Viele.

Die im Zen angestrebte Schau ist nicht die Schau von zweierlei, das nebeneinander existiere oder auch abwechselnd existiere, nein, sondern es ist die Schau des EINS-SEINS von Form und Leerheit. Bruchstücke davon genügen nicht.

EINSSEIN UND LEERSEIN ist die Welt der vielen Dinge. Die Erfahrung muss dies dem Erfahrenden beweisen. Dann wird er nie wieder zweifeln.

EINSSEIN ist nicht, wie früher ein Freund mir erklärt hat, wenn Menschen sich einig sind oder sich vereinigen und nach immer noch dualistischen Gesichtspunkten irgendeine Form

von Einheit bilden. Es wäre unsinnig, dies als spirituelle Erfahrung zu bezeichnen und anzuerkennen.
EINSSEIN ist, dass Form und Leerheit identisch sind. Nur die Wahrnehmungen unserer Sinne, unsere wilden Skandha-Aktivitäten, teilen dieses EINSSEIN, nämlich das grenzenlose SEIN, in zweierlei Verschiedenes, was es jedoch nicht ist.
Unsere Sinne, unsere Sprache und unser Denken sind nicht für die Welt des Absoluten geschaffen, und damit denken sie immer nur zweiheitlich und vielheitlich, in Grenzen und in Gegensätzen.

Darum ist die Schau der Wirklichkeit bei den meisten Menschen auf der Erde unvollständig und bruchstückhaft. Nicht die Wirklichkeit ist unvollständig oder bruchstückhaft, sondern die Sicht der meisten Menschen. Selbst wenn sie – und zwar außerhalb allen Denkens und aller Worte – die Leerheit erfahren haben, was ungeheuer wichtig zur Auflösung von Täuschungen ist, reicht das noch nicht ganz. Der Bewusstseinszustand der Leerheit, in dem nur Leerheit allein wahrgenommen beziehungsweise unwahr-genommen wird, muss sich vervollständigen zur Wahrnehmung der Welt der ausgeformten Dinge, obwohl diese alle völlig leer sind, und somit zur Wahrnehmung von Form und Leerheit in EINS und als das EINZIGE.

Dieser ausgeformte Gegenstand hier[235] besteht aus reinem göttlichem NICHTS.
Das Bewusstsein, so legt es Meister Sekisō in seinen Lehrsätzen dar, muss auf der Ebene von Form und Leerheit zugleich sein und immer nur sein und sein und sein, unabhängig davon, worum es auch immer gerade geht.
Wir haben auf beiden Ebenen zugleich zu sein. Ja, und wir sind es auch, aber wer bekommt das mit?

Dieses ist dem besonderen Schüler von Meister Sekisō, dem Kyūhō, wohl klar. Er ist aber nicht überzeugt, dass es auch dem obersten Mönch des Klosters klar ist, und er möchte den Mönch in diesem Punkt prüfen.

«Was bedeuten diese Aussprüche unseres verstorbenen Meisters? Was wollte er damit sagen?», fragt Kyūhō den Mönch.

Dieser antwortet: «Unser Meister wollte damit den Bereich der einen Farbe, nämlich den Bereich der absoluten Leerheit klarmachen.»

Peng! Damit ist er hereingefallen! Er befindet sich auf der Bewusstseinsstufe der Leerheit und nicht der vollen Erleuchtung. Er hat sich selbst verraten und es nicht einmal bemerkt, wie wir gleich sehen. Der oberste Mönch hängt in der Leerheit fest. Er sitzt auf der Spitze einer Nadel und kann nicht vor noch zurück. Zwar hat er mit der Erfahrung der Leerheit bereits die halbe Miete, aber eben nur die halbe, und es reicht noch nicht. Die Leerheit inmitten der Welt der Dinge und nicht außerhalb der Welt der Dinge muss es sein! Die Leerheit, die sich in den Fakten, besser *als* Fakten, zeigt, ist es!

235 Der hölzerne Meisterstab.

Er redet über die Leerheit. Was soll das sein? Es ist nicht die Wirklichkeit, sondern ein Reden über die halbe Wirklichkeit.

Der Mönch ist ziemlich auf dem Holzweg. Er ahnt lediglich ein bisschen von der Wirklichkeit. Kyūhō erwischt ihn sofort schonungslos: «Wenn das deine Antwort ist, verstehst du noch nicht, was der alte Meister gemeint hat.»

Der oberste Mönch ist enttäuscht und beleidigt. Er sagt bitter: «Du erkennst mich nicht an. Bring mir Weihrauch!»

Als der Weihrauch brennt, setzt er sich in vollkommenes Zazen und sagt feierlich und pathetisch: «Wenn ich nicht verstehe, was der alte Meister meinte, bin ich auch nicht imstande, zu sterben, während dieser Weihrauch aufsteigt.»

Mit dem letzten Wort verließ er seinen Körper und starb.

Was hat der Mönch damit getan? Er hat seine eigene Sicht der ausschließlichen Leerheit bestätigt. Er hat die letzte Konsequenz gezogen. Leider war das eine falsche Konsequenz. Er leugnet total die Welt der Form, das irdische Leben, die Ebene der zehntausend Dinge und zehntausend Jahre. Er leugnet die Tatsache der Abläufe, der Prozesse. Er leugnet Ursache und Wirkung. Er leugnet Karma. Karma ist die ursächliche Tat und deren Folgen. Aber dieser Mönch geht einfach davon aus, es gäbe kein Karma, weil er nur versteht, Bewusstsein hieße, alles aufzugeben, alles zu negieren, alles verlöschen zu lassen.

Welch ein Missverständnis das ist! Dieses Missverständnis ist gar nicht so selten. Der Mönch ist noch nicht frei, und das abhängige Entstehen, die Folge seines Irrtums, wird ihn einholen.

Nirvāṇa ist nicht das Verlöschen des Bewusstseins, sondern das Verlöschen der Illusionen, zum Beispiel der Illusion eines von seinem Urgrund unabhängigen Ich! Es ist das Verlöschen der Täuschung, die Welt sei ganz und gar leer, und – welcher Irrtum – die Wahrnehmung von Formen, von Dingen, sei die Täuschung, die zu verlöschen habe, sonst sei es keine Erleuchtung. Nirvāṇa ist aber auch das Verlöschen der Illusion, die Dinge seien *nicht* leer. Aber beides trifft zu: leer und nicht leer. Form und Nicht-Form. Beides ist EINS, und so erst ist eine Erfahrung echt – und nur so ist sie ein Satori zu nennen.
Dann ist der Mensch erst ein Mensch geworden. Er möchte nie wieder in seinen früheren Zustand zurückkehren.

Der oberste Mönch hat es nicht begriffen. Wie schade! Er zog es aus Dickköpfigkeit vor, zu sterben, als sei dieses der schlagende Beweis für seine zutreffende Sicht in die Wahre Natur des Bewusstseins.

Es sterben viele Leute, ohne die zutreffende Sicht erreicht zu haben. Sie werden durch ihren Tod nicht automatisch erleuchtet, obwohl viele das glauben. Aber der WEG hört nicht auf, nur weil wir, wie es heißt, in die Verwandlung eingehen. Gehen wir einfach treu weiter.

Kyūhō schüttelte den Kopf. Er klopfte dem frisch verstorbenen Ersten Mönch auf die Schulter und sagte zu ihm: «Du magst zwar sitzend oder stehend sterben, aber du verstehst immer noch nicht, was unser hinübergegangener Meister meinte. Nicht einmal im Traum verstehst du das!»
Ja, der oberste Mönch sah wie so viele Esoteriker, die sich für erleuchtet halten, nur halb; er sah, dass es die Welt nicht gäbe, dass es das Bewusstsein nicht gäbe, dass alles null und nichtig wäre.

Der Erste Mönch hat all die Jahre an den Worten seines Meisters vorbeigehört. Dabei sind die vier Sätze Meister Sekisōs eine einfache praktische Hilfe für den Übenden, worauf zu achten wäre. Vielleicht konnte der Mönchsobere ja auch nicht lesen. Die Worte von Meister Sekisō, die eigentlich ein Kochrezept für die Erleuchtung sind, seien hier noch einmal zusammengefasst:

Gib alle deine Täuschungen auf und hänge dich an gar nichts fest! Lass alles fallen, sodass nichts mehr zum Festklammern übrig bleibt, womit du dich trösten könntest!
Falle jedoch nicht in ein unbewusstes Dumpfes, Leeres, sondern sei mitten in der Welt lebendig und wach und erfahre die Leerheit in allen Aktionen und Dingen des alltäglichen Daseins! Meide also nicht die Aktionen des Lebens! Denn die Leerheit formt sich ohne Unterbrechung aus – und bleibt doch weiterhin leer.
Aber ich warne dich: Beiß dich auch nicht an deiner vollständigen Erleuchtung fest!

Ja, absichtslos wird der unübertreffliche Pfad gegangen.

Wie aber kann ein Zen-Schüler aus dem Nürnberg-Zendō beweisen, dass er die Worte des alten Meisters Sekisō verstanden hat? Wie könnt ihr antworten? Wie verhält es sich mit dem erleuchteten Bewusstsein?

Nun vergesst alles, was gesprochen wurde! Habt ihr es vergessen? Gut!

Wie verhält es sich mit dem erleuchteten Bewusstsein?

97 • Des Kaisers Helm

Kaiser Tongguang wandte sich an Xing-hua und sagte: «Ich habe den Schatz des mittleren Feldes erlangt. Aber niemand kann ihn ermessen.»[236]
«Majestät», sagte Xinghua, «bitte, leiht mir den Schatz! Ich würde ihn gern sehen!»
Der Kaiser zog am Riemen seines Helmes.
«Wer könnte es wagen, den Schatz des Kaisers zu ermessen!?», sagte Xing-hua.

Es ist angeblich nicht ganz eindeutig, welcher chinesische Kaiser der hier genannte Tongguang[237] war. Es gibt darüber verschiedene Meinungen bei verschiedenen Gelehrten. Die Sache wird erschwert dadurch, dass hochstehende Asiaten oft viele Namen haben können, spirituelle Schüler von Zeit zu Zeit zusätzliche Dharma- oder Mönchsnamen erhalten und hohe Würdenträger im Lauf des Lebens zusätzliche Titel und Namen verliehen bekommen. Ähnliches betrifft auch Xinghua. Ob dieser der Genannte war oder ein anderer, ist nicht klar. Es ist also nicht ganz eindeutig, welche Namen zu welcher Person gehören.

Wer in historischer Hinsicht aber nun der Kaiser war und wer nun Xinghua war, ob der Helm ein kaiserlicher Helm, eine dicke rituelle Haartracht oder eine mützenähnliche Kopfbedeckung eines chinesischen Kaisers war, soll uns hier im Zusammenhang mit diesem Kōan überhaupt nicht stören. Solche Dinge, selbst wenn darüber schon gerätselt wurde, tangieren nicht den Kern der Geschichte.

Für uns heißt weiterhin der Kaiser Tongguang, und sein edler Besucher heißt Xinghua[238]. Wir gehen von dieser Kōan-Begebenheit aus, so wie wir sie hier haben, und wir ersparen uns alles Spekulieren darüber, wie die Sache in den Einzelheiten und Äußerlichkeiten wohl gewesen sein müsste, und wer von den Forschern, Kommentatoren und Übersetzern der Texte nun in welcher Hinsicht Recht hat.

Und doch hat sich die hier erzählte Begebenheit einmal zugetragen.

Es geht um zwei hochstehende und edle, dazu sehr gebildete Persönlichkeiten, die einander gut kannten, ja, wohl auch befreundet waren, und die sich gern miteinander in politische und spirituelle Dinge vertieften. So viel ist bekannt.

In dem geschilderten Gespräch wendet sich der Kaiser Tongguang seinem Besucher zu und sagt zu ihm: «Ich habe den Schatz des Mittleren Feldes erlangt, aber niemand kann ihn ermessen.»

236 Mit dem «mittleren Feld» ist China gemeint, das «Reich der Mitte». Dieser Begriff wird auch auf das Universum angewandt.

237 jap. Dōkō.

238 Xinghua Cunjiang, jap. Koke Sonshō (830–888).

Das Mittlere Feld bezieht sich für gewöhnlich auf die «Mitte» von China, das Hauptgebiet, die Regierung, den Kaiserthron, ja, im erweiterten Sinn auf China selbst. Es wird ja «das Reich der Mitte» genannt. Mit dieser Bezeichnung soll ausgedrückt werden, dass China selbst die Mitte der Welt ist – und damit ein Reich von ungeheurer Wichtigkeit!

Was ist nun aber der Schatz in dieser Mitte? O, die Mitte selbst ist der Schatz!
Mit dem, was als die «Mitte» zu verstehen ist, nämlich die Mitte der Welt, die Mitte der Zeit, die Mitte des Raums, haben wir uns im letzten Sesshin ausführlich befasst. Die Mitte ist nicht das, was wir landläufig dafür halten, ein kleiner Ort, der nicht alle anderen Orte rundherum wäre. Nein, sondern die Mitte ist immer dort, wo wir sind. Wir nehmen praktisch die Mitte mit, die Mitte des Weltraums, die Mitte der Zeit, was genau dasselbe ist, denn Raum und Zeit sind eins.

Wie zeigt sich die Mitte, eben diese Mitte aller Mittelpunkte? Ganz einfach: Immer in dem jeweilig aktuellen Faktum, immer in dem, was uns im jeweiligen JETZT begegnet! Das ist ES, nur sehen müssen wir es auch noch und nicht nur glauben.

Geht es um diese Mitte oder die der Welt, nämlich China?

Der Kaiser ist ein Mensch, der ein spirituelles Leben führt. Er meint nur vordergründig, dass er den «Schatz des mittleren Feldes erlangt» habe. Er meint mit seinen Worten nicht: «Ich habe die Macht über das ganze Reich der Mitte erlangt!» Obwohl auch dies wohl zutrifft, meint er es in diesem Gespräch nicht so! O, nein, das meint er nicht, auch wenn seine Worte so gedeutet werden könnten, wenn jemand das unbedingt so auffassen möchte! Es gibt Kōan-Kommentare von Buchautoren, die diese Auffassung vertreten.

Der Kaiser sagt mit seinen geheimnisvollen Worten aber in Wirklichkeit: «Ich habe mein ureigenes und Wahres Sein als den kostbaren Schatz des mittleren Feldes erkannt!» Vielleicht um seinen Freund zu prüfen, oder auch, um seine Mitteilung vor möglicherweise in der Nähe lauschenden Menschen zu verschleiern, sagt er: «Ich habe den Schatz des mittleren Feldes erlangt», und dann fügt er hinzu: «Aber niemand kann ihn ermessen.»

Da haben wir es! Niemand kann den Schatz der Mitte ermessen! Niemand kann das ewige und grenzenlose Hier und Jetzt erfassen! Keine Messlatte kann dieses Kleinod ermessen!

Der edle Xinghua versteht den Kaiser sofort! Wie im Spiel sagt er: «Bitte, Majestät, leiht mir doch einmal den Schatz! Ich würde ihn gern sehen!»
Er spielt das Doppelspiel mit. Er tut, als ginge es womöglich bei dem kaiserlichen Schatz um Ruhm, Macht und Reichtum, um einen teuren Thron- oder Kronschatz.

O, wie sehr Ruhm, Macht und Reichtum einen schwachen Menschen zugrunde richten können! Wie unglücklich sie dieses solcherart schwache Wesen machen können!

Wer sich emotional aus den geringsten Anlässen hin- und herreißen lässt, wer sich in grenzenloser Macht- und Geldgier gehen lässt, der beweist seine unglaubliche, sich selbst täuschende Dummheit, mit der er sich – ohne es überhaupt zu merken – vormacht, er selbst wäre «Seine verehrungswürdige Wichtigkeit» und ist dabei doch nur «Seine verabscheuungswürdige Dämlichkeit».

Übrigens hängen sich trotzdem viele Menschen an Reiche, Mächtige und Schöne, weil sie dem Wahn unterliegen, dass ein bisschen von dem Reichtum, der Macht und der Schönheit dieser schillernden Figuren auf sie, die Armen, Kleinen und Unbekannten, herunterkleckert. Diese Ärmsten sind also auch nicht besser.

Wie ist es nun mit dem Kaiser Tongguang? Wie reagiert er, als Xinghua ihn bittet, ihm den Schatz der Mitte doch einmal zu leihen, damit er ihn anschauen könne? Beide haben ja bisher ein geheimes Doppelspiel gespielt: Ein außenstehender Beobachter könnte die Szene so oder so verstehen. Zum Beispiel: Ist der Kaiser stolz auf seinen Schatz? Ist er überzeugt von seiner kaiserlichen Macht, seinem Ruhm, seiner Tüchtigkeit, mit der er so unendlich viel erreicht hat?

Der Kaiser spielt weiter: Er soll dem Xinghua, seinem erleuchteten Freund, beweisen, worin sein, des Kaisers, Schatz besteht. Tongguang greift fest mit starker Hand an den Riemen seines kaiserlichen Helms und zieht kräftig daran, den Kopf auch noch stolz mit einem Ruck nach oben werfend. Der Helm demonstriert für alle Welt sichtbar die weltliche Macht des Kaisers. In diesem Augenblick lacht der Kaiser. Er kann nicht anders als lachen, und so lacht er.

O, bedeutet diese Geste nun, dass der Kaiser arrogant und stolz seine Macht spielen lässt? Der weise Xinghua aber durchschaut den Kaiser: Seine Majestät lässt nach außen für die Welt den Kaiser sehen, von innen her aber und von Auge zu Auge das ewige und spirituelle Wesen, welches der Mensch, auch wenn er eine kaiserliche Krone auf dem dem Kopf hat, selbst ist. In diesem einen Augenblick fließt die Wesensnatur zur Wesensnatur, das Wesen des Monarchen in das Wesen des Meisters, und sie sind EIN WESEN. Da ist nur EIN EINZIGES SEIN.

Xinghua sieht das Wahre Wesen des Kaisers, das dieser ihm offenbart.

Rundherum stehende Hofleute sind vielleicht stolz auf die starke, kriegerische und stolze Geste ihres Kaisers, und sie murmeln anerkennend.
Xinghua aber, dem der Kaiser kurz zuvor wahrheitsgemäß gesagt hatte: «Niemand kann meinen Schatz ermessen», antwortet: «Wer könnte es wagen, den Schatz des Kaisers zu ermessen!?»
Dieses Wort ist eine große Bestätigung des Xinghua an den Kaiser.

Liebe Zen-Schüler, jeder von euch trägt nicht nur seinen Schatz, die Wesensnatur, in sich, sondern er ist selbst die Wesensnatur! In diesem Zusammenhang ist jeder von euch sein eigener Monarch! Ihr wisst ja:

«Ein Monarch dankt niemals ab!»

Diesen Ausspruch tat einmal vor Jahren die Tochter des letzten deutschen Kaisers in einem

Fernseh-Interview, und sie sprach dabei von ihrem Vater, der als Kaiser hatte abdanken und in die Verbannung gehen müssen. Die noch viel tiefere Bedeutung ihrer Worte aber sagt aus, dass kein Mensch sein von Ewigkeit her fürstliches Wesen, nämlich sein unendliches und göttliches Kleinod, seinen unzerstörbaren leuchtenden GEIST, mit Füßen treten sollte! Niemals lässt ein königlicher Geist sich durch minderwertige Meinungen angeblicher Autoritäten fremdbestimmen und beherrschen. Kein Mensch darf sich selbst, nämlich seine kostbare essenzielle Natur, besudeln. Er ist sein eigener Monarch und verschleudert nicht sein Reich, das in ihm ruht, nämlich sich selbst, an unsaubere und negative Energien oder an eine chaotische und unwahrhaftige Lebensweise, sondern er hütet seine Kostbarkeit und führt ein klares, reines und ehrenhaftes Leben.

Wie macht er das? Er wandert seinen Weg in demütigem Stolz und in stolzer Demut. Ob er Kaiser ist oder ein unbekannter Bürger seines Landes, da gibt es in der Buddha-Natur nicht den geringsten Unterschied.

Und so hat die Prinzessin, ohne mich zu kennen, mir mit ihrem Zauberwort ein wundervolles Geschenk gemacht. Ich danke ihr dafür!

Ein Monarch dankt niemals ab.

98 • Tōzans «Immer ganz vertraut»

Ein Mönch fragte Tōzan: «Welcher der drei Körper des Buddha zerfällt nicht in mehrere Teile?»
Tōzan antwortete: «Er ist mir immer ganz vertraut!»

Ja, welcher nun? Welcher von den dreien ist Tōzan immer ganz vertraut?

Schauen wir uns zuerst an, was mit den drei Körpern des Buddha gemeint ist! Auf Sanskrit heißt der dazu gehörende Begriff «Trikāya», auf Deutsch «Drei-Körper», also der Drei-Körper. Im Mahāyāna herrscht die Vorstellung, dass ein Buddha drei Körper hätte, in denen er im Absoluten, aber auch im Relativen zugleich lebt. Auch in Europa, vor allem in Deutschland, reden Buddhisten von «drei Körpern» des Buddha, weil sie glauben, so hieße die Übersetzung von «Trikāya». Dabei heißt es korrekterweise nur «der Drei-Körper» und nicht «*die* drei Körper». Aber selbst einige Asiaten glauben an diese «drei Körper»! Eine solche Vorstellung ist wohl eher mit etwas Vorsicht zu genießen.

Wie ihr wisst, es vielleicht teilweise oder vollständig kennt, lebt nicht nur der Buddha auf beiden Ebenen, der absoluten und der relativen und auf allen Ebenen dazwischen zugleich, sondern alle Wesen tun dies. Einem Buddha ist diese Tatsache allerdings vollkommen bewusst.

Aber ein wenig genauer lehrt es der Mahāyāna so: Die drei Bereiche des Trikāya, nämlich des Drei-Körpers, sind Nirmāṇakāya, der Körper aus Fleisch und Blut, Saṃbhogakāya, der Körper, der in paradiesischen Bereichen lebt und bewusst wahrnimmt, und der Dharmakāya, der für das totale Einssein mit allen Ebenen steht – und damit die scheinbaren drei Körper als eins in sich vereinigt. So ist eigentlich der Dharmakāya der vollständige Trikāya. Dies ist der Mensch der vollkommenen Erleuchtung, nämlich ein Buddha. Er versteht und kennt alles, was ist, das ganze Universum auf allen Ebenen – denn er ist es selbst.

Ich muss euch aber sagen, dass ein voll erleuchtetes Wesen, das niemand als einen Buddha erkennen würde, ständig und auf allen Ebenen unerkannt das lebt, wofür der Dharmakāya steht, und dieses betrifft also nicht nur *den* Buddha oder *einen* offiziell anerkannten Buddha.

Unabhängig davon, welche Begriffe wir wählen, hat jeder Mensch die Chance, den Zustand zu erreichen, in dem er sich selbst nicht nur allem, was existiert, verbunden erlebt, sondern jeder Mensch hat auch die Möglichkeit, den Zustand zu erfahren und darin zu leben, alle Bereiche auf allen Ebenen selbst zu sein und alles in diesen unendlichen Bereichen, was da lebt und webt, ebenfalls zu sein.
Ein solch Glückseliger erfährt sich als physisches Wesen mitsamt allen physischen Wesen und als feinstoffliches Wesen mitsamt allen feinstofflichen Wesen und als unstoffliches Wesen, nämlich Geistwesen, mitsamt allen Geistwesen als eins. Noch einmal: Es erfährt ein

voll erleuchtetes Wesen sich vollständig eins mit sich selbst und allen seinen Bereichen sowie vollständig eins mit dem gesamten Universum in allen seinen Bereichen und auf allen seinen Ebenen.

So gibt es in Wirklichkeit zwischen den angeblichen drei «Körpern» des Trikāya nämlich keine Trennung, sondern wie wir uns und unsere Erscheinungen, unsere Arten der Manifestation, auch nennen mögen – WIR UND DAS UNIVERSUM SIND EIN EINZIGES WESEN, UND WIR BESTEHEN AUS REINER WAHRNEHMUNG. Unser ganzes Wesen ist nichts als Wahrnehmung!

Wir sind Wahrnehmung! Das ist es, was wir sind.

Die künstliche Trennung in drei Körper eines Buddha ist also nicht nötig. Es genügt, dass wir wissen, dass unsere Form, sofern sie einmal angefangen hat, irgendwann wieder aufhört und vergeht, und dass unser Wahres Wesen (der Ātman, der Brahman ist), das niemals angefangen hat, auch niemals vergehen wird. Und dass – o Wunder – zwischen beidem trotzdem kein Unterschied besteht. Beides ist Wesensnatur, und die Wesensnatur ist Wahrnehmung.

Macht euch aber kein Dogma daraus! In den Dogmen steckt der selbstgemachte Teufel.

Aus dem Gesagten geht hervor, dass wir nur im vollständigen Zustand vollständig sind! Und eigentlich ist damit alles beantwortet.

Nun kommen wir wieder zu unserem Mönchlein zurück! Es will wissen, welcher der drei Körper des Buddha nicht in mehrere Teile zerfällt. Nun, nennen wir ihn den «Drei-Körper», den «Trikāya». Mit dem Drei-Körper sind wir fit in allen Welten, weil wir mit ihnen eins sind. Denn alle Dinge sind ein Einziges, und das Universum ist nicht von sich selbst getrennt.

Der Mönch stellt also Tōzan[239] seine Frage. Er meint: «Wenn doch der Buddha drei Körper hat, und je nach Lebensumständen würden die drei auseinanderfallen, welcher dieser drei Körper bliebe intakt und würde nicht auseinanderfallen?»

Wir merken, dass diese Frage falsch gestellt ist.

Meister Tōzan ist gütig. Er philosophiert dem Mönch nichts vor. Er erklärt nichts Buddhistisches oder Pseudo-Buddhistisches, nichts Daoistisches und überhaupt nichts Konfuzianistisches. Tōzan quält den Mönch nicht. Er beweist ihm den Zustand des Trikāya, des vollständigen Körpers! Er antwortet dem Mönch, der wissen will, welcher Körper nun intakt bleibt und nicht zerspringt: «Er ist mir immer ganz vertraut!»

Meister Tōzan sagt damit: «Fühl dich doch in deinen Körper hinein! Nimm dich selber doch wahr! Kennst du dich denn nicht? Morgens stehst du auf – und nimmst es doch wahr! Dann putzt du dir die Zähne – und nimmst es wahr! Dann wäschst du dich von

239 Tōzan Ryōkai, chin. Dongshan Liangjie (807–869).

Kopf bis Fuß – und nimmst es wahr! Dann kochst du Tee – und nimmst wahr, dass du es tust! Dann frühstückst du – und nimmst es wahr! Und so geht es den ganzen Tag! Bekommst du nicht mit, was du mit deinem Körper tust – und was dein Körper für dich tut? Du bist eins mit ihm, merkst du es? Ist dein Körper dir nicht unendlich vertraut? Durchdringst du ihn nicht? Und besteht nicht auch er aus reinem Nichts, aus reinem Geist, aus reinem Bewusstsein? Bist du nicht alles, und ist es dir nicht vertraut? Was auch immer du tust, es ist doch auch dir tief vertraut! Du kennst dich, und niemals kennst du dich nicht! In allen deinen Körpern – wenn du es unbedingt so nennen willst – und in allen Energien zeigst du dich doch und nimmst dich wahr!»

Ja, so ist das: Je sorgfältiger du mit dir selber umgehst, desto besser nimmst du dich wahr, desto leichter kannst du wiederum sorgfältig und achtsam mit dir sein, desto tiefer wird deine Wahrnehmung, desto mehr Energie fließt dir zu, und desto leichter und müheloser ist deine Wachsamkeit, und du schaust mit deinem Geistauge in die Tiefe – und siehst und siehst und siehst und siehst! Und schließlich stellst du solche Fragen nicht mehr.

Denn je tiefer du wahrnimmst, desto leichter, ja tanzender und schwebender und doch mit den Füßen auf dem Boden lebst du – und die Frage, wie viele Körper, die nicht zerfallen oder sich nicht trennen oder doch trennen und zerfallen, wird dadurch unwichtig und uninteressant.

Und übrig bleibt das Sein ... Dies aber nimmt wieder und wieder Form und Gestalt an – und bleibt doch das Sein.

Habt ihr jetzt noch Lust, euch darum zu kümmern, welcher Körper zerfällt und welcher nicht?
Interessiert es euch noch?

Ihr seid euch doch immer schon so vertraut, so vertraut! Ihr seid bei euch daheim. Euer Körper ist euer Haus. Er wird auch «das Haus des Buddha» genannt.

Wie bezeichnend!

99 • Yunmens «Schale und Eimer»

Ein Mönch fragte Yunmen: «Was ist der Nichts-als-Staub-Samādhi?»
Yunmen sagte: «Reis in der Schale, Wasser im Eimer.»

Staub – das ist Materie von der Erde, ja, eigentlich Materie aus dem Universum. Große und kleine Teilchen bis zu allerkleinsten Teilchen schießen mit hoher Geschwindigkeit durch das Weltall, ballen sich auch zu runden und größeren oder noch größeren Objekten – sogar bis zu Planeten oder Monden – zusammen, die mit wiederum anderen zusammenprallen, in viele kleine und winzige Stücke zerspringen können, die dann im sogenannten und angeblich von Materie leeren Raum weite, weite Reisen unternehmen – bis zu neuen Zielen, auch bis zu uns.

Unsere Körper enthalten Moleküle und Atome aller Stoffe, die im Universum herumflitzen und aus fernen Weltgegenden herkommen. Sämtliche Stoffe des periodischen Systems, in dem die Elemente aufgeführt sind, bilden unsere Körper. Mit anderen Worten können wir auch sagen: Wir bestehen aus Staub des Weltalls, existieren eine Weile in einer bestimmten Form, zerfallen in unsere Einzelteile und kehren dann wieder zum Staub-Sein zurück. Dies geschieht mit unserem Körper. Der Körper ist unsere äußere Form. Sie kommt und vergeht.

Damit wir diese Tatsache nicht vergessen, gehen die Menschen am Aschermittwoch in die Kirche, oft noch so verkleidet und angemalt, wie sie die Nacht vom Faschingsdienstag bis zum Aschermittwoch durchgefeiert hatten. In der linken Hand hält der Priester ein Gefäß mit Asche. Daraus nimmt er mit der rechten Hand etwas Asche und zeichnet damit den Menschen, einem nach dem anderen, ein Aschekreuz auf die Stirn und sagt dazu: «Bedenke, Mensch, du bist Staub und kehrst zum Staub zurück.» Bei anderer Gelegenheit heißt es: «Asche zu Asche, Staub zu Staub.»

Bei dieser Gelegenheit sei erwähnt, dass ein Kreuz mit zwei gleich langen Balken seit Urzeiten der Menschheit sinnbildlich für die beiden Ebenen der Welt steht, für die relative und die absolute, nämlich die horizontale unseres irdischen Lebens und die vertikale, göttliche Ebene des Reinen Seins. Im Schnittpunkt der beiden Balken steht der Mensch. Er lebt auf beiden Ebenen zugleich – und erkennt dies klar und deutlich im Zustand tiefer Erleuchtung.

Ja, wir sind Staub, wir waren, seit wir uns in materiellen Körpern manifestiert haben, schon immer Staub, und wir werden wieder zu Staub. Es ändert sich also im Prinzip an diesem Ablauf nichts. Nur die äußere Form ändert sich. Der Staub, die materielle Manifestation, das ist nicht unsere wahre, bleibende Identität, sondern nur eine vorübergehende Rolle, die wir auf der Bühne der Welt spielen.

In vielen spirituellen Disziplinen meditieren die Menschen in völligem Frieden ihren Tod. Aber nun gibt es doch gar keinen Tod! Nein, ganz richtig. So etwas wie Tod gibt es nicht, aber wir werden alle das biologisch-organische Leben auf diesem Planeten verlassen. Ohne zu wissen, wie falsch die Menschen damit liegen, nennen sie das Ende dieses irdischen Daseins ihren «Tod». Sie fürchten sich sogar davor. Sie fürchten sich davor, dass ihr denkendes, fühlendes Bewusstsein ausgelöscht werden könnte. Ihr Wesen jedoch, ihr ewiges Sein – indisch ausgedrückt ihr Ātman, der doch dem absoluten Brahman entspricht – hat niemals angefangen und wird also niemals untergehen. Ihre wahre Identität bleibt! Sie wissen, wer sie sind. Ihr Wesen ist ewig und unsterblich. Es ist GEIST. Diese Tatsache ist erfahrbar.
Ich schwöre euch, dass es so ist! Nichts ist so wahr und so wirklich wie dieses!

Alle aus Materie gebildeten Dinge und nicht nur die menschlichen, tierischen und pflanzlichen Körper, sind Staub und kehren zum Staub zurück. Alle Dinge sind aus der Materie des Universums gemacht, die kleinen, kaum sichtbaren, unwichtigen, manchmal störenden Dinge, aber auch die größeren, unserer Meinung nach wichtigeren und schönen Dinge, sind Staub, also Materie.

Ist Staub jetzt nichtig und wertlos? O, nein, alle aus Staub bestehenden Dinge sind Dharma-Tore! Wie könnten sie da nichtig oder wertlos sein? Nicht der materielle Wert ist das Wesentliche an ihnen, sondern das Wesen selbst! Wenn der Mensch wachsam und höchst aufmerksam ist, wird ihm jedes Ding, und wirkte es noch so staubig, zum Dharma-Tor!

Wenn die Menschen wüssten, dass die höchste Kostbarkeit eines Diamanten nicht in seiner äußeren Erscheinung besteht, und sei der Stein noch so fein geschliffen, sondern in seiner Wesensnatur, aus der alle Dinge gebildet sind, wie sehr würden sie staunen! Sie würden nur noch anbeten. Vielleicht fällt es vielen Menschen ja eines Tages beim Anblick eines schönen Diamanten wie Schuppen von den Augen!

Ja, selbst aus dem Staub heraus leuchtet uns das göttliche Wesen, das doch zugleich unser Wesen ist! Nur erkennen sollten wir es! Wir sollten mitbekommen, dass alles, was aus irdischer Materie gebildet ist, nämlich aus Staub geformt wurde und wird, letzten Endes aus Leerheit, aus Nichts, aus göttlichem NUR-SEIN gebildet ist!

Der große Ramakrishna erzählte eines Tages seinen Schülern: «Ich sah auf der anderen Straßenseite einen bösen Menschen stehen, aber sogar aus ihm heraus leuchtete die Göttliche Mutter!» Ein andermal sagte er zu einer Katze: «Göttliche Mutter, ich erkenne dich wieder, auch wenn du dir dieses Katzenfell übergezogen hast!»

Auch wir selbst bestehen aus Nichts. Unser Körper, der aus Staub, aus all den Stoffen der Welt, gebildet und geformt ist, besteht dennoch aus Nichts. Unsere Kleider, unsere Bücher, unsere Häuser, ja, unsere Lieben, bestehen aus Nichts, aus reinem, leerem Nichts. Denn nur so können sie für eine Weile auf der Ebene von Form und Erscheinung existieren.

Nur da es das Nichts gibt, kann für eine Weile *etwas* bestehen.

Nur aus dem Nichts kann vorübergehend *etwas* werden.

Alles, was entsteht, vergeht auch wieder.
So kann der Zustand von Staub, der doch irgendwann entstanden und damit vergänglich ist, auch nicht unser Wahres Wesen sein, das doch unvergänglich ist. Aber trotzdem besteht auch der Staub, nämlich alles Vergängliche, in seiner Tiefe, in seinem unergründlichen Sein, aus reinem göttlichem Wesen. Dieses Wesen aber, selbst wenn ausgeformt in der Welt der Erscheinungen, ist unvergänglich, ewig und unsterblich.
Das Wesen bleibt. Nur seine sich verändernde Form vergeht nach einer Weile wieder.

Und doch besteht auch die Form in ihrer substanzlosen «Ur-Substanz» aus Nichts.
Erinnert euch, dass Nāgārjuna im Herz-Sūtra sagt: «Form ist Leere – Leere ist Form.»
Wir könnten auch sagen: Etwas ist NICHTS – NICHTS ist Etwas.

In der letzten Zeit kommen einige Naturwissenschaftler ganz sachte und staunend auf diese Tatsache.

Unsere Wesensnatur ist genau identisch mit der Wesenswelt des Universums. Diese Wesenswelt ist unsere unveränderliche Identität. Diese unsere wahre Identität ist GEIST. Sie ist unberührtes und unberührbares BEWUSSTSEIN.

Hier ist für euch ein Geheimnis, das trotzdem für alle, die ein offenes Auge haben, offenbar und nicht verborgen ist, denn in Wirklichkeit gibt es nichts Geheimes:

Das Universum ist ein einziges Lebewesen, und es ist höchst intelligent. Übrigens benötigt es hierfür keine Ratio, wie unsere kleinen menschlichen Ausformungen eine Ratio benötigen. Ganz ohne ständig ein Gehirn und ohne eine Ratio zu gebrauchen, ist es voller Weisheit und Intelligenz.

Diese kosmische Intelligent durchströmt auch uns. Sind wir wohl wachsam genug dafür, die Früchte eines solchen Segens zu erhalten?

Eigentlich, eigentlich würden wir Irdischen meistens auch keine Ratio brauchen. Sie ist aber doch ein ganz nützlicher Notbehelf für die alleräußersten Belange – solange wir hier in Fleisch und Blut herumlaufen.

Die Buddha-Natur der Welt ist die Buddha-Natur von Staub. Dies ist immer die gleiche Buddha-Natur aller Lebewesen, also von uns, von den Blumen da draußen, von den Regenwürmern im Kompostkübel und von der Katze auf unserer Wiese. Sonst könnte ja die Katze auch nicht die Göttliche Mutter sein! Ja, selbst die Wolken und der blaue Himmel dahinter sind aus Buddha-Natur gebildet. Selbst der Staub, der in der Luft herumwirbelt, besteht aus Buddha-Natur.

Merkt ihr, dass die Begriffe, die wir verwenden, nicht das Eigentliche sind? Sie sind nur Hilfsmittel, die wir verlegenheitshalber gebrauchen, damit sie uns kurzfristig als Wegweiser dienen. Aber kein Wort kann die Wirklichkeit sagen, für welche das Wort nur steht – und für welche es doch kein Wort und keinen Namen gibt. Die Wirklichkeit ist namenlos. So ist auch Gott namenlos, denn Gott ist die Wirklichkeit. Kein Name kann ihn benennen, erklären oder definieren.

Wie erfahren wir diese unendliche Wirklichkeit nun?
O, im tiefen Samādhi erfahren wir die Wirklichkeit, erkennen wir diese Wahrheit wieder! Im tiefen Samādhi können wir erfahren, dass selbst der Staub, der in der Luft herumwirbelt, in seinem Wesen Buddha-Natur ist. Und wir erkennen uns selbst darin wieder.

Nun kommen wir zu unserem Kōan zurück: Ein Mönch fragt den berühmten chinesischen Meister Yunmen[240]: «Was ist der Nichts-als-Staub-Samādhi?»
Zum Thema «Staub» im Zusammenhang mit diesem Kōan gibt es immer wieder verschiedene Erklärungen, von denen einige auch auf den Skandha hindeuten, der bei anderer Gelegenheit schon ausführlich und gründlich behandelt wurde. Bei solchen Hinweisen wird zum Beispiel eine Verbindung zu den «Sechs Stäuben» beziehungsweise den «Sechs Gegenständen» hergestellt, wobei aber mit den Sechs Stäuben der ganze Komplex der Sinneswahrnehmungen, wie gesagt, der Skandha, gemeint ist.

Ich persönlich würde eine Skandha-Aktivität, bei der unser innerer psychischer Speicher, nämlich der «mano viññāṇa dhātu», gründlich aufgeräumt, sauber und klar ist, nicht als Staub oder mehrere Stäube bezeichnen oder ihn damit vergleichen. Ein chaotisches Innenleben, bei dem der «mano viññāṇa dhātu» unaufgeräumt ist, kann aber durchaus als verstaubt, ja, als Staub selbst angesehen werden. Das kann womöglich sogar Staub-Staub-Staub-Staub-Staub-Staub-Chaos genannt werden, aber nicht Samādhi. Staub im Inneren der Psyche kann unter Umständen Abfall sein, aber Staub draußen – zum Beispiel ein Sandhügel – ein Dharma-Tor.

Darum möchte ich bei diesem Kōan einen anderen Weg gehen als den des Vergleiches des Skandha mit «Sechs Stäuben», um uns dem Nichts-als-Staub-Samādhi anzunähern.

Genau dies tut auch Yunmen mit seiner Antwort auf die Frage: «Was ist der Nichts-als-Staub-Samādhi?» Er verwendet ein Bild aus dem täglichen Leben und sagt: «Reis in der Schale, Wasser im Eimer.»
Was ist denn damit gemeint? Samādhi im Zusammenhang mit Staub? O, Samādhi ist die tiefe Versenkung des Menschen in das ewige Jetzt. Dieser Zustand ist möglich in der Stille, ist möglich beim Klang von Tönen, ist möglich bei Anblicken, ja, er ist möglich bei allem, was diesem Menschen begegnet und was ihm widerfährt. Da schweben viele, viele Staubkörner im Sonnenlicht, kleinwinzige leuchtende Pünktchen, und der Mensch ist bei diesem Anblick in Samādhi versunken.
Kann der Mensch denn beim Anblick der Staubkörner Samādhi erfahren? Aber natürlich! Jedes Teilchen wird ihm zum Dharma-Tor, wenn er sehr achtsam, ja, sehr wachsam übt. Die Formen entstehen, und so sind sie auch vergänglich. Ihr innerstes Wesen aber ist das Wesen der Welt, das nie entstanden und so auch nicht vergänglich ist.

240 Unmon Bun'en, chin. Yunmen Wenyan (864–949).

Staub ist, wie gesagt, Materie und mehr nicht. Staub kommt, und Staub geht.
Sogar Stein, auch Edelstein, entsteht und vergeht wieder. Metalle entstehen und vergehen. Chemische Verbindungen entstehen und vergehen. Auch was der Mensch aus entstandenen Materialien baut, wie Häuser oder Autos, behält für eine Weile seine Form und vergeht dann wieder. Aber auch harte Metalle, die wir in der Erde finden und in Hochöfen reinigen, vergehen wieder.
Nichts, nichts, was entsteht, bleibt auf immer bestehen.

Jedes Stückchen Materie, das also Form hat, entsteht irgendwann, existiert für eine Weile und vergeht schließlich wieder. Alles, was entsteht, vergeht wieder. Alles, was Form und Gestalt annimmt, hat nur für eine Weile Bestand. Es löst sich schließlich wieder in seine Bestandteile auf, und seine vorübergehende Existenz gehört der Vergangenheit an.
Die Vergangenheit aber findet man nicht mehr.
Auch die Zukunft findet man nicht.

Also findet nur jetzt und immer nur jetzt statt, was gerade stattfindet. Schauen wir uns um und nehmen wir uns diese Beispiele her: Jetzt wandern weiße Wolken über den Himmel, jetzt sprudelt das Wasser der Gründlach über die Kieselsteine, jetzt tauchen die Hummeln in die Blüten der leuchtend tiefroten Stockrosen ein, jetzt weht der Wind angenehm kühl durch die Zimmer, jetzt bescheint das Licht der untergehenden Sonne den Küchentisch, jetzt tanzen die Buchstaben über den Bildschirm. Jetzt singt Klang im Ohr.

Immer im jeweiligen Jetzt geschieht Wirklichkeit, nur im Jetzt. Nehmt immer wieder und wieder all dies in tiefem Samādhi wahr!

In jedem der vielen großen und kleinen Dinge des Jetzt offenbart sich das Universum. Im Staubkorn, das in der Luft tanzt, offenbart sich das Universum, offenbart sich der unendliche Urgrund all dessen, was ist. Im tiefen Samādhi offenbart sich nicht nur das ewige Wesen, sondern es wird von uns Menschen erfahren. Aus ihm heraus steigen und wirbeln die vielen «Stäube», wandeln sich und gehen wieder in das Wesen des Nichts ein.

Um den Urgrund der Welt zu erfahren, der ja auch unser eigener Urgrund ist, müssen wir sehr sorgfältig und genau auf das jeweilig sich uns zeigende Ding unter den zehntausend Dingen der Welt der Erscheinungen achten. Im tiefen Samādhi, ja, der tiefsten Tiefe der Meditation, erfahren wir die Wirklichkeit, sind wir fähig, jedes Stäubchen als das Wesen der Welt zu erkennen und nicht nur seine äußere Erscheinung.
So ist kein kleines Staubkorn unwichtig oder nichtig oder verachtenswert, denn es zeigt uns das Wesen des Universums.

Wir brauchen für die Erkenntnis dessen auch nicht etwa zwei, mehrere oder viele Dinge wie den «Nichts-als-Staub-Samādhi» oder «Wasser im Eimer» oder «Reis in der Schale» oder «Milliarden von Spiralnebeln im Universum», um den Zustand eines tiefen Samādhi zu erfahren. Nein, denn ein einziges kleines Ding genügt, um uns das Große und Ganze erfahren zu lassen. Wie es auch in einem Gedicht heißt, ist es gut zu sehen, dass Kerzenlicht ein Feuer ist, dass drei Stuhlbeine uns auf einen vollständigen Stuhl hinweisen, dass ein Kat-

zenschwanz uns die Gegenwart einer Katze verrät. Ein Stäubchen versetzt uns bei höchster Aufmerksamkeit in den Nichts-als-Staub-Samādhi. Ein Ding ist zugleich mit sich viele Dinge.
Ja, sogar der Nichts-als-Staub-Samādhi zeigt uns in unserer allerhöchsten Wachheit das grenzenlose Universum, denn der Staub hier im Zimmer und das Universum mit seinen zahllosen Dingen sind in der Tiefe des Samādhi EIN EINZIGES SEIN. Ohne Ausnahme ist jedes Einzelne alles.

Auch wir sind nicht Teile des Großen und Ganzen, sondern wir sind das Große und Ganze.
Jeder von uns sieben Milliarden Menschen ist nicht nur ein Teil der Menschheit, sondern die ganze Menschheit.
Jeder ist aber auch mehr als nur die ganze Menschheit, ein jeder von uns ist zugleich das Universum:

Ich und das Universum – EIN EINZIGES SEIN.
Wir können sagen: Die Wesenswelt bin ich – das All ist mein Körper.
Mystiker aus allen Völkern und Kulturen haben diese Wahrheit geschaut.

Wir sollten solche Worte nur sagen, wenn sie unserer Erfahrung entsprechen. Wenn wir diese tiefe Wahrheit aussprechen, ohne die Erfahrung gemacht zu haben, lügen wir. Einer solchen Lüge würde eine grauenhafte karmische Wirkung folgen.

Besser ist es, nicht zu reden, auf keinen Fall vor den falschen Ohren zu reden, aber die Erfahrung zu machen.
Dem folgt Segen über Segen, und dieser Segen strahlt aus auf die Welt.

Giert aber trotz allem nicht auf die Erleuchtung, denn jeder Schüler des Weges, der treu, absichtslos und egolos seine Übung praktiziert, wird das Wunderbare nicht verfehlen. Er braucht sich dafür vorweg keinen Zeitpunkt festzusetzen.
Im richtigen Augenblick öffnet sich ihm der Himmel.

Einem solchen Schüler aber wird nicht einmal ein tanzendes Stäubchen vor seinen Augen entgehen.

Also – seid stets wachsam!

Ein Mönch fragte den Priester Kaku von Rōya: «Die Wesenswelt ist in sich rein und klar. Wie sind daraus auf einmal Berge, Flüsse und die große Erde entstanden?»
Kaku antwortete: «Die Wesenswelt ist in sich rein und klar. Wie sind daraus auf einmal Berge, Flüsse und die große Erde entstanden?»

Ursprünglich – und das ist in der Tiefe des WESENS DER WELT immer nur jetzt, gibt es nur das REINE SEIN. Außer ihm gibt es nichts. In der Tiefe des WESENS existiert also nur dieses EINE und UNERGRÜNDLICHE. Das ist ganz normal. Dieses UNERGRÜNDLICHE ist «der EINE GEIST, neben dem nichts anderes existiert», wie Huangbo sagt.
GEIST ist also das Stärkste, was es gibt. Er ist das Älteste und Fähigste, das Potenteste, das alle erdenklichen und undenklichen Möglichkeiten in sich begründet. Da GEIST das Stärkste ist, ist er zugleich damit und logischerweise auch das Schwächste. Es gibt nur den GEIST. Außer ihm gibt es nichts.

Da aber GEIST nicht dualistisch ist, also zwei- und damit vielheitlich, kann er auch nicht alt oder neu, stark oder schwach, fähig oder unfähig, potent oder impotent, an einem Anfang oder an einem Ende oder dazwischen sein.

Obwohl wir ihn so oder so beschreiben, hat er keine Eigenschaften. Nur Menschen geben den Dingen und was sie dafür halten (sie tun, als sei GEIST ein Ding oder GOTT ein Ding) Eigenschaften. Das REINE SEIN ist aber eigenschaftslos. Es ist kein Ding wie Dinge, die nichts als Dinge von Werden und Vergehen sind.

GEIST ist das größte, was es gibt. Da er das EINZIGE ist, was existiert, ist er logischerweise auch das Kleinste und Allerkleinste – und GEIST ist alles dazwischen.
Nun müssen wir wieder negieren: GEIST ist nicht groß und nicht klein und auch nirgendwo dazwischen.

Da GEIST das UNENDLICHE ist und das EINZIGE, ist er ungeteilt, absolut und vollständig, was dasselbe ist, und somit ist er rein und klar. Besser gesagt – GEIST ist die Reinheit und die Klarheit selbst.

GEIST hat keine Eigenschaften, auch wenn gerade gesagt wurde, GEIST sei groß oder klein, stark oder schwach. Das wurde nur aus Verlegenheit und in Ermangelung von Worten gesagt. Korrekterweise müsste es heißen: GEIST ist weder groß noch klein, weder stark noch schwach, weder existent noch nicht-existent.

Da diese Worte aber dazu animieren könnten, ein Dogma daraus zu machen, lassen wir es lieber bleiben und bestehen nicht darauf, wenigstens für heute.

Die Grundlage für alle Dinge, die es gibt, ist immer nur GEIST.

Die substanzlose Ursubstanz für alle Dinge des Universums ist immer nur GEIST.
Die Ursubstanz, also der EINE und REINE GEIST, ist das WAHRE WESEN, der ursprungslose Ursprung aller Menschen, Tiere und Pflanzen, aller Steine, Gewässer und jeglicher Gase, aller Himmelskörper, schwarzer Löcher und Galaxien. Dieser EINE und REINE GEIST ist auch das WAHRE WESEN aller Atome, Moleküle und allerkleinster Teilchen, Schwingungen und Energien.
Dieses WAHRE WESEN ist auch das WAHRE WESEN aller Geistwesen, Engel, Devāḥ und Dämonen.
Das WAHRE WESEN, welches Geist an sich ist, ist das WAHRE WESEN des gesamten materiellen, energetischen und geistigen Universums. Das gesamte Universum – sowohl materiell als auch feinstofflich, organisch belebt oder organisch unbelebt – alles, alles dieses gehört auf die Ebene der Form. Ja, auch das Nicht-Materielle und Feinstoffliche gehört noch auf die Ebene der Form.

Die eine und einzige Wurzel all dessen ist der GEIST.
Die Basis der gesamten Welt der Form ist das WAHRE WESEN, der GEIST.
Aus diesem tiefen und ewigen Brunnen steigen Welten über Welten ...

Dieser URGRUND aller ausgeformten Dinge und Gestalten ist nicht ausgeformt, hat keine Eigenschaft sowie keinen Anfang und kein Ende. Denn alles, was auf die Ebene der Form gehört, entsteht und vergeht. Es ist der Vergänglichkeit unterworfen.

Jedoch das WAHRE WESEN der Welt, also die WESENSWELT, entsteht nicht und vergeht nicht. Sie IST immer nur in ihrer ewigen und unbewegten Ruhe.

Auch wenn die WESENSWELT immer nur in ihrer ewigen Ruhe IST, hat sie das ständige Bestreben, sich schöpferisch auszuformen und in einem gewaltigen Prozess zu entwickeln zu immer größerer Bewusstheit.

Zugleich aber, wie die WESENSWELT sich in Form, in Schöpfung, in Handlung und Tat hineinbildet, bleibt sie doch unberührt und rein, und sie bildet in dieser Reinheit keine Grenzen und Begrenzungen, keine Gegensätze, keine Ausdehnungen, keine Namen, Benennungen, Bezeichnungen, keinen Wert und keine Bedeutung. Alle diese Dinge entstammen ausschließlich menschlichen Gehirnen.

Die WESENSWELT ist nicht Ursache und Wirkung unterworfen.
Das REINE SEIN kennt kein Karma.

Die WESENSWELT ist weit und hell wie der leere Himmel. Dieses sind aber nur ein wenig poetische Beschreibungen des UNBESCHREIBLICHEN. Ebenso weit, wie die WESENSWELT ist, ist sie auch nah – und alles dazwischen.
Einwand? Ja, Einwand: Die WESENSWELT ist nicht weit und nicht nah – und auch nicht dazwischen. Sie übersteigt alle Vorstellungen und alles Denkbare.

Dieses EINZIGE zeigt sich im jetzt gerade auftauchenden Augenblick, und was auch immer du in diesem Augenblick wahrnimmst, ist immer nur ein Ausdruck der WESENSNATUR. Dieses EINZIGE ist das eigenschaftslos EINE, das völlig leer und Nichts ist – aber kein nihilistisches Nichts ist, denn es birgt alle denkbaren und undenkbaren Möglichkeiten in sich.

Ja, wir können auch sagen: Die unausgeformte BUDDHA-NATUR hat die Fähigkeit, sich selbst bis in grenzenlose Weiten immer neu und unaufhörlich auszuformen – und doch bleibt sie immer still.

Wie ein ungeheuer großer Wirbelsturm ist der kosmische Buddha zugleich wild und wilder bis in grenzenlose Weiten und absolut still in seiner ewigen Tiefe.

Ebenso sind auch wir. Wir erfahren uns selbst entsprechend dem, in welchem Zustand sich unser Bewusstsein jeweils gerade befindet. Wir rasen und toben unser irdisches aufregendes Leben – oder wir kommen mehr und mehr in die innere tiefe Stille. Wir sind beides und erfahren es je nach unserer Wahrnehmungsqualität als Form, als Leerheit oder – vollständig – als Einssein der beiden Zustände.

Dieses GÖTTLICHE NICHTS, die WESENSNATUR, zu erfahren und für ein Weilchen darin zu versinken, übt auf manche Menschen einen großen Sog aus, manchmal auch eine Verlockung, dieses Leben zu verlassen. Wie jedoch schon oft festgestellt, ist es für uns auf Erden lebende Menschen die größte Seligkeit und ein unbeschreiblich wunderbarer Geisteszustand, die WESENSNATUR in ihrer Ausformung zu erfahren, also zu erfahren, dass GEIST Form und Gestalt annimmt, auch in uns selbst, und wie er das tut, und dieses im alltäglichen Leben ohne Gier zu genießen.

So mancher spirituelle Schüler, dem sich diese Wunderwelt des Göttlichen auftut, sieht rundherum und überall nur Wunder. Das GÖTTLICHE SEIN ist doch leer, rein und frei! Wo kommen denn wunderbarerweise all die vielen Dinge her? Und obwohl der spirituell Erfahrende keine Fragen mehr hat, drückt er sein Staunen doch oft in einer Frage aus: «Wo kommt das alles her?» Er weiß es nicht, und ihm ist klar, dass dieses kein Intellekt wissen kann, dass die Tatsache, dass es Dinge gibt, für den menschlichen Verstand nicht zu begreifen ist.

Bis zur Erfahrung einer tiefen Erleuchtung glaubt der Mensch zwar, zu wissen, was er gelernt hat, was er sich in seinem Kopf gedacht hat und was andere ihm erzählt haben. Mit der Erfahrung erfasst er allerdings plötzlich, dass er überhaupt nichts weiß, dass er niemals etwas gewusst hat und dass er auch nie jemals etwas wissen wird. Indem die Wirklichkeit ihm klar wird, weil sie ihn eingeholt hat, und er die Zusammenhänge der Welt durchschaut, stellt er staunend fest, dass er nichts weiß.

Immer wieder, immer wieder kommt er bei sich selber an, kommt er bei der klaren Erkenntnis an, dass es nur ihn selber, nicht seine begrenzte menschliche Gestalt, sondern seine wahre Identität, die WESENSNATUR, gibt, dass er selber das SEIN ist, das WEITE und GRENZENLOSE.

Er ist das WESEN, aus dem alles steigt. Er ist die Welt. Sein Staunen ist seine immerwährende Anbetung geworden.

Nun, wenn er den ersten Schock seiner Entdeckung überstanden hat, wirkt er nüchterner und alltäglicher. Er versteht es besser, seinen kostbaren Schatz zu verbergen und in seinem Inneren zu hüten. Sein Zustand der Erleuchtung wird sein Normalzustand, seine ewige Norm. Diese Ausreifung mag ruhig lange dauern. Es lohnt sich ja. Es geht dem Menschen auf dem Weg so, dass er das Leiden hinter sich gelassen hat. Nun übt er sorgfältig und achtsam in müheloser Konzentration – entweder auf das jeweilige Ding, das er vor Augen oder unter den Händen hat, oder wie im Shikantaza auf gar nichts – und nun entwickelt sich ebenso mühelos eine starke Kraft, eine ungeheure Energie, die er zum Leben zur Verfügung hat. Alle Dinge fließen ihm von allein zu.
Und schließlich lebt er in der unaufhörlichen Schau von «Form ist Leere – Leere ist Form», auch wenn er dafür keine Worte braucht.

Deutlicher und reiner als je zuvor zeigt sich ihm die WAHRE NATUR des Universums, der ewige Urgrund, das SEIN.

So mag es auch dem Mönch gegangen sein, der den Priester Kaku von Rōya[241] aufsuchte und ihn fragte:

«Die WESENSWELT ist in sich rein und klar.
Wie sind daraus auf einmal Berge, Flüsse und die große Erde entstanden?»

Wahrscheinlich wollte der Mönch gar keine Erklärung haben. Er hatte sich an einen Ebenbürtigen gewandt, um seine Erfahrung mit ihm zu teilen. Er wollte sich mitteilen. Der Mönch offenbarte sich. In seiner Frage offenbarte sich seine WESENSNATUR. Die WESENSWELT spielte Mönch-Sein, spielte Erleuchtung, spielte Fragen. In all dem zeigte sich längst die Antwort. Die Antwort musste nicht erst gegeben werden. Sie war schon da.
Der Priester schaute den Mönch voll tiefen Verstehens an und sagte:

«Die WESENSWELT ist in sich rein und klar.
Wie sind daraus auf einmal Berge, Flüsse und die große Erde entstanden?»

Jedes weitere Wort wäre zu viel gewesen. Und damit schwiegen die beiden Mönche in gemeinsamer Versunkenheit und in tiefstem Verstehen.
Mancher Mensch auf der Erde kennt die kostbare Erfahrung des gemeinsamen erleuchteten Schweigens, des EINSSEINS mit der WESENSNATUR und mit sich selbst.

Nun frage ich euch, liebe Zen-Schüler, was meint ihr dazu:

Die WESENSWELT ist in sich rein und klar.
Wie sind daraus auf einmal Berge, Flüsse und die große Erde entstanden?

Wo kommen all die Dinge her?

241 Rōya Ekaku, chin. Langye Huijue (Daten unbekannt).

Nachwort
von Vijāya Volker Fey

Om Bharatam

Om, du unendlicher Klang aus der Tambura
Om, du Gleichklang, der du ich bist und ich du
Om, du Werden und Vergehen aus der Sītar
Om, du kommst und gehst, wie ich JETZT komm', wie ich JETZT geh'
Om, wie wunderschön – es ist
Om, was auch ist – es sei
Om, dahin gehen sie, die Welten, dahin schwindet all die Zeit
Om, Ewigkeit ist Freiheit, Vergänglichkeit ist Leid
Om, ewige Glückseligkeit und wunderfrei Nirvāṇam
Om, Gleichklang, Werden und Vergehen
Om, was ist, bin ich, was nicht, bin ich.

Meiner geliebten Frau Sabine gewidmet.